Dinzelbacher · Christliche Mystik im Abendland

Frontispiz und Titelbild

Seit dem zwölften Jahrhundert bis in die Gegenwart steht Brautmystik (neben der Leidensnachfolge) im Zentrum der Erlebnismystik des christlichen Abendlandes. Die liebende Umarmung der Seele (oder wie hier der personifizierten Kirche), der „sponsa" des *Hohenliedes,* mit Christus, dem „sponsus", tritt im hohen Mittelalter als ikonographische Innovation auf, die auch einer neuen Emotionalität zwischen den Geschlechtern im profanen Bereich entspricht.

Beda, In Cantica: MS 19, f. 12 v, 12. Jahrhundert, King's College, Cambridge.

Peter Dinzelbacher

Christliche Mystik im Abendland

Ihre Geschichte von den Anfängen
bis zum Ende des Mittelalters

Ferdinand Schöningh
Paderborn · München · Wien · Zürich

Die Deutsche Bibliothek – CIP-Einheitsaufnahme

Dinzelbacher, Peter:
Christliche Mystik im Abendland: ihre Geschichte von den
Anfängen bis zum Ende des Mittelalters / Peter Dinzelbacher. –
Paderborn; München; Wien; Zürich: Schöningh, 1994
    ISBN 3-506-72016-3

Gedruckt auf umweltfreundlichem, chlorfrei gebleichtem
und alterungsbeständigem Papier ♾

Printed in Germany. Herstellung: Ferdinand Schöningh, Paderborn

ISBN 3-506-72016-3

Inhaltsverzeichnis

Einleitung

Mystik

Die Frage, was eigentlich Mystik sei, ist unzählige Male gestellt und unterschiedlich beantwortet worden. Sie ist desto schwieriger zu beantworten, je höher der Standpunkt gewählt wird, von dem aus man das Thema zu überschauen versucht. Bezieht man nämlich im Sinne der Religionswissenschaft alle bekannten Glaubensformen der Erde mit ein und fragt, ob sie mystische Überlieferungen kennen, so wird die Definition des Begriffes Mystik sehr weit sein müssen; auch das Aufgehen des Menschen in etwas Impersonalem, dem Göttlichen, dem All, „ja vielleicht in etwas, das noch hinter Gott liegt, einem ‚Leeren' oder Nichtseienden"[1], wird etwa bei asiatischen Religionen als Mystik bezeichnet. Inwieweit ein einheitlicher Erlebens- und Reflexionshintergrund hinter dem Mystikverständnis der einzelnen Kulturen anzunehmen ist, eine anthropologische Konstante, die nur in der jeweils eigenen Terminologie jeder einzelnen Kultur anders formuliert wird, oder inwieweit schon jedes mystische Erleben und Reflektieren a priori vollständig durch seine jeweilige spezifische Kultur geprägt und damit eigentlich unvergleichlich ist, ist noch unentschieden[2].

Prägnanter können die Definitionen jedenfalls sein, wenn Mystik als Dimension nur einer bestimmten Religion oder Konfession beschrieben werden soll. Da wir „nur" die Geschichte der christlichen Mystik im Abendland darstellen wollen, bezieht sich unsere Mystikdefinition ausschließlich auf die personal und dreifaltig vorgestellte Gottheit. So können wir uns die klassisch gewordene Definition des Jean Gerson zu eigen machen, die auf ähnlichen Formulierungen zweier (miteinander befreundeter) mittelalterlicher Theologen und Mystiker, des Dominikaners Thomas von Aquin und des Franziskaners Bonaventura von Bagnoregio, beruht: Mystik ist „cognitio Dei experimentalis"[3], auf Erfahrung gegründete Gotteserkenntnis. Gott wird also nicht

---

[1] J. Bertholet u. a., Wörterbuch der Religionen, Stuttgart ⁴1985, 411.
[2] Vgl. aus der sehr umfangreichen Literatur dazu z. B. Ph. Almond, Mystical Experience and Religious Doctrine, Berlin 1982 oder Katz, Character.
N. b.: Alle abgekürzten Titel sind auf Seite 444 ff. verzeichnet.
[3] Gerson, Œuvres Complétes 3, ed. P. Glorieux, Paris 1962, 252, vgl. u. S. 382. Diese Definition – wiewohl in dieser Form immer wieder als Thomas oder Bonaventura eigen zitiert – ist eine Kurzfassung, die sich tatsächlich etwas anders formuliert findet bei Thomas, Summa Theol. II/II (3) q. 97, a. 2, re 2: „est cognitio divinae bonitatis seu voluntatis affectiva seu experimentalis, dum quis experitur in seipso gustum divinae dulcedinis et complacentiam

nur geglaubt, nicht nur philosophisch erschlossen, sondern seine Existenz wird durch ein, durch viele religiöse Erlebnisse erfahren. Was die anderen Mitglieder der Religionsgemeinschaft aufgrund der Lehren der Heiligen Schriften und der der Priester glauben, wissen die praktischen Mystiker aufgrund von Erfahrung. Zur Gottesschau und -einung reißt der jenseitige (transzendente) Gott die Menschenseele zu sich hinan oder „steigt zu ihr herab" und offenbart sich in ihr.

Aber zum Höhepunkt der Mystik, der Vereinigung Gottes mit der Seele (Unio mystica), gehört fast immer eine Vielzahl von Voraussetzungen; die höchste Beglückung kommt kaum ohne Vorbereitung „aus heiterem Himmel". Daher verstehen wir unter Mystik in weiterem Sinne die gesamte Frömmigkeitshaltung, die zu diesem Erleben hinführen will. So können wir Mystik vollständiger, wenn auch etwas umständlicher, umschreiben als das Streben des Menschen nach unmittelbarem Kontakt mit Gott vermittels persönlicher Erfahrung schon in diesem Leben sowie seine Empfindungen und Reflexionen auf diesem Weg und endlich die Erfüllung dieses Strebens. Sie besteht in der stets kurzfristigen Aufhebung des Unterschiedes zwischen dem Subjekt des Strebens, der menschlichen Seele, und dem Objekt, das angestrebt wird, Gott.

Damit ist auch festgelegt, was als „mystisch" bezeichnet werden soll, denn besonders in der alltäglichen Sprache, aber auch in wissenschaftlichen Veröffentlichungen, wird dieses Adjektiv oft (mehr als das Substantiv „Mystik" selbst) in recht weitem und verschwommenem Sinn gebraucht. Gern verwendet man es wie „mysteriös", um etwas Geheimnisvolles im religiösen Bereich zu bezeichnen, bisweilen sogar wie „mythisch", d. h. „sagenhaft". In den skandinavischen Sprachen steht sogar das eine Wort „mystisk" für „mystisch", „geheimnisvoll", „verdächtigt". Die Kirchenväter im christlichen Altertum und die Kirchenschriftsteller im Mittelalter haben dieses Wort übrigens teilweise mit anderen Bedeutungsakzenten gebraucht; für sie war damit in der Bibelauslegung der verborgene, Jesus meinende Sinn der Schriftworte bezeichnet, des weiteren auch der verborgene Sinn des Sakraments. Den Mystiker hätten sie als „homo contemplativus" oder „spiritualis" bezeichnet. Erst gegen Ende des Mittelalters bedeutet „mysticus" üblicherweise in etwa „mystisch"; erst im Barock spricht man von „Mystik".

Aufgrund unserer Definition würden wir also eine auch noch so intensive religiöse Devotion nicht als „mystisch" bezeichnen, wenn sie nicht letztlich die Vereinigung mit Gott schon auf Erden, sei es auf welchem Weg auch immer, anzielt. Auch ein noch so glühender Dankpsalm z. B. ist nicht mystisch. Trotzdem muß hier, wenn wir von Mystik als Frömmigkeitshaltung ausgehen, neben den Gipfelerlebnissen, wie sie die Texte narrativer, reflektiver,

---

divinae voluntatis" (ed. Milano ²1988, 1496) und Bonaventura, Sent. III, 35, q. 1, conc. 5: „Optimus enim modus cognoscendi Deum est per experimentum dulcedinis" (ed. Quaracchi 3, 775; ähnlich Sent. III, 34, qu. 2, conc. 2; dub. 4; 35, q. 3, conc. 1).

didaktischer etc. Intention behandeln, auch das aus den Quellen zu eruieren-
de Umfeld berücksicht werden. Dazu zählen u. a. die vorbereitenden Übungen, die zum mystischen Erleben führen sollen, vor allem die Übungen der
Askese, die in der Praxis darauf abzielten, den Körper zu zerbrechen, um die
Seele für die Gottesbegegnung freizusetzen. Berücksichtigt werden müssen
die Formen der Betrachtung und des Gebets, die religiöse Kunst, die oft als
Meditationshilfe diente, sogar das religiöse Schauspiel, dessen Szenen sich
in mancher ekstatischen Vision widerspiegeln. Freilich werden hier nur Andeutungen möglich sein, viele Bücher wären sonst statt des einen nötig.

Müßte man nicht auch den Sakramentenempfang als Form der Mystik, jedenfalls im katholischen Verständnis, berücksichtigen?[4] Erfolgt eine Vereinigung von Gott und Mensch nicht auch durch den Empfang der konsekrier-
ten Hostie bei jeder Kommunion? Tatsächlich fällt die Kommunion nicht
unter den traditionellen Mystikbegriff. Zwar gibt es bisweilen Menschen, bei
denen die Eucharistie mystische Erlebnisse auslöst[5]. Aber zahllose Gläubige kommunizieren zwar fromm, doch ohne dadurch aus ihrem normalen
Denken und Empfinden herausgehoben zu werden, ohne jenes besondere,
unaussprechliche Glückserlebnis, das die Unio mystica stets auszeichnet; der
körperlichen Einnahme des nach katholischer Dogmatik in der Hostie real-
präsenten Leibes Christi entspricht vielleicht eine kurze Hochstimmung,
doch keine Verschmelzung der Seele mit Gott[6].

Damit ist aber zugleich eine weitere Bestimmung des Begriffes, von dem wir
hier ausgehen, gegeben: Erlebnismystik ist ausdrücklich ein Ausnahmephäno-
men, das nur sehr wenigen zuteil wurde und wird. Sie definiert sich als eine
Gottesbegegnung, die von einem unabweisbaren Evidenz- und Freudenge-
fühl begleitet ist, dem man sich nicht entziehen kann, ob man will oder nicht.

Quellen

Von den langen Stunden dieses Strebens zu Gott, von den kurzen Zeiten der
Erfüllung haben viele Mystiker geschwiegen, viele aber auch berichtet: Ausfluß dessen ist die Mystographie, d. h. in weitestem Sinne die unterschiedlichen Gattungen von Dokumenten, aus denen wir erst etwas über die Mystiker
der vergangenen Jahrhunderte wissen:

---

[4] Vgl. etwa S. Pani, L'eucaristia e la mistica: A. Piolanti (Hg.), Eucaristia, Roma 1977, 1089–
1114.
[5] Vgl. u. S. 216, 243, 399 u. ö. – Bynum, Fragmentation 125–129. – M. Rubin, Copus Christi. The Eucharist in Late Medieval Culture, Cambridge 1991, 316–319.
[6] Wenn wir die Kommunion nicht als mystisch bezeichnen können, dann auch deshalb, weil
ein Verständnis des Abendmahlsempfanges als Vereinigung mit Christus davon abhängig
ist, ob man das Dogma der Realpräsenz Gottes in Form des geweihten Brotes zugrunde legt
oder nicht. Meist ist auch im Christentum mystische Erfahrung ohne jede Beziehung zum
Sakramentalen.

- autobiographische Erlebnisberichte (die Offenbarungs- oder Revelations-
  literatur),
- von mystischem Erleben angeregte Gebete, Gedichte, Lieder, Aphoris-
  men etc.,
- Briefe, die solches Erleben schildern oder von ihm angeregt sind,
- Biographien (oft Heiligenviten),
- Reflexionen über das mystische Erleben (Mystologie) und, in der Regel viel
  ausführlicher, Lehrschriften (mystagogische Texte) über die Wege, die Arten der Vorbereitung, die dorthin führen, sowie über die theologische Beur-
  teilung von mystischen Erlebnisphänomenen, mit einem Wort: die Literatur der theoretischen Mystik (auch in Form von Bibelkommentaren usw.),
- Bildquellen (Meditationsbilder, auf Visionen zurückgehende Darstellungen), u. a.

Wiewohl Texte, die eine Begegnung mit der Gottheit thematisieren, für
uns vorrangig von Interesse sind, müssen auch solche berücksichtigt werden,
in denen, daraus fließend, Anbetung im Zentrum steht oder, darauf abzie-
lend, Meditationen und Devotionen[7].

Es dürfte verständlich sein, daß in einer Gesamtdarstellung, die einen Überblick über 1500 Jahre und fast ganz Europa geben möchte, eine historisch-
philologische Kritik einzelner Quellen nicht am Platze wäre. Es sei nur darauf hingewiesen, daß gerade in diesem Bereich die Zuschreibungsproblematik
nicht ganz weniger Texte noch nicht mit letzter Sicherheit geklärt ist. Das gilt
auch für wichtige Autoren wie z. B. Petrus Damiani oder Meister Eckhart.
Doch hat sich in der Forschung ein Kanon herausgebildet, der dem gegenwärtigen Wissensstand entspricht und dem wir nach Möglichkeit gefolgt sind.

Erlebnismystik, sowohl die der Frauen als auch die der Männer, wird freilich
empfunden als etwas, das sich in einer zentraleren seelischen Schicht der Persönlichkeit vollzieht als jener, in der sich der alltägliche Prozeß des Denkens,
Fühlens und Wollens abspielt. Daher kann sie der Mystiker, wir begegnen dem
ständig, auch nur in Bildern, in Metaphern *um*schreiben, nie aber tel quel *be*-
schreiben. Der „Unsagbarkeitstopos" ist eben kein bloßes *literarisches* Versatz-
stück (dies meint „Topos"), sondern er entspricht einem sich in allen Generationen mystisch begabter Menschen wiederholenden Erleben, für dessen Intensität es keine sprachlichen Äquivalente gibt. Davon trotzdem zu reden, mochte
im Christentum das *Johannesevangelium*, nach dem Gott Wort ist, legitimieren.

Nachvollziehbare Unterschiede gibt es allerdings in der literarischen Begabung, mit der die Charismatikerinnen und Charismatiker oder ihre Biographen von religiösen Empfindungen und Vorstellungen gesprochen haben,
doch kann dies für uns nicht im Vordergrund stehen, da wir primär keine
Textgeschichte, keine Geschichte der mystischen Literatur bieten wollen,

---

[7]   Vgl. z. B. J. Hirsh, The Experience of God; a new classification of certain late medieval
      affective texts: The Chaucer Review 11, 1976, 11–21.

sondern eine des hinter ihr stehenden und in ihr „aufgehobenen" Phänomens, nicht sosehr der Quellen, die es tradieren.

Hier wird freilich gern, vor allem von seiten einer bestimmten Richtung germanistischer Mystikforschung, der Einwand erhoben, wir hätten doch nur Texte und über die könnten wir nun einmal nicht zurück. Vielleicht ist ja jede Schilderung einer noch so glühenden Liebesvereinigung der Seele mit Gott in Wirklichkeit nur ein frommes Schreibtischprodukt? Vielleicht existierte der Heilige, dessen visionäre Gespräche mit den Himmlischen in seiner Vita aufgezeichnet sind, gar nicht, und wurde er nur als Modell frommen Lebens erfunden? Ohne prinzipiell die Möglichkeit solcher Fiktionen leugnen zu wollen, wird man bei entsprechender Kenntnis der religionswissenschaftlichen Literatur doch dazu kommen, die subjektive Richtigkeit von Berichten mystischer Erlebnisse immer so lange als gegeben anzunehmen, bis man auf Verdachtsmomente innerhalb eines Textes stößt oder auf Widersprüche mit anderen Quellen, wenn man sich nicht ausschließlich auf die Texte selbst beschränkt, sondern auch von äußerer Evidenz und von Analogieschlüssen Gebrauch macht. Denn einerseits haben wir z. B. von Katharina von Siena eben nicht nur ihren *Dialog,* in dem sie die Gespräche ihrer Seele mit dem Herrn als wirklich geführte beschreibt und der theoretisch so ein Schreibtischprodukt sein könnte, sondern auch ihre Briefe sowie die Aufzeichnungen ihres Beichtvaters und anderer Augenzeugen, die beweisen, daß die Mystikerin tatsächlich Ekstasen hatte und ihr Werk in einer solchen diktierte. Andererseits können wir auch aus den Berichten von ganz ungläubigen und skeptischen Zeugen mystischer Phänomene in der Gegenwart schließen, daß es in der Vergangenheit ähnliche Erscheinungen gegeben haben wird, auch wenn sie vielleicht nur von den nicht unvoreingenommenen Bewunderern eines Charismatikers überliefert sind. Daß z. B. in unserem Jahrhundert eine Therese von Konnersreuth die Passion ekstatisch miterlebt hat, ist so oft und von so unverdächtigen Zeugen beobachtet worden, daß es als historisches Faktum beurteilt werden muß: Es gibt Menschen, die sich in einer Trance in die Zeit Christi zurückversetzt fühlen und visionär das Leben und Leiden des Religionsstifters schauen. Was wir, die wir die mystischen Erscheinungen der Vergangenheit kennenlernen wollen, jedenfalls daraus schließen müssen, ist, daß wir den heutigen ähnliche Berichte aus dem Mittelalter und der Neuzeit nicht einfach als Phantastereien abtun dürfen. Denn es ist im Lichte der Evidenz aus unserem Jahrhundert wahrscheinlicher, daß es dieses Phänomen, hier den tranceartigen Mitvollzug der Passion, auch bereits früher gegeben hat, als daß dies nur aus religionspädagogischen Motiven erfunden worden sein sollte. Wahrscheinlicher: denn in allen Kulturwissenschaften, die sich mit der Vergangenheit beschäftigen, kann es nur um größere oder geringer Wahrscheinlichkeiten gehen, nie um absolute historische Sicherheit[8].

---

[8] Ich habe mich mit dem hier angesprochenen Problem ausführlicher auseinandergesetzt in Dinzelbacher, Frauenmystik 304–332 und ders., Revelationes.

Historischer Zugang

Da Mystik jedenfalls immer auf das Persönlichste des Menschen zielt, die Möglichkeiten seiner Erlebnisfähigkeit von Freude, Schmerz und Liebe ausschöpfend bis zu den allerletzten Grenzen, kann ihre geschichtliche Entwicklung nicht in anonymen Strömungen und Richtungen nachgezeichnet werden, wie man es wohl bisweilen in der Kunstgeschichte versucht hat, sondern muß man sie personenbezogen schildern. Deshalb ist es unumgänglich, eine Vielzahl von Namen (oft auch von wenig bekannten) vorzuführen – besser: eine Vielzahl von Schicksalen – und zahlreiche biographische Details mitzuteilen, die mystisches Erleben von Individuum zu Individuum verschieden geformt haben. Dies wird namentlich bei jeder Geschichte der Mystik der Fall sein müssen, die sich, wie unsere, nicht nur auf die traditionell als „Höhepunkte" geltenden Gestalten[9] beschränken will.

Es geht um Menschen, die an Gott (oder an dem Bild, das sie von ihm hatten) litten, ihn liebten, über ihn nachdachten – ein zeitloses Thema, gewiß –, aber es geht wesentlich auch um die zeittypischen Ausformungen ihrer Erlebnis- und Gedankenwelt, um ihr Verständnis aufgrund der jeweiligen Strömungen in der Geschichte der Mentalitäten[10], die für das Mittelalter in keinem Bereich besser dokumentiert ist als in dem der Religiosität[11]. Wir hoffen einen Beitrag dazu zu leisten, die *Geschichte* der Mystik aus dem Umfeld herauszulösen, in dem sie bislang fast ausschließlich betrieben wird, nämlich der Theologie, die sie als *überzeitlich*-gnadenhafte Manifestation des von ihr gelehrten Gottes betrachtet, der Philosophie, die nur die *intellektuelle* Reflexion der theoretischen Mystik interessiert, und den Philologien, die sich meist ausschließlich auf die sprachliche, literarästhetische, traditionsgeschichtliche Analyse ihres Ergebnisses, der mystographischen Texte, konzentrieren, ohne von den dahinterstehenden Menschen und ihren Erfahrungen wissen zu wollen. Es erscheint uns dagegen wesentlich, Mystik als *historisches* Phänomen innerhalb der Gesamtgeschichte und als *historisches* Phänomen innerhalb eines Lebensschicksals zu begreifen. Wäre sie dies nicht, dann gäbe es auch ein Forschungsobjekt Mystik für die genannten Disziplinen nicht. Daß dieses Buch ihren Beiträgen auf diesem Feld auf das vielfältigste verpflichtet ist, be-

---

9   Für die Titulierung als Heilige, Selige, Verehrungswürdige usw. betrachten wir die offiziöse katholische Bibliotheca Sanctorum des Istituto Giovanni XXIII als verbindlich; sie dürfte freilich einer genaueren theologisch-kirchenrechtlichen Prüfung nicht immer standhalten (z. B. die „sel." Julian von Norwich).

10 Meine Auffassung von der Mentalitätengeschichte habe ich skizziert in: Actes III (Akten des internationalen Historikerkongresses Stuttgart 1985), Stuttgart 1986, 295 f., 405 f., 409 f.; Gefühl und Gesellschaft im Mittelalter: Höfische Literatur – Hofgesellschaft – Höfisches Leben um 1200, hg. v. G. Kaiser und J.-D. Müller, Düsseldorf 1986, 213–241, Anhang, und in der Einleitung zu P. Dinzelbacher (Hg.), Europäische Mentalitätsgeschichte, Stuttgart (Kröners Taschenausgaben), 1993.

11 Vgl. P. Dinzelbacher, Religiosität/Mittelalter, ebd. – Ders., Mittelalterliche Religiosität: Zeitschrift für Literaturwissenschaft und Linguistik 20, 1990, 14–34.

darf keiner besonderen Betonung, zumal sich die Geschichtswissenschaft hier
größter Abstinenz befleißigt. Wir bleiben ungeachtet aller Ausgrenzung interdisziplinärer Mittelalterforschung zwar nicht in der Theorie, jedoch in der
Praxis der hiesigen akademischen Politik, dabei, daß nur ein interdisziplinärer
Zugang, wie hier versucht, sinnvoll sein kann. Denn auch Mystik war eingebunden in das Ganze eines Lebenszusammenhanges, aus dem eine einseitig
literaturhistorische oder philosophiegeschichtliche etc. Betrachtung nur Ein-
zelaspekte herauslösen kann, wodurch wesentliche Zusammenhänge verlo-
rengehen.

Unser Buch soll sich daher in einigen Punkten von anderen Darstellungen
christlicher Mystik unterscheiden: einmal durch die stärkere Berücksichtigung des jeweiligen geschichtlichen Umfeldes. Denn jedes Individuum existiert stets in und aus einer bestimmten Umwelt, die von Epoche zu Epoche,
von Region zu Region verschieden aussieht. Und mag der Geist Gottes auch,
wie es im *Johannesevangelium* steht (3, 8), wehen, wo er will, so tut er dies
offensichtlich nicht plan- und ziellos, d. h., es gibt auch bei einem so individuellen Phänomen wie dem mystischen Erleben epochenspezifische Formen
und regionale Schulen. Deshalb ist es nötig, die Mystiker nicht nur von ihrer jeweiligen Persönlichkeit her, sondern ebenso aus den jeweiligen Zeit-
strömungen heraus verstehen zu wollen. In diese waren sie eingebunden, und
diese prägten ihre Vorstellungswelt genauso wie die anderer, religiös nicht
besonders begabter Zeitgenossen. Darum sind am Beginn neuer Abschnitte
Skizzen der jeweils mentalitäts- und kulturgeschichtlichen Voraussetzungen
versucht worden, die natürlich schon aus Raumgründen immer nur fragmentarisch und selektiv sein können.
    Des weiteren sind die meisten einschlägigen Publikationen verständlicher-
weise aus einem bestimmten konfessionell oder fachspezifisch gebundenen
Vorverständnis heraus geschrieben. Dies führte nicht selten dazu, daß Personen, die in der einen oder anderen Hinsicht von der Lehre der jeweils eigenen Kirche abwichen, als Ketzer oder Häretiker abqualifiziert wurden,
Charismatiker und Theologen der anderen Konfessionen als „Pseudomysti-
ker" denunziert oder schlicht übersehen wurden oder daß Werke, die nicht
bestimmten ästhetischen Konzeptionen entsprachen, was „Literatur" sei und
was nicht, unbehandelt blieben.
    Demgegenüber versuchen wir, mystische Religiosität als historisches, ge-
nauer: mentalitätshistorisches Phänomen zu erfassen, nicht aber sie zu bewer-
ten. Die katholische und die protestantische, die kirchliche und die ketzerische Mystik verstehen wir als verschiedene Ausformungen *einer* religiösen
Haltung, die wir weder dogmatisch noch literarästhetisch, noch psychologisch in „orthodox" oder „häretisch", „echt" oder „falsch", „gesund" oder
„krankhaft" zu unterteilen haben. Dies ist der Grund, warum im Untertitel
dieses Buches das Wort „unparteiisch" hätte stehen sollen, worauf verzichtet wurde, da es als Selbstlob mißverstanden werden könnte. Manchem wird

die Anspielung auf die 1699/1700 in Frankfurt veröffentlichte *Unpartheyische Kirchen- und Ketzerhistorie von Anfang des Neuen Testamentes bis 1688* des pietistischen Mystikers und Historikers Gottfried Arnold auffallen, ein für die damalige, konfessionsgebundene Kirchengeschichtsschreibung revolutionäres Werk, dem sich der vorliegende Band freilich weder in der paränetischen Intention noch in der monumentalen Ausführung zur Seite stellen darf oder will.

In der Geschichte der wissenschaftlichen Beschäftigung mit Mystik ist die Entwicklung in etwa so vor sich gegangen, daß zunächst, seitdem es ein institutionalisiertes kirchliches Lehramt, dann eine universitäre Theologie und schließlich eine Inquisition gab, die Vertreter der amtlichen Kirche Mystikerinnen und Mystiker sowie ihre Schriften auf Herz und Nieren prüften, ob sie rechtgläubig waren oder ob ihre Inspirationen nicht doch vom bösen Feinde kamen. Generalisierend kann man vielleicht sagen, daß Mystik immer dann verketzert wurde, sobald sie dabei war, sich zu einer Praxis der Selbst-Erlösung zu gestalten. Dies, obgleich die Lehren der allermeisten Mystiker und Mystikerinnen, auch vieler angegriffener, im Grunde konservativ sind, d. h. die hauptsächlichen Elemente ihrer Religion nicht in Frage stellen, sondern bekräftigen oder ergänzen wollen, zumal sie ja, eingebunden in ihre Kultur wie alle anderen Menschen auch, von der die Religion ein Teilelement ist, gar nicht aus dieser Prägung heraustreten können[12]. Sie können freilich Elemente des Systems umkehren, wie manche von ihnen gezeigt haben[13].

Die theologische „Discretio spirituum", Unterscheidung der Geister, konnte mit dem Scheiterhaufen oder mit der Ehre der Altäre enden, je nach den Umständen. Diese wertende Analyse blieb jedoch nach der Aufklärung nicht auf den kirchlichen Bereich beschränkt, sondern wurde mit dem Entstehen einer wissenschaftlichen Psychologie von den Vertretern dieser Disziplin sozusagen säkularisiert auf ihr Gebiet transponiert, indem nun die Seelenforscher meinten, gesunde und pathologische Erscheinungen des religiösen Lebens, echte und falsche Mystiker trennen zu können. Schließlich übernahmen auch Literaturwissenschaftler, namentlich Germanisten, dieses Schema, um z. B. die literarästhetisch anspruchslose Mystik in spätmittelalterlichen Frauenklöstern als „Aftermystik" abzuqualifizieren, die Autoren von intellektuell und stilistisch anspruchsvollen Erzeugnissen dagegen als die „Großen" der Mystik zu feiern.

Inwieweit solche Beurteilungen tatsächlich berechtigt und zum Verständnis der MystikerInnen hilfreich sein können, das zu entscheiden möge gern denjenigen Vertretern der angesprochenen Disziplinen vorbehalten bleiben, die solche Unterscheidungen praktizieren[14] und damit beanspruchen, bereits

---

[12] Dies ist der zentrale Punkt von Katz, Character.
[13] S. z. B. u. S. 111 f., 183, 267 etc. und R. Lerner, Ecstatic Dissent: Speculum 67, 1992, 33–57.
[14] Beispiele aus der Theologie etwa im LThK s. v. Unterscheidung der Geister, im DThC und

Abb. 1 Da Mystik *unmittelbare* Berührung mit Gott bedeutet, bedürfen die Charismatiker eigentlich nicht der Vermittlung durch den Klerus der Amtskirche, was von dieser oft als häretisches Streben nach Selbst-Erlösung gedeutet wurde. Da der Priester das Altarsakrament nicht richtig zelebriert, kommuniziert Christus die Mystikerin, hier die hl. Coletta, eben direkt.

Pierre de Vaux, *Vie de Sainte Colette* 12: Hs. 8, f. 75r, 1468/77, Arme Klaren, Monasterium Betlehem, Gent.

im Besitz der Wahrheit zu sein, und nicht mehr auf der Suche nach ihr. Eine
Unterscheidung zwischen echten und falschen Mystikern wird man in diesem Buch also nicht finden, schon aus dem einfachen Grunde, weil u. E. keine
Methode existiert, aus den uns vorliegenden schriftlichen Quellen zu eruieren, wie intensiv religiöses Erleben jeweils empfunden wurde. Immerhin wird
man dort, wo entsprechende Handlungskonsequenzen gezogen wurden, davon ausgehen, daß tatsächlich der Persönlichkeitskern berührt war. Doch ist
jeder Mystiker und jede Mystikerin sozusagen, in Kontrafaktur zu einem Wort
Rankes, „unmittelbar zu Gott", und dem Historiker, der sein oder ihr Erleben und Denken nachzuzeichnen versucht, bleibt es unmöglich festzustellen,
ob nicht vielleicht zwei von der Forschung wiederholt als „hysterisch" und
„pseudomystisch" eingestufte Frauen wie Margery Kempe und Magdalena
Beutlerin subjektiv genauso tiefe, „wahre" und „echte" mystische Erlebnisse hatten wie ein Franziskus oder eine Teresa von Avila.

Es ist möglicherweise nützlich, an dieser Stelle noch eine methodische Bemerkung anzuschließen, die Sprechen über Vergangenheit generell betrifft,
in dem von uns untersuchten Feld jedoch als besonders heikel empfunden
wird. Ohne hier in der Lage zu sein, auf das zugrundeliegende globale er-
kenntnistheoretische Problem einzugehen, nur so viel: Prinzipiell können wir
nur mit einem Apriori, nämlich unseren Erfahrungen, unseren Begriffen und
unserer Sprache an die Zeugnisse der Vergangenheit herangehen. Wir können nicht künstlich naiv tun und uns in die Antike oder das Mittelalter derart „einfühlen", als ob in unserem Wissen nicht auch die Erkenntnisse etwa
der Aufklärung oder der Tiefenpsychologie, vermittelt durch Erziehung, Ausbildung und heutige Umwelt, grundsätzlich integriert wären (nicht nur als
abrufbares Einzelwissen). Der bisweilen aus bestimmten Positionen heraus
gemachte Einwand, dies sei nicht „epochengerecht" (oder ähnlich) und man
dürfe sich nur der damaligen Terminologie bedienen, läßt sich sofort ad
absurdum führen, wenn er konsequent weitergedacht wird: es trifft zwar zu,
daß bestimmte zeittypische Schlüsselbegriffe so in unserer Sprache nicht
mehr existieren; wir haben keine genauen Entsprechungen etwa für den mittellateinischen „honor" oder die mittelhochdeutsche „mâze". Nur trifft dies,
genau genommen, *alle* Begriffe, so daß wir folgerichtig jeden Aufsatz über
Themen jener Periode nur in Mittellatein oder Mittelhochdeutsch etc. abfas-
sen dürften. Wir schreiben jedoch als Menschen dieser unserer Gegenwart
über die Vergangenheit, an die wir aufgrund unserer Interessen hic et nunc
Fragen stellen, und wir schreiben für unsere Zeitgenossen. Deshalb kann eine
Geschichte, die vor allem von seelischen Phänomenen berichtet, nicht ohne
ein Minimum heutiger psychologischer Begrifflichkeit auskommen. Auch
wenn wir nicht Psycho-History auf den Grundlagen der Freudschen Psycho-

---

DS s. v. Discernement des esprits, in fast allen Kirchengeschichten etc.; aus der Germanistik
bei Dinzelbacher, Frauenmystik 310 f.

analyse betreiben wollen, können wir Erlebnismystik nicht mehr in der „epochengerechten" Terminologie hochscholastischer Gelehrter vermitteln, sondern müssen und dürfen uns der allgemein anerkannten Modelle der Psychologie bedienen. Das wir dies mit äußerster Zurückhaltung getan haben, werden die folgenden Seiten erweisen. Der Grund hierfür ist unser Ziel, primär historische Informationen zu vermitteln, nicht aber einzelne Persönlichkeiten oder Texte religionspsychologisch zu analysieren. Damit sei jedoch der in der deutschsprachigen Geschichtswissenschaft bedauerlicherweise so gut wie durchgängigen (stillschweigenden) Ablehnung psychohistorischer Konzeptionen keineswegs von vornherein beigepflichtet; aus welchen wissenschaftsgeschichtlichen und sonstigen Gründen die Situation hier different von der in den angelsächsischen und romanischen Ländern ist, können wir an dieser Stelle verständlicherweise nicht erörtern[15].

Schwerpunkt

Schließlich kommen wir zu einem weiteren, schon angedeuteten Punkt, vielleicht dem des auffallendsten Unterschieds dieser zu anderen Darstellungen. Es geht uns hier nämlich in erster Linie um eine Geschichte mystischen Erlebens und erst in zweiter Linie um eine Geschichte der Reflexion über Mystik. Es geht uns vorrangig um das, was ein bekannter Eckhart-Spezialist kürzlich nicht ohne feine Abschätzigkeit als „spektakuläre seelische Ereignisse und senkrecht einfallende Theophanien" bezeichnet hat[16]. Man muß ja die Ebene der Reflexion und Theoriebildung, kurz gesagt: die „Theologia mystica", die mystische Theologie, von der Ebene des unmittelbaren Lebensvollzuges, der Ebene des mystischen Lebens und Erlebens, trennen. Auf der erstgenannten Ebene ist Gott Objekt des Denkens, auf der zweiten Objekt des Erlebens, und das so, daß dieses Objekt mit dem erlebenden Subjekt verschmilzt. „Was ein Mystologe über die Mystik sagt, kann interessant sein, ist aber eine zweitrangige Quelle, der neben manchen Vorzügen auch viele Nachteile anhaften. Mit Verzerrungen und Irreführungen muß ich von vornherein rechnen."[17] Nicht daß solche in autobiographischen und biographischen Quellen nicht vorkämen, aber sie sind im allgemeinen zumindest eine Stufe näher an der „religion vécue" als die Schriften der Theoretiker. Dies schon durch ihre „glühende", „explosive" Sprache im Gegensatz zur „kalten" der Theologen[18].

---

[15] Vgl. Th. Kornbichler, Tiefenpsychologie und Biographik, Frankfurt 1989. Dieselbe Einstellung zeigt sich bei bei jener Richtung der Altgermanistik, mit der ich mich in dem in Anmerkung 8 genannten Beitrag auseinandersetze.
[16] Haas, Gott 159.
[17] V. Satura, Denkraster der Mystologie: Meditation 2, 1986, 49–53, 52.
[18] M. Baldini, Il linguaccio dei mistici, Brescia 1986, 9.

Im Mittelpunkt steht für uns also die Geschichte der sogenannten praktischen Mystik oder Erlebnismystik, während die sogenannte Gedankenmystik oder theoretische, spekulative, wissenschaftliche, philosophische Mystik zwar durchaus ebenso behandelt wird, aber keineswegs die traditionelle Präponderanz erhält. Warum? Weil auch die (im allgemeinen viel besser untersuchte) theoretische Mystik – und das wird oft übersehen – weithin nichts anderes will als zur mystischen Erfahrung hinzuführen, oder helfen will, sie zu bewältigen. Ein Origenes, Bernhard, Bonaventura, Mombaer, Baker und so viele andere wollten ja mit ihren Schriften Anleitungen geben, wie diejenigen Vorbereitungen geschaffen werden könnten, die von seiten des Menschen möglich sind, um zur „cognitio Dei experimentalis" schon in diesem Leben zu gelangen. Wieso sollte man dann nicht vorzugsweise auf jene Menschen hören, die sie wirklich erlebt haben? Aus diesem Grunde kommt auch der Frauenmystik in unserer Beschreibung der abendländischen Mystikgeschichte ein wesentlich größeres Gewicht zu, als man es sonst gewohnt ist. Erlebnismystik ist im westlichen Christentum, wie immer dies auch zu begründen sein mag, einfach bereits zahlenmäßig vornehmlich frauenspezifisch[19]. Dem wird hier voll Rechnung getragen.

Es sei in aller Deutlichkeit angefügt, daß dieser Band schon vom Umfang her nur eine *Einführung* sein will, deren Ziel es ist, auf die Vielfalt mystischen Lebens und Denkens in einer 1500 Jahre langen Zeitspanne hinzuweisen und eine kompakte Übersicht über den Reichtum des Überlieferten zu versuchen, aber keine Sammlung von Abhandlungen zu bestimmten ausgewählten Höhepunkten der theoretischen Mystik[20]. Daher war es weder möglich, noch wäre es vom Darstellungstyp her sinnvoll gewesen, spezifischen Detailfragen nachzugehen. So ist den auf einzelne Strömungen und Persönlichkeiten spezialisierten Forschern genügend Anlaß zu Belehrung und Besserung geboten. Dies liegt im Wesen jeder globalen Darstellung, möchte sie auch vornehmlich als solche beurteilt werden. In die Diskussion mit Autoren der wissenschaftlichen Literatur einzutreten, darauf mußte ich meinerseits im gegebenen Rahmen verzichten, wiewohl es nicht an Gelegenheiten dazu gemangelt hätte. Freilich ist es ohnehin kein Geheimnis, daß sich bestimmte seiner Verehrer (wie auch manche andere) das Logion Meister Eckharts zu eigen gemacht haben: „Und alle, die dem widersprechen, denen ist allzumal widersprochen, und ich beachte sie keinen Deut ..."[21]

---

[19] Vgl. Dinzelbacher, Frauenmystik 16–26.
[20] Wie sich etwa der erste Band der Mystikgeschichte von K. Ruh im wesentlichen darstellt; vgl. meine Rezension in Ons geestelijk erf, i. Dr.
[21] Quint (wie u. S. 281, Anm. 32) 365.

Deutungen

Eine Frage, die sich bei unserem Gegenstand zwar aufdrängt, von uns jedoch keineswegs zu verfolgen ist, ist die nach einer über die historische hinausgehenden Interpretation. Jeder, der sich mit Mystik beschäftigt, wird auch darüber nachdenken, wie solche „außernatürlichen" Fakten wie z. B. die Ekstasen und Offenbarungen der CharismatikerInnen heute zu erklären seien: als tatsächliche Manifestation Gottes in der Geschichte oder als subjektive Autosuggestion, also als wirklicher Einbruch eines wirklich existierenden Überweltlichen in das Irdische, oder ganz „harmlos" als „ganz natürlich" zu interpretierender innerseelischer Vorgang. Dieses Problem berührt uns hier, als historisch Fragende, gar nicht, da wir überlieferte Tatsachen festzustellen haben, insoweit dies möglich ist. Wie wir diese Tatsachen *dann* interpretieren, hängt zur Gänze von unserem Weltbild ab: Der gläubige Christ muß ernsthaft mit der Möglichkeit rechnen, daß Gott in menschliche Geschicke eingreift, in der Vergangenheit wie heute. Er tut dies durch Wunder, und all die mystischen Phänomene wurden ja im Mittelalter und in der frühen Neuzeit durchgehend als Wunder bezeichnet und verstanden und werden es von traditionellen Theologen nach wie vor. Der Skeptiker wird dagegen jedenfalls von Erklärungsmodellen ausgehen, die ihm die heutigen Naturwissenschaften anbieten, namentlich die Psychologie, wird also von Halluzinationen, Autosuggestionen, Psi-Fähigkeiten usw. sprechen, d. h. von Erklärungen, die ohne die Annahme einer Transzendenz und eines Gottes auskommen. Die gegenwärtig dominierende Tendenz in den christlichen Theologien dürfte die sein, daß erst dann von übernatürlichen Erscheinungen zu sprechen ist, wenn alle möglichen innerweltlichen Faktoren nicht zur Erklärung ausreichen, wobei es freilich persönliche und konfessionelle Unterschiede darin gibt, wo dieser Limes angesetzt wird.

Eine Episode aus dem Leben des Franziskus von Assisi mag abschließend den Unterschied zwischen dem Sprechen über Religion – also auch und gerade über Mystik – aufgrund theoretischer Reflexion und wissenschaftlicher Betrachtung einerseits und erlebter Gotteserfahrung andererseits beleuchten: Als der Heilige bei Siena weilte, kam ein Dominikaner zu ihm, ein Geistlicher und Doktor der Theologie. Nach einem langen Zwiegespräch über das Verständnis der Heiligen Schrift schied er mit den Worten: „Die Theologie dieses Mannes ist ein fliegender Adler, unsere Wissenschaft kriecht auf dem Bauch über die Erde."[22] Nicht anders ergeht es dem Historiker, der eine Geschichte des religiösen Erlebens schreiben möchte, von dem das mystische wohl das intensivste sein dürfte, das Menschen überhaupt zuteil wird.

*

---

[22] Thomas von Celano, Vita II a 2, 69, übersetzt von Ph. Schmidt, Das Leben des hl. Franziskus von Assisi, Basel 1919, 178.

Der vorliegende Band beinhaltet die Darstellung bis etwa zur Mitte des fünfzehnten Jahrhunderts. Die Zäsur ließe sich in gesamteuropäischer Perspektive mit der Durchsetzung der Renaissance und des Humanismus begründen,
die u. a. auch eine neue Form platonisierender Mystik mit sich bringen. Doch
sind es faktisch, wie so oft bei Periodisierungen (die zwar unumgänglich bleiben, doch gleichzeitig verfälschend wirken), arbeitsökonomische Gründe, die
zur Zeit die Fortsetzung der Darstellung nicht möglich machen; Material für
eine Weiterführung vom späten fünfzehnten Jahrhundert bis zur Gegenwart
liegt freilich reichlich vor.

Einige Hinweise zur Benutzung: In den Anmerkungen können bei den in der
Mystikgeschichte behandelten Persönlichkeiten nur jene Arbeiten angegeben
werden, auf die wir uns bei der Darstellung besonders stützen bzw. die, leicht
zugänglich, weitere Literatur nennen, was weder ein negatives Urteil über
andere Forschungen impliziert noch unbedingt deren Unkenntnis. Wer weiß,
daß etwa die Sekundärliteratur allein zu Bernhard von Clairvaux zur Zeit
rund viertausend Titel zählt, wovon sich etwa die Hälfte mit seiner Spiritualität und Mystik beschäftigt, wird dies verstehen und für den hier gegebenen Rahmen billigen.

Auch habe ich mir erlaubt, bei einigen Texten auf gute Übersetzungen zu-
rückzugreifen; wo solche nicht angegeben sind, liegt immer eigene Übertragung vor. Die Nachweise werden in knappster Form gegeben, doch stets wird
bei direkten Zitaten die verwendete Edition bzw. Übersetzung vermerkt. Auf
Kürzungen wird der flüssigeren Lesbarkeit halber bisweilen nur in den Fuß-
noten hingewiesen. Auch in die Bibliographie auf Seite 444 ff. waren nur die
Titel aufzunehmen, aus denen mehrfach zitiert wird und die in den Anmerkungen gekürzt aufscheinen, sowie einige Publikationen, die sonst bei der Arbeit an diesem Buch hilfreich waren bzw. die zur weiteren Vertiefung nützlich sein können. Hilfsmittel, um eigenständig weiterzubibliographieren, sind
auf Seite 443 genannt.

Bei den abgekürzt zitierten Büchern und Aufsätzen sind solche, die mit
Verfassernamen und Titelstichwort gegeben sind, im allgemeinen Literatur-
verzeichnis auf Seite 444 ff. zu finden, wogegen ein Nachweis durch einen
Verfassernamen allein auf ein nur im entsprechenden Abschnitt verwendetes
Werk verweist, das in einer der unmittelbar vorhergehenden Anmerkungen
vollständig genannt wurde.

Die biblischen Grundlagen

Sicher kann keine Geschichte der christlichen Mystik anders beginnen als mit den biblischen Fundamenten dieser Erscheinung. Da es uns aber in diesem Buch um die abendländische Mystik geht, wollen wir hier weder die alt-jüdische Mystik noch die der neutestamentlichen Schriften weiter darstellen, die primär dem Orient zugehören. Vielmehr fragen wir hier bloß danach, welche Passagen aus diesem so umfangreichen Textcorpus in christlicher Zeit besonders gern von den Verfassern mystischer Schriften zitiert wurden, worin sie Vorbilder oder Beispiele mystischen Erlebens sahen. Allen christlichen Generationen bot die Heilige Schrift ja „eine Fülle von sprachlichen Formulierungen, von Bildern und Verstehenselementen, mit deren Hilfe sich bereits vorhandene, gelebte und noch unausgesprochene Erfahrungen ausdrük-ken und interpretieren lassen."[1] Im Bereich der Mystik geht dies noch weiter: die Heilige Schrift bot auch immer wieder Bilder und Situationen, die sich in der mystischen Ekstase nacherleben oder häufiger zu neuen Situationen umformen ließen, wie wir noch des öfteren sehen werden[2]. Desgleichen ist die Sprache der christlichen Mystiker generell in meist sehr hohem Maße „schriftdurchwirkt".

Altes Testament

Inwieweit die Verfasser einiger Teile des Alten Testamentes möglicherweise als Mystiker bezeichnet werden können, ist hier nicht zu untersuchen, wir wollen nur die für die christliche Tradition wesentlichen Werke nennen. Das in diesem Sinne vielleicht wichtigste Buch des Alten Testamentes wurde das *Hohelied*, das *Lied der Lieder, Canticum Canticorum*[3]. Wenn man diesen Text unbefangen liest, so ist man sich schnell darüber im klaren, daß es sich um eine Sammlung zwar hochpoetischer, doch gänzlich weltlicher Liebes- oder Brautlieder handelt. Der Schauplatz wechselt von einer heiteren Gartenlandschaft am Rande Jerusalems zu den nächtlichen Gassen der Stadt selbst, die Rede führt bald die Braut, bald der Bräutigam, dann die „Töchter Jerusalems" ... Die Stimmung ist bald leidenschaftlich und erotisch: „Dein Wuchs

---

[1] Köpf, Hoheliedauslegung 61.
[2] Vgl. Benz, Vision 443 ff.
[3] KLL, s. v. Hohes Lied Salomonis. – DS, s. v. Cantique des Cantiques. – Köpf, Hoheslied: Wörterbuch 236 f. – Ders., Hoheliedauslegung. – Astell, Song. – Matter, Voice.

ist hoch wie ein Palmbaum, deine Brüste gleichen Weintragen. Ich sprach:
Ich will auf den Palmbaum steigen und seine Zweige ergreifen ... Laß deinen Mund sein wie guten Wein, der meinem Gaumen glatt eingeht und Lippen und Zähne mir netzt." (7, 8 ff.) Bald ist sie verzweifelt: „Aber als ich
meinem Freunde aufgetan hatte, war er weg und fortgegangen. Meine Seele
war außer sich, daß er sich abgewandt hatte. Ich suchte ihn, aber ich fand
ihn nicht; ich rief, aber er antwortete mir nicht." (5, 6). Bald heiter und
hoffnungsvoll: „Mein Freund ist mein, und ich bin sein, der unter den Lilien
weidet." (6, 3). Realistische Szenen („Seine Linke liegt unter meinem Haupte,
und seine Rechte herzt mich" 1, 6) wechseln mit zahlreichen und uns überaus kühn anmutenden Metaphern: „Dein Leib ist wie ein Weizenhaufen,
umsteckt mit Lilien. Deine beiden Brüste sind wie junge Zwillinge von Ga-
zellen. Dein Hals ist wie ein Turm von Elfenbein ... Deine Nase ist wie der
Turm auf dem Libanon ..." (7, 3 ff.).

Diese Sammlung von etwa dreißig Liedern, im dritten vorchristlichen Jahrhundert von einem unbekannten Dichter in die überlieferte Form gebracht,
wie gelangte sie in den jüdischen und von da in den christlichen Kanon? Nur
die Zuschreibung an König Salomo, der in einigen Versen genannt ist und
mit seinen siebenhundert Haupt- und dreihundert Nebenfrauen natürlich als
in Liebesdingen besonders kompetent galt, kann der Grund für die Aufnahme in die religiöse Literatur gewesen sein. Zur Zeit Christi dürfte das *Hohelied* bereits von den meisten Rabbinen als „heilig" betrachtet worden sein,
in der jüdischen Passah-Liturgie wurde es wenigstens seit dem frühen Mittelalter rezitiert. Dies setzt allerdings voraus, daß der buchstäbliche Sinn der
Liebeslieder schon in einen übertragenen uminterpretiert worden war: in der
Liebe zwischen dem jungen Mann und dem Mädchen wurde ein Gleichnis
für die Beziehungen zwischen Jahwe und Israel gesehen. Die Ausleger konnten sich hierbei auf zahlreiche Stellen des Alten Testaments stützen, in denen das Verhältnis zwischen dem Herrn und seinem auserwählten Volk als
eine Beziehung zwischen Braut- oder Eheleuten geschildert wird, namentlich bei Propheten wie Hosea, Jeremia, Ezechiel. Ab dem dritten Jahrhundert gehörte diese Dichtung auch zum Kanon der christlichen Bibel, wobei
die Braut als Personifikation der Kirche oder der Seele, der Bräutigam als
Christus gedeutet wurde. Eine ausschließlich profane Deutung war damit im
Christentum tabuisiert, und ungemein viel theologischer Scharfsinn ist im
Laufe der Jahrhunderte aufgewandt worden, um die erotische Bildsprache
des *Canticum* zu entschärfen, den ursprünglichen Sinn zu brechen und es in
eine inspirierte Offenbarungsschrift zu verwandeln. Aber gerade in der praktischen Mystik, insofern sie Brautmystik ist, wird die Auslegung wieder
Grundlage des Liebeserlebnisses zwischen der Seele und dem göttlichen
Geliebten, werden die Metaphern zu Schauungen und die abstrakten Deutungen durch Gefühle ersetzt[4].

---

[4] Vgl. z. B. u. S. 205, 222 ff., 351 f. usw.

Maßgeblich für die Mystik sollten vor allem die *Hohelied*-Kommentare des Origenes und, neunhundert Jahre später, die des Bernhard von Clairvaux werden, die beide neben der Identifizierung der Braut mit einem Kollektiv, nämlich der Kirche, die mit der Seele des einzelnen Gläubigen kennen. Dazu kamen im mystischen Sinn interpretierende Übersetzungen des lateinischen Textes in die Volkssprachen wie z. B. das *Trudperter Hohe Lied* von einem unbekannten Zeitgenossen Bernhards. Im dreizehnten Jahrhundert wird Thomas von Vercelli seinen Kommentar zum *Canticum* geradezu als Summe mystischer Theologie gestalten, im vierzehnten Jahrhundert Richard Rolle in seine *Postillae super Canticum* persönliche Erfahrung einbringen. Direkt von der alttestamentlichen Dichtung inspiriert zeigen sich die sublimen *Von Gott geschriebenen Liebesvorstellungen* der Teresa von Avila und der *Geistliche Gesang* ihres Seelenführers Johannes vom Kreuz. Teresas Werk landete auf dem Scheiterhaufen, und der in inspirierter Niederschrift in eineinhalb Tagen entstandene Kommentar Madame Jeanne-Marie Guyons sollte zu ihrer Verurteilung als Quietistin beitragen. Das grundlegende mystische Buch der Bibel ist nicht von allen Mystikern nur im Sinne der katholischen Orthodoxie gelesen und erlebt worden.

Neben dem *Hohenlied* ließen sich zahlreiche Einzelstellen aus dem Alten Testament anführen, die sich als besonders geeignet für eine Allegorisierung in mystischem Sinne erwiesen. Dies gilt natürlich für *das* Gebetbuch der Christenheit, die David zugeschriebenen *Psalmen*, z. B. den Brautgesang „Mein Herz dichtet ein feines Lied ..." (44). Stellen wie „Geht hin zum Herrn, und ihr werdet erleuchtet" (33, 6) oder „Schmeckt und seht, wie süß der Herr ist!" (33, 9) drängen geradezu nach einem mystischen Verständnis.

Für mit der Erlebnismystik immer wieder verbundene Charismata, nämlich das Hören von Einsprachen (Auditionen), das Sehen von Schauungen (Visionen), das Weissagen des Zukünftigen (Prophezeiungen) boten natürlich die Prophetenbücher reiches Material an Formulierungen und Bildern. Die dem jüdischen Volk das Wort Gottes verkündenden Männer und Frauen hatten bei ihrer Berufung wie auch später oft Erscheinungen symbolischen Charakters erlebt, öfter noch die Stimme des Herrn als Auditionen empfangen. Damit waren sie zwar selbst keine Mystiker[5], aber für charismatische Christen und ihre Anhänger Garanten für die Möglichkeit, daß sich Gott in diesen Formen auch in der weiteren Geschichte offenbaren könne.

Doch bildeten an und für sich mystologisch geeignete Erzählungen wie z. B. die der Gotteserscheinung am Berg Horeb, die der Wanderprophet Elias schaute, oder seine Himmelfahrt mit dem Feuerwagen (3Kö 19; 4Kö 2, 11) eher selten einen der in der Mystik besonders beliebten Anknüpfungspunkte für den Aufstieg der Seele. Im zwölften Jahrhundert deutet etwa Ri-

---

[5] J. Lindblom, Die Religion der Propheten und die Mystik: Zs. f. alttestamentl. Wissenschaft 57, 1939, 65–74.

Abb. 2 Mystische *Hohelied*-Deutung erfolgte im Mittelalter auch im Medium des Bildes. Die Braut – die minnende Seele – und der Bräutigam – Christus – betreten den „geschlossenen Garten" und umarmen einander. Darunter zielt sie mit einer Lanze auf die Seitenwunde des Erlösers, der an seine Leidenswerkzeuge geheftet ist, in Verbildlichung des *Hohenlied*-Verses 4, 9 f.: „Du hast mein Herz verwundet, meine Schwester, meine Braut, mit einem Blick deiner Augen ...".

Andachtsbuch (Rothschild Canticles): MS 404, f. 18 v–19 r., um 1300, Beinecke Rare Book and Manuscript Library, University, Yale.

chard von St. Viktor den Bergaufstieg des Propheten als Vorbild des Aufstiegs der Seele auf den „Heiligen Berg der Selbsterkenntnis"[6]. Immerhin galt die Flucht des Elias in die Wüste als Vorbild der die Gotteserkenntnis vorbereitenden Flucht des kontemplativen Menschen aus der Welt (so Ambrosius[7]). Hieronymus zitiert die Meinung, daß Elias zusammen mit Johannes dem Täufer der Begründer des weltflüchtigen Mönchtums gewesen sei[8]. Und Elias war wie Moses Zeuge der Verklärung Christi (Mk 9, 4).

Besondere Bedeutung sollte aber in der mystagogischen Literatur dem Propheten Moses zukommen, da er Gott im brennenden Dornbusch (Ex 3) und vor allem in der Theophanie am Sinai (Ex 19, 16 ff.) geschaut hatte. Die beliebte Metapher von der „Wolke des Nichtwissens"[9] bezieht sich auf den Aufstieg Moses' auf den Berggipfel (Ex 19, 20) bzw. auf die die von Moses errichtete Stiftshütte bedeckende Wolke (Ex 40, 34 f.). „So stand das Volk von ferne, aber Mose nahte sich dem Dunkel, darinnen Gott war." (Ex 20, 21). Die von vielen Mystikern gespürte Verborgenheit Gottes konnte mit den zu Moses gesprochenen Worten des Herrn, kein Mensch vermöchte ihn zu schauen und am Leben zu bleiben (Ex 33, 20), auf die Heilige Schrift rückbezogen und somit erklärt werden. Im Osten hat Gregor von Nyssa sich in seiner *Lebensbeschreibung des Moses* besonders der Metapher der Dunkelheit Gottes bedient: Gott ist größer als jedes Erkennen, eben das jenseits des Begreifen Liegende ist das Göttliche[10]. Auch die *Mystische Theologie* des Dionysios Areopagita geht von diesem Konzept aus. Für den Westen sei Augustinus zitiert: Nur wer diesem Leben ganz erstirbt, sagt er bei der Besprechung jener Bibelstelle, kann der Anschauung Gottes teilhaftig werden, womit das Thema des „mystischen Todes" angesprochen ist[11]. Man denke ferner an die Viktoriner oder das *Cloud of Unknowing* des vierzehnten Jahrhunderts.

Wichtiger als solche Einzelmotive war aber vielleicht die inspiriert-erregte Grundstimmung der Prophetenbücher. Mittelalterliche Seherinnen wie Hildegard von Bingen und Birgitta von Schweden trugen ihre nicht selten härteste Kritik an der Amtskirche beinhaltenden Offenbarungen immer wieder im leidenschaftlichen Stil der alttestamentlichen Wahrheitskünder vor, auch Visionäre wie Robert von Mozat oder Savonarola verstanden sich als Nachfolger der Propheten. In der Neuzeit bediente etwa Filippo Neri sich ähnlicher symbolischer Handlungen, wie sie uns von den jüdischen Propheten bekannt sind, um schweigend Zukünftiges zu enthüllen, und noch Don Boscos Traumvisionen – wir sind in der Mitte des neunzehnten Jahrhunderts –, die entscheidende Augenblicke der Gründung seiner pädagogischen Stiftung, des

---

[6] Haas, Mittelalter 60.
[7] De fuga saeculi 6, 34, PL 14, 585 CD.
[8] Vita S. Pauli, PL 23, 17 A.
[9] Vgl. u. S. 371.
[10] De vita Moysis 86 f., ed. M. Blum, Freiburg 1963, 91 f.
[11] De Gen. ad litt. 12, 27, 55; s. Haas, Mittelalter 477 ff.

Oratoriums, betrafen, bewegten sich in den alttestamentlich vorgegebenen Bildstrukturen.

Neues Testament

Grundlegender für die christliche Mystik waren freilich die Texte des Neuen Testamentes. Die christozentrische Mystik, die Jesus- und Passionsmystik, basiert auf ihnen. Die Frage, ob und inwieweit der Religionsstifter selbst als Mystiker bezeichnet werden darf, liegt nicht im Bereich unserer Arbeit. Sieht man ihn als Gott, so verbietet sich diese Fragestellung angesichts unserer Mystikdefinition von selbst; sieht man ihn nur als charismatischen Menschen, so mag man in der Theophanie bei seiner Taufe und in seiner Verklärung Züge mystischer Erfahrung entdecken. Doch bietet das Christusverständnis der Evangelisten Matthäus, Markus und Lukas (der Synoptiker) mit ihrer erzählenden Darstellungsweise kaum Ansätze für eine mystische Spiritualität.

Auch die Mystik des Paulus sowie die der Verfasser der unter dem Namen Johannes laufenden Schriften darzustellen würde über das Ziel dieses Buches hinausführen. Einige historische Andeutungen und ausgewählte Zitate von für spätere Mystiker besonders inspirierenden Stellen müssen genügen.

Saulus, römisch PAULUS (✝ 66/67?) genannt[12], gehörte einer streng gläubigen, pharisäischen Familie an und war seit seiner Jugend „Eiferer für den Glauben" (Apg 22, 3), wenn auch römischer Bürger und kulturell dem Hellenismus verpflichtet. Erst nach Jesu Tod ging er nach Jerusalem, um die Thora (das Gesetz in den fünf Büchern Moses) bei Rabbi Gamaliel zu studieren. Ein Messias, der durch die Schandstrafe der Kreuzigung umgekommen war, war ihm „ein Ärgernis" (1Kor 1, 23), die Verbreitung seiner Lehre ein Verstoß gegen das Gesetz. „Saulus aber, noch entbrannt vor Wut und Mordgier gegen die Jünger des Herrn" (Apg 9, 1), zog mit Vollmacht der Hohenpriester nach Damaskus, um die dortige Christengemeinde gefangenzunehmen. Eine plötzliche Lichterscheinung und eine Audition der Stimme Jesu ließen ihn zusammenbrechen und für drei Tage erblinden. Dies war seine „conversio", seine Bekehrung. In Damaskus ließ er sich taufen und begann er sein Missionswerk. Wie bei vielen Mystikern ließ er sich dabei immer wieder von Traumvisionen leiten: so bei der Ausbreitung des Evangeliums in Griechenland (Apg 16, 9), seinem Verbleiben in Korinth (18, 9), seiner Bereitschaft, in Rom Zeugnis abzulegen (23, 11). Von seiner Botschaft sagt er überhaupt selbst, „ich habe es ja nicht von einem Menschen übernommen oder gelernt, sondern durch die Offenbarung Jesu Christi empfangen!" (Gal 1, 12).

---

[12] J. Lanczkowski, Paulus: Wörterbuch 397 f. – DS 12, s. v. Paul. – Smith, Introduction 26 ff.
– Benz, Vision, Register s. v. – Ders., Paulus als Visionär, Mainz 1952.

„Paulus ist der Stifter der christlichen Religion ... Paulus ist der wichtigste Begründer eines christlichen Kultes, einer Liturgie, einer Christologie, einer Kirche, einer christlichen Weltreligion. Paulus ist das größte und fatalste Ereignis in der Geschichte des Christentums" (so der „engagierte Katholik" Friedrich Heer[13]). In Gedanken des Paulus, der von sich glaubt, „schon im Mutterleib auserwählt" worden zu sein (Ga 1, 15) und den Geist Gottes zu haben (1Kor 7, 40), wurzelt daher auch vielfältigst die christliche Mystik. Seine Quellen kommen aus dem Judentum und dem Hellenismus Alexandriens, besonders das Salomo zugeschriebene alttestamentliche *Buch der Weisheit* prägt seine Spiritualität.

Das oft diskutierte Problem der paulinischen Mystik im Spannungsfeld zu seiner Eschatologie hintangestellt, haben jedenfalls die Christologie in den Briefen des Apostels, aber auch die Art, wie er sie formulierte, alle weitere Christusmystik geprägt. Der Missionar dürfte sich absichtlich, sozusagen „propagandistisch", einer Sprache bedient haben, die in seiner von hellenistischen Mysterienreligionen durchdrungenen Welt Interesse finden sollte: so der Ausdruck „Christum anziehen" (Gal 3, 27) oder das „Mitgekreuzigtwerden" (Gal 2, 19). „So lebe nun nicht mehr ich, es lebt in mir Christus" (Gal 2, 20) ist ein Satz, der als Einigungsmystik verstanden werden konnte und verstanden werden sollte, wiewohl er hier gar nicht ekstatisch, wenn auch vielleicht enthusiastisch gemeint ist. Dieser Gedankenkomplex vom Mitsterben und Mitauferstehen mit dem Herrn (Kol 2, 12 f., Eph 2, 5) sollte für die „Imitatio Christi", die eine besonders im Spätmittelalter verbreitete Frömmigkeitshaltung war, größte Wichtigkeit erlangen[14]: Eph 5, 1 spricht von „Nachahmern Gottes".

„Der hl. Paulus wollte, daß jeder Christ das Leben Christi nachlebe und persönlich denselben Erlösungsprozeß erführe, was nicht nur Anteil an Seinen Leiden bedeutete, die ‚Kreuzigung' des körperlichen Selbst, sondern auch die Wiederauferstehung mit Ihm zu einer neuen Geburt, zum in Gott gelebten Leben"[15]. Außerordentlich folgenreich sollte Paulus' Verständnis des Leidens werden: er sieht es als Ergänzung dessen, was am Leiden Christi noch fehlt (Kol 1, 24); unzählige Gläubige, und gerade für Mystik sensible, haben versucht, ihm hier nachzufolgen, indem sie sich Schmerzen zufügten, die manchmal bis zum Tode führten[16]. Sie glaubten an sein Wort, daß mitzuleiden („si tamen compatimur") mitverklärt zu werden („conglorificemur") verheiße (Röm 8, 17). Ein für die Einigungsmystik zentrales Motiv, das vom Einwohnen Gottes im Herzen des Menschen, findet sich im *Epheserbrief,* wenn der Apostel der Gemeinde wünscht, „daß Christus durch den Glauben Wohnung nehme in Euren Herzen" (3, 17). Christus oder der Geist

---

[13] Friedrich Heer, Abschied von Höllen und Himmeln, Eßlingen 1970, 70 f.
[14] Vgl. u. S. 159 ff.
[15] Smith, Introduction 28.
[16] Dinzelbacher, Suche.

Christi (Pneuma, spiritus) wohnen in den Gläubigen (Röm 8, 9 ff. u. ö.). Die
Folge ist ihre vollständige moralische Erneuerung, ihre Befreiung vom Gesetz und ihre Heiligung.

Eine der am häufigsten in der visionären Mystik zitierten Stellen wurde
2Kor 12, 1 ff.:

> „Ich weiß einen Menschen in Christus, der vor vierzehn Jahren, – ob im Leibe,
> ob außerhalb des Leibes, ich weiß es nicht, Gott weiß es – entrückt ward bis in
> den dritten Himmel. Und ich weiß, daß dieser Mensch – ob im Leibe, ob außer-
> halb des Leibes, ich weiß es nicht, Gott weiß es – in das Paradies entrückt wurde
> und unsagbare Worte hörte, die ein Mensch nicht aussprechen darf."

Es handelt sich hier freilich um eine Entraffung in die andere Welt (die nach
der jüdisch-antiken Kosmologie als in mehrere Sphären unterteilt vorgestellt
wird), eine Versetzung in das zwischenzeitliche Paradies, wo die Gerechten
auf die Endzeit und den Eingang in das Himmelreich warten. Sie steht offen-
sichtich in Zusammenhang mit den Thron-Visionen der jüdischen Merkaba-
Mystik[17]. Aber die ekstatischen Jenseitsreisen der christlichen Mystiker, die
oft auch eine Begegnung mit dem Heiland beinhalten, fanden in diesem Erlebnis des Apostels den Garanten ihrer Übereinstimmung mit der Lehre der
Schrift.

Es scheint nach den Ergebnissen der Bibelkritik fraglich, wenn auch nicht
ganz unwahrscheinlich, daß der Autor des *Johannesevangeliums* mit dem der
Johannesbriefe identisch war. Die Tradition identifizierte ihn mit dem Lieblingsjünger des Herrn. Diese Schriften mit ihrer sublimen Spiritualität galten freilich teilweise noch bis ins zweite Jahrhundert als gnostisch. Die *Geheime Offenbarung* oder *Apokalypse* weicht dagegen stilistisch so stark von
den anderen johanneischen Texten ab, daß sie wahrscheinlich einem anderen Verfasser zugeschrieben werden muß. Ob sie zu den kanonischen (als
inspiriert anerkannten) Büchern zu zählen sei, war besonders im Osten bis
ins Frühmittelalter hinein umstritten. Die Stellung des Apostels JOHANNES (†
um 100?)[18] selbst während des Letzten Abendmahles, wie sie eben in seinem
Evangelium beschrieben wurde (13, 23 ff.), hat viele Mystiker fasziniert, und
dies wegen seines Ruhens an Christi Brust, das sie, wenn auch in teilweiser
Mißdeutung antiker Tischsitten, als Beweis für eine besondere und allerdings
mystische Nähe des Lieblingsjüngers zum Herrn auffaßten. Schon Origenes
deutete dieses Stelle in dem Sinne, daß Johannes dabei aus den Quellströmen
der Brust Christi Weisheit und Erkenntnis empfangen habe. Das späte Mittelalter meditierte gern über Johannes als Archetyp der liebenden Seele, die

---

[17] Vgl. J. Tabor, Things Unutterable. Paul's Ascent to Paradise in Its Greco-Roman, Judaic,
and Early Christian Contexts, Lanham 1986. – P. Schäfer, New Testament and Hekhalot
Literature. The Journey into Heaven in Paul and in Merkavah Mysticism: Ders., Hekhalot-
Studien, Tübingen 1988, 234–249.

[18] M. Figura, Johannes: Wörterbuch 268–270. – LThK 5, s. v. Johannes. – DS 8, s. v. S. Jean
l'Évangéliste.

aus der Brust Jesu sauge und bei ihm in Frieden schlummere. Es ist kein Zufall, daß die Christus-Johannes-Gruppen, skulptierte Andachtsbilder des Herrn und seines Jüngers, oft gerade aus Frauenklöstern stammen, in denen mystische Literatur entstand[19].

Im *Johannes-Evangelium* und im ersten *Brief* wird eine innere, bleibende Verbindung der Christen mit Gott gezeichnet, die sich als Innesein göttlicher Attribute und Kräfte wie Wahrheit, Salbung, Liebe, Geist manifestiert. „Wenn wir einander lieben, bleibt Gott in uns, und seine Liebe ist in uns vollendet. Daran erkennen wir, daß wir in ihm bleiben und er in uns bleibt: Er hat uns von seinem Geist gegeben." (1Joh 4, 13).

Die Worte Jesu: „Ich bin der Weg, die Wahrheit und das Leben, niemand kommt zum Vater außer durch mich" (Joh 14, 6) sind Grundlage spezifisch *christlicher* Mystik, die notwendigerweise nicht nur in einem Bezug auf Gott, sondern auch in einem Bezug, einer Nachfolge des Sohnes Gottes bestehen muß. Denn: „Das ist das ewige Leben: dich, den einzigen wahren Gott zu erkennen *und* Jesus Christus, den du gesandt hast" (17, 3). Das Einwohnen Gottes wird von ihm ausdrücklich denen versprochen, die ihn lieben und sein Wort bewahren: „mein Vater wird ihn lieben, und wir werden zu ihm kommen und Wohnung bei ihm nehmen" (14 ,23). „Bleibt in mir, und ich bleibe in euch!" (15, 4). Die nur in wenigen Werken christlicher Mystik fehlende Lichtsymbolik geht aus von dem der Gnostik nahestehenden Prolog des *Johannes-Evangeliums:* „Das Licht leuchtet in der Finsternis, und die Finsternis hat es nicht ergriffen ... Das wahre Licht, das jeden Menschen erleuchtet, war in die Welt gekommen ..." (1, 5 ff.). Im *Johannes-Evangelium* liegt eine Wurzel der Sakramentenmystik: „Ich bin das Brot des Lebens ... Wer mein Fleisch ißt und mein Blut trinkt, hat ewiges Leben ... Wer mein Fleisch ißt und mein Blut trinkt, bleibt in mir und ich in ihm." (6, 48 ff.). Stark und schön sind die Formulierungen der Einigungsmystik: „Ich habe die Herrlichkeit, die du mir gabst, ihnen gegeben, damit sie eins seien, wie wir eins sind: ich in ihnen und du in mir, auf daß sie vollkommen seien in Einheit ..." (17, 22 f.) „... damit die Liebe, mit der du mich geliebt hast, in ihnen sei und ich in ihnen." (17, 26).

Die angesprochenen Themen wiederholen sich im ersten Brief des Apostels: „Gott ist Licht, und Finsternis ist nicht in ihm" (1, 5). „Wer den Sohn bekennt, hat auch den Vater" (2, 23). Dazu kommt das für die Bewertung der späteren Erlebnismystik so bedeutende Thema der Unterscheidung der Geister[20]: „Geliebte, traut nicht jedem Geist, sondern prüft die Geister, ob sie aus Gott sind, denn viele falsche Propheten sind ausgezogen in die Welt" (4, 1). Das Bekenntnis zu Jesus Christus ist der Prüfstein der Unterscheidung.

Schließlich: „Gott ist die Liebe. Und wer in der Liebe bleibt, der bleibt in Gott und Gott bleibt in ihm" (4, 8; 16): der Hauptsatz christlicher Mystik.

---

[19] Vgl. u. S. 436.
[20] Vgl. o. S. 16, Anm. 14.

„Wir lieben, weil er uns zuvor geliebt hat" (4, 19), ein Hauptsatz christlicher Anthropologie, insbesondere nach Bernhard von Clairvaux[21].

Bis ins achtzehnte Jahrhundert kam kein Zweifel daran auf, daß auch die *Geheime Offenbarung* vom Lieblingsjünger Christi stamme. So galt eben er als der Empfänger der umfangreichsten Vision, die in der Heiligen Schrift zu finden ist, womit ein weiterer Grund für seine große Bedeutung in der Mystik auf der Hand liegt. Die *Apokalypse* ist zwar kaum „mystisch" im Sinne unserer Definition, sondern sie gehört ganz zu den in den beiden Jahrhunderten vor und nach Christus in so großer Zahl verbreiteten eschatologischen Schriften, die meist erschreckende Bilder des Weltendes und des Jenseits zeichnen. Aus der Masse dieser Pseudepigraphen wurde allerdings nur die uns bekannte *Offenbarung Johannis* in den Kanon der Heiligen Schrift aufgenommen, die übrigen, darunter eine zweite *Johannesapokalypse*, verworfen. Auch hier ist die Grundlage der Merkaba-Visionen nicht zu verkennen[22]. Abgesehen davon, daß dieser Text eine Vielzahl von Bildern in die christliche Tradition einbrachte, die auch in der Mystik, namentlich den Jenseitsvisionen der CharismatikerInnen, weiterwirken sollten (besonders das Himmlische Jerusalem, der Thron Gottes und des Lammes, das Wasser des Lebens usw.), war aber auch die Situation des Sehers auf der Insel Patmos der späterer Ekstatiker ähnlich und damit Garant der Christlichkeit solcher Phänomene. „Ich kam in eine Entrückung des Geistes am Tage des Herrn und hörte hinter mir eine Stimme ..." (1, 10). Häufig trifft man in der weiteren Tradition auf das „Aufgenommensein in den Geist" (4, 1), das geradezu zur stehenden Formel für die Ekstase werden kann (vgl. etwa Hadewijch[23]). Auch der Schreibbefehl (1, 19) und die Sicherung des Buches (22, 18 ff.) können mit dem Entstehen und der Verteidigung mancher späterer Offenbarungswerke verglichen werden. Die Stelle „Der Geist und die Braut sprechen: Komm! ... und wen es dürstet, der komme, und wer will, der empfange umsonst Wasser des Lebens!" (22, 17) klingt an die Braut- und Blutmystik an (das Wasser des Lebens konnte als Christi Blut gedeutet werden, das so viele Mystikerinnen aus der Seitenwunde saugten[24]). Doch ist die Bedeutung der *Johannesapokalypse* für das christliche Prophetentum generell größer als für die Mystik.

Gewiß ließe sich auch aus den anderen neutestamentlichen Schriften noch manche speziell für die Mystik wichtige Passage zitieren, etwa aus dem ersten *Petrusbrief,* der die Imitatio Christi im Leiden ausdrücklich anbefiehlt (1, 20 f.). Doch soll dieser kurze Blick nur ein für allemal auf das in jeder Geschichte der christlichen Mystik stets mitzudenkende Moment der biblischen Grundlagen hingewiesen haben. Es wäre daher auch sinnlos, hier eine Wir-

---

[21] De dil. Deo 1.
[22] Lieb, Mode 181 ff.
[23] Vgl. u. S. 205 ff.
[24] Dinzelbacher, Frauenmystik 153 ff.

kungsgeschichte der neutestamentlichen Schriften für die christliche Mystik skizzieren zu wollen: sie sind *das* Fundament dieser Frömmigkeitshaltung, und wir werden im Folgenden sowohl in der Lebensführung als auch den Schriften der MystikerInnen andauernd auf Bezüge zu diesen Texten stoßen – das Christentum gehört zu den Buchreligionen, was sich auch in seinen „freiesten" Manifestationen stets erweist.

Apokryphen

In seiner Bedeutung für die Geschichte der Mystik wenig erforscht ist das Gewicht derjenigen Schriften, die erst im Laufe der Kirchengeschichte aus dem biblischen Kanon ausgeschieden wurden, also der Apokryphen oder Pseudepigraphen. Sie geben sich als genauso historisch wahre bzw. inspirierte Testamente, Sprüche, Briefe, Evangelien, Apokalypsen, Apostelakten etc. wie die schließlich als kanonisch beurteilten Werke. Es gibt hier die unterschiedlichsten Tendenzen. So lautet ein apokrypes Logion (Ausspruch) Christi: „Hebe den Stein auf, und dort wirst du mich finden, spalte Holz, und ich bin dort ..."[25], also eine deutlich pantheistische Aussage. Natürlich kann die Vorstellung, Gott sei mit allem vereinigt, als mystisch betrachtet werden.

Brautmystische Passagen enthalten u. a. die syrischen, griechisch verbreiteten *Thomasakten*. „Denn seine [Christi] Wohlgestalt und Schönheit wird dich begierig machen, ihn zu lieben, aber sie erlaubt dir auch nicht, dich (von ihm) abzuwenden."[26] Die Verbindung der Seele mit Gott – dem Heiligen Geist (pneuma) – wird als Ehe dargestellt; ein reiner Leib ist die Voraussetzung. In den *Oden Salomos*, einer gnostischen Schrift aus dem Syrien des frühen zweiten Jahrhunderts, heißt es:

„Sein [Christi] Leib ist bei mir, an ihm hänge ich, und er küßt mich,
Denn ich könnte den Herrn nicht lieben, wenn er mich nicht liebte.
Nur wer geliebt wird, kann die Liebe ermessen,
Ich küsse den Geliebten und werde von ihm geliebt ..."[27]

Tief berührt die Metapher der Erfahrung des Enthusiasmus:

„Wie der Wind durch die Harfe fährt,
daß die Saiten singen,
so fährt der Geist des Herrn duch meine Glieder,
daß ich in seiner Liebe singe ..."[28]

Haben solche Traditionen die späteren Jahrhunderte auch im Westen erreicht? Ihre Geschichte ist erst teilweise aufgehellt. Wenn man freilich die sehr große Bedeutung kennt, die apokryphe Schriften für die hagiographische

---

[25] Schneider, Geistesgeschichte 130.
[26] c. 36, Schneemelcher, Apokryphen 2, 319.
[27] 3, 2 ff., zit. Schneider, Geistesgeschichte 131.
[28] 28, 6 b, zit. ebd. 132.

Legendentradition und für die Ikonographie der mittelalterlichen Kunst hatten, wird man die Möglichkeit einer Rezeption außerkanonischer mystischer Texte durch lateinische Autoren erwägen müssen, auch wo keine Textzeugen erhalten sind.

Die Umwelt des frühen Christentums

Das Verlangen des gläubigen Menschen, des „homo religiosus", nach Vereinigung mit seinem Gott, ist kein auf das Christentum beschränktes Moment persönlicher Frömmigkeit. Allerdings entwickelte es sich in dieser Religion in besonderer, in der Antike sonst so kaum anzutreffender Weise. Gerade die Spätantike[1], die Epoche, in der das Christentum entstand und sich von einer jüdischen Sekte zu einer Weltreligion entwickelte, scheint allenthalben Tendenzen zu einer Intensivierung des religiösen Lebens hervorgebracht zu haben. Im intellektuellen Bereich führten diese Tendenzen zu einer Betonung der religiösen Aspekte in der Philosophie. Dies ging so weit, daß das Verlangen nach wahrer Philosophie als göttliche Besessenheit verstanden werden konnte[2]. Philosophie und Theologie waren in jener Zeit also noch keineswegs geschieden, vielmehr beschäftigten sich die Philosophenschulen intensiv mit Fragen, die wir als rein religiöse begreifen. Es zeichnet sich der Hellenismus[3] gerade durch ein Ineinander von Elementen vor allem des Platonismus, der Stoa, des Pythagoreismus, der alten griechisch-römischen Religion und der orientalischen Mysterienkulte aus. Im Bereich des unreflektierten Glaubens blühten gleichzeitig eindrucksvolle Formen magischer Vorstellungen und Praktiken. Aber die Grenzen waren kaum scharf gezogen, ein ausgedehnter Dämonenglaube z. B. verband Gebildete und Unwissende.

Das Ideal des „göttlichen Menschen" (theios aner)[4] wandelte sich in den Jahrhunderten um und nach Christus vom Bild des mehr nach außen wirkenden Thaumaturgen zu dem eines von der Welt abgekehrten Suchers nach Wahrheit und Gottesschau (eine analoge Entwicklung sollte sich am Beginn des Spätmittelalters vollziehen[5]). Er soll sich der „Theosophie" (Gotteswissen) befleißigen, sich äußerlich und innerlich heiligen, um zur Erkenntnis des höchsten Wesens zu gelangen. Diese wurde ihm in göttlicher Besessenheit (enthusiasmos) zuteil, ja sogar in der Ekstase, sei sie durch Askese, geheimes Wissen, magische Praktiken oder kühle philosophische Betrachtung herbeigeführt. Sicher ging es den „heiligen Männern" oder „Philosophen" jener Zeit dabei primär um Selbstheilung, doch impliziert die Bil-

---

[1] Vgl. u. S. 43 Anm. 3; 60, Anm. 110. – E. Lüdemann, Antike Mystik: Wörterbuch 26–29.
[2] Fowden, Man 35.
[3] P.-Th. Camelot, Hellénisme: DS 7, 145–164.
[4] Spätantike und frühes Christentum (Katalog), Frankfurt 1984, 161–222. – Fowden, Man pass.
[5] Dinzelbacher, nascita.

dung von Schulen und die Tradierung von Heilswissen auch ein Einbeziehen anderer.

Einige Elemente in der antiken Philosophie, besonders der Platons, erinnern an Vorstellungen, die christlicher Mystik nicht fremd waren. Es handelt sich jedoch weniger um Analogien als um Übernahmen, die von der neuen Religion getätigt und ihrer Weltsicht integriert wurden, zumal wo ähnliche Phänomene aus der jüdischen Tradition existierten. Diese Elemente gingen zusammen mit der antiken Sprache, Literatur, Bildung und teilweise auch Denkart in das Christentum – bzw. einige seiner Strömungen – ein. Es sind zu nennen v. a.:

– Der Pantheismus, die Überzeugung von der Allheit Gottes und seiner Nichtgeschiedenheit von der Welt;
– die philosophische Wesensschau bzw. die Kontemplation als unmittelbare Gotteserkenntnis;
– der Dualismus zwischen Geist und Materie und die Bewertung des Körpers als Gefängnis für die Seele, die, von den Gestirnsphären kommend, sich zu diesen zurücksehne (Orphiker, Pythagoreer, Platoniker);
– die Ekstase;
– die Askese als Vorbereitung dazu;
– die Unterscheidung der Vita contemplativa und der Vita activa, einer der religiösen Betrachtung bzw. der sozialen Tat gewidmeten Lebensführung.

Platonismus

Der wichtigste Faktor innerhalb des antiken Erbes wurde für die christliche Religion der Platonismus bzw. Neuplatonismus[6], sein am intensivsten rezipierter Vermittler Pseudo-Dionysius[7]. Diese philosophisch-religiöse Strömung hatte selbst eine nicht unbedeutende Affinität zu den Mysterienkulten. Schon Plato sah in der beglückenden Wesensschau der Seele eine Parallele zum Weg des Mysten. Zentrale Bestandteile christlicher Philosophie – und damit auch christlicher Mystik – verdanken sich dem platonischen Denken: Gott als der Eine, Gute, eigentlich Seiende, Allgegenwärtige; die Wesensverwandtschaft der menschlichen Seele mit dem Göttlichen; die Ideenlehre. Das liebende Streben (Eros) der Seele nach Erkenntnis ihres göttlichen Ursprungs und die höchste Glückseligkeit der Erkenntnis, wenn die Seele ihr Ziel erreicht und sich mit dem göttlichen Einen verbindet, präfigurieren den mystischen Aufstieg und die Unio mystica. Von der Kraft des Göttlichen, die vor und über der Vernunft wirkt, werden wir auf den Weg der Erleuchtung

---

[6] DS 12, s. v. Platonisme. – E. Lüdeman, Neuplatonismus: Wörterbuch 374–376. – Ders., Platonismus, ebd. 410–412. – Cl. Zintzer, Mystik und Magie in der neuplatonischen Philosophie: Rheinisches Museum f. Philologie NF 106, 1965, 71–100.
[7] Vgl. u. S. 70 ff.

geführt. Allerdings: Es „ist sowohl im ‚Gastmahl' wie im ‚Staat' [zwei für die Mystik wichtigen Dialogen Platons] eine Idee, nicht ein Gott der Gegenstand der endgültigen Schau und das, mit dem wir darin vereinigt sind, und darum etwas Abstraktes und Unpersönliches."[8]

Wie sehr der Platonismus als vornehmlich mystisch verstanden werden konnte, zeigt ein Ausspruch des späteren Märtyrers Justin († 165) aus der Periode vor seiner Bekehrung zum Christentum: „Ich hoffe, Gott unmittelbar schauen zu können – denn dies ist das Ziel der Philosophie Platos."[9] Die Tradierung und Umgestaltung von Platos Lehre in und außerhalb der von ihm in Athen begründeten Schule der Akademie – eben der Platonismus – bestimmen weitgehend die Geistesgeschichte des hellenistischen Altertums. Die Frage nach dem höchsten Gut, eine der zentralen Fragen der antiken Philosophie, wurde in platonischer Tradition zugunsten des Weges innerer Erkenntnis anstelle der Handlung in der Welt entschieden – eine der Voraussetzungen des Mönchtums wie auch der kontemplativen Mystik.

Einerseits öffneten sich die Nachfolger Platos auch anderen philosophischen und religiösen Strömungen und machten den Neuplatonismus zu einer Gesamtphilosophie, die mit dem Christentum konkurrierte. Die Gottheiten der Mysterienkulte, wie Isis, Demeter, Dionysius, Kybele und Hekate, wurden als Erscheinungsformen des Göttlichen in ihr System integriert. Askese und Betrachtung nähern nach dieser Lehre den Menschen schon im Leben an die Gottheit an, die allerdings jenseits allen menschlichen Erkenntnisvermögens verbleibt. Von den für die christliche Mystik besonders fruchtbaren Konzepten des Neuplatonismus seien nur Gottebenbildlichkeit, Selbsterkenntnis und Emanation hervorgehoben: Da die Seele des Menschen dem Göttlichen verwandt ist, ist der geradeste Weg zu diesem die Erkenntnis ihrer eigenen Göttlichkeit. So sagt Plotin: „panta eiso", alles ist innen[10], womit sich auch die Forderung nach Lösung von der Außenwelt begründet, die eine Konstante jeder Vorbereitung auf mystische Begegnung nicht nur im Christentum bleibt. Gott, aus sich überströmend, läßt die Welt in Stufen (von der Tiefe des Materiellen zur Höhe des Geistigen) hervortreten. Solche Emanationen („Ausströmungen") sind auch die Ideen, die Gottheiten und die Einzelseelen. Letztere sollen, wie bemerkt, versuchen, sich in einem langen Aufstieg wieder mit dem göttlichen Ursprung zu vereinen, wozu sie der ihnen eingeborene Eros antreibt. Im Neuplatonismus muß die Seele also hinaufstreben, denn Gott neigt sich nicht zu ihr herab, wie dies die christliche Gnadendogmatik lehrt und es auch – teilweise – in der christlichen Mystik erfahren wird, in deren Theorie jedoch eben das Aufstiegskonzept vorherrscht.

Andererseits erfolgte eine intensive Plato-Rezeption von seiten der christlichen Kirchenväter. Schon der jüdische Gelehrte Philo von Alexandrien (1.

---

[8] Hilary Armstrong, Gottesschau 8.
[9] Tryph. 2, 6, PG 6, 477 C.
[10] Enneaden 3, 8 [30], 6, 40, vgl. 1, 6.

Jh. n. Chr.), bei dem sich – auch aus eigenem Erleben – viele „klassische" Themen der Mystik (wie u. a. der Dreischritt von Reinigung, Erleuchtung und Einung oder die nüchterne Trunkenheit) finden, hatte mosaische Religion und Platonismus verbunden, indem er den im Menschen wirkenden und die Welt lenkenden Geist mit dem Gott des Alten Testaments gleichsetzte. Mittels allegorischer Interpretation konnte die *Tora* als oberste Quelle der Weisheit dargestellt werden, die sogar die platonische Philosophie nicht nur beinhalte, sondern noch übertreffe[11].

Für das westliche Christentum, das in lateinischer Übersetzung außer dem *Timaios* nur Fragmente der platonischen Werke zur Verfügung hatte, wurde neben dem genannten Pseudo-Dionysius besonders Augustinus maßgeblich, der ja vor seiner Bekehrung auch Platoniker gewesen war. Vieles fand sich dazu in den breit überlieferten Schriften des Boethius (ca. 480–524). Im Hochmittelalter wurden weitere neuplatonische Werke ins Lateinische übersetzt, als deren Verfasser irrtümlich Aristoteles angesehen wurde. Doch erst ab der Renaissance war das platonische Gedankengut im Original auch im Westen verfügbar; Marsilio Ficino übersetzte und kommentierte als erster den bisher nur mittelbar rezipierten Dialog *Symposion,* den (zusammen mit dem *Phaidros*) grundlegenden Text über den mystischen Aufstieg durch die Liebe.

Es war der in Rom lehrende Philosoph PLOTIN (205–270)[12], der dem Neuplatonismus eine dezidiert religiöse, ja mystische Richtung gab. Ambrosius fußt teilweise auf ihm, und sein Schüler Augustinus. In seinen Kommentaren zu Plato, den *Enneaden,* entwirft Plotin ein Bild des Kosmos, der in drei Bereiche („Hypostasen") des Seienden strukturiert ist: der eine, unbeschreibliche Gott als Urgrund des Seins, die Welt des Geistigen (der Ideen) und die Welt des Körperlichen. Mag die Seele zunächst auch, von ihren Trieben geleitet, in den untersten Bereich gelangen, sie muß in Erinnerung an ihre göttliche Herkunft, vermittels mehrerer Wiederverkörperungen gereinigt, in die höchsten Sphären aufsteigen. Dieser Weg ist durch Askese zu fördern, durch innere Sammlung, Stille. Der Mensch muß Gott zuerst ähnlich werden, ehe er ihn schauen kann, so wie ein berühmter Vergleich zeigt: „Wär' nicht das Auge sonnenhaft, die Sonne könnt' es nie erblicken!"[13] Dies sind erste Schritte zu höherer Erkenntnis, die in der ekstatischen Gottesschau – eine sowohl intellektuelle wie emotionell-liebende Erfahrung – schon in diesem Leben gipfeln kann. „Der Mensch, der dies erreicht, ist selig durch diese ,selige Schau': wer es zu erreichen verfehlt, ist völlig gescheitert."[14] Plotin hat dieses mystische Erlebnis selbst dreimal erfahren. Sein Schüler und Biograph

---

[11] Katz, Character 31.
[12] E. Lüdemann, Plotin: Wörterbuch 412–414.
[13] J. W. v. Goethe, Zahme Xenien (Weimarer Ausgabe 3, 1890, 279) nach Plotin, Enneaden 1, 6, 9, der auf Plato, Politeia 508 B fußt.
[14] Enn. 1, 6, 7, übersetzt von Armstrong, Gottesschau 3.

Porphyrius berichtet ebenso für sich davon. Dessen Schüler Iamblichos (ca. 250–325) folgt Plotin darin, wenn er wahre Weisheit als wirkliches Wissen um das Schöne, Erste, Göttliche beschreibt und die Philosophie eben als ein Streben nach solcher Schau. Doch beginnt er, neben die Philosophie und an ihre Stelle Magie und Theurgie („Gotteszwang") in den Neuplatonismus zu integrieren: die Seele bedarf der Kenntnis bestimmter Symbole um aufzusteigen. Damit bekommt diese Richtung einen esoterischen, okkulten Aspekt[15].

Stoa

Aber auch bestimmte Konzepte anderer philosophischer Schulen konnten die christliche Gottesmystik vorbereiten. So namentlich die Stoa[16]. Bei SENECA († 65)[17], dem Erzieher Kaiser Neros, den das Mittelalter fast zu einem Christen machte und dem es einen Briefwechsel mit dem Apostel Paulus unterschob, liest man Sätze wie „Genug ehrt die Götter, wer immer sie nachahmt." „Der Gott kommt zu den Menschen, ja, was ein Näheres ist, in die Menschen: keine Seele ist ohne Gott gut!" „Gott ist in Dir."[18] Freilich ist das noch nicht christliche Mystik, denn der Gott Senecas (oder die Götter: er spricht von ihnen auch wie herkömmlich in der Mehrzahl) ist wenig persönlich, geht im Universellen, im Kosmischen auf. Aber man versteht, warum dieser Römer nicht nur von den Moralisten aller nachfolgenden Epochen, sondern auch von christlichen Mystikern zitiert werden konnte (Thomas von Aquin tut dies 78mal). Ein anderer bekannter Vertreter dieser Schule, Epiktet (50–125?), lehrte Ideale wie die Gelassenheit (die Distanzierung von den Wünschen vor allem des Körpers), die Willensgleichheit mit Gott, das Streben nach Vergottung, die Einwohnung Gottes im Menschen ...[19], alles Konzepte, die wir im Prinzip etwa in der rheinischen Mystik wiederfinden. Christliche Bearbeitungen von Epiktets Schriften hatten bedeutenden Einfluß auf das byzantinische und lateinische Mittelalter.

Auch eine Gruppe von spätantiken Traktaten und Hymnen unterschiedlicher Herkunft, die um den Gott Hermes kreisen, das sogenannte *Corpus Hermeticum*[20], enthält Formeln, die auf eine Einigungsmystik zielen, wie: „Du bist, was ich bin"; „Schalte die Sinneseindrücke aus, und die Gottheit in Dir wird geboren werden."[21] Das gnostische Grundanliegen dieser Schriften ist Reinigung und Teilhabe am göttlichen Intellekt, in ihm erweist sich eine für

---

15 Zintzer 90 ff.
16 A. Solignac, Stoicisme: DS 14, 1248–1252.
17 DS 14, s. v. Sénèque.
18 Ep. ad Lucilium 95, 50; 73, 16; 41, 1 f., ed. M. Rosenbach, Darmstadt 1980/84.
19 DS 4, 822 ff.
20 B. Haage, Corpus Hermeticum: Wörterbuch 96 f.
21 Borchert, Mystiek 79. – Lüdemann.

die Spätantike generell nicht untypische Sehnsucht nach Erlösung und Geist-
erkenntnis[22].

Mysterien

Ein enthusiastisches Besessenwerden[23] durch den Gott kannten die Teilneh-
merinnen der orgiastischen Kultfeiern für Dionysos, eines außergriechischen
Gottes. Sie brachten sich mit Tanz, Wein, Efeu und anderen Pflanzen, Dämp-
fen u. ä. in eine entsprechende psychosomatische Disposition. Doch wurde
dies in der Spätantike kaum mehr praktiziert. Wie weit gab es Mystik in dem
von uns definierten Sinn in den Mysterienreligionen? In ihnen wird ein Gott
verehrt, dessen im Mythos berichtete Taten allegorisch umgedeutet auch als
Vorbild für den Weg, den die Seele des Menschen zu nehmen hat, verstanden wurden. Bei der von zahlreichen geheimnisvollen Zeremonien umgebenen Einweihung (Initiation) stand die Schau heiliger Dinge im Mittelpunkt,
die ein ekstatisches Erleben hervorrufen sollte. „Dieser mystische Höhepunkt
weist schon voraus auf die spätere christliche mystische Erfahrung, die Vereinigung der Seele mit Gott. Der antike Myste gelangte nicht nur zur engst-
möglichen Verbindung mit ‚seiner' Gottheit – auch hier schon war das Symbol der Vermählung von großer Bedeutung –, sondern erlangte auch geheime Kenntnisse über die Gottheit und das Weltprinzip an sich, die ihm die
Gewißheit über das Weiterleben nach dem Tode und die Rettung seiner Seele
gaben."[24] Freilich existierten in manchen Mysterien Riten, nach denen der
Eingeweihte sich dann, wie einer der Götter gewandet, den Gläubigen prä-
sentierte, so wie wir es z. B. vom Kult des Gottes Osiris oder der Göttin Isis
wissen[25], wo der Myste als Bild des Sonnengottes eingekleidet wurde. Dies
entspricht jedoch nicht einer seelischen „cognitio experimentalis", sondern
ist eine magische, äußere Angleichung.

Herrscherkult

Etwas Ähnliches kannte das ausgehende Altertum auch im Herrscherkult.
Die Vergottung des siegreichen Herrschers war im orientalischen Bereich
nicht ungewöhnlich; Alexander der Große hat sie nach seiner Rückkehr aus
Indien 324 auch von den Griechen verlangt[26], wie sein Vater Philipp II. schon
vor ihm. Die römischen Cäsaren übernahmen später diesen prestigeträch-

---

[22] Zur Gnosis s. u. S. 61 ff.
[23] Vgl. G. Luck, Magie und andere Geheimlehren in der Antike, Stuttgart 1990, 335–350.
[24] Lüdemann 28.
[25] Apuleius, Metamorph. 11, 24.
[26] F. Taeger, Charisma 1, Stuttgart 1957, 217.

tigen Anspruch. Er manifestierte sich in weniger aufdringlicher Form auch in der göttlichen Verehrung nach dem Tode eines Kaisers sowie der Verehrung seines „Genius" besonders in der Armee. Doch empfing schon Caesar zu Lebzeiten göttliche Ehren, und Caligula[27], um nur ein Beispiel zu bringen, drohte, den Senat auszurotten, falls er ihm keine göttlichen Ehren zubilligen wolle. Er ließ die ausgezeichnetsten Götterbilder aus Griechenland nach Rom transportieren, ihnen die Köpfe abschneiden und sein Porträt daraufsetzen. Selbst stellte er sich zwischen die Skulpturen von Castor und Pollux, um sich anbeten zu lassen. Sogar einen eigenen Tempel stiftete er seiner Gottheit, dessen Kultstatue täglich mit derselben Gewandung bekleidet werden muß-te, die er gerade trug[28]. Schließlich machte Caligula sich noch zu seinem ei-genen Priester, was ihn nicht abhielt, sich u. a. ebenso mit Jupiter, Neptun, Herkules, Apoll, Diana, Venus und Juno zu identifizieren. Dabei ist das Gottkaisertum dieses römischen Imperators eine zwar extreme, aber doch nur bis an die Grenzen vorgetriebene Variante des epochentypischen Herr-scherkultes. Diese Vergottung unterscheidet sich freilich von der Gottes-einung der christlichen Mystik insbesondere darin, daß sie bewußt und wil-lentlich von seiten des Menschen vermittels rein äußerer Angleichung voll-zogen wird. Entfernte phänomenologische Analogien finden wir später nur ausnahmsweise, so wenn Maria von Oignies und Lukardis von Oberweimar sich selbst die Stigmen beibringen[29] – dies jedoch nicht in kühner Gleich-setzung mit dem Heiland, sondern im demütigen Versuch äußerster Imitatio Christi[30].

Judentum

Was die jüdische Mystik betrifft, die in hebräischer Sprache tradiert wurde, so müssen wir sie aus der Thematik unserer Darstellung ausgrenzen, da sie in der christlichen Mystik des hier untersuchten Zeitraumes keine direkten Auswirkung gehabt zu haben scheint. Daß sie unmittelbar in den neute-stamentlichen Texten (wie auch in Apokryphen) Spuren hinterlassen hat, wurde bereits angedeutet[31]. Im jüdisch-hellenistischen Bereich gab es wohl zur Zeit Christi Gruppen, die ein Leben mystischer Erfahrung anstrebten. Die kommunistisch organisierte Gemeinschaft der Therapeuten (wohl: „See-lenärzte")[32] in der Gegend von Alexandrien soll sich in strenger Askese,

---

[27] Ebd. 2, 1960, 284 ff.
[28] Sueton, Gaius 22.
[29] Vgl. u. S. 199, 232.
[30] Der außerordentlich interessante Fall des Arztes Menekrates, der sich mit Zeus identifizierte, liegt vor dem Zeitraum unserer Darstellung (4. Jh. v. Chr.), vgl. O. Weinrich, Menekrates Zeus und Salmoneus, Stuttgart 1933; hier weitere Beispiele zur „Theomanie".
[31] Vgl. o. S. 30; Lieb, Mode 173 ff.
[32] Smith, Introduction 20 f. – LThk s.v. Therapeuten. – J. Riaud, Thérapeutes: DS 15, 562–570.

besonders Fasten, der Kontemplation des Alten Testamentes und anderer Schriften gewidmet haben. Männer und Frauen suchten im Chorgesang und kultischem Tanz die Ekstase und darin die höchste Vision Gottes und der Wahrheit. „Nicht wenigen wird in Traumgesichten das Schauen der göttlichen Eigenschaften und Kräfte und die Fähigkeit gewährt, das im Schlafzustand in Worte zu fassen."[33]. Jedoch sind die Nachrichten über diese Gruppe äußerst fragmentarisch.

Die rabbinische jüdische Mystik[34] scheint vor dem Humanismus und der Frühneuzeit im lateinischen Westen kaum bekannt gewesen zu sein; sie ist in der Spätantike und im Frühmittelalter vornehmlich Merkaba-Mystik, d. h. konzentriert sich auf die Schau Gottes als König auf seinem Thron (Merkaba) inmitten prunkvoller Paläste. Diese Lehre war nur Eingeweihten vorbehalten. Die Zahlendeutungen der Jezira-„Mystik" ist nicht mystisch in unserem Sinn. Christlichen Konzeptionen am nächsten kommt wohl die Schekina-Vorstellung, d. i. die Personifikation oder Manifestation der Anwesenheit Gottes und seiner Liebe in der Welt – man denkt u. a. an die Sophia westlicher Mystiker[35]. Sie wird in der *Kabbala* bedeutend werden und ab der Renaissance ein Element auch eines Stroms innerhalb der christlichen Mystik.

---

[33] E. Meyer, Ursprung und Anfänge des Christentums, Stuttgart 1923, I/2, 369.
[34] Vgl. die entsprechenden Stichworte im LThK, im Wörterbuch und die Fachzeitschrift Kabbalah.
[35] Vgl. u. S. 306 f.

Alte Kirche

Die mediterrane Kultur der Jahrhunderte vor und nach Christus wird mit einem Epochenbegriff als Hellenismus gekennzeichnet[1]. Ihm war eine pessimistische, weltflüchtige Komponente eigen; viele Menschen fühlten sich nicht befriedigt vom großstädtischen Treiben, suchten den Rückzug auf das eigene Ich und auf das Jenseits, verlangten nach einer Begegnung mit Gott schon im Leben. In ihrer Mitte wurde die Sekte der Christen groß und wurde sie zur Religion. Das Milieu, aus dem das Christentum erwuchs, war das des hellenisierten Judentums. Die griechisch-lateinische Mentalität erwies sich jedoch bald als prägender als die hebräische – das Neue Testament ist in Griechisch geschrieben, wiewohl diese Sprache nicht die des Religionsstifters war. Noch weniger war es das Lateinische, das seine Kreuziger sprachen, und das doch bis zum II. Vatikanischen Konzil die Lingua sacra des Westens sein sollte. Daß ein die Zukunft des abendländischen Christentums derartig bestimmender Kirchenlehrer wie Augustinus den Originaltext des Neuen Testamentes nur mehr schlecht verstehen konnte, liegt zwar in seiner Biographie, genauer den Prügeln seines Griechischlehrers, begründet, wirkt aber doch wie ein vorauseilender Schatten: „Nach und nach verlor die ‚gelehrte Gesellschaft‘ das Gefühl für die Notwendigkeit griechischer Bücher. Sie hatte ja Augustinus."[2] Es ist die lateinische Bibel, sind die lateinischen Kirchenväter, sind die lateinischen Übersetzungen der griechischen Theologen, die auch die Sprache und damit das Wesen der abendländischen Mystik formen werden.

Märtyrer

Ob die Mystik bei der Ausbreitung der Christentums[3] eine Rolle gespielt hat, kann kaum beurteilt werden. Sicher hat die Tatsache, daß diese Religion mehr als ihre zahlreichen Konkurrentinnen in der Spätantike dem Leiden des Menschen einen Sinn zu geben verspricht, eine bedeutende Anziehungskraft ge-

---

[1] Vgl. u. S. 35.
[2] Brown (wie u. S. 50, Anm. 56), 239.
[3] Vgl. zuletzt D. Praet, Explaining the Christianization of the Roman Empire. Older theories and recent developments: Sacris erudiri 33, 1992, 5–119. Zur Epoche generell zuletzt A. Cameron, Storia dell'età tardoantica, Milano 1992. Zu ihrer Spiritualität Schneider, Geistesgeschichte – Grossi, Storia 2 und 3 – Pourrat, Spiritualité 1 – Bouyer, History 1.

habt. Schmerzen und Tod wie Jesus Christus auf sich zu nehmen sollte künftig zu den Idealen der wirklich überzeugten Anhänger dieser jüdischen Sekte gehören. Im Leiden und Sterben des Kyrios lag und liegt ein Identifi-
kationsangebot und damit eine Möglichkeit zur Entwicklung einer der beiden Formen der Christusmystik.

Ansätze dazu finden sich in den Erlebnissen mancher Gläubiger, die der
römische Staat hinrichten ließ, weswegen sie von ihren Genossen als Märtyrer verehrt wurden. Bischof IGNATIUS VON ANTIOCHIEN († ca. 110)[4] schrieb
auf seiner Reise von Syrien nach Rom als verurteilter Gefangener sieben
Briefe, in denen er seiner Hoffnung Ausdruck verleiht, durch das Martyrium
mit dem Vater und mit Christus vereinigt zu werden – weswegen er auch die
Christen in der Stadt seiner Gefangenschaft bittet, nichts zu seiner Rettung
zu unternehmen! Die Idee der Imitatio ist bei ihm ganz deutlich vorhanden:
„Ahmt Christus nach, wie er selbst seinen Vater nachahmt!"[5] „Laßt mich die
Passion meines Gottes nachahmen!"[6] Erst im Tod für seine christliche Über-
zeugung wird der Mensch Gottes Wort, bis dahin ist er nur ein Geräusch[7].
Aber Reinigung ist schon im Leben vorher nötig: durch Leiden, um sich vom
Eros, dem Streben nach Irdischem, zu befreien. Mühsal bringt auch die Arbeit für die Gemeinde, der in Ignatius' Denken so große Bedeutung zukommt, daß man sogar von seiner „Mystik der Kirche" (im Sinne von Gemeinde) gesprochen hat[8]. Ihre Mitglieder sind „Tempel Gottes", „Tempel
Christi", „Gottesträger", da Christus in ihren Seelen wohnt[9]. So verbindet
er auch Passion, Martyrium und Eucharistie. Bei Ignatius liegt die Betonung
des mystischen Lebens aber weniger auf den ethischen Folgen, wie bei Paulus,
weniger auf denen des Wissens, wie bei Johannes, sondern auf der Unsterblichkeit, die wir erlangen, wenn wir mit Gott vollkommen vereint sind[10].

Freilich ist es eine Ausnahme, daß ein Märtyrer sich aus seiner Gefangenschaft heraus, den Apostel Paulus nachahmend, in Briefen theologisch-re-
flektierend an seine Glaubensbrüder gewandt hat. Üblicherweise wissen wir
von ihnen nicht aus ihren eigenen Schriften. Die Akten der Märtyrer entstanden als Aufzeichnungen von Augenzeugen oder doch aufgrund von Augen-
zeugenberichten. Besonders aus Afrika sind zahlreiche dieser Dokumente
von allerdings nicht immer gesicherter Authentizität erhalten.

Am bekanntesten ist die vielleicht von Tertullian verfaßte Passion der
Karthagerinnen Perpetua und Felicitas (†202/03)[11], die auch in sehr reicher
handschriftlicher Verbreitung im lateinischen Mittelalter zirkulierte. Sie

---

4   M. Figura, Ignatius: Wörterbuch 244–246 – P.-Th. Camelot, Ignace: DS 7, 1250–1266.
5   Trall. 1, 2; 2, 1; Philad. 7, 2, SC 10, 126.
6   Rom. 4, 2; 6, 3, ebd. 114.
7   Rom. 2, 1.
8   Camelot 1258.
9   Viller, Rahner, Aszese 24.
10 McGiffert, Mysticism 410 f.
11 Th. J. Heffernan, Sacred Biography, New York 1988, 185–230.

enthält eine Reihe von ausdrucksstarken Visionen, die freilich kaum als mystisch interpretiert werden können. Aber die Vorstellung einer Einigung mit Christus noch vor dem Tode klingt in den Worten der im achten Monat schwangeren Felicitas an, die sie auf die Bemerkung eines der Gefangenenwärter hin macht, der über ihre Schmerzempfindlichkeit schon in diesem Zustand vor der Hinrichtung spottet: „Jetzt leide ich, was ich leide. Aber dann [beim Martyrium] wird ein anderer in mir sein und für mich leiden, weil auch ich für ihn zu leiden bereit bin."[12] Andere Aufzeichnungen von altchristlichen Martyrien erwähnen ausdrücklich, daß in den Bekennern übernatürliche Gnadengaben vorhanden sind als Lohn des begonnen Opfers[13]. Blandina, die in der Verfolgung von 177 in Lyon den Tod fand, wird während ihres Sterbens von ihren Mitchristen mit dem Gekreuzigten identifiziert, denn sie hatte Christus angezogen[14]. Im Bericht vom Martyrium des wohl im dritten Viertel des zweiten Jahrhunderts hingerichteten Polykarp werden dessen Leiden sogar bis ins Detail mit der Passion Christi verglichen[15]. Aber diese Vereinigung mit Christus am Ende des Lebens ist nur eine Andeutung der Vereinigung nach dem Tode. Kyprian von Karthago spricht um die Mitte des dritten Jahrhunderts davon, daß der Herr in den kämpfenden Märtyrer eintritt[16], eine Form des Enthusiasmus. Das Martyrium sieht er als „Taufe, die nach unserem Scheiden von der Welt uns unmittelbar mit Gott vereinigt"[17]. Der Zusammenhang von Taufe und Sterben wird verständlicher, wenn man an den damaligen Brauch denkt, den Stand als Katechumene (Taufschüler) bis ins höhere Alter auszudehnen. Dieses Streben nach dem Opfertod für den Herrn ist jedoch nicht mystisch, insofern es um die jenseitige, postmortale, nicht die diesseitige Einung mit Gott geht. Wenn von einer solchen noch vor dem Hinscheiden die Rede ist, so gleichsam als Vorwegnahme eines in ganz kurzer Zeit zu erwartenden Ewigkeitszustandes, nicht als Moment von eigener Bedeutung. Doch konnte der Märtyrer als Abbild des leidenden Gottes verstanden werden oder als von Gott Ergriffener[18]. Ein Ehrentitel für einen Märtyrer war „Christophoros", Gottesträger[19]. In einigen späten, teilweise fiktiven Passionen finden sich aber auch gelegentlich Anklänge an brautmystisches Vokabular[20].

---

[12] Passio 5, 15 (15, 6), PL 3, 48 A.
[13] Viller, Rahner, Aszese 34.
[14] Eusebius, Hist. Eccl. 5, 1 f.
[15] 11, 19, 1 u. ö.
[16] Ep. 10, 4; 37, 2; 76, 7.
[17] Ad Fortun., praef. 4, übersetzt von Viller, Rahner, Aszese 35.
[18] Schneider, Geistesgeschichte 135.
[19] M. Schneider, Gottesbegegnung und Leiderfahrung: G. Fuchs (Hg.), Die dunkle Nacht der Sinne, Düsseldorf 1989, 126–178, 133, Anm. 32.
[20] Amat, Songes 251 ff., 259.

Montanisten

Leider sind von der Erlebnismystik in der Alten Kirche nur wenige Berichte, eher Anspielungen, erhalten. Aber es gab Phänomene, wie sie oft im Umkreis der Einigungsmystik erscheinen. Das Pfingstereignis: „Alle wurden mit dem Heiligen Geist erfüllt und begannen, in fremden Sprachen zu reden" (Apg 2, 4), ist eine Schilderung der Besessenheit durch den Geist. Es gab auch ein weibliches Charismatikertum, auf das sich schon die Kritik des Paulus am „Zungenreden", der Glossolalie der Frauen, bezieht. Die berühmte Stelle des *1. Korintherbriefes* 14, 34, wo der Apostel den weiblichen Gläubigen das prophetische Sprechen in der Gemeinde, das „lalein", verbietet, wird heute nicht ohne apologetische Absicht als späterer Einschub angesprochen[21]. Inwieweit wir hier mystische oder bloß ekstatische bzw. visionäre Phänomene annehmen sollen, muß freilich ungeklärt bleiben. Manche Frauen induzierten jedenfalls ekstatische Erlebnisse, indem sie wie die Bachantinnen den Kopf so lange hin und her schüttelten, bis sie Gesichte schauten, oder indem sie im Winter barfuß den Schnee durchwateten[22]. Um 210/213 beschreibt aber der Apologet Tertullian eine Frau seiner Gemeinde mit Worten, die auf nahezu jede Mystikerin seit dem hohen Mittelalter passen würden:

> „Es gibt heute bei uns eine Schwester, die mit den Charismen [des Empfanges] von Offenbarungen begabt ist, die sie in der Gemeinde beim Gottesdienst ekstatisch im Geiste erleidet: Sie spricht mit Engeln, manchmal auch mit dem Herrn, und sieht und hört religiöse Geheimnisse. Manchen sieht sie ins Herz und erlangt Heilung für die, die sich danach sehnen. Die Themen für ihre Visionen kommen [ihr] davon, je nachdem die Schriften gelesen oder die Psalmen gesungen oder Zusprachen vorgebracht oder Bitten geäußert werden ... Wenn das Volk nach der Liturgie gegangen ist, pflegt sie uns üblicherweise zu berichten, was sie geschaut ..."[23]

Die Gemeinde, von der Tertullian schreibt und in deren rigoristischem Flügel er eine führende Stelle einnahm, gehörte zu einer Sekte, in der visionäre Phänomene besonderen Stellenwert innehatten: die Montanisten[24]. Ihr Gründer war der Phrygier MONTANUS († vor 180). Die „reinen", strengster Askese (besonders Keuschheit) verschriebenen Mitglieder seiner Sekte hatten heilbringende Visionen und Auditionen[25].

> „Wenn ein Mensch in den Geist aufgenommen ist, zumal wenn er die Glorie Gottes schaut, oder wenn durch ihn Gott spricht, muß er notwendigerweise aus seinen Sinnen entrafft werden, denn er wird von der Gotteskraft überschattet ..."[26]

---

[21] Vgl. z. B. J.-A. Aubert, La femme. Antifeminisme et christianisme, Paris 1975, 41 ff.
[22] Schneider, Geistesgeschichte 384.
[23] De anima 9, 4, CC 2, 792.
[24] J. Lanczkowski, Montanismus: Wörterbuch 362 f. – LThK s. v. Montanismus. – DS 4, 2089–2092. – DS 10, s. v. Montanisme. – Labriolle, polémique. – Knox, Enthusiasm 25–49.
[25] Tertullian, De exhort. cast. 10.
[26] Tertullian, Adv. Marc. 4, 22, CSEL 47, 493.

Doch scheint es ziemlich klar zu sein, daß es sich bei den Montanisten im allgemeinen nicht um Angehörige einer mystischen Bewegung handelte, sondern um die einer enthusiastischen, vielleicht nicht unbeeinflußt von ekstatischen orientalischen Religionen, wie besonders der der Kybele, die in der Heimat des Montanus hoch verehrt wurde. Das heißt, nicht die Gottesbegegnung in der Seele wird erlebt, sondern die Gottheit verdrängt sozusagen die Seele des Charismatikers aus ihrem Leib, um sich dessen zur Verkündigung von Weissagungen zu bedienen. Dieses Phänomen ist uns aus vielen Religionen bekannt, auch aus den vorchristlichen der Antike (z. B. die Priesterin Pythia am Delphischen Apollonorakel). Von katholischer Seite wurden die Ekstasen der Montanisten freilich als teuflische Besessenheit diffamiert. Enthusiasmus und Besessenheit meinen ja, religionsphänomenologisch gesehen (aber so sah es bereits Philon[27]), dasselbe Phänomen, einmal positiv: Ergriffenheit von der Gottheit (griechisch: en + theos, wörtlich übersetzt: in + Gott), das andere Mal negativ: Ergriffenheit von Dämonen (bei der Unio mystica wird dagegen das Ich des Mystikers nicht durch Gott „verdrängt", sondern mit ihm vereinigt). In einem Orakel des Montanus heißt es in diesem Sinne treffend, daß der Mensch in der Umarmung des Geistes wie eine Lyra ist, die das Plektron ganz nach Belieben in Schwingungen versetzt. Der Prophet ist bloß passiver Vermittler der Offenbarung[28] (wir werden ähnliche Formulierungen bei Hildegard von Bingen treffen[29]). Vor diesem Hintergrund ist es wohl als enthusiastische, nicht als mystische Aussage zu verstehen, wenn Montanus bekennt, er sei der Vater, das Wort, der Paraklet[30], und seine Anhängerin Maximilla, sie sei das Wort, der Geist und die Macht.

Montanus hat sich also auch auf Prophetinnen gestützt, als er seit ca. 160 das nahe Ende der Welt verkündete. Das Zentrum der Sekte, Perpuza, galt als Neues Jerusalem (ähnlich wie Münster im sechzehnten Jahrhundert den Täufern und im neunzehnten Jahrhundert Salt Lake City den Mormonen). Diese Prophetinnen formulierten in ihren Ekstasen die göttliche Botschaft, wobei sie in ihrer Sprache ein (grammatikalisch) männliches Ich verwendeten, so sehr hatte der Geist, der Paraklet, ihre Seele verdrängt[31]. Namentlich bekannt sind MAXIMILLA und PRISCILLA[32]. Erstere bezeichnete sich als Wort, Geist und Macht; „nicht mich hört ihr, sondern Christus"[33]. „Ich schaute, wie Christus zu mir kam, er schien eine Frau zu sein, in ein leuchtendes Gewand gekleidet und mir Weisheit eingießend ..." Hier wäre ein Ansatzpunkt für die Entwicklung einer eigenständigen, sogar einer feministischen

---

[27] Labriolle, polémique 129. – Schneider, Geistesgeschichte 128.
[28] Buber, Konfessionen 39.
[29] Vgl. u. S. 149.
[30] Didymus, De trin. 3, 41.
[31] Labriolle, polémique 109.
[32] Valerio, cristianesimo 53 ff.
[33] Epiphanius, Panarion 48, 18; Eusebius, Hist. eccl. 5, 16 f., zit. Valerio, cristianesimo 54, A. 64.

Frauenmystik gewesen, zumal die Montanisten Frauen u. a. unter Berufung
auf die Prophetinnen des Alten Testamentes zum Priesteramt zuließen. Eigenständig und feministisch avant la lettre war auch die positive Interpretation Evas als Wissende, da sie als erste vom Baum der Erkenntnis gegessen
hatte[34]. Diese Möglichkeit eines frauenfreundlicheren Christentums fiel bald
der Verfolgung durch die katholische Kirche zum Opfer, ähnlich wie vergleichbare Strömungen im späten dreizehnten und frühen vierzehnten Jahrhundert[35].

Auch Montanus selbst war ekstatisch begabt, und eine bei Eusebios zitierte
Bemerkung, er würde sich wie ein Besessener in einer Weise verhalten, die
gegen die altkirchliche Tradition verstieße[36], läßt zusammen mit anderen
Quellen vermuten, daß ähnliche, aber „orthodoxe" Charismatiker im zweiten Jahrhundert durchaus noch nicht so selten waren. Die Montanisten prophezeiten jedoch in „neuer" (endzeitlicher) und „ungeordneter" (also von
Paulus und der Hierarchie verworfener) Weise, das heißt, sie verkündeten
im Zustand der unkontrollierten Trance (wie später etwa die hl. Katharina
von Siena[37]), und nicht bei wiedererlangtem Bewußtsein nach der Entraffung[38]. Eine Folge des Auftretens dieser Häresie war es nun aber gerade, daß
die Kirche prophetischen Strömungen, besonders wenn sie von Frauen getragen wurden, skeptisch gegenüberzutreten begann. Im zweiten Jahrhundert konnte Bischof Eirenaios von Lyon prophetische Phänomene bei Frau-
en schon als von Dämonen verursacht verurteilen[39], und in der Mitte des
dritten Jahrhunderts konnte Origenes schreiben, es gäbe keine Propheten
mehr[40]. Sie waren auch überflüssig, seitdem sich die Amtskirche so gefestigt
hatte, daß der Bischof als inspirierter Lehrer galt. Schon aus dem um 95 geschriebenen Brief des Papstes Clemens I. erhellt, daß der römische Bischof
aus göttlicher Inspiration spricht[41], und dem Märtyrerbischof Kyprian von
Karthago († 258, hl.), einem der glühendsten Bewunderer Tertullians[42], wurden zahlreiche Visionen über das Geschick der Kirche zuteil[43]. Nicht ohne
Ironie ist es, wenn man gerade in seinem Briefwechsel mit Bischof Firmian
von Cäsarea (im Jahre 256) die bissige Schilderung einer solchen Prophetin
liest, die sich mit dem Heiligen Geist erfüllt wähnt, nach Jerusalem entrafft
wird, Ekstasen hat und die Zukunft, z. B. Erdbeben, voraussagt. Das konnte

---

[34]   Ebd. 49, 2.
[35]   Vgl. u. S. 266 ff.
[36]   Hist. eccl. 5, 16, 7.
[37]   Vgl. u. S. 359.
[38]   Knox, Enthusiasm 43.
[39]   Schneider, Geistesgeschichte 142.
[40]   C. Celsum 7, 11.
[41]   c. 59, McGiffert, Mysticism 417; vgl. auch schon Didache 15, 1.
[42]   Hieronymus, De vir. ill. 53; Ep. 84, 2.
[43]   A. v. Harnack, Cyprian als Enthusiast: Zs. f. d. neutestamentl. Wissenschaft 3, 1902, 177–
       191.

natürlich, so die katholischen Theologen, nur das Werk von Dämonen sein
– zumal diese Frau nicht als Jungfrau lebte[44].

Trotz harter Verfolgung durch Kirche und Staat hielt sich der (in der Lehre
vom Katholizismus kaum abweichende und sich selbst völlig orthodox füh-
lende) Montanismus im Westen im Untergrund wenigstens bis ins siebente
Jahrhundert. „Die Kirche, indem sie die Montanisten verdammte, wählte ein
Leben ohne die geistliche Führung und Erleuchtung, derer sie sich einst erfreut hatte. Aber diesen Schritt hätte sie nicht unternehmen können, wenn
nicht der ursprüngliche Geist schon weitgehend vergessen worden wäre und
sich nicht die Abhängigkeit von äußeren Autoritäten dieser oder jener Art
bereits weitgehend durchgesetzt hätte."[45]

Freilich gab es noch andere Gruppen, die sich nach charismatischen Offenbarungen richteten. So wird z. B. in der zweiten Hälfte des zweiten Jahrhunderts von Apelles, einem Angehörigen der Sekte der Markioniten, berichtet, er habe aufgrund der Revelationen der Prophetin Philumene eine neue
Häresie begründet[46]. Diese Offenbarungen sind freilich nicht erhalten.

Wüstenväter

Auch die Asketen, die sich einzeln oder in Gruppen besonders in die ägyptischen Wüsten zurückzogen[47], mochten vielen wie eine Sekte erschienen sein.
Visionen und Erscheinungen waren bei ihrem Leben härtester Kasteiung und
besonders langem Fasten keineswegs ungewöhnlich. Sie haben oft nichts mit
Mystik zu tun, wie etwa die Dämonen- und Christusgesichte des bekanntesten von ihnen, des Abtes Antonius (251/2–356), zeigen. Aber doch gibt es
bei den Wüstenvätern einzelne, im westlichen Frühmittelalter aber nicht
weiterverfolgte Ansätze zu einer ekstatischen Kontemplation und sogar einer Passionsmystik. Poimen steht in einer Vision bei der weinenden Mutter
Gottes unter dem Kreuz, Pachomius erträgt die Dornen in seinen Füßen in
Gedanken an die Annagelung Christi, andere machten sich hölzerne Kreuze und trugen sie auf den Schultern umher[48] – wie man es heute noch bei
Prozessionen in südlichen Ländern oder auf den Philippinen sehen kann. Die
große Betonung der Selbsterkenntnis bei den Wüstenvätern[49] gehört zu den
klassischen mystischen Themen. Cassian hat viel zur Kenntnis dieser Heiligen im Westen beigetragen und auch von mancher „protomystischen" Erfahrung berichtet[50].

---

[44] Ep. 75, 10, CSEL 3/2, 817.
[45] McGiffert, Mysticism 425; ähnlich Labriolle, polémique 97 f.
[46] Tertullian, De Praesc. 6, 6.
[47] Tugwell, Ways 13–24.
[48] Cancik, Grundzüge 109.
[49] Tugwell, Ways 15 ff.
[50] Vgl. u. S. 57 ff.

In diesen Umkreis scheinen auch die Christus-Visionen zu gehören, die
zwei besonders orthodoxe weibliche Heilige nach ihrem eigenen und dem
Zeugnis eines besonders orthodoxen männlichen Heiligen gehabt haben,
nämlich Paula (347–404) und ihre Tochter Eustochium (✝ 420) von Rom. Ihr
geistlicher Mentor Hieronymus (✝ 420) berichtet, daß Paula in der Geburts-
höhle zu Bethlehem das weinende Kind, die Weisen aus dem Morgenlande,
den Stern, Maria usw. visionär schaute[51], also ein Vorklang der später von so
vielen Mystikerinnen erzählten Christkind-Visionen, wenn auch noch an den
heiligen Ort direkt gebunden. Und in einem Brief schildern die beiden Frau-
en selbst, wie ihnen immer, wenn sie das Grab Christi betraten, der Herr und
zu seinen Füßen der Engel erschien[52], eine Vergegenwärtigung des biblischen
Berichts. Beide verbrachten den Rest ihres Lebens in Bethlehem im Kloster.
Übrigens hat Hieronymus das jungfräuliche Mädchen Eustochium auch mit
der Vorstellung brautmystischer Erotik bekannt gemacht, indem er ihr in der
Terminologie des *Hohenliedes* beschrieb, wie sie ihr Bräutigam berühren und
mit ihr „spielen" würde[53] („ludere" hat eindeutig sexuelle Konnotation).
Damit kam Eros, den die Kirchenväter so heftig bekämpften[54], in legitimier-
ter Form wieder zu seinem Recht – und so sollte es in der weiteren Geschichte
des Christentums bleiben, insofern es eine Brautmystik zuließ.

Augustinus und Cassian

Die verschiedenen christlichen Schriftsteller der Alten Kirche haben wohl alle
mehr oder weniger zur Entwicklung der philosophischen Mystik beigetragen, indem sie einzelne theologische Überlegungen in einer Weise vortrugen,
die dem Mittelalter vorbildlich werden sollte, da jene Epoche generell sehr
auf „Autoritäten" Wert legte. Oft und oft übernahm man lieber die Gedanken der spätantiken christlichen Theologen, die der Zeit der Apostel noch
vergleichsweise nahe gewesen waren, anstatt nach Neuformulierungen zu
suchen. Wir können im Rahmen unserer Darstellung nur die besonders wichtigen Denker nach der Duldung und dann Annahme des Christentums als
Staatsreligion im römischen Reich kurz betrachten. Doch sind einzelne wei-
terwirkende Komplexe mystischer Potenz in vielen Schriften der frühen Kirche enthalten; z. B. die Lehre des Märtyrers Justin (✝ 165) vom in alle Menschen verstreuten Samen („sperma") des göttlichen Logos, der ihre Vernunft
konstituiert; ein Konzept, das, von Eirenaios aufgenommen[55], in orthodoxer

---

[51] Epitaph. S. Paulae 10.
[52] Hier., Ep. 46, 5, 3.
[53] Ep. 22, 25, CSEL 54, 178–188.
[54] Vgl. zuletzt E. A. Clark, Sex, Shame and Rhetoric. Engendering Early Christian Ethics:
      Journal of the American Academy of Religion 59, 1991, 221–245; P. Brown, Die Keusch-
      heit der Engel, München 1991.
[55] Schneider, Geistesgeschichte 127.

und ketzerischer Wesensmystik wiederauftauchen sollte, zumal es an Johannes anknüpft.

Für die Geschichte der christlichen Religion in Europa am bedeutendsten sollte aus jener Zeit ein Afrikaner werden, keiner der Märtyrer, sondern derjenige Theologe, der vor Thomas von Aquin katholisches Denken am tiefgehendsten geprägt hat: AURELIUS AUGUSTINUS (354–430, hl.)[56]. Sein Weg zum Christentum war kein leichter, wenn auch seine Mutter Monica ihn beständig dazu drängte, im Gegensatz zu seinem heidnischen Vater. Augustinus unterrichtete Rhetorik, was auch ein Anlaß zu seiner näheren Beschäftigung mit dieser Religion wurde, da er sich zunächst vor allem aus stilistischem Interesse die Predigten des Mailänder Bischofs Ambrosius anhörte, bald freilich mehr vom Inhalt seiner Botschaft fasziniert. Zuvor hatte er sich jahrelang mit dem Manichäismus beschäftigt, einer christlich-gnostischen Religion mit stark dualistischen Zügen (die Welt als Kampf zwischen Gut und Böse), die in manchen Kapiteln seiner Lehre Spuren hinterlassen hat. Dann hatte er die Schriften der Neuplatoniker gelesen, besonders Plotin in der Übersetzung des Marius Victorinus, die seine Gottesvorstellung und seine Mystik noch stärker prägten. Doch befriedigten ihn dieses System intellektuell nicht. Auch emotionell fand er keine Ruhe: weder in sexueller Freizügigkeit, noch in der Verbindung mit einer Konkubine, noch in der Freundschaft zu Männern. „Weh über meine stolze Seele, die hoffte, etwas Besseres zu bekommen, wenn sie sich von dir zurückzöge!"[57]

Ein Bekehrungserlebnis in einem Garten in Mailand ließ Augustinus sich endlich zur lange aufgeschobenen Taufe entschließen: die berühmte Audition einer Stimme, die „Nimm und lies!" sang, worauf er (nach einer auch heidnischen Praxis der Wahrsagung) zu den Paulusbriefen griff, eine beliebige Seite aufschlug und im *Römerbrief* 13, 13 f. sein Orakel fand: „Ziehet den Herrn Jesum Christum an und pfleget das Fleisch nicht zur Erregung euerer Lüste!" Eben die Absage an die Freuden der Erotik war es ja gewesen, die ihm bislang eine wirkliche Konversion hatte so schwierig erscheinen lassen. Wieder in Afrika, wird er gegen seinen Willen 389 zum Priester berufen, sechs Jahre später ist er Bischof von Hippo Regius in Numidien. Als Mönch lebend, erfüllt er dieses Amt mit allem Engagement für seine karitativen und katechetischen Pflichten, daneben findet er noch Zeit, mit Briefen und Abhandlungen in alle innerkirchlichen Auseinandersetzungen seiner Zeit einzugreifen. Dabei fehlt es ihm keineswegs an der Härte dessen, der sich im Besitz der Wahrheit glaubt; ein exzellenter Kenner seines Werkes konnte ihn als den ersten Theoretiker der Inquisition (avant la lettre) bezeichnen[58]. Augu-

---

[56] DS, s. v. Augustine. – W. Wieland, Augustinus: Ruhbach, Sudbrack, Große Mystiker 51–75. – L. Boros, Aurelius Augustinus, Aufstieg zu Gott, München 1985. – P. Brown, Der hl. Augustinus, München 1975. – M. Schrama, Augustinus: Wörterbuch 39–41. – Ruh, Geschichte 83–117.

[57] Conf. 6, 16, CSEL 33, 139.

[58] Boros 34.

stinus ist alt geworden und hat unermüdlich ein Buch nach dem anderen diktiert, nicht selten auch an mehreren nebeneinander gearbeitet. Sein *Gottesstaat,* eine Theologie der Geschichte, wurde zu einem nicht allzuweit von der Bibel rangierenden Handbuch christlichen Weltverständnisses. Im Jahre 430 stirbt er in seiner von den Truppen der Wandalen belagerten Metropole.

Augustinus hat selbst mystische Erfahrungen erlebt, wenn er sie auch sogleich verstandesmäßig untersucht, sie fast mit intellektuellem Erfassen identifiziert, und doch voll emotionellem Verlangen bleibt. Auch das für die praktische Mystik so typische Gefühl der übergroßen Süße war ihm nicht unbekannt[59]. Er berichtet von diesen Erlebnissen in seinen *Confessiones,* seiner spirituellen Autobiographie, die zu den Büchern der Weltliteratur gehört, welche ihre Faszination bis in die Gegenwart behalten haben. Schon der geschliffene, präzise, mitreißende Stil seines Lateins hält den Leser im Bann, um so mehr die oft sich selbst nicht schonende Öffnung eines Menschen von intensiver Liebessehnsucht und tiefer intellektueller Reflexion. Gleichzeitig ist es ein Buch von großer Intimität: Intimität nicht nur, weil sein Autor so viel von seinem Innersten preisgibt, sondern auch, weil er sich in einem unmittelbaren und vertrauten Zwiegespräch mit seinem Gott befindet. Schon Augustinus' Zeitgenossen haben die *Confessiones* bewundert, wie auch er selbst: „Was mich angeht, so bewegen sie mich noch immer, wenn ich sie jetzt lese, wie sie mich bewegten, als ich sie erst schrieb"[60], bekennt er als Vierundsiebzigjähriger.

Aus der Zeit seines Studiums der neuplatonischen Philosophie, die „ein unglaubliches Feuer"[61] in ihm entzündete, datiert ein erstes mystisches Erlebnis.

> „Und dann aufgefordert, zu mir selbst zurückzukehren, betrat ich, von Dir geführt, mein Innerstes. Ich schaute mit dem Auge meiner Seele, so schwach es war, hoch über diesem selben Auge meiner Seele, hoch über meinem Geist, das unwandelbare Licht, nicht dieses allen gemeine, sichtbar allem Fleische, auch nicht ein größeres von derselben Natur, sondern etwas anderes, weit anderes als alles sonst. Wer die Wahrheit kennt, kennt es, und wer es kennt, der kennt die Ewigkeit. Die Liebe kennt es ... Und du schlugst, blendendhell in mich strahlend, zurück meines Auges Unkraft, und ich erschauerte in Liebe und Erschrecken. Und ich fand mich weit von Dir in der Fremde des entstellten Ebenbildes ..."[62]

In einer späteren Passage beschreibt Augustinus das meditative Aufsteigen der Betrachtung zum kurzen, viel zu kurzen Augenblick der Gottesschau: Stufe für Stufe steigt er von der Körperwelt zur Seele mit ihren Wahrnehmungen, über diese zur Vernunft, mit ihren Urteilen über das Wahrgenommene. Aber all dies erweist sich als wandelbar, bis er im Blitzschlag der Erkennt-

---

[59] Conf. 10, 40.
[60] Retract. 2, 6, 1, zit. Brown 143.
[61] C. Acad. 2, 2, 5.
[62] Conf. 7, 10, übersetzt von J. Bernhart, Frankfurt 1955, 120 f., gekürzt.

nis zu dem kommt, was ist, „ad id, quod est". „Ja da schaute ich Dein Un-
schaubares im Mittel der Schöpfungsdinge erkenntnisweise, aber daran mich
festzuschauen, das vermochte ich nicht ..."[63] Die kontemplative, vielleicht
ekstatische Schau ist in für Augustinus typischerweise mit dem Intellekt verbunden, keineswegs bloßes Empfinden, sondern Verstehen. „Das Sehver-
mögen der Seele ist die Vernunft", sagt er einmal in den *Selbstgesprächen*[64]
und häuft eine Vielzahl von Aussagen mit dem Ziel, die mystische Schau als
vernunftgemäßes Begreifen zu definieren: „ipsa autem visio intellectus est ...
Deum videre, hoc est Deum intelligere"[65].

„Er billigt nur der Vernunft die Fähigkeit der Vision zu. Seine Mystik ist
in Wahrheit Denkarbeit, die nur, auf ihrer höchsten Stufe, fühlt, daß Beweise für das Gefühl, das Gewißheit hat, überflüssig sind, weil man die ‚Sache
selbst' sieht. Doch sind diese eigentlich mystischen Freuden bei Augustin
selten. Er bevorzugt alles Verstandesgemäße."[66] Wenn er z. B. mehrfach das
Bild von der Leiter als Aufstieg zu Gott gebraucht, so kann man im Zweifel
sein, ob er von Kontemplation oder von Erkenntnistheorie handelt[67]. Doch
führt auch diese intellektuelle Art der Schau zur Liebe.

Platonisch-neuplatonische Konzeptionen sind in diesem Erleben deutlich:
der Kontrast des Veränderlich-Irdischen zum Unwandelbaren, Eigentlichen;
der Aufstieg von der Schöpfung zum Schöpfer. Platonisch auch die Vorstellung, man müsse dem Gefängnis des Materiellen entrinnen, um zur Gottesschau zu kommen: „Glaube mir," läßt er in dem in den Monaten zwischen
seiner Bekehrung und seiner Taufe verfaßten Dialog der *Selbstgespräche* seine
Vernunft zu ihm sagen, „wenn du so weit bist, daß dich überhaupt nichts
Irdisches mehr erfreuen kann, dann wirst du im selben Augenblick, ja in
ebendiesem Moment, schauen, was du begehrst."[68] Allgemeiner ist die Wendung ins Innere, in die eigene Seele: man denkt an das „Erkenne dich selbst",
seit den vorsokratischen Philosophen Thema antiken Denkens. Augustin rät
es immer wieder: „Wolle nicht nach außen gehen, in dich selbst geh' zurück!"[69] Denn: Gott thront in der Seele[70]. Denn: Gott ist „innerer als das
Innerste der Seele"[71]. Und er betet: „Invoco te, deus meus ... invoco te in
animam meam, quam praeparas ad capiendum te ex desiderio ..."[72] (Ich rufe
dich an, mein Gott, rufe dich *in* meine Seele, die du, dich zu fassen, mit Sehnsucht vorbereitest ...)

---

[63] Conf. 7, 17, Bernhard 124.
[64] 1, 13, ed. u. übersetzt von H. Fuchs, H. Müller, Aurelius Augustinus, Selbstgespräche über
Gott und die Unsterblichkeit der Seele, Zürich 1954, 77.
[65] Ebd. 76 ff.
[66] H. Müller, ebd. 26.
[67] Bonner, spirituality 148.
[68] Soliloqu. 1, 24, ed. cit. 102.
[69] Vera rel. 39, 72, Boros 97.
[70] Ps. 44, 10.
[71] Conf. 3, 6, 11, CSEL 33, 53.
[72] Conf. 13, 1, ebd. 334.

Noch eine dritte Vision erzählt Augustinus in seinem Bekenntnisbuch.
Oder ist es nur eine gesprächsweise Betrachtung, der er sich zusammen mit
seiner Mutter in Ostia hingibt? In ihrer (an Plotin erinnernden) Meditation
gehen Sohn und Mutter wiederum aus von den Dingen der Erde, über die
Himmelssphären hinaus, hinaus über sich selbst, bis sie „für einen Herzschlag
lang" die ewige Wahrheit berühren, um seufzend wieder ins Lärmen der
Sprache und der Welt zurückzufinden[73].

Zurückschauend begründet Augustinus die Unvollkommenheit seiner Erlebnisse damit, daß er vor seiner Bekehrung den Weg zu Gott noch nicht in
Christo gesucht habe, noch als Todgeweihter, nicht als Eingeweihter[74] – er
schreibt seine Autobiographie ja zehn Jahre nach seiner Taufe, bereits seit
zwei Jahren Bischof. Aber auch prinzipiell ist Gott jenseits des für uns Er-
faßbaren, die so kurze mystische Schau ist bestenfalls ein an ihn Streifen im
Geiste, und was man schaut, unaussprechlich[75]. Nur einige Heilige wie Moses
und Paulus haben schon im Leben voll in das ursprüngliche Gotteslicht ge-
blickt[76].

In der Tat ist generell nicht die Zeit der Erfüllung das Thema der *Confessiones,* sie kreisen vielmehr um das noch unerfüllte Verlangen. Gottessehnsucht ist kaum schöner beschrieben worden, als von Augustinus:

> „Spät habe ich Dich geliebt, Du Schönheit, ewig alt und ewig neu, spät hab ich
> Dich geliebt. Und siehe, Du warst innen und ich war draußen, und da suchte ich
> nach Dir, und auf das Schöngestaltete, das Du geschaffen, warf ich mich, selber
> eine Mißgestalt. Du warst bei mir, ich war nicht bei Dir. Du hast gerufen und
> geschrien und meine Blindheit zerrissen; Du hast geblitzt, geleuchtet, und meine
> Blindheit verscheucht; ich habe gekostet, nun hungere ich und dürste; Du hast
> mich berührt, und ich brenne nach dem Frieden in Dir."[77]

Und: „Die Sehnsucht ist des Herzens Tiefe. Je mehr wir die Sehnsucht aus-
spannen, desto mehr verstehen wir Gott."[78]

Aber diese Erlebnisse haben in Augustinus doch eine religiöse Gewißheit
hinterlassen, die sich in seinem ganzen späteren Leben manifestiert. Wenn
er in der Predigt zum 42. Psalm von dem nach den ewigen Wasserquellen
dürstenden Hirsch als Bild der gottsuchenden Seele spricht, dann meint er
auch sich damit, wenn er die Frage stellt:

> „‚Warum bist du traurig, meine Seele, und warum betrübst du mich?' Siehe, wir
> durften ja schon mit der Seelenspitze, wenn auch nur ganz schwach und wie im
> Vorübergehen, etwas Unveränderliches schauen: Warum betrübst du mich da
> noch und warum bist du traurig? Du willst doch nicht an deinem Gott zweifeln?

---

[73] Conf. 9, 10.
[74] Conf. 7, 20.
[75] Serm. 117, 5; 53, 11.
[76] Ep. 174, 13, 31.
[77] Conf. 10, 27, Bernhart 193, gekürzt.
[78] Jo. Ev. 40, 10, zit. Boros 203.

Du bist ja jetzt für dich nicht mehr ohne Antwort gegen jene, die fragen: ‚Wo ist dein Gott?' Und da ist es, als wenn ihm seine Seele schweigend die Antwort gäbe: ‚Warum betrübe ich dich? Doch nur deshalb, weil ich noch nicht dort bin, wo jene Süßigkeit wohnt, die mich in einem kurzen Augenblick schon so entzückt hat.'"[79]

Vieles Einzelne ist noch in den zahlreichen Abhandlungen des Kirchenvaters zu finden, was auf diese Frömmigkeitshaltung verweist, die wir Mystik nennen, unzählbar sind die Formulierungen, die die abendländische Tradition ihm verdankt. Sie sind vielleicht nicht alle originell, aber da Augustinus wenigstens bis zu Luther wie kein zweiter gelesen wurde, konnte er so vieles an die späteren Mystiker vermitteln. So z. B. das berühmte Gleichnis von der Seele als Siegelwachs, in das Gott sich oder seine Wahrheit eindrückt[80], oder die für religiöse Inspiration stehende Metapher von der geistlichen Trunkenheit[81], oder die Definition der Ekstase als einen Zustand, in dem die Seele mehr als im Schlaf, aber weniger als im Tod fühlt[82], und als „eine Entraffung des Denkens aus den körperlichen Sinnen, so daß der vom Geiste Gottes aufgenommene Geist des Menschen offen wird für das Erfassen und Schauen der (Ur)bilder"[83].

Aber eine Theorie der Mystik liefert Augustinus nicht, will man nicht kurze theoretische Beschreibungen so nennen[84]. Seine Einteilung der Visionen allerdings, die er bei der Auslegung der Paulusstelle (2Kor 12, 2 ff.) von der Entraffung in den dritten Himmel entwickelt[85], kann nicht unerwähnt bleiben. Sie war den späteren Theoretikern dieses Phänomens gegenwärtig, auch Dante hat sie in der *Göttlichen Komödie* verwendet[86]: die drei Himmel des Apostels stehen für drei Arten menschlicher Wahrnehmung, drei Erkenntnisweisen. Die Visio corporalis, die leibliche Schauung, entspricht dem, was wir ganz gewöhnlich vermittels unserer äußeren Sinne wahrnehmen können. Die Visio spiritalis, die geistige Schauung, bezeichnet unsere Vorstellungswelt: Erinnerungen, Phantasien, Träume und Tagträume. Die Visio intellectualis schließlich, die verstandesmäßige Schauung, ermöglicht die Erkenntnis von rein geistigen Wesenheiten wie Gott oder von Abstrakta wie Liebe. Zu dieser höchsten Erkenntnisstufe gehört die Vision des Paulus vom dritten Himmel. Er ist das Paradies der unmittelbaren Anschauung Gottes, der Visio beatifica. Das Erlebnis der Visio beatifica schon im Erdenleben gehört jedoch zweifellos zu den mystischen Erfahrungen im engsten Sinn des Wortes.

---

79 Zit. Brixner, Mystiker 40.
80 Trin. 14, 15, 21.
81 C. Faust. 12, 42.
82 De Gen. ad litt. 12, 12, 25; 12, 26, 53.
83 Div. qu. Simpl. 2, 1, 1, CC 44, 59.
84 Z. B. Soliloqu. 1, 13 f.
85 De Gen. ad litt. 12.
86 H. J. Kamphausen, Traum und Vision in der lateinischen Poesie der Karolingerzeit, Bern 1975, 36 ff.

Abb. 3 Drei Arten der Vision: Unten die körperliche Schau, wegen des Sündenfalls der Stammeltern können die Menschen nicht mehr unmittelbar Gott schauen. In der Mitte als Ausnahmen die Heiligen Paulus und Benedikt, die Himmelsvisionen von sich berichteten. Oben das Antlitz Gottes, umgeben von Engeln, die ihm die Seele eines Gerechten präsentieren. Diese Abwandlung der Augustinischen Typen evoziert zugleich die Vorstellung der Emanation alles Geschaffenen aus Gott.

Kanonistische Enzyklopädie *Omne bonum*: Royal MS 6 E. vi, f. 16r, 1360/75, British Library, London.

Wie nach seiner Biographie wohl zu erwarten, hat Augustinus keinem bloß kontemplativen Leben das Wort geredet, wie man es im Osten finden konn-te[87], sondern einen vernünftigen Mittelweg empfohlen: „Niemand soll nur in der Meditation leben, so daß er darin nicht an das denkt, was seinem Nächsten nützt, aber niemand sei auch so betriebsam, daß er die Betrachtung Gottes nicht sucht."[88] So konnte ihm die spätere Tradition auch einen Traktat über die zwölf Mißbräuche weltlichen Lebens zuschreiben, der beginnt mit: „Ein Weiser ohne Werke ..."[89] Augustinus hat das Gegenteil nicht nur vor-gelebt, sondern auch, folgenreicher, über beide Lebensweisen mit einer das ganze Mittelalter prägenden Autorität geschrieben.

Unmöglich können hier all die Themen erwähnt werden, in denen nicht nur die mittelalterliche Theologie, sondern auch die Mystik Augustinus ver-pflichtet ist. Allein die reiche Bildsprache, z. B. vom Höhenflug der Seele, von den inneren Sinnen, von Hell und Dunkel, geht prägend in die Traditi-on ein; das Thema der „fruitio Dei", des Genießens der Gottheit; die Bestim-mung der Kontemplation als geistiger Schau Gottes; die Exegese der Maria als Repräsentantin der Vita contemplativa und der Martha als der der Vita activa; die Siebenzahl der Aufstiegsschemata; usw. Es war verständlicher-weise die Schule der Augustinerkanoniker von St. Viktor[90], die sein Erbe besonders gepflegt hat; einen ihrer Theoretiker der Mystik, Hugo, hat man als „zweiten Augustinus" bezeichnet. Walter Hiltons *Leiter zur Vollkommen-heit* enthält eine bewundernswerte Zusammenfassung der Augustinischen Theologie[91], und gut hat der anonyme Verfasser der *Wolke des Nichtwissens* in derselben Tradition gesagt, daß das ganze Leben eines guten Christen in nichts anderem als heiligem Sehen bestände[92]. Bekannt ist, wie stark Teresa von Avila von der Lektüre der *Confessiones* ergriffen wurde, in denen sie sich selbst porträtiert fand. Als sie von der Stimme im Garten zu Mailand las, „da schien es mir genauso, als ob der Herr zu mir gesprochen hätte."[93]

Obschon im Mönchtum gern gelesen, so waren die Schriften eines Zeitge-nossen und theologischen Gegners des Augustinus, JOHANNES CASSIANUS (um 360 bis um 435)[94], von geringerem Einfluß. Sie enthalten zwar manche für die Mystik, besonders ihre asketische Vorstufe, wichtige Passage, gehören aber nicht eigentlich zum mystischen Schrifttum. Cassian hatte etwa zehn Jahre bei den ägyptischen Wüstenmönchen gelebt, ehe er nach Konstan-tinopel und 404 nach Rom reiste. Sein wichtigster Meister in der ägyptischen

---

87 Vgl. u. S. 61 ff.
88 Civ. Dei 19, 19, CC 48, 686.
89 PL 40, 1079.
90 Vgl. u. S. 141 ff.
91 2, 1 ff., vgl. Bonner, Sprituality 155 f.
92 c. 75.
93 Vida 9, ed. H. E. Heit, Strasbourg 1927.
94 P. Th. Camelot, Johannes Cassianus: LThK 5, 1016 f. – M. Olphe-Galliard, Cassien: DS 2, 2214–2276. – Ruh, Geschichte 118–138.

Wüste war Euagrios Pontikos[95] gewesen, einer der Lehrer des Ideals der Hesychia (Ruhe, Kontemplation, fortwährendes Gebet), die er als Lebensform und Gnade der Einsamkeit des Geistes faßt. Er hat Cassian vor allem mit Origenes vertraut gemacht. Nach seiner Priesterweihe gründete Cassian in Marseille ein Männer- und ein Frauenkloster. Um die geistliche Leitung der Mönche und Nonnen in Gallien besorgt, verfaßte er Werke über die monastischen Gebräuche, den Kampf gegen die Hauptsünden, vor allem aber die *Collationes patrum,* eine Sammlung seiner Gespräche mit den Wüstenvätern. Sie sind teilweise Wiedergaben tatsächlicher geistlicher Unterhaltungen, meist aber eher der literarische Rahmen, den Cassian zur Darstellung seiner Ratschläge für das mönchische Leben wählt. Schließlich handelt es sich hierbei um eine Form, die seit den platonischen Dialogen, im Westen durch die philosophischen Schriften Ciceros, für Lehrinhalte beliebt war.

Ein Grundthema der Mystik klingt an schon in der Unterscheidung der „vita activa" von der „vita contemplativa": erstere ist Sache der Anfänger im Kloster, die sich in Tugenden zu üben und ihr Herz zu reinigen haben, letztere, die nach einer ununterbrochenen Vergegenwärtigung Gottes in reinem Gebet strebt, wird von den reiferen Anachoreten geübt. Diese höchste Form des Betens ist erreicht, wenn der Gläubige sich dessen nicht mehr bewußt ist, daß er betet[96]. Die Beschauung des Höchsten, die schauende Erkenntnis, ist Ziel des Mönchtums. Cassian führte in diesem Zusammenhang die beiden (erst seit dem Barock säkularisiert gebrauchten) Begriffe „Praxis" (Tun) und „Theorie" (Schauen) in die westlichen Sprachen ein.

Freilich war das Zusammenleben im Kloster für mystische Erfahrungen oft weniger geeignet. Die Spannungen, denen die auf Kontemplation gerichtete Lebensform des Einsiedlers – bei zuviel Erfolg! – ausgesetzt sein konnte, läßt Cassian einen Wüstenvater so skizzieren:

> „So lange es nur wenige waren, die in der Wüste lebten, so lange wir die Freiheit hatten, uns an diese unendliche Einsamkeit zu verlieren, so lange wir in diesem tief verborgenen Leben von himmlischen Ekstasen immer wieder hingerissen wurden, so lange hing ich mit unersättlichem Verlangen und aller Herzensglut an diesem Leben, das der Glückseligkeit der Engel ähnlich ist. Als sich immer mehr Brüder in der Wüste ansiedelten und die früher so unendliche Einsamkeit immer mehr eingeschränkt wurde, so daß nicht nur das Feuer der göttlichen Kontemplation mehr und mehr erkaltete, sondern auch der Geist durch immer mehr irdische Dinge beschwert wurde, habe ich nicht mehr jene Freiheit und jene Ekstasen. Aber was ich an Erhabenheit göttlicher Kontemplation eingebüßt habe, habe ich an demütigem Gehorsam gewonnen."[97]

Diese Kontemplation, die Cassian unbedingt an erste Stelle unter allen Gütern setzt, „so daß man alles andere geringschätzen und verwerfen soll, um

---

[95] Vgl. u. S. 69 f.
[96] Coll. 9, 31.
[97] Coll. 19, 5, übersetzt von G. u. Th. Sartory, Freiburg 1981 ff., 3, 92, gekürzt.

dieses Eine zu erlangen"[98], muß man sich aber vielleicht weniger als mystische Union vorstellen, denn als intensive, bewußte Konzentration auf das Göttliche. Denn sie kann sehr wohl durch Gedanken an irdische Dinge unterbrochen werden. Darum ist die Kontemplation höher einzuschätzen als selbst die guten Werke, da sie auf das höchste Gute abzielt. Sogar gute Werke sind aber notwendigerweise mit Gedanken an Irdisches verbunden, womit sie den Menschen also vom höchsten Ziel ablenken[99].

Nur immerwährendes Gebet kann die nötige Ruhe und Reinheit des Herzens bringen. Cassian unterscheidet vier übliche Gebetsarten (man kann Gott wie in einem Aufschrei anflehen, sich selbst ganz hingeben, für andere beten oder Dank sagen[100]). Bei der höchsten Ausformung des Gebets aber durchläuft die Seele diese Formen wie eine Flamme; dann

> „gibt es nur mehr den einfachen Aufblick zu Gott und die Glut der Liebe. Die Seele schmilzt völlig dahin, wenn sie sich von Gott geliebt weiß und ihn liebend erfährt. In Gott versunken spricht sie mit ihm aufs vertraulichste, so wie ein Kind mit dem Vater, den es über alles liebt."[101]

Deutlich ist in dieser Beschreibung eine Vorstufe der Mystik angesprochen: bei Cassian erfolgt jedoch noch keine Einigung, keine Aufhebung von Subjekt und Objekt. Elemente einer allerdings nicht ekstatischen Einigungsmystik klingen aber an, wenn der Abt schreibt, wir müssen uns Gott „mit unauflöslicher und unzertrennbarer Liebe anjochen, indem wir dermaßen mit ihm zu einem Wesen werden, daß alles, was wir atmen, was wir denkend erfassen, was wir sprechen, Gott sei".[102] „Wie kann aber der schwache, gebrechliche Mensch Gott ähnlich sein? Nur so, daß er, Gott nachahmend, Gute und Böse, Gerechte und Ungerechte mit ruhiger, friedvoller Herzensliebe umfängt."[103]

Im Glutgebet, das nur wenige erfahren haben, etwa beim Psalmgesang, artikuliert sich der Beter nicht mehr in Worten oder Tönen: es ist unaussprechlich, ekstatisch, voller Himmelslicht[104]. Freilich steht wie (nahezu) immer die Askese am Beginn: radikal praktiziert, soll sie zur „apatheia" (Leidenschafts- und Leidlosigkeit) führen. Um zum ununterbrochenen Gebet zu gelangen, muß man zunächst, wie auf einer Baustelle, den Unrat wegschaffen: den Unrat der Laster und Leidenschaften. Einfalt und Demut müssen das Fundament des geistlichen Turmes bilden, der bis zur Höhe des kontemplativen Gebetes aufragen soll[105]. Damit verwendet Cassian eine der für

---

[98] Coll. 23, 3, ebd. 148.
[99] Coll. 23, 4 f.
[100] Coll. 9.
[101] Coll. 9, 18, ebd. 2, 58.
[102] Coll. 10, 7, ebd. 2, 76.
[103] Coll. 11, 9, ebd. 2, 97.
[104] Coll. 9, 25 f.; 10, 11.
[105] Coll. 9, 2.

die Schilderung des geistlichen Lebens so beliebten Gebäudemetaphern (wie
vor ihm am bekanntesten Hermas in der Visionsschrift *Der Hirte*, 2. Jh. n.
Chr.). Sie sollten in der späteren praktischen Mystik in Schauungen wiederauftauchen, so vor allem bei Hildegard von Bingen, aber auch in theoretischen Schriften, etwa bei Bernhard von Clairvaux, und die Krönung in der
Seelenburg der Teresa von Avila finden. Übrigens hat auch Cassians ausge-
prägte Dämonologie das Mittelalter durchaus beeindruckt.

Wichtige Mystiker haben sich an Cassian orientiert, Ignatius von Loyola,
Teresa von Avila, Johannes vom Kreuz, genauso wie der entscheidende Theologe des Katholizismus, Thomas von Aquin. Auch der bedeutendste Regel-
geber des abendländischen Mönchtums, Benedikt von Nursia († um 560),
kannte und empfahl Cassian[106], wandte sich aber von dessen Einschätzung
des Einsiedlertums als Voraussetzung für das vollkommene Freisein für die
„theoria", die Gottesschau, ab und bevorzugte das klösterliche Zusammenleben. Im Schlußkapitel der *Regula monasteriorum* betont er, daß auch das
Leben in der Gemeinschaft zum Gipfel der Vollkommenheit führen kann.
Doch hat sich die benediktinische Spiritualität des frühen Mittelalters nicht
zu einer erlebnismystischen entwickelt (wie es etwa bei der der deutschen
Dominikanerinnen des Spätmittelalters der Fall war[107]). Sie ist vor allem der
Liturgie und dem gemeinschaftlichen Gebet verpflichtet, das als Kontem-
plation gepflegt wird[108].

Cassian war nicht der einzige, der Erzählungen über die Askese, das Gebet und die Mystik der östlichen Mönche verbreitete. Noch bekannter wurde vielleicht das früh als *Historia Lausiaca* ins Lateinische übertragene *Lau-
siakon* des Bischofs Palladios von Hellenopolis (um 365 bis vor 431), bei dem
freilich die erstaunlichsten Askeseleistungen im Vordergrund stehen. Wir
wollen auf dieses Schrifttum[109], dessen Nachwirken vor allem wegen der reichen und verschlungenen Handschriftenüberlieferung noch schlecht erforscht ist, hier jedoch nur summarisch hinweisen, ohne Beispiele auszuhe-
ben[110].

---

[106] Regula monasteriorum 42; 73.
[107] Vgl. u. S. 315 ff.
[108] V. Stebler, Der benediktinische Weg zur Beschauung, Olten 1947.
[109] Vgl. Viller, Rahner, Aszese 110–121.
[110] Die ausführliche Darstellung der Mystik vom ersten bis zum fünften Jahrhundert von B.
McGinn, The Fondations of Mysticism, London 1992, konnte nicht mehr herangezogen
werden.

Die griechischen Kirchenväter

Wiewohl wir hier keineswegs eine Darstellung der sehr reichen und tiefgehenden Gedanken der christlichen Schriftsteller griechischer Sprache zu Themen der Mystik geben wollen, müssen wir doch einige auch im Westen besonders einflußreiche Persönlichkeiten erwähnen. Ihre Schriften wurden nämlich meist bereits seit der Spätantike auch im Abendland verbreitet – nicht daß hier die die mittelalterlichen Mystiker des Griechischen mächtig gewesen wären, sondern durch Übersetzungen ins Lateinische.

Alexandria, die Stadt am westlichen Nildelta, war in der Epoche des Hellenismus nicht nur ein wohlhabendes Zentrum des Handels und der gewerblichen Produktion geworden, sondern auch ein Brennpunkt des intellektuellen Lebens, an dem nicht nur Griechen und Römer, sondern auch Juden und andere teilhatten[1]. Berühmt, wenn auch in den Kämpfen gegen Caesar schwer mitgenommen, waren die Bibliotheken der Stadt, die bedeutendsten der Antike mit zusammen fast einer Million Buchrollen (bis sie um 390 in einem Aufstand von den Christen vernichtet wurden). Hier war seit der Mitte des dritten Jahrhunderts v. Chr. die griechische Bibel, die Septuaginta, entstanden, hier hatte zur Zeit Christi Philon versucht, die traditionelle jüdische Lehre in Begriffe der Philosophie zu fassen, ein Denker, der besonders mit seiner Theologie vom Logos, dem Vermittler zwischen der Welt Gottes und der der Menschen, auf neuplatonische und christliche Autoren wirken sollte. In diesem intellektuellen Klima ist es verständlich, daß die christlichen Theologen der dortigen Katechetenschule sich gegen eine den Glauben als höchstes Gut betonende Auffassung ihrer Religion wandten und dagegen die Erkenntnis, die Gnosis, stellten.

Gnosis

Vielfältig und vielfach dunkel sind die Wege, auf denen die Lehren der Gnosis sich mit dem Christentum vermischt haben. Vielgestaltig sind die Strömungen selbst, die unter dem Begriff Gnosis (Erkenntnis, Einsicht) zusammengefaßt werden[2]. Wir kennen nur eine Auswahl aus ihren Schriften teils

---

[1] Vgl. C. Müller, Alexandria II: LexMA 1, 383.
[2] Leisegang, Gnosis. – Geyer, Gnostiker. – Th. Baumeister, Gnosis: LexMA 4, 1525 f. – J. Lanczkowski, Gnosis: Wörterbuch 192–194. – G. Filoramo, Diventare dio. Visione e rigene-

in verstümmelten koptischen Texten (aus Nag Hammadi), teils in der parteiischen Wiedergabe durch die Apologetiker. Der definitionsstiftende gemeinsame Nenner lautet: Es ist das Erkennen Gottes, das erlöst. Also nicht z. B. seine Gnade oder die Taufe oder die Bußleistung des Menschen. In der Spätantike gab es verschiedene Richtungen, die auf diesem religiös-philosophischen Konzept aufbauten, meist mit einem dualistischen Weltbild verbunden. Neben Gnostikern, die Vorstellungen der klassisch-antiken, orientalischen oder jüdischen Religion und Religionsphilosophie mit diesem System verschmolzen, gab es solche auch im hellenisierten Christentum. Sie gehörten meist der griechisch-platonischen Gedankenwelt an und ersetzten teilweise die urchristliche Tradition durch angebliche geheime Sonderüberlieferungen. Von der Großkirche, die eine Trennung von Glaube und Erkenntnis nicht dulden wollte, wurden Gnostiker im allgemeinen als Häretiker ausgegrenzt. Bei ihnen finden sich Elemente einer Vereinigungsmystik etwa in Formulierungen wie „Empfange in deinem Brautgemach den Samen des Lichtes!"[3], findet sich die Vorstellung vom Kuß, der den Samen des Geistes überträgt und die Vollkommenen schwängert[4]. Brautmystisch wirkt auch die Umarmung von Jesus und Jakobus, bei der der Geliebte (Jakobus) erst begreift, als sein Gegenüber sich als nicht be-greifbar erweist[5]. Es findet sich Wesensmystik: „Und ihr werdet Gott werden und werdet erkennen, daß ihr aus Gott kommt, und werdet ihn sehen, ihn, der Gott in euch ist"[6]. Es findet sich, verbunden damit, Schaumystik: „Du sahst den Geist und wurdest zu Geist. Du sahst Christus und wurdest zu Christus. Du sahst den Vater und wirst zum Vater werden."[7] In der *Apokalypse des Allogenes* wird dieser göttlich, als er das Licht schaut, das ihn umgibt, und das Gute, das in ihm ist[8]. Es finden sich desgleichen Elemente der Imitatio: Der Erlöser geht als Geist von Gott aus, durcheilt das kosmische Stufenreich und nimmt dabei immer mehr irdische Wesenheit an, bis er selbst Fleisch wird. Durch Taufe, Tod des Fleisches und Himmelfahrt steigt er dann wieder zu jeweils größerer Vergeistigung auf. Denselben Weg muß der Gnostiker gehen: „den Geist empfangen, das Fleisch töten, mit dem Erlöser begraben werden und auferstehen, mit ihm gen Himmel fahren, um den höchsten Gipfel der Gnosis, das Schauen Gottes, zu erlangen."[9] Dieses freilich bedingt nach Überzeugung mancher Gruppen die Geheimhaltung der Offenbarungen[10], genauso wie in den My-

---

razione nello gnosticismo: Augustinianum 29, 1989, 81–121. – K. Rudolph, Die Gnosis, Göttingen ³1990.
[3] Markos nach Irenaeus, Adv. Haer. 1, 13, 3, übersetzt von Leisegang, Gnosis 32, 348.
[4] Filoramo 95.
[5] 2. Jakobusapokalypse 56 f., Schneemelcher, Apokryphen 1, 272 f.
[6] Schrift ohne Titel 19, zit. Filoramo 104.
[7] Ev. nach Philippus 44, Schneemelcher, Apokryphen 1, 160, Ergänzungsklammern getilgt.
[8] Filoramo 119.
[9] Leisegang, Gnosis 34.
[10] McGiffert, Mysticism 412.

sterienreligionen, was dem Gnostizismus einen esoterischen Zug gab. Doch zugleich auch einen „extrem individualistischen"[11], da hier nicht die Gemeinde, sondern der Einzelne und sein Heilsinteresse im Zentrum steht – wie eo ipso auch in jedem mystischen Erleben, mag es dann auch eine Zuwendung an die jeweilige Gemeinschaft fordern. Dieser den kirchlichen Institutionen gegenüber feindliche oder gleichgültige Zug hat in der Geschichte des Gnostizismus wie in der der Mystik zu entsprechenden Konflikten geführt, die jeweils von der Amtskirche für sich entschieden wurden.

Ausgeschieden wurde etwa das System des einflußreichen ägyptischen Theologen und Dichters Valentinos (2. Jh.)[12], der, von Plato und Pythagoras wie von der Bibel kommend, eine Schule in Rom begründete. Eine Vision des Logos-Kindes soll sein religiöses Leben geprägt haben; Passagen über die ekstatische Entraffung der Seele zu den „unnennbaren und unaussprechlichen und überhimmlischen Mysterien"[13] sind wohl auf seine eigenen Erfahrungen zu beziehen. Leider wurden seine Werke, da als ketzerisch beurteilt, nicht überliefert.

Die später als Pansophie[14] bezeichnete Weltsicht, nach der Mensch und Kosmos (Mikrokosmos und Makrokosmos) wie Erlöser und Seele (Schöpfer und Geschöpf) einander harmonisch entsprechen, wurde im Gnostizismus vorgedacht. Die visionäre Kosmo- und Christologie der Hildegard von Bingen ist „mit starkem gnostischem Einschlag" behaftet[15]. Dies geht noch weiter: so kommen dieselben Namen dem Vater, Jesus und dem Pneumatiker zu[16], d. h. dem dem Geist gleichenden Gnostiker. Auch die oft kraß negative Bewertung der materiellen Welt, in die der Geist (wie später im Existentialismus) „geworfen" erscheint, erinnert nicht zufällig an jene im Christentum, auch dem vieler Mystiker, immer wieder durchbrechende Weltverachtung und Weltflucht, der allerdings auch immer wieder eine positive Wertung der Schöpfung als Werk Gottes und eine karitative und pastorale Zuwendung zum Nächsten entgegengestellt wird. Schließlich wird die Frage nach der Vereinbarkeit von griechischer Philosophie und christlicher Religion, die die Gnostiker bejaht hatten, ein stetes Thema nicht nur der mittelalterlichen Philosophie (Thomas von Aquin!) bleiben, sondern auch (wenigstens implizit) der theoretischen Mystik platonischer Inspiration.

---

[11] Geyer, Gnostiker 51.
[12] G. Bardy, Valentin: DThC 15/2, 2497–2519 – Leisegang, Gnosis 281 ff. – J.-D. Dubois, Valentin: DS 16, 146–156.
[13] Epiphanios, Panar. haer. 31, 5, 1 f., zit. Leisegang, Gnosis 284.
[14] Vgl. R. Mohr, Pansophie: Wörterbuch 392.
[15] Leisegang, Gnosis 21.
[16] Filoramo 92.

Kirchenväter

Wichtig nicht nur für die Entwicklung der Theologie, sondern auch die der Mystik wurden unter den ältesten griechischen Kirchenschriftstellern vornehmlich Clemens und Origenes. TITUS FLAVIUS CLEMENS (ca. 150–215, hl.)[17], der wahrscheinlich schon früh zum Christentum konvertiert war, kann als der erste Gelehrte dieser Religion bezeichnet werden. Der in der heidnischen, besonders platonischen Philosophie hochbelesene Athener war Vorstand der Alexandriner Katechetenschule, flüchtete jedoch in der Verfolgungszeit 202/203 und wurde später Vertrauter des Bischofs Alexander von Jerusalem. Die Lehren der heidnischen Denker erscheinen ihm als Vorstufen zu denen des Christentums, Philosophie und Theologie sind integrierbar, doch ist der Glaube der Erkenntnis untergeordnet. Der Logos, der sich in Christus inkarniert, stillt die Suche des Menschen nach unvergänglicher Wahrheit und ewigem Heil. Der wahre Gnostiker, für den sittliche Reinheit Vorbedingung ist, kann in unendlichem Fortschreiten in diesem sowie im anderen Leben zu Gott aufsteigen. Erkennen, Schauen und Lieben sind geradezu eins. Es ist das Wissen, durch das „wir unsterblich geworden sind und die höchste Schau des Seienden kennengelernt" haben[18]. Wären diese Schau und das Heil voneinander zu trennen, was nicht der Fall ist, so würde der Gnostiker die Erkenntnis der Erlösung vorziehen[19].

Eine wesentliche Beschäftigung des christlichen Gnostikers ist das Gebet, und zwar das innerliche, ohne ausgesprochene Formeln, denn Gott kennt die Gedanken. Der mystische Aufstieg führt den Wissenden „zum Gipfel der Ruhe, zur Betrachtung Gottes, reinen Herzens und von Angesicht zu Angesicht, in reinem Wissen und Erfassen …"[20]. Clemens beruft sich dabei auch auf eine mündliche Tradition der Gnosis, die der Heiland den Aposteln weitergegeben hätte, also ein esoterischer Zug, der die Exklusivität einiger Eingeweihter beinhaltet. Selbst im Jenseits werden die einfachen Gläubigen von den Gnostikern, die „Götter genannt werden", getrennt weilen[21]. An die Mysterienreligionen gemahnende Spekulationen in diese Richtung haben später Zweifel an der Orthodoxie der von Clemens vertretenen Theologie laut werden lassen, und im Zeitalter der Glaubensspaltung wurde er aus den Heiligenkalendern gestrichen. Daß sein Werk aber für die Geschichte der Mystik weniger bedeutend wurde als das seines Schülers (?) Origenes, beruht vor allem darauf, daß seine Hauptschriften bis ins sechzehnte Jahrhundert nur in Griechisch vorlagen.

---

[17]   J. Lanczkowski, Klemens von Alexandria: Wörterbuch 313–315. – DS 2, s. v. Clément.
[18]   Stromateis (ein Hauptwerk des Clemens) 2, 77, übersetzt von Geyer, Gnostiker 57 f.
[19]   Strom. 4, 136, 5.
[20]   Strom. 7, 57, 1, Die griechischen christlichen Schriftsteller … 17, Leipzig 1909, 41.
[21]   Ebd. 1, 1; 6, 98.

Sein Nachfolger in Alexandrien wurde ORIGENES ADAMANTIUS (ca. 185 bis 254)[22], der schon aus einer christlichen Familie kam; als er etwa siebzehn geworden war, wurde sein Vater als Christ eingekerkert und hingerichtet; der Sohn schrieb ihm ermutigende Briefe ins Gefängnis, gern hätte er sein Martyrium geteilt. Dieser Wunsch sollte sich später erfüllen: als Fünfundsechzigjähriger wurde Origenes während der Christenverfolgung des Jahres 250 unter Decius gefoltert und gefangengesetzt, nach dem Tod des Kaisers allerdings wieder freigelassen. Inzwischen hatte er ein asketisches Leben geführt und angeblich etwa sechstausend Papyrusrollen mit seinen Schriften gefüllt. Seine Werke reichten von der textphilologischen Arbeit am Alten Testament (*Hexapla:* eine Parallelausgabe des hebräischen Textes mit vier bis sechs griechischen Übertragungen) über zahlreiche Kommentare zur Heiligen Schrift bis zur systematischen Darstellung der christlichen Lehre.

Die bis ins neunzehnte Jahrhundert grundlegende Methode der allegorischen Bibelauslegung wurde von Origenes entscheidend gefördert. Ohne sie hätte sich auch die christliche Mystik nie in den Formen entwickeln können, die sie hervorgebracht hat, zumal die Brautmystik ja auf einer Allegorisierung des *Hohenliedes* beruht. Diese Methode geht davon aus, daß es nicht nur einen buchstäblichen, offensichtlichen Sinn in den heiligen Texten gäbe, sondern sie auch gleichzeitig auf verschiedenen Ebenen in übertragenem, gleichnishaftem Sinn zu verstehen seien. Diesen verborgenen Sinn vermittels der Gnade des Heiligen Geistes zu finden sei eben die Aufgabe des Exegeten. Die Methode entspringt offenbar einem Ungenügen der Intellektuellen an dem oft ganz schlichten, narrativen Bibeltext. Dadurch wurde ein Zug zur Esoterik in die Bibelauslegung gebracht: die Grundschrift der christlichen Religion sei nur dem Gebildeten verständlich. Diese schon von den jüdischen Gelehrten praktizierte Transformierung der konkreten Aussagen des Textes, des Buchstabensinns, eignete sich freilich vorzüglich dazu, widersprüchliche Stellen zu harmonisieren und die jeweils unerwünschten umzuinterpretieren. Da die wichtigsten lateinischen Kirchenväter, Ambrosius, Hieronymus, Augustinus und Gregor, sich diesem Schriftverständnis anschlossen, waren die Weichen für die kommenden Generationen gestellt.

Freilich ist der buchstäbliche Sinn auch bei seiner Allegorisierung noch nicht eliminiert, was gerade für Origenes tragische Folgen hatte, da er als junger Mann ausgerechnet Mt 19, 12 wörtlich nahm: „Es gibt Eunuchen, die sich selbst wegen des Himmelreichs entmannt haben. Wer es fassen kann, der fasse es!" Die in Anwendung dieses Bibelwortes vollzogene Selbstverstümmelung brachte ihm auch die Verbannung aus seiner Heimat, nachdem er zum Priester geweiht worden war. Priester aber durfte nach der sich in der Kirche durchsetzenden Ansicht kein Kastrat werden (die Diener der Heidengöttin Kybele waren Selbstverschnittene). Aus diesem Herrenwort praktische

[22] J. Lanczkowski, Origenes: Wörterbuch 389 f. – R. Sanlés, Origène: DS 11, 933–962.

Konsequenzen zu ziehen war übrigens weder in der alten Kirche noch später ein ganz seltenes Vorgehen, sonst hätten es nicht mehrere Konzilien untersagen müssen[23], hätte nicht Cassian davon abraten müssen. Gerade zu Origenes' Zeiten florierte die Sekte der Valesier, die die Selbstkastration für heilsnotwenig hielt[24]. Aber auch im orthodoxen Bereich kam dies durchaus vor: der im frühen vierten Jahrhundert lebende hl. Märtyrer Elias entmannte sich, um nicht von einer Frau verführt zu werden[25], und sein zu Ende desselben Jahrhunderts ebenfalls in Ägypten bezeugter und ebenfalls heiliger Namensvetter erlebte zumindest in einer Vision, wie ihm ein Engel mit einem scharfen Messer die Hoden abschnitt[26]. Ein anderer Wüstenvater versuchte, dasselbe Ergebnis durch den Biß einer Giftschlange in seine Geschlechtsorgane zu erreichen[27], usw. Diese Relation zwischen einer Neigung zur Brautmystik einerseits und zur blutigen Zerstörung des eigenen Geschlechts andererseits wird uns jedenfalls noch mehrmals begegnen[28].

In der Geschichte der Mystik besonders wichtig ist die Auslegung des *Hohenliedes,* über das Origenes in wenigstens drei seiner Werke gehandelt hat. Das bedeutendste ist der in seinem letzten Lebensjahrzehnt in Athen und Cäsarea verfaßte Kommentar[29]. Die Braut des *Canticum* wird hier nicht nur mit der Kirche identifiziert, also einem Kollektiv, sondern mit der individuellen Seele des Gott suchenden Einzelnen: „Adamavit [sc. die Braut] enim eum [sc. den Bräutigam] sive anima, quae ad imaginem eius facta est, sive ecclesia."[30] Freilich nicht ohne Verbindung dieser beiden Auslegungen: Den Leib der Kirche bilden die Seelen der Gläubigen, alles, was von der Kirche gilt, kann auch von ihren Seelen gesagt werden. Aufgrund dieser „individualistischen" Vorstellung kann sich jeder Leser dieser Liebesdichtung meditativ das Liebesverhältnis mit dem Bräutigam, dem Erlöser, vergegenwärtigen, kann er sich selbst an die Stelle der Braut setzen – wozu ihn Origenes auch mehrfach ausdrücklich auffordert. Auch er selbst deutet an, die Nähe des Seelenbräutigams erfahren zu haben[31].

Dies ist also die Geburt der Brautmystik – aber sie sollte im Westen bis ins hohe Mittelalter unbekannt bleiben. Erst im späten elften Jahrhundert werden Exegeten wieder zu dieser Deutung auf das Individuum hin kommen und damit eine grundlegende Voraussetzung für die Sprache und Erlebensweise der mittelalterlichen Mystik schaffen. Vor allem aber die Predigten Bernhards von Clairvaux über das *Canticum* werden das künftige Verständ-

---

23   DThC 5/2, 1516.
24   Ebd. 1516 ff.
25   J. M. Sauget, Elia: BS 4, 1045 f.
26   Palladius, Hist. Laus. 29.
27   Ebd. 23.
28   Vgl. u. S. 220, 233 f., 247, 403 f.
29   Matter, Voice 20–48.
30   Comm., Prol., zit. Matter, Voice 44.
31   Homil. 1, 7.

nis dieses Textes als Schilderung der Liebesbeziehung zwischen der Seele und dem Sohn Gottes prägen[32].

Origenes verwendet aber auch in der Beschreibung des Verhältnisses von Seele und Wort (Christus) zum erstenmal eine Reihe von später häufigen Metaphern: so die von der geistlichen Hochzeit[33]; von der Liebeswunde, die der Braut von Gott beigebracht wird; von der Geburt des Wortes in der Seele (Wenn Christus nicht in mir geboren wird, wie er in Bethlehem geboren wurde, bin ich vom Heil ausgeschlossen); von den fünf geistlichen Sinnen, vom aktiven Leben als dem der Martha und vom beschaulichen als dem der Maria u. a.

Der Aufstieg zu Gott erfolgt aber weniger affektiv als verstehensmäßig. Die Seele soll sich – und dazu ist sie in ihrer Gottebenbildlichkeit geschaffen – zu den Geheimnissen des Herrn erheben, ja, sie besitzt sie bereits, aber verschleiert, nur in Symbolen. Diese geben um so mehr von der hinter ihnen stehenden Wirklichkeit preis, je höher die Seele aufsteigt, je mehr sie sich ihr annähert. Wenn die Welt des Zeichenhaften überwunden ist, werden die Geheimnisse unmittelbar geschaut, wird schließlich die „theoria mystiké" erreicht, das Schauen Gottes ohne Vermittlung durch irgendein Bild, ein Symbol, eine Vorstellung. Die Voraussetzung dafür ist Reinigung von Sünden und Lastern, der geistliche Kampf gegen das Böse. Der Weg dazu ist die Lektüre und Meditation der Heiligen Schrift. Das heißt, er ist ein bewußter, intellektueller: Origenes lehnt ekstaseartige Zustände, wie sie ihm von den Montanisten[34] her bekannt waren, ab! Für ihn „sind das, was wir ‚Theologie' und das, was wir ‚Mystik' nennen, noch nicht auseinandergetreten, ja, nicht einmal richtig unterschieden."[35] – was man freilich wohl generell von der christlichen Antike wird sagen dürfen.

Origenes ist nicht nur im Osten gelesen worden, sondern auch in der lateinischen Kirche; hauptsächlicher Schlüssel für seine Rezeption im Westen war wohl Ambrosius, der vielfach auf ihm fußt. Doch sogar Hieronymus, der ihn eindeutig für einen Ketzer hielt, schrieb: „Während Origenes in seinen übrigen Werken alle besiegte, besiegte er sich im Hohenlied selbst"[36]. Besonders bei manchen Benediktinern des neunten (Johannes Scotus Eriugena) und den Zisterziensern des zwölften Jahrhunderts (Wilhelm von St. Thierry, Bernhard von Clairvaux) las man Origenes vermehrt wieder. Auch in die *Glossa ordinaria,* das Standardwerk der Bibelkommentierung aus dem frühen zwölften Jahrhundert, ging er ein. Und dies, obwohl seine Lehren mehrfach von der Kirche verurteilt worden waren, da u. a. seine Auffassung von der Prä-

---

[32] Vgl. u. S. 110 ff.
[33] H. Crouzel, Le thème du mariage mystique chez Origène et ses sources: Studia Missionalia 26, 1977, 37–57.
[34] Vgl. o. S. 46 ff.
[35] P.-Th. Camelot: DS 6, 517.
[36] Homil., Prol., zit. Matter, Voice 27.

existenz der Seelen vor der Zeugung oder die tröstliche Lehre von der Versöhnung im Jenseits (die Hölle ist nicht ewig, auch die Verdammten und Teufel werden letztendlich in Gottes Liebe aufgenommen[37]) im Laufe der weiteren theologischen Entwicklung verworfen wurde. So ist es verständlich, wenn spätere Theologen – und Mystikerinnen – unsicher in bezug auf sein Schicksal sind. Elisabeth von Schönau wurde von ihrem Bruder um eine Offenbarung über das Jenseitsschicksal des Kirchenlehrers gebeten, Maria, dazu befragt, verweigerte ihr jedoch eine Antwort[38]; das Nämliche passierte Mechthild von Ha[c]keborn, als sie dem Herrn auf Bitten eines Mönches dieselbe Frage stellte[39].

Origenes hatte einige berühmte mittelbare und unmittelbare Schüler, wie z. B. den Bischof Gregor den Wundertäter (ca. 213–275), hier muß aber Gregor der Jüngere von Nazianz (um 329–390, hl.)[40] erwähnt werden, der zusammen mit Basilius von Caesarea einen Auszug aus den Werken des Origenes unter dem Namen *Philokalia* (Schönheitsliebe) herstellte[41]. Gregor versteht unter dem christlichen Leben den stetigen Aufstieg zu Gott, der zur „theosis", Vergottung, führen soll, die möglich ist, seitdem in Christus Menschheit und Gottheit wahrhaft vereint wurden. Wiewohl seine Werke teilweise im lateinischen Mittelalter bekannt waren, wurde Gregor erst in der Neuzeit, besonders von Franz von Sales und J. H. Newman, intensiver für das spirituelle Leben fruchtbar gemacht.

Befreundet war Gregor mit den beiden Brüdern Basilius dem Grossen, Bischof von Caesarea (um 330–379, hl.)[42], und Gregor, Bischof von Nyssa (ca. 335–395, hl.)[43]. Basilius ist bekannt vor allem als Verfasser zweier für das byzantinische Mönchtum grundlegender Regeln, in denen des Origenes Vorbild hinsichtlich der Verbindung von wissenschaftlicher Tätigkeit und asketischer Lebensweise wirkt. Bei Caesarea schuf er eine wahre Mönchsstadt, die Basiliade, und bemühte sich auch sonst erfolgreich um die Verbreitung des klösterlichen Lebensstils. Cassian und Benedikt kannten übrigens dieses monastische Konzept des Basilius. In seiner Schrift über den Heiligen Geist unterscheidet er zwischen mündlich weitergegebenem Dogma und öffentlich verkündetem Kerygma. Seine Homilien enthalten manchen mystischen Gedanken: Unaussprechlich ist die Schönheit des Wortes, und glücklich, wer die wahre Schönheit aus ganzem Verlangen betrachtet.[44] Der Weg zur „Ver-

---

[37] L. Kretzenbacher, Versöhnung im Jenseits, München 1972.
[38] Elisabeth, Liber visionum 3, 5.
[39] Mechthild, Liber spec. grat. 5, 16.
[40] J. Rousse, Grégoire de Nazianze: DS 6, 932–971. – R. Albrecht, Gregor von Nazianz: Wörterbuch 202–204.
[41] Nicht zu verwechseln mit dem gleichnamigen Sammelwerk von 1782, s. Wörterbuch 402.
[42] R. Albrecht, Basilius: Wörterbuch 46 f.
[43] M. Figura, Gregor von Nyssa: Wörterbuch 204–206. – Ders., Mystische Gotteserkenntnis bei Gregor v. Nyssa, in: Schmidt, Bauer, Grundfragen 25–38.
[44] Homil. in Ps. 44, 5.

ähnlichung mit Gott" („homoiosis theo") ist ihm ein lebenslanger, mühevoller Prozeß, kein mystischer Höhenflug in ekstatischer Verzückung. Die letzte Gotteserkenntnis wird nur der Anbetung zuteil. Diese Verähnlichung ist am ehesten im Mönchsstande zu erlangen; „Mönch und Christ bedeuten bisweilen unter seiner Feder schlechthin das gleiche"[45]. Seit etwa 400 lagen Reden und Predigten des Basilius auch in Latein vor; besonders von Ambrosius und Augustinus wurden seine Gedanken an das westliche Mittelalter weitergegeben.

Ähnlich sieht auch der Bischof von Nyssa, den man (nach dem bisher Dargelegten kaum zu Recht) als den „Vater der Mystik" bezeichnet hat[46], den Weg der Angleichung an den Herrn: „Wer danach verlangt, Gott zu schauen, wird den Ersehnten dadurch sehen, daß er ihm immerfort folgt, und die Schau seines Angesichts ist der ununterbrochene Weg zu ihm hin."[47] Auch Gregor sieht im monastisch-asketischen Leben ein Ideal, das zur Erschließung sowohl des Verständnisses für den geistlichen Sinn der Bibel führt als auch zur Reinigung der Seele. Das „Schauen seines Angesichtes" ist, typisch für die griechischen Väter, auch zugleich Wissen. Der Mensch betrachtet Gott im Spiegel seiner Seele, wenn er sie von allem Stofflichen gereinigt hat, da er ja als Gottes Ebenbild geschaffen wurde. Nichts Materielles in sich zu haben, nur mehr auf Gott zu schauen, das führt zur Erfüllung des Verses des *Hoheliedes* (6, 3): „Mein Geliebter ist mein, und ich bin sein." Hier spricht Gregor von Ekstase oder göttlicher, nüchterner Trunkenheit, vom Empfinden der Anwesenheit des Herrn. Freilich ist das Wesen Gottes letztlich unerkennbar, denn Unbegreiflichkeit umgibt ihn wie eine dunkle Wolke von allen Seiten. „Die Nacht (im Canticum) bezeichnet die Kontemplation des Unsichtbaren ..."[48]. Dieses Bild Gregors von der Dunkelheit Gottes – es kommt schon in den Psalmen vor (18, 11; 97, 2) – deutet auch das Erlebnis des Moses am Sinai, wo sich der Herr in einer Wolke offenbarte (Ex 19). Es sollte in der späteren Mystik (*Cloud of Unknowing*, Johannes vom Kreuz) seine Entsprechungen finden[49]. Viele Strömungen vereinen sich in Gregors Mystik: der Platonismus, Clemens, Origenes (und obgleich er dessen barmherzige Theorie der Apokatastasis übernahm, wird Gregor als Heiliger verehrt). Aber nochmals sei betont, daß für ihn der Aufstieg zu Gott ein unabschließbarer Prozeß ist, eine „Angleichung", keine punktuelle Verschmelzung.

Ein Zeitgenosse der eben erwähnten Theologen, der schon erwähnte Euagrios (Evagrius) Pontikos (um 346–399)[50], sollte ebenfalls für die ostkirch-

---

[45] Viller, Rahner, Aszese 126.
[46] Ebd. 133 ff.
[47] Hom. in Cant. 11, zit. Figura 205; vgl. Lachance, Journey 253.
[48] In Cant., zit. DS 2, 1875.
[49] Vgl. Lachance, Journey 242–299.
[50] C. Wagenaar, Evagrius: Wörterbuch 153 f. – H. Biedermann, Mystik, Ostkirchlicher Bereich: LexMA 6, 989. – Tugwell, Ways 25–36.

liche Mystik von lange nachwirkender Bedeutung werden. Vielfach auf Origenes fußend (und deshalb auch verurteilt), stellt Euagrios die Gottesschau („theoria theologike") als Ziel des christlichen Lebens dar. Voraussetzung ist das „Nacktwerden" des Menschen, das später besonders von den rheinischen Meistern geforderte „Lassen" allen Irdischen und Imaginativen. So kann der Gläubige „Gott aus Gnade" werden. Der Weg dazu wird jedoch als ein intellektualistischer des Verstandes gefaßt, der ekstatisch und entblößt von allen anderen Gedanken Gott schaut.

Sicher wären im Bereich der Orthodoxie noch viele Ereignisse und Namen zu nennen, die wie für den Osten so auch für den Westen von Bedeutung in Hinblick auf die Voraussetzungen und die Entwicklung der christlichen Mystik werden sollten. So bestätigte z. B. der Patriarch von Alexandrien Athanasius (295–373): „Gott ist Mensch geworden, damit wir [durch ihn] Gott werden"[51], eine Formulierung, die sicher mystisch verstanden werden konnte, wenn sie auch nicht so gemeint war. Des weiteren lehrte derselbe Kirchenvater: „Wer den Geist empfängt, in dem ist Gott und er ist in Gott wie auch der Logos in Gott ist, und er wird zu einem Sohn Gottes und zu einem Gott und wird eins mit Gott ..."[52]. In seiner Antoniusbiographie berichtete Athanasius viele Episoden, die von künftigen Heiligen, auch mystisch begabten, nachvollzogen werden sollten, wie den Rückzug des Heiligen in die Einsamkeit oder seine heftigen Kämpfe mit den bösen Geistern – man erinnert sich an die faszinierende Darstellung dieser Szene auf Grünewalds Altarretabel in Colmar. Oder: Ein Handbuch der christlichen Doktrin wie das *Symposion* des Methodius von Olymp (um 400) enthält, wiewohl nicht direkt mystisch, doch in diese Richtung gehende Meditationsanweisungen und brautmystisch interpretierbare Stellen, etc.

Doch sei diese Übersicht nur noch mit dem für die gesamtchristliche Spiritualität wichtigsten griechischen Autor der Wende des fünften zum sechsten Jahrhundert abgeschlossen. Paradoxerweise kennen wir seine Identität nicht. Er selbst nennt sich Dionysius der Ältere oder Dionysius der Priester; durch altertümlichen Stil und manche Einzelheit in seinen Werken erweckt er den Eindruck, ein Zeitgenosse der Apostel gewesen zu sein; mehrfach beruft er sich dazu auf einen sonst ganz unbekannten „berühmten Meister" aus jener Zeit namens Hierotheus. Offenbar hat er diesen Weisen als fiktive Autorität eingeführt, wie im vierzehnten Jahrhundert ähnlich Merswin den „Gottesfreund vom Oberland". Bis in die Renaissance galt Dionysius unangefochten als jener DIONYSIUS AREOPAGITA[53], den Paulus selbst bei seinem Aufenthalt

---

[51] De incarn. 54, PG 25, 192 B. Vgl. DThC 1/2, 2169 ff.
[52] R. Seeberg, Lehrbuch der Dogmengeschichte 2, Darmstadt ⁴1953, 78.
[53] LexMA s. v. Dionysius. – Viller, Rahner, Aszese 229 ff. – M. Figura, Pseudo-Dionysius: Wörterbuch 424 f. – DS 2, s. v. Contemplation. – Ruh, Geschichte 31–82. – Ch. Bernard,

in Athen bekehrt hatte (Apg 17, 34). Das Mittelalter hielt ihn gleichzeitig für den ersten Bischof von Athen, der dann auch erster Bischof von Paris geworden und auf dem Montmartre (mons martyrum, Berg der Märtyrer) enthauptet worden sei, weswegen er in der bildenden Kunst seinen Kopf in den Händen trägt. Nach heutigem Wissen entstand diese Gestalt aus der Verschmelzung von drei Personen: dem biblischen Areopagiten, dem Missionsbischof und Märtyrer des dritten Jahrhunderts und dem Verfasser des *Corpus Areopagiticum,* der auch oft als Pseudo-Dionysius bezeichnet wird. Seine Werke setzen jedoch Gregor von Nyssa und den Leiter der platonischen Akademie Proklos (410–485) voraus; letzteren schreibt er seitenweise aus. Die große Verehrung, die man Dionysius namentlich in Frankreich als Heiligem zuteil werden ließ, brachte es mit sich, daß seine Schriften (die allerdings nicht frei von späteren Einschüben zu sein scheinen) fast kanonisches, apostolisches Ansehen genossen. Es sind dies *Über die göttlichen Namen, Die mystische Theologie (Peri mystikes theologias* – eine fruchtbare Formulierung), *Die himmlische und die kirchliche Hierarchie* sowie zehn Briefe. Seine Sprache schwankt zwischen philosophischer Untersuchung und Hymnus: „Wohl hat er begriffliche Elemente. Aber sie erstreben nicht den wissenschaftlichen Zusammenhang. Sie schieben sich ineinander, um sich aneinander zu steigern, sie drängen sich übereinander. Auch wo Dionys vom Licht spricht, werden seine Worte noch ins Dunkel verschlungen."[54]

Dionysius ist der große Denker der „via negationis", desjenigen Weges zur Gotteserkenntnis, der darin besteht, sich dessen bewußt zu werden, daß man von Gott gar keine Aussagen machen kann (apophatische Theologie: eine Theologie, die sich selbst aufgibt). Hier folgt er alexandrinischer Tradition[55], namentlich Proklos, der betont hatte, daß wir sogar unsere Negationen negieren und unser Überlegen nicht anders als in Schweigen beenden müssen. Gott nämlich ist absolut transzendent, d. h. jenseits alles Seienden oder besser: über allem Seienden („hyperousios") – jede Vorstellung und jedes Wort, das uns überhaupt zu Gebote steht, können wir dagegen nur dem Bereich des vielfältigen Seienden entnehmen. Je höher wir steigen, desto mehr schrumpft unsere Rede: Wir haben keinen unendlichen Namen, kein unbegrenztes Wort für Ihn. In seinem „überlichthaften Dunkel" entzieht sich Gott den Sinnen wie auch dem Verstand des Menschen. Doch der Eros oder die Agape – die Begriffe sind *nicht* zu differenzieren[56] –, die Liebe des göttlichen Lichtes, die sich den Menschen als Erleuchtung mitteilt, vermittelt die Erkenntnis Gottes. Diese intensive Vergegenwärtigung der Unbegreifbarkeit Gottes führt

---

La doctrine mystique de Denys l'Aréopagite: Gregorianum 68, 1987, 523–566. – Denys l'Aréopagite: DS 3, 244–429.
[54] Bommersheim, Urgrund 175.
[55] N. Gendle, The Apophatic Approach to God in the Early Greek Fathers with Special Reference to the Alexandrian Tradition: Ekklesia kai Theologia 2, 1981, 701–756.
[56] Div. nom. 4, 11–20.

logisch zum für die Mystik so typischen Sprechen in Paradoxa, in sich gegenseitig aufhebenden Aussagen:

> „Und er hat keine Kraft und ist keine Kraft und ist auch kein Licht. Und er lebt nicht und ist auch nicht das Leben. Und er ist nicht das Sein und nicht die Ewigkeit und nicht die Zeit. Und er ist nicht das Wissen und auch nicht die Wahrheit, und auch nicht die Königsherrschaft und auch nicht Weisheit, und auch nicht Eins und auch nicht Einheit, und auch nicht Gottheit und auch nicht Gutheit. Er ist auch nicht Finsternis und auch nicht Licht. Er ist auch nicht Trugbild und auch nicht Wahrheit ...: Weil er ganz und gar jenseits von allem und über allem und jedem ist!"[57]

Gleichzeitig ist der übergegensätzliche Gott aber nicht nur transzendent, sondern auch grenzenlos, und damit allgegenwärtig:

> „Du könntest kein Seiendes finden, was nicht in dem Einen (wie die ganze Gottheit auf eine das Sein übersteigende Weise genannt wird) das ist, was es ist, und in ihm vollendet und bewahrt wird."[58]

Um sich mit Gott zu vereinen, um zur „Vergöttlichung" zu kommen, geht Dionysius vom nach ihm bald allenthalben traditionellen Dreischritt von Reinigung, Erleuchtung und Einung aus. Ihn hatten wir bereits im Neuplatonismus gefunden[59]. Für den Anfänger kann die affirmative Theologie noch Handlangerdienst tun. Die – plötzlich eintretende – Vollendung jedoch kann nur im Nichtwissen erreicht werden, sie übersteigt jedes Verstehen. Alle Wesen gehen von Gott aus und streben durch Verähnlichung zu ihm zurück, bewegt von der vom Einen ausströmenden und in es zurückkehrenden Urkraft des Guten[60]. „Die göttliche Liebe führt aber auch zur Entrückung. Sie duldet nicht, daß der Liebende bei sich selbst bleibe: er tritt gleichsam aus sich heraus und gehört nur noch dem Ziel seiner Liebe."[61] Diese Ekstase führt den sie „erleidenden" Mystiker aus seiner menschlichen Kondition hinaus, läßt ihn gleichsam sich selbst, seinem Verstand, seiner Vernunft, entkommen. Paulus ist, unter Berufung auf Gal 2, 20 („Nicht mehr ich lebe, sondern Christus in mir"), das große Beispiel dafür[62].

Indem der Areopagit mystische Weisheit als unsagbar bezeichnet, sie nach ihm symbolisch geheim bleibt und Einweihung voraussetzt, klingt hier freilich ein Zug zum Esoterischen an. Der für sinnliche Eindrücke empfängliche Teil der Seele muß sich sinnlicher Bilder bedienen.

> „Alle erklären uns das, denen es vergönnt ist, bis zu den tiefsten Geheimnissen der Wissenschaft von Gott ohne Schleier und Geheimnis vorzudringen – stets

---

[57] Theol. 5 (14), übersetzt von V. Keil, Freiburg 1985, 70, gekürzt.
[58] Div. nom. 13, 3, ebd. 90.
[59] Vgl. o. S. 38.
[60] Div. nom. 4, 17.
[61] Div. nom. 4, 13, übersetzt von W. Tritsch, Dionysios Areopagita, Mystische Theologie und andere Schriften, München 1956, 73 f.
[62] Ebd.

suchen sie alsbald nach irgend einem Symbol, nach einem Geheimzeichen, einem Schlüssel für sich selbst, um mit dessen Hilfe die mystische Einweihung der Gotteswissenschaft rein zu bewahren."[63]

Die Wirkungsgeschichte des Areopagiten in Ost und West (hier noch intensiver) kann nur als immens bezeichnet werden[64]. Die bedeutendsten Geister des Mittelalters – wir werden ihnen noch mehrfach begegnen – haben die Werke des Dionysius gekannt, benutzt und teilweise sogar kommentiert: Richard von St. Viktor, Albertus Magnus, Thomas von Aquin, Bonaventura, Meister Eckhart, Nikolaus von Kues ... Doch auch pantheistische Strömungen konnten sich auf seine Tendenz zu einer „Allmystik"[65] berufen. Denn spätestens seit der lateinischen Übersetzung, die um 832 in dem ihm geweihten Pariser Kloster St.-Denis entstand, waren die Schriften des syrischen Griechen auch den Theologen im Westen zugänglich. Breiter vermittelt wurden sie aber durch den drei Jahrzehnte später schreibenden Johannes Scotus Eriugena[66]. Abgesehen von Bearbeitungen dieses Textes und neuen Übertragungen des zwölften und dreizehnten Jahrhunderts sollte für die deutsche Mystik besonders die weitverbreitete Übersetzung des Thomas Gallus von Vercelli (um 1238) bedeutend werden; doch ist auch die Version mit Kommentar von Robert Grosseteste († 1253) zu erwähnen.

Es wäre verlockend, nun der weiteren Geschichte der griechischsprachigen Mystik nachzugehen, aber jede Darstellung hat ihre Grenzen, und so können wir nur abschließend an den Reichtum der byzantinischen, russischen, rumänischen Mystik[67] erinnern, von der nach dem Mittelalter manche Schriften auch auf den Westen eingewirkt haben. Einerseits entwickelt sich im Osten aufgrund einer anderen Mentalität eine Spiritualität, in der Askese, Theologie und Mystik weniger klar geschieden erscheinen, als es oft im Westen versucht wird. Meditative und ekstatische Mystik bleibt mehr als im Katholizismus Sache der Mönche – eine Frauenmystik fehlt anscheinend überhaupt –, doch sind die Laien von einer „Kult-Mystik" der Liturgie angesprochen. Andererseits verfestigt sich mit der gegenseitigen Bannung der Häupter der West- und der Ostkirche 1054 und mit der Eroberung Konstantinopels durch die Kreuzfahrer 1204 ein langer Entfremdungsprozeß (in der katholischen Kirchengeschichtsschreibung: das „morgenländische Schisma"), den man erst in unserem Jahrhundert mit einiger Konsequenz rückgängig zu machen versucht. Diese Trennung unterbrach zwar keineswegs alle Kontakte, besonders nicht die zwischen Italien und den Ostkirchen, verhinderte aber doch eine weitergehende wechselseitige Befruchtung. Der Fall von Konstan-

---

[63] Ep. 9, 1, übersetzt von Tritsch 200 f.
[64] DS 3, 268–429! Zusammenfassung bei Ruh, Geschichte 71 ff.
[65] Schneider, Geistesgeschichte 129.
[66] Vgl. u. S. 86 ff.
[67] Vgl. die entsprechenden Artikel im Wörterbuch.

tinopel 1453 brachte wohl viele Byzantiner als Flüchtlinge in den Westen, doch hatte dies mehr Auswirkungen auf die Entstehung des Humanismus als auf die abendländische Frömmigkeitsgeschichte.

Erwähnen wir als für den Westen wichtig nur noch Johannes Klimakos (579–649), dessen *Leiter zum Paradies* eine der beliebtesten Darstellungen vom Aufstieg des Frommen zu Gott werden sollte (sie findet sich im späten zwölften Jahrhundert in abgewandelter Form z. B. in der Bildenzyklopädie der elsässischen Äbtissin Herrad von Landsberg). Maximus Confessor (580–662) bemühte sich darum, die verschiedenen Traditionen der Mystik auszugleichen. Der Höhepunkt, der mit der Lichtmystik des visionär begabten Dichters Symeon des Neuen Theologen (949–1022) erreicht wird, hat im Westen wenig Aufmerksamkeit erfahren. So verhält es sich auch mit den späteren byzantinischen und russischen Mystikern bis etwa zu Vladimir Solovjev, der freilich selbst lange Zeit in Westeuropa lebte.

Frühmittelalter

Aus dem Bereich der lateinischen Christenheit ist uns Erlebnismystik, so weit zu sehen, in den Jahrhunderten nach dem Untergang, oder besser der Verwandlung des Römischen Reiches in der Völkerwanderung bis zum großen Umbruch des zwölften Jahrhunderts nicht überliefert. Es ist nicht möglich, diese Tatsache mit einer eventuell mangelnden schriftlichen Tradition in den „dunklen Jahrhunderten" des frühen Mittelalters[1] zu begründen, da andere religiöse Texte durchaus entstanden und auch vervielfältigt wurden, wenn auch in vergleichsweise geringerer Zahl.

Vielmehr ist eine grundlegende Mentalitätsveränderung zu konstatieren, deren Entstehung komplex und schwierig zu erklären ist. Sie geht jedenfalls nicht nur auf die neuen Beherrscher Europas, die verschiedene Reiche bildenden Germanenstämme zurück, die ja nun wirklich auf einer anderen mentalen Entwicklungsstufe standen als die „hochzivilisierten" Hellenen und Römer der Spätantike. Die archaischere Mentalität der Germanen mit ihrer geringen Entwicklung von Individualismus und der Betonung der Gemeinschaft traf sich vielmehr mit einer Tendenz zu einer ähnlichen Mentalität, welche sich bereits innerhalb des Imperiums entwickelt hatte. Freilich war dieses längst vor seinem militärischen und politischen Fall stark von denjenigen Volksgruppen geprägt, die aus den Provinzen stammten und teilweise nur oberflächlich die „klassische" griechisch-römische Kultur angenommen hatten, also von Kelten, Iberern, Germanen, Orientalen usf., mögen diese nun im Laufe der Expansion des Römischen Reiches unterworfen worden sein oder sich ihm als „Föderaten" angeschlossen haben.

In der Kirche war nach der Annahme des Christentums durch den Staat im vierten Jahrhundert eine Umorientierung der Priester und Religiosen nötig. Es galt nicht mehr, kultivierte Städter zu überzeugen oder sich auf das Martyrium vorzubereiten, sondern die Heiden außerhalb des Reiches zu missionieren und die Reste der antiken, germanischen und keltischen Religionen zu bekämpfen. Die klassische Bildung war dazu nicht mehr notwendig, man vernachlässigte sie weitgehend, wandte sich auch bewußt von den heidnischen Schriftstellern ab – Griechisch zu lesen war im Westreich bald so gut wie niemand mehr imstande.

---

[1] Vgl. etwa A. Angenendt, Das Frühmittelalter, Stuttgart 1990. – J. Chélini, L'aube du Moyen Age. Naissance de la Chrétienté occidentale. La vie religieuse des laics dans l'Europe carolingienne, Paris 1991. – J. Dhont, Das frühe Mittelalter, Frankfurt 1968. – Radding (wie nächste Anm.).

Man muß freilich auch die dauernden äußeren und inneren Beunruhigun-
gen der Menschen jener Epoche bedenken, vor allem die zahllosen kiegeri-
schen Auseinandersetzungen. Sie förderten den starken Zug zum Regiona-
lismus u. a. durch die Zerstörung der römischen Verkehrswege; in dieselbe
Richtung wirkte die durch die Erschöpfung des Potentials an Sklaven ver-
änderte wirtschaftliche Situation. Kleine, im wesentlichen autarke Einheiten
(Grundherrschaften) traten an die Stelle der komplexen antiken Wirtschafts-
struktur. Die Kultur nach der Völkerwanderung war nicht mehr städtisch,
sondern ländlich.

Charles Radding[2] hat die Eigenart der frühmittelalterlichen Mentalität
unter Verwendung der Psychologie Piagets treffend verdeutlicht: Die angesprochene Veränderung läßt sich schon bei Intellektuellen römischer Prägung feststellen, namentlich bei Augustinus. Für sein Denken erscheint u. a.
charakteristisch, daß er mehr von Personen als von Institutionen spricht und
übernatürliche Erklärungen natürlichen vorzieht, Züge, die für seine Epoche
überhaupt gelten, wie aus anderen Beispielen erhellt (Herrscherkult, Wunder). Eben diese Züge sind dann die im weiteren Frühmittelalter dominierenden („Personenverbandsstaat", „Wundergläubigkeit"). Sowohl die römische Spätantike als auch die Germanenreiche führen irdische Ordnungs-
elemente direkt auf Gott zurück, sei es auch in der Vermittlung durch den
„sakral aufgeladenen" Herrscher. Die narrative Literatur, etwa die Werke
Gregors von Tours (538/9–594), des Geschichtsschreibers der Merowinger-
zeit, zeichnet eine zum Selbstzweck werdende, ungeordnete Überfülle an
graphischen Details als Zeichen zeittypischer Konkretheit aus, vergleichbar
zum Teil dem Erzählstil der Kinder. Institutionen, die, um begriffen werden
zu können, Abstraktionsvermögen verlangen, treten gegenüber Einzelpersonen zurück, allenthalben geschehen Mirakel.

Bezeichnend ist auch die frühmittelalterliche Rechtsauffassung: Das Recht,
vermittelt vom König, wurde auf Gott zurückgeführt. Dieses streng hierarchische Denken manifestiert sich u. a. in der Staffelung der zu zahlenden
Bußen nicht nur an den Verletzten (wie in der Antike), sondern auch an
dessen Herrn und an den König. Typisch ist ferner die Erfolgshaftung, die
die Absicht eines Rechtsbrechers nicht berücksichtigt, sondern nur das Ergebnis seines Handelns, typisch auch die Vorgangsweise bei der Strafzumes-
sung (ein handhafter Dieb konnte getötet werden, ein entkommener brauchte
nur eine Buße zu bezahlen). Bezeichnend ist es auch, daß die Bußbücher,
kirchenrechtliche Sammlungen von Straftarifen für die verschiedensten Sünden, die völlig *unwillkürliche* nächtliche Pollution im Schlaf unter Strafe stellen, da eben eine „Verunreinigung" *geschehen* ist. Solche Regeln verraten eine
Erkenntnisweise, die Normen nicht von allgemeinen moralischen Prinzipi-
en ableitet, sondern sie an die konkreten Umstände gebunden sieht. Im Be-

---

[2]   A World Made by Men, Chapell Hill 1986. Dort Belege für das Folgende.

reich des Mönchtums wird ebenfalls die „vertikale" Struktur: Gott – Abt – Mönche betont. Das Schwergewicht liegt etwa in der *Benediktusregel* (anders noch Cassian) wie im profanen Recht auf dem richtigen Verhalten (nicht so sehr Denken). Man sieht das Übergewicht äußerer Regeln, deren Befolgung entscheidet, wogegen die innere Einstellung zweitrangig bis irrelevant bleibt. Das Oblatenwesen, bei dem es nur darauf ankam, daß eine Familie ein Kind ins Kloster steckte, damit es dort für sie beten sollte, ganz unabhängig davon, ob dieses Kind – und später dieser Erwachsene, denn die Klostergelübde waren ja unauflöslich – dies auch selber wollte oder nicht, weist in die gleiche Richtung. Das Moment der rituellen, ganz äußerlichen Reinheit eines Kindes als Opfer war hier leitend und eine der Existenzgrundlagen dieser Einrichtung, vermittels derer sich die Benediktinermönche und -nonnen großteils rekrutierten[3]. Wesentlich ist die „auctoritas", die Autorität der Oberen, der Kirchenväter usw., nicht eigenes Wollen und Denken, genauso wie in der weltlichen Gesellschaft die Autorität der Väter über Kinder und Frau(en) undiskutiert besteht. Eine hierarchische, vertikale Gesellschaftstheorie prägt die Zeit, die also nicht horizontal von auf gleicher Ebene Stehenden ausgeht, sondern von Über- und Untergeordneten (Herr – Vasall). Sie erstreckt sich genauso auf die Überwelt: Christus wird noch nicht als Bruder gesehen, wie dann im Hochmittelalter bei Anselm von Canterbury und Bernhard von Clairvaux, sondern vor allem als der ferne König, von dessen beiden Naturen die göttliche stark betont wird. In Jenseitsvisionen geht das so weit, daß der Herr gar nicht selbst mit dem Seher spricht, sondern ihm seinen Willen nur durch Mitglieder seines Hofstaates, Engel oder Heilige, kundtun läßt[4]. Auch die karolingerzeitliche Gesellschaft baut auf der „auctoritas" auf, ob man nun die Gesetzgebung betrachtet oder die Bildungsgeschichte.

Die Religion wird immer lebensbeherrschender. Dafür ein kleines, aber bezeichnendes Indiz: Der englische König Alfred (848–899) ersetzt in seiner volkssprachlichen Übertragung des Trostbuchs des spätantiken Philosophen Boethius die personifizierte Natur durch Gott, also eine neutrale durch eine religiöse Instanz. Die Rechtsfindung durch Gottesurteile (Feuer-, Wasserprobe usw.) beweist, wie sehr man ein unmittelbares Eingreifen des Herrn in die alltäglichen Geschicke der Menschen voraussetzte.

Auch im persönlichsten Bereich der Emotionen bemerken wir einen eklatanten Unterschied zur Antike: jenes Gefühl der Liebe als lebensbestimmende Macht, das die Dichter der endenden Republik noch so fasziniert beschrieben hatten (z. B. Catull und Properz), ist im Frühmittelalter nicht mehr bezeugt – es gibt keine Liebeslyrik mehr, weder im Lateinischen noch in den Volkssprachen. Auch die erzählenden Texte verstehen unter „amor"

[3] M. de Jong, Kind en klooster in de vroege middeleeuwen, Amsterdam 1986. – P. A. Quinn, Better Than The Sons of Kings. Boys and Monks in the Early Middle Ages, New York 1989.
[4] Dinzelbacher, Vision 235 ff.

nicht mehr Liebe im antiken und (in etwa auch) unserem Sinn, sondern bloß krudes Begehren[5]. Dem entspricht im religiösen Bereich, daß über die Gottes-*liebe* in den theologischen Werken der Zeit kaum reflektiert wird. Schon für Augustinus war ja der Schlüssel zur Mystik nicht sosehr die Liebe, sondern die verstehende Schau.

Unter diesen Voraussetzungen erscheint es nicht mehr so unverständlich, daß wir aus dem frühen Mittelalter nichts von individueller Erlebnismystik hören, und nur ganz ausnahmsweise von theoretischer. Es wäre vielleicht zu erwarten gewesen, daß Elemente des Schamanismus und Prophetentums, wie sie den Germanen z. B. im Typus der Volva, der Seherin, bekannt waren, christianisiert weitergelebt hätten, was möglicherweise zu neuen Formen von Mystik hätte führen können. Doch scheint dies nicht der Fall gewesen zu sein.

Die Zahl der Schriftsteller, die sich nach dem Fall des Westreiches mit Askese und Mystik beschäftigen, geht in eindrucksvollem Unterschied zur Spätantike fast auf Null zurück. Der Afrikaner Julianus Pomerius, der im späten fünften Jahrhundert in Gallien ein Werk über die Betrachtung schrieb, kann nicht zur Mystik gerechnet werden, da er nicht von einem erlebnismäßigen Schauen Gottes im Leben ausgeht. Aber bei einem Mann, dessen Bedeutung für die kirchliche und weltliche Geschichte seiner Epoche schwer zu überschätzen ist, treffen wir noch einmal auf Elemente mystischen Erlebens und mystischer Spekulation. Es ist ein Religiöser, den wir heute, zurückschauend und die Vergangenheit notwendigerweise in Perioden einteilend, in einer geistesgeschichtlichen Mittelstellung zwischen ausgehendem Altertum und Frühmittelalter sehen: Papst GREGOR I. (um 540–604, hl.)[6]. Innerhalb der Reihe der 347 Päpste und Gegenpäpste, die die römische Kirche zählt, findet sich sonst kein Mystiker. Dieses Phänomen ist ausgesprochen charakteristisch für die Entwicklung des Katholizismus, in dem kirchenamtliche Verwaltung, priesterliches Lehramt und seit dem hohen Mittelalter universitäre Schultheologie sowie kanonische Verrechtlichung so gut wie immer mehr galten als charismatische Inspiration. Wohl allein der ungewöhnlichste Papst der Catholica, der mit 85 Jahren gewählte Einsiedler Pietro del Morrone, der als Cölestin V. nur wenige Monate regierte, dann als erster und einziger Papst freiwillig abdankte, um 1296 im Gefängnis seines Nachfolgers Bonifatius VIII. zu sterben, hat bestimmte Tendenzen zu einer visionären Mystik gehabt – falls seine Autobiographie echt sein sollte, was einigermaßen zweifelhaft erscheint[7].

Auf Gregor, diesen ersten Mönch und einzigen wenigstens theoretischen Mystiker auf dem Stuhl Petri, könnte man mutatis mutandis eine Selbstbe-

---

[5]   P. Dinzelbacher, Liebe im Frühmittelalter. Zur Kritik der Kontinuitätstheorie: Zs. f. Literaturwissenschaft und Linguistik 19/74, 1989, 12–38.
[6]   DS 6, s. v. Gregoir I. – C. Wolfsgruber, Gregor der Große, Saulgau 1890. – J. Richards, Gregor d. Gr., Graz 1983. – Ruh, Geschichte 144–167.
[7]   Vgl. jetzt L'„autobiografia" di Celestino V, ed. V. Licitra, s. l. 1992.

zeichnung Bernhards von Clairvaux[8] anwenden: Chimäre seiner Generation. Was der Zisterzienserabt aber auf seine Stellung zwischen Welt und Kloster bezog, träfe hier auf das Nebeneinander von Altem und Neuem in Gregors Mentalität zu. Während er einerseits von der für die Epoche der endenden Völkerwanderung bis zur großen Wende des elften und zwölften Jahrhunderts charakteristischen Archaik[9] geprägt ist, bewahrt er andererseits doch auch Züge einer noch antiken, Augustin nicht ganz fernen Gefühlswelt. Eine Weise, Beziehungen in strikt hierarchischen Gefügen zu denken, Betonung des Gesetzeswortes, kritiklose Wundergläubigkeit, Kerker, Folter und Auspeitschung als Mittel der Christianisierung[10] – oder in Gregors ehrlicher Überzeugung: als Mittel zur Errettung vor der Hölle – stehen neben einer weitgehenden Anpassung des christlichen Kultes bei Neubekehrten an ihre alte Religion, geradezu pastoralpsychologischer Besorgtheit, dem Wissen um intensive, sehnsuchtsvolle Gottesliebe[11], der Kenntnis erlebnismystischer Höhepunkte in der Betrachtung.

Gregor, der gemäß seinem familiären Herkommen wohl aus dem bedeutenden römischen Geschlecht der Anicier stammte und seiner rhetorischen Ausbildung nach für eine profane Laufbahn bestimmt war, verließ das Treiben der Welt, nachdem er zwei Jahre als römischer Stadtpräfekt gewirkt hatte. In dieser Funktion als oberster Richter der Ewigen Stadt war er notwendigerweise zum Verwaltungsfachmann geworden, doch bald trieb ihn das Verlangen nach Beschauung und Heiligung ins Kloster. Auf päpstlichen Wunsch mußte er jedoch nach einigen Jahren als Abgesandter nach Konstantinopel gehen und wurde nach seiner Rückkehr nach Rom – sehr gegen seinen Willen – einhellig zum Papst gewählt. Damit mußte seine Sehnsucht nach der Vita contemplativa großteils unerfüllt bleiben, denn Gregor hat sich mit aller Kraft dem neuen Amte, das in jener Zeit ja auch teilweise die weltliche Regierung des Westreiches bedeutete, gestellt. Die über Leben und Tod entscheidenden Verhandlungen mit den eingefallenen Langobarden, die Organisation des riesigen Landbesitzes des Heiligen Stuhles (aus dem der Kirchenstaat entstehen sollte), die Neumissionierung Englands, die Förderung des Ordenswesens – dies und so vieles andere lastete auf den Schultern des „Konsuls Gottes", der seine Gesundheit längst durch Fasten aufs Spiel gesetzt hatte. Unermüdlich schrieb er trotz seiner anstrengenden Amtstätigkeit exegetische, pastorale und vor allem homiletische Bücher, die das Mittelalter nicht weniger als die Werke des Augustinus schätzen sollte.

„Von allen Seiten bedrängt mich die Flut, bewältigt mich der Sturm der Geschäfte, so daß ich in Wahrheit sagen kann: Ich bin auf die Höhe des Meeres gekommen und die Sturmesflut hat mich verschlungen. Nach Abschluß der Geschäfte ver-

---

[8] Ep. 250, 4.
[9] Vgl. Radding, World 64 ff.
[10] Epp. 4, 26; 9, 65; 9, 204.
[11] Z. B. Hom. Evang. 2, 25.

langt es mich, in mein Herz wieder einzukehren; doch das Getümmel eitler Gedanken schließt mich aus, und ich finde keinen Einlaß."[12]

So die Klage des neugewählten Papstes. Gregor spricht die Einkehr ins Innere des Menschen an, Beginn des mystischen Weges bei so vielen spirituellen Autoren. Es gibt eine Anspielung in seinen *Dialogen,* die (wenn sie tatsächlich von ihm stammen[13]) vermuten läßt, daß Gregor diesen Weg aus eigener Erfahrung kannte. Er erinnert sich darin, daß seine Seele, als er noch im Kloster lebte,

> „nichts außer Himmlisches zu denken gewohnt war, daß sie, wenn auch noch vom Körper zurückgehalten, in der Betrachtung das Gefängnis des Fleisches überschritt, daß sie auch den Tod – fast für alle eine Bestrafung – als Eintritt ins Leben und Lohn ihrer Mühe liebte."[14]

Doch da der Papst, anders als Augustinus, keine Bekenntnisschrift hinterlassen hat, war es sein aszetisch-mystisches Werk, das in die Spiritualität des Mittelalters generell, in die deutsche und spanische Mystik im besondern, weitergewirkt hat. Gewiß, wäre es das Werk eines spätmittelalterlichen Verfassers, so würde es wenig aus der Fülle ähnlichen Schrifttums hervorstechen. Aber für die Zeit des beginnenden Frühmittelalters ist es im lateinischen Westen die alleinige Pièce de résistance mystischen Sprechens.

Die Vorgangsweise der Allegorese, die Gregor dabei überall verfolgt und die für das ganze Mittelalter und auch noch die frühe Neuzeit vorbildlich sein sollte und auf der u. a. die theologische Möglichkeit einer christlichen Brautmystik beruht, sei an einem die Kontemplation betreffenden Beispiel gezeigt: In seinem Klagelied ruft der Dulder Hiob zu Gott: „Wie lange noch verschonst du mich nicht und läßt mich nicht meinen Speichel schlucken?" Diesen buchstäblich nachfühlbaren Schrei eines erschöpften, vom Unglück gejagten Menschen interpretiert Gregor und mit ihm die ganze mittelalterliche Theologie auch in übertragenem Sinn (wie es Origenes gelehrt hatte[15]): Was bedeutet der Speichel, wenn nicht den Wohlgeschmack tiefster Betrachtung? Er fließt zum Munde vom Haupt aus, weil von der Herrlichkeit des Schöpfers, der mit dem Haupte gemeint ist, uns, die wir noch in diesem Erdenleben sind, kaum der Geschmack einer Offenbarung berührt. Dieser Speichel wird nicht verschluckt, gelangt nicht in den Magen, was bedeutet, daß die Betrachtung der Gottheit die Sinne berührt, aber die Seele nicht sättigt, da der Geist ob der Dunkelheit unserer Verderbtheit das Erhabene

---

[12] Ep. 1, 5 übersetzt von Wolfsgruber 62.
[13] F. Clark, The Pseudo-Gregorian Dialogues, Leiden 1987, spricht Gregor die Dialogi mit vielen Argumenten ab; vgl., ohne ganz zu überzeugen, die Kritiken von R. Godding, Les Dialogues … de Grégoire le Grand: Analecta Bollandiana 106, 1988, 201–229. – A. de Vogüé, Grégoire le Grand et ses „Dialogues": Revue d'histoire ecclésiastique 83, 1988, 281–348.
[14] Dial. 1, Proem. 3, SC 260, 12.
[15] Vgl. oben S. 65.

nur einen Augenblick zu schauen vermag. „Den Speichel können wir also
nicht schlucken, weil es nicht gestattet wird, daß wir uns am Gut der himmlischen Helle sättigen", zur Strafe für die Erbsünde[16]. Auch sonst erklärt
Gregor mystische Vorstellungen gern recht konkret: Die sich in der Kontemplation weitende Seele ist vergleichbar den sich weitenden Fenstern des
Tempels, den Ezechiel schaute. Sie sind allerdings eng, können kaum etwas
von der Ewigkeit erfassen, und trozdem genügt dieses Wenige, den „Schoß
der Seele" zur Gottesliebe zu weiten ...[17]

Vor allem die 35 Bücher moralischer Auslegung des alttestamentlichen
Hiobbuches enthalten Gregors Konzeption mystischer Schau. Wiewohl ihm
Dionysius Areopagita nicht unbekannt ist, übernimmt er dessen Theologie
der Negation nicht, sondern bleibt in der kataphatischen Tradition, die positive Aussagen über Gott macht, wenn sie sich auch der letztendlichen Unsagbarkeit bewußt ist. Freilich wird Gregor nicht müde zu betonen, daß, was
immer während des Erdendaseins im Geiste vor der Seele aufglänzt, nur ein
Gleichnis der Herrlichkeit Gottes ist[18].

> „Aber wenn die Seele sich in der Betrachtung löst, wenn sie, die Enge des Flei-
> sches überwindend, durch die Kraft der Betrachtung etwas von der Freiheit der
> innersten Sicherheit erlebt, vermag sie nicht lange über sich zu verweilen, denn
> wenn sie der Geist auch in die Höhe trägt, drückt sie dennoch das Fleisch noch
> durch die Schwere seiner Verderbtheit hinab."[19]
> „Denn in der Süße der innersten Betrachtung kann sich der Geist nicht lange
> halten, weil er von der unendlichen Intensität des Lichtes in sich selbst zurück-
> geschlagen wird. Wenn er die innere Süße kostet, brennt er vor Liebe, müht sich,
> über sich hinauszukommen, stürzt aber gebrochen in die Dunkelheiten seiner
> Schwäche zurück ..."[20],

um in süßem Weinen[21] von der Sehnsucht nach der Beschauung gepeinigt zu
werden. Dieses Schauen hat eher den Charakter eines Erfassens und Fühlens,
unser Autor spricht von der „Süßigkeit der hohen Betrachtung", vom „Geschmack des unumschreibbaren Lichtes"[22]. Die Seele erlangt

> „in innerem Schmecken eine ungewöhnliche Süße und erneuert sich mit einem
> Schlag wie von einem feurigen Geist angehaucht: je mehr sie kostet, was sie liebt,
> desto mehr schmachtet sie danach. Und dort möchte sie hineinkommen, was sie
> so süß im Inneren spürt, weil sie sich selbst allerdings durch das Verlangen nach
> dieser Süße unwichtig geworden ist".

Von dieser Intensität wird sie, noch schwach, in ihr Weinen zurückgeworfen:
„Sie schmachtet, glüht, sucht, über sich hinauszukommen, stürzt aber, von

---

[16] Mor. 8, 30, 49 f., CC 143, 420 f.
[17] Hom. II Hiez. 5, 17, CC 142, 289.
[18] Mor. 4, 24, 45; Hom. I Hiez. 8, 30.
[19] Mor. 5, 32, 57, CC 143, 259.
[20] Ebd. 58, ebd.
[21] Vgl. Ohly, Nägel 513.
[22] Mor. 8, 30, 50, CC 143, 420 f.

Müdigkeit bezwungen, in die ihr gewohnten Finsternisse zurück ..."[23] Aber auch zurückgestoßen, kann sie trotzdem nur lieben[24]. Dennoch ist Gregor der zuversichtlichen Auffassung, daß sich zu seiner Zeit die ewige Weisheit mehr eröffnet als früher: denn das Ende der Welt ist nahe (eine auf der von Jesus gepredigten Nähe des Gottesreiches beruhende Überzeugung des gesamten Mittelalters), ein Ende, das nicht verzehrt, sondern vollendet[25].

Die Beschauung – Gregors Ausdruck „contemplatio" hat verschiedene Bedeutungen, meint aber vor allem das mit Gott vereinende Beten – umfaßt eine Phase der Sehnsucht und eine ganz kurze Phase der Entraffung. Auf ihrer ersten Stufe konzentriert sich der Geist auf sich selber, auf der zweiten betrachtet er sich so gesammelt, auf der dritten steigt er über sich selbst hinaus und unterwirft sich angespannt der Betrachtung des unschaubaren Schöpfers[26]. Dies impliziert also, daß die Kontemplation nicht ohne Mühe erworben wird: die vorbereitenden Stufen zur eigentlichen Betrachtung erfordern höchste Anstrengung der Seele.

> „Im kontemplativen Leben zieht sich der Geist auf sich zusammen [konzentriert sich], um sich zu weiten (sese angustat ut dilatet), und bisweilen siegt er und überwindet die widerwilligen Finsternisse seiner Blindheit, daß er für den Hauch eines Augenblicks etwas vom unumschriebenen Licht berührt"[27].

Auch sind die Menschen je nach ihrer psychischen Veranlagung dazu verschieden geeignet: „das aktive Leben liegt vielen, das kontemplative wenigen"[28].

Gregor hat auch einen Kommentar zum *Hohenlied*[29] verfaßt, der aber wider Erwarten trotz seiner Origenes-Kenntnis keine mystische Interpretation bietet – hierin bezeichnend für das frühe Mittelalter bis zum zwölften Jahrhundert. Und dies, obschon der Papst nicht nur die Auslegung auf die Kirche, sondern auch die auf die einzelne Seele hin kennt[30]. In einer für die vorherrschende Liebesauffassung seiner Epoche charakteristischen Weise sagt Gregor, daß der Verfasser dieses biblischen Textes sogar so weit gegangen sei, „sich bis zu den Ausdrücken unserer schmutzigen (d. h. irdischen) Liebe herabzulassen", um unser Herz zur Gottesliebe zu entfachen[31]. Wenn im heiligen Text von Küssen, Brüsten, Wangen, Schenkeln die Rede ist, dann muß man eben durch diese Worte der Erotik hindurchkommen, um zur Apathie, der Leid- und Leidenschaftslosigkeit, zu finden[32]. Wie anders wer-

---

[23] Mor. 23, 21, 43, CC 143 B, 1176 f., gekürzt.
[24] Mor. 10, 8, 13.
[25] Hom. II. Hiez. 2, 4.
[26] Hom. II Hiez. 5, 9.
[27] Hom. II Hiez. 2, 12, CC 142, 232 f.
[28] Mor. 32, 3, 4, CC 143 B, 1629; vgl. Viller, Rahner, Aszese 275.
[29] Vgl. Matter, Voice 92 ff.
[30] Cant. 15, SC 314, 92.
[31] Cant. 3, ebd. 70.
[32] Cant. 4.

den die Mystiker des hohen Mittelalters dieselben Passagen lesen! Dort wird die Erotik Gottes gerade in den Formen des Liebeskosens mystisch erfahren und beschrieben werden[33]. Die Terminologie der Vereinigung (unio mystica) bleibt bei Gregor fast überhaupt sozusagen „exorziert"[34], ausgeschlossen, und ist durch die des Schauens, der „Lichtschau"[35], ersetzt. Wiederholt spricht er vom „unumschriebenen Licht" als Chiffre göttlicher Transzendenz, das äußere Antlitz Gottes („Dei facies"), dessen kontemplative Schau aber „sozusagen nur die Nachahmung einer Schau" ist[36]. Eine anscheinend singuläre Stelle ist die von den Herzen derer, „in denen die Seele in Liebe ihrem unsichtbaren Bräutigam verbunden wird und in der Liebesumarmung in der Anschauung des Himmelsbräutigams ruht"[37].

Große Bedeutung hat für Gregor das Zusammenspiel von aktivem Tun guter Werke und mystischer Beschauung, offensichtlich ein Reflex der eigenen Lebenssituation. Seine vielgelesene *Pastoralregel* versucht weithin, die Vita activa und die Vita contemplativa in Einklang zu bringen. Auch hier wird er dem späteren Mittelalter, gerade auch Thomas von Aquin, *die* Autorität. Hier manifestiert sich die eingangs angesprochene Gemeinschaftsbindung des Papstes: der geistliche Aufstieg des Leiters einer Gemeinschaft ist gebunden an den Glaubensfortschritt seiner Brüder und umgekehrt[38]. Der geistliche Weg geht von der Lesung zur Meditation und zum Gebet, gelangt zur Kontemplation, um sich dann mit der Glaubensverkündung der Welt zuzuwenden. Die Heiligen jedoch „eilen stets in den Schoß der Beschauung zurück, um dort die Flamme ihrer Glut zu erneuern, nachdem sie die äußeren Werke vollbracht haben."[39] Das Moment der kontemplativen Ruhe ist ein Wert, den der Papst offenbar aufgrund persönlicher Veranlagung und seiner ihr konträren Lebenssituation über alles andere stellt.

Von der überaus breiten Nachwirkung Gregors des Großen, wie er bald genannt werden sollte, war schon die Rede. Bereits zu Lebzeiten wurde er oft und oft um Abschriften seiner Werke ersucht. Seine Schriften bewahrte später jede Klosterbibliothek auf, Teile seiner Bücher fanden in unzählige Florilegien und Kompilationen Eingang. Er gehörte zu den Lieblingsautoren Seuses[40] und vieler anderer Mystiker.

Und doch blieb seine Stimme, was die Mystik betrifft, eine einsame in den kommenden Jahrhunderten. Wir kennen in der abendländischen Kirche zwischen dem siebenten und dem zwölften Jahrhundert keinen Erlebnismystiker, keinen Theoretiker der Mystik. Wir kennen viele Visionäre in dieser Ära, aber

---

[33] Vgl. u. S. 110 ff. u. pass.
[34] R. Gilles: DS 6, 898.
[35] Ruh, Geschichte 164.
[36] Mor. 24, 6, 12, CC 143 B, 1196.
[37] Hom. II Hiez. 3, 8, CC 142, 242, gekürzt.
[38] B. Calati, in: Grossi, storia 4, 16 f.
[39] Mor. 30, 2, 8, CC 143 B, 1494.
[40] P. Künzle (Hg.), Heinrich Seuse, Horologium Sapientiae, Freiburg i. Ü. 1977, 86.

Abb. 4 Vita contemplativa und Vita activa, ein Hauptthema der Mystagogie nicht nur Papst Gregors, sind hier einander als Personifikationen gegenübergestellt: Gebet vor dem Altar vs. Beschenkung der Armen mit Kleidern und Geld.

Elisabethpsalter: cod. CXXXVII, f. 173, 1217, Museo Archeologico Nazionale, Cividale.

ihre Schauungen galten den Landschaften der anderen Welt und weniger den Personen der Gottheit[41]. Vielleicht macht eine wenig bekannte fränkische Heilige des siebenten Jahrhunderts, Aldegunde von Maubeuge[42], eine Ausnahme. In ihrer Vita, die auf einem von ihr selbst verfaßten Offenbarungsbuch beruht, lesen wir von Christkindvisionen, sie führt vertraute Gespräche mit Engeln und Teufeln, wird zu den Himmelschören entrafft – wie es von so vielen Mystikerinnen seit dem dreizehnten Jahrhundert berichtet werden wird. Freilich erlaubt die Quellenlage keinen eindeutigen Schluß. Auch die Ansätze zu einem von Liebe bestimmten Gebet und die Verwendung des Gott-in-uns-Topos durch Smaragdus von Saint-Mihiel (†nach 825)[43] beruhen mehr auf Auszügen aus den Kirchenvätern, denn auf mystischer Theologie.

Schließlich gibt es im Bereich der Häresie noch vereinzelte Nachrichten, die von fern an mystische Vereinigung erinnern, aber doch wohl anders zu verstehen sind: Gregor von Tours[44] berichtet von einem Christus und einer Maria, die um 590 im Frankenreich auftraten; Heilwunder verschafften ihnen einen großen Anhang sogar unter dem Klerus. Umgeben waren sie von (in Trance?) tanzenden und singenden Menschen. Dieser bäuerliche Prophet fiel unter dem Schwert eines Kriegers des Bischofs Aurelius von Le Puy, die Frau wurde den bischöflichen Folterknechten übergeben. Auch Migetius, ein Lehrer des bekannten spanischen Theologen Beatus von Liebana (†um 800), soll sich als Christus gefühlt haben. Er sammelte zwölf Apostel um sich, sagte seine Auferstehung voraus und sprach, indem er Logia Christi zitierte. Doch stammt diese Nachricht aus einer feindlichen Streitschrift[45]. Beide Male ist nicht von einer Verschmelzung der Seele mit Gott die Rede, sondern von einer permanenten Identität mit Christus. Die Quellen nennen diese „Pseudochristi" jedesmal Irrsinnige; immerhin stießen sie bei vielen Gläubigen auf ein gewisses Echo, dessen Grundlage offenbar die Lehre von der Wiederkunft Christi bildete. Auch später muß es gelegentlich Ketzer oder Betrüger gegeben haben, die sich als Christus ausgaben, z. B. Eon (Eudo) von Stella (†Mitte des 12. Jh.)[46], Jehan Dieu in Rouen (1371)[47] oder Miewes von Gouda (zweite Hälfte des 14. Jh.)[48]. Ob es sich nicht bei dem einen oder anderen doch um einen Mystiker gehandelt haben mag, der aus seinen Erlebnissen ähnliche Konsequenzen zog, wie die Freien Geister?[49]

---

[41] Dinzelbacher, Vision pass.
[42] Vgl. Dinzelbacher, Frauenmystik 21.
[43] J. Leclercq, Smaragdus: Szarmach, Introduction 37–51.
[44] Hist. 10, 25. Vgl. C. Lavarra, „Pseudochristi" e „pseudoprophetae" nella Gallia merovingia: Quaderni medievali 13, 1982, 6–43.
[45] Alphandéry, faits 180 f.
[46] J.P. Leguay, Eon: LexMA 3, 2040 f.
[47] Chroniques des quatre premiers Valois, hg. v. S. Luce, Paris 1862, 220.
[48] Weiler (wie u. S. 334 Anm. 397) 19.
[49] Vgl. u. S. 293 f.

Der bekannte deviante Dichter und Theologe Gottschalk der Sachse (von
Orbais, †um 868)[50] soll, freilich nach seinem Feind (Bischof Hinkmar von
Reims, der ihn in Klosterhaft umkommen ließ), gesagt haben, daß der Sohn
Gottes, dann der Vater, dann der Geist in ihn eingegangen seien und ihm
letzterer dabei Bart und Mund verbrannt hätte[51]. Sollte dies authentisch sein,
so könnte damit tatsächlich die Spur eines enthusiastischen Berufungserleb-
nisses erhalten geblieben sein.

Doch einen Gelehrten der Karolingerzeit haben wir jedenfalls zu erwähnen,
da er – eine Einzelfigur in seiner Umgebung – dem Westen das Denken des
Areopagiten vermittelte. JOHANNES SCOTUS ERIUGENA (ca. 810–877)[52] stellt
uns vor das Problem des historischen Vorläufers, eines Individuums, das nach
seiner Denkweise „eigentlich" nicht in sein Jahrhundert, sondern in ein spä-
teres zu passen scheint. Der irische Lehrer (diese Herkunft besagen seine
beiden Zunamen) konnte Griechisch, eine seiner Umgebung weitestgehend
unbekannt Sprache, und das gut genug, um daraus fließend ins Lateinische
zu übersetzen. Woher er diese Kenntnisse hatte, wissen wir nicht. Er unterrichtete am Hofe des westfränkischen Herrschers Karls II. des Kahlen die
Kinder von Adeligen in lateinischer Grammatik und verfaßte mehrere wissenschaftlich-theologische Bücher. Auf Weisung Karls übersetzte er 860/62
das *Corpus Areopagiticum*[53] ins Lateinische. Vielleicht war der Herrscher
auch deswegen daran interessiert, da die griechische Handschrift schon unter seinem Vater, Ludwig dem Frommen, der sie 827 als Geschenk des byzantinischen Kaisers empfangen hatte, wie eine Reliquie Wunder gewirkt hatte,
nämlich neunzehn Krankenheilungen in einer Nacht[54]. Eriugena übersetzte
später auch die Werke anderer griechischer Mystiker aus dem Original: Gregor von Nyssa und Maximus Confessor. In dieser Tätigkeit liegt seine Bedeutung für die Mystikgeschichte.

Sein eigenes, streng gegliedertes Hauptwerk mit dem griechischen Titel
Periphyseon (Über die Einteilung der Natur) ist ein umfängliches philosophisches System, das trotz neuplatonischer Inspiration (z. B. Emanationslehre)
nicht eigentlich der Mystik zugerechnet werden kann. Es ist für eine Epoche,
in der die Menschen so sehr das Bedürfnis fühlten, sich gerade im geistigen
Bereich von Autoritäten leiten zu lassen, kühn, indem es wahre Religion und
wahre Philosophie, Autorität und Vernunft, da aus derselben göttlichen

---

[50] L. Hödl, Gottschalk 4: LexMA 4, 1611 f. – J. Weitzel, Die Normalität als Frage an das Schick-
      sal des Gottschalk von Orbais: D. Simon (Hg.), Religiöse Devianz, Frankfurt 1990, 211–
      229.
[51] Alphandéry, faits 185, Anm. 1. – DThC 6/2, 1502.
[52] W.-U. Klünker, Johannes Scotus Eriugena, Stuttgart 1988. – DS 8, s. v. Jean Scot. – A. Haas,
      Eriugena und die Mystik, in: Eriugena redivivus, hg. v. W. Beierwaltes, Heidelberg 1987,
      254–278. – Ruh, Geschichte 172–206.
[53] Vgl. o. S. 71.
[54] MGh Epp. 5, 330.

Quelle fließend, identisch setzt[55]. Manche Forscher lassen damit die Scholastik beginnen. „Seine Anziehungskraft, seine Eigenart und Befremdlichkeit für das lateinische Mittelalter bestanden darin, daß er in einer Zeit der kulturellen Abgeschlossenheit des Westens die östlich-griechische Tradition, speziell den dionysischen Neuplatonismus, erschloß und zu einer neuen Gesamtdeutung der Welt transformierte."[56]

Sicher gibt es in Eriugenas eigenen Schriften Stellen, die als mystisch zu verstehen sind, wenn er auch nichts von Erlebnismystik berichtet. So ist seine Rede über den Evangelisten Johannes, der an der Brust des Herrn gelegen und die *Geheime Offenbarung* empfangen hatte, geradezu ein Idealbild des Mystikers:

> „Johannes, der das Innerste der Wahrheit schaute, hörte jenseits aller Himmel im Paradies der Paradiese, d. h. in der Ursache von allem, das eine Wort, durch das alles geworden ist ... Er war mehr als ein Mensch: Nicht anders konnte er zu Gott hinaufsteigen, als daß er zuerst Gott wurde."[57]

Eine Einungs-Formulierung, die Theologen nicht unbedenklich sein dürfte. Der Ire vermittelt aber auch das bekannte Vokabular des dreistufigen Aufstiegs (purgatio, illuminatio, perfectio) und definiert die Kontemplation als höchste Seligkeit und Erkenntnis der Wahrheit. Diese ist Christus, und so kommt der Sohn Gottes unsichtbar in die Herzen derer, die ihn lieben[58]. Solche Reflexionen über die Gottesgeburt in der Seele sollten besonders in der spekulativen deutschen Mystik des Spätmittelalters auf fruchtbaren Boden fallen.

Zunächst freilich blieb Eriugenas Einfluß unbedeutend – zu intellektuell erhob sich sein Werk über Interesse und Denken seines und der nachfolgenden Jahrhunderte. Dazu kommt, daß schon zu Lebzeiten seine Schrift über die göttliche Vorherbestimmung als „Erklärung des Teufels"[59] von einem Konzil verworfen wurde. Dann hatte Papst Nikolaus I. schon in den sechziger Jahren des neunten Jahrhunderts kritisiert, daß ihm die Übersetzung nicht zur Prüfung vorgelegt wurde – es war eine Zeit großer Spannungen zwischen der westlichen und den östlichen Kirchen. 1225 wurde Eriugenas Werk über die Natur von Papst Honorius III. verurteilt und kam in der Neuzeit folgerichtig auf den Index. Einer der Angriffspunkte war Eriugenas Leugnung eines ewigen Höllenfeuers – man erinnert sich an Origenes.

Trotzdem wurde die Glauben und Vernunft integrierende Philosophie des karolingischen Denkers für einige spätere, gleich ihm hochspekulativ veran-

---

[55] Div. nat. 1, 66.
[56] Flasch, Denken 168.
[57] Prol. Joh., ed. Klünker 66.
[58] Klünker 282.
[59] Klünker 45.

lagte Geister von Bedeutung: für Meister Eckhart vor allem und für Nikolaus von Kues. In der Vermittlung der Via negationis, der Erkenntnis, daß
Gott jenseits allen menschlichen Ausdrucksvermögens west, liegt Eriugenas
vorzügliche Wichtigkeit für die Geschichte der Mystik, stammt doch von ihm
die schöne Formulierung: „Gott, der besser durch nicht Wissen gewußt wird,
Gott, dessen Unkenntnis wahre Weisheit ist."[60] Doch auch einen fortwir-
kenden Zug zum Pantheismus hat schon Görres in der Philosophie Eriugenas
erkannt[61].

---

[60] Periph. 1, 65, 190, zit. Haas 267.
[61] Mystik 1, 243 ff.

Hochmittelalter

Erst um die Wende vom elften zum zwölften Jahrhundert wird für uns Mystik wieder greifbar, sowohl in ihrer Erlebnisform als auch im spekulativen Bereich. Es ist nicht möglich, diese Tatsache unabhängig von den grundlegenden materiellen und geistigen Veränderungen zu sehen, die die Generationen um 1100 ins Werk setzten, der Konsequenzen meist wohl nur halb bewußt. Diese Veränderungen, die jene Epoche zu *der* „Achsenzeit" zwischen der Völkerwanderung und dem Zeitalter der Industrialisierung, der Aufklärung und der Revolutionen machen, entstanden durch eine Verflechtung verschiedener Faktoren, die ausgesprochen schwierig zu beschreiben ist. Dies einerseits wegen der (im Vergleich mit späteren Epochen) doch bescheidenen Anzahl der historischen Quellen, die die Neuerungen zudem oft nur indirekt spiegeln, andererseits wegen der Komplexheit der Faktoren, die zum Umbruch des Hochmittelalters führten. Wir versuchen eine – unvermeidlicherweise generalisierende – Skizze[1]:

Die weitreichendste Änderung seit der Jahrtausendwende ist wohl der deutliche Anstieg der europäischen Bevölkerung, der selbst wieder auf eine Vielzahl von Elementen zurückzuführen sein dürfte: Ein wärmeres und trockeneres Klima, die Durchsetzung der ertragreicheren Dreifelderwirtschaft; effektivere Ausnutzung der tierischen Kraft durch neue Anschirrmethoden; gesündere Ernährung durch ein ausgewogeneres Verhältnis von Getreide und Hülsenfrüchten; ein Ende der Einfälle von außen durch die arabischen, normannischen und ungarischen Heere, ein Rückgang der Fehden (Kleinkriege) im Inneren durch die Gottesfriedensbewegung usw. Wie verschieden schnell die Bevölkerungsvermehrung auch in den einzelnen Regionen Europas stattgefunden haben mag, ihr Resultat war offenbar immer eine größere allgemeine Wohlhabenheit und eine größere Differenzierung der Lebensformen. Davon zeugt u. a. der Landesausbau, also die Kolonisierung bisher unbewohnter Gebiete durch Rodung der Wälder oder Landgewinnung an den Küsten. Davon zeugt auch das Aufblühen der städtischen Siedlungsform, ein Vorgang der Regeneration in den einstmals römischen Gebieten, ein Novum im Osten und Norden des Kontinents. Hier entstehen neue Sozialschichten, wie die des Bürgers oder auch des städtischen Proletariats, hier kommt es aber auch zu Reaktionen auf den neuen Reichtum, die von

[1] Vgl. P. Dinzelbacher, Die „Bernhardinische Epoche" als Achsenzeit der europäischen Geschichte: Bernhard von Clairvaux und der Beginn der Moderne (Kongreßakten Schöntal 1990), i. Dr. – Ders., Bibliographie, ebd. – Radding, World.

religiösem Idealismus getragen werden: die Armutsbewegung und die Bettelorden, die besonders in den Städten missionieren. Nun ergeben sich auch
kulturelle Pluralismen: die städtische Kultur tritt neben die monastische und
die ländliche. Der zur Versorgung der Kommunen immer notwendigere Han-
del verbreitet im Verein mit der Pilger- und Kreuzzugsbewegung die neuen
kulturellen Modelle. Das Resultat ist ein differenzierteres Angebot an Lebensformen, ist eine größere Vielfalt.

Damit Hand in Hand geht eine, wenn auch in der Praxis nur zögerlich
verwirklichte Tendenz, Hierarchien abzubauen und ein Konsensdenken zu
bevorzugen. Der Reformorden der Zisterzienser, der auch auf Oblaten verzichtet, stellt sich unter die *Gemeinschaft* der Äbte als Leitung (allerdings mit
Primat von Cîteaux), anstatt den Zentralismus nach clunyazensischem Mu-
ster weiterzuführen. Eine Analogie ist im weltlichen Bereich vielleicht in der
Ausbildung der Gilden, Zünfte und Bruderschaften zu sehen.

Ein anderer Prozeß nimmt ebenfalls im elften und im zwölften Jahrhundert seinen Ausgang: die Trennung einer ursprünglich weitgehend einheit-
lichen Weltsicht in einen religiösen und einen profanen Bereich. Die augen-
fälligste Kette von Ereignissen, an denen dieser Prozeß nach außen sichtbar
wird, ist unter dem Begriff ‚Investiturstreit‘ bekannt, dessen Resultat nicht
nur auf dem politischen Gebiet Veränderungen schafft, sondern vor allem
auf dem mentalen. Das Königtum verliert dabei viel von seinem alten, sakra-
len Charakter. Die Kirche begreift sich nun mehr als früher als ein scharf von
den Laien getrenntes und ihnen übergeordnetes System. Ihr Eigenbereich
wird stärker dogmatisch und institutionell von der ‚Welt‘ abgegrenzt: man
hat in diesem Sinne von der ‚Verklerikalisierung‘ der Kirche gesprochen,
innerhalb derer ein eigener Stand von Spezialisten für das, was zu glauben
ist, entsteht, also von universitär ausgebildeten Theologen, sowie einer von
Spezialisten des kanonischen Rechtes, die die irdischen Konsequenzen der
Glaubenslehren juristisch festlegen. Die gleichzeitige Entwicklung einer eigenen Laienkultur dürfte auch eine Reaktion auf diese Wandlung innerhalb
der Kirche sein.

Im Gefolge des Investiturstreites kommt es zu einer Desakralisierung der
Welt (wiewohl Papst Gregor VII. und Kaiser Heinrich IV., die sich beide auf
unmittelbare göttliche Autorität berufen, beide der „alten" Mentalität zuzurechnen sind). Abaelard kann die Genesis als Naturgeschichte (nicht nur
Heilsgeschichte) interpretieren. Die Beliebtheit der Fortuna, des personifizierten Glücks oder Geschicks, im Schrifttum des zwölften Jahrhunderts
weist wiederum auf den Ersatz von im Übernatürlichen beginnenden Kausal-
ketten durch solche aus der natürlichen Sphäre: nicht der christliche Gott,
sondern eine religiös indifferente Figur wird mit ihr wenigstens im Bereich
des Fiktiven als lebensbestimmende Instanz angenommen. Dem entspricht
eine Weltzuwendung innerhalb der Laienkultur, deren Ausfluß die neue
volkssprachliche Literatur des Romans, der Lyrik, bald auch des Schwankes
usw. ist. Aber eben diese Weltzuwendung bringt es auch mit sich, daß das

Ende dieses Lebens in der Welt in vordem ungekannter Weise Thema des Nachdenkens wird: erst ab etwa 1200 taucht der Tod in der Dichtung personifiziert auf (bei Helinand von Froidmont, einem Trouvère, der Zisterzienser wurde) ...

Die Auseinandersetzungen zwischen königlich-kaiserlicher und päpstlicher Gewalt, zwischen Imperium und Sacerdotium, veranlaßten beide Parteien, ihre Ideologien genauer zu durchdenken. Es entsteht eine Streitschriftenliteratur als Ausfluß geschärfter Kritikfähigkeit, Analyse- und Argumentationstechnik. Eines der Elemente, die zur Rationalisierung oder Intellektualisierung des Denkens in jener Zeit führten, scheint damit erfaßt zu sein – nicht zufällig entstehen die ersten Universitäten eben in jener Epoche. Es wird wichtig, was die mittellateinischen Autoren als „discretio“ und „ingenium“, die deutschen als „liste“, die französischen als „engin“ preisen: ein weiterreichendes, komplexeres Denken, eine raffiniertere Vorgangsweise. Dabei wird mehr und mehr innerweltlich argumentiert, weniger dem direkten Eingreifen der Überwelt zugeschrieben. Berengar von Tours (1000–1088) z. B. beruft sich (in theologischen Auseinandersetzungen!) zukunftsträchtig auf die „rationes naturae“[2]. Analoges zeigt sich etwa in dem Widerstand, der im zwölften Jahrhundert den Gottesurteilen entgegengebracht wird und der schließlich zu ihrer offiziellen Abschaffung führte.

In dieser vielfältiger gewordenen Welt gab es mehr Wahl- und Identifikationsangebote für den Einzelnen, mehr und verschiedenere Gelegenheiten zu sozialer Interaktion, mehr Rollen, die übernommen werden konnten, mehr Gesellschaftssysteme, an denen man sogar gleichzeitig teilhaben konnte. So sollte es z. B. möglich werden, als Ritter sowohl am Königshof zu verkehren wie im städtischen Milieu, Höfling und Bürger zu sein, und dazu vielleicht noch Angehöriger einer religiösen Bruderschaft. Außerdem verstärkte sich die lokale Beweglichkeit der Menschen: die Kreuzzüge, das Pilgerwesen, die Kolonisation noch unbebauten Landes brachten viele auf die Straßen und in Kontakt miteinander.

Diese Zersetzung der beherrschenden frühmittelalterlichen Sehweise, mehr oder minder unveränderlich in einen bestimmten Bereich eingebunden zu sein, führte anscheinend zu einem neuen Ich-Bewußtsein, das sich von der vormals dominierenden Wir-Gemeinschaft abgrenzt. Dies galt freilich zunächst nur für eine kleine Elite, für Angehörige des „Volkes“ (das praktisch identisch mit der Bauernschaft war) änderte sich nicht viel an ihrer „gebundenen Individualität“, die schon das frühe Mittelalter allgemein gekennzeichnet hatte. Es gibt nicht wenige Belege, die auf die neue Individualisierung in der laikalen und geistlichen Leisure-Class hinweisen, namentlich auf dem religiösen Gebiet: so die Ausbildung einer wesentlich persönlicheren, auf Selbstgefühl und Schuldbewußtsein basierenden Moral (Intentionalethik)

---

[2] Radding, World 166–172.

statt des alten, nur die Resultate von Handlungen, nicht aber die Absichten berücksichtigenden Konzeptes. Das Paradebeispiel ist Abaelards Moralphilosophie, nach der eigentlich sogar die Mörder Christi schuldlos wären, wenn sie guten Glaubens gehandelt hatten – ein für viele Zeitgenossen noch unnachvollziehbarer Gedanke. U. a. deswegen wurde er als Ketzer angeklagt[3]. Auch in der Entwicklung der Rechtswissenschaften erhellt die neue Mentalität aus der Berücksichtigung der Intention eines Täters.

Sprachwissenschaftliche Wortuntersuchungen verweisen ebenso auf diese Entwicklung: so läßt sich bei dem Adjektiv „süß" in der religiösen Literatur im zwölften Jahrhundert eine „semantische Verlagerung in Richtung auf das Subjektive der Erfahrung von etwas sonst als objektiv gegeben Befundenem" nachweisen[4]. Weitere Beispiele für die Betonung des Individuellen wären das Entstehen einer umfangreichen Literatur, die eine tiefere Introspektion, ein antikes „cognosce te ipsum" (erkenne dich selbst) als Voraussetzung geistig-geistlichen Aufstiegs reflektierte. Oder die häufigere Verwendung von Ich- statt Wir-Formulierungen in Gebeten. Oder – und vor allem – das Wiedereinsetzen mystischen Erlebens und Spekulierens.

Aber auch der weltliche Bereich bietet Anzeichen für diese Ablösungstendenz des Einzelnen aus der unreflektierten Gruppenbindung zur reflektierten Individualität. So tritt in der neu entstehenden Gattung des Romans der innere Monolog auf, in der ebenfalls neu entstehenden Liebeslyrik dreht es sich um die spezielle Situation des Liebenden (sei es der Dichter selbst oder ein fiktives „Rollen-Ich"), in der Geschichtsschreibung betont man nun oft eher die individuellen Züge anstelle des für den beschriebenen Stand Typischen.

Am aussagekräftigsten ist das Gebiet der bildenden Kunst. Erst ab dem späten elften Jahrhundert lassen sich geistliche und weltliche Herren auf ihren Grabplatten in Relief und Ritzzeichnung abbilden, wobei ein Porträt zumindest angestrebt wird. Erst seit der ‚Renaissance des zwölften Jahrhunderts' wird als Zeichen der beginnenden Gotik die vollplastische Darstellung des Menschen in seinen natürlichen Proportionen nach und nach in Angriff genommen, wobei auch Vorbilder der Antike zu Hilfe genommen werden. Die Betonung des Überzeitlich-Typischen der Romanik tritt demgegenüber immer mehr zurück.

Die Geschichte der Emotionen hat eine analoge Innovation zu verzeichnen: Das hohe Mittelalter ist die Periode, in der nach dem Ende der Antike die Liebe als beherrschendes Moment eines Menschenlebens wiederentdeckt wird[5]. Es ist nicht in Abrede zu stellen, daß es auch in den vorhergehenden Jahrhunderten Begehren, Zärtlichkeit, Vertrautheit zwischen den Geschlechtern gegeben haben wird, wenngleich die ideologischen, sozialen und rechtli-

---

3   Bernhard v. Clairvaux, Ep. 190, 26, 9.
4   Ohly, Nägel 71.
5   Vgl. P. Dinzelbacher, Liebe: LexMA 5, 1965–68.

chen Voraussetzungen, nach denen die Frau als ein unter der Herrschaft des Mannes stehendes, schwaches, zu erziehendes Wesen galt, solchen Beziehungen nicht günstig gewesen sein können. Eheschließungen erfolgten ja fast ausschließlich durch die Eltern und gingen von ganz anderen Kriterien als denen persönlicher Sympathie aus; Ehen waren sozial und rechtlich legitimierte Herrschaftsgefüge der Männer über die Frauen. Was es aber, nach den uns vorliegenden Quellen, im Frühmittelalter nicht gab, war Liebe im Sinne eines „romantischen", gegenseitigen, lebensbestimmenden Gefühls. Die Beziehungen zwischen den Geschlechtern waren mehr auf Arbeitsteilung im praktischen Leben aufgebaut und spielten sich die meiste Zeit über an verschiedenen lokalen und sozialen Orten ab. Im Intimbereich gab es mehr ein unmittelbares Begehren und Nehmen, kein Umwerben und keine erotische Kultur.

Mit dem späten elften Jahrhundert änderte sich dies zuerst im südfranzösischen Adel, und neue Ideale, dann auch Praktiken, sollten über kurz oder lang die ganze europäische Oberschicht erfassen. Die stärkere Distanzierung des Ich von den anderen, von seiner gesellschaftlichen und sachlichen Umwelt, war es vielleicht, die auch zu einem Verlassen der Geborgenheit innerhalb der Gruppe führte, überspitzt gesagt, zu einer Vereinsamung, die nach einer anderen, gleichwertigen Beziehung als Kompensation verlangte. So wird eine charakteristische Figur der höfischen Dichtung der auf Abenteuer- und Irrfahrt befindliche Ritter, der sich auf der Suche nach einer bestimmten Frau als Partnerin befindet und dessen unterwegs bestandene Abenteuer sein „persönlicher Besitz" sind, weniger Taten, die er für seinen Lehnsherren vollbringt, wie in der älteren Epik. Im Unterschied zu letzterer ist er ein Einzelkämpfer, nicht Anführer eines Vasallenheeres. Das entwickelte Individuum sucht nach einem Gegenüber, das kein beliebiges sein kann, sondern ein gleicherweise hervorragendes, sei es in der Lyrik der Trobadors und Minnesinger die „Herrin" der Idealkonzeption der ‚hohen Minne', sei es ein sozial gleichgestelltes oder sogar unterlegenes in der ‚ebenen Minne', das sich jedoch durch ein besonderes Sein oder Verhalten dem Liebenden gegenüber auszeichnet.

Da für den Menschen von stärkerem Ich-Bewußtsein augenscheinlich die Wahl des Partners eingeengt erscheint, indem nur einer, der ganz spezifisch geartet ist und bestimmten Idealen entspricht, seinem Bindungsbedürfnis gerecht werden kann, kommt es zu jener ausschließlichen Konzentration auf ein besonderes Gegenüber, die der Mythos von Tristan und Isolde oder die Briefe Heloisens an Abaelard (seien sie echt, seien sie das Werk eines genialen mittelalterlichen Fälschers) so eindringlich der westlichen Phantasie vorgeführt haben. Jedesmal fasziniert die Intensität des Liebesverhältnisses und das Bewußtsein von der Einmaligkeit des Gefühls. Je weniger fest die Einbindung in die alte Wir-Gruppe, desto fester die Bindung in der neuen Zweierbeziehung.

Abb. 5 Der Christus vom frühen Mittelalters bis in die Romanik ist ein lebender Gott, „rex triumphans", der auch am Kreuz eine Königskrone (Diadem) trägt und Herrscher der Welt bleibt, erhaben über alles Menschliche.

Holzkruzifix, um 1220, Basilika, Altenstadt (Bayern).

Abb. 6 Der Christus der Gotik ist ein unter der Dornenkrone sterbender oder toter Mensch, dessen Qualen an seinem Körper überdeutlich abzulesen sind. Dem „crucifixus dolorosus" kann man sich in Mitleid und Liebe nähern.

Holzkruzifix, um 1380, St. Georg, Köln.

Ähnlich strukturiert wie auf dem Gebiet der weltlichen Geschlechterbeziehungen ist auch in der Sphäre des Religiösen das – nunmehr erstmalig seit der christlichen Spätantike wiederum beschriebene – Verhältnis der liebenden Seele zu ihrem Gegenüber. Hier ist jenes Gegenüber freilich schon festgelegt, es kann nur das höchstrangige sein, also Christus, die einzige in menschlicher Gestalt erschienene Person der Dreifaltigkeit. Da wir ja zunächst, wie Bernhard von Clairvaux sagen würde, nur uns Gleiches, also einen Menschen, lieben können[6], ist die Erlebnismystik des hohen und späten Mittelalters durchgehend Christusmystik. Er ist in verschiedenen Gestalten der Bräutigam der Seelenbraut. Er erscheint, wie wir an zahlreichen Beispielen sehen werden, als Minnechristus, ein Jüngling, schön vor den Söhnen der Menschen[7], als süßes Jesulein und Christkind, als Passionschristus und Blutbräutigam. Es vollzieht sich also eine grundlegende Verschiebung innerhalb der Christusverehrung: im Vordergrund steht nunmehr der leidende und liebende Mensch Jesus, nicht mehr, wie im Frühmittelalter, der ferne und richtende Gottkönig. Diese Veränderung ist oft beschrieben worden[8]; am unmittelbarsten greifbar wird sie in der bildenden Kunst, wo am Kreuz der mit der Königskrone herrscherlich Triumphierende von dem armselig unter der Dornenkrone Sterbenden abgelöst wird[9].

Dieses neue Christusbild wurde wohl vorrangig von den Schriften der MystikerInnen verbreitet, von denen wiederum ein breites, nicht unmittelbar mystisches Devotionsschrifttum inspiriert erscheint. Wenn Werke wie etwa der mittelenglische Prosatraktat *Wohunge of Ure Lauerd* (*Werbung unseres Herrn*, um 1200?)[10] einhämmern, daß Christus geliebt werden muß, weil er der schönste, der reichste, der großzügigste, der stärkste, der adeligste … aller Liebhaber ist, wie sollten sich die Wünsche, Träume und Visionen religiöser Menschen nicht auf ihn als Seelenbräutigam konzentrieren? Wenn ihn die Illuminatoren als stattlichen Jüngling darstellen, der seine Braut umarmt und küßt (s. Frontispiz), wie sollten sich vor allem fromme Frauen nicht an ihrer Stelle imaginieren?

Daß gleichzeitig die Marienverehrung wesentlich intensivere Züge erhält, ist ebenso aus dem neuen, persönlichen Verhältnis zwischen Gläubigem und Heiliger zu verstehen, das neben das und anstelle des alten halb magischen tritt. Auch hier gibt es einen Zug ins Mystische, wenn sich z. B. ein heterodoxer Laienprediger 1112 öffentlich mit einer Marienstatue verlobt[11] oder der hl. Hermann Joseph dasselbe als Erscheinung erlebt[12].

6　Vgl. Linhardt (wie u. S. 106, Anm. 62) 190 f.; u. S. 117.
7　Ps. 44, 3.
8　Zum Beispiel Beer, Experience 56–77.
9　Dinzelbacher, Frauenmystik 164 ff.
10　Ed.: Early English Text Society OS 29 und 241.
11　P. Frédéricq (Hg.), Corpus documentorum inquisitionis haereticae pravitatis Neerlandicae 1, Gent 1889, 17.
12　Vgl. u. S. 139 f.

Sozialer Ort dieser neuen Entwicklung innerhalb der Frömmigkeitsgeschichte ist zunächst das Kloster, bald auch das städtische Milieu der Beginen und Bettelorden. Es bestehen jedoch, wie wir noch sehen werden[13], enge Beziehungen zum sozialen Ort des profanen Umbruchs der Gefühlsgeschichte, dem adeligen bis ritterlichen Hof.

Trotz der angesprochenen Scheidung einer heiligen und einer profanen Sphäre vollziehen sich also viele Entwicklungen in beiden analog, wie man sieht – Manifestationen der einen zeittypischen Mentalität, die allen Einzelphänomenen zugrunde liegt. Es lassen sich zwischen früh- und hochmittelalterlicher Mentalität charakteristische Gegensatzpaare erkennen wie:
– Autorität vs. eigene Erfahrung,
– äußeres Gesetz vs. verinnerlichte Norm (Gewissen),
– Hierarchie vs. Partnerschaft,
– übernatürliche vs. natürliche Begründungen,
– fehlende vs. erwachende „romantische" Emotionalität,
usw.
Eben die Vernetztheit der jeweils zeittypischen Elemente ergibt als Ensemble die jeweilige epochenspezifische Mentalität. Es sollte freilich überflüssig zu betonen sein, daß allerdings immer einzelne Erscheinungen, einzelne Gruppen oder Individuen den älteren Sturkturen verhaftet bleiben, Reliktformen gleichsam in einer gewandelten Welt. Neue Phänomene setzen sich nicht schlagartig durch, sondern marginalisieren die älteren nach und nach, ohne sie notwendigerweise überall ganz zu verdrängen.

Obwohl wir das Ineinandergreifen, die Konvergenz der geschilderten Entwicklungen noch nicht zufriedenstellend analysieren können, ist doch das Ergebnis dieses Prozesses deutlich: eine Umstrukturierung sowohl der materiellen, mehr aber noch der geistigen Kultur des Abendlandes, deren wesentliche Züge bis ins achtzehnte Jahrhundert hinein bestehen bleiben. Man spricht in diesem Sinne von „Alteuropa" oder (aus der Perspektive der marxistisch orientierten Sozialgeschichte) auch vom „Zeitaltes des Feudalismus". Die Zeit zwischen etwa 1050 und 1150 markiert den mentalitätsgeschichtlich bedeutendsten Bruch vor der Aufklärung (zu der eben auch schon im Hochmittelalter, in der Entwicklung einer diskursiven Theologie bzw. Philosophie, Grundlagen gelegt werden).

Damit sei versucht, das Neuentstehen der Mystik in den Rahmen der mentalitätsgeschichtlichen Gegebenheiten einzuordnen. Man wird die mentalitätsgeschichtlichen Daten dabei wohl weniger als verursachende Gründe dieses Phänomens ansehen können denn als notwendige Vorausetzungen. Ob man dabei stehenbleibt, dieses neue relgiöse Erleben und Reflektieren als innerweltlich oder, genauer gesagt, innerpsychisch erklärbar anzusehen oder ob man von einem unmittelbaren göttlichen Eingreifen in die Geschichte aus-

---

[13] Vgl. u. S. 116 und die einzelnen biographischen Angaben.

geht, hängt, wie bereits in der Einleitung ausgeführt, allein vom weltanschaulichen Standpunkt des Betrachters ab. Der Historiker hat jedenfalls nur das geschichtliche Umfeld einer Erscheinung abzustecken und nach Möglichkeit alle innerweltlichen Bedingungen und in Frage kommenden Gründe für sie zu schildern.

Benediktiner

Es mag wohl sein, daß in den Einsiedlerzellen der mit der byzantinischen Mystik bisweilen bekannten Mönche Süditaliens auch mystisches Leben verborgen war, oder etwa auch im Umkreis des Gründers des benediktinischen Zweigordens der Kamaldulenser, Romuald († 1027), der ein eifriger Leser der Viten und Aussprüche der Wüstenväter war. Er konnte schon den „honigsüßen Jesus" anrufen, das unaussprechliche Ziel seiner Sehnsucht[14]. Bei welchem Autor des beginnenden Hochmittelalters läßt sich jedoch wirkliches mystisches Erleben zuerst fassen? Die Texte aus jenen Jahren schweigen sich im allgemeinen über mystische Gnaden aus. Da wir auch aus den „dunklen Jahrhunderten" zahlreiche zeitgenössische Heiligenleben besitzen, scheint es äußerst unwahrscheinlich, daß sie dort unerwähnt geblieben wären, falls es sie gegeben hätte. Der Abt JOHANNES VON FÉCAMP (ca. 990–1078)[15] aus Ravenna steht an der Schwelle, doch ist für ihn Christus noch vor allem der Priesterkönig, dem der Mensch als Knecht unterworfen ist. Er kennt nur Sehnsucht nach Gottesliebe, noch keinen Vollzug dieser Liebe, keine mystische Vereinigung. Seine *Confessio theologica,* die der Benediktiner mit etwa fünfundzwanzig Jahren nach der Augustinus-Lektüre schrieb, ist erfüllt von Ausdrücken wie „ich will dich lieben", denen nachgestellt ist: „wie es sich gebührt".[16] Johannes wagt es noch nicht, sich zum „ich liebe dich" durchzuringen, er will Jesus umarmen, aber tut es noch nicht. Und doch ist er ganz auf Christus konzentriert, den er als „Liebenden" anspricht, über dessen Süße er meditiert, dessen Heilkraft für die Seele er preist. Vielleicht hat er den Frieden, die Ruhe und die Freude, die er der Betrachtung zuschreibt, manchesmal auch selber genießen dürfen. Jedenfalls fühlt er sich freier in seinen Gefühlen einer selbstgeschaffenen Personifikation gegenüber, der Solitudo, der eremitischen Einsamkeit. Lange vor Franziskus hat sich Johannes seine allegorische Dame erkoren, die er verehrt, umarmt und küßt: „Meine Geliebte, von der Liebe zu dir werde ich gehalten, vor Verlangen nach dir brenne ich unbändig …"[17] Aber diese vor einer Personifikation angenommene

---

[14] Petrus Damiani, Vita Romualdi 16; 31.
[15] DS 8, s. v. Jean de Fécamp. – U. Köpf, Johannes v. Fécamp: TRE 17, 132–134.
[16] Conf. theol. 2, 6; 3, 3,; 3, 5; 3, 26 f., ed. J. Leclercq, J.-P. Bonnes, Un maître de la vie spirituelle au XIe s., Jean de Fécamp, Paris 1946 (verbesserte Neuausgabe unter dem Titel: Giovanni di Fécamp. Pregare nel Medioevo, Milano 1986).
[17] Deploratio, ed. cit. 185 ff.

Haltung kann eben noch nicht mit der Christusmystik späterer Zeiten verglichen werden, sie bezieht sich noch nicht auf den leidenden und liebenden Gottmenschen. Immerhin sollte der Reformabt im weiteren Mittelalter ein vielgelesener Autor werden, wenn seine Werke in den Handschriften auch nicht selten irrtümlich anderen Verfassern zugeschrieben wurden.

Ein Bewunderer Romualds, der höchst einflußreiche Kirchenreformer PE-TRUS DAMIANI (1007–1072, hl.)[18], hatte jedenfalls mystischen Erlebnissen schon sehr nahekommende Erscheinungen. Er, der nach seiner monastischen Zeit im Eremitenkloster Fonte Avellana in der kurialen Hierarchie bis zum Kardinalbischof steigen sollte, war ebenso ein hochbegabter Diplomat im Dienst des Reformpapsttums wie ein überzeugter Asket, der nicht nur das Einsiedlertum förderte, sondern ebenso die bei zahlreichen späteren Mystikern so beliebte Devotion der Selbstgeißelung, die er als „Liebesmartyrium" bezeichnete und verstand. Die Wunden des Gekreuzigten sind ihm (wie für Bernhard[19]) unsere Zuflucht[20]. In Briefen, die sich an Frauen richten – ein signifikanter „Sitz im Leben" dieser Schriften –, verwendet Petrus schon der späteren Liebesmystik sehr nahekommende Formulierungen. Dabei zitiert er dauernd aus dem *Hohenlied,* das er auch in einem Gedicht besungen haben soll[21]: durch den Feuerbrand seiner Liebe möge der Heiland immer im Herzen leben, wie der Geliebte zwischen den Brüsten der Braut des alttestamentlichen Hochzeitsliedes. Christus soll ununterbrochen präsent sein, Christus soll jeder Gedanke leben, atmen, fordern, glühen, aussprechen, meditieren: „Christum assidua cordis meditatione pertractet." Keine andere Liebe gibt es, nur ihm soll die Seele aus tiefstem Inneren entbrennen[22].

> „Er sei die Nahrung Deiner inneren Süße ... mit ihm wirf Dich auf den Boden, um zu beten, mit ihm erhebe Dich, mit ihm gehe zu Bett, um zu schlafen ... Seine keusche und jungfräuliche Umarmung umfasse Dich, damit sich auch in Dir das bewahrheite, was schon Isaias sagte: ,Der Bräutigam wird sich seiner Braut erfreuen ...' und Du für Dich persönlich sagen kannst, was die Braut im *Hohenlied* allgemein sagt: ,Mein Geliebter wird zwischen meinen Brüsten weilen.'"[23]

Unter Absetzung zur frühmittelalterlichen, theozentrischen Sicht Christi rät Damiani:

> „... das ganze Mysterium seiner Menschennatur erhebt sich im Denken der Auserwählten als Sehnsucht, daß sie nämlich nicht nur die Verklärung der Auferste-

---

[18] B. Calati, Pierre Damien: DS 12, 1551–1573. – V. Vailati, La devozione all'Umanità di Cristo nelle opere di San Pier Damiani: Divus Thomas 46, 1943, 78–93. – P. Palazzini, Pier Damiani: BS 10, 554–574.

[19] Vgl. u. S. 118 f.

[20] Vailati 89.

[21] Raby, History 254 f.; da die Zuschreibung nicht gesichert ist, gehe ich nicht weiter darauf ein.

[22] Sermo 73, 8, CCCM 57, 439.

[23] Ep. 124 (7, 6), MGh Briefe d. dt. Kaiserzeit 4/3, 410.

hung motiviert, sondern sie auch sogar der Schimpf der Passion beispielhaft zur Nachahmung einlade. Darin erfreue Dich also an deinem Bräutigam, in dessen Umarmungen Du immer geruhigt ruhen sollst."[24]

Diese Sprache, so vertraut sie heutigen Gläubigen klingen mag, war im elften Jahrhundert eine Innovation, eine unerhörte Betonung der liebenden Emotionen, eine ungewohnte Konzentration auf den Menschen Jesus. Auch für Damiani ist es bereits, wie noch ausgeprägter für Bernhard[25], Liebe, die Gott zu dieser Erniedrigung, der Menschwerdung, bewegte[26]. Zwar reflektiert Damiani noch kaum über das Christkind, doch schon über den Leidenden, den zu betrachten er sich zu seinem Bedauern nicht selten von äußeren Geschäften abgehalten sieht: „Oftmals erschaute ich im ganz realen Schauen meines Geistes Christus, wie er mit Nägeln angenagelt am Kreuz hing, und gierig streckte ich meinen Mund hin, um das tropfende Blut aufzunehmen."[27] Davon überströmt soll die Seele nach der Meditation zurückbleiben[28]. Der später oft zu verzeichnende Übergang von der willkürlichen Betrachtung in die unwillkürliche visionäre Schau tönt bei Damiani bereits an:

„Schön ist es, liebster Herr, dich am Kreuzesgalgen hangen zu sehen in Wiederholung deines Leidensweges. Schön, das kostbarste Blut, das herabrinnt, mit meinem Munde aufzufangen. Ich sehe dich mit inneren Augen, mein Erlöser, mit den Nägeln ans Kreuz geheftet. Ich sehe dich mit frischen Wunden verwundet."[29]

Hymnisch predigt der Abt: „Oh liebenswertes, geliebtes Kreuz, allzusüß und schön, jedes Herz wird durch das Brennen der Liebe zu dir heil ..."[30]

Da von der weiten Verbreitung der Werke dieses Kirchenlehrers über sechshundert erhaltene Manuskripte Zeugnis ablegen, müßte sein Einfluß recht groß gewesen sein. Doch kann seine hier angesprochene Bedeutung für die Geschichte der Spiritualität nur gelten, falls die zitierten Werke ihm wirklich angehören; manche in Wirklichkeit spätere Predigten u. a. sind nämlich von der Überlieferung fälschlich ihm zugeschrieben worden, wie man erst seit kurzem weiß; sie gehören teilweise dem Sekretär Bernhards von Clairvaux, Nikolaus[31].

Näher noch an gelebte Mystik stoßen wir vielleicht bei dem bekanntesten Theologen der Zeit um 1100, ANSELM VON CANTERBURY (VON AOSTA, 1033/ 34–1109, hl.)[32], der zwar als „Vater der Scholastik" in allen Philosophie-

---

[24] Opusc. 50, 4, PL 145, 736 D f., gekürzt.
[25] Vgl. G. Evans, Cur Deus homo: Studia Theologica 36, 1982, 27–36.
[26] Opusc. 60, 8; Serm. 66.
[27] De abdic. episc. 19, 5, PL 145, 432 B.
[28] Serm. 66.
[29] Orat. 26, PL 145, 927.
[30] Serm. 48, 14, CCCM 57, 305.
[31] Calati 1555 f.; J. Benton, Nicolas de Clairvaux: DS 11, 255–259, 257.
[32] DS 1, s. v. Anselm. – LexMA 1, s. v. Anselm. – LThK 1, s. v. Anselm. – B. Calati, Anselmo di Aosta: BS 2, 2–19.

geschichten figuriert, aber in seiner Bedeutung für die Geschichte der Mystik wenig bekannt ist[33]. Anselm hat als Lehrer der berühmten Schule des Benediktinerklosters Bec in der Normandie, dann als Prior und Abt, schließlich als Erzbischof des geistlichen Zentrums Englands, Canterbury, kein gerade zurückgezogenes Leben führen können. Besonders in dem sich auch auf England erstreckenden Investiturstreit mußte er sich mit den königlichen Ansprüchen bei der Bischofsernennung auseinandersetzten, wobei er sich zweimal gezwungen sah, ins Exil zu gehen. Seine theologischen bzw. philosophischen Werke stehen hier nicht zur Diskussion – nur sein Wort vom „Glauben auf der Suche nach Vernunftgründen"[34], durch deren Vermittlung ersterer erst zu lebendiger, persönlicher Gewißheit wird, möge an seine theologie- und geistesgeschichtliche Position erinnern.

In seinen Meditationen und Gebeten dreht Anselm sozusagen seine philosophische Maxime um, wie es ein apokrypher, aber trotzdem sein Anliegen präzise fassender Text ausdrückt: „Laß mich bitte, Herr, durch Liebe schmecken, was ich schon durch Erkenntnis schmecke; laß mich durch Empfindung spüren, was ich schon durch Verstehen spüre!"[35] Anselms *Orationes sive Meditationes* sind mitreißende Werke, an Augustinus geschult. Sie verdanken ihre Faszination, wie bei der Bildung des Erzbischofs nicht anders zu erwarten, teils seiner rhetorischen Begabung, mehr aber noch der Intimität und Stärke der ausgedrückten Gefühle. Die kleinen Werke erinnern an Johannes von Fécamp, ganz ähnlich ist das emphatisch geschilderte Liebesverlangen:

„Siehe Herr, vor dir liegt mein Herz! Es will, aber aus sich kann es nicht. Führe mich hinein in das Gemach deiner Liebe! Ich bitte dich, ich suche, ich klopfe an! Du gibst das Bitten, gib auch das Empfangen! Du gibst das Suchen, gib auch das Finden! Du lehrst anzuklopfen, öffne dem Klopfenden! ... Hange ihm an, hange ihm an mit Ungestüm, meine Seele! Guter, guter Herr, stoße meine Seele nicht zurück! Sie ist matt und hungert nach deiner Liebe. Nimm ganz von mir Besitz, erfasse mich ganz und gar!"[36]

Anselm beschreibt die Liebe zwischen Jesus und Johannes und bittet, der Dritte im Bunde sein zu dürfen:

„Ertragt mich," ruft er ihnen zu, „weil mich die Liebe zur Gottesliebe zwingt. Herr (Gott) und Herr (Johannes), ich glaube, ich weiß, daß ihr einander liebt, aber woher soll ich das erfahren, wenn ihr mir nicht gönnt, weswegen ich euch beide bitte. Jesus, woher beweist du mir, oder ich irgend jemandem, daß du ihn (Johannes) liebst, wenn du es nicht schenkst, von dir geliebt zu werden. Johannes, woher soll ich spüren, daß er dich liebt, wenn du es nicht für mich erreichst, daß er

---

[33] Vgl. jedoch B. Ward, Signs and Wonders, Hampshire 1992, XV–XVII.
[34] Proslog. 1.
[35] Med. 11, zit. DThC 1/2, 1340.
[36] Orat. 22, übersetzt von A. Stolz, Anselm v. Canterbury, München 1937, 299, gekürzt.

auch mich liebt? Also du, oh Gott, und du, sein Geliebter, wollt euch nicht nur untereinander selig lieben, sondern erbarmt euch auch unser!"[37]

Eindrucksvoll – und eine typische Neuerung der Mentalität seiner Zeit – ist der Wunsch nach eigenem Erleben.

Und wenn man das *Proslogion* des Bischofs nicht nur unter philosophie-geschichtlicher Perspektive (Gottesbeweise) liest, dann entdeckt man hier ähnliche Töne:

„Auf denn, du meine Herr und Gott, lehre mein Herz, wo und wie es dich su-chen, wo und wie es dich finden kann! ... Was soll dein von Liebe geängsteter und weit ,von deinem Angesicht verworfener' Knecht tun? Er schmachtet darnach, dich zu sehen ... Ja, dich zu schauen, bin ich erschaffen, und noch habe ich nicht erreicht, wozu ich erschaffen bin. O elendes Menschenlos!"[38]

Bei Anselm findet sich auch schon jenes leidenschaftliche Interesse für die Passion Christi, das bei späteren Mystikerinnen zu ausgedehnten Visionen der Leidensgeschichte führen sollte:

„Weh mir, daß ich den Herrn der Engel nicht schauen konnte, wie er sich auf die Stufe der Menschen erniedrigte, um die Menschen auf die Stufe der Engel zu erhöhen. Warum, meine Seele, warst du nicht anwesend und durchbohrte dich nicht das Schwert schärfster Qual, da du es nicht ertragen konntest, daß die Sei-te deines Erlösers von der Lanze verletzt wurde? Da du es nicht sehen konntest, wie Hände und Füße deines Schöpfers von den Nägeln gepeinigt wurden? Wie-so wurdest du nicht trunken von der Bitterkeit der Tränen, als er von der Bitter-keit der Galle trank?"[39]

Die Betrachtung geht dann in eine bewegte ,Compassio', ein Mitleiden mit den Schmerzen der Gottesmutter, über, auch dies ein Ansatz zu ähnlichen visionären Erfahrungen besonders des späten Mittelalters[40]. Diese Konzen-tration auf die physischen und psychischen Qualen des Erlösers sollte viel-leicht der typischste Zug der christlichen Mystik vom Hochmittelalter bis wenigstens zur Aufklärung werden: eine Einheits- oder Seinsmystik haben auch andere Religionen hervorgebracht, eine in derartige Tiefen des Schmer-zes gehende Blutmystik[41] aber nicht. Ihre Entstehung ist ein Zeichen der oben angedeuteten Sensibilisierung und Humanisierung des Hochmittelalters. So hat etwa auch Anselms Procurator in England (für die Zeit des Exils des Erzbischofs), Gundolf von Rochester, die tränenreiche Meditation der fünf Wunden des Gekreuzigten ausdrücklich empfohlen[42], und gewiß würde die Durchforschung der weniger prominenten Autoren in der Zeit um 1100 noch

---

[37] Orat. 12, ed. P. Schmidt, J. Alameda, Obras Completas de San Anselmo 2, Madrid 1953, 366, gekürzt.
[38] Prosl. 1, übersetzt von Stolz 51 f.
[39] Orat. 2, ed. cit. 294, gekürzt.
[40] Vgl. u. S. 344 f. u. ö.
[41] Vgl. P. Dinzelbacher, Das Blut Christi in der mittelalterlichen Religiosität, i. Dr.
[42] Vita 3, PL 159, 823.

manchen Beweis dafür bringen, daß diese spirituellen Neuansätze weitere (monastische) Kreise erfaßten.

Anselm scheint auf dem Gebiet der Mystik ebenso durch ihm zugeschriebene Texte wirksam geworden zu sein wie durch seine eigenen[43]. Unter seine Meditationen und Gebete wurden zahlreiche von anderen Autoren des späteren zwölften Jahrhunderts eingeschoben (z. B. Ekbert von Schönau oder Aelred von Rievaulx). Manche imitierten ihn bewußt, wie etwa Ralph von Battle († 1124) oder Elmer von Canterbury († 1137)[44]. Immerhin vergleicht um 1200 Alexander Neckam Anselms Meditationen mit denen Augustins und Gregors: „Lies aufs neue die so schönen Betrachtungen Anselms von Canterbury, in denen du sowohl die Blüten als auch die Früchte der Süße pflücken kannst, als ob du dich in einem Garten der Lüste befändest."[45] Doch hat, wie gesagt, die Diskussion seiner Philosophie den Mystiker Anselm weitgehend aus dem historischen Bewußtsein verdrängt.

Ein Zeitgenosse des englischen Primas, bekannt als Vertreter einer nicht unbedingt progressiven „Mönchstheologie", weithin unbekannt ebenfalls als Mystiker, war der Benediktinerabt RUPERT VON DEUTZ (VON LÜTTICH, † 1129/30, sel.)[46]. Rupert war jung als Oblate der Abtei St. Laurentius in Lüttich übergeben worden und hat kaum eine andere Welt als die der benediktinischen Klöster kennengelernt. Von dort hat er auch seine theologischen Disput geführt, u. a. gegen den hl. Norbert von Xanten. Rupert hat zwar zahlreiche (besonders exegetische und geschichtstheologische) Schriften hinterlassen, aber kein eigenes Werk über mystische Fragen; doch im autobiographischen Exkurs seines *Matthäuskommentars* finden sich, wie es scheint zum erstenmal in der christlichen Literatur der Zeit, Beschreibungen erlebnismystischer Begegnungen mit Christus in erotischer Form, die manches der späteren Beginen- und Nonnenmystik kühn vorwegnehmen. Nicht zufällig erwähnt der Benediktiner in diesem Zusammenhang Augustins *Confessiones,* die ihm Legitimation zur Niederschrift seines Empfindens waren[47].

Eine dieser Begegnungen schildert er als Erlebnis eines Mädchens, wobei es sich aber (wie er selbst zugibt) um die Personifikation seiner Seele handelt[48]. Eines Nachts fühlt sie die überaus süße Berührung einer Hand auf ihrer Brust; sie kann sie zwar streicheln, die zugehörige Person entzieht sich aber ihrer Umarmung. Die Hand durchdringt dann die Brust, ergreift das Herz, liebkost es süß, „und das Herz freute sich in unaussprechlicher Freude in dieser Hand hüpfend und springend". Bei der visionären Schau des Gekreu-

---

[43] B. Ward, Anselm of Canterbury and His Influence: McGinn, Spirituality 196–205.
[44] Bestul, Writing 13.
[45] Zit. ebd. 16.
[46] J. Van Engen, Rupert v. Deutz: DS 13, 1126–1133. – O. Wolff, Mein Meister Rupertus, Freiburg 1920. – R. Haacke, Die mystischen Visionen Ruperts v. Deutz, in: Sapientiae doctrina, Mélanges H. Bascour, Leuven 1980, 68–90.
[47] Matth. 12, CCCM 29, 370.
[48] Ebd., übersetzt von W. Berschin, Os meum aperui, Köln 1985, 55.

zigten erlebt sie in ihrem Bett „süßes Erschauern, schmeichelndes, allzuliebes Erschauern[49]". Andere Erfahrungen dieser Art werden von Rupert direkt von sich selbst geschildert: es beginnt damit, daß er ein hölzernes Kruzifix abküßt und die Figur des Heilands den Kopf neigt; davon blieb süßer Geschmack im „Munde meiner Seele"[50]. Verschiedene Visionen und Erlebnisse innerer Süße folgen; am eindrucksvollsten dieses Gesicht während eines Traumes (Rupert war von der Wahrheit der Schlafvisionen fest überzeugt und wartete wegen eines entsprechenden Traumes acht Jahre lang fieberhaft, aber vergebens auf seinen Tod):

> „Ich stand vor dem Altar und sah auf diesem in der Mitte das Kreuz des Herrn. Als ich es genauer anblickte, erkannte ich Jesus mit mir zugewandten offenen Augen. Dies war mir nicht genug. Ich wollte ihn mit Händen greifen, umfassen, küssen. Sobald er diesen meinen Gedanken, mein Wollen sah, wollte er auch. Ich spürte nämlich, daß er es wollte, und durch seine Willensregung tat sich der Altar in der Mitte auf und nahm mich, der ich hineinlief, auf. Als ich so eilends eingetreten war, ergriff ich den, den meine Seele liebt, hielt ihn, umarmte ihn und küßte ihn ganz lange. Ich fühlte, wie gern er dieses Zeichen der Liebe zuließ, da er selbst unter Küssen seinen Mund öffnete, damit ich tiefer küssen könne."[51]

Natürlich deutete Rupert sein Erlebnis (dessen Mitteilung zunächst buchstäblich, im Litteralsinn gemeint ist!) sekundär allegorisch aus: daß er die Tiefen der göttlichen Mysterien künftig tiefer begreifen sollte, weshalb er sich nach diesem Erlebnis dazu entschloß, Priester zu werden – aber was er schildert, hat er so erlebt: Zungenküsse mit Gott.

Man muß sich die erotische Initimität des Geschehens bewußt machen – aufgezeichnet im Bibelkommentar eines Benediktiners, der eine Erziehung hinter sich hatte, die alle sexuellen Anklänge bereits aus der Sprache soweit ausmerzen wollte, daß sogar die harmlosesten lateinische Wortverbindungen, die irgendwie an Geschlechtliches gemahnen konnten („cum navibus" könnte an „cunna", weibliches Schamteil, erinnern, u. ä.), verboten waren[52]. Man muß sich bewußtmachen, wie ungewöhnlich eine Beschreibung einer solchen Liebesvereinigung mit Christus in der Epoche des Mystikers war, um den Beginn einer neuen Ära in der Geschichte der Spiritualität zu sehen. Denn die Minnemystik des dreizehnten und des vierzehnten Jahrhunderts, aber auch die Brautmystik bis in die Neuzeit hinein, wird diese Linie sinnlich-übersinnlicher Christusbegegnung weiterziehen. Eine bloß individualpsychologische Erklärung würde einfach zu kurz greifen, wiewohl sie selbstverständlich erwägt werden kann; historisch wesentlich ist jedoch, daß Erlebnisse einer so intensiven, intimen Beziehung zu Gott eben erst ab dem zwölften Jahrhundert vorkommen, von da an aber in verschiedenen Formen oft und oft.

---

[49] In Cant. 5, CCCM 26, 110 f.
[50] Matth. 12, übersetzt von Berschin 19.
[51] Ebd. 38, gekürzt und nach dem lateinischen Text (CCCM 29, 382 f.) präzisiert.
[52] P. Th. Hoffmann, Der mittelalterliche Mensch, Gotha 1922, 90 mit Anm. 57.

Diese intime Christusbeziehung brachte Rupert Tröstung in persönlich schwieriger Situation, er empfand sie als Berufung zur geistlichen Schriftstellerei. Sie war für ihn der Grund, sich bei der Auslegung der Heiligen Schrift für besonders inspiriert zu halten. Nur wenigen wird diese Gotteserkenntnis „aus sich selbst heraus" gewährt – man beachte die Wichtigkeit der Erfahrung, wie dann ähnlich bei Bernhard von Clairvaux! –, die meisten sind auf die Werke angewiesen[53].

Ruperts Christozentrik scheint sich auch in der Deutung der Heilsgeschichte zu spiegeln: er denkt sich die Weltgeschichte als eine Ausformung der Trinität. Das dritte Reich, das der Frömmigkeit, ist das Reich Christi, das die irdischen Herrschaften überwunden hat, auch das römisch(-deutsche), in dem Rupert lebte. „Das einzig wahre Imperium über Kosmos, Natur und Menschen besitzt der Kaiser Christus."[54] Sogar das *Hohelied* (mit dem in Händen ihn ein Mitbruder in einer Schauung vor Christus stehen sah[55]), faßt er als chronologische Rekapitulation der Inkarnation. Allerdings führt er auch hier „moderne" Elemente ein: einmal die Deutung der Braut als Maria, Zeichen der immer intensiver werdenden zeitgenössischen Devotion der Gottesmutter gegenüber[56]. Andererseits klingen auch in ihrem Verhältnis zu Christus erotische Momente an: „Oh, selige Maria! Das Überwogen der Freude, die Macht der Liebe, der Wildbach der Lust haben dich ganz erfaßt, dich ganz ergriffen und tief trunken gemacht ..."[57] Dem entspricht, daß die Zahl der Belege für die Adjektive „dulcis" bzw. „suavis" in seinem *Hohelied*-Kommentar fünfmal so hoch ist wie in den anderen Werken desselben Autors[58]. Und es paßt zu der oben angesprochenen Analogie geistlichen und weltlichen Liebens, daß Rupert die Liebe zwischen den Ehegatten in positiverem Licht als die meisten zeitgenössischen Theologen sah[59].

Das Werk des Abtes blieb allerdings ohne bedeutende Wirkung; man las ihn nach seiner Zeit und außerhalb des deutschsprachigen Raumes selten. Immerhin zeigt u. a. Hildegard von Bingen Reflexe seiner Theologie[60].

Zisterzienser

Das Gegenteil gilt von einigen Mystikern des Zisterzienserordens. Dieser Reformzweig der Benediktiner brachte nicht nur in der Geschichte des Mönchtums einen viele Zeitgenossen mitreißenden Neubeginn im Sinne grö-

---

[53] De victoria 1, 3, MGh Geistesg. 5, 7 f.
[54] Heer, Geistesgeschichte 93.
[55] Trint., Dedic., CCCM 21, 6.
[56] Matter, Voice 159 ff.
[57] In Cant. 1, 1, CCCM 26, 10.
[58] Ohly, Nägel 69.
[59] Matth. 5, CCCM 29, 158.
[60] M. L. Arduini, Rupert von Deutz (1076–1129) und der Status Christianitatis seiner Zeit, Köln 1987, 245–325.

ßerer Regeltreue und Armut, änderte nicht nur das mittelalterliche Wirtschaftsleben mit weitreichenden Folgen, fungierte nicht nur als Vermittler der gotischen Baukunst, sondern war in seiner Anfangsepoche, den Generationen von den Gründeräbten Robert von Molême, Alberich und Stephan Harding bis zum Ende des zwölften Jahrhunderts, auch Träger einer faszinierend neuen mystischen Spiritualität[61]. Durch die ungemein rasche und dichte Ausbreitung des Ordens in ganz Europa fanden auch die Werke seiner Schriftsteller schon im hohen Mittelalter weiteste Verbreitung, was ihre seitdem fast allenthalben nachzuweisende Wirkung besonders im Bereich der Mystik verständlich macht.

Wenn es im Hochmittelalter einen Mann gab, der in seiner Ära, dem zweiten Viertel des zwölften Jahrhunderts, nicht nur den Verlauf der europäischen Geschichte zutiefst beeinflußte, sondern auch den Verlauf der weiteren geistigen Entwicklung des Abendlandes grundsätzlich prägte, dann war das kein König oder Papst, sondern ein Mönch, der sich selbst bescheiden als „Bernhard, genannt Abt von Clairvaux" einzuführen pflegte. Wir wissen nur wenig über die entscheidenden Jugenderfahrungen des BERNHARD VON CLAIRVAUX (1090–1153)[62]: seine Herkunft aus einem nicht unbedeutenden burgundischen Rittergeschlecht, seine religiöse Erziehung von seiten der Mutter, an die er auch nach ihrem Tode in entscheidenden Situationen immer wieder denkt, seine offenbar ausgezeichnete Ausbildung bei den Kanonikern von St. Vorles in Châtillon. Vielleicht wäre Bernhard einer der neuen Verwaltungsfachleute geworden, die im zwölften Jahrhundert als neue Kaste der „clerici" mehr und mehr an den weltlichen und geistlichen Höfen gefragt wurden, vielleicht hätte er sich in die Schar der ebenfalls immer einflußreicheren Kirchenrechtler eingereiht; vielleicht wäre er Höfling beim Herzog von Burgund oder beim König von Frankreich geworden und hätte über die Welt und Gott gedichtet (profane Werke von ihm werden erwähnt, sind aber verloren), vielleicht … All diese und zahlreiche andere Daseinsmöglichkeiten

---

[61] DS 13, 738 ff. (sic!). – G. v. Brockhusen, Zisterziensermystik: Wörterbuch 527–530. – E. Mikkers, Spiritualität der Zisterzienser: Analecta Cartusiana 35/2, 1983, 32–51.

[62] Bernhards Schriften sind zitiert nach der Ausgabe von J. Leclercq u. a., Roma 1957–1977 (abgekürzt SBO). Danach auch die Abkürzungen für die Werke Bernhards; um Verwechslung mit der Abkürzung für Sources chrétiennes (SC) zu vermeiden, werden die Predigten über das Hohelied jedoch mit Cant. zitiert. Die Übersetzungen der lateinisch-deutschen Gesamtausgabe 1, hg. v. G. Winkler, red. P. Dinzelbacher, Innsbruck 1990 wurden nur für Csi. herangezogen.
P. Dinzelbacher, Bibliographie: Bernhard v. Clairvaux, Sämtliche Werke 1, Innsbruck 1990, 42–55. – St. Gilson, Die Mystik des hl. Bernhard v. Clairvaux, Wittlich 1936. – R. Grégoire, A. Vernet, Bernhard von Clairvaux: LexMA 1, s. v. – U. Köpf, Bernhard: Wörterbuch 53–55. – R. Linhardt, Die Mystik des hl. Bernhard v. Clairvaux, München 1923. – A. Le Bail, Bernard: DS 1, s. v. – M. Casey, Athirst for God, Kalamazoo 1988. – Ruh, Geschichte 226–275. – A. Piazzoni, Bernardo maestro di vita spirituale: Bernardo cisterciense. Atti del XXVI Convegno storico internazionale, Spoleto 1990, 199–214. – A. Ghisalberti, L'ascesa a Dio in San Bernardo: ebd. 215–230. – J. Sommerfeldt, Bernard as Contemplative: Cîteaux 42, 1991, 73–84.

Abb. 7 Bernhard von Clairvaux mit Abtsstab und Heiligenschein, eine der frühsten Darstellungen des Mystikers. Darunter sein Biograph Wilhelm von St. Thierry am Schreibpult, den Griffel in der Rechten, das Radiermesser in der Linken.

Wilhelm, *Vita prima*: Cod. 144, f. 26r, um 1180, Stiftsbibliothek, Zwettl (Niederösterreich).

waren in seiner überraschend vielseitigen Persönlichkeit angelegt. Aber Bernhard ließ sich von der strengen und frommen Lebensform einer vor seinem Eintritt ganz unbedeutenden Reformgründung faszinieren, dem Kloster Cîteaux, und er motivierte seine gesamte Familie, ebenfalls die monastische Lebensform zu wählen. 1113 stand er mit dreißig Gefährten vor der Klosterpforte, zwei Jahre später wurde er von dort ausgesandt, ein neues Kloster zu gründen: das helle Tal, Clairvaux. Bis zu seinem Tode sollte er 164 Monasterien unter seiner geistlichen Führung vereinigen.

Bernhard nannte sich einmal mit einem berühmt gewordenen Wort „die Chimäre meiner Generation"[63]. Damit meinte er die „Monstrosität" seines Lebens, da er wie jenes aus mehreren Tieren zusammengesetzte Fabelwesen halb wie ein Kleriker und halb wie ein Laie lebte, zwar seiner Profeß und seinem Kleid nach Mönch, aber in der ganzen Christenheit in (kirchen-)politischen Geschäften unterwegs. Tatsächlich gab es zu seinen Lebzeiten kaum ein größeres innerkirchliches oder weltliches Problem, zu dem er nicht um Rat gefragt worden wäre, zu dem er nicht auch ungefragt Stellung genommen hätte und in das er nicht eingegriffen hätte. Denn: „alles, von dem feststeht, daß es Gott anbelangt, geht mich, meine ich, etwas an!"[64]

Betrachtet man die äußere Lebensgeschichte dieses zarten, kranken Mannes, so gibt sie ein Bild steter Rastlosigkeit und Aktivität: Bernhard verhilft dem Papst Innozenz II. zur allgemeinen Anerkennung gegen seinen Gegner Anaklet II.; er macht die stagnierende Gemeinschaft der Tempelherren zum Ziel zahlreicher so kriegs- wie heilswilliger Ritter; er bringt den vielbewunderten Philosophen und „Neuerer" Peter Abaelard zum Schweigen; stürzt den heiligen Bischof Wilhelm von York von seinem Thron; greift mehrfach in andere Bischofswahlen ein; organisiert einen Kreuzzug, der fehlschlägt; bringt es fast zur Verurteilung der trinitarischen Lehren des Bischofs Gilbert von Poitiers ... Dazwischen predigt er vor Ketzern und Königen und tut zahlreiche Wunder, vor allem Krankenheilungen. Damit ist Bernhards Wirken in Kirche und Welt aber eben erst angedeutet; wo immer es theologische, kirchenorganisatorische und -politische Probleme gibt, da ist er zu finden. Wieso ließen sich so viele in der Hierarchie weit über Bernhard stehende geistliche wie weltliche Machthaber von ihm derartig beeindrucken? Gewiß, seine charismatische Persönlichkeit, seine Willenskraft und Leidenschaftlichkeit. Aber dazu kommt, vielleicht wesentlich, daß sich in ihm zentrale Ideale seiner Epoche quasi verkörperten[65]: der Reformmönch als Exempel in Lebensführung und -lehre, der asketische und thaumaturgische Priester als Führer, den man als vom Heiligen Geist erfüllten Propheten

---

[63] Ep. 250, 4.
[64] Ep. 20, SBO 7, 70.
[65] J. Sommerfeldt, Bernard of Clairvaux, the Mystic and Society: Elder, Spirituality 72–84, 194–196.

verehrte[66] und der sich vielleicht selbst als Erfüller alter Weissagungen empfand[67].

Bernhards Aufmerksamkeit gegenüber allen aktuellen religiösen Problemen manifestiert sich auch in seinem literarischen Werk: oft nimmt er zu den
die Zeitgenossen bewegenden Fragen mit langen Brieftraktaten Stellung. Sein
wiewohl nicht vollständig erhaltenes Epistolar ist eines der umfangreichsten,
wenn nicht das umfangreichste seiner Epoche (551 Briefe sind z. Zt. bekannt),
sein vielfältiges schriftstellerisches Werk eines der qualitätvollsten der an
begabten Autoren reichen ‚Renaissance des zwölften Jahrhunderts'. Es enthält neben Traktaten, Predigten, Parabeln, Sentenzen, liturgischer Dichtung
auch ein hagiographisches Werk und den berühmten Kommentar zum *Hohenlied,* den man zu Recht als „Führer zum letztendlichen Ziel zisterziensischer Spiritualität, zur Vereinigung mit Gott", bezeichnet hat[68].

Wie konnte ein derart beschäftigter Mann noch Zeit für das eigentliche
Ideal des mönchischen Lebens benediktinischer Tradition finden, für die
Betrachtung? Schrieb er doch selbst: „Gut ist es, viele zu retten; in Entraffung
mit dem Wort zusammenzusein aber um vieles schöner."[69] Hat Bernhard
selbst etwas von den mystischen Erfahrungen gekostet, über die er spricht,
in seinem Buch von der Gottesliebe und in seinen Predigten über das *Hohelied,* die sein spirituelles Hauptwerk darstellen, an dem er von 1135 bis zu
seinem Tode arbeitete, ohne über die Kommentierung von mehr als zwei
Kapiteln dieses kürzesten Textes der Heiligen Schrift hinauszukommen? Die
Frage dürfte, obschon umstritten, wohl positiv zu beantworten sein. Bernhard drückt sich zwar an verschiedenen Stellen widersprüchlich aus, aber hier
ist zu bedenken, daß auch er eine geistliche Entwicklung durchgemacht haben muß und daß ihm demütiges Verschweigen angebracht schien[70]. Generell spielt der Erfahrungsbegriff bei ihm eine so bedeutende Rolle[71] – ein
Symptom des neuen hochmittelalterlichen Denkens, das sich nicht nur auf
die „Autoritäten" verläßt – daß schon von daher, wie auch von seiner Leidenschaftlichkeit bei der Schilderung mystischer Themen, die Wahrscheinlichkeit sehr zugunsten eigener Erlebnisse spricht. Seinem Bekenntnis, er könne sich nicht auf die Erfahrung der Begegnung mit dem Bräutigam im Brautgemach berufen[72], widerspricht der Hinweis auf eigene Erfahrung an späterer Stelle[73], etc. Fraglos ist seine Sehnsucht, die er etwa bei der Erwähnung
der süßen Liebeswunde Mariens durch den Pfeil Gottes so formuliert:

---

[66] Otto v. Freising, Gesta Frederici 1, 66.
[67] F. Radcke, Die eschatologischen Anschauungen Bernhards von Clairvaux, Langensalza 1915.
[68] Matter, Voice 125; vgl. ebd. 123 ff.
[69] Cant. 85, 13, SBO 2, 316.
[70] Cant. 57, 5.
[71] Vgl. zuletzt L. Van Hecke, Bernardus van Clairvaux en de religieuze ervaring, Kok Agora
1990. – U. Köpf, Die Rolle der Erfahrung im religiösen Leben nach dem heiligen Bernhard:
Analecta Cisterciensia 46, 1990, 307–326.
[72] Cant. 23, 9.
[73] Cant. 57, 5.

„Ich aber würde mich glücklich schätzen, wenn ich nur bisweilen wenigstens den Stich der Spitze dieses Schwertes spürte, damit meine Seele, sei es auch nur von einer kleinen Liebeswunde verletzt, sagen könnte: ‚Verwundet von Liebe bin ich.'"[74]

Auch wo Bernhards Mystik nur Mystographie oder Mystagogie ist, Beschreibung des und Hinleitung zum spirituellen Aufstieg zu Gott, unterscheidet sie sich doch von den meisten Schriften dieser Art durch die unübertroffen mitreißende Leidenschaftlichkeit des Ausdrucks. Sie führt den Hörer oder Leser fast unwillkürlich dazu, an eine autobiographische Grundlage des Mitgeteilten zu glauben. Unterstützt wird dies durch einige biographische Mitteilungen von Bernhards Notar Gottfried von Auxerre von 1145: u. a. habe der Abt als Kind visionär die Geburt Christi miterlebt[75] (hat ihm diese Traumvision noch vorgeschwebt, als er später von seiner Betroffenheit über diese Geburt predigte?[76]), später habe er eine Traumerscheinung eines Knaben erlebt, der ihm versichert, der „Spiritus Patris" wirke in ihm[77]. Es entbehrt jeder Wahrscheinlichkeit anzunehmen, daß Gottfried zu Lebzeiten des Heiligen über ihn erfundene Dinge, der hagiographischen Tradition entnommene Topoi, aufgezeichnet hätte. Wilhelm von St. Thierry verbindet diese Phänomene dann in seiner Lebensbeschreibung Bernhards mit brautmystischen Konnotationen: „Es erschien der Bräutigam aus seinem Brautgemach und riß die schon nicht mehr kindlichen Gefühle des heiligen Knaben an sich"[78]. Schon als Novize lernte Bernhard „in seinem inneren Sinn die Süße erleuchteter Liebe" häufig in intensiver Meditation kennen[79].

Bernhards Mystik ist vor allem eine Mystik der Liebe. Hierin ist er trotz Anselm von Aosta für uns so bestürzend neu wie – in der weltlichen Sphäre – der erste Trobador, Wilhelm IX. von Aquitanien (1071–1127). In seiner Auslegung des alttestamentlichen Liebesliedes bricht der Abt mit der traditionellen frühmittelalterlichen Deutung der Braut als Personifikation der Kirche. An ihre Stelle setzt er die Identifikation mit der menschlichen Seele: „Die Braut, wenn ich es zu sagen wage, sind wir."[80] Bernhard wagt es, und das bedeutet die Verlagerung von der Heilsgeschichte eines Kollektivs, also dem der unzähligen Mitglieder der katholischen Kirche, hin in den Bereich der seelischen Erfahrung des Einzelnen. Bernhard geht genau diesen Schritt weiter, den Johannes von Fécamp nicht gewagt hatte.

„Ich finde keine Ruhe", sagt die Seelenbraut, „bis er mich küßt mit dem Kuß seines Mundes. Ich bin dankbar, seine Füße küssen zu dürfen, dankbar auch, seine Hand

---

[74] Cant. 29, 8, SBO 1, 208. Vgl. Hebr 4, 12; Hld 2, 5.
[75] Vgl. F. Gastaldelli, I primi vent'anni di San Bernardo: Analecta Cisterciensia 43, 1987, 111–148, 115 f.
[76] Nativ. 3, 1.
[77] Gaufridi de Vita et Miraculis S. Bernardi, ed. R. Lechat: AB 50, 1932, 83–122, 91, 98, 107.
[78] Vita Ia, 1, 4, PL 185, 229 AB.
[79] Ebd. 1, 20, ed. cit. 238 C.
[80] Cant. 68, 1, SBO 2, 196.

küssen zu dürfen. Aber wenn er mich irgend gern hat, soll er mich küssen mit dem Kuß seines Mundes. Ich bin nicht undankbar – aber ich liebe ... Ich bitte, ich flehe, ich beschwöre: er soll mich küssen mit dem Kuß seines Mundes!"[81]

Das Verlangen nach erwiderter, nach gegenseitiger Liebe: „red-amari", beherrscht die Seele – und sie spricht es aus. Da ist nicht mehr jener Unterschied zwischen dem Herrn und dem Knecht:

„Was ist mehr zu ersehen als eine Zuneigung, durch die es geschieht, daß du, oh Seele, mit menschlichem Rat nicht mehr zufrieden, dich voll Vertrauen dem Wort näherst, dem Wort beständig anhaftest und das Wort vertraulich über alles eingehend befragst, seinen Rat hörst, so kühn in deiner Sehnsucht, wie mit deinem Verstand fähig. Dies ist wahrlich ein geistliches und heiliges Ehebündnis. Was heißt hier Bündnis? Eine Umarmung ist es. Es ist nicht zu befürchten, daß die Ungleichheit der Personen die Harmonie der Willen irgendwie hemmen würde, denn die Liebe kennt keine Unterwürfigkeit. Vom Lieben wird nämlich die Liebe benannt, und nicht vom Ehren. Ehren mag ja, wer starr vor Furcht ist, wer vor Bewunderung erschrickt; nichts davon beim Liebenden. Wer liebt, der liebt, und sonst weiß er von überhaupt nichts. Welche andere notwendige Beziehung suchst du zwischen Braut und Bräutigam außer der: geliebt zu werden und zu lieben? Füge hinzu, daß dieser Bräutigam nicht nur ein Liebender, sondern die Liebe selbst ist! Nicht die Ehre? Vielleicht verficht dies jemand – ich habe es nicht gelesen. Gelesen habe ich dagegen, daß Gott die Zuneigung ist. Daß er die Ehre oder die Würde[82] ist, habe ich nicht gelesen. Nicht daß Gott die Ehre nicht will – der Vater."[83]

Der Sohn aber ist die Liebe.

Eindrucksvoll die Berufung auf die eigene Meinung: „ego non legi". Eindrucksvoll, wie Bernhard „honor" und „dignitas", die beiden zentralen Begriffe des feudalen Denkens, in Liebe auflöst. Seine Vorrang- und Ehrenstellung, sein „honor", ist dem mittelalterlichen Menschen unnachvollziehbar wichtig, denn es geht dabei um seine soziale oder besser ontologische Stellung im christlichen Stufenkosmos. Noch im Todesjahr Bernhards versprechen der Papst und der deutsche König (der bald Kaiser sein sollte) einander vertraglich, gegenseitig ihren „honor" zu schützen: der Kaiser mit der weltlichen Macht den „honor papatus", und der Papst mit dem kirchlichen Bannfluch den „honor imperii"[84].

„O amor praeceps, vehemens, flagrans, impetuose ..."
„Oh stürmische, heftige, brennende, anbrandende Liebe, die du nicht erlaubst, außer dir etwas anderes zu denken ... Du reißt Ordnungen um, mißachtest das Herkommen, kennst kein Maß. Schicklichkeit, Vernunft, Scham, Rat, Urteil führst du in deine Gefangenschaft ..."[85]

---

[81] Cant. 9, 2 f., SBO 1, 43 f.
[82] „dignitas" fehlt in einer Handschriftengruppe.
[83] Cant. 83, 3, SBO 2, 299 f., gekürzt.
[84] Vertrag von Konstanz, MGh Const. 1, nr. 144/5.
[85] Cant. 79, 1, SBO 2, 272, gekürzt.

Abermals werden Begriffe, werden menschliche Haltungen, die in Bernhards
Zeit mit sehr hohem Wert besetzt sind, hinweggespült: „ordo", die herkömmliche und damit rechte Weltordnung, „ordo", der soziale Stand der hochmittelalterlichen Gesellschaft, die der Theorie nach abgeschlossen ist, wo
jeder an seinem ererbten Platz zu bleiben hat; „usus": die Welt der Tradition, des Altverbürgten, der Autoritäten, an deren Lehre nicht zu rütteln war
– „usus": eben jenes vorgefertigte Denkschema, dem Peter Abaelard sein
„ingenium", sein eigenständiges Denken, sein „Genie", entgegensetzt[86], weswegen Bernhard ihn anklagt und fast zugrunde richtet; „modus": das rechte Maß, die „aurea mediocritas" der Lateiner, die „mesura" der französischen, die „mâze" der deutschen Ritter, jener Leitbegriff des zeitgenössischen
‚höfischen Tugendsystems', das Maßhalten im Sinne von Mäßigung, das bestimmte Grenzen nicht überschreitet. Dies gerade tut aber die Liebe zwischen
Gott und Mensch: sie überschreitet die Grenzen, die dem verschuldeten,
erbsündebelasteten Menschen gesetzt sind, und gewährt der Seelenbraut die
mystische Vereinigung in der Ekstase.

Diese Liebe ist ein Gnadengeschenk des Heiligen Geistes: Gott hat sie uns
schon entgegengebracht, ehe wir anfingen, ihn zu lieben[87]. Bernhard definiert
mit einem Zitat aus einem Brief des Severus von Milevis[88], eines Freundes des
Augustinus: „Der Grund, warum wir Gott lieben müssen, ist Gott selbst; das
Maß, ohne Maß zu lieben!"[89] „Außer ihrer selbst verlangt die Liebe nach
keinem Grund, keinen Lohn; ihr Lohn ist ihr Vollzug. Ich liebe, weil ich liebe, ich liebe, um zu lieben."[90]

In vielen Formen umschreibt Bernhard die Ekstase, die sich in der Seelenspitze, der „acies mentis"[91], vollzieht. Jede Seele erfährt sie nach ihren Verdiensten anders, denn der König hat viele Brautgemächer, viele Königinnen,
Konkubinen, Mägde. „Und jede einzelne findet das Geheimnis für sich mit
dem Bräutigam und spricht: ‚Mein Geheimnis gehört mir!'"[92] Diese Verzük-
kung kann vom Erleben eines eingegossenen Lichtes vorbereitet werden[93]:
die reine Geistseele trennt sich dabei von der Leibseele (eine paulinische
Unterscheidung[94]), um in Gott aufzugehen, oder der liebe Gott steigt in die
Seele hinab[95]. Die Kontrolle des Verstandes tritt zurück, das Streben nach
Vereinigung ist wie ein Rausch (denn sonst müßten Furcht und Anbetung
herrschen, wenn der Mensch seine Kleinheit Gott gegenüber bedenkt)[96].

---

[86] Historia Calamitatum, hg. v. J. Monfrin, Paris ³1967, 65, 69 u. ö.
[87] Cant. 83, 6.
[88] PL 33, 419.
[89] Dil. 1, SBO 3, 119.
[90] Cant. 83, 4, SBO 2, 300.
[91] Csi. 5, 27, SBO 3, 490.
[92] Cant. 23, 9, SBO 1, 144, nach Jes 24, 16.
[93] Cant. 18, 6.
[94] Vgl. 1Kor 14, 15; Hebr 4, 12.
[95] Cant. 31, 6.
[96] Cant. 7, 3.

„Von Sehnsucht werde ich hingerissen, nicht von der Vernunft. Wohl ruft mich Schamhaftigkeit zurück, aber es siegt die Liebe!"[97]

Die mystische Vereinigung wird unter dem Bild des Kusses angesprochen[98]: er bezeichnet das Einströmen des Heiligen Geistes[99]. Nur dem Menschensohn kann sich der Mensch in diesem Kuß verbinden, den Allerhöchsten erreicht er noch nicht in diesem Leben[100]. Alle sinnliche Empfindung ist in der Unio ausgeschaltet[101]: diese Ekstase ist ein Tod, der Leben bringt[102]. Doch noch mehr ein unvermitteltes Empfinden ist die Gottesschau: die Seele genießt („frui")[103] den Geliebten. Die höchste Erfahrung ist aber zugleich ein Erkennen und heißt auch (mit einem unterschiedlich gebrauchten Begriff) Kontemplation[104]: „Erkennt die Seele nun sich selbst, so erkennt sie damit Gott in sich, dessen Ebenbild sie trägt. Sich schauend schaut sie ihn."[105] Auf ihrer unvollkommeneren Stufe kann diese Erfahrung noch von Bildern begleitet sein, die den Strahl der mystischen Schau umschatten und erträglich machen, auf ihrer höchsten ist sie von allem Imaginativen frei[106].

Dann ruht die Seelenbraut eine kleine Weile in der ersehnten Umarmung und ergründet gleichzeitig die Geheimnisse der Ewigen Wahrheit[107]. Wie für das Eschaton gilt für seine Vorwegnahme: „Sic affici, deificari est":

> „So erfüllt zu werden heißt vergottet zu werden. Wie ein kleiner Wassertropfen, in viel Wein gegossen, ganz seine Natur zu verlieren scheint, indem er Geschmack und Farbe des Weines annimmt, und wie glühend erhitztes Eisen dem Feuer ganz ähnlich wird, indem es seine frühere, seine eigene Form verliert, und wie die vom Sonnenlicht durchflutete Luft sich in dieselbe Helle des Lichtes umwandelt, so daß sie nicht so sehr erleuchtet wie selbst Licht zu sein scheint, so wird sich dann notwendigerweise in den Heiligen jeder menschliche Affekt auf unaussprechliche Weise von sich selbst verflüssigen und ganz in den Willen Gottes umgegossen werden."

Vorsichtig betont Bernhard dabei: „Es bleibt freilich die Substanz, aber in anderer Form."[108] Die Vereinigung besteht in der Gemeinsamkeit der Willen (für Bernhard ein Hauptpunkt) und der Einstimmigkeit der Liebe, nicht in Wesensverschmelzung. Und Bernhard bemüht sich zu präzisieren: der mystische Kuß ist ein Gnadengeschenk[109], die Kontemplation ein Charisma,

---

[97] Cant. 9, 2 f., SBO 1, 43.
[98] Div. 87.
[99] Cant. 8, 2 f.
[100] Cant. 8, 8.
[101] Cant. 85, 13.
[102] Cant. 52, 4.
[103] Cant. 23, 9.
[104] Cant. 52, 5.
[105] Gilson 163.
[106] Linhardt 72 f.
[107] Hum. 21.
[108] Dil. 28, SBO 3, 143.
[109] Div. 87, 2 f.

das vom Menschen zwar vorbereitet, nicht aber bewirkt werden kann. Dies sind allerdings hinzugefügte theologische Erwägungen, da in der Erfahrung der Unio selbst kein Unterschied zwischen Objekt und Subjekt mehr gefühlt wird, bzw. Bernhard keinen angibt.

Allerdings stürzt die Seele bald wieder in das alltägliche Leben, in die alltägliche Sehnsucht nach dem Reich der Liebe zurück (wie schon Gregor der Große so betont hatte[110]); erst nach dem Tode wird sie die ganze Erfüllung finden. Angesichts des Elends, in dem wir uns in dem Jammertal des Irdischen befinden, sind es überhaupt nur die Kontemplativen, die „freilich nur selten und vorübergehend"[111], eben in der Ekstase der Beschauung, etwas von der künftigen Seligkeit wahrnehmen. Mögen die unteren Grade des mystischen Lebens auch häufiger sein, die Erfüllung findet statt nur in „rara hora et parva mora"[112], „in seltener Stunde und über eine kleine Weile".

Von welcher ‚Conditio humana' geht Bernhard aus? Von Gott ist der Mensch gottebenbildlich geschaffen (ein Lieblingsthema der Theologie des zwölften Jahrhunderts überhaupt); durch den Sündenfall der Stammeltern wurde diese Ähnlichkeit zwar nicht zerstört, aber sie ist seitdem von den Lastern wie von einer dichten Kruste umgeben[113]. „Von der Sünde gezeugt, zeugen wir Sünder; als Schuldner geboren, geben wir Schuldnern das Leben, als Verderbte Verderbten, als Sklaven Sklaven …"[114] Trotzdem ist Bernhard wie die anderen Zisterzienserautoren prinzipiell optimistisch, daß der Mensch sich dem Guten zuneigen kann und will. Die durch Sünden entstandene Unähnlichkeit mit dem Schöpfer kann und muß nach und nach ausgemerzt werden, so daß wir ihm wieder ähnlich werden. Je mehr dies geschieht, desto näher ist Gott der Seele, desto größer die Liebe: er liebt sich in ihr und sie ihn in sich.

Natürlich verwendet Bernhard, wie fast alle christlichen Lehrer, verschiedene Aufstiegsmetaphern für diesen Prozeß. Zum Beispiel das Aufsteigen im Herzen: Dem Hintritt zu einem demütigen Herzen entspricht das Selbstgericht des Sünders, hier wird Gott gefürchtet. Zu einem mittleren Herzen ruft den Lohndiener der Rat, Gottes Weisung wird gehört. Die Sehnsucht hebt den Sohn zu einem erhabenen Herzen empor, er ersehnt den Geliebten. Auf der vierten Stufe wird Gott geschaut: „Aber bisweilen überschreitet der innere Mensch die Vernunft, und er wird über sich entrafft: dies heißt Austritt der Seele."[115]

Der praktische Weg zu Gott führt auch für Bernhard über die Askese. Sie ist Nachfolge, „imitatio" Christi[116]. Der Heilige hat sie selbst in intensivem

---

110 Vgl. o. S. 81 f.
111 Gra. 15, SBO 3, 177.
112 Cant. 23, 15, SBO 1, 148.
113 Cant. 82, 5.
114 Div. 42, 2, übersetzt von Gilson 80.
115 Div. 115, SBO 6/1, 392.
116 Div. 50, 2, vgl. Linhardt 198 ff.

Maß betrieben, besonders das Fasten. Bald hatte er jede geschmackliche Unterscheidungsfähigkeit verloren und konnte sein Magen keine feste Speise mehr aufnehmen. Er mußte sich so oft übergeben, daß er neben seinem Chorstuhl ein Gefäß am Boden stehen hatte, in das er sich während der Psalmgesänge erbrechen konnte[117]. Er ist schließlich auch an einem Magengeschwür oder an Magenkrebs gestorben. „Ob Tag oder Nacht, er betete stehend, bis seine vom Fasten wankenden Knie und seine vom Arbeiten angeschwollenen Füße den Körper nicht mehr zu tragen vermochten", schreibt ein Augenzeuge[118]. Denn der Nutzen des Leibes besteht nach Bernhard im Erdenleben ausdrücklich darin, daß er uns die Möglichkeit zu Bußübungen gibt[119].

Die Askese fand für die Zisterzienser, wie für andere zeitgenössische Reformbewegungen, ihr großes Vorbild bei den Wüstenvätern[120], wenn auch nicht ohne Veränderungen (z. B. Zurücktreten des Motives vom Dämonenkampf). Man suchte mit Vorliebe einsame Gegenden für neu zu gründende Klöster. Auch die Bauwerke spiegeln das Ideal des Verzichts auf jeden (hier ästhetischen) Luxus, selbst wenn er wie bei den Cluniazensern religiös begründet wurde. Die Zisterzienserkirchen zur Zeit Bernhards sind nüchtern, entbehren des plastischen und malerischen Schmucks benediktinischer Klosterkirchen genauso wie des Schimmers farbiger Glasscheiben, wie auch ihre meisten Handschriften der Illumination. Dies entsprach durchaus Bernhards persönlicher Einstellung.

Nur in einem prunkten die Zisterzienser und vor allem der Abt von Clairvaux: in der Rhetorik ihrer geistlichen Schriften. Die größte Versuchung für ihn war es gewesen, „Literat zu werden: Und er fand ein Mittel, ihr zwar zu erliegen, aber trotzdem ein Heiliger zu werden ... Diese Zisterzienser haben auf alles, nur nicht auf die Kunst eines guten Stils verzichtet. Jeder dieser furchtbaren Asketen trägt einen nicht-sterbenwollenden Humanisten in sich."[121]

Im Kloster, dem Ort des Vollzugs der Askese (manche Zisterzienserklöster wie etwa Maulbronn haben einen eigenen Raum für die Selbstgeißelung, dafür aber, anders als die Benediktinerklöster, keine Badestube), sieht Bernhard eine Schule (so wie schon Benedikt von Nursia und wie auch andere Zisterzienserautoren), eine Schule der Frömmigkeit. Dies in Konkurrenz zu den neu entstandenen klerikalen Schulen. Diese waren zwar auch geistlich geleitet, in ihnen standen jedoch die profanen Wissenschaften und die antiken Autoren auf dem Lehrplan, und aus ihnen entstanden die Universitäten. Chartres, Laon, Paris, Reims waren solche Zentren, denen auch Bernhards „Feindbruder" Abaelard angehörte. In den Zisterzen, den „Auditorien des

---

[117] Wilhelm v. St. Thierry, Vita Ia, 33; 39.
[118] Ebd. 39, übersetzt von P. Sinz, Düsseldorf 1962, 72.
[119] Dil. 30.
[120] Vgl. Viller, Rahner, Aszese 81 ff.
[121] Gilson 101.

Heiligen Geistes"[122], übte man dagegen sozusagen als eine Art geistlicher Kunst die Gottessuche. Ganz scharf hat den Gegensatz der Reformmönche zu den Frühscholastikern Wilhelm von St. Thierry[123] gesehen, der ja Bernhard erst auf die Unverschämtheiten Abaelards hingewiesen hat. „Laßt doch", schreibt er an die Kartäuser, „laßt doch die Weltweisen, aufgeschwollen vom Geist dieser Welt, mit ihrer Weisheit zur Hölle fahren!"[124]

Wichtig ist, sich bei der Weltflucht der Zisterzienser zu vergegenwärtigen, daß es, jedenfalls zur Zeit Bernhards, meist erwachsene Männer vielfach aus vornehmen Familien waren, die bereits ein weltliches Leben kennengelernt hatten und aus freiem Willen Asketen werden wollten, um sich selbst zu finden („habitare secum") und den „inneren Menschen" ganz auf Gott zu konzentrieren. Ihre vielleicht vordem einer höfischen Dame geltende Liebesfähigkeit wollten sie bewußt umorientieren (wie die Tiefenpsychologie sagen würde) auf den himmlischen Bräutigam. Sie waren für die Liebesseufzer des *Hohenliedes* und ihre Auslegung vielleicht sensibilisierter als ein Benediktiner, der mit sechs oder acht Jahren mit oder gegen seinen Willen als Oblate ins Kloster gekommen war, ohne je weltliche Lebens- und Liebesformen kennengelernt zu haben. So erklärt sich vielleicht teilweise der große Erfolg der *Canticum*-Meditationen Bernhards und anderer Schriftsteller seines Ordens[125].

Die Zisterze ist aber nicht nur Ort der Kasteiung, sondern auch Ort der Meditation. Bernhard hat in einem an Papst Eugen III. gerichteten Traktat *De consideratione* ausführlich und anspruchsvoll beschrieben, wie er eine solche Meditation durchgeführt sehen möchte:

> „Groß ist der Mensch, der sich bemüht, aus dem Gebrauch der Sinne, sozusagen den Schätzen der Bürger, Nutzen zu ziehen und ihn zum eigenen Heil und zu dem vieler einzusetzen. Doch nicht geringer ist jener, der ihn im Philosophieren als Sprosse hin zu jenem Unsichtbaren verwendet. Nur ist sicher das letztere beglückender, das erste dagegen nützlicher, das zweite bringt mehr Freude, das erste dagegen braucht mehr Kraft. Doch der Größte unter allen ist der, welcher sich ohne Gebrauch der (irdischen) Güter und Sinne, soweit es freilich der menschlichen Gebrechlichkeit gestattet ist, von Zeit zu Zeit in der Beschauung zu den höchsten Gütern zu erheben pflegt, nicht durch stufenweisen Aufstieg, sondern in plötzlicher Entrückung. Zum letzteren Fall gehören, glaube ich, die Ekstasen des Paulus. Es waren Ekstasen, keine Aufstiege, denn er bezeugt selbst, er sei eher entrafft worden, denn aufgestiegen."[126]

Während die frühmittelalterliche benediktinische Beschauung sich vor allem auf die Transzendenz richtete, wird ab der Epoche Bernhards auch die Kontemplation irdisch-christologischer Themen mehr und mehr praktiziert. Damit erscheint eine Devotion in der Frömmigkeitsgeschichte, die bei den Zi-

---

[122] Nat. Joh. B. 1, SBO 5, 176.
[123] Vgl. u. S. 121 ff.
[124] Ep. ad fratres 8, SC 223, 148, gekürzt.
[125] So bes. J. Leclercq, Monks and Love in 12th Century France, Oxford 1979.
[126] Csi. 5, 3, SBO 3, 468 f.

sterziensern als „Erinnerung der Gotteswunder" bezeichnet wurde[127]: die Andacht zum Leben und Leiden Jesu auf Erden. Sie ist bei Bernhard, der sie einleitet, theologisch wohldurchdacht, spricht aber primär die Gefühle an. Mit Paulus, Bernhards wesensverwandtem Lieblingsautor, ist der Abt der Überzeugung: Zuerst kommt das Kreatürliche, Fleischliche, Sinnliche, dann das Geistig-Geistliche (1Kor 15, 46). Deshalb mußte Gott zuerst in dieser Sphäre erscheinen:

> „da aber die Schüler Fleisch waren und Gott ein Geist ist, und da Geist und Fleisch nicht gut aufeinander abgestimmt sind, paßte er sich ihnen an durch den Schatten seines Leibes, auf daß sie im Anblick des lebendigen Menschen das Gottes-Wort im Fleische, die Sonne in der Wolke, sähen …"[128] „Er brachte seine Jünger zur Zuneigung zu seinem Fleische, so daß sie ihm wenigstens mit menschlicher Liebe, mit noch fleischlicher Liebe, aber doch fest, anhingen."[129]

Die Bekehrung, welche Drohungen und Versprechungen im Sünder nicht zu erreichen vermochten, vermochte die durch die Inkarnation dem Menschen nun leicht gemachte Gottesliebe[130]. Bernhard selbst und seine Wesensverwandten treffen diesen Christus nun allenthalben in der Bibel, indem sie zu deren mystischem Sinn vordringen. „Das göttliche Wort findet er im Schriftwort; indem man Christus als tiefste Bedeutung der Bibel sieht und über diese Bedeutung meditiert, trifft man ihn in der eigenen Seele."[131]

Obwohl es gelegentlich ältere Zeugnisse für die andächtige Betrachtung des Lebensweges des Erlösers gibt, hat erst Bernhard den entscheidenden Anstoß für die meditative Beschäftigung mit dem historischen Jesus gegeben. Die ungemein intensive Devotion zum leidenden Heiland und zum Christkind, die vom Spätmittelalter bis in den Barock hinein das erlebnismystische Leben prägen und, von dort übernommen, auch in der Volksfrömmigkeit dominieren sollte, ist in seinen Schriften in entscheidender Weise vorbereitet. Durch den weiten Umlauf seiner Werke wurden zahlreiche religiös empfängliche Menschen mit Meditationstexten konfrontiert, die sie in ihrem ekstatischen Erleben in visionäre Bilder umzuwandeln vermochten.

Wenn man sich jetzt auf die Menschheit Christi konzentrierte, statt auf seine Gottesnatur, so ist dies ein zentrales Indiz für die mentalitätsgeschichtlichen Veränderungen, die sich im hohen Mittelalter vollzogen. Wir haben sie bereits mit dem Begriff „Humanisierung" angesprochen. Am unmittelbar einleuchtendsten wird die neue Entwicklung im Bereich der bildenden Kunst sichtbar. Der Wandel von der Romanik zur Gotik hat keineswegs primär solche Gründe, die in einer unabhängigen Eigenentwicklung des Mediums Kunst lägen, er ist vielmehr Ausdruck eines veränderten Gottes- und

---

[127] DS 13, 771.
[128] Asc. Dom. 3, 3, übersetzt von Linhardt 190.
[129] Asc. Dom. 6, 11, SBO 5, 156, gekürzt.
[130] Div. 29, 2 f.
[131] G. Jantzen, Mysticism and Experience: Religious Studies 25, 1989, 295–315, 305.

Menschenbildes. Der Wandel vollzieht sich sowohl auf der Ebene des Darstellungsinhaltes, der Ikonographie, als auch auf der der Darstellungsweise, des Stils. Christus wird als Leidender unter der Dornenkrone, nicht mehr als Gott mit der Königskrone am Kreuz, gegeben. Die Proportionen der menschlichen Gestalten, besonders das Gesichtsrelief und die Augen, werden naturähnlicher. Die Gotik entwickelt eine neue Menschenbeschreibung, die im vierzehnten Jahrhundert zum Porträt führen wird (natürlich zuerst an den Herrscherhöfen, in Paris und Prag), und damit auch zum Realismus, ja im fünfzehnten Jahrhundert fast zum Verismus auch bei der Schilderung biblischer Gestalten. Diese Veränderungen gelten genauso für die Darstellung Christi und der Heiligen wie für die anderer Menschen.

Vor dieser Entwicklung im sichtbaren Bereich liegt jedoch die im Imaginativen – und hiermit sind wir wieder bei Bernhard: mit ihm beginnt die Konzentration auf den irdischen Jesus, die konkrete Meditation über das Erdenleben des Heilands.

> „Das Gedächtnis an die übergroße Süßigkeit dieses Geschehens will ich betrachten[132], solange ich lebe, auf ewig werde ich dies Erbarmen nicht vergessen, weil ich darin das Leben erhalten habe."[133]

Diese übergroße Süßigkeit, das ist das Myrrhenbüschel aus den Ängsten und den Leiden des Herrn: von der Not der Kindheit bis zu den Martern der Kreuzigung.

Bernhards Predigten über die Geburt Christi zeigen schon – und das ist neu in seinem Jahrhundert – einzelne graphische Elemente der konkreten Vergegenwärtigung in der Meditation.

> „Siehe, er ist ein Kind, und ohne Stimme. Denn vor der Stimme des Wimmernden muß man mehr Mitleid empfinden als Furcht ... Die jungfräuliche Mutter hüllt seine zarten Glieder in Windeln ein – und du zitterst noch immer vor Angst?"[134]

Jesus wird in uns geboren, wenn wir uns gläubig seine Geburt vergegenwärtigen[135]. Diese Betrachtungsübung, sich in die Zeit und an den Ort der Heilsgeschichte zu versetzen, sollte in der Zeit Pseudo-Bonaventuras zur vielleicht üblichsten aller Devotionen werden[136].

Wiewohl der blutige Schmerzensmann bei Bernhard noch nicht wie in der späteren Mystik in bewegenden Bildern geschildert wird, führt seine Betonung der Erniedrigung des Herrn im Laufe der Passion[137] doch in diese Richtung. Die im späten Mittelalter so verbreitete Andacht zu den Wunden des Erlösers ist bei Bernhard vorgedacht:

---

[132] „eructabo": werde ich (immer) wieder von mir geben.
[133] Cant. 43, 3, SBO 2, 43.
[134] Nat. 1, 3, OSB 4, 246.
[135] Vig. Nat. Dom. 6.
[136] Vgl. u. S. 182 ff.
[137] IV Hebd. S. 3.

„Was nämlich ist so zielführend, um die Wunden des Gewissens zu heilen und auch um die Spitze des Denkens zu reinigen, als die eifrige Meditation der Wunden Christi?"[138]

Die Wundmale des Gottessohnes, Zeichen seines Mitleidens mit seinen Geschöpfen, sind die Felsenklüfte, in denen die Taube, die Seele, süßen Honig und Öl saugt[139]. Was bei Bernhard noch Metapher ist, werden viele Mystikerinnen bald so in ihren Ekstasen erleben![140] Auch die meditative Vergegenwärtigung des Leidens als Erfahrung eines Einzelnen ist übrigens Zeugnis für das Heraustreten aus der „gebundenen" Individualität des Frühmittelalters.

Wenig zutreffend ist es dagegen, in Bernhard auch den Vater einer „Marienmystik" zu sehen, obwohl es bedeutende mariologische Texte von ihm gibt. Dieser Eindruck beruht nämlich vornehmlich auf ihm fälschlich zugeschriebenen Predigten und Dichtungen, die seinen jüngeren Ordensbrüdern Amadeus von Lausanne († 1159) und Oger von Locedio († 1214) angehören *(Planctus Mariae)*[141].

Der Abt von Clairvaux kennt freilich nicht nur die emphatische Sprache des Affekts; er kann auch ganz schematische Mystagogie betreiben. So interpretiert er etwa die drei Küsse des *Hohenliedes,* den Fußkuß, den Handkuß und den Mundkuß, auch folgendermaßen[142]: Die Füße sind Barmherzigkeit und Wahrheit, die der Sünder umfaßt; wenn wir gute Werke tun, küssen wir die Hände des Herrn und empfangen Tugenden; der dritte Kuß bezeichnet die Anwesenheit des Herrn, nach dem sich die Seele so sehr sehnt. Sie küßt mit beiden Lippen, d. h. mit Vernunft und Willen[143]. Der erste Kuß heißt also Kuß der Versöhnung, der zweite der der Beschenkung und der dritte der der Kontemplation, wobei unter dem Mund das Wort zu verstehen ist. Die Beschauung wird zuerst Speise, dann Trank und endlich Trunkenheit genannt. Ersteres bezieht sich auf das irdische Leben, das zweite auf die Heiligen, die zwar von Angesicht zu Angesicht, aber noch nicht vollkommen schauen, das dritte auf die Ewigkeit nach der Auferstehung der Leiber.

Wenn man Bernhard liest, könnte man meinen, seine mystische Theologie sei allein die Frucht der Bibelmeditation und eigener Erfahrung; nur selten zitiert er einen der Kirchenväter wie Augustinus oder Gregor den Großen. Doch kannte Bernhard u. a. Tertullian, Origenes, Gregor von Nyssa in der Vermittlung durch Maximus Confessor, Johannes Scottus Eriugena[144], aus denen er manche Anregung bezog. Auch heidnische Autoren wie Cicero

---

[138] Cant. 62, 7, SBO 2, 159.
[139] Cant. 61, 3; 7; 4.
[140] Vgl. o. S. 102, Anm. 41.
[141] DS 1, 469–471; 11, 733–736.
[142] Div. 87.
[143] Div. 89, 2.
[144] Gilson 43, 54.

waren ihm nicht fremd, immer jedoch überwiegt die eigene denkerische Leistung die Autoritäten, auch wenn er ihnen ausdrücklich nicht widersprechen
will[145].

Die (noch zu erforschende) Wirkungsgeschichte seiner Schriften, vielleicht
großteils in Form von Florilegien, wie auch die der ihm irrtümlich zugeschriebenen Dichtungen und Aussprüche, scheint für die Entwicklung namentlich
der Erlebnismystik des weiteren Mittelalters und der Neuzeit grundlegend
geworden zu sein. Darum haben wir Bernhard auch verhältnismäßig viele
Seiten in dieser Darstellung eingeräumt. Ein wichtiger Weg bestand sicher
in den sich auf seine Werke gründenden Predigten. Natürlich hat er die Zisterziensermystik besonders geprägt; Mitbrüder wie Wilhelm von St. Thierry,
Thomas von Cîteaux und Gilbert von Hoyland schufen noch im zwölften
Jahrhundert Kommentare zum *Hohenlied,* von Bernhards Werk angeregt
und es ergänzend. Manches in den Visionen der Frauenmystik[146] scheint eine
unbewußte Umsetzung seiner Metaphern in erfahrene Realität zu sein, wie
man u. a. an den Mystikerinnen in Helfta oder in Wien sehen kann; seine
Metapher von der geistlichen Schwangerschaft[147] z. B. haben Heilige (etwa
Birgitta von Schweden) wie Ketzerinnen (etwa Prous Boneta) in Körperemp-
findungen umgesetzt[148]. Nach Mechthild von Ha[c]keborn zieren Bernhards
Worte den Himmel als Perlen[149]. Margarete Ebner nennt ihn „ihren heiligen
Bernhard", mit dem zusammen sie „den Kuß empfangen" möchte[150]. Die
späteren Autoren haben ihn hoch geschätzt, sogar ein so anders orientierter
Theologe wie Meister Eckhart zitiert ihn mehr als vierzigmal[151]. Tauler und
Seuse betrachteten ihn als Autorität; letzterer betete: „Gesegnet siest du ovch
under allen lerern, suezer herr sant Bernhart, des sel so durlúhtet waz mit dez
ewigen wortes blozheit ..."[152] Den Franziskanern hat ihn vor allem Bonaventura vermittelt, der Bernhard rund vierhundertmal zitiert[153]. Auch die Devotio
Moderna und die Französische Schule des Barocks haben gern auf ihn zu-
rückgegriffen. Wessen Worte, wenn nicht die *des* mittelalterlichen Dichters,
sollen am Ende dieses Abschnitts stehen? Alle Faszination, die „der, der
betrachtet" („quel contemplante"[154]) auszuüben vermochte, konzentrieren
sich gleichsam in Dantes Begeisterung, als er im Paradies Bernhard begegnet, der Friedlose von *dieser* Welt dem Verklärten in *jener:*

„Wie wohl ein Pilger, aus Kroatien kommend,

---

[145] Pre. 52.
[146] U. Köpf, Bernhard von Clairvaux in der Frauenmystik: Frauenmystik 48–77.
[147] Cant. 9, 7.
[148] Vgl. u. S. 267 f.; 348.
[149] Liber spec. grat. 1, 28.
[150] Margareta Ebner und Heinrich von Nördlingen, hg. v. Ph. Strauch, Tübingen 1882, 21 f.
[151] B. McGinn, St. Bernard and Meister Eckhart: Cîteaux 31, 1980, 387–409.
[152] Deutsche Schriften, hg. v. K. Bihlmeyer, Stuttgart 1907, 254.
[153] DS 1, 1496.
[154] Parad. 32, 1.

Bei uns das Tuch Veronikas zu sehen,
Mit seinem ungestillten Hunger,
Sich in Gedanken sagt, solang er's sieht:
,Wahrhaftiger Gott, o mein Herr Jesus Christus,
Ist dergestalt denn Euer Bild gewesen?'
So ging mir's, als ich die lebendige Liebe
Des Mannes schaute, der auf dieser Erde
In der Betrachtung jenen Frieden spürte."

„tal era io mirando la vivace
carità di colui che 'n *questo* mondo,
contemplando, gustò di *quella* pace."[155]

Ein enger Freund des Heiligen war WILHELM VON SAINT-THIERRY (1085/90–1148/49, sel.)[156]. Aus derselben sozialen Schicht wie Bernhard stammend, hatte er im Unterschied zu diesem in Reims und Lyon studiert und war danach 1113 Benediktiner geworden. Gern wäre er zu dem neuen Reformorden gestoßen, aber Bernhards Mißbilligung des damals nicht seltenen „transitus", des Wechsels von einem Orden zu einem anderen, hielt ihn lange zurück. Immerhin versuchte er, auch innerhalb des Benediktinerordens Reformen zu unterstützen, die auf eine intensivere Innerlichkeit etwa beim Psalmgebet abzielten[157]. Erst 1135 entschließt er sich (während einer Abwesenheit Bernhards) doch zu diesem Schritt und wird Zisterzienser in Signy, wo er mehr Zeit für sein schriftstellerisches Werk findet. Er liest vor allem Augustinus, Gregor den Großen, Origenes, von dem er nach Bernhards Vorbild Kopien für die Klosterbibliothek besorgt[158], und natürlich seinen Freund, den Abt von Clairvaux. Daß er selbst Erlebnismystiker war, läßt sich kaum erweisen; sein anonymer, noch im zwölften Jahrhundert schreibender Biograph vermag diesbezüglich nicht mehr mitzuteilen als ein Zitat aus dem 6. Kapitel von Wilhelms *De contemplando Deo,* wo er von zeitweiligen Süßeempfindungen berichtet[159].

Unter Wilhelms verschiedenen, primär theologischen Schriften (worunter sich auch eine Widerlegung der Thesen Abaelards findet) kennen wir

---

[155] Parad. 31, 103–111, ed. Firenze 1965, übersetzt von H. Gmelin, Stuttgart 1959.
[156] J. Lanczkowski, Wilhelm von St. Thierry: Wörterbuch 521 f. – A. M. Piazzoni, Guglielmo di Saint-Thierry, Roma 1988. – DS 6, s. v. Guillaume de Saint-Thierry. – E. Elder, The Way of Ascent. The Meaning of Love in the Thought of William of St. Thierry: Studies in Medieval Culture 1, 1964, 39–47. – Dies., William of Saint Thierry, Rational and Affective Spirituality: Dies., Spirituality 85–105. – J. Delsalle, Amour et Connaissance. „Super Cantica Canticorum" de Guillaume de Saint-Thierry: Collectanea Cisterciensia 49, 1987, 246–259. – P. Verdeyen, La théologie mystique de Guillaume de Saint-Thierry, Paris 1990.
[157] Piazzoni 99.
[158] Verdeyen 10.
[159] Vie ancienne de Guillaume de Saint-Thierry, ed. A. Poncelet: Mélanges G. Kurth 1, Liège 1908, 85–96, 94.

wichtige für die Geschichte der Mystik: so mehrere Arbeiten zum *Hohenlied*,
teilweise Frucht von Gesprächen mit Bernhard während eines längeren Auf-
enthalts in Clairvaux. Wie dieser beginnt Wilhelm 1135 seine Auslegung
dieser biblischen Dichtung. Er interpretiert sie ebenfalls als Verlauf einer
Liebesbeziehung, wobei er in an rhetorischem Schmuck und Affekt ähnlich
reichem Stil wie Bernhard schreibt, (in unserer Terminologie) sowohl theologisch wie auch psychologisch interessiert. Diese Beziehung beginnt mit der
„Annäherung" und endet mit dem „Beilager". Vernunft und Liebe durch-
dringen einander, „und dies in zweifacher Weise: im *excessus mentis,* jäh und
unerwartet, oder im *transitus: ratio* geht über in *amor* ... Das führt dann zur
berühmt gewordenen Formel: *amor ipse intellectus est.* Die Liebe selbst ist
Erkenntnisvermögen ... Gottesliebe und Gotteserkenntnis fallen zusammen."[160] Freilich ist im irdischen Leben nur quasi eine „imitatio" oder „simili-
tudo" jenes „ewigen Kusses" im Jenseits möglich; für den Augenblick aber
entrafft und erfüllt er den Liebenden, „durchbohrt er den Strebenden, daß
er nicht mehr in bloßem Hoffen, sondern wie in Wirklichkeit" vermeint, das
Ziel seines Sehnens zu schauen und zu halten[161]. Wie Bernhard betont Wilhelm die Gegenseitigkeit der Beziehung, die „mutua fruitio suavitatis"[162].
„Und wie Liebende in ihren Küssen durch süßen gegenseitigen Austausch
ihre Seelen ineinander verströmen, so ergießt sich der geschaffene Geist gänzlich in den Geist, der ihn geschaffen hat."[163] (Vergessen wir nicht, daß Wilhelm erst mit etwa 28 Jahren Mönch geworden war, also vielleicht entsprechende Erfahrungen besaß). Bisweilen führt die Liebe zur Schau („visio"),
die Schau zum Genuß („fruitio") und der Genuß zur Vollendung („perfectio")[164] – aber nur die Seligen schauen von Angesicht zu Angesicht. Dieser schon von Gregor dem Großen geschilderte „Wechsel von Zerknirschung
und Seligkeit, Verlassenheit und Geborgenheit, Finsternis und Licht", das
Kommen und Gehen des Bräutigams, wird man „als den eigentlichen spirituellen und mystischen Erfahrungsgrund Wilhelms" bezeichnen dürfen, ist
er doch in allen seinen spirituellen Werken zu finden[165].

In der Lehrschrift *Über Natur und Würde der Liebe* formuliert Wilhelm
die von Origenes kommende Metapher von den geistlichen Sinnen der Caritas
aus, wobei ihre beiden Augen Ratio und Amor bedeuten. „Sie sind beide auf
Gott gerichtet, wobei *ratio* erkennt, was Gott – ganz im Sinne von Dionysius
Areopagita – nicht ist, *amor* was Gott ist. Beide aber werden durch ihr Zusam-
menwirken ein Auge."[166] Die vernunftbelehrte Liebe und die liebeserleuch-

---

[160] Ruh, Liebeslehren 163 f.
[161] Expositio 1, 8, 99, SC 82, 226.
[162] Ebd. 95, SC 82, 220.
[163] Ebd., übersetzt von Ruh, Geschichte 301.
[164] Cont. 5, SC 61, 70 ff.
[165] Ruh, Geschichte 302.
[166] Ruh, Liebeslehren 168.

tete Vernunft vermögen zusammen viel[167]. Hiermit vollzieht Wilhelm also eine Verschmelzung der negativen und der positiven mystischen Theologie. Die Bedeutung, die er hier und auch sonst der Ratio beimißt, ist durchaus bezeichnend für die neue „Rationalität" des zwölften Jahrhunderts, auch innerhalb der „Mönchstheologie"; sie könnte auf der Auseinandersetzung mit Abaelards Werken beruhen[168]. Doch wird die Vernunft immer von und zu Liebe überhöht.

Besonders verbreitet (ca. 300 Textzeugen) – und oft irrtümlich Bernhard zugeschrieben, da Wilhelm aus Demut seinen Namen verschwiegen wissen wollte – war aber sein *Brief an die Brüder vom Gottesberg*, ein mystagogischer Traktat für die Mönche der neugegründeten Kartause Mont-Dieu, in denen der Autor die Fortsetzer der ägyptischen Wüstenvätertradition sieht. Der ehemalige Abt verfaßte diesen Brieftraktat in Signy, nachdem er einige Wochen bei den Kartäusern verbracht hatte. Das zentrale Thema darin ist, wie der Mönch schon in diesem Leben zur Gotteserfahrung kommen kann kraft der Angleichung des Willens: „nicht Gott zu sein, aber doch zu sein, was Gott ist"[169]. Diese subtile Unterscheidung dürfte sich auf Wilhelms Trinitätstheologie beziehen, die im Zentrum seiner Reflexion steht, und meint die Relationen der drei Personen untereinander[170]. Drei Stadien oder auch Zustände sind zu unterscheiden, die jeweils einen Aufstieg in sich kennen: zunächst der der Geschöpflichkeit („animalitas"). Dabei spielt für Wilhelm die Askese eine unerwartet geringe Rolle: man kommt vermittels und nicht trotz des Körpers zu Gott. Dieser darf nur in vernünftigem Maß kasteit werden, damit er zu seinen Diensten bereit bleibt. Wenn sich der Mensch in diesem „natürlichen" Stadium auf Gott ausrichtet, dann wird davon auch der Leib positiv ergriffen und erfährt Freude. Im Stand des vernünftigen Menschen konzentriert sich dann die Ratio auf die Gotteserkenntnis; aus ihr entspringt die Tugend. Vollkommen ist freilich nur der Stand des geistlichen Menschen, der seinen Willen Gott angeglichen hat in der Einheit des Geistes. So ist er „Gott durch Gnade, was Gott von Natur aus ist"[171]. In diesem Aufstiegsprozeß wandelt sich die weibliche Seele („anima") in den männlichen Geist („animus")[172], eine der unzählbar vielen Aussagen mittelalterlicher Theologen über die differente Wertigkeit der Geschlechter.

Die Gottesliebe steht im Zentrum von Wilhelms Lehre. „Er ist wirklich mit mir, denn ich finde ihn in meiner Liebe. Ich liebe ihn und liebe ihn, und mein großes Verlangen ist, ihn mit vollkommener Liebe zu lieben."[173] Wil-

---

[167] Nat. am. 25.
[168] Elder (1976) 91, 98.
[169] Ep. ad fratres 258, SC 223, 350.
[170] So Verdeyen 77 f.
[171] Ep. ad fratres 262 f., ed. cit. 352 f.
[172] Ebd. 2, 2, 4.
[173] De cont. Deo, Prooem. 3, PL 184, 366 B; nicht in SC 61.

helm betont mit Origenes[174], daß es keine Rolle spielt, ob man die Liebe „amor" oder „caritas" oder „dilectio" nennt[175] (darauf sei ausdrücklich hingewiesen, da viele moderne Interpreten glauben, hier grundlegende Unterschiede konstruieren zu müssen, da Wilhelm an anderer Stelle bisweilen doch terminologisch differenziert[176]). Liebe allein ist fähig, die Seele zu reinigen und zu heiligen, damit sie der schauenden Vereinigung mit dem Herrn würdig wird, „bis die Weisheit die Seele zu ihrem Ursprung zurückführt und sie im Verborgenen des Antlitzes Gottes birgt"[177] (man sieht die neuplatonische Tradition). Diese Liebe ist nicht einseitig für den Menschen erfreulich, auch Gott, der uns zuerst geliebt, erfreut sich seinerseits an uns. Für Wilhelm gehört die Liebe mit der Erkenntnis stärker zusammen als für Bernhard; er betont bei der mystischen Vereinigung noch mehr das Wirken des Heiligen Geistes, während sein Freund hier eher vom inkarnierten Wort sprach.

Aber wie für ihn nimmt die Betrachtung des Erdenlebens Jesu einen besonderen Rang ein, wenn er sie auch wie Bernhard selten thematisiert: Er übt sich „im Umfangen der Krippe des Neugeborenen, in der Anbetung des heiligen Kindes, im Küssen der Füße des Auferstandenen, im Betasten der Nagelwunden"[178]. Dies ist freilich speziell eine Devotion des spirituellen Anfängers[179], doch wenn man sich „in der inneren Zelle" des Herzens mit allem Glauben und aller Liebe der Passionsbetrachtung widmet, kommt dies geradezu dem Empfang der Eucharistie in beiden Formen gleich![180] Eine Position, die weitergeführt zu einer christlichen Frömmigkeit ohne priesterliche Gnadenvermittlung führen konnte, wie sie ansatzweise auch in der Frauenmystik und explizit in der Ketzermystik zu finden ist[181]. Sie dürfte von Origenes' Konzeption der Gottesgeburt in der Seele angeregt sein[182]. Wilhelm, der selbst einen Eucharistietraktat verfaßte und bei dem man geradezu von eucharistischer Mystik gesprochen hat[183], blieb freilich ganz im Rahmen der orthodoxen Theologie.

Für die Frauenmystik wichtig ist die Analogie, die Wilhelm zwischen sich als der sehnenden Seele und dem hl. Thomas zieht: wie dieser will er die Seitenwunde berühren, ja sogar in sie hineingehen, nicht nur Finger oder Hand hineinlegen, sondern ganz eintreten „bis zum Herzen Jesu selbst"[184]. Dies wird für viele Ekstatikerinnen Erleben diesseits der Metapher sein[185].

[174] Ruh, Geschichte 298, Anm.
[175] Expos. 6, 10 f.
[176] Vgl. Elder (1964) 42.
[177] Nat. am. 53, übersetzt nach dem Zitat bei Piazzoni 131.
[178] Med. 10, übersetzt Ruh, Geschichte 285.
[179] Ep. ad fratres 1, 14, 43.
[180] Ebd. 3, 2, 119, ed. cit. 238.
[181] Vgl. u. S. 267 ff.
[182] Vgl. o. S. 67.
[183] Verdeyen 167 ff.
[184] Cont. 3, SC 61, 64.
[185] Vgl. u. S. 227, 230 u. ö.

Eine zweite Analogie sollte desgleichen in der praktischen Mystik und im Andachtsbild „lebendig werden"[186]: die Seele ruht an der Brust Christi, wie Johannes beim Letzten Abendmahl, um so das Wort zu empfangen[187].

Seine Werke, von denen noch *Über die Betrachtung Gottes* genannt sei, der als erster Traktat des zwölften Jahrhunderts über die Beschauung und Gottesliebe gilt[188], sowie die *Meditativen Gebete,* fanden, teilweise aufgrund falscher Zuschreibung an Bernhard, im Mittelalter zahlreiche Leser; Hadewijch[189], David von Augsburg u. a. zitieren aus ihnen, Bonaventura, Julian von Norwich, Ruusbroec und andere MystikerInnen zeigen Kenntnis von ihnen. Gerson fand manche Ausführungen im *Goldenen Brief* problematisch[190]. Besonders dieser war jedoch auch früh in volkssprachlichen Übersetzungen verbreitet, in Altfranzösisch, Mittelhochdeutsch, Altitalienisch.

Das zwölfte und das dreizehnte Jahrhundert brachten einen großen Reichtum an spirituellen Autoren im Zisterzienserorden hervor. Erwähnen wir aus der fruchtbarsten Zeit der Zisterziensermystik noch einen anderen Freund Bernhards, AELRED (AILRED, ETHELRED) VON RIEVAULX (1109–1167, hl.)[191]. Er hat seine urspünglich vielleicht homoerotischen[192] „brennenden Laster" („calorem ... uiciorum"[193]) in die geistliche Liebe christlicher Freundschaft umzuwandeln vermocht. Dabei vertritt er im Kontrast zu der so oft dominierenden monastischen Einstellung eine fast humanistisch zu nennende Behutsamkeit nicht nur gegenüber den sozialen, sondern auch den leiblichen Bedürfnissen des Menschen: „Wenn wir zur Kontemplation hinansteigen, dann bemühen wir uns gleichzeitig um die Rettung unserer Seelen, wie wir auch für unsere Körper die Fürsorge haben, die sie brauchen."[194] Ausführlich oblag Aelred der permanenten Meditation, wozu er sich in seine Kapelle einschloß[195]. Wenn er tränenüberströmt „von der Gemeinschaft mit dem göttlichen Wort", von der Betrachtung, zurückkehrte, erschien sein von Ergriffenheit verändertes Antlitz als Spiegel seiner geistlichen Erfahrungen[196]. Er war dann „wie trunken vom Most unaussprechlicher Freude"[197]. Aelreds

---

[186] Vgl. u. S. 436, 438.
[187] Ruh, Geschichte, 309.
[188] Ebd. 280.
[189] J. Van Mierlo, Hadewijch en Willem van St. Thierry: Ons geestelijk erf 3, 1929, 45–59.
[190] Verdeyen 81 ff.
[191] G. v. Brockhusen, Aelred: Wörterbuch 3. – B. P. McGuire, Aelred af Rievaulx: Ders. (Hg.), Mennesker i Danmarks og Europas Middelalder, København 1986, 21–37. – M. Pennington, A Primer of the School of Love: Cîteaux 31, 1980, 93–104.
[192] So C. Russel, Aelred, The Gay Abbot of Rievaulx: Studia Mystica 5, 1982, 51–64 und McGuire, pass.
[193] Walter Daniel, Vita Ailredi 16, ed. M. Powicke, Oxford 1950, 25.
[194] Spec. 3, 98, CCCM 1, 153.
[195] Vita 18 ff., 50.
[196] Ebd. 42 f.
[197] Ebd. 11, ed. cit. 21.

Freund und Biograph Walter spricht dabei von der Süße Gottes, die er mit seinem inneren Sinn kostete[198].

Noch als Novizenmeister verfaßte Aelred den *Liber de speculo caritatis,* eine Betrachtung der Kindheitsgeheimnisse Jesu, sowie einen Traktat über die geistliche, Christus einbeziehende Freundschaft (das christliche Gegenstück zu Ciceros im zwölften Jahrhundert und gerade bei den Zisterziensern viel gelesenem Buch *De amicitia*). Der *Spiegel der Liebe* beschreibt Liebe als das Ziel des Mönchs; sie formt ihn Gott an[199]. Ein Beispiel einer für die spätere Zeit so wichtigen Meditationshaltung findet sich etwa in seinem „Handbuch" für Einsiedlerinnen *(De institutione inclusarum)*. Bei der Beschreibung der Ausstattung des Reklusoriums rät Aelred:

> „Auf deinem Altar genüge dir das Bildwerk des am Kreuze hangenden Heilands, das dir sein Leiden vorstellen soll, das du nachahmen sollst. Mit ausgebreiteten Armen mag er dich zu seinen Umarmungen einladen, an denen du dich freuen sollst, aus entblößter Brust mag er dir die Milch der Süße einflößen, durch die du getröstet werden sollst."[200]

Was bei dieser Anleitung zur Betrachtung noch im Bereich des Metaphorischen verbleibt, wird bald besonders von vielen Frauen nicht nur Gegenstand bewußter Meditationen, sondern auch Thema von unkontrollierten Visionen, Erscheinungen und Träumen: die Umarmung durch den Gekreuzigten, das Trinken aus seiner Seitenwunde ...[201] Die zitierte Passage ist aber auch ein Hinweis auf die immer bedeutender werdende Funktion der bildenden Kunst in der Betrachtung; kein Wunder, daß sich dann solche Skulpturen und Gemälde, vor denen man in intensiver Kontemplation verharrte, zu verlebendigen begannen[202]. Auch die eine bestimmte religiöse Stimmung fördernde Lyrik übernahm ihre Motive aus solchen Texten: „Zur Umarmung eilt, während er am Stamme hangt! Zu gegenseitiger Umarmung bietet er sich den Liebenden mit ausgestreckten Händen dar."[203] So ein Klagelied des zwölften Jahrhunderts, das wohl anläßlich der feierlichen Begehung der Karfreitagsliturgie in Passionsspielen oder Marienklagen vorgetragen wurde.

Ein anderer Freund Bernhards, Abt Guerricus von Igny (ca. 1070–1157, sel.)[204], stellte in seinen Predigten das irdische Leben des Erlösers als „Form" in den Vordergrund, nach der Christus im Gläubigen Gestalt gewinnen soll, und betont das Element des Lichtes in der mystischen Erfahrung. Der schon erwähnte Abt GILBERT VON HOYLAND († 1172)[205], auch er ein Freund des großen Mystikers von Clairvaux und von Aelred beeinflußt, intensiviert wo-

---

[198] Ebd. 13.
[199] Spec. 3, 96.
[200] c. 26, CCCM 1, 658.
[201] Dinzelbacher, Frauenmystik 142 ff.
[202] Vgl. z. B. u. S. 225, 234 u. ö.
[203] Zit. H. Belting, Das Bild und sein Publikum im Mittelalter, Berlin 1981, 120.
[204] J. Weismayer, Guerricus: Wörterbuch 209 f.
[205] M. Gerwing, Gilbert 2: LexMa 4, 1449. – J. Vuong-Dinh-Lam, Gilbert 3: DS 6, 371–374.

möglich noch den Gehalt an mystischem Süßeempfinden in seinem *Hohelied-Kommentar*[206]; er vergleicht das mystische Erleben einem „süßen Schlaf und Traum, ohne Wissen um anderes, im Wissen nur um dich ...“[207] Die „Süße des Kreuzes“, in älterer Dichtung als objektive theologische Qualität des Erlösung bringenden Marterinstruments gesehen, wird von Gilbert ganz stark auf die seelische Erfahrung in der praktischen Mystik uminterpretiert. Die Seelenbraut spricht:

> „Ein süßes Kopfkissen ist mir, lieber Jesus, deines Hauptes Dornenkrone, ein süßes Bett mir deines Kreuzes Holz. In ihm werde ich geboren und genährt, geschaffen und neugeschaffen; auf dem Altar deiner Passion richte ich mir gern das Nest meines Gedenkens ein“[208].

Eine Generation später wirkte in England Johannes von Ford (ca. 1145–1214), der in hundertzwanzig Predigten auch seinerseits Bernhards Kommentar zum *Hohenlied* vervollständigte, wobei er seine persönliche Frömmigkeit einbringt und auch spontane Gebete einschaltet. Nicht mystisch im eigentlichen Sinn ist der (oft Bernhard zugeschriebene) *Planctus Mariae,* welcher jedoch höchstwahrscheinlich von Oglerius (Ogier) von Lucedio († 1214, sel.)[209] stammt[210], der als Kind den Abt von Clairvaux erlebt hatte. Doch der Trauergesang (planctus) förderte die Imagination der Passion, indem er es dem Leser oder Hörer leicht machte, sich an die Stelle der Mutter Gottes zu versetzen, die da mitleiderregend um ihren gemarterten Sohn klagt. Wenn sich später eine Mystikerin wie Birgitta von Schweden fast mit der Jungfrau identifiziert[211], so hat dieses Lied oder eine der zahlreichen von ihm abgeleiteten Versionen gewiß den Weg dazu gebahnt.

Noch viele Autoren aus dem Zisterzienserorden wären zu erwähnen, deren mystagogische Werke einander in ihrer Grundhaltung relativ ähnlich sind und in den Handschriften auch oft unter falschen Zuschreibungen verbreitet wurden. Sie betonen den Willen zur Rückkehr zu eremitischer Strenge, sehen das Kloster als „Schule christlicher Philosophie“, beurteilen die Fähigkeit des dort kontemplativ Lebenden zur Gottesliebe ungeachtet der Befindlichkeit in der „Region der Unähnlichkeit“ irdischen Sündendaseins optimistisch. Sie beschreiben eine stark christozentrische Mystik („Verehrung – Devotio – der Menschheit Christi als Sakrament“[212]) als notwendige Stufe der Gotteserfahrung. Aus dem Spätmittelalter sind dagegen kaum Zisterziensermystiker bekannt, was einerseits mit der neuen Orientierung der philosophisch Interessierten zur Scholastik, andererseits mit der praktischen Auf-

---

[206] Ohly, Nägel 70 ff.
[207] Cant. 42, PL 184, 221 A.
[208] Cant. 2, PL 184, 21 D, übersetzt von Ohly, Nägel 72.
[209] E. Mikkers, Ogier: DS 11, 733–736. – E. Crovella, Oglerio: BS 9, 1135 f.
[210] H. Barré, Le „Planctus Mariae“ attribué à Saint Bernard: Revue d'ascétique et de mystique 28, 1952, 243–266.
[211] Vgl. u. S. 346, 348.
[212] Mikkers (wie o. S. 106, Anm. 61) 44.

gabe der alten Ordensideale in vielen Klöstern zu tun haben wird; oft kümmerte man sich mehr um das wirtschaftliche Wohlergehen der Abteien als
um die Spiritualia[213].

Die Vereinigungsmystik, die hier mystagogisch, allegorisch, metaphorisch,
mit einem Wort: in theoretischen Schriften – obgleich wohl nicht ohne Erleb-
nishintergrund – beschrieben wurde, ist schon im zwölften Jahrhundert nach-
weislich auch in konkretes Erleben überführt worden, wenngleich die Zeugnisse noch viel seltener sind, als ab dem folgenden.

Ansätze zeichnen sich schon bei einem vor Bernhard verstorbenen Or-
densheiligen ab, CHRISTIAN VON L'AUMÔNE († 1146)[214]. Christian hatte sich
seit seinen Jünglingsjahren strenger Askese befleißigt, zuerst in einer Ere-
mitengemeinschaft, dann in der von L'Aumône gegründeten Zisterze Lan-
dais. Seinen Mitbrüdern berichtete er von seinen Offenbarungen und Süßeempfindungen, himmlischen Auditionen, Erscheinungen Christi, Mariae,
Heiliger und Engel, Traumgesichten, Televisionen und einer Ekstase. Immer
wieder sind das innere Leben Christians und dessen äußere Zeichen Themen
seiner Vita: er schätzt das Privatgebet und seine Gnaden, wird von tränen-
reichen Affekten bewegt und als selbst über seine Introspektion sprechend
eingeführt. Die wiederholt erwähnte leib-seelische Empfindung geistlicher
Süße gehört zu den typischen Merkmalen der beginnenden Erlebnismystik,
die der lateinischen Hagiographie vor dem zwölften Jahrhundert noch fremd
gewesen war[215], wiewohl sie *theoretisch* aus Gregors Schriften gut bekannt
sein mußte[216]. Als „süß" empfindet Christian etwa eine freudige Marienerscheinung; eine Himmelsentraffung; eine Lichterscheinung an einem Altar … Nach der Vertreibung der ihn oft und oft molestierenden Teufel durch
das Ave Maria „wurde seine Seele aus innerem Affekt göttlicher Inspiration
von einer erinnernswürdigen Überfülle an Gottessüße erfüllt. Solche Süße
empfand nämlich sein Geist damals …"[217]. Aus dem „honigfließenden" Gesang der Engel erwächst ihm solche „Süßigkeitsfülle", daß er überhaupt nur
mehr an diese wundersame Litanei zu denken vermag[218] – man erinnert sich
an die Musikempfindungen eines Richard Rolle[219]. Auch ein auf ähnliche
Phänomene im Rahmen der späteren Passionsmystik verweisender Zug, das
Schmecken von Christi Blut[220] anstelle des Meßweins, wird schon von Christian berichtet[221]. Eigenartig – und alles andere als ein hagiographischer To-

---

[213] Vgl. etwa L. J. Lekai, I Cistercensi, Pavia 1989, 341 ff.
[214] Vita Christiani de Elemosina, ed. B. Grießer: Cistercienser Chronik 57, 1950, 12–32, ergänzt durch
J. Leclercq: AB 61, 1953, 21–52.
[215] Dinzelbacher, Beginnings 124 f. – Ders., nascita.
[216] Vgl. Ohly, Nägel, 66 f.
[217] Leclercq 33.
[218] Ebd. 35.
[219] Vgl. u. S. 358, 360.
[220] Vgl. o. S. 102, Anm. 41
[221] Leclercq 46.

pos –, sozusagen eine Vorform der Unio mystica, aber mit einem Engel, ist das von ungeheuerer Freude und Süße begleitete Erlebnis, wie der Himmelsbote durch seinen Mund in ihn eintritt, um dann aus seinem Inneren die ganze Welt mit seinem Ruf „Unus es Deus, unus est Dominus" zu erfüllen[222]. Alle diese Phänomene sind „vertikale" Wunder, die den Begnadeten mit Gott verbinden, die für ihn persönlich geschehen, und die in den nächsten Umkreis der Erlebnismystik gehören.

Aus der zweiten Hälfte des Jahrhunderts stammt der Bericht über den Priestermönch HA(I/Y)MO VON LANDACOP († 1173, sel.)[223] im Zisterzienserkloster Savigny, den ein Vertrauter von ihm verfaßte: Als Haimo die Messe zelebrierte, öffneten sich die Himmel, und er wurde zutiefst von unaussprechlicher Süße überwältigt. Jesus war unsichtbar bei ihm, sein Innerstes mit unsäglicher Freude erfüllend bis ins Mark.

> „Da genoß er den Überfluß der Gnade, von unermeßlichem Lichte übergossen, von der Süße der Süßigkeit erquickt. Ohne irgend etwas zu spüren, verließ er das Fleisch, ohne die Behausung des Fleisches zu verlassen ... Allein war er glücklich mit dem Einzigen, der Mensch schaute den Gott, doch als Menschen, der Priester schwelgte mit dem Priester."[224]

Dann folgt eine Erscheinung der segnenden Hand Gottes. Es handelt sich hier offenbar um eine der ältesten Beschreibungen der Unio mystica, sie wurde später aus dem Zusammenhang der Vita gelöst und zirkulierte auch als anonymes Exempel[225].

Nennen wir, um die nunmehrige Verbreitung solcher Phänomene im monastischen Leben anzudeuten, noch etwa Bertrand von Grandselve († 1149, sel.), der schon beim Hören des Namens Jesu in Tränen ausbrach und von himmlischen Erscheinungen bei der Messe berichtete[226], oder WALDEF, Abt der englischen Zisterze Melrose († 1159, hl.)[227]. Dieser erlebte nicht nur ein bei den Mulieres sanctae später häufiges Mirakel[228], nämlich die Verwandlung der Hostie in das Christkind[229], sondern auch einen sehr engen und liebevollen körperlichen Kontakt mit Jesus, der durchaus an die spätere Brautmystik erinnert:

> „Das Jesusknäblein mit seinem süßfließenden Blick der Augen, heiterem Angesicht und schmeichelndem Händepatschen berührte, betastete, streichelte, glät-

---

[222] Ebd. 45.
[223] G. Venuta, Aimone di Landacop: BS 1, 640 f.
[224] Vita 3: AB 2, 1883, 506.
[225] G. Constable, The Vision of Gunthelm and other Visions attributed to Peter the Venerable: Revue Bénédictine 66, 1956, 92–114, 113.
[226] A. Zimmermann, Bertrando: BS 3, 134 f.
[227] D. Baker, Legend and Reality. The Case of Waldef of Melrose: Studies in Church History 41, 1975, 59–82.
[228] Dinzelbacher, Frauenmystik 64 ff.; Bynum, Feast 434 Reg. s. v. Visions, eucaristic.
[229] Joscelin, Vita Waltheni de Melros: AS Mai 5, 1733, 241–277, 255 BC.

tete, liebkoste Waldefs Kopf und Gesicht, und indem es sein Haupt an Waldefs Haupt, seinen Mund, der mehr gilt als die ganze Welt, an Waldefs Mund gelegt, drückte es ihm zahlreiche Küsse auf. Er aber, berauscht vom Sturzbach der Lust (inebriatus a torrente voluptatis), gab jedem einzelnen Glied dieses unseres Jesulein (hujus Jesuli nostri) zahllose Küsse."[230]

Das Abküssen aller Glieder des Christkindes zeigt eine Intimität in der Beziehung zum Gottessohn, die früheren Generationen völlig unbekannt war. Ebenso verweisen die Visionen Waldefs, in denen er die Geburt und die Passion des Heilands schaut[231], auf einen Typus ekstatischer Erfahrung, wie er in der späteren Erlebnismystik je und je anzutreffen ist. Das „felix experimentum", die beglückende Erfahrung der mit Christus ausgetauschten Zärtlichkeiten, erweist, so sein Biograph, die Heiligkeit des Abtes[232].

Ebenfalls Zisterzienser, aber wenig von der typischen Ordensspiritualität geprägt, war der später geradezu legendenumwobene JOACHIM VON FIORE (1130/35–1202, sel.)[233], seit 1177 Abt der Zisterze im kalabrischen Corazzo und 1189/92 Gründer des Klosters in Fiore. Er hatte ein abenteuerliches Leben hinter sich: Notar und Höfling, dann Pilger in Syrien und Palästina, Einsiedler am Ätna, Wanderprediger. Joachim galt schon zu Lebzeiten als Prophet, was er selbst zwar nicht bestätigte, aber immerhin meinte er: „In Gottes Geist verstehe ich alle Geheimnisse der Heiligen Schrift auf das deutlichste, so wie vormals die heiligen Propheten."[234]. Nicht im Lesen und Lernen, sondern in der Glut des Psalmengesanges ergriff ihn die Erleuchtung[235]. 1190 empfing er zu Pfingsten eine Inspiration, die ihm die Verheißungen der *Apokalypse* enthüllte und den Verlauf der gesamten, trinitarisch gegliederten Heilsgeschichte. Dabei geht er über Rupert von Deutz hinaus: das Alte Testament war die Epoche des Vaters und der Furcht geknechteter Sklaven, das Neue Testament die des Sohnes, der kindlichen Dienstbarkeit und der Sühne – die teils angebrochene, teils künftige Zeit der Mönche, des „ewigen Evangeliums" und der Liebe aber ist das Reich des Geistes und seiner Freiheit. Bernhard von Clairvaux wird in diesem Schema typologisch mit Moses verglichen[236].

In der Zeichnung des dritten Reiches klingen mystisch interpretierbare Vorstellungen an: Für die Menschen geisterfüllten Herzens geht die theologische Spekulation über in die Gottesschau, und das aktive Leben weicht ganz

---

[230] Ebd.
[231] Ebd. 264 AB.
[232] Ebd. 255 CD.
[233] M. Figura, Joachim: Wörterbuch 266. – C. Baraut, Joachim: DS 8, s. v. – F. Russo, Gioacchino da Fiore: BS 6, 471–475. – A. Rosenberg (Hg.), Joachim v. Fiore, Das Reich des Heiligen Geistes, München 1955.
[234] Zit. Baraut 1183.
[235] Rosenberg 40.
[236] B. McGinn, „Alter Moyses". Il ruolo di Bernardo di Clairvaux nel pensiero di Gioacchino da Fiore: Florensia 5, 1991, 7–26.

dem kontemplativen[237]. Nun bedarf der mündig gewordene Christ keiner Priester und Sakramente mehr, weil der Geist schon selbst in ihm wohnt[238] (mystisches Thema: Einwohnung Gottes in der Seele; Wegfall der amtskirchlichen Gnadenvermittlung).

Das häretische Potential solcher Vorstellungen liegt auf der Hand und ist in der weiteren Kirchengeschichte auch des öfteren aktiviert worden. Joachims Werk, wiewohl mit ausdrücklicher Erlaubnis der Päpste Lucius III. und Urban III. verfaßt, wurde zwar teilweise vom Laterankonzil 1215 und anderen Synoden verurteilt, jedoch nicht nur von zahlreichen späteren Geschichtstheologen rezipiert, sondern auch von als Sekten verurteilten Gruppen, die auf den sofortigen Anbruch der Endzeit hofften bzw. diesen aktiv zu beschleunigen versuchten. Die Franziskaner-Spiritualen sahen sich selbst als den idealen Mönchsorden, der nach Joachim im Reich des Geistes blühte[239]; die italienischen Geißler, die 1260 halbnackt und sich blutig peitschend das Land durchzogen, beriefen sich u. a. auf pseudo-joachimitische Schriften, nach denen damals das dritte Zeitalter seine Erfüllung finden sollte[240]. Müntzer und Luther schätzen Joachim hoch; letzterer ließ seine Schriften zum erstenmal drucken und sich in seinem Sinn als Bringer der neuen Zeit apostrophieren[241]. Bis zu den Rosenkreuzern, zu Böhme, Hegel, Schelling, Solovjev, Steiner, Jung, ja bis in die Malerei Kandinskys und zum „Dritten Reich" Hitlers sollte die Geschichtskonzeption des süditalienischen Erleuchteten in religiöser oder säkularisierter Form reichen[242]. Was die Rechtgläubigkeit des Abtes selbst betrifft, so stand er allerdings völlig innerhalb der Catholica, wie ihm Papst Honorius III. zweimal bestätigte[243]; es waren vorwiegend die zahlreichen apokrpyhen Schriften, meist Orakel, die ihm im Lauf der Zeit untergeschoben wurden, die sein Bild für manche in das eines Ketzers verwandelten.

Mystische Lyrik

Wir können eine Geschichte der Mystik freilich nicht nur als Geschichte der mystisch begabten Persönlichkeiten und der Theoretiker des mystischen Aufstiegs schreiben. Die, vereinfachend charakterisiert, bernhardische Spiritualität wird ja auch von weiten Kreisen rezipiert, die sich dem neuen Frömmigkeitstyp erschließen. Zunächst von Zisterziensern sollte mystisches Er-

---

[237] Rosenberg 24.
[238] Ebd. 23.
[239] Cohn, Pursuit 110.
[240] Ebd. 129 ff.
[241] Rosenberg 57.
[242] Ebd. 50–65.
[243] Russo 473.

fahren immer wieder in dichterischer Gestaltung[244] besungen werden. Bereits
aus dem Ende des zwölften Jahrhunderts ist uns ein (im Mittelalter oft Bernhard von Clairvaux zugeschriebener) Hymnus erhalten, in dem ein unbekannter englischer Zisterzienser sein Präsenzerlebnis, seine Empfindungen
bei der Anwesenheit Jesu in der Unio, gestaltet: *Jesu dulcis memoria*. Der
Dichter sucht Jesus in der „verschossenen Kammer des Herzens" und mit
Maria Magdalena im Grab (eine Station der Passionsmeditation), vergegenwärtigt sich das Finden des Geliebten und die Hoffnung auf ewiges Zusammensein im Jenseits:

> „Süßes Gedenken an Jesus schenkt dem Herzen wahre Freude. Aber mehr als
> Honig und alles andere [schenkt dies] seine süße Gegenwart. [Meditation – Er-
> leben]
> Keine Zunge vermag es zu sagen, keine Schrift auszudrücken: was es heißt, Jesus
> zart zu lieben, weiß nur, wer es erfahren. [Unsagbarkeits„topos"]
> Wen Deine Liebe trunken macht, weiß, wie Jesus schmeckt. Glücklich, wen die-
> ser Geschmack sättigt! Nichts gibt es, was er weiter begehren könnte. [Sättigung
> – weniger Metapher als psychosomatische Empfindung[245]]
> Wo immer ich auch sein werde: meinen Jesus werde ich ersehnen. Wie froh, wenn
> ich ihn gefunden, wie glücklich, wenn ich ihn umfangen:
> Dann gibt es Umarmungen, Küsse dann, die Honigbecher übertreffen, dann die
> selige Vereinigung mit Christus. Aber in diesem Leben [währt sie] nur ein kleine
> Weile. [der kurze Moment der Unio mystica als erotisches Erleben]
> Oh brennendes Glück, oh feuriges Sehnen, oh süße Stillung: zu lieben den Got-
> tessohn."[246]

Natürlich ist die wörtliche Prosaübertragung mehr als inadäquat, bleibt sie
tot, weil Rhythmus, Reim, Assonanzen usw. verloren sind. Ein Beispiel aus
den 42 vierzeiligen Strophen:

> „Quocumque loco fuero,
> meum Iesum desidero:
> quam laetus cum invenero!
> quam felix cum tenuero!"

Das Gedicht führt, ungeachtet seines Schwelgens in Verlangen und Süße, in
logischem Aufbau von der Kommunikation der Herrlichkeit des Geliebten
zur Kontemplation der Vereinigung mit ihm und weiter zur Sehnsucht nach
Wiederholung, die sich aber nur nach dem Tode wirklich erfüllen kann. Alle
Elemente der Brautmystik sind in diesem Hymnus vorhanden; um etwa Formulierungen wie „die Honigbecher übertreffende Süße" – als psychophysi-

---

[244] Vgl. G. v. Brockhusen, Dichtung: Wörterbuch 114–116. – J. Wimsatt, St. Bernard, the
Canticle of Canticles, and Mystical Poetry: Szarmach, Introduction 77–95.
[245] Wie zahllose Stellen aus Mystikerbiographien beweisen, wo berichtet wird, daß nach einem
solchen Süßigkeitserlebnis längere Zeit keine Speise mehr zu sich genommen werden muß,
vgl. z. B. Bynum, feast 131 ff.
[246] H. Lausberg, Hymnologische und hymnographische Studien 1, München 1967 bietet den
Text und ausführlichste Analyse auf über 500 Seiten.

sches Erleben – richtig einzuschätzen, sollte man sich auch die konkrete Lebenssituation des Mystikers bewußtmachen und sich erinnern, daß dem Mittelalter Süßstoffe kostbar und nicht beliebig zur Verfügung waren, daß die Kost in strengen Klöstern keine Leckerbissen kannte, daß das Fasten die hauptsächliche Askeseleistung bildete, etc. *Jesu dulcis memoria,* religiöse „Erlebnislyrik", die hier auch beispielhaft in Vertretung anderer ähnlicher Werke des lateinischen Hochmittelalters genannt sei, wird noch auf die mystische Dichtung des Barocks (namentlich Quirinus Kuhlmann) wirken.

Wesentlich verbreiteter als Bernhards eigene liturgische Lyrik waren lateinische Hymnen und Prosatexte „im Geiste Bernhards" (und diesem oft irrtümlich zugeschrieben), die die Minne und die Passion in sehnsüchtigen Formulierungen umkreisen. Bernhard zugeschrieben wurde u. a. etwa eine *Oratio rhytmica ad membra Cruxifixi*[247], die die Verehrung des kostbaren Blutes und der einzelnen Gliedmaßen des Gekreuzigten gefördert haben muß, beides Devotionen, die zahlreiche spätmittelalterliche MystikerInnen in ihre religiöse Erlebniswelt verwoben. In quasi bernardischem Ton schrieb z. B. der Abt EKBERT (EGBERT) VON SCHÖNAU OSB († 1184)[248], der Bruder der hl. Elisabeth, u. a. einen *Liebesstachel, Meditationen* und einen *Gruß an die Kindheit unseres Erlösers.* Der überaus gefühlvolle Ton, der hier herrscht, sollte bis in das achtzehnte Jahrhundert hinein für die poetische Christusmystik kennzeichnend bleiben. An Jesus wendet sich Ekbert etwa mit folgenden Worten: „Ersehnter meines Herzens! Wie lange soll ich Dein Fernbleiben noch erleiden? Wieviel Zeit das Warten auf Dein Antlitz ertragen? Liebenswerter Herr, in welchem Bett ruhst Du unter Deinen Geliebten? Der Duft Deiner Süße kam aus der Ferne zu mir ..."[249] Ekbert bittet auch um die Imitatio Christi: „Lege meinen Schultern dieses (Dein) göttlichstes Kreuz auf ... Bekleide Deinen Diener mit der gesamten Gestalt Deiner Passion!"[250] Ein Beispiel beginnender Marienmystik ist sein Prosagebet zur Himmelfahrt Mariae (ein Thema, über das seine Schwester ausführliche Offenbarungen erhalten hatte).

„Deine lobenswerte Jungfräulichkeit, durch die Du Himmel und Erde vor allem anderen schmückst, liebe ich mit allem Gefühl. Dich liebe mein Herz, es liebe Dich all mein Inneres, Dich lobpreise meine Seele im Freudenton! Laß mich, ewige Jungfrau, den süßen Geschmack kosten, mit dem Dich die göttliche Weisheit trunken machte! Laß in mir einen kleinen Funken jener göttlichsten und heiligsten Glut entbrennen, die Du hattest, als Du in Deinem Schoße den Schöpfer der Zeiten trugst, Du unauslöschliche Glut der Dich Liebenden, Du unstillbare Sehnsucht der Dich Suchenden! Stärke mich doch nur ein wenig mit jener allersüßesten

---

[247] W. Jacobi, Die Stigmatisierten, München 1923, 19 f.
[248] P. Dinzelbacher, Ekbert: LexMA 3, s. v.
[249] Ed. Roth (wie u. S. 150, Anm. 330) 278, gekürzt.
[250] Ebd. 301.

Süßigkeit, durch die Deine glückliche, köstliche Seele gestärkt ward, als sie mit
Freude in die Vollkommenheit der Heiligen aufgenommen wurde ...“[251]

Man darf hier wohl von Marienmystik sprechen, da es Ekbert darum geht,
der Empfindungen der Mutter Gottes im Fühlen teilhaftig zu werden. An sie
wendet er sich in derselben emotionellen Sprache, die sonst seine Christusminne beherrscht. Es kann dieser Benediktiner nur ein Vertreter der reichen
mystischen Dichtung zisterziensischer Prägung genannt werden.

Ein anderes Beispiel für diese in Latein geschriebene mystische Lyrik, der
ähnliche Werke in den Volkssprachen folgen werden[252], bietet die Betrachtung der Seitenwunde Christi aus der Feder des Zisterziensers ARNULF VON
LEUVEN, Abt von Viller in Brabant († 1250)[253]. Sie stellt eine lyrische Analogie zu Erlebnissen dar, wie sie gleichzeitig Lutgard von Tongeren beschrieb[254].
Der Betende befindet sich in derselben Situation wie die Visionärin; er spricht
die Speerwunde des Erlösers direkt an:

> „te, dulce vulnus, aperi!
> Plaga rubens, aperire,
> fac cor meum te sentiere,
> sine me in te transiere,
> vellem totus introire,
> pulsanti pande pauperi.
> Ore meo te attingo,
> in te meum cor intingo,
> te ardenter ad me stringo
> et arenti corde lingo:
> me totum in te traice!
> O quam dulcis sapor iste!
> Qui te gustat, Iesu Christe,
> tuo victus a dulcore
> mori posset prae amore
> te unum amans unice ...“[255]

> Süße Wunde, öffne dich.
> Rotes Wundmal, öffne dich,
> laß mein Herz dich fühlen,
> mich in dich vergehen,
> ganz in dich hinein.
> Öffne dem Armen, der anklopft.
> Mit meinem Munde rühre ich an dich,
> in dich tauche ich mein Herz ein,
> dich ziehe ich glühend an mich
> und lecke an dir mit ausgedörrtem Herzen:
> Ziehe mich ganz in dich!

---

[251] Ebd. 328.
[252] Vgl. u. S. 419 ff.
[253] F. Brunhölzl, Arnulf v. Löwen: LexMA 1, 1020.
[254] Vgl. u. S. 218, 220.
[255] P. Klopsch (Hg.), Lateinische Lyrik des Mittelalters, Stuttgart 1985, 446.

Oh wie süß ist dieser Geschmack!
Wer dich kostet, Jesus Christ,
könnte sterben vor Liebe,
überwunden von deiner Süße,
dich allein einzig liebend ...

Alle die angesprochenen Vorstellungen, das Eingehen in die Seitenwunde, das Trinken daraus, die überwältigende Süße, die Herzensvereinigung, kennen wir aus so vielen Berichten der Erlebnismystik. Man kann verstehen, wie hier offenbar eine Wechselwirkung dieser Texte und der dichterischen Inspiration bestand, die umgekehrt ihrerseits wieder ekstatisches Erleben bewirken konnte, wenn solche Texte als Meditationshilfen verwendet wurden. So ist z. B. von Christine von Stommeln belegt, daß das Anhören des genannten Hymnus *Jesu dulcis memoria* sie in die Ekstase versetzte[256].

Ein Mittel der Verbreitung der neuen Vorstellungen ist auch im Kloster neben der lateinischen die volkssprachliche Dichtung. Erstere wendet sich nur an die Gebildeten, also an Priester, Mönche und Nonnen, die andere ist auch den Laien zugänglich, hat die Möglichkeit, über die monastische Welt hinaus zu wirken.

Noch in Bernhards letzten Lebensjahren oder wenig später entsteht die älteste erhaltene mittelhochdeutsche Dichtung, die Brautmystik zum Thema hat. Wir wissen nicht, wer der Verfasser oder die Verfasserin der (nach dem die Handschrift besitzenden Kloster) *St. Trudperter Hohes Lied*[257] genannten allegorischen Auslegung des *Canticum* ist, die sich stellenweise zu konzentrierter, hymnischer Kraft der Formulierungen erhebt. Sie war jedenfalls zum Vortrag im Kloster bestimmt, um den „geistlichen Menschen" die Salbung des Heiligen Geistes vorzuführen. Nur wer schon zu dieser Elite zählt, kann angemessen über diesen Text kommunizieren: „niemen singe diz sanch âne gotes minne, wan den zirbrickit iz."[258] (man erinnert sich im weltlichen Bereich an den exklusiven Kreis der „edelen herzen", die allein Gottfrieds von Straßburg *Tristan* verstehen können). Allerdings geht diese Bibeldichtung hinter Bernhard zurück (der ihr möglicherweise, wie auch Hugo von St. Viktor und der ältere volkssprachliche, aber nicht mystische Kommentar von Williram von Ebersberg, Anregungen vermittelt hat), insofern die Identifikation der Braut des *Hohenliedes* zunächst nur über den Umweg der Identifikation mit Maria vollzogen wird: „nune sulin wir daz nith also virnemin, daz er si eine kuste unde niemen mere, si hath uns allen hulde gewunnin zo kussene." „Nun sollen wir dies nicht also verstehen, daß (Gott) (Maria) allein küßte und sonst niemanden. Sie hat uns allen die Gnade gewonnen zum

---

[256] Martin, Christine (wie u. S. 212, Anm. 309) 202.
[257] Ed. H. Menhardt, Leipzig 1934. – J. Lanczkowski, Trudperter Hohes Lied: Wörterbuch 503. – U. Küsters, Garten pass. – R. Hummel, Mystische Modelle im 12. Jahrhundert, Göppingen 1989.
[258] 7, 31 f.

Küssen."[259] Die einzelne Seele vermag sich der Gottesmutter „nachzubilden", sich in sie zu versenken und so der Liebesbeziehung zwischen der Braut Maria und dem Bräutigam, ihrem Sohn, teilhaftig zu werden. Hier klingt auch das Thema der „compassio" mit Maria an, wie auch im Gegensatz zu den älteren Texten schon auf Christi Schmerz hingewiesen wird[260]. Das *Trudperter Hohelied* greift auch eine Reihe anderer Motive der mystischen Tradition auf, z. B. das der Selbstfindung, oder jenes Konzept, das wir aus der neuplatonischen Theologie kennen[261] (verbunden mit Cant 5, 6): Die Seele, „wie Wachs" „verflüssigt" von der Hitze des Heiligen Geistes, „fließt" in ihren göttlichen Ursprung zurück[262]. Dort ist Ruhe, Ruhe in einer Ablehnung jedes Tuns, die schon auf den Quietismus vorzuweisen scheint:

> „Unsere Seele ist seine Wohnung und sein lieblicher, liebster Himmel. Da erkennen wir zuallererst seine Güte. Da umarmt ihn die Magd, das ist unsere erkennende, einsichtige Seele. Dann verstehen wir auch des Erhabenen Weisheit, nach der unsere Seele lechzt und zerfließt: da wird die Seele allein mit Gott sein. Sie flieht jede Art von Schmerzen und jede Art von Lastern und Begierden; sie flieht auch gute Arbeiten, gute Werke, selbst sogar das Gebet. Sie soll in der Stille mit Stillewerden verständig werden in der süßen, lieblichen Bewegung des Leibes und der Seele."[263]

Die Seele wird in einem Augenblick aus dem Gebet in den höchsten Himmel zu Gott hinaufgezogen[264], die Vereinigung hat durchaus erotische Konnotationen (süße Hitze, sanfte Wärme, Umarmen, Kosen ...). Die Ekstase wird wie ein Traum erlebt, sie erscheint wie eine Vorwegnahme der jenseitigen Vollendung. Doch sind es zwei konträre Normen, das Gebot mystischer Erwählung und das Gebot des geregelten, monastischen Alltags, die dabei kollidieren, so daß sozusagen nur von „Individualität auf Widerruf"[265] gesprochen werden kann, eine Individualität, die der Verfasser jedoch in das kollektive Leben der „geistlichen mennisken" zurückzubinden sucht. Denn ihren Klostergefährtinnen muß auch die mystisch begabte Nonne wieder dienlich sein: „stânt uf von deme suozzen slâfe der / contemplationis orationis lectionis / île dîn unde chum vur dur nutz diner bruodere ...[beeile dich und komm hervor zum Nutzen deiner Brüder]"[266] Neben dem Affektiven in der Unio hat auch der Wille als Ort der Gottesbegegnung sowie das Intellektuelle, das Erkennen, hohen Stellenwert in diesem Text. Im Verstehen der göttlichen Weisheit wird die Seele „allein mit gote"[267]: Allein – all – eins (eins

---

259 10, 30 f., übersetzt von Bertau, Literatur 1, 489.
260 Zingel, Passion 22 ff.
261 Vgl. o. S. 37.
262 72, 16 ff.; 13, 12 ff.
263 18, 7 ff., übersetzt von Lanczkowski, Erhebe 40, gekürzt.
264 118, 4 ff.
265 Küsters, Garten 285, 324 ff.
266 32, 13 ff.
267 18, 27.

werden) und allein (Vereinzelung im mystischen Erleben)[268]. „sô wirt der menniske denne ainez mit got in der sapientia"[269]. Anders als in der sonst meist christozentrischen Mystik der Epoche zeigt diese Dichtung gerade in den die Union betreffenden Passagen eher trinitarische Ausrichtung.[270]

Das *Trudperter Hohelied* ist besonders im Raum der Hirsauer Reform abgeschrieben und gelegentlich auch für andere mittelhochdeutsche Predigten über das „minnen buoch"[271], das *Hohelied,* verwendet worden.

Schließen wir diesen kurzen Abschnitt über mystische Dichtung mit einem Hinweis auf Johannes (von) Howden (Hoveden, † 1275)[272], Hofkaplan der englischen Königin, der ein umfangreiches Oeuvre lateinischer Dichtungen teilweise mystischer Prägung verfaßte. In ihm verbinden sich empfindungsstarke Devotion mit auch naturwissenschaftlich interessierter Bildung. Sein Meisterwerk ist die christologische *Philomena,* von der er auch eine Kontrafaktur in anglonormannischem Französisch schrieb; das zentrales Thema dieser Meditation ist die Liebe des Herrn. Das auch Bonaventura zugeschriebene Werk (wie ein gleichnamiges von Johannes Pecham, † 1292), das später ins Mittelenglische übertragen wurde, fand u. a. in Richard Rolle[273] einen begeisterten Leser.

Kartäuser

Neben den Zisterziensern sollten noch weitere Mönchsgemeinschaften des hohen Mittelalters für die Geschichte der Mystik wichtig werden, die Kartäuser, die Prämonstratenser und die Viktoriner.

Noch strenger als der benediktinische Reformzweig von Cîteaux suchten die Anhänger des hl. Bruno von Köln (ca. 1030–1101) eremitische Kontemplation zu verwirklichen. Bruno hatte sich nach vielen Enttäuschungen als Kanzler des Erzbistums Reims zu Robert von Molême, dem Gründer der Zisterzienser, in die Einsamkeit zurückgezogen. In den achtziger Jahren siedelte er sich mit Freunden in der „Wüstenei" der Chartreuse im Bistum Grenoble an, folgte dann dem Ruf Papst Urbans II. nach Italien, um später nach Kalabrien auszuwandern. Seine Gründungen sollten Bestand haben und sich zu einem Orden entwickeln, in dem die kontemplative Zurückgezogenheit besonderen Stellenwert hatte: die Kartäuser[274] lebten (und leben) anders

---

[268] Küsters, Garten 280.

[269] 5, 20 f.

[270] R. Wisniewski, Die unio mystica im ‚St. Trudperter Hohen Lied': Schmidtke, erkennusse 28–43.

[271] Georgenberger Prediger 489.

[272] Raby, Poetry 389 ff.

[273] Vgl. u. S. 358, 360.

[274] P. Nissen, Kartäusermystik: Wörterbuch 297–300. – E. Mikkers, Zisterzienser und Kartäuser: Analecta Cartusiana 35/2, 1983, 52–73. – DS 2, s. v. Chartreux.

als die meisten übrigen katholischen Mönche nicht gemeinsam, sondern jeder für sich in der Einsamkeit seines kleinen, am Kreuzgang gelegenen Häuschens. Nur ein Teil der Liturgie wird in Gemeinschaft gefeiert, nur an Sonn- und Feiertagen speist man zusammen. Man kann diese Lebensform des Rückzugs aus dem Zönobitentum als Symptom der hochmittelalterlichen „Entdeckung des Individuums" interpretieren. Der Leitspruch, „Soli Deo", „Nur für Gott", dazusein, verweist freilich auf das Ziel der ungestörten Zweisamkeit des Menschen mit seinem Schöpfer. Die Kartäuser verfolgten als primäres Ziel die Selbstheiligung, angestrebt durch Askese, strenges Schweigen und Kontemplation. Die Ausgrenzungsbedürfnisse der Mönche aus der Welt waren so intensiv, daß man Arme etwa nicht selbst herbergte (wie es die auch für die Kartäuser maßgebliche *Benediktusregel* vorschrieb), sondern regelmäßig wegschickte. Nur durch ihre Traktate und die Tätigkeit als Abschreiber wirkten die Kartäuser (vor allem im späten Mittelalter) nach außen.

Die *Meditationes* des Priors GUIGO I. (1083–1136)[275], in vielen ihrer Aussagen über Selbsterkenntnis und Liebe nicht unähnlich Gedanken Bernhards, sind ein zeittypisches Beispiel einer Ordensspiritualität, die spezifisch als Vorbereitung für Mystik wirken konnte: „die Lebensführung des Mönches soll auf die Einsamkeit als Ort personeller Gottesbegegnung konzentriert sein. Der Kartäuser muß jede ihn von der göttlichen Liebe ablenkende Anregung ausschließen. In der Stille und Einsamkeit des Einsiedlerlebens kann er die Einigung mit dem in der Wüste betenden Christus erfahren."[276]

Guigo verweist dabei auch auf die Wüstenväter[277] und die Vorbildlichkeit ihrer kontemplativen Ekstasen, ihrer Tränengabe usw.[278] Einer seiner Hauptgedanken ist: Der Rückzug aus der Welt verleiht Autorität, in diese, jedoch nur durch Rat und Beeinflussung, einzugreifen. Dies entspricht der „bina dilectio", der zweifachen Liebe zu Gott und dem Nächsten, am besten. Allerdings meint Guigo mit Meditation noch primär das traditionelle Bedenken des heiligen Wortes der Bibel, nicht etwa die bildhafte Vergegenwärtigung der Passion. Analogien zu Bernhard von Clairvaux fallen mehrfach auf, z. B. in der Seelenlehre, der Intentionalethik, der Auffassung von Liebe als Belohnung ihrer selbst, der Ablehnung von Pilgerfahrten für Mönche etc. Freilich liegt dies in der gemeinsamen Augustinus- und Gregor-Rezeption begründet, nicht in direktem Kontakt.

Prior GUIGO II. († um 1190)[279] verfaßte in gefühlsbetontem Latein und mit vielen Metaphern aus dem gustativen Bereich (neben Meditationen) die in

---

[275] G. Mursell, The Theology of the Carthusian Life in the Writings of St. Bruno and Guigo I, Salzburg 1988.
[276] P. Nissen, Guigo I.: Wörterbuch 210.
[277] Vgl. o. S. 57 f.
[278] Cons. 80, 11.
[279] P. Nissen, Guigo II.: Wörterbuch 210 f. – Tugwell, Ways 93–124.

den Handschriften oft Augustinus oder Bernhard zugeschriebene *Mönchs*-oder *Paradiesesleiter,* eine neue Variation über ein Thema, das schon in der *Benediktusregel* angeklungen und bei Johannes Scholastikos[280] ausführlich behandelt worden war. In diesen Stufen als aufeinanderfolgenden Schritten geistlichen Lebens – Lesung, Meditation, Gebet und Kontemplation – darf ein Vorläufer des methodischen Gebetes bzw. der geistlichen Exerzitien gesehen werden. Damit ruft die Seele geradezu den Bräutigam herbei und fleht um einen Tropfen himmlischen Regens, um den dürstenden Gaumen zu erfrischen: „Ich, oh Herr, verbrenne vor Liebe."[281] Der Höhepunkt der Kontemplation, der sich durch Tränen ankündigt, ist eine nüchterne, unsinnliche Trunkenheit, ein Vorkosten der Süße der Ewigkeit.

Die später in diesem Orden besonders gepflegte eschatologische Meditation über das Gericht und die Jenseitsreiche scheint im Hochmittelalter noch keine größere Rolle gespielt zu haben.

Prämonstratenser

Noch im zwölften Jahrhundert gibt es eine ganze Reihe anderer Homines religiosi, die wenig Einfluß gehabt haben, aber in deren Leben und Schriften doch Mystik präsent ist – ab dem dreizehnten Jahrhundert wird ihre Zahl dann unüberschaubar. Erwähnt seien beispielsweise zwei Schriftsteller aus dem Prämonstratenserorden (ein 1121 begründeter Zweig der Regularkanoniker): Philipp von Harvengt (von Bonne-Espérance, ca. 1100–1183), der bereits das von der Liebe verwundete Herz Jesu beschreibt, aus dem Gnade und Süße hervorströmen[282], und sein Ordensbruder HERMANN JOSEPH VON STEINFELD (ca. 1155–1241/52, hl.)[283]. Er ist der vielleicht hervorragendste Vertreter der mittelalterlichen Marienmystik, die sich „als Frauendienst, als Mutterschaftsmystik und als Brautmystik"[284] manifestiert: mit der Jungfrau wird er visionär durch einen Engel vermählt, sie erscheint ihm immer wieder, sie zeigt ihm ihre Eifersucht, wenn er sich einmal an andere Heilige wendet. Er schreibt einen (verlorenen) mariologischen Kommentar zum *Hohenlied* und Marien-Hymnen. Ekstasen, Erscheinungen, Weissagungen prägen seine Spiritualität, die viele Analogien zu der der gleichzeitigen Mystikerinnen aufweist. Da Hermann in der Frauenseelsorge tätig war, sind Anregungen nicht ausgeschlossen. So spielt auch er mit dem kleinen Jesusknaben, verehrt auch er die Eucharistie innigst – was ihm als Priester natür-

---

[280] Vgl. oben S. 74.
[281] Scala 4, SC 163, 86.
[282] Cant. 21, PL 203, 386 f.
[283] J.-B. Valkvekens, Hermann-Joseph: DS 7, 308–311. – Ders., Ermanno Giuseppe: BS 5, 25–28. – K. Koch, E. Hegel, Die Vita des Prämonstratensers Hermann Joseph von Steinfeld, Köln 1958. – Petit, spiritualité 102–115.
[284] Koch, Hegel 85.

lich noch leichter fiel. Um jede Partikel davon zu bewahren, hob er seine ab-
geschnittenen Fingernägel und Schnurrbarthaare auf, die mit dem Sakrament
in Berührung gekommen waren[285]. Seine Süßigkeitserlebnisse liegen besonders im olfaktorischen Bereich. Die Betrachtung des Sternenhimmels läßt ihn
in Ekstase fallen, ebenso die Meßfeier, die sich zum Mißvergnügen seiner Mitbrüder stundenlang hinzieht.

Ob auch der schöne Herz-Jesu-Hymnus[286] *Summi regis cor, aveto* von ihm
stammt, ist umstritten; es sei aber daraus als Beispiel von Herz-Jesu-Mystik
am Anfang des Spätmittelalters zitiert[287]:

> „Per medullam cordis mei
> Peccatoris atque rei
> Tuus amor transferatur
> Quo potenter vulneratur,
> quicunque te complectitur."

> Durch das Innerste meines – eines Sünders und Angeklagten – Herzens soll dei-
> ne Liebe hindurchdringen, von der heftig verwundet wird, wer immer dich um-
> fängt.

Das traditionelle Thema ist hier umgekehrt: das Herz des Mystikers ist es,
das seinerseits vom liebesdurchbohrten Herzen Jesu verwundet wird. Das
„süße Herz", die „Herzensrose" Christi – in der zeitgenössischen Kunst
verbildlicht in der „Blutrose" um die Seitenwunde der Christusfigur von
Kruzifixen und Vesperbildern – wird so angesprochen (was hier in der Dichtung als Wunsch formuliert ist – wie viele Mystikerinnen haben es nicht in
der Vision in Erleben umgesetzt!):

> „Dilatare, aperire,
> Tamquam rosa fragrans mire,
> Cordi meo te coniunge
> Unge illud et compunge;
> Qui amat te, quid patitur?"
> „Tu tuorum iam dulcedo,
> Ego totum tibi me do,
> Totus in te introire
> Volo, noli contraire,
> Cor tuum me suscipiat."

> Weite, öffne dich wie eine wunderbar duftende Rose! Verbinde dich meinem
> Herzen; salbe und durchbohre es! Wer dich liebt, was muß der leiden!
> Du Süße schon [jetzt] der Deinen, ich gebe mich dir ganz, ganz will ich in dich
> eingehen – widerstrebe nicht. Dein Herz nehme mich [in sich] auf!

---

[285] Ebd. 61.
[286] Richstätter, Herz-Jesu-Verehrung 40 ff.
[287] Schreiber, Passionsmystik 36 ff.

Viktoriner

Sowohl bei den frühen Zisterziensern als auch den frühen Kartäusern kam der gefühlsintensiven, liebevollen Betrachtung große Bedeutung zu. Die Gottesliebe nimmt auch in den Schriften einer weiteren geistlichen Schule einen hervorragenden Platz ein, nämlich bei den Augustiner-Chorherrn von St. Viktor bei Paris, die ihre Gründung übrigens ebenfalls einem guten Freund Bernhards, vielleicht seinem Lebensretter, dem Bischof Wilhelm von Champeaux (1070–1120), verdanken. Doch ist die mystische Theologie der Viktoriner deutlich stärker auf intellektualistische Reflexion eingestellt, weniger affektbezogen als die zisterziensische. Sie steht auch näher dem frühscholastischen Denken, wie es in den neuen Universitäten geübt wurde. Begriffliche Klarheit, Definitionen, Systematisierungen sind Kennzeichen dieser theoretischen Mystik. Hugo von St. Viktor[288] (ca. 1098–1141), seit 1127 an der neuen Schule, ihr Meister in institutionellem und intellektuellem Sinn, ist wohl vor allem als Lehrer, Logiker und Bibelkommentator bekannt. Nach einer neuen Hypothese[289] soll er die von platonisch/dionysischer Lichtmystik zeugende Konzeption der Abteikirche von St. Denis für den dortigen Abt Suger geschaffen haben, jener Kirche, die immer wieder als Beginn der Gotik bezeichnet worden ist, da in ihr die Auflösung der Mauern durch farbige Glasfenster einen neuen, diaphanen Raumeindruck hervorruft, Sinnbild des auf Erden herabgestiegenen Jerusalems. In Hugos Konvent war jedenfalls philosophisches und theologisches Wissen mit mystischem Erfahren nicht unvereinbar, letzteres nicht ohne Beeinflussung durch Bernhard. Die „zisterziensische" Introspektion hat Hugo prägnant formuliert: „Komm herein, näher herein, und ganz tief herein, über dich zu mir!" „Veni intus, interius, et plane interinsecus supra te ad me!"[290] Er spricht mit seiner eigenen Seele[291], betont die innere Schau des inneren Auges.

Hugo legte neben seinen zahlreichen didaktischen Schriften auch einen Kommentar zur *Himmlischen Hierarchie* des in Paris hochverehrten Pseudo-Dionysius vor, in dem er über Brautmystik schreibt. So auch in dem außerordentlich weit verbreiteten Traktat *Selbstgespräch vom Kaufpreis (arrah) der Seele*: die Seele muß sich selbst übersteigen und verändert werden, nur die Liebe übersteigt das Verstehen. Die Seele will aber auch als einzige, „singularis", geliebt werden – was hier in einem mystographischen Text formuliert wird, werden später etwa Angela von Foligno und Margery Kempe konkret als Liebeseifersucht erfahren[292]. „Durch Glauben allein kann niemand Gott gefallen, es sei denn, die Liebe ist damit verbunden!"[293] Man kann schwer-

---

[288] J. Lanczkowski, Hugo von St. Viktor: Wörterbuch 240 f. – R. Baron: DS 7, s. v. Hugues.
[289] C. Rudolph, Artistic Change at St-Denis, Princeton 1990.
[290] De amore sponsi, PL 176, 990 B.
[291] Soliloquium de arrah animae.
[292] Vgl. u. S. 249, 400.
[293] De sacr. leg. dial., PL 176, 35 D.

lich denken, daß folgende Worte ohne eigenes Erleben geschrieben sein sollten:

> „Was aber soll ich nun denken von jener süßen Lust, die im Gedenken an Ihn
> mich oftmals berührt und die mich so stark und wonnig ergreift, daß ich mich
> gänzlich wie ein anderer fühle und, ich weiß nicht wohin, entrückt bin? Es jubelt
> mir das Gemüt, der Verstand wird hell, das Herz entzündet von wonniger Sehn-
> sucht; ich umarme etwas in liebendem Herzen und weiß doch nicht was – und
> will es immer behalten und niemals verlieren! ... Ja, Er ist es, dein Geliebter, der
> zu dir kommt! Doch unsichtbar kommt Er, kommt verborgen, kommt unerfaß-
> lich. Er kommt, dich zu berühren, nicht sich sehen zu lassen von dir, um sich
> kosten zu lassen, nicht um die Sehnsucht zu stillen. Aber ein kostbares Pfand der
> Verlobung ist es, daß Er, der in der künftigen Welt sich dir geben wird, schon jetzt
> gelegentlich sich zu kosten gibt, auf daß du erkennest, wie süß Er sei!"[294]

In der späteren philosophischen Mystik sollte namentlich die Unterscheidung
Hugos von „cogitatio" (Denken), „meditatio" (Meditieren) und „contemplatio" (Betrachten) und wieder von „meditatio", „speculatio" (Beschauen) und
„contemplatio" rezipiert werden: Wie die Flamme, von der noch Rauch aufsteigt, ist die in der Meditation Rat suchende Seele, wie die Flamme ohne
Rauch die gereinigte, schauende Seele, wie das reine Feuer ohne Flamme und
Rauch die zur vollkommenen Liebe gelangte Seele[295]. Der „oculus contemplationis", das seelische Auge der Betrachtung, ist zwar durch die Sünde verdun-
kelt, kann aber kraft der Gnade zur Kontemplation Gottes aufblicken. Dabei sind Stufen des religiösen Verhaltens wie die Meditation oder die Betrachtung eingebunden in den Überbegriff des Gebets. Wichtig wurde auch die
Betonung des Glaubens als Willensakt von seiten Hugos. Die Werke des
Viktoriners sind besonders in den süddeutschen Reformklöstern reich überliefert; Bonaventuras *Soliloquium* zeigt sich seiner *Arrah* verpflichtet, wie
auch Dionysius der Kartäuser. Die Pseudo-Dionysius-Auslegung fand in der
deutschen Mystik Beachtung.

Hugos berühmtester Schüler war der jung in St. Viktor eingetretene RI-
CHARD († 1173)[296], einer der Verteidiger des flüchtenden Thomas Beckett.
Unter seinen zahlreichen Werken ragen hervor der *Benjamin maior* und *mi-
nor,* die den Weg der zu Gott aufsteigenden Seele beschreiben. Zwei Arten
der Kontemplation werden unter dem Bild alttestamentlicher Antitypen (Personen, Noes Arche) verstanden: über der Vernunft, aber nicht außerhalb von
ihr, und über und außerhalb der Vernunft. Triebkraft des Sehnens nach
Gottesbetrachtung ist die Liebe, wie Richard auch in seinem *Traktat von den
vier Graden leidenschaftlicher Liebe* darlegt. In bezug auf Gott unterscheidet der Viktoriner 1) die reinigende, erweckende Liebe, 2) die zum dritten

---

[294] De arrah, PL 176, 970, übersetzt von Karrer, Textgeschichte 1, 377 f., gekürzt und leicht
geändert.
[295] De sacr. 2, 13, 11.
[296] J. Lanczkowski, Richard v. St. Viktor: Wörterbuch 437 f. – J. Châtillon, Richard: DS 13, s. v.

Himmel der Kontemplation geleitende bindende Liebe, 3) die mit dem göttlichen Willen vereinigende Liebe und 4) die zu vollkommener Gottes- und Menschenliebe führende Liebe, die die Seele Christus angleicht.

Richards Werk über die Dreifaltigkeit zeigt schön, wie weit das Thema „Liebe" nun auch das theologische Denken prägen konnte – ganz im Gegensatz zum Frühmittelalter und in Parallele zur gleichzeitigen weltlichen Literatur. Richard reflektiert hier über die Beziehungen der drei göttlichen Personen zueinander. Da es keinen höheren Wert gibt als die Liebe, ist die Liebe in der ersten Person die höchste und freiwillige, in der zweiten die höchste und geschuldete, in der dritten einerseits geschuldet, andererseits frei. Der Vater allein könnte nicht Liebe geben, wenn er kein empfangendes Objekt für seine Liebe hätte, dies ist der Sohn, der widerliebt. Aus ihnen beiden geht, nur empfangend, der Geist hervor[297].

Richard wurde von vielen der späteren Mystiker gelesen, besonders (auch in der Neuzeit) von den Franziskanern, aber auch von der Begine Hadewijch, dem Kartäuser Guigo de Ponte, dem Autor der englischen *Wolke des Nichtwissens,* und noch Lallemant und Fénélon haben sich mit ihm beschäftigt.

Es sei erlaubt, hier noch einen englischen Augustiner zu erwähnen, Alexander Neckam (Nequam, 1157–1217)[298]. Bekannt geworden ist er zwar durch seine Gedichte und sein naturwissenschaftliches Werk, doch verfaßte er auch Meditationen im affektiven Stil Anselms und Aelreds sowie einen Kommentar zum *Hohenlied.* In seinen Betrachtungen verfolgt Alexander wie letzterer die so zukunftsreiche Methode, sich die Geschehnisse der Heilsgeschichte mit allem Detailrealismus graphisch vor Augen zu stellen[299]. Ihm sollten darin andere Autoren folgen wie der Erzbischof von Canterbury Edmund Rich von Abingdon (um 1170–1240, hl.) mit seinem gemäß der kanonischen Horen organisierten *Kirchenspiegel* oder der Zisterzienser Stephan von Sawley († 1252) mit seinem *Novizenspiegel,* der die imaginierten Bilder dazu benutzt, Emotionen bis zur Gotteseinung zu erwecken[300]. Auch die selbstkritischen *Meditationes* des Augustinerpriors Alexander von Ashby (Anfang des 13. Jh.) gehen in dieselbe Richtung, besonders in der Betrachtung der Kindheit und des Leidens des Erlösers[301]. Somit existiert durchaus eine wenn auch kaum bekannte Vorgeschichte der von Bonaventura und Pseudo-Bonaventura endgültig verbreiteten Meditationsmethode.

---

[297] Trin. 5, 19.
[298] R. Düchting, Alexander 27: LexMA 1, 378 f.
[299] Bestul, Writing 17.
[300] Ebd. 17 ff. – C. Lawrence, Edmond: DS 4, 293–295. – M. Standaert, Étienne de Sallay: DS 1521–1524.
[301] Ed. Th. Bestul, The Meditationes of Alexander of Ashby: Medieval Studies 52, 1990, 24–81.

Benediktinerinnen

War „die Mystik schlechthin" auch ein Phänomen, das sich primär in den neuen Orden mit ihrer neuen Sensibilität für Introspektion, Affekt und analytischem Denken entwickelte, so brachte der bis zur hochmittelalterlichen Reformbewegung (wenigstens seit der Karolingerzeit) einzige Mönchsorden, der des hl. Benedikt, im zwölften Jahrhundert doch gerade zwei große Gestalten jenes Zweiges der mittelalterlichen Mystik hervor, der jedenfalls im Erfahrungsbereich die weiteren Jahrhunderte beherrschen sollte: am Beginn der Frauenmystik nämlich stehen zwei Benediktinerinnen. Oder so scheint es wenigstens in der retrospektiven Betrachtung der Geschichte. Denn dürfen Hildegard von Bingen und Elisabeth von Schönau als Mystikerinnen gelten? Weder Hildegard noch Elisabeth kannte schon die dann seit dem dreizehnten Jahrhundert bis in die Gegenwart die Frauenmystik so bestimmende Passions- und Liebesthematik mehr als in fernen Ansätzen, von keiner der beiden wird ein Unionserlebnis berichtet, und keine hat auf die weitere Erlebnismystik besondere Nachwirkungen gehabt. Gewiß gibt es, mehr bei Elisabeth, einige Anklänge, aber es ist eher der Zwang der Tradition, dem wir uns unterordnen, wenn wir diese beiden Frauen in eine Geschichte der „cognitio experimentalis Dei" aufnehmen. Denn die mystische Gotteskenntnis beschränkt sich nach unserem Verständnis des Terminus[302] nicht auf Visionen und Erscheinungen, in denen der Herr sich sozusagen „von außen" manifestiert, sondern geht ja vom inneren Geistes- und Gefühlerlebnis der einenden Gottesbegegnung aus.

HILDEGARD VON BINGEN (1098–1179, hl.)[303] kannte fast nur das klösterliche Leben: mit sieben oder acht Jahren war sie auf den Disibodenberg an der Nahe zu einer Einsiedlerin gebracht worden, eine Oblation, die Abgabe eines lebenden „Zehnten", wie sie so vielen Kindern des mittelalterlichen Adels ungefragt widerfuhr. Und Hildegard war das zehnte Kind einer edelfreien Familie. Mit etwa fünfzehn Jahren legte sie die Profeß nach der Benediktusregel ab, mit achtunddreißig wurde sie zur Meisterin des inzwischen aus der Klause entstandenen Konvents auf dem Disibodenberg gewählt.

Bis dahin war Hildegards visionäre Begabung nahezu unbekannt geblieben:

„Die Kraft und das Mysterium verborgener, wunderbarer Gesichte erfuhr ich geheimnisvoll in meinem Innern seit meinem Kindesalter, d. h. seit meinem fünf-

---

[302] Vgl. o. S. 9 ff.

[303] Für Hildegard und die anderen deutschen Mystikerinnen verweise ich ein für allemal auf die Bibliographie von Lewis (vgl. u. S. 443).
Dinzelbacher, Frauenmystik 251–284. – J. Lanczkowski, Hildegard: Wörterbuch 230–232. – Beer, Experience 15–55. – P. Dronke, Women Writers of the Middle Ages, Cambridge 1984, 144–201. – M. Schrader, Hildegarde: DS 7, 505–521. – A. Waegeman, De middeleeuwse sibylle: L. Milis c. a., De heidense middeleeuwen, Turnhout 1992, 91–142.

ten Lebensjahr, so wie auch heute noch. Doch tat ich es keinem Menschen kund, außer einigen wenigen. Ich deckte alles mit Schweigen zu ..."[304]

1141 aber, in ihrem dreiundvierzigsten Jahr,

> „kam ein feuriges Licht mit Blitzesleuchten vom offenen Himmel hernieder. Es durchströmte mein Gehirn und durchglühte mir Herz und Brust gleich einer Flamme, die jedoch nicht brannte, sondern wärmte. Nun erschloß sich mir plötzlich der Sinn der Schriften, des Psalters, des Evangeliums und der übrigen katholischen Bücher des Alten und Neuen Testamentes."

Damit verbunden war Hildegards Berufung zur Prophetin:

> „Ich sah einen sehr großen Glanz. Eine himmlische Stimme erscholl daraus. Sie sprach zu mir: ‚Gebrechlicher Mensch, Asche von Asche, Moder von Moder, sage und schreibe, was du siehst und hörst!'"[305]

Hildegards Zögern ob dem Gerede der Welt bestraft der Herr mit Krankheit, erst als sie sich seinem Auftrag beugt, kehrt ihr die Gesundheit wieder.

Seit diesem Zeitpunkt beginnt die Nonne mit vollkommen unerschütterlichem Sendungsbewußtsein, unbeschadet ihrer zahlreichen Erkrankungen, ihre Gesichte den Großen in Kirche und Welt vorzutragen. Nach Überwindung einiger Widerstände gründet sie das Kloster am Bingener Rupertsberg, das sie 1150 mit achtzehn Nonnen beziehen konnnte. Der Berg wird zum Wallfahrtsort, der sogar Juden anzieht, die bei der Äbtissin Rat erbitten; Hildegard wird nicht nur wie ein antikes Orakel befragt, sie reitet sogar selbst durch das ganze Reich, um ihre Botschaft zu verbreiten. Dies freilich nicht ohne Zustimmung der kirchlichen Hierarchie: zuerst lasen Hildegards Beichtvater Volmar und der Abt Kuno ihre Schriften, dann Erzbischof Heinrich von Mainz. Als Papst Eugen III. 1147 in Begleitung Bernhards von Clairvaux nach Trier kam, hielt man es

> „für gut, die Angelegenheit Hildegards dem Papst zu unterbreiten, um durch seine Autorität zu erfahren, was anzunehmen und was zu verwerfen sei. Der Papst hörte mit großer Ehrfurcht und voller Staunen diese Neuigkeit, und da er wußte, daß bei Gott alles möglich ist, beschloß er, der Sache genau auf den Grund zu gehen."[306]

Die Prüfung kam zu einem positiven Ergebnis, und Eugen selbst las der versammelten Geistlichkeit Teile des *Scivias* vor. Angeblich soll sich Bernhard, von dem es einen zwar zustimmenden, aber leicht distanzierten Brief an Hildegard gibt, besonders für die päpstliche Bestätigung eingesetzt haben[307]. Er antwortet in seinem Schreiben der Seherin knapp auf ihre in ungewöhnlich demütigem Stil gehaltene Zeilen an ihn („den Adler, der die Sonne

---

[304] Sciv. Prol., übersetzt von M. Böckeler, Wisse die Wege, Salzburg [7]1981, 89. Vgl. Gottfried u. Theoderich, Vita Hildegardis 2, 2.
[305] Ebd.
[306] Vita 1, 4, übersetzt von A. Führkötter, Salzburg [2]1980, 57.
[307] Ebd.

Abb. 8 Hildegard, überstömt vom „feurigen Licht", empfängt die Offenbarung des *Liber Scivias*, die sie mit dem Griffel auf der Wachstafel aufzeichnet. Gegenüber ihr Sekretär Volmar. Die Darstellung entstand unter Leitung der Seherin selbst.

Rupertsberger Hildegard Kodex, *Scivias*, Prol.: Hs 1, um 1165 (erhalten nur in Kopie von 1927/ 33), Landesbibliothek, Wiesbaden.

schaut") und warnt sie vor allem vor Stolz. „Und wo es ohnehin schon innere Belehrung und lehrende Salbung [des Hl. Geistes] über alles gibt, was können wir da noch lehren oder mahnen?"[308] Jedenfalls hat Hildegard (oder ihre Mitschwestern nach ihrem Tode) es für nötig gehalten, noch einige freundliche Sätze in den Brief des Abtes hineinzufälschen[309].

Wie dem auch immer, seit der Anerkennung ihrer Sehergabe durch die höchste kirchliche Autorität auf Erden war Hildegard erlaubt, was keiner Benediktinerin sonst erlaubt war: sie konnte ohne Kritik die „stabilitas loci", die gelobte Ortsbeständigkeit innerhalb der Klausur ihres Klosters, übergehen und durch ganz Deutschland reisen, mehr noch, sie konnte den von der ausschließlich männlichen Hierarchie der Catholica stets genauestens kontrollierten Befehl des hl. Paulus: „In der Kirche schweige die Frau"[310] übergehen und öffentlich predigen. Und das in einer Zeit, wo die Predigt durch Frauen als sicheres Zeichen der Zugehörigkeit zu einer Ketzersekte galt![311] Um 1160 zog Hildegard über Mainz und Würzburg bis Bamberg, kam nach Trier und Metz, ein paar Jahre später nach Köln, Werden und vielleicht Lüttich. 1170/71 predigt sie in den schwäbischen Klöstern Maulbronn, Hirsau, Zwiefalten.

Hildegard war eine Frau von beeindruckender Willensstärke, die u. a. die Verlegung ihres Klosters auf den Rupertsberg gegen den Willen ihres Abtes durchsetzte, oder bei anderer Gelegenheit lieber die Gefahr der Exkommunikation auf sich nahm, ehe nachzugeben. Im Streit darum, ob sie eine ihr besonders teure Nonne verlassen durfte, um anderswo Äbtissin zu werden, wird ganz klar: „doing God's will and doing her will are seen as identical."[312] Hildegard beruft sich dabei natürlich nie auf eigene Einsicht, sondern versteht sich nur als Gottes Sprachrohr, verkündend „... nicht mit meinen Worten, sondern mit denen des wahren Lichtes, das niemals versagt"[313]. Sie ist wie eine Laute, die nicht von sich selbst aus tönt, sondern nur, wenn sie Gott berührt ..."[314]

Ihre vielfältigen Begabungen und ihre (von ihr abgestrittene) Bildung zeigen sich darin, daß sie neben ihren Visionswerken u. a. noch Hymnen (Text und Musik), ein Heiligenleben, naturwissenschaftliche Werke, ein symbolisches Schauspiel[315] verfaßte. Sogar eine Geheimsprache mit eigenen Schrift-

---

[308] Ep. 366, ed. cit. (wie o. S. 106, Anm. 62) 8, 323 f.

[309] J. Leclercq, Recueil d'études sur S. Bernard et ses écrits 4, Rom 1987, 330 f. – L. Van Acker, Der Briefwechsel der hl. Hildegard v. Bingen: Revue Bénédictine 98, 1988, 141–168; 99, 1989, 118–154, 167: „Sie hat bewußt Manipulationen, die ihren Ruhm zu vermehren beabsichtigten, genehmigt".

[310] 1Kor 14, 34; von manchen Bibelwissenschaftlern heute (nicht ohne aktuelle Apologetik) für unecht gehalten.

[311] Dinzelbacher, Frauenmystik 48 f.

[312] Dronke 156.

[313] Ep. 31 r, CCCM 91, 83.

[314] Dronke 160.

[315] A. E. Davidson (Hg.), The Ordo Virtutum of Hildegard of Bingen. Critical Studies, Kalamazoo 1992.

zeichen hat sie ersonnen[316]. Ihr (noch nicht endgültig gesichtetes) Briefcorpus[317] enthält vielleicht um die vierhundert Schreiben, meist Mitteilungen ihrer Schauungen zu bestimmten kirchenpolitischen Problemen. Darin wendet sie sich genauso an die höchsten irdischen Machthaber, den Papst, den Kaiser, an Könige und Fürsten, Erzbischöfe und Bischöfe, Äbte, Mönche und Nonnen, wie an das laikale Kirchenvolk. Mit Kaiser Friedrich Barbarossa ist auch eine persönliche Aussprache in der Pfalz Ingelheim bezeugt (später griff ihn Hildegard heftig, wenn auch ohne direkte Namensnennung, wegen der Aufstellung eines Gegenpapstes an).

Wie erfuhr Hildegard ihre Offenbarungen? Was sie selbst darüber berichtet, zeigt, daß es sich bei ihren Gesichten wohl meist um Erscheinungen handelt, die ohne Suspendierung des Wachbewußtseins und der körperlichen Funktionen geschaut werden. Darin unterscheidet sie sich von nahezu allen bekannten Mystikerinnen und Mystikern in der Geschichte des Christentums, die immer wieder von ekstatischen Schauungen berichten, bei denen der Leib in Katalepsie (Erstarrung) bzw. Trance verfällt und das normale Tagesbewußtsein aufgehoben ist. Doch gibt es bei Hildegard auch visionäres Versetztwerden:

> „Meine Seele steigt, wie Gott will, in dieser Schau bis in die Höhe des Firmaments und die verschiedenen Sphären empor und hält sich bei verschiedenen Völkern auf, obgleich sie in fernen Gegenden und Orten weit von mir entfernt sind. Ich sehe dies aber nicht mit den äußeren Augen und höre es nicht mit den äußeren Ohren, auch nehme ich es nicht mit den Gedanken meines Herzens wahr noch durch irgend eine Vermittlung meiner fünf Sinne, vielmehr einzig in meiner Seele, mit offenen Augen, so daß ich niemals die Bewußtlosigkeit einer Ekstase erleide, sondern wachend schaue ich dies bei Tag und Nacht.“[318]

Die großen prophetischen Werke, die so entstanden, sind der *Liber Scivias (Wisse die Wege!)*, eine kosmologische Deutung der Heilsgeschichte, der *Liber vitae meritorum,* das Buch von den Lebensverdiensten, das die Sittenlehre behandelt, und *De operatione Dei* oder *Liber divinorum operum,* über Gottes Wirken in den Naturgeheimnissen. Hildegard schrieb ihre Schauungen in der Regel selbst auf Wachstäfelchen und ließ den Text dann wohl nur in sprachlicher Hinsicht von einem besser lateinkundigen Vertrauten korrigieren. Es handelt sich um großartige, in der Meditation vieler Jahre durchkomponierte und systematisierte, stark allegorische Offenbarungswerke, teilweise nach Hildegards Angaben mit Illuminationen versehen, die auch ihre Farbsymbolik[319] spiegeln. Der *Liber vitae meritorum* z. B. stellt die

---

[316] J. Schnapp, Between Babel and Pentecost. Imaginary Languages in the Middle Ages: Recherches et rencontres. Publications de la Faculté des lettres de Genève 1, 1990, 175–206.
[317] CCCM 91, 1991.
[318] Vita 1, 8, übersetzt von Führkötter 64 f.
[319] R. Maisonneuve, Le symbolisme sacré des couleurs chez deux mystiques médiévales, Hildegard de Bingen et Julienne de Norwich: Les couleurs au moyen âge (Senefiance 24), Aix-en-Provence 1988, 253–272.

Figur eines Mannes in den Mittelpunkt, der vom Gipfel des Äthers bis zu den Tiefen des Abgrundes reicht: Gott in der Gestalt des Kosmos. Er dreht sich von Himmelsrichtung zu Himmelsrichtung und endlich rund um das All. In den Maßen dieses Mannes spiegelt sich der Stufenbau des Kosmos genauso wie die menschliche Heilsgeschichte. Tugenden und Laster befehden einander, die Propheten reden, Symboltiere treten auf ...

Hildegard wäre vielleicht am ehesten eine visionäre Theologin zu nennen, die noch dem älteren, vorscholastischen Symbolismus verhaftet war. So ist auch die Bezeichnung mancher ihrer Gesichte als „mystica visio"[320] im Sinne von „symbolischer Schauung" zu verstehen[321]. Theologinnen gab und durfte es damals offiziell nicht geben, und so war die visionäre Form, in der die Benediktinerin Kirche und Welt belehrte, die einzige, in der eine Frau damals Theologie öffentlich betreiben konnte. Ihr Hauptwerk hat man als „une théologie et une science de l'Église présentées à travers des tableaux" bezeichnet[322]. Dies heißt keineswegs, daß Hildegards Schauungen nicht auf tatsächliche psychische Erlebnisse in der von ihr beschriebenen Art zurückgehen; aber allein ihre eigene Mitteilung zum *Scivias:* „Nur mit Mühe brachte ich in zehn Jahren dieses Werk zustande und vollendete es"[323], verweist darauf, daß es sich nicht um eine unmittelbare Visionsaufzeichnung handelt, sondern um eine lange dauernde Bearbeitung des Geschauten (ähnlich wie später bei Julian von Norwich[324]). Obschon die Benediktinerin eine ausgesprochen eigenständige Bildwelt entwirft, lassen sich gelegentlich Quellen eruieren, die sie bewußt oder unbewußt verarbeitet hat, etwa die Visionsschrift des zweiten nachchristlichen Jahrhunderts, der *Hirt* des Hermas[325].

Charakteristisch für Hildegard ist, daß sie sich, anders als die späteren Mystikerinnen, selbst nicht in diese Schauungen einbringt: sie gibt „objektiv" wieder, was ihr der Herr zeigt und sagt. „Jede Schau beginnt mit: Ich. Aber dieses Ich ist wie eine Tür, durch die ein anderer hereintritt. Wenn Er da ist, weiß man von der Tür nichts mehr."[326] Ihr Stil versetzt den Leser immer wieder zu den alttestamentlichen Propheten zurück, er ist schwergewichtig, feierlich, er beeindruckt und drückt nieder. Denn auch Hildegard ist bedrückt von der Fülle der Gesichte:

„Wie Asche und Aschenkot bin ich vor mir im tiefen Grunde meiner Seele und wie verwehender Staub. Zitternd verweile ich im Schatten wie unter schützenden Flügeln. Vertilg mich nicht als einen Fremdling aus dem Lande der Lebendigen! Denn schwer mühe ich mich ab mit dieser Schau ..."[327]

---

[320] Van Acker 165, Anm.
[321] „Hildegard ist, genau genommen, keine Mystikerin", urteilt gegen das geläufige Schrifttum auch Schrader 519.
[322] Besse, Mystiques 190.
[323] Sciv. Prol., übersetzt von M. Böckeler, 90.
[324] Vgl. u. S. 375 ff.
[325] Dronke 161.
[326] M. Böckler, Sciv. 392.
[327] Sciv. 3, 1, übersetzt von ders., 218.

Nur ganz en passant gibt es vielleicht Ansätze zu einer Brautmystik, die aber nicht ausgeführt werden[328].

Es wirkt erstaunlich, daß das gewaltige Werk der Rupertsberger Äbtissin schnell dem Vergessen anheimfiel. Auch ihre nicht-visionären Opera, theologische, hagiographische, naturwissenschaftliche und musiktheoretische Abhandlungen, religiöse Lyrik, das ekklesiologische Singspiel, waren nicht verbreitet. Scholastisches Denken einerseits, Erlebnismystik andererseits scheinen ihre Schriften bald obsolet gemacht zu haben. Und wie so häufig verdrängte auch hier eine Anthologie das Original: um 1220 beendete der Zisterzienser Gebeno von Eberbach[329] eine Auswahl der Hildegardschen Prophezeiungen unter dem Titel *Spiegel zukünftiger Zeiten,* die weitere Verbreitung fand als die heute so berühmten Werke der „Seherin vom Rupertsberg".

Im Mittelalter wesentlich bekannter als Hildegard war jedoch ihre heute so gut wie vergessene Ordensschwester und Brieffreundin ELISABETH VON SCHÖNAU (1129–1164, hl.)[330]. Der äußere Verlauf von Elisabeths kurzem Leben läßt sich rasch skizzieren: Um 1129 wurde sie wahrscheinlich in Bonn als Tochter eines Adeligen geboren und mit etwa zwölf Jahren – ähnlich wie die junge Hildegard – zu den Benediktinerinnen nach Schönau in Nassau (südwestlich von Bonn) gegeben. Elisabeth scheint das Kloster nie wieder verlassen zu haben: nach fünf Jahren legte sie die ewigen Gelübde ab, 1157 wurde sie Leiterin der Gemeinschaft. Am 18. Juni 1164 verstarb sie, erst sechsunddreißigjährig.

Über die Art ihres Lebens schrieb ihr Neffe Symon:

> „Seit ihrer Jugend trug sie das Joch des Herrn und wandelte unter der Ordensregel in Armut und vielfältiger Bedrängnis. Die Hand des Herrn lag stets schwer auf ihr, und in keinem Augenblick fehlte ihr die göttliche Heimsuchung, die ihr Wesen bedrückte und ihren armen Leib in Drangsalen und Bedrängnissen zerbrach ..."[331]

Dieses Gottesjoch zeigte sich vor allem in fast ständiger Krankheit und unablässigen, oft äußerst anstrengenden Ekstasen, in die Elisabeth bisweilen mehrmals am Tage fiel. Ihr Bruder Ekbert, der im Doppelkloster Schönau auf ihren Rat hin Mönch geworden war, berichtet darüber:

> „Es wurde ihr nämlich gegeben, im Geiste den Leib zu verlassen und Visionen der Gottesgeheimnisse zu sehen, die vor den Augen der Sterblichen verborgen sind ... Es überkam sie nämlich oftmals ein bestimmtes inneres Leiden, und eine große Angst überfiel sie, bis sie wie entseelt liegenblieb, so daß in ihr kein Lebenshauch und keine Bewegung mehr zu spüren war. Wenn sie dann nach einer

---

[328] Etwa Vita 3, 24: „pulcherrimus et amantissimus vir" (zit. Dronke 164).

[329] Schrader 519.

[330] Die Visionen der hl. Elisabeth v. Schönau ... hg. v. F. W. E. Roth, Brünn [2]1886. – P. Dinzelbacher, Elisabeth v. Schönau: Thiele, Herz 60–70. – Ders., Frauenmystik 78–101.

[331] Ed. cit. 154.

langen Entraffung wieder nach und nach zu sich kam, brach sie auf einmal in die göttlichsten Worte aus, und zwar in Latein, das sie nie gelernt hatte ...“[332]

Was Elisabeth während dieser Ekstasen schaute, was ihr von ihrem Engel oder von Christus, Maria und den Heiligen gesagt wurde, das erzählte sie ihren Mitschwestern und ihrem Bruder, der dann alles (gewiß stilistisch bearbeitet) zu Pergament brachte. So entstanden drei Schriften: das *Visionenbuch,* das *Buch der Gotteswege* und das *Buch der Offenbarungen über die heilige Schar der Kölner Jungfrauen.* Ekbert hat an manchen der darin aufgezeichneten Schauungen auch insofern Anteil, als er seine Schwester immer wieder mit theologischen Fragen bedrängte, die sie dann zu visionären Antworten anregten.

Neben den ekstatischen Gesichten, von denen ihre Werke vor allem handeln, erfuhr Elisabeth auch andere Begnadungen, die heute als parapsychische „Psi-Fähigkeiten“ eingestuft würden: so die eingegossene Rede (Glossolalie), das Hören einer „Donnerstimme“ (Audition) und die Television, d. h. die Fähigkeit, Dinge in weiter Entfernung bzw. hinter Mauern usw. zu erblicken. Auch das Sehen von Erscheinungen kommt häufig vor, wenn eine Person, z. B. ein Heiliger, in Elisabeths gewohntem Lebensumraum auftaucht, also ohne daß sie in die andere Welt entrafft würde. Diese Charismata begannen, wie es scheint, plötzlich mit Elisabeths dreiundzwanzigstem Lebensjahr und bedeuten für die junge Nonne anfänglich mehr Belastung als Begnadung. Denn zunächst fühlte sie sich vom bösen Feind verfolgt, der ihr in Menschen-, Hunde- und Rindsgestalt erschien und sie mit Glaubenszweifel und Lebensekel bis zu Selbstmordgedanken erfüllte. Später sollten beglückende Gesichte nicht fehlen, aber immer wieder muß Elisabeth von der großen leib-seelischen Anstrengung berichten, die sie ihre Entraffungen kosteten, von dem Wechsel zwischen Freude und Angst, den ihr der Kontakt mit den Himmlischen brachte. Da sie sich zudem tapfer der in ihrer Zeit von fast allen Heiligen praktizierten Askese wie dem Fasten oder dem Tragen eines Eisengürtels hingab, wundert es nicht, daß sie an diesen ihr auferlegten Spannungen früh zerbrochen ist. Das wohl gute Verhältnis zu ihren Mitschwestern, die immer wieder gemeinsam für sie beten, und die Anerkennung von seiten ihres gelehrten Bruders, der sehr bemüht war, ihren Offenbarungen weites Gehör zu verschaffen, mögen ihr ein Trost in ihrem innerlich so erschütterungsreichen Dasein gewesen sein.

Während viele von Elisabeths Gesichten im Jenseits spielen und der älteren, nicht-mystischen Visionsliteratur näher stehen, schildert eine Gruppe von Offenbarungen Szenen hier auf Erden. Sie ereignen sich aber nicht in der Gegenwart der Ekstatikerin, sondern in der Heilszeit, in der Epoche, die Gegenstand des Neuen Testamentes ist. Dieser Typus, dessen älteste Beispiele eben der *Liber visionum* Elisabeths enthält, ist in der späteren Frauen-

---

[332] Vis., Prol., ed. cit. 1 ff.

mystik häufig, Mechthild von Ha[c]keborn, Agnes Blannbekin, Margery
Kempe, Lidwy von Schiedam, Veronika von Binasco und viele andere erleben die Passion des Herrn visionär mit, und dieses Phänomen findet sich auch
noch bei den Mystikerinnen der jüngeren Zeit wie Anna Katharina Emmerik
und Therese von Konnersreuth. Was seit dem Spätmittelalter mit vielen Details und sehr ausführlich geschildert wird, ist freilich bei Elisabeth noch ganz
knapp angelegt. Ein Beispiel: An einem Palmsonntag

> „fiel ich mit großer Erschütterung meines Leibes in Ekstase und sah den Heiland
> wie am Kreuze hängend ... bei der Messe, als die Passion des Herrn begonnen wur-
> de, kam ich abermals in Ekstase. Da schaute ich in der Ferne einen lieblichen Berg,
> und von ihm ritt der Heiland auf einem Esel sitzend herab, und er kam zu einer
> großen Stadt. Am Fuß des Berges aber kam ihm eine Schar kleiner und großer
> Menschen mit blühenden Baumzweigen entgegen, und sehr viele von ihnen zo-
> gen ihre Kleider aus und breiteten sie auf der Straße aus ..."[333]

Elisabeth wird hier wie noch oft von der Liturgie und den ihr zugrundeliegenden Abschnitten der Heiligen Schrift zu ihrer Schauung angeregt, die an
dieser Stelle fast wie eine Paraphrase des Evangeliums wirkt. Zum Unterschied zu den späteren Charismatikerinnen stellt die Benediktinerin das Geschehen fast unbeteiligt dar, während z. B. eine spätmittelalterliche Visionärin
wie Margery Kempe aktiv in die Handlung eingreift[334]. Wenn man also diese Visionen vor dem Hintergrund der weiteren Entwicklung betrachtet, erhellt deutlich, daß Elisabeth eine Gestalt des Übergangs, des Beginns der
praktischen Mystik ist, die in Ansätzen religiöse Erlebnisse erfährt und beschreibt, welche dann in entfalteter Form für die christliche Mystik bis in die
Gegenwart bezeichnend sein werden.

Im *Liber viarum Dei,* der die verschiedenen Wege beschreibt, auf denen
die Angehörigen der einzelnen Stände zum Heil schreiten sollen, findet sich
im Abschnitt über die Jungfrauen ein Passus, der schon zur Brautmystik
gehört:

> „Ihn selbst (Christus) verlangt es nach euerer Zierde, Er selbst lädt euch zu sei-
> nen keuschen Umarmungen ein. Er selbst fordert von euch die glorreiche Lilie
> euerer Jungfräulichkeit, um damit sein verborgenes Brautgemach zu schmücken
> ... Wenn ihr Lust und Freude begehrt, eilt zum frohen Brautgemach, das euch
> bereitet ist, mit dessen Glück und Süße nichts, was das Auge sieht oder das Ohr
> hört, oder was in ein Menschenherz aufsteigt, verglichen werden kann."[335].

Aber wieder erweist sich hier Elisabeths geistesgeschichtliche Stellung am
Beginn der Epoche der praktischen Mystik: sie schildert mit Anklängen an
das *Hohelied* nur den zukünftigen Zustand in der ewigen Seligkeit, ohne das
Geschilderte selbst schon zu erleben, wogegen die späteren Mystikerinnen

---

[333] Vis. 1, 43, ed. cit. 22.
[334] Vgl. u. S. 400, 402.
[335] 14, ed. cit. 105 ff.

es vist
ons can
daine
sainte.

Elizabeth des voies
et du mont de dieu
du mistere et de la si
gnifiance de ce.

Abb. 9 Der Aufstieg der einzelnen Stände zu Gottes ist Thema der Initialminiatur dieser mittelfranzösischen Übersetzung des *Liber viarum Dei* der Elisabeth von Schönau; sie wurde von König Karl V. von Frankreich in Auftrag gegeben. Im unteren Register die Seherin, daneben ihr Engel, darüber der Inhalt ihrer Vision: in zehn Stände unterteilt, streben die Menschen den Berg hinan, auf dem Christus thront, umgeben von Heiligen.

Elisabeth, *Les voies de Dieu*: ms. fr. 1792, um 1372, Bibliothèque Nationale, Paris.

die liebende Vereinigung mit dem Bräutigam schon im irdischen Leben in ihren Ekstasen vorwegnehmen werden. Und gerade Formulierungen dieser Art provozieren natürlich nochmals die Frage nach Ekberts Einfluß, war er doch viel mehr von der hier anklingenden bernhardinischen Spiritualität berührt als seine Schwester[336].

Elisabeth sollte im Mittelalter eine Berühmtheit bleiben. Noch in der *Schedelschen Weltchronik,* einer Inkunable von 1493, liest man am Ende des Abschnittes über das „Jar cristi 1160":

> „Elisabeth ein heillige closterfraw leüchtet in sachßenland an wunderzaichen vnd hat auß englischer [d. h. von Engeln überbrachter] offenbarung wunderperliche gesiht beschriben, sunderlich ein buch der weg des herrnn genant."[337]

Diesen Bekanntheitsgrad hat sie freilich in den folgenden Jahrhunderten weitestgehend verloren, und noch heute werden ihre Werke auch von Kennern der mittelalterlichen Mystik kaum gelesen – ganz im Unterschied zu denen Hildegards. Im Mittelalter selbst war die Situation gerade umgekehrt: Die Visionen der Schönauer Benediktinerin wurden immer wieder studiert und abgeschrieben, wofür die hohe Zahl von mehr als hundertfünfzig erhaltenen Handschriften zeugt, und man fertigte sogar Teilübersetzungen des lateinischen Originals ins Frühneuhochdeutsche, Altisländische und Altfranzösische an. König Karl der Weise ließ sich um 1370 das auch in der *Schedelschen Weltchronik* genannte Werk der Mystikerin über die Gotteswege eigens ins Mittelfranzösische übertragen und mit Miniaturen illustrieren. So ist Elisabeth mit ihren Schriften wesentlich typischer für die Mystik des zwölften Jahrhunderts als Hildegard; sie war den Menschen des hohen und späten Mittelalters verständlicher und interessanter als die inzwischen so viel berühmtere „Prophetin Deutschlands".

Daß es auch im Benediktinerorden jener Zeit einzelne Mönche gab, die die „bernhardische" Empfindsamkeit in eigenes Erleben wandelten, das man jedenfalls als prämystisch bezeichnen kann, sei schließlich kurz am Beispiel eines der Mystikgeschichte völlig unbekannten Visionärs gezeigt: Wiewohl die lange ekstatische Wanderung durch die andere Welt, die EDMUND im Kloster Eynsham (Diözese Lincoln)[338] zu Ostern 1196 erlebte, zur Gattung der „archaischeren" Jenseitsvisionen zählt, enthält gerade diese Vision, die sich über weite Strecken in den abscheulichsten Folterszenen ergeht, Passagen, die zeigen, wie der Seher doch von der neuen Verehrung des Deus homo berührt war. Vor seiner Jenseitsschau hatte er nämlich folgendes Erlebnis: Als Edmund bereits länger als ein Jahr schwer erkrankt darniederlag, fand man ihn am Ostermorgen leblos mit blutigem Antlitz im Kapitelsaal liegen,

---

[336] Vgl. o. S. 133 f.
[337] Bl. CCIIII r.
[338] Dinzelbacher, Visionsliteratur 122–128. – Ders., Beginnings.

sein Stab und seine Schuhe aber bei jenem Holzkruzifix, das „er an jenem
Tag andächtigst zur Verehrung der Passion Christi abzuküssen gewohnt war.
Dessen Seitenwunde und rechter Fuß aber waren von frischem Blut naß"[339].
Unter Tränen berichtete der Konverse, wie er von einer Stimme aufgefordert
worden war, ein Kreuz mit Küssen zu verehren, was er mit großer Inbrunst
und weinend tat. Plötzlich spürte er Tropfen auf seiner Stirne und sah,

> „daß die Seite des Herrn so von Blut troff, wie es das Fleisch eines lebenden
> Menschen tut, wenn die Haut von einer Lanzette aufgeschnitten wird ... Mit der
> offenen Hand nahm ich aber – ich weiß nicht wie viele – herabfließende Tröpf-
> chen auf und bestrich mir damit sorgsam Augen, Ohren und Nase. Schließlich –
> ich weiß nicht, ob ich damit sündigte – brachte ich einen Tropfen ebendieses Blutes
> zwischen die Lippen und verschluckte ihn sogar aus allzugroßem Herzenssehnen
> ... Auch den rechten Fuß des Bildwerks sah ich bluten ..."[340]

Eine Erscheinung am Ende von Edmunds ekstatischer Reise im Paradies
bezeugt seine von persönlich „verwertbaren" Heilwundern unabhängige
Devotion:

> „Man sah den frommen Erlöser des Menschengeschlechtes wie am Kreuzesstamme
> hangend, von den Geißeln am ganzen Leib blutig und blau, vom Anspeien entehrt,
> mit Dornen gekrönt, durchbohrt von Nägeln und von der Lanze durchstochen;
> über Hände und Füße liefen Ströme purpurnen Blutes hin; aus der heiligen Seite
> aber troff reichlich Blut und Wasser."[341]

Ausdrücke tiefen Mitleidens folgen. Es fällt auf, daß dieser Mönch im späten zwölften Jahrhundert noch die Möglichkeit erwägt, sein Verhalten könne sündhaft gewesen sein. Bald ist die Nähe zu Christus aber allgemein so
groß, wie die folgenden Beispiele zeigen werden, daß diese Befürchtung nirgends mehr auftaucht, sondern der Trank aus der Seitenwunde regelrecht als
größte Süßigkeit genossen wird[342].

Verketzerte Mystik

Verschiedene sozial-religiöse Bewegungen des hohen Mittelalters zeigten sich
aus unterschiedlichen Gründen der katholischen Kirche gegenüber feindlich;
sie wurden deshalb als Ketzer bezeichnet und verfolgt. Gelegentlich sind aus
diesem Milieu Einzelheiten überliefert, die an mystisches Erleben bei manchen der Häretiker denken lassen. So empfingen bei den Katharern[343] die
„Reinen", die oberste Stufe der Eingeweihten, alle Gaben des Heiligen Gei-

---

[339] Visio Monachi de Eynsham c. 3, ed. H. Thurston: Analecta Bollandiana 22, 1903, 225–319,
241.
[340] c. 11, ed. cit. 249.
[341] c. 54, ed. cit. 313.
[342] Dinzelbacher, Frauenmystik 153 ff.
[343] Sachwörterbuch 422 f.

Abb. 10 Das Küssen der blutenden Wunden des Gekreuzigten, eine Devotion, die u. a. Edmund von Eynsham von sich berichtet, ist hier mit einer Darstellung des Franz von Assisi illustriert. Seine ganze Haltung, das Anschmiegen der Wange an den Fuß, bringt eine liebevolle Nähe zum Ausdruck, wie sie auch in den mystischen Christusbegegnungen des hohen und späten Mittelalters dominiert.

Gemalter Kruzifixus mit dem hl. Franziskus, 2. V. 13. Jh., S. Francesco, Arezzo.

stes, weswegen sie Gefäße des Paraklets waren. Doch scheint es nur sehr gelegentlich Phänomene wie das Zungenreden gegeben zu haben[344]. Um 1110 errichtete ein von der Unzucht des Klerus entsetzter Laie namens Tanchelm[345] in Antwerpen eine Theokratie; er soll nicht nur prophezeit, sondern auch sich als Gott, voll des Heiligen Geistes, bezeichnet haben und eine entsprechende Verehrung entgegengenommen haben, laut Abaelard sogar in einem eigenen Tempel[346]. Mit einer Marienstatue habe er sich öffentlich verlobt; außerdem habe es eine „Gilde" der zwölf Apostel und eine Maria als deren Buhlin gegeben. Ein katholischer Priester erschlug Tanchelm, dessen Enthusiasmus möglicherweise eine Form der Vereinigungsmystik zugrunde lag, die in den allesamt parteiischen Quellen über ihn die Form der genannten und im Detail eher unwahrscheinlichen Exzesse annahm.

Während auf Erleben basierende Christusmystik zu einem Phänomen wurde, das mehr und mehr religiös empfängliche Menschen im westlichen und mittleren Europa in eigener Erfahrung und in der Vermittlung durch lateinische und volkssprachliche Schriften ergriff, zeigten sich in anderem Milieu auch bereits Ansätze zu einer ganz divergenten Form der Mystik. Die Amalrikaner, eine nach AMALRICH (AMAURY) VON BÈNE (bei Chartres, † 1206)[347] benannte „freigeistige" Sekte, lehrten, daß das Universum pantheistisch eine Emanation Gottes sei und dieser Gott im Sein dessen lebe, der sich ihm schweigend und liebend öffne. Nur Liebe sei vonnöten, deren Kraft alles überwindet. Die Seele wird dann Gott; nicht die Gnade, sondern das Bewußtwerden der eigenen Göttlichkeit erlöst. Daher steht der Amalrikaner, in dem der Hl. Geist sich täglich inkarniert, über allen Geboten und kann nicht sündigen. Das Paradies ist hier und jetzt, im Innern des Erleuchteten. Eine optimistische Lehre, die so weit ging, ein Hauptelement des mittelalterlichen Katholizismus zu verwerfen, die permanente Trauer um den leidenden und getöteten Gott: „Wer weiß, daß Gott in ihm ist, kann nicht trauern, sondern muß lachen"[348].

Diese Vorstellungen gründen teilweise in der Philosophie Eriugenas (dessen *De divisione naturae* sogar irrtümlich als *Liber Amalrici* bezeichnet werden konnte) und einer an Joachim von Fiore erinnernden Eschatologie. Zusammen mit dem Glauben an den Anbruch eines Endzeitalters des Geistes führten sie u. a. zur Ablehnung der sakramentalen Gnadenvermittlung durch die Kirche, zur Verwerfung des Papstes als Antichrist und zu moralischer, besonders sexueller Freizügigkeit. Inwieweit die Quellen damit Gedanken

---

[344] Alphandéry, faits 186 f.
[345] L. Paolini, Eretici del Medioevo. L'albero selvatico. Bologna 1989, 56–60. – Alphandéry, faits 187–190. – É. Amann, Tanchelin: DThC 15/1, 38–40.
[346] Introd. ad theol. 2, 4.
[347] K. Albert, Amalrich v. Bene und der mittelalterliche Pantheismus: Miscellanea Mediaevalia 10, 1976, 193–212. – DS 1, s. v. Amaury. – LexMA 1, s. v. – DThC 1, s. v. Amaury. – Cohn, Pursuit 152–156.
[348] Contra Amaurianos c. 6, hg. v. C. Baeumker, Münster 1926, 19.

Amalrichs, des Pariser Universitätsprofessors und Vertrauten des französischen Königs Philipp II., wiedergeben, oder die seiner Anhänger, bleibt oft unklar. Jedenfalls wurde die Sekte 1210 in Paris verurteilt und einige ihrer Mitglieder verbrannt[349]. Bis zur Mitte des Jahrhunderts waren die besonders in den Städten missionierenden und prophezeienden Amalrikaner ausgerottet. Mit ihnen war jedoch ein in der Geschichte der spekulativen Mystik immer wieder aufflackerndes Thema angeschlagen: die Einwohnung Gottes in der Seele jedes Initiierten, oft eine Spielart des Pantheismus.

Schließlich sei erwähnt, daß gelegentlich mystagogische Schriften auftauchen, deren Einordnung nicht mehr mit Sicherheit gelingt. Ein Beispiel bietet ein anonymer philosophischer Traktat des zwölften Jahrhunderts, der unter dem Einfluß des arabischen Neuplatonismus die zehn Stufen des Himmelsaufstiegs und des Höllenabstiegs beschreibt[350]. Der erste Teil enthält Stufen, die denen der orthodoxen Mystik entsprechen, wenn sie hier auch eher moralisch zu deuten sind: Erhebung über die materielle Welt, intellektuelle Schau des Lichtflusses der Gottheit, Vereinigung ... Doch zeigen sich auch Reflexe eines gnostischen Dualismus, die die Verbreitung dieser Schrift verhindert haben dürften.

---

[349] H. Fichtenau, Ketzer und Professoren, München 1992, 280 ff.
[350] M. T. d'Alverny, Les pérégrinations de l'âme dans l'autre monde d'après un anonyme de la fin du XIIᵉ siècle: Archives d'histoire doctrinale et littéraire du Moyen Age 15–17, 1940/42, 239–299.

Spätmittelalter

Das 13. Jahrhundert

Das dreizehnte Jahrhundert[1] scheint die seit etwa 150 Jahren entwickelten Tendenzen allenthalben weitergeführt und intensiviert zu haben. Die europäische Bevölkerung und namentlich die Städte vergrößerten sich rapide, desgleichen griffen die Verschriftlichung und mit ihr die Bürokratie immer weiter um sich. Dies auch, entsprechend dem wachsenden Gewicht der Laienkultur, vermehrt in den Volkssprachen; in Deutschland werden die ersten nicht mehr lateinischen Urkunden um 1240 abgefaßt. Auch die Volkssprachlichkeit der spätmittelalterlichen Mystik ist keineswegs ein gattungsspezifisches Phänomen, sondern gehört in diese allgemeine Tendenz. Während die Höfe Zentren für die geistesgeschichtliche Entwicklung bleiben, verlagert sich der intellektuelle „Fortschritt" endgültig von den Klöstern in die Universitäten. Die Gotik verdrängt die Romanik bis zur Jahrhundertmitte auch außerhalb Frankreichs so gut wie vollkommen.

Das religionsgeschichtliche Umfeld kann etwa so charakterisiert werden: Die zunehmende wirtschaftliche Wohlhabenheit des Westens und speziell Macht und Reichtum der Amtskirche ließen den Unterschied zu der in der Katechese als Ideal vor Augen geführten armen und machtlosen christlichen Urgemeinde immer eklatanter erscheinen. Die Armutsbewegung, die eine Rückkehr zur Einfachheit der Alten Kirche anstrebte, stellte im zwölften und im dreizehnten Jahrhundert eine beträchtliche Bedrohung für die priesterliche Hierarchie dar, die eben dabei war, sich noch fester in organisatorischen und besonders juristischen Formen zu konsolidieren. Der Investiturstreit hatte letztendlich eine Stärkung des Papsttums zur Folge gehabt, hatte zu einem römischen Zentralismus geführt, welcher im späten zwölften und im dreizehnten Jahrhundert einen Höhepunkt erreichte (z. B. wurden mehrere Königreiche vom Papst lehensabhängig). Viele Gläubige erkannten den Widerspruch zwischen der tatsächlichen Machtfülle der Kirche, namentlich ihrem Reichtum, und den von ihr gepredigten, genau gegensätzlichen Idea-

---

[1]   J. H. Mundy, Europe in the High Middle Ages, 1150–1309, Burnt Mill ²1991. – E. Perroy, La vie religieuse au XIIIᵉ siècle, Paris 1969. – J. J. Walsh, The Thirteenth, the Greatetst of Centuries, s. l. 1920. – L. Genicot, Le XIIIᵉ siècle européen, Paris 1968. – Nolthenius, Duecento. – Vgl. u. S. 272, Anm. 1.

len Christi. Ein Teil dieser Gläubigen ging in die Opposition[2] – bisweilen erst nach verzweifelten Versuchen, in der Kirche bleiben und Reformen durchzuführen zu können oder wenigstens das bloße Evangelium predigen zu dürfen, wie die Waldenser. Bei anderen vermischten sich Kirchenkritik und Elemente nichtchristlicher Religionen, wie wahrscheinlich bei den dualistischen Katharern. Andere Gruppen wiederum konnte das Papsttum in die bestehende Ordnung integrieren, woraus ihm weitere Macht zuwuchs. Dies ist vor allem die historische Leistung des „Stellvertreters Christi" Innozenz' III. (reg. 1198–1216). Während er die radikalen Albigenser durch einen Kreuzzug – einer der ersten gegen Christen ausgerufen – vernichten ließ, gab er neben anderen kleineren Gruppen besonders den Anhängern des Franz von Assisi und des Dominikus von Caleruega einen festen Platz innerhalb des Mönchtums. So entstanden die Bettelorden. Sie unterschieden sich (wenigstens anfangs) in ihrer Lebensweise namentlich von den reichen Benediktinern deutlich: die Brüder lebten nicht vom Ertrag ihrer Landgüter, sondern vom Betteln, und sie widmeten Liturgie, Gebet und Betrachtung – also der Selbstheiligung – wesentlich weniger Zeit, so daß sie sich auf die Predigt zur Neuevangelisierung des Volkes konzentrieren konnten – also auf die Rettung der Seelen anderer. Ungeachtet dieser nicht mehr an die „stabilitas loci", die Ortsbeständigkeit, gebundenen monastischen Lebensform, sollten die Bettelorden im Spätmittelalter mehr und berühmtere Mystiker hervorbringen als die alten Orden der Benediktiner und Zisterzienser. Die Mendikanten übernahmen nun die Vorreiterrolle in der Geschichte der Spiritualität, die die Zisterzienser im Jahrhundert davor gehabt hatten. Sie betonten in Reaktion auf den ökonomischen – also auf das Diesseits gerichteten – Aufschwung in Europa die innere Lösung von den irdischen Dingen, um frei zu werden für die jenseitige Welt des Glaubens. Die sich schon längst vollziehende Umgewichtung innerhalb der Christologie, die zu einer immer stärkeren Beschäftigung mit dem Menschen Jesus führte, wurde besonders von den Franziskanern intensiviert. Da Mitglieder der Bettelorden bald auch führende Positionen an den Universitäten bekleideten, war die wissenschaftlich-theologische Ausbildung in den Orden selbstverständlich. Das intellektuelle Instrumentarium der Scholastik ermöglichte es, aus der Antike übernommene Mystik-Traditionen, wie den Neoplatonismus, begrifflich zu systematisieren. Dies bildete die Voraussetzung für die zunächst vor allem dominikanische Wesensmystik. Da beide Orden die Volksseelsorge vermittels der Predigt als Aufgabe betrachteten, die – anders als bei den alten Orden – noch wichtiger als oder wenigstens gleichwichtig wie die Kontemplation eingestuft wurde, verbreiteten sie (abgesehen von den sonstigen, vorwiegend die Moral betreffenden Lehren) auch der Mystik zugehörige Ideen auch im Kirchenvolk, d. h. unter den Laien. Dies war etwa den Zisterziensern keineswegs ein

---

[2] Vgl. z. B. T. Panaro, L. Pruneti, Opposizione religiosa nel Medioevo, Messina 1977.

Anliegen gewesen, ihre großen spirituellen Autoren schrieben in der Regel nur für ein monastisches bzw. geistliches Publikum, das lateinisch betete und kontemplierte. Nun aber ging es vielen Priestern (namentlich aus den Bettelorden) darum, auch illitteraten (lateinunkundigen) Laien Meditationshilfen für eine affektive persönliche Frömmigkeit zu vermitteln, die auch zu mystischem Erleben führen konnte. Dies erfolgte natürlich in den einzelnen Volkssprachen, die dazu um viele neue Termini bereichert wurden. Gegen Ende des Mittelalters sind dann ursprünglich rein monastische Devotionen, wie etwa die Herz-Jesu-Mystik, auch unter den einfachen Frommen weit verbreitet. Die exklusive Mystik wird „demokratisch".

Im Bereich des charismatischen religiösen Erlebens tritt der Bericht von den „Gesta Dei", wie man die „objektiven" Schauungen der benediktinischen Prophetinnen des zwölften Jahrhunderts nennen könnte, zurück, um der Erzählung emotionellen persönlichen Empfindens Raum zu geben. Die im hohen Mittelalter zuerst im Mönchtum, dann breiter in der Frauenbewegung entstandenen mystischen Strömungen nehmen permanent zu, und zwar zahlreicher bei weiblichen Gläubigen, so daß man mit Recht von der entscheidenden Übergangsphase der katholischen Mystik gesprochen hat[3]. Künftig wird die ekstatische Mystikerin die katholische Mystikerin par excellence sein und der scholastisch theoretisierende und in der Volkssprache lehrende Mystiker der katholische Mystiker par excellence. So läßt sich die große, bis in die Gegenwart führende Entwicklungslinie skizzieren, unbeschadet einer wesentlich dünneren Gegenströmung von theoretisierenden Mystikerinnen und ekstatischen Mystikern.

Franziskaner

Während wir von Dominikus nichts über ein etwaiges mystisches Leben wissen, ist uns FRANZISKUS VON ASSISI (1181/82–1226, hl.)[4] der Mystiker seines Jahrhunderts schlechthin. Kriegsgefangenschaft, Krankheit und Traumvisionen veränderten das Leben des wohlhabenden, übermütigen Kaufmannssohnes Giovanni Bernardone, aber seine Bekehrung von einem Leben „in Sünde" zu einem „in Buße" erfolgte nur schrittweise: immer häufiger suchte er die Einsamkeit, gab sich mit Armen und Kranken ab, besonders den geächteten Aussätzigen. Das spektakuläre, öffentliche Abwerfen seiner Ge-

[3] Thurston, Period.
[4] U. Köpf, Franziskus v. Assisi: M. Greschat (Hg.), Gestalten der Kirchengeschichte 3, Stuttgart 1983, 282–302. – Ders., Franz v. Assisi: Wörterbuch 164 f. – J. Jörgensen, Der hl. Franziskus v. Assisi, Kempten 1911. – R. Manselli, Nos qui cum eo fuimus. Contributo alla questione francescana, Roma 1980. – O. Schmucki, Zur Mystik des hl. Franziskus von Assisi im Lichte seiner „Schriften": Ruh, Mystik 241–268. – E. H. Cousins, Francis of Assisi. Christian Mysticism at the Crossroads: St. T. Katz (Hg.), Mysticism and Religious Traditions, New York 1983, 163–190.

wänder und die Flucht unter den Mantel des Bischofs (ein Rechtsgestus!) symbolisierten demonstrativ die Lösung von der hinderlichen Autorität des Vaters, der Franziskus tagelang eingesperrt hatte, ebenso wie den Übergang in den Büßerstand, wobei das Verhalten des jungen Bernardone den Anwesenden einem klösterlichen Profeßritus ähnlich erscheinen mußte. Franziskus lebte fortan sein Einsiedler- und Bettlerleben. Er lebte als Narr in Christo, eine Form der Verdemütigung, die, anders als in den Ostkirchen[5], selten in der Catholica zu finden ist. „Für seine Frömmigkeit kennzeichnend ist die Umkehrung der natürlichen Empfindungsqualitäten: Ekel, Kälte, Schmerz und Erniedrigung verwandeln sich für Franz immer wieder in eine Beglükkung, die zu begeisterndem Erleben führt."[6]

Ab 1209 begann er, über Buße und Frieden zu predigen und Gefährten zu sammeln – bei seinem Tode sollten es um die fünftausend sein. Franziskus wollte nicht aggressiv gegen die Besitzenden und Mächtigen protestieren, sondern das Schicksal der Unterprivilegierten teilen, um dem armen Christus nachzufolgen und vermittels seines Beispiels auch andere zu dieser Nachfolge einzuladen. Im Unterschied zu vielen ähnlich vom Armutsideal faszinierten Männern und Frauen kritisierte er dabei auch die kirchliche Hierarchie nie, lehrte er nie, daß seine Lebensweise die einzige zum Heil führende wäre, sondern nahm es lieber à contrecoeur in Kauf, „die charismatische Bruderschaft in einen Orden im kirchenrechtlichen Sinne umzuformen"[7], um vom Papst anerkannt zu werden und damit Konflikte mit der kirchlichen Obrigkeit zu vermeiden. Franziskus' Schätzung des Gehorsams war extrem, das berüchtigte Wort vom Kadavergehorsam geht auf ihn zurück[8] und wurde von Ignatius von Loyola[9] nur wiederaufgenommen. Während seine Predigterfolge in Italien enorm waren – die mitreißende Redeweise, Mimik und Gestik sollten einen neuen Predigtstil begründen[10] –, blieben seine Versuche, die Muslime in Nordafrika zu missionieren, ohne Konsequenzen. Das lawinenartige Anwachsen seines Ordens stellte ihn allerdings vor Probleme, denen er, halb erblindet, nicht mehr gewachsen war: 1220 legte Franziskus die Ordensleitung nieder.

Franziskus ist der große Heilige der unbedingten Armut. Er hat seine Einstellung, wie für ihn typisch, oftmals nicht nur mit Worten, sondern auch mit symbolischen Handlungen demonstriert: so begann er, eigenhändig ein Haus zu demolieren, das die Bewohner von Assisi für die Brüder errichtet hatten[11]. Die Franziskaner verstanden dieses Streben nach Besitzlosigkeit als Nach-

---

5 R. Albrecht, Narren Christi: Wörterbuch 371 f.
6 Köpf: Wörterbuch 165.
7 Köpf: Greschat, Gestalten 294.
8 Thomas v. Celano, Vita IIa (2Cel), 2, 112.
9 Constitutiones Societatis Jesu 6, 1.
10 F. Cardini, Minima mediaevalia, Firenze 1987, 187–210.
11 2Cel 2, 27.

Abb. 11 Dieses älteste Bildnis des Franz von Assisi – noch ohne Stigmata und Nimbus – entspricht seiner Zeichnung in den schriftlichen Quellen. Die Beischrift lautet: „Frater Francisus";
auf der Schriftrolle in seiner Linken steht: „Pax huic domui". Mit diesem Friedenswunsch pflegte
Franziskus ein Haus zu betreten.

Wandgemälde, 1228, Sacro Speco, Subiaco.

folge Christi als „nackt dem nackten Heiland folgen". Das damalige wirt-schaftliche Aufblühen der norditalienischen Kommunen macht verständlich, daß man sich gerade dieses Aspektes des Lebens Jesu als Kontrast zur eige-nen Existenz besonders bewußt wurde. Insofern hat das Armutsstreben my-stische Wurzeln, weil es zur Vereinigung führende Nachfolge will. Insofern Armut auch ganz einfach körperliches Leiden bedeutet, hilft sie die Passion nachzuvollziehen. Franziskus muß sie immer wieder meditiert haben. Wei-nend und heulend zog er einst allein an Portiuncula vorbei. Man fragt ihn, welche Krankheit er denn habe. „Doch jener [antwortete]: ‚So sollte ich das Leiden meines Herrn beweinend und beklagend ohne Scham durch die ganze Welt ziehen!'"[12] Dies ist „compassio", Mitleiden, als intensive Form der Nachfolge des Herrn.

„Oft ergriff ihn so sehr die Süßigkeit frommer Betrachtung, daß er in Verzückung geriet."[13] Er teilte sein Leben so ein, daß er die Hälfte seinen Mitmenschen widmete, die andere aber „den stillen Exzessen der Kontem-plation"[14]. Das große erlebnismystische Ereignis tritt jedoch erst gegen Ende seines Lebens auf, nach langer asketischer Vorbereitung, während eines vier-zigtägigen Fastens in der Abgeschiedenheit des Alvernerberges. Man sollte die asketische, leibfeindliche Grundlage der franziskanischen Mystik nicht wegen seines Preisliedes auf die Schöpfung und einzelner milderer Aussprü-che des Heiligen[15] herunterspielen: „Einen größeren Feind als meinen Kör-per habe ich nicht."[16] „Wir sollen Haß wider unsern Körper mit seinen La-stern und Sünden fühlen", empfiehlt der Heilige ausdrücklich in seinem Schreiben an alle Gläubigen[17], und Fasten, Selbstgeißelung[18], Selbstüber-windung hat er wirklich genugsam vorgelebt. Denn erst wenn wir täglich das Kreuz des Herrn tragen[19], dann sind wir „Verlobte, Brüder und Mütter un-seres Herrn Jesus Christ" und können den Heiland „mit Liebe in unseren Herzen tragen und in unseren Handlungen gebären"[20]. Allerdings hat sich das Ziel der Askeseleistung im Denken des Poverello verändert: nicht mehr die Zerstörung des Körpers durch das Martyrium bei den Sarazenen ersehnt er in seinen letzten Jahren, sondern das Martyrium des Lebens mit den Lei-denden und Armen.

Letztes Siegel wird die mystische Kreuzigung: die Imitatio Christi ist über-gegangen in die Conformitas Christi, die Gleichförmigkeit mit dem Erlöser. So hat ihn auch die spätere franziskanische Tradition als „alter Christus",

---

12 Leg. Per. 78, Manselli 232.
13 2Cel 2, 64, übersetzt von Ph. Schmidt, Das Leben des hl. Franziskus von Assisi, Basel 1919, 175.
14 Bonaventura, Leg. mai. 13, 1, Opera omnia 8, Quaracchi 1898, 542.
15 Zum Beispiel 2Cel 2, 92.
16 2Cel 2, 86; vgl. Adm. 10.
17 Franziskus v. Assisi, Die Werke, übersetzt von W. v. d. Steinen, Hamburg 1958, 40.
18 2Cel 2, 92.
19 Adm. 5.
20 Brief an alle Gläubigen, Werke 41.

zweiten Christus, bezeichnet. Die Stigmatisation geht einher mit der Erscheinung eines sechsflügeligen Seraphs (vgl. Jes 6, 1 ff.), aber: „Er war mit ausgebreiteten Händen und zusammengeschlossenen Knien ans Kreuz genagelt." Da beginnen sich an den Händen und Füßen des Beters Nägelmale zu zeigen, „wie er es kurz zuvor an dem gekreuzigten Mann über sich gesehen hatte ... Auch war die rechte Seite wie von einem Lanzenstich durchbohrt und zeigte eine verharschte Wunde, die oft blutete."[21] Bruder Elias schrieb als Augenzeuge: „Nicht lange vor dem Tod erschien unser Vater und Bruder als ein Gekreuzigter, tragend an seinem Körper fünf Wunden, die wahrhaft sind die Stigmata Christi ..."[22] Franziskus hatte die absolute Imitatio, die Christusförmigkeit im Leiden, erreicht.

Gewiß ist Franziskus nicht, wie man oft liest, der erste Stigmatisierte[23], aber er ist unseres Wissens der erste Mystiker, der dieses körperliche Phänomen, das er nach Möglichkeit zu verbergen suchte und das erst an seinem Leichnam weithin offenbar wurde, spontan erfuhr. Die meisten der etwa vierhundert Stigmatisierten, die man in der Geschichte des Christentums bis heute kennt, wären ohne sein Vorbild undenkbar. Die äußerst rasche Kanonisation nur zwei Jahre nach seinem Tode hat dieses Phänomen sozusagen mitkanonisiert, noch 1222 waren in England Stigmatisierte als Ketzer hingerichtet worden[24].

Wenige Wochen später dichtete Franziskus in Assisi den *Sonnengesang*. Er ist ein hymnisches Dankgebet, ein Lob der Kreatur nach dem Vorbild der Schöpfungspsalmen. Ob man ihn als Ausdruck „kosmischer" oder „Naturmystik" sieht, hängt von der jeweiligen Mystikdefinition ab. Insofern die personifizierte Natur auf ihren Schöpfer verweist, kann man Gott in ihr erfahren – das „Buch der Natur" ist eine alte Metapher[25]. Auf diesem Umweg käme man zu einer „cognitio experimentalis". Sie ist jedoch offensichtlich etwas völlig anderes als die von Franziskus selbst erlebte Vereinigung mit dem Leidenden oder die mystische Schau des Platonismus oder die geistliche Brautschaft. Begnügen wir uns, mit I. Frank von der „Humanisierung der Natur und der Renaturalisierung des Menschen" in diesem Liede zu sprechen[26]. Trotzdem ist es kein Zufall, daß später gerade franziskanische Theologen wie Roger Bacon sich besonders für naturwissenschaftliche Fragen interessierten: der Ordensgründer hatte einen Weg zur positiven Bewertung der Schöpfung gewiesen, der vom traditionellen monastischen „contemptus mundi", der Distanzierung von der bösen Welt, dem „saeculum", abwich. Es ist schade (und bei der vergleichsweise dichten Tradition erstaunlich), daß von seinen anderen religiösen Liedern, die er oft spontan in der proven-

---

21 Thomas von Celano, Vita Ia (1Cel) 2, 3 übersetzt von Schmidt 70 f.
22 Zit. Cancik, Grundzüge 101.
23 Dinzelbacher, Diesseits.
24 Thurston, Begleiterscheinungen 54 ff.; Dinzelbacher, Diesseits.
25 E. R. Curtius, Europäische Literatur und lateinisches Mittelalter, Bern ⁵1965, 323 ff.
26 Zit. Schmucki 245.

zalischen Sprache der Trobadors sang, nichts überliefert wurde. In seinen
sonstigen erhaltenen Texten finden sich bestenfalls Spuren mystischen Erlebens[27].

Franziskus' Handeln entspricht seinem Gesang. Man hat die Einstellung
des Heiligen zur Natur, besonders die zu den Tieren, oft im Lichte moder-
ner Vorstellungen mißverstanden. Er liebte oder schützte die Tiere nicht als
Wesen um ihrer selbst willen – der Gedanke ist dem Mittelalter so gut wie
fremd und gehört einer späteren kulturellen Entwicklung an –, sondern weil
sie zeichenhaft auf eine höhere Wahrheit verweisen. So pflegte er z. B. die
Würmer ausdrücklich deshalb vom Boden aufzulesen und vor dem Zertreten
zu bewahren, *weil* sie ihn an Christus erinnerten, hatte er ja vom Erlöser im
Psalm 22, 7 den Ausspruch gelesen: „Ich bin ein Wurm, nicht ein Mensch."[28]
Besonders liebte er die Lämmer – *weil* sie das Symboltier des Lammes Gottes waren[29]. Ähnliches ist schon in den Viten irischer Heiliger oder in der
Anselms von Canterbury bezeugt, neu scheint dagegen die *brüderliche* Form
des Umgangs mit der Kreatur.

Den Aspekt der Andacht zum Christuskind, die bald ein Typicum katholischer Frömmigkeit sein sollte, zeigt die Errichtung der berühmten Krippe
bei Greccio Weihnachten 1223. Die konkrete, „taktile" Schaufreude des
mittelalterlichen Menschen manifestiert sich im Wunsch des Ordensstifters,
„gleichsam mit körperlichen Augen zu schauen", was sich in Bethlehem vollzogen hatte. Die heilige Zeit, der heilige Ort kehren mythisch wieder[30]: „aus
Greccio ward gleichsam ein neues Bethlehem". Und so predigte Franziskus:
„Wenn er Jesum oder den Knaben von Bethlehem nannte, bewegten sich
seine Lippen, seine Zunge und sein Gaumen, um gleichsam die Süßigkeit
dieses Wortes zu schmecken und zu kosten." Ein frommer Mann hat eine
Erscheinung des Christusknaben in der Krippe, den der Heilige aus dem
Schlummer weckt. „Und jenes Gesicht war wirklich wahr; denn der Jesus-
knabe war in vieler Herzen der Vergessenheit anheimgefallen und darin
wieder durch Gottes Gnade und seinen Knecht, den heiligen Franziskus, zum
Leben erweckt ..."[31] Was dem Biographen hier als die Wiedereinführung
einer vernachlässigten Devotion erscheint, war tatsächlich der Beginn einer
neuen, bis in den Barock und das neunzehnte Jahrhundert reichenden Andacht, die besonders die Visionen der Mystikerinnen oft und oft bestimmen
sollte. Sicher hatte bereits Bernhard über die Jugend des Erlösers meditiert[32],
aber diese Devotion war elitär auf den monastischen Bereich beschränkt
geblieben. Franziskus dagegen bringt „jene Zeit", die Heilszeit des Evangeliums, und „jenen Ort", den heiligen Ort der Menschwerdung, *greifbar* vor

---

27 Schmucki pass.
28 1Cel 29.
29 Vgl. Jörgensen 412 ff.
30 Vgl. M. Eliade, Kosmos und Geschichte. Der Mythos der ewigen Wiederkehr, Reinbek 1966.
31 1Cel 30, übersetzt von Schmidt 63.
32 Vgl. o. S. 118.

aller Augen: „Die Massen strömten herzu ... Der Wald erschallte von Stimmen ..."[33] Bezüge zum religiösen Schauspiel der Zeit sind unverkennbar.

Fast ganz erblindet, ließ sich der Heilige zum Sterben nach Portiuncola tragen. Unter ausdruckstarken Symbolhandlungen, wie dem (im Mönchtum traditionellen) nackten Niederlegen auf den Erdboden oder dem Segen aller zukünftigen Brüder erwartete er den Tod. Ein letztes Mal spielte er in heiligem Spiel das Handeln Christi nach, mit dem er sich bald vereint hoffte: Wie der Herr beim Abendmahl ließ er ein Brot bringen, segnete es und gab allen davon. Dann ließ er sich das Gründonnerstags-Evangelium vorlesen, das mit dem Satz endet: „Denn ich habe euch ein Beispiel gegeben, damit auch ihr so tuet, wie ich euch getan habe."[34] Welche Worte hätten besser auf sein Leben passen können? Immer wieder ließ sich Franziskus sein *Sonnenlied* vorsingen, immer wieder stimmte er die letzten Zeilen an:

„Laudato si', mi Signore, per sora nostra morte corporale,
da la quale nullu homo vivente po'skappare ..."[35]

Gelobt seist Du, mein Herr, für unsere Schwester, den leiblichen Tod, der kein lebender Mensch entkommen kann.

Singend verschied er in der Nacht des 3. Oktobers 1226, nackt auf nackter Erde.

Die bedeutendste Nachwirkung des Franziskus liegt nicht, wie bei den meisten anderen Mystikern, in seinen Schriften, sondern in seiner Person. An sie knüpft die franziskanische Mystik an, indem sie sein Leben ausdeutet. So führt von der Krippe in Greccio eine Linie zu der immer stärker werdenden „Mystik der historischen Ereignisse"[36] innerhalb der Heilsgeschichte, wie sie besonders mit Pseudo-Bonaventura weite Verbreitung finden sollte[37]. Diese Linie der Meditation über Jesu Erdenleben begann vielleicht in Cluny, wurde spürbar jedenfalls im zwölften Jahrhundert in den Betrachtungen Bernhards[38] und den Visionen Elisabeths[39], sie wird aber durch die franziskanische Frömmigkeit entscheidend verstärkt. Mit Franziskus beginnt auch die bis zur Gegenwart nicht abgebrochene Geschichte der Stigmatisationen. Die Wundenmystik – so sehr sie später auch die Dominikanerinnen und andere faszinieren wird[40] – hat ebenso hier eine ihrer Wurzeln. Bezeichnend ist dafür vielleicht eine Vision, über die Papst Gregor IX. am 4. Oktober 1235 in Assisi predigte: „Der süße Jesus öffnete mit seinen Händen seine Seitenwunde, und in seiner Brust erschien der hl. Franziskus ganz deutlich. Und Jesus schloß

---

[33] 1Cel 30.
[34] Joh 13, 15.
[35] Cant., ed. I. Omaechevarria, Escritos de Santa Clara, Madrid ²1982, 450.
[36] Cousins 166.
[37] Vgl. u. S. 182 ff.
[38] Vgl. o. S. 116 ff.
[39] Vgl. o. S. 150 ff.
[40] Vgl. u. S. 315 ff.

die Wunde wieder und verschloß ihn ganz in seinem Inneren.""[41] Franziskus ist nicht nur „alter Christus", sondern auch ganz in Christus.

Daß es allgemein ein Ziel der franziskanischen Bewegung war, die religiöse Sensibilität der Gläubigen zu erhöhen und Ideale des kontemplativen und bußfertigen Lebens aus dem Mönchtum auch unter den Laien zu verbreiten, hat zweifellos den Boden auch für die Expansion der spätmittelalterlichen Mystik bereitet.

Wenn man eine schon ein wenig legendenhafte Quelle über die frühen Franziskaner liest, die lateinischen *Akten* und ihre viel berühmtere Übersetzung, die italienischen *Fioretti (Blümlein),* dann trifft man auf manche weitere mystische und visionäre Begabung unter den Gefährten des Heiligen. Erwähnt sei nur Aegidius von Assisi († 1262, sel.)[42], der dritte der Gefährten des Poverello, einer der Augenzeugen, die Bonaventura für seine Franziskus-Biographie befragte. Pilger- und Missionsreisen wechseln in Aegidius' Leben mit Zeiten eremitischer Beschauung. Papst Gregor IX. sah ihn 1234 in Ekstase. Besonders in seinen letzten Jahren werden von ihm zahlreiche mystische Erlebnisse, speziell während des Gottesdienstes, berichtet, u. a. Christusvisionen. Seitdem, so sagte er, habe er keinen Glauben und keine Hoffnung mehr – denn er wisse und liebe bereits.

Auch dem so volkstümlich gewordenen gelehrten portugiesischen Priester und seit 1220 Franziskaner Antonius von Padua (ca. 1195–1231, hl.)[43] sollen mystische Erfahrungen zuteil geworden sein. Jedenfalls unterwarf er sich strengen Bußübungen und langen Höhlenmeditationen. In seinen Predigten behandelte er an mystischen Themen besonders die Kontemplation als Vorgeschmack des Göttlichen in Anlehnung an Richard von St. Viktor.

Es gehört zu den in der Kirchengeschichte so oft wiederholten Tragödien, daß das, worum ein Religions- oder Ordensstifter so sehr gerungen, schon von seinen Jüngern, sei es bona, sei es mala fide, verraten wurde. Genausowenig wie die Zisterzienser nach den ersten Generationen das Armutsideal ihres Gründers beibehielten, genausowenig vermochten es die Franziskaner: allein der Pomp der Kanonisation 1228 und der Prachtbau der zwölftürmigen Grabbasilika, den der Orden in Assisi über den Reliquien des Stifters errichtete und mit den besten Wandmalereien der Epoche ausschmückte, bezeugt eben den Prunk herkömmlicher Heiligenverehrung, den der arme Büßer zeit seines Lebens gefürchtet hatte.

Aber auch sein so eindringlicher Wunsch nach der Tradierung seiner Regel „ohne Zusatz" war nicht in Erfüllung gegangen: Heftige Kämpfe zwischen den Parteien der Observanten bzw. Spiritualen einerseits, die das Leben des

[41] Thomas de Eccleston, De adventu fr. min. 15, ed. A. G. Little, Manchester 1952, 90.
[42] M. da Alatri, Egidio di Assisi: BS 4, 960 f. – J. Cambell, Gilles d'Assise: DS 6, s. v.
[43] J. Heerinckx, Antoine de Padoue: DS 1, s. v. – V. Gamboso, Sankt Antonius v. Padua: 800 Jahre 122–129.

Poverello in aller Strenge nachahmen wollten, wobei sie Armut über Gehorsam setzten, und den Konventualen andererseits, die Erleichterungen ihrer Lebensführung und eine Angleichung an die alten Orden für richtig hielten, sollten die Ordensgeschichte noch lange prägen und sogar zu blutigen Verfolgungen der Rigoristen führen[44]. Beide Flügel der Minoriten sollten ihre Mystiker hervorbringen.

Spiritualen

Unter den Spiritualen ist kaum einer berühmter geworden als JACOPONE VON TODI (ca. 1236–1306, sel.)[45]. Angeblich war es der plötzliche Tod seiner Gattin 1268, der eine völlige Umkehr im Leben des Advokaten brachte. Erst an der Sterbenden bemerkte er, daß sie insgeheim ein rauhes Bußhemd trug, also einem Ideal der religiösen Frauenbewegung folgte. Jacopone lebte künftig als Büßer und „Narr Gottes" im Sinne des Franziskus, freilich ohne dessen Hochschätzung der Schöpfung als Werk Gottes. „Um die Vergänglichkeit alles Irdischen zu predigen, erschien er auf Familienfesten gefedert und geteert, oder auch wiehernd, einen Zügel im Mund, auf allen Vieren am Boden."[46] 1278 trat er den Minoriten bei. Er kannte den späteren Papst Coelestin V. schon, als dieser noch der Mönch Peter von Morrone war. Seine Regierungszeit war nur kurz; als er, der den Spiritualen ein Leben nach den ursprünglichen Idealen des Poverello gestattet hatte und mit dem sie den Anbruch des Geistzeitalters erwartet hatten, zurücktrat, konnte Jacopone wie viele andere darin nur eine Machenschaft seines Nachfolgers auf dem Stuhle Petri Bonifatius VIII. sehen. Da die strengen Franziskaner diesen nicht anerkannten, rief der Heilige Vater gegen sie und die ihm widerstrebende Partei der Kardinäle den Kreuzzug aus. Sie mußten 1296 vor der Heeresmacht des Kirchenstaates nach Palestrina flüchten; Jacopone war bei ihnen. Nach eineinhalb Jahren fiel die Stadt, und der Dichter wurde mit schweren Ketten gefesselt in unterirdischer Einzelhaft eingekerkert. Vergeblich blieben die Versuche, ihn wenigstens aus der Exkommunikation zu lösen, erst Papst Benedikt XI. setzte ihn 1302 frei.

Seine mystischen Christuserfahrungen hat Jacopone in volkssprachlichen Laude gesungen – eine lyrische Gattung[47], in der er sonst auch politische, satirische, autobiographische, liturgische u. a. Themen behandelte. Allerdings ist gerade die Echtheit der kühnsten von ihnen nicht immer gesichert. Ob-

---

[44] Ob ihrer Klarheit sei auf die Darstellung bei Schnürer, Kirche 3, 9 ff. verwiesen. Neue Literatur z. B. in Geschichte des Christentums 6, 321 ff.

[45] G. Sabatelli, Jacopone: DS 8, 20–26. – F. Casolini, Jacopone: BS 7, 618–623. – F. Bruni, Jacopone, la lauda e la letteratura religiosa: G. Bárberi Squarotti (Hg.), Storia della civiltà letteraria italiana 1/1, Torino 1990, 121–154.

[46] Nolthenius, Duecento 252.

[47] Sachwörterbuch 470 f. – Bruni.

Abb. 12 Diese elegante Ausgabe der Lyrik Iacopones beginnt mit einem Autorenbildnis in der Anfangsinitiale A der 89. Lauda „Amor di caritate". Die Figur ist durch den Zeigegestus auf ihr Werk als Dichter, durch den Nimbus als Seliger, durch die Kutte als Franziskaner gekennzeichnet.

Iacopone, *Laudi*: cod. 2762, f. 1r, 15. Jh., Biblioteca Riccardiana, Florenz.

wohl auch gelegentlich eher theoretische Themen streifend (etwa die eingegossene und die erworbene Kontemplation, die Schule der Liebe mit dem
Lesebuch Christus), sind seine Gedichte oft von mitreißender Leidenschaftlichkeit, manche Strophen bestehen fast zur Hälfte nur aus den Worten
„Amor" und „Amor-Iesù"[48].

> „Clama lengua e core:
> Amore, Amore, Amore!
> Chi tace el to dolzore
> lo cor li sia crepato."[49]

> Es ruft die Zunge und das Herz:
> Liebe! Liebe! Liebe!
> Wer von Deiner Süße schweigt,
> dem mag das Herz zerspringen!

Einungs- und Passionsmystik sind verschmolzen:

> „Cristo amoroso, et eo voglio en croce nudato salire
> e voglioce abracciato, Signore, con teco morire;
> gaudio siràme a patere morire con teco abracciato."[50]

> Christus, Liebster, auch ich will nackt das Kreuz besteigen
> und will dort in der Umarmung mit Dir, Herr, sterben.
> Freude wäre es mir, das Sterben zu erleiden in der Umarmung mit Dir.

Die Liebe ist so heftig, so maßlos („amore esmesurato"), daß sie den Liebenden vernichtet; Gott ist dunkles Licht und lichte Dunkelheit. Stammelnd
vergeht die Seele:

> „Amore, Amor-Iesù, sì delettoso,
> tu me tt'arènni en te me trasformando!
> Pensa ch'eo vo pasmanno, Amor, non so o' me sia,
> Iesù, speranza mia, abissame enn amore!"[51]

> Liebe, Jesus-Liebe, so süß,
> Du formst mich Dir an, in Dich mich verwandelnd!
> Fühl', wie ich verschmachte, Liebe, nicht weiß ich, wie mir geschieht.
> Jesus, meine Hoffnung, laß mich vergehn in Liebe!

Eine der ihm zugeschriebenen Laude besingt den mystischen Tanz, ein Motiv, das wir u. a. gleichzeitig im Norden bei Mechthild von Magdeburg finden[52]:

> „Nollo pensai gia mai,
> ihesu, di dansar alla dansa,

---

48 Lauda 89, 243–290, ed. F. Mancini, Bari 1980, 289.
49 Lauda 39, 139–142, ebd. 112.
50 Lauda 15, 51–53, ebd. 46.
51 Lauda 89, 286–290, ebd. 289.
52 Vgl. u. S. 210.

ma la tua innamoranza,
ihesu, si llo mi fece fare …
Gia non mi ricordai
si fu intrato alla dansa,
tutti sentì allegransa,
gesu non si poria contare."

Niemals kam mir in den Sinn,
Jesus, daß ich Tänzer sei beim Tanze,
aber Deine Liebesmacht
hat mich, Jesus, ganz gewiß dazu gebracht …
Und schon hatte ich vergessen,
daß den Tanz ich hatt' begonnen,
jedes Herz erfüllet Freude,
Jesus, daß die Worte fehlen.[53]

Jacopone war in Italien durchaus volkstümlich, Sammlungen seiner Lieder kamen in handschriftlicher und seit 1490 in gedruckter Form in Umlauf – einer der Wege, wie mystisches Gedankengut und mystische Formeln in die allgemeine religiöse Sprache des Spätmittelalters und der folgenden Epochen Eingang fanden.

Sein Freund und Ordensbruder JOHANNES VON ALVERNIA (VON FERMO, GIOVANNI DELLA VERNA, 1259–1322, sel.)[54] war schon als Kind der Askese zugetan und mit Ekstasen begabt; so zog er sich einmal auf einen Kirchturm zurück, um ein altes Kettenhemd unbemerkt zu einem Bußgewand für sich umzuarbeiten[55]. Die Augustinermönche verließ er, um Minorit zu werden, da dieser Orden härtere Kasteiungen erlaubte. Johannes lebte seit 1292 als Einsiedler auf dem Berg, auf den sich Franziskus und Bonaventura zur Meditation zurückgezogen hatten. Halbnackt und bloßfüßig durchstreifte er sommers und winters die Wälder, „vom Geiste getrieben", wie er selbst sagte[56]. Er, der als „perfectissimus imitator", vollkommenster Nachahmer des Poverello, bezeichnet wurde, ist nach dem Bericht eines Augenzeugen[57] der Typus des ekstatischen Franziskanermystikers schlechthin. Oftmals kann er das Übermaß der Gnadenglut nicht bewältigen und muß in laute Schreie ausbrechen[58]. Auch während der Meßfeier erstarrt er vor unerträglicher Seligkeit, zur Erbauung der anwesenden Gläubigen[59] (man muß solche Berichte keineswegs in den Bereich der frommen Legende verweisen, auch in unserem Jahrhundert wird Ähnliches, und zwar auch von nicht gläubigen Zeugen, beobach-

---

[53] Nolthenius, Duecento 250 f., Übersetzung nach Original geringfügig geändert.
[54] Vita del B. Giovanni della Verna, ed. G. V. Sabatelli, La Verna 1965. – G. Pagnani, Giovanni della Verna: BS 6, 919–921. – G. Sabatelli, Jean della Verna: DS 8, 782–784.
[55] Vita 2, 3.
[56] Vita 7, 2, ed. cit. 74.
[57] Vita Prol. 4; 8, 2; so tritt er auch besonders in den Actus B. Francisci bzw. den Fioretti auf.
[58] Vita 8, 1.
[59] Fioretti 53.

tet). Man stellte dabei die üblichen Versuche mit ihm an und verbrannte seine Haut, um die Empfindungslosigkeit zu testen[60].

> „So war zuweilen sein Sinn zu dem Glanze der Cherubim erhoben, zuweilen zu der Glut der Seraphim, zuweilen zu den Freuden der Seligen, zuweilen zu den liebevollen und sinnberaubenden Umarmungen Christi, die nicht nur seine See-le, sondern auch seinen Körper beglückten. Also ward einst unsagbar sein Herz von der Flamme der göttlichen Liebe entzündet wohl drei Jahre. In dieser Zeit empfing er wundersame Freuden und göttliche Offenbarungen und ward oft in Gott entzückt; kurz, er glich in dieser Zeit einer Fackel, die von der Liebe Christi glühte."[61]

Doch dieser Seligkeit folgt die lichtlose Nacht der Gottverlassenheit, bis eine Christuserscheinung ein tiefes Liebeserlebnis bringt: Johannes darf zunächst die Füße, dann die Hand, dann den Heiland selbst küssen[62]. Wie sonst so oft in der Frauenmystik ist hier, was Bernhard theoretisch formulierte[63], in ver-zücktes Erleben umgewandelt, dessen „Duft" noch viele Monate währt. Ganz zeittypisch ist seine intensive Christusmeditation und namentlich sein Wunsch, lieber den Schmerzensmann zu sehen als den verklärten Erlöser[64]. Dieses Sehnen wird mit einer Erscheinung der Pietà bei der Meßfeier be-lohnt. „In dieser heiligsten Schauung schien sich sein Herz so zu verflüssigen, als ob er alle jene Wunden am eigenen Fleische trage."[65] Auch ein Ansatz zu einer Marien-„Mystik" findet sich bei Johannes, wenn er seinen Kopf im Schoße der ihm erscheinenden Jungfrau birgt[66]. Des weiteren werden ihm in-tellektuelle Visionen zuteil wie die von der Schöpfung und Dreifaltigkeit. Als ihn 1322 Kaiser Heinrich VII. besuchte, mußte Johannes eine gewisse Be-rühmtheit erlangt haben, was auch die zahlreichen zu ihm kommenden Rat-suchenden und seine Predigttätigkeit zeigen. Wie viele andere extreme Asketen hat er aber aufgrund einer Offenbarung[67] in seinen letzten Jahren die Strenge seiner Kasteiungen gemäßigt. Damit wurden auch seine Entraf-fungen seltener, und er wandte sich nun mehr einem karitativen Frömmig-keitsleben zu. „Vormals beherrschte die Gnade mich, denn ob ich wollte oder nicht, kamen Tränen und Ekstasen überaus häufig über mich. Jetzt aber beherrsche ich die Gnade, weil ich sie dann habe, wann ich will."[68] Das Le-ben des Johannes von Alvernia ist ein bedeutendes Beispiel dafür, daß Erleb-nismystik keineswegs ein ausschließlich Frauen vorbehaltenes Charisma war, wie wir noch deutlicher bei Heinrich Seuse sehen werden.

---

[60] Vita 8, 2.
[61] Fioretti 49, übersetzt von Steinen (wie o. S. 164 Anm. 17) 140, gekürzt.
[62] Ebd.
[63] Vgl. o. S. 110 f.
[64] Vita 12, 12.
[65] Vita 12, 2, ed. cit. 106.
[66] Vita 14, 2.
[67] Vita 6, 7.
[68] Vita 7, 8, ed. cit. 82.

Gewiß gab es noch andere Charismatiker aus den Bettelorden, besonders unter den Franziskanern, und besonders in Frankreich und Spanien, wenn auch in der Erlebnismystik des späten Mittelalters die Frauen dominieren. Diese Religiosen zeigen in der Regel einen Zug zu einem visionären, kirchenpolitisch engagierten Prophetismus, der nicht eigentlich als Mystik bezeichnet werden kann. Genannt seien die Papstkritiker Robert von Uzès (1263–1296)[69], ein Dominikaner, und der Franziskaner Johannes von Roquetaillade († um 1365)[70]. Am ehesten scheint mystisches Erleben noch bei dem visionär begabten Minoriten ROGER VON DER PROVENCE[71] angedeutet zu sein, der im späten dreizehnten Jahrhundert lebte. Er sah sich von den Schriften des Pseudo-Dionysius inspiriert, die er stets mit sich trug, wie auch den Kommentar Hugos von St. Viktor dazu sowie die *Confessiones* Augustins. Ähnlich wie Douceline[72] hatte er manche Erscheinungen und Visionen und fiel auch er bei verschiedensten Gelegenheiten in Ekstase, besonders häufig bei der Meßfeier, nach eigener Angabe über hundertmal an einem Morgen[73]. Die völlige Vereinigung seiner Seele mit Gott, die er dabei empfand („unitissima")[74], manifestierte sich in abstruser Mimik und Gebärde, so daß er manchen, die ihn nicht näher kannten, als geisteskrank galt. Auch seine Gefährten im Konvent, die ihn auf das äußerste respektierten, verstanden freilich die Subtilität seiner mystischen Auslassungen nicht[75]. Obschon sein Gottesbild stark von Furcht erfüllt war, meinte er in der ekstatischen Unio mystica, selbst Gott zu sein („Dixit etiam mihi quod quadam vice in missa fuit adeo alte raptus et assumptus quod videbatur sibi quod esset Deus")[76]. Im Vergleich zur Größe Gottes (das hieße, auf diese Situation bezogen, zu ihm selbst) seien ihm die Heilige Schrift und alle Heiligen ein reines Nichts[77]. Es ist dies eines der Beispiele, wo ein nie von der Kirche kritisierter Erlebnismystiker ohne theologische Vorbehalte und vorsichtige Umschreibungen die Unio als faktische Vergottung bezeichnet, weil dies seinem Empfinden so entsprach. Dieses Zeugnis wiegt gerade bei einem derartig skrupulösen Menschen wie Roger schwer und verweist darauf, daß die sonst oft anzutreffenden Abschwächungsformeln[78] vom dogmatischen Wissen des Betroffenen oder der theologischen Bildung und Vorsicht der Aufzeichner eingeführt wurden, die Vereinigung im psychischen Erleben aber als reines Gottsein ohne Wenn und

---

[69]　Zuletzt P. Amagier, Robert d'Uzès revisité: Cahiers de Fanjeaux 27, 1992, 33–47.
[70]　Zuletzt S. Barnay, L'univers visionnaire de Jean de Roquetaillade: ebd. 171–190.
[71]　Vita: Catalogus codicum hagiographicorum Bibliothecae Regiae Bruxellensis, Bruxelles 1886, 346–362. – C. Carozzi, Extases et visions chez frère Roger de Provence: Cahiers de Fanjeaux 27, 1992, 81–105.
[72]　Vgl. u. S. 215 f.
[73]　Vita, ed. cit. 352.
[74]　Ebd. 355.
[75]　Ebd. 358.
[76]　Ebd. 353.
[77]　Ebd.
[78]　Vgl. z. B. u. S. 251.

Aber empfunden wird. Gotteserkenntnis ohne Liebe lehnte Roger ab[79]. Die in ihn einströmende Süße Gottes, ein Phänomen, das er offensichtlich als eine Form des Enthusiasmus erlebte, fühlte er so intensiv, daß er davor floh und den Herrn um Befreiung davon bat[80].

> „Wer", fragte er, „wer kann es ertragen, wenn ein derartiges Feuer in so niedriger Materie brennt [die inspirierte Seele im Körper]? Wer kann es ertragen, wenn die mit Gott verbundene Seele in derartig niedrigem Schlamm wohnen muß?"[81]

Bei Roger sieht man einen auch bei nicht wenigen anderen MystikerInnen, wenn auch meist weniger deutlich, bemerkbaren Charakterzug: einerseits extreme Skrupulosität, andererseits kaum unterdrückte Aggressivität. Erstere zeigte sich u. a. daran, daß er täglich zwanzigmal und öfter beichtete[82] oder nicht einmal seine greise Mutter anblickte[83]. Aggressionen richtete er nicht, wie so gut wie alle spätmittelalterlichen MystikerInnen wenigstens längere Lebensphasen hindurch, nur gegen sich selbst speziell in Form der Disziplinen (Autoflagellation), sondern auch, wie Douceline[84], ungewöhnlich heftig gegen andere: er pflegte seine Mitbrüder bei Verfehlungen so hart auszupeitschen, daß sich ihm sogar der Guardian und die anderen Mönche kniefällig zu Füßen warfen und baten, sein Opfer zu schonen. Rogers Antwort lautete: „Selbst wenn ein Engel Gottes mich so darum bäte, würde ich kein einziges Mal weniger zuschlagen" – und prügelte weiter[85]. Dies berichtet ein Augenzeuge, sein Beichtvater, in der Lebensbeschreibung Rogers, die mit dem Ziel seiner Darstellung als Heiliger verfaßt wurde. Auch wenn wir der Frage nach dem Verhältnis zwischen Aggressionspotential und Erlebnismystik in diesem Buch nicht nachgehen können, sei auf diesen möglichen Zusammenhang, der vielleicht ein Schlüssel für ein psychologisches Verständnis eines Teils der spätmittelalterlichen MystikerInnen sein könnte, hingewiesen.

Es muß unter den Spiritualen noch manche weitere Charismatiker und Charismatikerinnen gegeben haben, von denen zur Zeit meist nicht viel mehr als der Name bekannt ist (z. B. Konrad von Offida oder Rixende von Narbonne). Allerdings hatten die Spiritualen auch ihre Theoretiker, die meist unter dem Eindruck der heilsgeschichtlichen Periodisierung Joachims von Fiore zu apokalyptischen Spekulationen neigten. „Sie begannen nämlich, den neuen Orden der Minoriten mit jener Elite von ‚Geistmenschen' zu identifizieren, die, wie der kalabresische Abt prophezeit hatte, die Kirche erneuern sollten."[86] Elemente einer Christus- und Geistmystik finden sich etwa bei PETRUS

---

[79] Ed. cit. 358.
[80] Ebd. 353.
[81] Ebd. 354.
[82] Ebd. 349.
[83] Ebd. 350.
[84] Vgl. u. S. 215.
[85] Ed. cit. 354 f.
[86] A. Vauchez, in: Geschichte des Christentums 6, 322.

JOHANNIS OLIVI (ca. 1248–1298)[87]. Durchaus nicht unbeeinflußt von Bonaventura, hat dieser Gelehrte, „doctor speculativus", Lektor in Montpellier und Narbonne, ein umfangreiches lateinisches Werk hinterlassen. Neben theologischen, namentlich geschichtstheologischen Arbeiten stehen aszetisch-mystische besonders über die Liebe und das Gebet. Wiewohl er für Papst Bonifatius VIII. eintrat, dessen Legislation sich gegen die Spiritualen richtete, wurden er und seine Lehre mehrfach kritisch überprüft, doch erst achtzehn Jahre nach seinem Tode verworfen (Zerstörung seines Grabes und seiner Überreste). Liebevolle Betrachtung Gottes und seiner Schöpfung sowie evangelische Vollkommenheit stehen im Zentrum von Olivis Denken. Dabei ist er in Visionen und Träumen ergangenen Offenbarungen nicht prinzipell abgeneigt, wenn auch ihnen gegenüber vorsichtig. Dabei spielt ein typisches Phänomen der Erlebnismystik als Kriterium der Echtheit eine unerwartete Rolle: wenn das innere Schmecken, „interior gustus et sensus", Evidenz gibt, darf von einer gottgesandten Revelation ausgegangen werden[88]. In Franziskus sieht Olivi nicht nur Enoch, Elias, Jakob, die beiden Johannes, sondern auch den wiedererschienenen Heiland – geradezu die Überführung der mystischen Unio in die Identifikation! –, in seinen treuen Jüngern die Apostel der Endzeit. Wie Christus werden zwar die wahren Mitglieder des Ordens von der „fleischlichen Kirche" verfolgt und gekreuzigt, doch im dritten Weltzeitalter wird ihnen eine kontemplative Existenz möglich sein, die einer Permanenz mystischen Erlebens gleichkommt: die unmittelbare Erleuchtung durch den Geist Christi. Dazu werden ausdrücklich auch gustatorische und taktile Erfahrungen gehören[89].

Ein Schüler des Olivi, aber heftiger Kritiker Bonifatius', war Ubertino von Casale († nach 1329), der unter dem Einfluß u. a. von Margarita von Cortona und Klara von Montefalco stand[90]. Angela von Foligno hat ihn noch mehr beeindruckt, er bezeugt ihre Gabe der Hellsichtigkeit; durch sie – oder, in seinem Verständnis, durch Christus in ihr – sei er völlig verwandelt worden[91]. Ubertino verfaßte, wie Bonaventura auf dem Alvernerberge, 1305 seinen allegorischen *Kreuzes- und Lebensbaum Jesu,* in dessen 5. Buch er eine Olivi ähnliche mystisch-apokalyptische Franziskusverehrung ausbreitet. Wie kann man sich dem Herzen des Gekreuzigten nahen? „Crucifixus venias aut crucifigendus!"[92] (Gekreuzigt oder als zu Kreuzigender!)

---

[87] V. Heynck, Olivi: LThK 7, s. v. – P. Péano, Olieu: DS 11, 751–762. – D. Burr, Olivi, Apocalyptic Expectation, and Visionary Experience: Traditio 41, 1985, 273–288.
[88] Burr 227.
[89] Ebd. 282.
[90] Ebd. 278.
[91] Jörgensen, In excelsis 13.
[92] Zit. Petrocchi, Storia 33.

Konventualen

Zweifellos der berühmteste und einflußreichste unter den Konventualen war in der Geschichte der Mystik BONAVENTURA VON BAGNOREGIO (um 1217–1274, hl.)[93]. Giovanni Fidanza war der Sohn eines Arztes und trat während seines Studiums in Paris 1243 dem Minoritenorden bei. Statt den „freien Künsten", der weltlichen Gelehrsamkeit, widmete er sich seitdem der Theologie und wurde neben seinem Freund Thomas von Aquin der führende philosophisch-theologische Denker seiner Zeit, Professor an der Universität Paris. Ab 1257 als Generalminister Leiter des Ordens, 1273 sogar Kardinal, hat ihm seine mit vielen Reisen verbundene (eher vermittelnde) kirchenpolitische Tätigkeit doch noch Zeit zur Betrachtung gelassen, mystische Erlebnisse scheint er selbst allerdings nicht gehabt zu haben. Bonaventura bemühte sich, den Häresieverdacht vom Orden abzuwaschen, der den Franziskanern wegen der radikalen Spiritualen anhaftete. Um ihnen, „die wörtlich nahmen, was Francesco wörtlich genommen wissen wollte"[94], die Möglichkeit zu entziehen, sich auf dessen von Thomas von Celano verfaßte Legende zu berufen, befahl er deren Vernichtung. An ihre Stelle trat seine eigene Neubearbeitung des Lebens des Ordensstifters, die er nach schriftlichen und mündlichen Berichten (u. a. des Aegidius) verfaßt hatte, wobei er sie im Sinne der traditionellen philosophischen Mystik interpretierte: Er vereinte so die „heilsgeschichtliche" Mystik des Ordensstifters mit der neoplatonischen Tradition, die ihm u. a. aus Augustinus bekannt war. Dieser Kirchenvater zusammen mit Gregor dem Großen und Bernhard waren im dreizehnten Jahrhundert bereits die „klassischen" Quellen der Mystik.

Bonaventura liest und interpretiert die Berichte über den Ordensgründer also in manchem anders als sein Vorgänger Thomas von Celano, der erste Verfasser von Franziskus-Viten[95]. In seiner *Legenda maior,* einer „theologischen Biographie", ersetzt der Ordensminister die chronologische Abfolge der Ereignisse im Leben des Franziskus durch eine Stufenfolge innerer Vollendung. Seine mystische Kreuzigung, nach der der Heilige in „seraphischer Liebe" brennt, „das Bild des Gekreuzigten mit sich tragend, nicht auf Stein- oder Holztafeln von einem Künstler geschaffen, sondern eingeschrieben in die Glieder seines Fleische vom Finger des lebenden Gottes"[96], verstand Bonaventura im Sinne eines endzeitlichen Prophetismus: Franziskus ist der Engel des 6. Siegels der Apokalypse[97]. Trotzdem blieb der Generalminister

---

[93] U. Köpf, Bonaventura: Wörterbuch 68 f. – A. Gerken, Bonaventura: LexMA 2, s. v. – J. N. Hebensperger, Der hl. Bonaventura, Doctor seraphicus, Augsburg 1939. – L. Lemmens, Der hl. Bonaventura, Kempten 1909. – Cousins (wie o. S. 161, Anm. 4). – E. Longpré, Bonaventure: DS 1, s. v. – Nicolosi, Medioevo 113–190.

[94] Flasch, Denken 343.

[95] Vgl. Clasen, Heiligkeitsideal 141 ff.

[96] Leg. 13, 5, ed. Quaracchi 1898, 141.

[97] Leg. mai. prol. 1; 4, 4.

ein Gegner derjenigen franziskanischen Anhänger des Joachimismus, die den Poverello als Künder des vom Heiligen Geist geprägten Endreiches verehrten. Im sechsflügeligen Seraph, der Franziskus bei der Stigmatisierung erschienen war, erkennt der Theologe, als er 1259 am Alvernaberg meditiert, intuitiv „eine symbolische Darstellung der kosmischen Struktur und des geistigen Aufstiegs im Sinne des Neoplatonismus"[98]: Die Flügel des Seraphs sind richtigerweise Symbole für die sechs Stufen der Erleuchtung, vermittels derer die Seele, wie über Stufen oder Sprossen aufsteigend, zum Frieden gelangen kann[99]. Jedes Flügelpaar entspricht einem Bereich der Welt: der materiellen um uns, der seelischen in uns und der göttlichen über uns.

In Bonaventuras Traktat *Itinerarium mentis in Deum* (Pilgerreise der Seele zu Gott) finden sich diese Stufen als verschiedene Manifestationen Gottes beschrieben. Dessen „Spuren" folgt die pilgernde Seele für den ersten Bereich mit vernunftgemäßem Nachdenken über die sichtbare Schöpfung, für den zweiten mit der Reflexion über das Bild Gottes, nach dem wir geschaffen wurden, für den dritten mit irrationaler Erkenntnis. Weg und Tor, Leiter und Fahrzeug zu dieser Erfahrung ist der menschgewordene Christus, ist die „glühendste Liebe zum Gekreuzigten"[100]. Am Ende der geistlichen Pilgerschaft kommt die Verstandestätigkeit zur Ruhe, und in „seelischer und mystischer Entraffung" geht das Gemüt ganz in Gott auf. Hier verläßt Bonaventura die „via affirmativa", das Sprechen über Gott, und geht in die „via negativa" über: die Einung mit Gott, der über Sein und Wissen ist, vollzieht sich in Dunkelheit, über die man nicht mehr sprechen kann – Pseudo-Dionysius wird zitiert. Voraussetzung für diesen Aufstieg ist die Reinigung von der Sünde, wobei Bonaventura aber das Gewicht weniger auf die asketische Leistung – vor allem die Armut – legt, sondern besonders auch auf die theologischen Tugenden: Glaube, Liebe und Hoffnung. Die Mystik betrachtet er als eine Form der Theologie, durch die wir aber „zu übergeistigen Ekstasen entrafft werden"[101]. Diese definiert er als Gott in sich Spüren, wenn auch (mit Pseudo-Dionysius) in Dunkelheit[102].

Dieser Theoretiker der Mystik hat (neben zahlreichen fachtheologischen Werken) eine Reihe weiterer vielgelesener Schriften zur Meditation verfaßt, z. B. *Die drei Wege oder das Liebesfeuer,* das in über dreihundert Handschriften erhalten ist, eine Summe seiner Mystagogie und Gebetslehre. Oder das *Selbstgespräch über die vier geistlich-geistigen Übungen* (ca. 260 Manuskripte), ferner den (authentischen?) *Mystischen Weinstock* u. a. Gern legt Bonaventura mystisches Leben in schulmäßig gegliederten Etappen dar: so u. a. im klassischen Dreischritt von Reinigung, Erleuchtung und Vollendung[103].

---

[98] Cousins 176.
[99] Itin., Prol.
[100] Itin., Prol. 3, hg. v. J. Kaup, München 1961, 46.
[101] Itin. 1, 7, ebd. 62.
[102] Itin. 7, 4–6.
[103] De tripl. via 1. – Com. in Luc. 13, 21.

Im ersten erwirbt sich die Seele vermittels Meditationen Frieden, im zweiten vermittels des Gebets das Licht der Weisheit, im dritten vermittels der Betrachtung den eigentlichen Zugang zu Gott. Die Kontemplation wird in sieben Stufen geschildert[104] usw.

Trotzdem ist der Heilige, wiewohl Gelehrter, nicht nur Vertreter der intellektuell-philosophischen Mystik, sondern wertet letztlich die Gnade höher als die Lehre, die Sehnsucht höher als das Verstehen, das Gebet höher als das Studium. Die durchaus scholastischen *Quaestiones disputatae de scientia Christi* z. B. schließen mit einem Verweis auf die Via negativa der mystischen Theologie des Pseudo-Dionysius und ein Lob der Erfahrung, „experimentalis et vera sapientia". Der letzte Satz lautet: „... und wir müssen zum Herrn beten, daß er die Erfahrung von dem schenkt, wovon wir sprechen."[105] Daher entwickelt der Franziskaner auch die konkrete, bildhafte Betrachtung weiter, deren Beginn wir schon bei Bernhard sahen[106]. So fordert er etwa im *Lignum vitae,* einer spirituellen Biographie Christi, die zu betrachten mit zwölf Früchten des Lebensbaumes belohnt wird und von der immerhin ein Drittel *dem* zeittypischen Thema, nämlich der Passion, gewidmet ist, den Leser bei der Meditation über die Geburt des Heilands auf: „Umarme nun also, meine Seele, diese göttliche Krippe, drücke die Lippen auf die Füße des Kindes, küsse sie beide, schau auf das herbeieilende Heer der Engel, das mit Mund und Herz singt: ,Ruhm sei Gott in der Höhe ...'"[107] Damit ist aber der Betrachter in seiner Phantasie in das Heilsgeschehen „zu jener Zeit" hineingenommen. Es ist so kein Zufall, daß das Hauptwerk dieses Meditationsstiles gerade unter seinem Namen verbreitet werden sollte[108]. Was hier als willkürlicher Vorstellungsakt erfolgt, vollzieht sich in der Erlebnismystik als unwillkürliche, traumhafte Schauung.

Bei Bonaventura finden sich auch manche andere Themen der mystischen Betrachtung. Er hat (wenn die Schrift *Vitis mystica* echt ist) eine intensive Herz-Jesu-Mystik entwickelt: „Sein Herz ist auch mein Herz ... Jesus und ich wohnen in ein und demselben Herzen ... Dazu wurde Dir das Herz durchbohrt: damit wir durch die sichtbare Wunde die unsichtbare Liebeswunde schauen"[109] Bonaventura empfiehlt die Verehrung des Namens Jesu[110], spricht von der Empfängnis und Geburt des Gottessohnes durch die andächtige Seele[111], von ihrem mystischen Tode[112], gebraucht eine eindrucksvolle Lichtmetaphorik[113] usw.

---

[104] De trip. via 3.
[105] 43, ed. A. Speer, Hamburg 1992, 230.
[106] Vgl. o. S. 118 f.
[107] Lign. vitae 1, 4, Decem Opuscula, Quaracchi ³1926, 165, gekürzt.
[108] Vgl. u. S. 182 ff.
[109] Vitis mystica 3,4 f., ebd. 417 f., gekürzt.
[110] De quinque fest. 3.
[111] Ebd. 1 f.
[112] Longpré 1833 ff.
[113] Hebensperger 27 ff.

Der Einfluß dieses Kirchenlehrers auf die weitere katholische Mystik ist kaum zu überschätzen. Dante zeigt sich tief in seiner Schuld, Gerson, die *Imitatio Christi* ... In den Diskussionen um das Wesen der mystischen Theologie zwischen Benediktinern und Kartäusern berufen sich beide Seiten auf ihn[114]. Viele seiner Werke erfuhren schon im Spätmittelalter volkssprachliche Übersetzungen, gern wurde er in Kreisen der Devotio moderna gelesen. „Bonaventura deutsch" war wenigstens seit dem fünfzehnten Jahrhundert eine eigene Kategorie spirituellen Schrifttums. Die Frühdrucke sind zahlreicher als die Augustins oder Bernhards[115].

Andere theoretische Mystiker aus dem Franziskanerorden treten dagegen in ihrer Wirkung deutlich zurück, erreichen vor allem nicht die „internationale" Verbreitung Bonaventuras. Erwähnt seien nur DAVID VON AUGSBURG (✝ 1272)[116] und HUGO PANZIERA (VON PRATO[117], ✝ ca. 1330, sel.)[118].

David ist der Typus des gelehrten Franziskaners, wie ihn der Ordensgründer mit soviel Mißtrauen betrachtet hatte. Seine in Deutschland und den Niederlanden einflußreichen Werke erweisen sich mehr als von der Gotteserfahrung des Franziskus von der Zisterziensermystik geprägt, besonders von Wilhelm von St. Thierry. So steht für ihn auch nicht die Passion und ihre Nachfolge im Mittelpunkt, sondern das Tugendstreben. Der sich an Religiose wendende lateinische Traktat *De exterioris et interioris hominis compositione* (*Über die Zusammensetzung / das Verhalten des äußeren und inneren Menschen*) ist vielleicht Frucht von Davids Bedauern, daß viele in seinem Orden die mystische Andacht gering schätzten, wobei er aber in für Theologen charakteristischer Weise Privatoffenbarungen und Prophezeiungen äußerst skeptisch gegenübersteht und auf die Unterscheidung der Geister pocht. Das Werk, das einmal mehr den Dreistufenweg behandelt, ist auch außerhalb der Minoriten „zu einem der erfolgreichsten Lehrbücher des geistlichen Lebens geworden"[119]. Unter Davids volkssprachlichen (in der Echtheit umstrittenen) Texten zeichnen die *Sieben Staffeln des Gebets* die Gebetsstufen bis hin zur „uberswingunge mines geistes"[120] (Ekstase), lehren also, wie man zur Gotteseinung gelangt (vorausgesetzt, die Gnade gewährt sie). Die analytische, wissenschaftliche Haltung Davids zeigt sich z. B. daran, wie er die körperlichen Begleiterscheinungen des „geistlichen Liebesrausches" quasi naturwissenschaftlich erklärt: aufgrund des feurigen Affekts des Herzens werden die Nerven ausgedehnt, die Wege für den Geist versperrt, so daß Zunge, Hand und Füße in Starre verfallen[121].

---

[114] Ruh, Bonaventura 69.
[115] Ebd. 72.
[116] K. Ruh, David v. Augsburg: VL 2, 47–58. – Michael, Geschichte 3, 133–143.
[117] Richtig: von Pomarance.
[118] C. Schmitt, Hugues Panziera: DS 7, 892 f. – Chuzeville, mystiques 107–118.
[119] Ruh, David: VL 2, 48.
[120] 345 f., zit. ebd. 55, Orthographie normalisiert.
[121] De comp. 3, 64; 3, 69.

Hugo Panziera war sehr jung in den Orden eingetreten, blieb jedoch ungeachtet seiner Doktorats in Theologie aus Demut Laienbruder. Er, der um 1330 auf Missionsreise bei den Tataren gestorben ist, hinterließ neben geradezu verliebten Laude im Stil des Jacopone auch wenigstens vierzehn mystisch-aszetische Schriften, in denen er sich (neben theoretischeren Fragen), so wie viele PassionsmystikerInnen mit den geistigen und leiblichen Schmerzen des menschgewordenen Erlösers beschäftigt. Auch Panzieras Traktate sind, wie so viele der spätmittelalterlichen Mystiker, in der Volkssprache verfaßt. Bemerkenswert ist seine Unterscheidung von Meditation und Kontemplation: bei ersterer spielt die Seele, und Gott ist das Instrument, bei letzterer ist es gerade umgekehrt[122]. Zitieren wir nur ein paar Zeilen aus seiner ersten Lauda:

„Rapisco contemplando
astratto e alienato
vadomi trasformando
di radii circundato;
con giubilo cantando
sono in estasia levato;
ratto son via andato,
del mondo mi partisco.“[123]

Entrafft in der Kontemplation, verzückt und entfremdet, wandle ich mich, von Strahlen umgeben. Singend im Jubel werde ich in Ekstase erhoben, entrafft bin ich entschwunden, scheide mich von der Welt.

Zwei Werke, die im Mittelalter und noch lange danach unter Bonaventuras Namen im Umlauf waren, haben die weitere Entwicklung tief geprägt. Einmal der affektive, populäre *Liebesstachel (Stimulus amoris)* eines Franziskanerlektors namens JAKOB VON MAILAND (zweite Hälfte 13. Jh.)[124], von dessen Leben nichts weiter bekannt ist. Das lateinisch geschriebene und stark auf Bonaventura aufbauende Werk erklärt die Wege der Kontemplation (z. B. Gottessehnsucht, Mitleid mit Jesus) und betont die Wichtigkeit der Passionsmeditation.

„Freudenfülle und tiefer Jubilus kommen in die Seele, wenn man viel geweint und viel Mitleid mit dem Leiden Christi gehabt hat, oder durch die große Glut einzigartiger Gottesliebe. Übergroße Süße erfüllt das Herz durch die Ruhe der Betrachtung, so daß der innere wie der äußere [Mensch] gänzlich in Honigsüße aufgelöst erscheint“[125].

Auch die Marienfrömmigkeit (Betrachtung des Herzens Mariä) bekommt eine mystische Note[126]. Der *Stimulus* wurde noch im Mittelalter in viele Natio-

---

[122] Chuzeville, mystiques 118.
[123] Laudi, ed. V. Di Benedetto, Roma 1963, 29 ff.
[124] P. Péano, Jacques de Milan: DS 8, s. v.
[125] Zit. Petrocchi, Storia 31, gekürzt.
[126] Chuzeville, mystiques 81–86.

nalsprachen übertragen und früh gedruckt; ins Englische hat ihn Walter Hilton übersetzt[127]; Gerson, Ludwig von Granada, Franz von Sales u. a. haben ihn gekannt und geschätzt.

Wesentlich einflußreicher noch wurde ein umfangreiches, „mystisches" Leben Christi, die *Meditationes Vitae Christi*. Solange die Verfasserfrage noch nicht eindeutig geklärt ist (Johannes de Caulibus von San Gimignano?)[128], spricht man vom Autor als „PSEUDO-BONAVENTURA". Dieser Franziskaner schrieb wohl um 1300 (oder schon um 1260?) in Italien für eine Klarissin, die mit diesem Text den Ablauf ihrer Woche nach den Stationen des Erdendaseins des Herrn strukturieren sollte. Stofflich kompiliert der Autor zwar meist nur ältere apokryphe Quellen über das Leben Christi, wobei er auch gern Bernhard von Clairvaux zitiert. Doch mit seiner dramatischen Erzählung des Erdenlebens, besonders aber des Leidensweges Christi, die die theologische Auslegung zurücktreten läßt, leitet Pseudo-Bonaventura zur Praxis einer lebhaften, gefühlsbetonten, persönlich mitvollziehenden Betrachtung der Passion an, wie wir sie, freilich nur in Ansätzen, schon bei Aelred kennengelernt haben[129]. In das Geschehen „jener Zeit" muß man sich meditativ vollkommen hineinversetzen und gefühlsmäßig intensivst daran Anteil haben, als wäre man selbst anwesend. Man muß den Bericht der Evangelien geradezu in der Phantasie nachschöpfen: damit wird er mehr als Glaubenslehre, wird er quasi zum privaten Besitz des einzelnen Betrachters[130]. Der geistliche Nutzen und die Freude solcher „Einfühlung" hängt von ihrer „moralischen Wahrheit" ab, und ausdrücklich nicht von der „Nachweisbarkeit" des Imaginierten im Schrifttext: Pseudo-Bonaventura stellt sogar einzelne Passagen bewußt in einer anderen chronologischen Abfolge dar als der von der Bibel vorgegebenen[131]. Der Meditierende soll z. B. in Gedanken das Jesuskind in Ägypten besuchen; vielleicht wird er es mit anderen Kinder vor dem Haus finden; vielleicht wird es zu ihm sagen … Er küsse seine Füße, nehme es auf den Arm …[132] Wie man es vorzieht, kann man über die Kreuzigung entweder in der Form meditieren, bei der Christus an das schon aufgerichtete Marterholz genagelt wurde, oder in jener, bei der dies geschah, als das Kreuz

---

[127] Vgl. u. S. 372 ff.
[128] DS 1, 1848–53; 8, 324–326. – Baier, Untersuchungen 325–338. – Fleming, Introduction 226 ff., 242 ff. – M. Thomas, Der pädagogische Gedanke der „Meditationes Vitae Christi" und ihre Anwendung der inneren Imagination: Paedagogica historica 15, 1975, 426–456. – Despres, Sights 19–54. – D. R. Lesnick, Preaching in Medieval Florence, Athens 1989, 143–171, 268–277.
Zum Typus: G. de Bruin, Middeleeuwse Leven van Jesus als Leidraad voor Meditatie en Contemplatie: Nederlands Archief voor Kerkgeschiedenis 58, 1978, 129–173. – L. Hundersmarck, Preaching the Passion. Late Medieval „Lives of Christ" as Sermon Vehicles: Th. L. Amos u. a. (Hgg.), De ore Domini, Kalamazoo 1989, 147-167.
[129] Vgl. o. S. 125 ff.
[130] Despres, Sights 24 f.
[131] Lesnick 165.
[132] Med. 13.

noch am Boden lag[133] – beide Typen finden sich ja in der bildenden Kunst. Diese Art der Betrachtung (sie wird von vielen Späteren in visionäre Mystik übergeführt[134]) ist visuell, haptisch, konkret:

> „Betrachtet also mit den Augen des Geistes, wie die einen das Kreuz aufrichten, die anderen die Leiter, jene die Nägel, andere die Hämmer und andere notwendige Werkzeuge vorbereiten! Jetzt ist er entkleidet, er steht ganz nackt vor dieser großen Menge. Zum drittenmal erneuern sich die Schmerzen der Wunden, die man ihm beigebracht hat, der Kleider wegen, die an seinem Fleisch festklebten: das Blut rinnt in Strömen. Seine Mutter und seine anderen Verwandten werden von tödlicher Trauer ergriffen, da sie ihn so verletzt sehen. Oh, in welcher Bitternis ist nun Mariens Seele! Ich glaube nicht, daß sie ihm auch nur ein Wort hätte sagen können. Und schon reißt man ihr den Sohn mit Gewalt aus den Händen, führt ihn zu Füßen des Kreuzes …"[135]

Der Mentalitätswandel, den dieser Text bezeugt, wird auch, abgesehen von der Form der Evangelienvermittlung, deutlich, wenn man bedenkt, daß es im Frühmittelalter als häretisch gegolten hatte, seiner Phantasie so freien Lauf zu lassen[136]. Für das dreizehnte Jahrhundert entsprach dieses Buch dem „Zeitgeist" jedoch außerordentlich. Es verbreitete das franziskanische Bibelverständnis, dem nicht, wie der älteren Exegese, die typologischen Korrespondenzen zwischen Altem und Neuem Testament wichtig waren, sondern die Korrespondenz biblischer Ereignisse mit dem eigenen Leben. Die Heilsgeschichte soll sozusagen typologisch in die persönliche Geschichte hineinwirken, und das täglich: jeden Freitag z. B. ist der Kreuzestod, jeden Sonntag die Auferstehung zu kontemplieren, usw[137]. Emotionale Anteilnahme am Geschilderten war die wesentliche Forderung an den Betrachter[138]. Immer wieder wird er mit Appellen angesprochen: Betrachte, bemerke, schau, bedenke, stelle dir vor …[139] Fragen zwingen ihn zur Konzentration: Meinst du nicht, daß damals … Was hättest Du in jener Situation getan?[140] Dies heißt allerdings nicht, daß dieses Betrachten nur individuell erfolgen mußte, wenn auch das Ziel des Werkes letztlich die mystische Einung darstellt. Es gibt in ähnlichen Texten Hinweise, wonach sie auch in Gemeinschaften vorgelesen wurden[141].

Daß gleichzeitig eine Marguerite d'Oingt[142] und andere sich ganz ähnliche Szenen in ähnlicher Form vergegenwärtigen, wohl ohne die *Meditationes* zu kennen, erweist die zeittypische Faszination namentlich mit der Leidensge-

---

[133] Meditaciones de Passione Christi, hg. v. M. J. Stallings, Washington 1965, 112 f.
[134] Vgl. etwa u. S. 400, 402.
[135] Altitalienische Version, zit. Cecchi, Sapegno, Storia 1, 653, gekürzt.
[136] Despres, Sights 40.
[137] Ebd. 47 f.
[138] Vgl. D. Jeffrey, The Early English Lyric and Franciscan Spirituality, Lincoln 1975, 47.
[139] Thomas 431; Hundersmarck 165, Anm. 20.
[140] Lesnick 166.
[141] Despres, Sights 50 f.
[142] Vgl. u. S. 260 f.

schichte und ihren Details – gerade den nicht in den Evangelien überlieferten. Halten wir deshalb einen Augenblick inne, um nochmals zu betonen: der besprochene Text war in jener Zeit keineswegs der einzige, der Meditation als Vorgang gefühlhafter Anteilnahme propagierte. Andere Autoren bemühten sich ebenfalls darum, wenn auch mit weniger Erfolg (wie die jeweilige handschriftliche Verbreitung lehrt). Ein kurzer, etwa zeitgleicher Text[143], der jedoch unter dem Namen des hl. Beda verbreitet wurde, fordert den Leser genauso auf, sich in die historische Situation der Passion hineinzuversetzen, etwa die Hände, Füße und Ketten des gefangenen Heilands zu küssen, nicht einmal durch den Schlaf die in der Meditation erarbeitete Trauer über seine Leiden zu verlieren ... Dabei konnte das Medium auch die Lyrik sein oder die bildende Kunst. Es sei hier zur Verdeutlichung nur ein kurzes Gedicht aus dem dreizehnten Jahrhundert zitiert, in dem der Appell an den Betrachter besonders deutlich wird.

„Aspicias capud inclinatum ad te salutandum
Os clausum ad te osculandum
Brachia extensa ad te amplectendum
Latus apertum ad te diligendum
Pedes clauis confixos ad te commorandum
Totum corpus in cruce extensum
ad se tibi totum largiendum"[144].

Blicke auf das Haupt, geneigt dich zu grüßen,
den Mund, geschlossen, dich zu küssen,
die Arme, zerspannt, dich zu umfangen,
die Seite, geöffnet, dich zu lieben,
die Füße, durchbohrt mit Nägeln, bei dir zu weilen,
den ganzen Leib, am Kreuze aufgespannt, sich dir ganz zu schenken.

Dieses auch in französischer und englischer Übersetzung erhaltene Gedicht wird sicher bei der Betrachtung entsprechender Bildwerke verwendet worden sein. Dem Meditierenden wird hier versprochen, was MystikerInnen immer wieder in Ekstase oder im Traum erfuhren: der Kuß des Schmerzensmannes, seine Umarmung, seine Liebe vermittels der Seitenwunde, die Unio mit dem Gekreuzigten[145]. Das einmalige Geschehen in jener Zeit soll als andauernd permanent erlebt werden und die entsprechenden emotionellen Reaktionen hervorrufen, die dann, ist zu ergänzen, zu den entsprechenden moralischen Handlungen (Buße, Karitas) führen.

Der Traktat Pseudo-Bonaventuras ist heute noch in mehr als zweihundert Manuskripten erhalten, die teilweise mit Miniaturen versehen sind. Allein im

---

[143] PL 94, 561–568. Vgl. R. Kieckhefer, Major Currents in Late Medieval Devotion: Raitt, Spirituality 75–108, 86 f.

[144] D. Pezzini ed., Il sogno della croce e liriche del Duecento inglese sulla Passione, Parma 1992, 86

[145] Vgl. etwa S. 218 f., 230 f.

England des vierzehnten Jahrhunderts entstanden sieben separate Übersetzungen der Passionsabschnitte[146]; die Übersetzung von Nicholas Love (1415) gilt als das am weitesten verbreitete englische Buch seines Jahrhunderts[147]. Das Werk hat nicht nur das mittelalterliche Drama und die bildende Kunst zutiefst beeinflußt; auch die Passionsmystik einer Birgitta und Kempe, eines Rolle, Herp, der Devotio Moderna u. v. a. sind letztlich durch es geprägt. Ludolf von Sachsen, Martin von Cochem (1634–1712) u. a. übernahmen teilweise wörtlich Passagen. Vielleicht darf man sogar weitergehen und den *Meditationes* eine ähnlich bedeutende Stellung für die ungeschriebene Geschichte der Entwicklung der inneren Imagination zuschreiben, wie sie in einem anderen Medium Giottos Fresken haben sollten[148].

Doch ist unter Bonaventuras Namen auch theoretische Mystik noch anderer Autoren verbreitet worden, so bis ins neunzehnte Jahrhundert hinein die *Theologia mystica* des Kartäusers Hugo von Balma (um 1300)[149]. Er bringt zwar das traditionelle Schema von den drei Aufstiegsstufen (Wegen), betont aber die Bedeutung des Gefühls dabei bis zur Bezeichnung der intellektuellen Erkenntnis als belanglos. Besonders durch kurze, affektive Stoßgebete kann sich die Seele zu Gott erheben. Im Spätmittelalter sollten sich die Vertreter der antiintellektualistischen Richtung in der theoretischen Mystikdiskussion auf ihn berufen, doch schon sein Ordensbruder Guigo de Ponte († 1297)[150] von der Grande Chartreuse äußerte sich in seiner als Ergänzung zu Hugos Traktat konzeptierten Schrift *De contemplatione* vorsichtiger.

Spanien hat vor dem sechzehnten Jahrhundert kaum Anteil an der Geschichte der Mystik. Trotzdem stammt aus diesem Bereich, genauer von der Insel Mallorca, der vielleicht vielseitigste Mystiker, den der Katholizismus überhaupt kennt. RAIMUND LLULL (RAMON LUL, 1232–1315/16, sel.)[151], zubenannt „doctor illuminatus", war Erzieher und Seneschall am aragonesischen Hof. Den Ehemann und Vater hinderten christliche Ethik oder kirchliche Gesetzgebung durchaus nicht daran, getreu den Prinzipien der höfischen Liebe andere Damen zu begehren, zu verehren und zu besingen.

„Eines Nachts, als er gerade begonnen hatte, besagte Kantilene niederzuschreiben, blickte er auf und sah rechts von sich den Herren Jesus Christ, wie er am Kreuze

---

[146] Despres, Sights 35.
[147] Ebd. 49.
[148] Thomas. Der Vergleich geht allerdings wenigstens auf H. Thode, Franz von Assisi und die Anfänge der Kunst der Renaissance in Italien [1885], Wien (Neuausgabe) 1934, 448 ff. zurück.
[149] P. Nissen, J. Weismayer, Hugo v. Balma: Wörterbuch 239 f.
[150] P. Nissen, Guigo de Ponte: Wörterbuch 211 f.
[151] E. Platzeck, Das Leben des sel. Raimund Lull, Düsseldorf 1964. – A. Bonner, Ch. Lohr, Raymond Lulle: DS 13, s. v. – E. Longpré, Lulle: DThC 9/1, 1072–1141. – Lea, Geschichte 3, 646 ff. – P. Juan-Tous, Llull: Wörterbuch 328–330. – Behn, Mystik 19–43. – J.-Cl. Frère, Raymond Lulle, Paris 1972.

Abb. 13 Die mehrfache, immer intensiver werdende Erscheinung des Gekreuzigten vor Ramon Llull, die den Beginn seines mystischen Lebens 1263 markiert, ist in dieser Handschrift seiner Autobiographie dargestellt. Im mittleren Register hat er sich als Pilger mit Hut und Stock vor das Bild der Madonna in Roc-Amadour (Südfrankreich) begeben, rechts kniet er in S. Jago di Compostela vor dem hl. Jakobus.

Vita coetanea: Cod. pergam. 92, Badische Landesbibliothek, Karlsruhe.

hing. Durch solches Gesicht ward er von Furcht befallen, ließ, was er in Händen hatte, liegen und ging ins Bett."[152]

Erst nach vier oder fünf ähnlichen Erscheinungen jedoch beschloß er, nach dem Beispiel des Franziskus dem weltlichen Leben zu entsagen und sich ganz der Mission zu widmen; seine Lieder vernichtete er. 1276 erschien seine Gattin vor dem zuständigen königlichen Beamten, um einen Prokurator zu beantragen, da ihr Mann „sich so sehr der Betrachtung ergeben hat, daß er sich um die Verwaltung seiner irdischen Güter nicht mehr kümmert", wie es in der daraufhin ausgestellten Urkunde heißt[153]. Freilich soll, falls sich sein Roman *Fèlix* autobiographisch deuten läßt, genauso entscheidend das Erlebnis gewesen sein, daß ihm die Geliebte, die er sogar zu Pferd in die Kirche verfolgt hatte, ihren vom Brustkrebs zerfressenen Busen zeigte[154] – quasi eine menschgewordene Figur der Frau Welt, wie man sie an manchen frühgotischen Kirchen in Stein gehauen sehen konnte[155]: vorne verlockend schön, hinten von Kröten und Schlangen entstellt ... Religiöse Inspirationen, Erscheinungen und Auditionen begleiteten Llull auf seinem Buß- und Pilgerweg[156]. „Der Liebende verzichtete auf die Welt, und er ging mit der Liebe seinen Geliebten zu suchen ..."[157] Als er auf dem Berge Randa in seiner Heimat meditierte, wurde ihm eine Erleuchtung zuteil, die ihm die Konzeption einer alles erklärenden „Kunst" (d. h. philosophisch-mathematischen Vorgangsweise) vermittelte.

Llulls (vom König von Mallorca unterstützte) Aktivitäten auf kirchlichem Gebiet reichten nunmehr von der Propagierung eines neuen Kreuzzuges und der sprachwissenschaftlichen Vorbereitung der Heidenmission über Klostergründung, universitärer Lehrtätigkeit bis zu eigenen Missionsreisen nach Nordafrika. Auch sonst war Llull nahezu ständig unterwegs: zum Papst, zu Königen und Fürsten, zu den Generalkapiteln der Bettelorden ... (Wahrscheinlich 1295 wurde er Drittordensbruder der Franziskaner.) In seinem Büßergewand, mit wallendem Bart, muß er eine eindrucksvolle Gestalt gewesen sein. Der nicht unbestrittenen Überlieferung nach fand er, etwa dreiundachtzig Jahre alt, in Afrika den gesuchten Märtyrertod.

Neben all diesen Unternehmungen verfaßte Llull in nahezu allen Gattungen (Lyrik, Roman, Spruch, Traktat usw.) über dreihundert Werke in Latein, Katalanisch, Spanisch und Arabisch, zusammen siebenundzwanzigtausend Manuskriptseiten[158]. Seine philosophischen und theologischen Schriften im Rahmen einer anti-averroistischen Scholastik können wir hier nicht berüh-

---

[152] Vita 2, übersetzt von Platzeck 33.
[153] Ed. J. Hillgarth, Ramon Lull's Early Life. New Documents: Medieval Studies 53, 1991, 337–347, 346.
[154] Frère 38 ff.
[155] LcI 4, 496–498. – Sachwörterbuch 260 f.
[156] Vita 21, vgl. Descon. 2, 4 ff., Cant 1, 4 f.
[157] Amic 281, übersetzt von L. Klaiber, Olten 1948, 119.
[158] Lorenz, Gott 15.

ren, nur daran sei erinnert, daß er auf der Grundlage einer mathematischen Kombinatorik die „ars generalis", eine symbolische, geometrische, astrologische „Kunst der Wahrheitsfindung" erarbeitete. Nur Vernunftgründe sollen danach unter Ausschluß der Autoritäten zur Erkenntnis führen. Trotzdem bekennt der Scholastiker sich in seinem *Baum der Liebesphilosophie* zum Vorrang letzterer vor der Erkenntnisphilosophie[159], wie es der franziskanischen Mystik entsprach.

Sein Hauptwerk ist der zunächst arabisch geschriebene *Libre de Contemplació en Déu*[160] (1271/73), eine Betrachtung Gottes und der Welt in Gebetform mit Anweisungen zu Meditationsübungen für alle 366 Tage des Jahres. Die Schrift ist in typisch spätmittelalterlicher Manier gegliedert: in fünf Bücher entsprechend den fünf Wunden Christi, und diese in vierzig Kapitel gemäß den vierzig Tagen, die der Herr in der Wüste fastete, diese in je zehn Abschnitte nach den zehn Geboten, jeder von ihnen in drei Teile zu Ehren der Trinität, usw. Llull findet Gott in der Welt, dem Makrokosmos, und dem Menschen, dem Mikrokosmos, und in all den Analogien und Korrespondenzen zwischen ihnen. „Da du, Herr, unendlich bist, wir aber endlich, können jene, die dich lieben, dich jederzeit und überall finden. Ach du mein Gott voll Mitleid und Erbarmen! Der Ort, wo man dich am sichersten findet, ist das Herz des lauteren Menschen."[161] Nicht zufällig erinnert dieser Gedanken vom, wie es an anderen Stellen heißt, „inneren Gemach"[162] der Gottesbegegnung an das „Erkenne dich selbst" der Zisterzienserschule[163], die Llulls Belesenheit wohlbekannt war. Allerdings umfaßt das Buch sowohl eine Summe der theologisch-naturwissenschaftlichen Anschauungen des dreizehnten Jahrhunderts als auch an Augustinus erinnernde autobiographische Elemente. Ein anderer Traktat behandelt das religionspsychologisch bedeutende Thema *Wie die Kontemplation in die Entraffung übergehen kann.*

Das vielleicht berühmteste mystische Opusculum des Katalanen ist das (nach Vorbildern der arabischen Sufi-Mystik gestaltete) *Buch vom Freunde und vom Geliebten,* ein Einschub in seinen großen Bildungsroman *Blanquerna.* Es besteht aus 366 Sentenzen zur mystischen Gottesliebe, die die namengebende Romangestalt in einem Augenblick inbrünstiger Andacht wie in Inspiration zu formulieren beginnt.

> „Der Freund blickte auf sich selbst und sah wie in einem Spiegel seinen Geliebten. Und er blickte auf seinen Geliebten und sah wie in einem Spiegel sich selbst. Nun fragt es sich, welcher dieser beiden Spiegel seinem Verstehen näher war?"[164]

Llull steht hier mehr in der Tradition der Brautmystik als in der der zunächst

---

[159] Behn, Mystik 31 f.
[160] KLL s. v.
[161] Contempl. 5 übersetzt von Lorenz, Gott 19, gekürzt.
[162] Lorenz, Gott 32 ff.
[163] Vgl. A. Maiorino Tuozzi, La ,conoscienza di sé' nella scuola cisterciense, Napoli 1976.
[164] 349 (350) übersetzt von Lorenz, Gott 44.

vorwiegend franziskanischen Passionsmeditation. Leiden ist zwar dauerndes Thema der Reflexionen im *Blanquerna* – aber das Liebesleiden der Seele des *Hohenliedes* und der zeitgenössischen Trobadors. „Liebe ist das, das den Liebenden tötet, wenn er von den Schönheiten seines Geliebten singen hört."[165] „Sage, Narr! Wer weiß mehr von der Liebe: der an ihr Freude hat, oder der durch sie Not und Kummer erleidet? Er antwortete, daß die Liebe das eine ohne das andere nicht kennt."[166] Die zeittypische Betrachtung der Qualen des Heilands pflegt Llull freilich an anderer Stelle, nämlich in seinem *Gebetbuch*[167].

Llulls Lehre von der Gebetsversenkung (die von Verstand und Wille eingeleitet wird)[168] ist in seiner *Medizin gegen die Sünde* niedergelegt. Auf der letzten Stufe schließt der Beter schweigend die Augen und verzichtet auf jede Vorstellung.

> „Wer so sein Gebet erheben und lange Zeit darin verweilen kann, ohne daß sich Bilder und Vorstellungen der äußeren Welt einschleichen, hat die höchste Art des Betens erreicht. Der Heilige Geist wird ihn über alle Himmel entrücken, ohne daß er weiß oder zu denken vermag, wie das geschieht. Sein Beten wird so vollkommen sein, daß er ihm nichts mehr hinzufügen kann. Ihn kümmert kein Wissen mehr, er betet an in der Wahrheit."[169]

In Umkehrung der sonstigen Tradition[170] spricht Llull von der „leuchtenden Wolke", durch die Liebender und Geliebter miteinander kommunizieren[171].

Das Nachwirken dieses einzigartigen Mystikers läßt sich vielleicht mehr in der Geschichte der Philosophie und Mathematik von Cusanus bis Leibniz festmachen als in der der Mystik. Auch esoterische Strömungen konnten sich auf ihn berufen, zumal von späteren Alchimisten verfaßte Schriften unter seinem Namen im Umlauf waren[172]. Einflüsse der jüdischen Kabbala erscheinen möglich[173] (vgl. seine Theologie und Betrachtung der neun Gottesnamen). Wiewohl Llull 1310 eine von vierzig Pariser Universitätslehrern beschworene Erklärung über die Orthodoxie seiner Lehre erhielt und im folgenden Jahr eine ähnliche Bestätigung des Kanzlers dieser Institution, obwohl er in Katalanien als Seliger verehrt wurde, griff ihn der dominikanische Inquisitor Eymerich heftig an und legte eine (höchstwahrscheinlich gefälschte) Bulle Gregors XI. von 1376 vor, in der zweihundert Lehrsätze Llulls als häretisch verurteilt sind[174]. Bis ins neunzehnte Jahrhundert, als Lulls

---

[165] Amic 171, übersetzt von Klaiber, 89.
[166] Amic 179, übersetzt ebd. 91.
[167] Platzeck 112 f.
[168] Amic 127.
[169] Medic. 8, übersetzt von Lorenz, Gott 31.
[170] Vgl. o. S. 57, 69, u. S. 371.
[171] Amic 123.
[172] J. Tondriau, L'Occultisme, Verviers 1964, 100, 142 f.
[173] Frère 193 ff.
[174] Longpré 1085, 1136.

Verehrung endgültig zugelassen wurde, sollte der Streit darüber namentlich zwischen Franziskanern und Dominikanern wogen.

Dominikaner

Der Kastilier Dominikus von Caleruega († 1221) gründete etwa gleichzeitig mit Franziskus den zweiten großen Bettelorden, den der Predigermönche. Wiewohl er selbst kein Mystiker war und seinem Orden vor allem die praktischen Ziele der Ketzerbekämpfung und Stadtpredigt vorgab, sollten aus diesem im folgenden Jahrhundert sowohl die bekanntesten spekulativen Mystiker des Mittelalters erwachsen, als auch zahlreiche Erlebnis- und besonders Leidensmystikerinnen. Die „mystische Invasion" des Spätmittelalters beachtete nämlich die Ordenszugehörigkeiten wenig. Den trotzdem bestehenden Gegensatz zur Spiritualität der Minoriten erkennt man u. a. daran, daß Dominikus der erste Ordensgründer war, der für seine Mitglieder ein theologisches Studium ausdrücklich vorschrieb, und daß die Dominikaner die vornehmlichen Träger der päpstlichen Inquisition wurden, was beides Franziskus zutiefst abgelehnt hätte. Aber diese Gegensätze sollten im Bereich der Erlebnismystik kaum Konsequenzen haben; eher in dem der theoretischen Mystologie: denn Eckhart und seine Schule sind ohne ihre universitäre Ausbildung undenkbar.

Zwei Gelehrte aus der Welt der Universität bzw. der Ordenshochschule sind es auch, die an dieser Stelle Erwähnung finden müssen, obwohl Themen der Mystik keineswegs den Schwerpunkt in ihren außerordentlich umfangreichen Werken bilden. ALBERTUS MAGNUS (um 1200–1280, hl.)[175] und sein Schüler THOMAS VON AQUIN (1225–1274, hl.)[176]. Es wäre erstaunlich, wenn sie in ihren allumfassenden Summen nicht auch Worte zur Mystik gesagt hätten; spezifisch mystagogische Schriften haben sie allerdings bezeichnenderweise nicht hinterlassen, wenn solche ihnen auch später fälschlich zugeschrieben wurden[177]. Alberts Werk läßt nicht allzuviel Neigung zur Kontemplation erkennen, obwohl er sie innerhalb seines Lehrgebäudes natürlich behandelt. Sein Interesse galt der philosophischen, theologischen und naturwissenschaftlichen Forschung, auch der Kirchenpolitik (vom Amt des Bischofs von Regensburg trat er jedoch bald zurück) und Kreuzzugspredigt. Der Betonung der rational-wissenschaftlichen Theologie entspricht die Verwerfung der visionären Mystik, vielmehr wird die Gegenwart Gottes im Menschen betont.

---

[175] W. Kübel, Albertus Magnus: LexMA 1, 294–299. – H. Wilms, Albert d. Gr., München 1930. – M. Viller, Albert le Grand: DS 1, 277–283.
[176] M.-D. Chenu, Thomas von Aquin, Reinbek ²1981. – Pourrat, Spiritualité 2, 197–228. – J.-P. Torell, Thomas d'Aquin: DS 15, 718–773. – H. Farmer, Tommaso d'Aquino: BS 12, 544–567. – P.-A. Walz, Thomas d'Aquin, Vie: DThC 15/1, 618–631.
[177] Viller 279 f.

Abb. 14 Stationen des Frömmigkeitslebens im Dominikanerkloster. Oben: Im Kapitelsaal empfängt der zukünftige Mönch als Postulant den Habit. In seiner modern ausgestatteten Zelle studiert und schreibt der Bruder; über ihm die Erscheinung der Ewigen Weisheit. Unten: Gemeinsames Mahl mit Tischlesung im Refektorium. Erscheinung der Ewigen Weisheit mit dem Kreuz, dem „Lebensbaum".

Seuse, *Horologe de Sapience* (mittelfranzösischen Übersetzung des *Horologium sapientiae*): MS. IV 111, f. 17, M. 15. Jh., Bibliothèque Royale, Brüssel.

Doch hat Albert Kommentare zu den Schriften des Pseudo-Areopagiten verfaßt, die in Nachschriften aus der Hand des Thomas vorliegen. Zwar hat er dabei „als erster mit scholastisch-aristotelischer Sonde die dunklen Redensarten der Mystiker untersucht und mit unbeirrbarer Festigkeit und unerbitterlicher Folgerichtigkeit die sachliche Bestimmung gebucht"[178], doch seine dadurch nicht geschmälerte Hochschätzung des Neoplatonismus dürfte die Richtung mitbestimmt haben, die die spekulative Mystik Deutschlands in der nächsten Generation genommen hat. Besonders Tauler zitiert ihn unablässig.

Da der Thomismus, die Lehre des Thomas von Aquin, die absolut bestimmende Theologie in der katholischen Kirche werden sollte, kann ihre Bedeutung auch für die Mystik schwerlich überschätzt werden. Einerseits richten sich an ihr die Abhandlungen zur theoretischen Mystik und zur Mystagogie bis zur Gegenwart aus, andererseits wurde sie Grundlage bei der Unterscheidung, welche Aussagen von Erlebnismystikern als orthodox und welche als häretisch zu beurteilen seien. Festgeschrieben wurde der Thomismus als Norm der Katholizität im sechzehnten und im neunzehnten Jahrhundert durch die Päpste Pius V., der den Heiligen zum Kirchenlehrer, und vor allem Leo XIII., der ihn zum „authentischen Lehrer der Kirche" erklärte und ein Abweichen von seinen Meinungen unter kirchenrechtliche Sanktionen stellte[179]. Das war im dreizehnten Jahrhundert noch nicht so klar gewesen, denn der Bischof von Paris hatte 1277 eine Reihe von Lehrsätzen des Thomas verurteilt[180], ein Verdikt, das erst 1324 nach der Heiligsprechung des Aquinaten aufgehoben wurde[181].

Die „objektive Unpersönlichkeit"[182] der Lehre des Dominikaners läßt nicht unbedingt auf seine Empfindungswelt schließen. Thomas nahm an den Geschäften von Welt und Kirche kaum Anteil und liebte es, sich zur Betrachtung zurückzuziehen[183]. Oft war er völlig in Gedanken versunken[184]. Seine Werke soll er stets mit tränenüberströmtem Gebet begonnen haben[185]. Nicht lange vor seinem Tode, am 6. Dezember 1273, hatte er während der Messe ein wohl ekstatisch-mystisches Erlebnis. „Mir ist solches geoffenbart worden, daß das, was ich geschrieben und gelehrt habe, als belanglos erscheint..."[186] Mehr sagte er nicht. Doch damals hörte er auf, zu unterrichten und zu diktieren. Nur unmittelbar vor seinem Sterben legte er noch den ihn umgeben-

---

[178] Wilms 163.
[179] Corpus Iuris Canonici c. 589, vgl. 1366; O. Pesch, Thomismus: LThK 10, 157–161.
[180] L. Bianchi, Il vescovo e i filosofi. La condanna parigina di 1277, Bergamo 1990.
[181] Walz 629.
[182] Chenu 58.
[183] P. Gagnebet, Thomas d'Aquin, Le saint: DThC 15/1, 631–635.
[184] Torrell 746.
[185] Gagnebet 634.
[186] Ebd. 635; dazu Torrell 747 f.

den Zisterziensern das *Hohelied* aus[187]. Man hat dieses Verhalten als „gelebte negative Theologie" bezeichnet[188].

Auch Thomas kommentierte den Pseudo-Dionysius und thematisierte das Wesen der religiösen Betrachtung in patristischer Tradition. Wenn das beschauliche Leben auch wegen seines Gegenstandes an sich über dem tätigen steht, so ist es doch gottgefälliger, es um des bedürftigen Nächsten willen zu unterbrechen[189]. „Contemplata aliis tradere", das Betrachtete andere lehren, lautet eine Maxime des Ordens und des Philosophen, der sich dabei des Bildes vom Auf- und Abstieg auf der Jakobsleiter bedient[190]. Mag die Kontemplation auch zur übernatürlichen Erleuchtung führen, so kann sie doch nie die göttliche Essenz schauen[191], ist sie doch stets von „phantasmata", Beimengungen menschlicher Phantasie, begleitet[192]. Seit Thomas ist die vordem eher unpräzise Bedeutung von „Kontemplation" auf: unvollkommene Betrachtung der göttlichen Wahrheit vor dem Tode festgelegt[193]. Abgesehen von Paulus und vielleicht Moses hat ein lebender Mensch noch nie Gott unmittelbar geschaut[194] – eine von der negativen Theologie des Areopagiten kommende dogmatische Feststellung, die dem Evidenzgefühl zahlloser Erlebnismystiker widerspricht.

Obschon der Magister eine umfassende und zur Zeit der Hexenverfolgung unheilvoll wirkende Dämonologie ausbildete, berührte er die Frage nach der Unterscheidung der Geister nur im Vorübergehen. Daß er allerdings im imaginativen, sensitiven Charakter von Privatoffenbarungen am ehesten Zeichen teuflischen Herkommens sehen wollte[195], konnte in der weiteren Geschichte des Charismatikertums nicht ohne schreckliche Folgen bleiben.

Es wäre müßig, hier einzelnes über das sonstige Nachwirken der Konzeptionen des Thomas zu sagen, da sie zur Pflichtlektüre der katholischen Geistlichkeit wurden und seit dem vierzehnten Jahrhundert wohl auch bei allen Theoretikern der Mystik vorausgesetzt werden müssen. Viele, wie z. B. Johannes und Gerhard von Sterngassen (erstes Drittel 14. Jh.) beziehen sich auch bei der Erörterung der Mystica teilweise wörtlich auf ihn[196]. Vielleicht könnte man dem Leben und der Rezeption nach Thomas als die in der Geschichte der Spiritualität des dreizehnten Jahrhunderts Franziskus am meisten konträre Persönlichkeit bezeichnen: wo der Dominikaner unüberbietbare Autorität durch sein Werk gewann, während die Verehrung seiner per-

---

[187] Walz 627.
[188] S. Ueda, Meister Eckharts Predigten: Ruh, Abendländische Mystik 35.
[189] Perf. vit. sp. 23.
[190] ST 2 a, II, q. 188, a. 6; Chenu 58.
[191] ST 1 a, q. 12, a. 12.
[192] ST 2 a, q. 180, a. 5, ad 2.
[193] Pourrat, spiritualité 2, 222.
[194] ST 2 a, II, q. 180.
[195] ST 2 a, II q. 172 a. ad 3; 174, a. 2 ad 4.
[196] Gieraths, Dominikanermystik 442 f.

sönlichen Heiligkeit außerhalb des Ordens wenig verbreitet war, wurde der Minorit weit über seine Gründung hinaus auch für zahllose Laien Vorbild kraft seiner überzeugenden Lebensführung, ohne daß seine Schriften besonders wichtig geworden wären. In diesem Sinn wirkten beide auch in der Geschichte der abendländischen Mystik fort.

Frauenmystik

Seit der zweiten Hälfte des zwölften Jahrhunderts gab es in einigen Regionen Europas eine vornehmlich von Frauen getragene sozial-religiöse Strömung, die sich durch eine neue, unübliche Lebensform, eine intensive, aber nicht monastische Frömmigkeit und die Anhäufung mystischer Erlebnisse charakterisiert[197]. Wenn auch die weitaus überwiegende Anzahl aller Frauen ihr Leben nach wie vor gemäß dem herkömmlichen Modell als Ehefrauen und Mütter führte, so fanden sich doch seit dem elften Jahrhundert mehr und mehr Frauen, die sich dieser Tradition verweigerten, um ihr Leben ohne Gatten und Kinder zu leben. An deren Stelle trat die Beziehung einerseits zu anderen Frauen, andererseits zu dem „wahren Bräutigam" im Himmel. Diese ja nicht auf Vorbildern basierende Alternative zum herkömmlichen Frauenleben überhaupt zu entwickeln war freilich zunächst nur denen möglich, die eine gewisse Zeit zur Reflexion besaßen, d. h. Frauen aus den gesellschaftlichen Oberschichten. Sie wurden in besonderem Maß von den Idealen des evangelischen Lebens erfaßt, für das die damals revolutionäre Armutsbewegung im Zuge der spirituellen Reform warb. „Verweigert wurden [von diesen Frauen] die traditionellen Werte und Güter des ‚saeculum', der Welt, besonders ‚Reichtum' (dies ist ein Begriff, der im Hochmittelalter wesentlich als ‚Macht, hohe Stellung' zu verstehen war). Verweigerung bezog sich auch auf das Verhalten, das diesen Gütern und Werten entsprach – das Befehlen, das Genießen, das Raffen, den räuberischen Erwerb ... Verweigerung richtete sich schließlich auch auf das andere Geschlecht ... Wenn man mittelalterliche Gewährsmänner hört, galt der Abscheu vor allem der institutionellen Vereinigung, nämlich der Ehe. Den Masseneintritt von verheirateten Frauen des Hochadels in den Zisterzienserorden begründet Jakob von Vitry damit, daß diese ‚fleischliche Ehe in geistige'[198] umwandeln wollten; die zahlreichen adeligen Mädchen ... hätten ‚die ihnen angebotene Ehe verachtet'. Aber sie hätten in großer und fröhlicher Armut gelebt ...'[199] Die mittelalterliche Ehe war ja nach allen Rechtsquellen ein Unterwerfungsverhältnis, das

---

[197] Ich folge hier in der Einleitung teilweise meiner Darstellung in Dinzelbacher, Frauenmystik 27–77, die sich jedoch ausführlicher auf die sozialgeschichtlichen Aspekte konzentriert und die Mystik nur streift.
[198] oder: geistliche.
[199] B. Thum, Aufbruch und Verweigerung, Waldkirch 1980, 353 f. unter Zitierung der bei Grundmann, Bewegungen 188 f. angeführten Stellen aus Jakob von Vitry.

es einem Mann, der nur den legitimen Spielraum seiner „patria potestas" ausnützte, also völlig im Rahmen des rechtlich und sozial Akzeptierten blieb, gestattete, seine Frau schlichtweg mit körperlicher Gewalt zu einer gehorsamen Kreatur ohne Eigenwillen zu machen. Zu der Bestimmung etwa des *Aardenburger Stadtrechts* aus dem vierzehnten Jahrhundert, es sei Recht, daß der Gatte seine Frau bis zum Blutvergießen züchtigen dürfe, wenn sie nur am Leben bleibe, gibt es zahlreiche analoge, wenn auch teilweise mildere Vorschriften und Gerichtsurteile[200], und auch Johannes Marienwerder hat in seinen Lebensbeschreibungen der hl. Dorothea von Montau manches Erhellende hierüber zu sagen[201].

Die soziogeographische Herkunft dieser Frauen ist zumeist der städtische Bereich, die neue Lebensform des Hochmittelalters par excellence, die Sozialschicht die der mittelständischen Kaufleute, auch des Patriziats und des Adels. Die „religiöse Frauenbewegung" kannte aber auch deutliche geographische Schwerpunktregionen, wie es andererseits Gebiete gab, die sie nicht erreicht zu haben scheint. Es sind das heutige Belgien und die angrenzenden Länder, in der sich diese Strömung zuerst im endenden zwölften Jahrhundert manifestierte, also Flandern, Brabant, Nordfrankreich, das Niederrhein- und Moselgebiet. Rheinaufwärts breitet sich die Welle der neuen Frauenfrömmigkeit bis nach Süddeutschland und in die Schweiz aus und von den Niederlanden bis Schlesien, Polen und Böhmen. In Südfrankreich scheinen sich ähnliche Gruppen vor allem im Zusammenhang mit den Franziskanern gebildet zu haben. In Italien war es anscheinend nur der Nordteil der Halbinsel, der analoge Bewegungen im Rahmen der Humiliaten und Bußschwesterschaften der Bettelorden erlebte, auf der Pyrenäenhalbinsel werden ohne Regeln ein Ordensleben führende „Selige" (beatas) erwähnt. Andere Teile der Catholica dürften weitestgehend oder gänzlich unberührt geblieben sein: Skandinavien, Süditalien, England. Die Entwicklung ging also von Zonen aus, die wirtschaftlich, sozial und kulturell wohl die fortschrittlichsten Europas waren, was im Reichtum an Städten begründet lag.

Die Anfänge oder vielleicht besser Vorboten der Frauenbewegung kann man in der begeisterten Reaktion sehen, die die Wanderprediger des elften Jahrhunderts im Laienstand nicht nur bei den Männern, sondern auch bei den Frauen fanden. Ihr Motto hieß (wie das der ersten Zisterzienser): zurück zum evangelischen Leben der Armut! Am bekanntesten ist wohl der Enthusiasmus, den der heiligmäßige Reformpriester Robert von Abrissel († 1116)[202] mit seinen Bußpredigten auslöste. Tausende hefteten sich als „pauperes Christi", Arme um Christi willen, an ihn, unter ihnen besonders viele Frauen sowohl aus den geachtetsten Ständen (u. a. zwei Frauen des Herzogs Wilhelm IX. von Aquitanien, der nach der These Bezzolas zur Revanche die

---

[200] Shahar, Frau 93 ff.
[201] Vgl. u. S. 350.
[202] J. Dalarun, L'impossible sainteté. La vie retrouvée de Robert d'Abrissel, Paris 1985.

amouröse Trobadorlyrik erfunden haben soll[203]), wie aus dem verachtetsten, nämlich dem der Prostituierten. Doch hören wir aus diesem Bereich noch nichts von mystischen Erscheinungen.

Robert und seine Anhänger stellten nur eine der zahlreichen religiös bewegten Gruppen dar, die besonders den Frauen attraktiv erschienen. Norbert von Xanten († 1134)[204], dessen Heiligkeit im Unterschied zu der umstrittenen Roberts 1582 von Rom bestätigt wurde, zog, ehe er den Erzbischofsstuhl von Magdeburg bestieg, eine große Zahl auch von Frauen in den von ihm neugegründeten Orden der Prämonstratenser. Daß man hier bald zu einer „prohibitiven ‚Frauenpolitik‘‘‘ überging, d. h. die Schwestern bei den Männerklöstern nicht mehr duldete, dürfte die Entwicklung des frühen Beginenwesens beschleunigt haben. Mystische Erscheinungen scheinen allerdings bei den Norbertinerinnen, anders als bei den gleichzeitigen Zisterzienserinnen und Beginen, nicht häufig gewesen zu sein; aus dem endenden dreizehnten Jahrhundert ist aber wenigstens Christina von Retters[205] zu erwähnen; auch Bronislawa von Kamien (1203–1259)[206], von der eine ähnliche Christuserscheinung berichtet wird wie von Luitgard von Tongeren[207], scheint mystisch begabt gewesen zu sein, ebenso ihre Mitschwester Judith im Kloster Zwierzyniec bei Krakau, die wegen ihrer Prophetengabe sogar die polnischen Könige konsultierten.

Dazu gab es im zwölften und im dreizehnten Jahrhundert noch zahlreiche andere kleinere und größere Gruppen, die sich oft zu Orden oder Kongregationen auswuchsen, wie z. B. die verschiedenen Hospitalerinnen, die Humilatinnen, die Sacknonnen oder Bußtöchter Jesu Christi, die sich aus reuigen Dirnen rekrutierenden Magdalen(erinn)en usf. Nicht wenige der Frauen schlossen sich auch Ketzersekten an, die für sie besonders attraktiv waren, da sie ihnen, orientiert an der urchristlichen Gemeinschaft[208], wenigstens anfänglich wesentlich weitere Möglichkeiten zu aktiver Heilsvermittlung einräumten als die katholische Kirche des Mittelalters oder auch der Gegenwart. Denn bei den frühen Waldensern durften sie predigen, taufen, absolvieren und die Eucharistie feiern, was einer religiösen Gleichstellung mit den Männern nahekam[209]. Im Zug der Institutionalisierung der Sekte wurde freilich auch hier dieser emanzipative Zug beschränkt[210]. Auch bei den Katharern konnten Frauen den Rang der „Vollkommenen‘‘ erreichen und das sakramentenähnliche „consolamentum‘‘ wie die Taufe spenden[211]. Bei den Häretikern

---

[203] R. R. Bezzola, Les origines et la formation de la littérature courtoise en Occident 2, Paris 1960, 243 ff., 293 ff.
[204] A. Zák, Der hl. Norbert, Wien 1930. – DS 11, 412–424.
[205] Vgl. u. S. 233 ff.
[206] Petit, spiritualité 115–118.
[207] Vgl. u. S. 218 f.
[208] R. Morghen, Medioevo cristiano, Bari ²1970, 229 ff.
[209] McLaughlin, Frau; Gonnet, donna 108 ff.; Shahar, Frau 230 ff.
[210] Gonnet, donna 118 ff., Shahar, Frau 235.
[211] Shahar, Frau 235 ff.

gab es an die Beginenhäuser erinnernde „hospicia", in denen Frauen für sich allein zusammen wohnen konnten[212]. Um ihre Rechtgläubigkeit zu beweisen, haben sich viele der Frauen, die aus der religiösen Bewegung kamen und deren Biographien wir kennen, da sie als Heilige betrachtet wurden und werden, dezidiert gegen die Sekten gewandt: die hl. Maria von Oignies hatte Erscheinungen, die die Vernichtung der Albigenser betrafen, die hl. Klara von Montefalco brachte einen Ketzerführer vor die Inquisition, die hl. Adelheid von Schaerbeck opferte ihr Augenlicht der päpstlichen Sache[213], und die hl. Lutgard von Tongeren fastete auf Anweisung Mariens viele Jahre gegen die Häretiker[214]. Die allenthalben bei den Mystikerinnen der Epoche zu beobachtende intensive Hostiendevotion[215] ist offenbar eine Reaktion auf ketzerische und antiklerikale Strömungen, die die Eucharistie verwarfen.

Beginen

Die vergleichsweise freieste derjenigen orthodoxen Frauengruppen, in denen die religiöse Bewegung ihre institutionalisierten Formen fand, waren ohne Zweifel die Beginen. Daß es unter ihnen in der Tat auch Ketzerinnen gab und daß sie auch pauschal Verfolgungen ausgesetzt waren, ändert generell nichts an der Rechtgläubigkeit der überwiegenden Mehrzahl dieser Frauen. Sie lebten primär in städtischen Siedlungen, gelegentlich aber auch auf dem Lande, und scheinen bis zu 3% der weiblichen Gesamtbevölkerung ausgemacht zu haben[216]. Neben einigen umherziehenden oder allein bzw. in kleinen Gruppen wohnenden Beginen siedelten sich die meisten von ihnen nicht ohne Druck von seiten der kirchlichen und weltlichen Behörden in Beginenhöfen an, die sich zu kleinen Städten innerhalb der Stadt auswachsen konnten. Dort spielte sich das Leben nach den jeweiligen Regeln im Wechsel von privaten und gemeinsamen Frömmigkeitsübungen, dem Messe- und Predigtbesuch, karitativer Tätigkeit und Handarbeit oder Unterricht ab. Doch legten die Beginen keine lebenslänglichen Gelübde ab, weshalb sie wieder austreten und sich verehelichen konnten.

Gab es eine spezifische Beginenmystik?[217] Was wir von den Gnadenerlebnissen jenes „Standes" lesen können, unterscheidet sich eigentlich nicht substantiell von der sonstigen Frauenmystik. Allerdings haben Mystikerinnen dieser Lebensform die vielleicht faszinierendsten und dichterisch wertvoll-

---

[212] Gonnet, donna 115.
[213] Goodich, Vita 180 f.
[214] Thomas v. Cantimpré, Vita, hg. v. G. Hendrix: Cîteaux 29, 1978, 152–206, 165 f.
[215] I. Winter, Eucharistische Frömmigkeit mittelalterlicher Nonnen, Diss. Marburg 1951. – Bynum, Feast. – Dies., Women. – Axters, Geschiedenis I, 214 ff., 187 ff., 322 f.
[216] B. Delmaire, Les beguines dans la Nord de la France au 1ère siècle de leur histoire: Les religieuses en France au XIIIe siècle, Nancy 1984, 121–162, 129 ff.
[217] So Ruh, Beginenmystik.

sten Texte zur Frauenmystik hinterlassen: Hadewijch und Mechthild von Magdeburg. Doch gerade die ersten Beginen-Mystikerinnen kennen wir nicht aus eigenen Schriften, sondern nur aus Berichten über sie: Summarisch schrieb der große Förderer dieser Bewegung, der Theologe, Prediger und später Kardinal Jakob von Vitry (um 1165–1240)[218], in einem Brief über die offenbar von sehr vielen unter ihnen manifestierten Charismen[219]:

> „Du hast auch einige Frauen gesehen, die in so besonderer und wunderbarer Liebesergriffenheit zu Gott aufgehen, daß sie vor Verlangen krank wurden und sich durch viele Jahre nur selten vom Bett erheben konnten. Sie hatten keinen anderen Grund für ihre Krankheit als Ihn, aus Verlangen nach Dem ihre Seelen vergingen, süß ruhend mit dem Herrn ... Die eine aber empfing eine so große Gabe der Tränen, daß, sooft Gott in ihrem Denken war, der Tränenstrom vor Andacht aus ihren Augen floß, so daß an den Wangen Tränenspuren durch das häufige Herabfließen erschienen. Trotzdem machten sie den Kopf nicht leer, sondern erfüllten den Verstand mit einer gewissen Stärke, versüßten den Geist mit lieblicher Salbung, erfrischten sogar den Leib wundersam und erfreuten im heiligen Ansturm ihres Flusses die ganze Gottesstadt. Die anderen aber wurden von solcher Geistestrunkenheit aus sich entrafft, daß sie in jener heiligen Stille fast den ganzen Tag über ruhten, solange der König an seinem Tafelplatz war und sie weder Wort noch Sinn für irgendein Äußeres hatten. Der Friede Gottes überwältigte und begrub ihre Sinne nämlich so, daß sie bei keinem Geschrei aufwachen konnten und sie überhaupt keine körperliche Verletzung, sogar wenn sie heftig gestoßen wurden, spürten ... Ich sah eine andere, die öfters fünfundzwanzig Mal am Tage außer sich entrafft wurde. Auch in meiner Anwesenheit wurde sie, wie ich glaube, mehr als sieben Mal entrafft. Sie blieb in eben der Stellung, in der sie sich gerade befand, unbeweglich, ohne zu fallen. Wenn sie zu sich zurückkehrte, wurde sie von solcher Freude erfüllt, daß sie gezwungen war, die innerliche Freude mit körperlichem Tanz zu zeigen ...“[220]

Der Berichterstatter nennt hier keine Namen, doch ermöglicht es die hagiographische Tradition, eine Reihe dieser Frauen näher kennenzulernen[221], wenn wir dies hier auch nur ansatzweise tun können.

Christina die Wunderbare von St Truiden/St Trond (1150–1224, hl.)[222] dürfte die erste Begine sein, von der wir eine Vita besitzen. Sie führte nach einer Jenseitsvision ein Bußleben angeblich voll der abstrusesten Verhaltensweisen, das an das der „Narren Christi“ des ägyptischen und byzantinischen Mönchtums erinnert: Zur Erlösung der Sünder und zum Entsetzen ihrer Verwandten kletterte sie auf Baumkronen, Kirchendächer und Turmspitzen, stürzte sich in brennende Öfen und kochende Flüssigkeiten, lies sich die Maas

---

[218] Grundmann, Bewegungen 170 ff. – Geyer (wie u. S. 199, Anm. 226) 23 ff.

[219] P. Bougain, Jakob v. Vitry: LexMA 5, 294 f.

[220] AS Juni 5, 1867, 548 D–F, gekürzt.

[221] Vgl. zuletzt P. Dinzelbacher, Kindheit und Jugend der Mystikerinnen: Ders., Frauenmystik 102–122.

[222] M. King, The Sacramental Witness of Christina Mirabilis. The Mystic Growth of a Fool for Christ's Sake: Nichols, Shank, Peace Weavers 145–164.

hinuntertreiben, flocht sich neben Verbrechern ins Rad – und jedesmal heilten ihre Wunden innerhalb kürzester Zeit. Außer ekstatischen Phänomenen werden von ihr auch Television, himmlischer Gesang und Prophetie berichtet. Sie war noch im Spätmittelalter bekannt, wie eine flämische Übersetzung ihrer Vita aus dem vierzehnten Jahrhundert sowie ihre Erwähnung durch Dionysius von Rijkel bekunden.

Odilia von Lüttich (1165–1220, sel.)[223], eine von zahlreichen Visionen heimgesuchte Witwe, wurde während ihrer intensiven Meditationen, zu denen sie sich der Hilfe von Bildern bediente, „in ihr Inneres gezogen und in unaussprechlicher Weise vom Herrn mit Frieden, Süße, Süßigkeit und Freude erfüllt". Sie ist – wie dann später viel ausführlicher Margery Kempe[224] – meditativ oder visionär im Stall von Bethlehem und umarmt das Christkind, badet, wickelt, wiegt es … und folgt so aktiv, nicht nur als bloße Betrachterin, dem ganzen Leben des Heilands[225].

Bekannter geworden ist ihre jüngere Zeitgenossin MARIA VON OIGNIES (1177–1213, hl.)[226], die sich nach einer wahrscheinlich keuschen Ehe der Aussätzigenpflege widmete und die „fromme Mutter" einer Gruppe gleichgesinnter Frauen wurde. Sie ist die Exponentin der frühen Frauenbewegung, „paupercula Christi", wie sie ihr Beichtvater Jakob von Vitry nannte[227]. Beginn ihres mystischen Lebens war – paradigmatisch für viele ihrer Zeitgenossinnen – die Passionsbetrachtung; später fiel sie beim Anblick jedes Kruzifixus in Ekstase[228] und träumte nur mehr von Christus[229]. Sie brachte sich – Jahre vor der Stigmatisation des Franziskus – selbst mit einem Messer Wunden im Gedenken an die des Herrn bei[230]; mehrfach erschienen ihr Kreuze, einmal eines, das Strahlen in ihr Herz aussandte[231]. Auch unter der Arbeit blieb Maria in dauerndem Gebet, in den Nächten ohne Schlaf, aber erfreut von den Gesängen der Engel[232], häufig in Ekstasen. Aus diesen Zuständen konnte sie sich nur mit größter Gewalt lösen; sie mußte dann Blut erbrechen, weswegen sie oft in die nahen Wälder floh, um in ihrer Kontemplation nicht unterbrochen zu werden[233]. Der Gedanke an die Sünden der Weltkinder war ihr so zuwider, daß sie zu schreien begann und ein Messer verlangte, um sich

[223] M. De Vuyst, Odilia: BS 9, 1108–1110.
[224] Vgl. u. S. 398 ff.
[225] Vita: AB 13, 1894, 196–287, 215 f.
[226] Jakob v. Vitry, Vita: AS Jun. 5, 1867, 542–572. – G. v. Brockhusen, Maria v. Oigniès: Wörterbuch 346 f. – G. Geenen, Maria di Oignies: BS 8, 1018–1025. – Axters, Geschiedenis I, 319 ff. – I. Geyer, Maria v. Oignies, Frankfurt 1992. – M. Lauwers, Entre béguinisme et mysticisme. La vie de Marie d'Oignies de Jacques de Vitry ou la définition d'une sainteté féminine: OGE 66, 1992, 46–70.
[227] Vita c. 45 f.
[228] Vita, ed. cit. 551 A.
[229] Ebd. 555 B; vgl. 557 E.
[230] Ebd. 552 AB.
[231] Ebd. 567 A.
[232] Ebd. 554 F.
[233] Ebd. 562 B.

zur Buße die Haut von den Fußsohlen zu schneiden[234]. Doch ist auch Maria
schon Brautmystikerin im vollen Sinn des Wortes, wenngleich die Unio in
ihrer Vita nur zurückhaltend angesprochen wird: „Als sie einmal in ihrem
Bett ganze drei Tage lang lag und mit dem Gemahl süß ruhte, verflossen ihr
diese Tage ob der Süße ihrer allzugroßen Freude so unmerklich, daß sie
meinte, nur einen Augenblick gelegen zu sein.“[235] Auch die Christkind-My-
stik war Maria nicht unbekannt: einmal verbirgt sie sich drei Tage, damit
niemand sieht, wie sie das Kindlein an ihrer Brust trägt[236]. Überhaupt schaut
sie zu den Festen des Kirchenjahrs (wie eine Generation früher Elisabeth von
Schönau[237]) das ganze Leben des Erlösers wie auch die jeweils gefeierten
Heiligen. Ungewöhnlicher sind dagegen die Erscheinungen des himmlischen
Geliebten als Lamm, Schafbock und Taube[238]; ungewöhnlich auch die Erscheinung des hl. Bernhard mit Flügeln, was er mit seinem adlergleichen
Eindringen in die Geheimnisse der Heiligen Schrift erklärt[239].

Der Kirche kam diese Asketin gerade recht, da sie sich in der Propagan-
da gegen die Albigenser als treffliches Beispiel katholischer Orthodoxie und
charismatischer Begabung einsetzen ließ[240], zumal Maria mit ihren Fasten-
exzessen die der Ketzer wohl noch übertraf. Dazu hatte sie die entsprechenden Visionen: in der Hostienkapsel verkörpert sich zum Erweis der (1215
dogmatisierten) Realpräsenz wirklich Christus[241], und die Krieger des Kreuz-
fahrerheers in der Provence (deren Blutrünstigkeit außer Zweifel steht) erscheinen ihr als „heilige Märtyrer Christi“, deren Seelen sogleich ohne Fegefeuer in den Himmel eingehen[242]. Auch aus dem von den Abweichlern ja
geleugneten Purgatorium kommen viele Seelen zu ihr; also ein weiterer Beweis der Richtigkeit einer katholischen Lehre, wenn diese zu diesem Zeitpunkt auch noch nicht dogmatisiert war. Marias Lebensbeschreibung aus der
Feder des begeisterten Jakob von Vitry ist aber nicht nur Reaktion auf die
katharische Frömmigkeit, nicht nur Instrument der Apologie, sondern schon
die erste typische Mystikerinnenvita, die fast alle der noch so oft beschriebenen außerordentlichen Phänomene und Eindrücke bereits kennt, auf die
wir immer wieder stoßen werden.

---

[234] Ebd. 562 E.
[235] Ebd. 566 F.
[236] Ebd. 567 A.
[237] Vgl. o. S. 150 ff.
[238] Ebd. 567 A.
[239] Ebd. 567 D.
[240] A. Vauchez, Proselytisme et action antihérétique en milieu feminin aux XIIIe siecle. La vie
de Marie d'Oignies († 1213) par Jacques de Vitry: Problemes d'histoire du Christianisme
17, 1987, 95–110. – P. Kurtz, Mary of Oignies, Christine the Marvelous, and Medieval
Heresy: MQ 14, 1988, 186–196; dieselbe Sicht ausführlich auch bei Geyer, jedoch ohne
Vauchez und Kurtz zu zitieren.
[241] Vita, ed. cit. 567 E.
[242] Ebd. 565 EF.

Ida von Nijvel/Nivelles (1198–1231, sel.)[243] flüchtete, um einer Verheiratung zu entgehen, mit neun Jahren, nur ihren Psalter in Händen, in eine Beginensamung und wurde etwa fünfzehnjährig Zisterzienserin. Ihre Visionen zeigen teilweise deutlich die Verschmelzung von typischen Themen der älteren nicht-mystischen Jenseitsschauungen mit der neuen Christusmystik: so wird sie ins Fegefeuer entrafft, wo sie die Schwertbrücke zum Paradies schaut, ein häufiges Motiv der älteren Jenseitsfahrten[244]. Auf der anderen Seite aber wartet (wie nie in der früheren Visionsliteratur) Jesus, um sie zu umarmen und zu küssen und mit dem sie „süßes Liebesgeplaudere" („dulica susurria"[245]) führt. Befreundet war sie mit Ida von (Gors)Leuuw (um 1201–1262/73, sel.)[246], die sich schon als Kind wie eine Nonne kleidete und nach einer Ausbildung wohl in einer von Beginen betreuten Schule mit dreizehn Jahren in den Zisterzienserorden eintrat. Neben der Andacht zu Christus als Kind und als Schmerzensmann war ihre Frömmigkeit geprägt durch die Eucharistieverehrung; Ida pflegte nach der Kommunion regelmäßig in Ekstase zu fallen. Sie ist im übrigen, wie etwa Gertrud von Helfta, ein Beispiel dafür, daß Erlebnismystik und Gelehrsamkeit durchaus miteinander gehen konnten. Im selben Kloster lernte auch Beatrijs von Nazareth[247] das Schreiben. Auch sie war vorher bei Beginen unterrichtet worden. Ida von Leuven/Löwen (um 1225 bis um 1300, sel.)[248] lebt als Begine im Haus des Vaters und wird ebenfalls später Zisterzienserin. Die vollständige Stigmatisation und ihr Trinken aus dem heiligen Quell der Seitenwunde Christi zeigen ihre intensive, ekstatische Passionsmystik, die auf dauernde Betrachtung des Leidensgeschehens zurückgeht. Ihre Sehnsucht nach Christus in Form der Eucharistie (sowie ihr generelles Verhalten) wirkte so verzweifelt, daß sie ihre Verwandten als Irrsinnige in Ketten legten[249] (wie es auch Christina Mirabilis geschehen war).

Der Leidens-Devotion hat ELISABETH VON SPALBEECK (VON HERKENRODE) (um 1248–1316, hl.)[250] vielleicht noch intensiver gelebt, zunächst auch im Elternhaus, dann gleichfalls in einem Zisterzienserinnenkloster. Über sie haben wir den Augenzeugenbericht eines Abtes von Clairvaux aus dem Jahre 1267[251], von dem ein kleiner Auszug als Beispiel einer in der Frauenmystik nicht ganz seltenen mimetischen Nachahmung der Leidensgeschichte in Trance zitiert sei, exemplarisch für die Intensität, mit der manche dieser Frauen Christus konkret nachfolgten:

---

[243] G. v. Brockhusen, Ida: Wörterbuch 244. – Dinzelbacher, Frauenmystik 123–135.
[244] Dinzelbacher, Jenseitsbrücke.
[245] Dinzelbacher, Frauenmystik 125.
[246] G. v. Brockhusen, Ida v. Leeuw: Wörterbuch 243.
[247] Vgl. u. S. 220 ff.
[248] G. v. Brockhusen, Ida v. Leuven: Wörterbuch 243 f.
[249] AS April 2, 1866, 164 A.
[250] G. Geenen, Elisabetta di Spalbeek: BS 4, 1100–1109.
[251] Catalogus codicum hagiographicorum bibliothecae regiae Bruxellensis 1, Bruxelles 1886, 362–378.

„Das Mädchen trägt ganz eindeutig die Stigmata unseres Herrn Jesu Christi an seinem Körper: in seinen Händen und Füßen sowie in der Seite befinden sich ohne Täuschung, Betrug, Hinterlist und Zweifel ganz deutlich frische Wunden, aus denen oft und besonders an den Freitagen ein Strom Blut hervorbricht ... Außer diesen Stigmata zeigt der Bräutigam der Jungfrauen ... jeden Tag zu den Horen auf wunderbare Weise die Darstellung seiner seligsten und seligmachenden Passion: Um Mitternacht steht sie auf, um wunderbar den Beginn der Passion des Herrn zu bekennen, nämlich wie er gefangen und hin und her gezerrt und von den Händen der Ruchlosen grausamst behandelt wurde. Ich meine, ich darf auch nicht verschweigen, daß sie sowohl zu dieser Stunde als auch zu den anderen, ehe sie aufsteht, entrafft wird. Und in eben der Haltung, in der sie entrafft wird, verharrt sie vollkommen steif keine geringe Weile wie eine hölzerne oder steinerne Statue ohne Empfindung, Bewegung und Atem ... [Wiewohl sie sonst nicht einmal bei einem Brand aufstehen könnte,] erhebt sie sich um Mitternacht ..., geht ununterbrochen in ihrem Zimmer auf und ab und schlägt sich mit beiden Handflächen wieder und wieder auf die Wangen, wodurch ein beständiger und harmonischer Ton entsteht. Und so feiert sie lange die Vigil der ersten Nokturn statt eines Psalmgesanges wie mit wohltönenden Pauken und Zimbeln. Danach aber, wie anstelle der Lectio, stellt sie mit ihren Gebärden den Beginn der Passion des Herrn dar, nämlich wie er gefangen wurde. Da sieht man, wie sie bald mit der rechten Hand das eigene Kleid vor ihrer kleinen Brust ergreift und sich selbst nach rechts zieht, bald mit der linken Hand gleicherweise nach links. Dann aber wendet sie sich, wie mit Gewalt gezogen, genau nach vorn, durch verschiedene, wechselnde Stöße fast kopfüber, als ob sie von anderen ganz boshaft und gewaltsam gezogen würde ... Dann streckt sie den rechten Arm aus, ballt die Hand zur Faust und schüttelt sie wie in Wut. Erschreckend sind die Blicke ihrer Augen. Mit Augen und Händen, mit Zeichen und Gebärden drückt sie Angst und Schrecken aus. Dann schlägt sie sich bald so hart auf die Wange, daß der ganze kleine Körper sich von dem heftigen Schlag auf die andere Seite zur Erde biegt, dann auf den Hinterkopf, dann zwischen die Schultern, dann auf den Hals. Dann wirft sie sich selbst kopfüber nach vorne und schlägt mit erstaunlich gekrümmtem Leib den Kopf auf den Boden. Manchmal reißt sie sich auch mit Gewalt die ziemlich kurzen, da eben geschnittenen Haare über der Stirn aus und schlägt, ohne die Beine zu bewegen – ein Wunder –, mit dem Kopf auf den Boden ... Dann dreht sie den Arm auch gegen die eigenen Augen, streckt den Zeigefinger gerade aus (wobei sie die anderen Finger zusammenballt) und preßt ihn immer wieder gegen die Augen, als ob sie sie ausdrücken oder durchbohren möchte. Man sieht daraus, daß sie auf eine unerhörte und neue Weise in sich zugleich die Person des leidenden Herrn darstellt und die des wütenden Verfolgers oder Folterknechtes: die Person des Herrn, wenn sie leidet, die des Verfolgers, wenn sie schlägt, zerrt, haut oder droht."

Ähnlich geht es zu den anderen kanonischen Horen weiter, z. B.:

„Dann kann sie nicht gehen, ja sich nicht einmal auf die Beine erheben, sondern wälzt und windet sich auf dem Boden. Oft wirft sie auch mit harten Stößen den Kopf auf den Boden, und so, wie sie sich fast andauernd Haupt, Hände und Arme zerrt und verdreht, tut sie es auch mit dem ganzen Leib. Man kann nur darüber weinen, nicht aber es beschreiben ... Oft bricht sie auch unter den Qualen in Schreie und Stöhnen aus, wie Sterbende, als ob sie die Schmerzen einer Gebärenden, nein, eher einer Sterbenden erlitte. Sie sind aber, wenn man sich das vorstellen kann, schwerer als bei einer Sterbenden. Ich wage zu sagen, daß ich mich nicht erinnere, unter all den Sterbenden und im Todeskampf Liegenden, die ich gesehen habe, jemanden von so großen und so heftigen Qualen gepeinigt gesehen zu haben."

So stellte Elisabeth die Stationen des Leidensweges dar, auch die Kreuzigung, wobei sie abwechselnd den Heiland, Maria und Johannes verkörperte, und dann die Grablegung. Dabei bluteten ihre Stigmen, auch aus den Augen und unter den Fingernägeln strömte Blut hervor. Wird diese wahrhaftige „Imitatio" der Passion auch in einem Trancezustand vollzogen, so hat die Heilige dies doch nicht ohne vorhergehende Meditation mit Hilfe eines Bildes getan, und wahrscheinlich nicht ohne von den gleichzeitigen Passionsschauspielen beeindruckt worden zu sein. Elisabeths Verhalten ist gewiß extrem, ordnet sich aber trotzdem in einen Zug der generellen spätmittelalterlicher Frömmigkeit ein, der als Typicum für jene Epoche zu bezeichnen ist, nämlich die Gebundenheit von Religiosität an körperliche Ausdrucksformen. Dieser Zug wird in der Frauenmystik besonders deutlich, ist aber genauso in nicht mystischen Phänomenen zu erkennen, wie etwa der Beliebtheit der Selbstgeißelung oder dem Glauben, daß, was sogar dem toten Körper angetan werde, auch die Seele affiziere[252].

Freilich gab es auch unter den Beginen Persönlichkeiten, die nicht nur selbst charismatische Erlebnisse kannten, sie beschrieben oder mimetisch ausdrückten, sondern die auch aufgrund hoher intellektuell-spekulativer und literarischer Fähigkeiten darüber reflektierten. Nicht nur die Beginen-, sondern die Frauenmystik des Mittelalters überhaupt hat einen Höhepunkt in den Werken jener rätselhaften „Schwester" HADEWIJCH[253], die wahrscheinlich in Antwerpen eine Gemeinschaft frommer Frauen leitete. Rätselhaft deswegen, weil wir von ihr nur das Wenige wissen, was sich aus ihren Werken erschließen läßt. Nicht einmal ihre Lebenszeit kann mit Sicherheit bestimmt werden: nahm man bislang an, daß Hadewijch ihre Werke wohl in der ersten Hälfte des dreizehnten Jahrhunderts schrieb, hat man kürzlich vermutet, daß sie erst um 1300 entstanden seien[254]. Sie umfassen vierzehn (eigentlich zwölf) Visionen, die zum emotionell ergreifendsten und gleichzeitig intellektuell an-

---

[252] P. Dinzelbacher, Religiosität/Mittelalter: Ders. (Hg.), Europäische Mentalitätsgeschichte, Stuttgart, 1993.

[253] F. Willaert, Hadewijch: Wörterbuch 213 f. – Ders., Hadewijch: Thiele, Herz 110–124. – Ders., P. Mommaers, Mystisches Erleben und sprachliche Vermittlung in den Briefen Hadewijchs: Frauenbewegung 117–151. – J. Reynaert, De Beeldspraak van Hadewijch, Tielt 1981. – P. Dinzelbacher, Hadewijchs mystische Erfahrung in neuer Interpretation: Ons geestelijk erf 54, 1980, 267–279. – Ders., Frauenmystik 188–204. – J. van Mierlo, Hadewijch, Brussel 1926. – P. Mommaers, Hadewijch. Schrijfster – Begijn – Mystica, Averbode 1989. – Ders., Hadewijch in conflict: Utrechtse bijdragen tot de medievistiek 3, 1984, 127–156, 201–103. – M. H. van der Zeyde, Hadewijch, een studie over de mens en de schrijfster, Groningen 1934. – Axters, Geschiedenis I, 335–382.

[254] Die Datierung hängt ab von der Authentizität der der 14. Vision beigefügten „Liste der Vollkommenen", die man aus vielen Gründen anzweifeln kann.

spruchsvollsten dieses Genres gehören, einunddreißig religiös belehrende Briefe an eine Freundin, sechzehn mystisches Erleben reflektierende Reimbriefe und fünfundvierzig strophische Gedichte, geistliche Kontrafakturen profaner höfischer Liebeslyrik. Die Kenntnis letzterer läßt vermuten, daß die Begine aus der Nobilität stammte. Hadewijchs Sprache bedient sich teilweise eher esoterischer, vielleicht gelegentlich sogar alchimistischer[255] Formulierungen, weil sie sich nur an den kleinen Kreis ihrer Vertrauten wandte. Ihnen gegenüber tritt sie als geistliche Lehrerin auf.

Es ist eine Frau von stärkster Liebes- und Leidensfähigkeit, die uns in diesen altflämischen Texten entgegentritt, eine Dichterin, die sicher die französischen Minnelieder ihrer Zeit kannte, eine christliche Denkerin, der die Viktoriner, Bernhard von Clairvaux und Wilhelm von St. Thierry vertraut gewesen sein müssen, möglicherweise sogar Gregor von Nyssa[256]. Alle ihre Aussagen drehen sich um Minne, um Gottesliebe, von der sie seit ihrem zehnten Jahr erfüllt war. Minne bezwingt Menschen und Heilige, Himmel und Erde, Gott selber[257]. Nach dieser Minne zu verlangen ist das Wesen des Menschen. Mag sie sich auch in der Unio mystica schenken, so bedeutet die „lange Stunde" ihres Ausbleibens tiefen Sehnsuchtsschmerz. Der Minne nachzufolgen ist ein nichtvorhersehbares Wagnis, wie Hadewijch besonders in ihren Gedichten hervorschreit, wenn auch formal streng gebändigt. Sie hat die Grunderfahrung des Liebesentzuges zweifelsohne nicht nur aus den (ihr geläufigen) Schriften Wilhelms von St. Thierry entnommen, sondern kannte sie aus eigenem Erleben. „Ausschließlich für Minne aus reiner Minne leben"[258] ist trotzdem ihr daseinsbestimmendes Motto. Es ist Liebes- und Einigungsmystik, die Leben und Werk dieser Frau prägt, es sind davon gespeiste theologische Reflexionen und dichterische Verarbeitung, die sie für ihren Kreis aufschreibt. Erstaunlich ist bei der großen Bedeutung, die das Leiden im „Elend", d. h. in der Zeit der Minneleere, hat, das fast völlige Fehlen von Passionsmystik, namentlich das Fehlen von Meditationen der Leidensstationen des Herrn. Darin steht Hadewijch Eckhart näher als ihren gleichzeitigen Mitschwestern. In den *Strophischen Gedichten* erscheint die personifizierte Liebe „als launische Herrscherin, die das ‚minnende' Ich nur befriedigt, damit sein Verlagen um so höher aufflammt".[259] Reich ist Hadewijchs Bildsprache: Die Minne ist Band, Licht, Kohle, Feuer, Tau, Quell und Hölle – letzters, wenn sie sich nicht schenkt. Das göttliche Wesen wird als Antlitz, Abgrund, Wirbel (Rad? „wiel") geschaut.

Die *Visionen* sind in erster Linie autobiographische Zeugnisse von Hadewijchs mystischen Erlebnissen. Daß sie durch ihre Mitteilung an andere auch

---

[255] J. Reynaert, Mystiek en alchemie bij Hadewijch: Spiegel Historiael 14, 1979, 174–178.
[256] So B. Spaapen, Hadewijch en het vijfde Visioen: OGE 44, 1970, 7–44, 113–141, 353–404; 45, 1971, 129–178; 46, 1972, 113–196.
[257] Br. 22.
[258] Vgl. etwa Br. 23.
[259] Willaert: Wörterbuch 213.

paränetisch wirken sollten, ist nicht zu bestreiten; freilich gilt beides für das Genus Offenbarungsliteratur an sich[260]. Hadewijchs Schauungen haben meist symbolischen Charakter (am Anfang z. B. findet sich die Seherin in einem Baumgarten, dessen Pflanzen allegorisch ausgelegt werden, usw.). Mögen sie in den erhaltenen Handschriften auch bewußt so angeordnet sein, daß ein Weg des Aufstiegs vom „kindlichen" Novizenstand bis zur „Braut- und Mutterschaft der Minne" aus ihnen erhellt[261], so gewähren sie doch mehr als viele sonstige Revelationstexte den Eindruck unmittelbaren Erlebens:

> „Eines Pfingsttages wurde mir im Morgengrauen [eine Vision] gezeigt, und mein Herz und meine Adern und alle meine Glieder zitterten und bebten vor Begierde, und mir war so zu Mute, wie schon oft, so rasend und so schrecklich, daß mir alle die Glieder, die ich hatte, einzeln zu brechen schienen, und alle meine Adern bewegten sich, eine jede voller Schmerz. Ich begehrte, meinen Geliebten vollkommen zu besitzen und zu erkennen und seine Menschennatur im Genuß mit meiner ganz und gar zu schmecken und die meine darin zu lassen ..."

„Wachsen, um Gott mit Gott zu sein", in Leiden, Pein und Elend, diese „Gabe" wählt die Mystikerin. Eine Erscheinung des Erlösers, als Kind zuerst, dann als Mann, antwortet auf ihre leidenschaftliche Sehnsucht, die sich in der mystischen Vereinigung erfüllt:

> „Danach kam er selbst zu mir und nahm mich ganz in seine Arme und zwang mich an sich, und alle Glieder, die ich hatte, fühlten die seinen in all ihren Wonnen nach meines Herzens Begehren, nach meiner Menschennatur. Da ward ich von außen zur Gänze zufriedengestellt ... Danach blieb ich in einem Aufgehen in meinem Geliebten, so daß ich ganz in ihm verschmolz und mir von meinem Selbst nichts blieb."

„In den Geist aufgenommen", folgt eine symbolische Vision vom Berg der Einigungswege, aus der sie „tief verwundet" erwacht[262]. Das ist nicht nur allegorische Brautmystik in der Sprache des *Hohenliedes,* diese Frau hatte ein wirkliches, erotisches Liebesleben, wiewohl sie im Zölibat lebte[263]. Höhepunkt dieses Liebeslebens ist das „ghebruken", das lateinische „frui", der (passive) Liebesgenuß im „grundlosen Abgrund" des göttlichen Wesens.

Es ist ein fast ganz individueller Zug Hadewijchs, daß sie, einmal „erwachsen" geworden, die Sicherheit ihrer Begnadung auch unverhüllt aussprechen kann (ähnlich Christina von Retters[264]): sie wird „Braut und Mutter" genannt, „Mächtige und Starke", „Mutter der Minne", die Gott vollkommen (!) er-

---

[260] Dinzelbacher, Revelationes.

[261] Wie bereits J. van Mierlo in seiner Ausgabe der Visioenen, Leuven 1924/25, II, 73 ff., bes. 77 f. betonte. Die gegenteilige Meinung vertritt etwa A. Brounts, Hadewijch en de Ketterij naar het vijfde Visioen: Handelingen der koninklijke Zuidnederlandse Maatschappij voor Taal- en Letterkunde en Geschiedenis 22, 1968, 15–78, 19.

[262] Vis. 7 f., übersetzt von Dinzelbacher, Visionsliteratur 144–154, gekürzt.

[263] Vgl. Mommaers, Hadewijch (1984) 148.

[264] Vgl. u. S. 233 ff.

kennen[265] und mit ihm herrschen soll[266]. Christus sagt ihr sogar, daß sie mehr Gesichte und Wunder empfangen habe als irgendein anderer Mensch, der seit seinem Tode geboren ward![267] Fast alle anderen christlichen Mystiker-Innen bezeichnen sich dagegen mit abschätzigen Worten, als Diener (Seuse), Kreatur (Kempe), lahmen Hund (Mechthild von Magdeburg) ..., wobei es freilich bei einigen eine Rolle gespielt haben kann, daß sie ihre Schriften von vornherein für ein größeres (und möglicherweise gefährlicheres) Publikum verfaßten als Hadewijch.

Geben wir auch eine Probe aus Hadwijchs poetischem Schaffen, ein kurzes „Neujahrsgedicht", das klassische Motive der weltlichen Minnedichtung wie den „Dienst" um die Frau, hier die personifizierte Minne, und das Liebesleid verwendet. Am Ende klingt unter dem „Neuen" die neutestamentliche Forderung nach Metanoia (Umkehr, geistliche Erneuerung, Eph 4, 24 etc.) an. Da Neuheit bei Hadewijch eine große Rolle spielt (besonders im 7. *Strophischen Gedicht*), ist sogar vermutet worden, sie habe eine Sekte der „Neuen" geleitet[268]. Das mag nicht sehr wahrscheinlich sein, doch der esoterische Zug in Hadewijchs Denken, die Situation der von Feinden umgebenen Gottesfreundinnen, findet jedenfalls seinen Ausdruck:

„Dat nyeuwe jaer is ons ontstaen.
Dies sij god ghebenedijt.
Hij mach geerne den tijt ontfaen
Die von minnen hevet delijt,
Ende die dan kint in sijnen sinne
Dat hij pijne om hoeghe minne
Geerne wilt doeghen in allen tijt.

In allen tijden moetmen doeghen
Die hoegher minnen dienen sal,
Ende sijnen dienst in minnen hoeghen,
Sal hij van haer hebben gheval
Ende sal hij die nature bekinnen
Daer die minne in mint met minnen,
Die hem sin ende herte stal.

Nyeuwe tijt ende nyeuwe minne,
Dat wondet beyde in enen gront.
Dat ict over nyeuwe bekinne,
Dat heeft mijn herte nu ghewont:
Dat die edele figure
Verborghen in haer subtijl natuere
Voer ons is soe langhe stont.

---

[265] Anders dagegen Br. 12 u. 22.
[266] Dinzelbacher (1980) 277 f.
[267] Vis. 1, ed. H. Vekeman, Nijmegen 1980, 49.
[268] Dagegen hat sich verständlicherweise die flämisch-katholische Hadewijch-Forschung gewandt, für die die Begine „de zeer rechtgeloovige Hadewijch" (Mierlo 61 f.) ist; vgl. bes. B. Spaapen, Le mouvement des „frères du libre esprit" et les mystiques flamandes du XIIIème siècle: Revue d'ascétique et de mystique 42, 1966, 423–437, 431 ff. und oben Anm. 256, 261.

Die nyeuwen tijde in minnen diende
Dat scene nu herde nyeuwe sake,
Want men vint nu luttel liede
Die staen na rechter minnen smake
Want den wreeden vremden blijvet verholen
Hoe mij mijn herte hevet verstolen
Die tijt daer ic altoes na hake."[269]

Ein neues Jahr ist uns geworden,
darob sei Gott gebenedeit.
Gern kann diese Zeit erfahren,
wer von Minne kennt die Freud,
wer auch spürt in seinen Sinnen,
daß er Pein um hohes Minnen
gern erträgt zu jeder Zeit, –

– zu jeder Zeit ertragen muß! –
wer hoher Minne dienen soll
und seinen Dienst in Minne höhen,
so er in Gunst soll bei ihr stehen,
und soll er die Natur erkennen,
worin die Minne minnt mit Minnen,
die ihm sein Herz und Denken stahl!

Neue Zeit und neue Minne
verletzen beide *ein* Gemüt.
Daß ich es erneut bekenne:
das hat mein Herz nunmehr verwundt,
daß das heere Wesen
in der Tiefe seines Seins
uns so lange ist verborgen.

Neue Zeit in Minne dienen –
das scheint nun wirklich neu zu sein,
denn selten findet man jetzt Leute,
denen rechte Minne schmackhaft dünkt.
Denn den feindlich Fremden bleibt verhohlen,
wie mein Herz mir hat gestohlen
diese Zeit, nach der ich strebe
immerdar.

Hadewijchs Œuvre wurde bei den flämischen und niederländischen Kartäusern, Regularkanonikern und in der Devotio moderna nicht selten gelesen, manches wurde auch unter dem Namen „Adelwip" ins Mittelhochdeutsche übersetzt. Ferner scheint es auch lateinische Übersetzungen der Visionen gegeben zu haben[270]. In zwei flämischen Handschriften ist ein Reihe von

---

[269] Stroph. Ged. 18, ed. M. Ortmanns, P. Mommaers, Hadewijch, Van liefde en minne, Tielt 1982, 150 ff.

[270] St. Axters, Nederlandse Mystieken in het Buitenland: Verslagen en Mededelingen van de koninkl. Vlaamse Academie voor taal- en letterkunde 1965/5–8, 209 f.

Gedichten in ihrem Stil hinzugefügt (*Mengeldichten* 17–29 der „Pseudo-Hadewijch", um 1300). Besonders Ruusbroec hat Hadewijch hoch geschätzt und zitiert sie als einzige Quelle namentlich. Nach dem Mittelalter war sie bis ins neunzehnte Jahrhundert vergessen.

Auch das äußere Leben der anderen großen Dichterin unter den Beginen, MECHTHILD VON MAGDEBURG (um 1207 bis um 1290)[271], ist uns nur in groben Umrissen bekannt. Sie stammte sehr wahrscheinlich wie Hadewijch und nicht wenige andere Beginen aus adeligem Haus. Nach ihrer ersten Begnadung mit zwölf Jahren, dem „viellieben Gruß des Heiligen Geistes"[272], sehnte sie sich nach einem reinen Leben der Frömmigkeit und Askese, so daß sie um 1230 einer Magdeburger Beginengemeinschaft beitrat, wo sie, oft krank, etwa bis zu ihrem sechzigsten Lebensjahr blieb. Dann wurde Mechthild ins Kloster Helfta aufgenommen, in dem damals auch die beiden anderen Visionärinnen Gertrud die Große und Mechthild von Ha[c]keborn lebten. Ihr Offenbarungsbuch mit dem vom Herrn selbst eingegebenen Titel *Ein vliessendes lieht der gotheit* hat Mechthild auf Geheiß ihres Beichtvaters, eines Dominikaners, seit etwa 1250 zur Aufzeichnung gebracht; daß sie diesen Orden besonders schätzte, wird mehrfach deutlich. Die niederdeutsche Originalfassung ist verloren, ihr relativ nahe steht jedoch die überlieferte hochdeutsche Übertragung, die um 1345 in Basel entstand, während eine frühere lateinische Version des Werkes sowohl Diktion als auch Reihenfolge des Originals nicht unwesentlich verändert und aus dogmatischen Rücksichten „entschärft". Das mochte durchaus ratsam gewesen sein, gibt es doch eine Anspielung im deutschen Text, nach der dieser offenbar Kritiker gefunden hatte, die ihn verbrennen wollten[273] (wie es wenig später dem Buch einer anderen Begine, Marguerite Porete, und dann dieser selbst tatsächlich geschah[274]).

In ihrem *Fließenden Licht,* das in vielleicht dreißig Jahren nach und nach zusammengetragen wurde und dessen neunmalige Lesung sie zu seinem Verständnis empfiehlt[275], wechselt Mechthild andauernd zwischen Visionen und Erscheinungen, Meditationen und Gebeten, Allegorien, Lehrreden und Sentenzen, verwendet rhythmische Prosa und Gedichtformen, ohne daß der Übergang von einer Gattung zur anderen immer deutlich würde. Das Werk stellt sich so „als eine Aufschichtung von Gesichten, Gebeten und Betrachtungen dar, die mehr assoziativ als konstruktiv miteinander verbunden

---

[271] H. Neumann, Mechthild v. Magdeburg: VL 6, 1987, 260–270. – P. Dinzelbacher, Mechthild v. Magdeburg: TRE 22, 1993, 308–310. – Ders., Visionsliteratur 158–164. – V. Zühlsdorff, Mechthild v. Magdeburg: Wörterbuch 348–350. – Bynum, Jesus 228–247. – Beer, Experience 78–108. – Lüers, Sprache.
[272] Vlies. lieht 4, 2, hg. v. H. Neumann, München 1990, 110.
[273] 2, 26.
[274] Vgl. u. S. 268 ff.
[275] 1 Prol.

sind"[276] „… wie das traumhaft dichte Erzählen den Vorgang der Vision festhält, damit er der Erinnerung nicht verloren gehe, so schafft sich in den reihenden, hymnischen Anrufen das Überwältigtsein unmittelbar Raum."[277] Genau ein Drittel des Buches ist ganz als Dialog gestaltet, wobei Rede und Gegenrede umfangmäßig ausgeglichen erscheinen[278]. Die stark bildhafte Sprache der Mystikerin – die Metapher vom Fließen z. B. kehrt beständig wieder – ist tief emotionell geprägt, weil sie ihre religiösen Erfahrungen, die bis zur Unio mystica führten, nicht nur im Bereich des Schauens und Erkennens, sondern vor allem in dem des Fühlens erlebte – und darum wählte sie immer wieder Formeln aus dem *Hohenlied* und dem (profanen) Minnesang. Wiewohl die Begine kein Latein konnte, muß sie speziell von der neoplatonischen Tradition manches durch Predigt und volkssprachliche Literatur aufgenommen haben. Wenn Mechthild bisweilen schwankt, wie sie ein mystisches Erlebnis einordnen soll, ob ihre Seele den Leib verlassen hat, oder sich alles vielleicht in ihrer Seele abspielt[279], so ist dies eine Überlegung, die doch auch Kenntnis theoretischer Mystik voraussetzen dürfte. Inhaltlich finden sich mystische Erlebnisberichte wie sublime theologische Überlegungen, an die frühere Visionsliteratur gemahnende Höllenszenen wie Kritik an Adel und Klerus, Reflexionen über den Sinn des eigenen Leidens auf Erden wie Bitten um Erlösung armer Seelen aus dem Fegefeuer, Verhaltensregeln wie Prophezeiungen. In den älteren Teilen bilden brautmystische Themen von intensiver Emotionalität einen gewissen Schwerpunkt, in den mittleren Jenseitsgesichte und Lehre, im letzten Buch wieder jetzt mehr auf den Tod gerichtete Unionserwartung. Freilich ist die – durchaus erotisch geschilderte – Liebesbeziehung zum Seelenbräutigam aufgehoben in ihrer Verehrung der Trinität und bewahrt Mechthild neben dem Bewußtsein der eigenen Auserwähltheit (das sie immer wieder zu demütigen sucht) die Verantwortung für die Seelen der Lebenden und Toten, für die sie bittet, oder die sie aus dem Fegefeuer erlöst. Häufig sind Allegorien und Personifikationen (Seele, Sinne, Minne, Tugenden usw.). „Die Personifikation der Minne bei Mechthild ist beinahe schon zur Hypostase Gottes übergegangen."[280] Die Dichterin versucht so, die Fülle ihrer Gesichte nicht nur zu beschreiben, was sich wie in jeder mystischen Erfahrung letztlich als unmöglich erweist, sondern eher allegorisch zu umschreiben.

Dabei gelingen ihr einprägsame und kühne Formulierungen (ohne daß sie dem Bild nach immer originell wären, neuplatonische Metaphern sind greif-

---

[276] H. Neumann, Beiträge zur Textgeschichte des „Fließenden Lichts der Gottheit" …: Wege der Forschung 23, Darmstadt 1964, 175–239, 206.

[277] W. Mohr, Darbietungsformen der Mystik bei Mechthild von Magdeburg: Festschrift … F. v. d. Leyen, München 1963, 375–399, 389.

[278] Nämlich 34 %: H. Tillmann, Studien zum Dialog bei Mechthild von Magdeburg, Diss. Marburg 1933, 14, 21 f.

[279] 2, 20.

[280] Tillmann 62.

bar): In der christusgleichen „Passion der minnenden Seele" wird die Seele, die dem Herrn „bloß von allen irdischen Dingen und barfuß" folgt[281], vom Hammer der starken Minnegelübde ans Kreuz genagelt und ihr Körper (!) in lebendiger Liebe getötet[282]. Vor der Schöpfung war Gott kugelförmig[283], alle Dinge waren in ihm beschlossen, sein unterer Teil tiefer als alle Abgründe, sein oberer Teil eine Höhe, „über der es nichts mehr gibt"[284]. Der brennende[285] Gott in seiner Sehnsucht[286] ist „minnesiech", liebeskrank, nach der Seele[287]. Eine „spielende Minneflut" fließt von Gott heimlich in die Seele und zurück[288]. „In fast all diesen Darstellungen liegen über einer zumeist dünnen Schicht traditioneller Bestandteile eigenständige Detailschilderungen von großer Eindringlichkeit."[289] Parallelismen und Häufungen verstärken sie noch stilistisch[290].

Im Bild des (von der Kirche allgemein verurteilten) Tanzes nähert sich Mechthild der Verschmelzung mit Gott, der liebenden „gebruchunge" (vgl. Hadewijch![291]), begehrt aber noch über diese hinaus. So spricht sie den Herrn an:

> „Wilt du, das ich sere springe,
> so muost du selber vor ansingen;
> so springe ich in die minne,
> von der minne in die bekantnisse,
> von der bekantnisse in die gebruchunge,
> von der gebruchunge über alle moenschliche sinne.
> Da wil ich bliben und wil doch fúrbas crisen."[292]

> „Soll ich sehr springen,
> Mußt Du selber vorsingen,
> Dann springe ich in die Minne,
> Von der Minne in die Erkenntnis,
> von der Erkenntnis in den Genuß,
> vom Genuß über alle menschlichen Sinne.
> Dort will ich verbleiben und doch höher kreisen."[293]

---

[281] 6, 16, ed. cit. 225.

[282] 3, 10.

[283] Diese Vorstellung taucht auch bei Alanus von Lille und Eckhart auf, vgl. Haas (wie u. S. 282, Anm. 35), 255, Anm. 202.

[284] 6, 31 ed. cit. 240.

[285] Vgl. P. Baumstein, Mechthild von Magdeburg's Imagery of Union: Cistercian Studies 21, 1980, 43–50.

[286] 1, 17.

[287] 3, 2.

[288] 6, 22.

[289] Neumann 266.

[290] Tillmann 37.

[291] Die beiden Frauen sind oft verglichen worden, s. zuletzt G. Epiney-Burgard, Hadewijch d'Anvers, Mechtilde de Magdebourg: OGE 66, 1992, 71–87.

[292] 1, 44, ed. cit. 28.

[293] Übersetzt von M. Schmidt, „die spilende minnevluot": Schmidt, Bauer, Höhe 84.

Wenn die Seele als „vollerwachsene Braut" „nakend"[294] vor dem Bräutigam steht, will er sie auf dem Brautbett „durchküssen" und „mit seinen bloßen Armen umfassen"[295]. Gegenseitig und leidenschaftlich ist beider Liebe. „So tut er sie in sein glühendes Herz. Da umhalsen sich der hohe Fürst und die kleine Dirne [die Seele], und sind vereint wie Wasser und Wein. Da wird sie zunichte und kommt außer sich …"[296] Je mehr die Lust wächst, desto enger wird das Liebeslager, „je liebevoller sie einander anschauen, desto süßer der Geschmack des Mundkusses"[297].

> „O du giessender got an diner gabe,
> o du vliessender got an diner minne,
> o du brennender got an diner gerunge [Sehnsucht],
> o du smelzender got an der einunge mit dinem liebe,
> o du ruowender got an minen brüsten,
> ane dich mag ich nút wesen [sein]!"[298]

„In ihrer Unmittelbarkeit geht die erotische Mystik weit über die verhaltene Stilisierung, die der Eros im Minnesang erfährt, hinaus. Dies geistliche Buch der Mechthild ist vielleicht die kühnste erotische Dichtung, die wir aus dem Mittelalter besitzen."[299] Später wird Mechthilds Gottesliebe verhaltener, sie ist nicht mehr „Braut der Menschheit" Christi, sondern „Ehefrau der Gottheit"[300]. Doch erlebt die Seherin auch die Welt der christologischen Symbole ganz konkret: Im Kontext einer Johannes-Messe schaut sie ein blutiges Lamm, gekreuzigt an einem roten Kreuz. „Mit so süßen Augen schaute es uns an, daß ich es nie mehr vergessen kann." Unter der Vermittlung Mariens nimmt Johannes „das wisse lamp mit sinen roten wunden und leit es in den kouwen [Kiefer] irs mundes. Do leite sich das reine lamp uf sin eigen bilde in irem stal und soug ir herze mit sinem suessen munde…"[301] Das Bild des eucharistischen Lammes im „Stall", Leib und Seele der Mystikerin, erinnert an Weihnachten, an die Geburt des Kindes, hier: an die Gottesgeburt in der Seele. Mechthild fühlt sich in der Imitatio Mariae als Mutter Gottes, ihr Herzensblut ist die Milch für das Lamm/Christkind…[302] Ähnliche Visionen des theriomorphen Gottes kennen u. a. auch Luitgart von Tongeren und Agnes Blannbekin[303].
Viele andere Themen spricht das *Fließende Licht* an[304], Kosmologie, Eschatologie, Kritik an Pseudofrommen, Lob der Prediger … Die Konzeption vom

---

[294] 1, 44.
[295] 6, 1.
[296] 1, 4, ed. cit. 10 f.
[297] 1, 22, ebd. 17. Vgl. Lüers, Sprache 211 ff.
[298] 1, 17, ed. cit. 15.
[299] Mohr 393.
[300] 7, 3.
[301] 2, 4, ed. cit. 44.
[302] Beer, Experience 89.
[303] Dinzelbacher, Frauenmystik, Register s. v. Lamm.
[304] Neumann 266 f.; Lüers, Sprache.

Herzen Jesu als Gegenstand besonderer Verehrung[305], die dann bei ihren Helftaer Mitschwestern und vor allem in Frankreich im Barock und wieder im neunzehnten Jahrhundert zu einer theologisch schwerlich zu erklärenden, aber typisch katholischen Devotion führen sollte, scheint mit Mechthild – noch zurückhaltend – anzuheben. So betet sie z. B., daß sich ihre fünf Sinne ohne Unterlaß „an der Wunde deines süßen Herzens freuen müssen"[306].

Wie fast alle MystikerInnen empfängt auch Mechthild Offenbarungen für andere Personen. So läßt „der Papst vom Himmelreich" einem Herren (Kanoniker?) u. a. ausrichten, daß er auf Stroh zu schlafen habe, aber mit zwei Kopfkissen, daß dort zwei Ruten zur Selbstgeißelung bereitzuliegen haben, die nach jedem Erwachen zu vollziehen ist, was er zu beten habe, etc. Seine (dürfen wir sagen: antimystische?) Grundeinstellung soll sein wie die einer Maus, die in der Falle sitzt und auf den Tod wartet…[307] Ob die Anmahnung solcher vom „memento mori" bestimmter Regeln (neben der teilweise rüden Kritik am Klerus) Mitschuld an den Problemen hatte, die die Begine ihre Heimatstadt verlassen ließen?

Die vergleichsweise geringe handschriftliche Überlieferung zeigt, daß Mechthilds Offenbarungsbuch wenig bekannt wurde, wenn es auch jedenfalls von deutschen Dominikanern und in den Kreisen der Baseler Gottesfreunde gelesen und vom Biographen des hl. Dominikus, Dietrich von Apolda, zitiert wurde. Wie oft bei Mystikertexten gibt es jedoch eine gewisse anonyme Streuüberlieferung von Einzelpassagen, die damit quasi Allgemeingut des Devotionsschrifttums wurden. Mechthild hat aber sicherlich ihre jüngeren Mitschwestern in Helfta, Gertrud und Mechthild von Ha[c]keborn, in deren eigenen Offenbarungserlebnissen und in der Form der Wiedergabe dieser Erlebnisse beeinflußt. Ihre Namensschwester schaute sie mehrmals in ihren Visionen, so als vom Strahl aus dem Herzen Jesu Begnadete[308].

Bei einer anderen norddeutschen Begine, genannt CHRISTINE DIE KÖLNISCHE VON STOMMELN (1242–1312, sel.)[309], tritt ein bei Hadewijch oder den Helftaerinnen ganz marginaler Aspekt geradezu dominierend neben die mystischen Erlebnisse: ihre dauernde Verfolgung und Anfechtung durch die Teufel. Ungewöhnlich intensiv und sonst ähnlich vor allem bei späteren italienischen Mystikerinnen auftretend[310] erscheint Christines dämonische Umsessenheit. Immer wieder ereigneten sich mit ihr und in ihrer Umgebung Poltergeistphänomene: Teleportation, Beschmutzungen, Brandblasen, Bisse… Die Zahl

---

[305] Vgl. (aus katholisch-theologischer Sicht) S. Spitzlei, Erfahrungsraum Herz. Zur Mystik des Zisterzienserinnenklosters Helfta im 13. Jahrhundert, Stuttgart 1991.

[306] 7, 18, ed. cit. 271; vgl. 7, 27 und Richstätter, Herz-Jesu 77 ff.

[307] 6, 2.

[308] Liber spec. grat. 4, 8.

[309] A. Martin, Christina von Stommeln: Mediaevistik 4, 1991, 179–263. – Kleinberg, Prophets 71–98.

[310] Z. B. Katharina von Bologna, Eustochio von Padua, Franziska von Rom, Veronika von Binasco u. v. a.

der sie plagenden Teufel schwankte nach ihrer Angabe; 50 waren es Weihnachten 1280 und 40050 drei Jahre später; 7000 Ostern 1285 und 9 Aller-
heiligen 1287 …; gelegentlich kam der Böse aber auch allein[311]. Sonst zeigt
sie ganz das Profil, das für die Erlebnismystikerinnen des späten Mittelalters
typisch werden sollte: Ihre erste Vision erlebte sie als Kind. „Alle ihre Sinne
waren ohne Unterbrechung damit beschäftigt, zu meditieren, was und wie
sehr Christus gelitten"[312], was zu der entsprechenden Vergegenwärtigung der
Passion selbst im Traum führte. Wenn sie aus ihren stundenlangen Ekstasen
erwachte, stammelte sie in unkontrollierter Freude Liebesworte, formulierte eigene Gebete, beweinte die Drangsale ihres Erdenlebens[313]. Wie bei Douceline und manchen anderen wurde die Echtheit ihrer Verzückungen u. a.
mittels der Verwundung durch eine Schere geprüft[314]: sie erwies sich als
authentisch. An Christines Körper erschienen neben eigenartigen Hautmu-
stern verschiedene Formen der unwillkürlichen Stigmatisation, besonders in
der Karwoche. Die Begine litt die Passion anscheinend jedes Jahr nach:

> „zu denselben Stunden, zu denen der Bräutigam litt, litt die Braut mit ihm zu-
> sammen. Und zur Stunde seines Todes ist sie selbst gestorben, indem ihre Seite
> sich öffnete und das Herz zerbrach; und sie ist in der Ostervigil mit ihm zusam-
> men auferstanden …"[315]

Wir sind über sie vor allem durch einen schwedischen Dominikaner unterrichtet, Petrus von Dacien, zu dem die Mystikerin eine starke Zuneigung
empfand und der sie (wie nicht alle Leute ihrer Umgebung) als lebende Heilige betrachtete. Ihr freundschaftliches Verhältnis präfiguriert ähnliche im
vierzehnten und im fünfzehnten Jahrhundert (Heinrich von Nördlingen und
Margarete Ebner, Raimund von Capua und Katharina von Siena, Sebastian
von Perugia und Columba von Rieti, Francesco Silvestri und Osanna von
Mantua)[316]. Nach seinem Tode hören wir für die restlichen 23 Jahre nichts
mehr von ihrem Gnadenleben, wie immer dies auch zu interpretieren ist[317].
   Die Gebiete des heutigen Belgiens und der Niederlande sowie dann die
angrenzenden norddeutschen Regionen waren das ursprüngliche Zentrum
der Frauenbewegung und -mystik; wesentlich seltener hört man von charismatisch begabten Beginen in anderen Ländern. Als Begine lebte auch

---

[311] Martin 228; vgl. 204–208, 227–239.
[312] Petrus v. Dacien: Scriptores latini medii aeui suecani 1, Göteborg 1896 (ND Frankfurt 1985),
111.
[313] Martin 216.
[314] Ebd.
[315] Petrus, ed. cit. 181, übersetzt von Martin 219 f.
[316] J. Coakley, Friars as Confidants of Holy Women in Medieval Dominican Hagiography: R.
Blumenfeld-Kosinski, T. Szell (Hgg.), Images of Sainthood in Medieval Europe, Ithaca 1991,
222–246. Vgl. ferner B. McGuire, Holy Women and Monks in the Thirteenth Century: Vox
Benedictina 6, 1989, 343–373. – Studia Mystica 12/1, 1989, pass.
[317] Kleinberg, Prophets 71 f.

AGNES BLANNBEKIN († 1315)[318] in Wien, die einzige österreichische Mystikerin, die wir kennen. Alles, was wir über sie wissen, können wir nur einer einzigen Quelle entnehmen, nämlich der von ihrem franziskanischen Beichtvater geschriebenen *Vita et Revelationes,* d. h. ihrer in einem Werk zusammengestellten Biographie und ihren Offenbarungen. Ihr Leben verlief zwischen Frömmigkeitsübungen, wie dem Besuch möglichst vieler Messen oder, in der Fastenzeit, der Rezitation von fünftausend Vaterunser und Ave Maria, wobei sie jedesmal niederkniete und sich dann zu Boden warf. Diese Besessenheit mit der großen oder symbolischen Zahl bei Gebeten usw. ist ein typisches Zeichen spätmittelalterlicher Frömmigkeit, gleichsam eine religiöse Manifestation des in der Gesellschaft immer wichtiger werdenden merkantilen Denkens. Man findet sie kraß namentlich im Ablaßwesen, wo die Gläubigen sich selbst prophylaktisch oder verstorbene Anghörige mitleidigerweise für so und so viele Jahre von den Fegefeuerstrafen loskaufen konnten. Blannbekins Visionenbuch ist ein buntes Nacheinander von Offenbarungen über die Heilsgeschichte, über den Heilsstand der Menschen, über in symbolischer Weise vorgestellte Glaubenswahrheiten und über das Jenseits. Sie behandeln viele der Hauptthemen der spätmittelalterlichen Christus-Frömmigkeit, wie die Passion, die Verehrung des Herzens und der Wunden des Erlösers, die Gnadenfülle des Herrn, die besondere Stellung Mariens usf. Charakteristisch für Blannbekin – oder eher für ihre Zeit, denn wir finden dies genauso bei den Helftaer Mystikerinnen u. a. – ist, daß sie die meisten Schauungen sogleich einer Allegorese, einer systematischen Auslegung, unterzieht. Wir können aus den 235 erhaltenen Kapiteln ihrer Gesichte nur ein Beispiel dafür bringen: So erscheint ihr einmal Christus als Bischof, der eine Küche, eine Apotheke und einen Laden besitzt. In seiner Küche kocht der Herr aus warmen und aromatischen Spezereien ein Gericht, das die fromme und mitleidsvolle Erinnerung an seine Passion bedeutet.

> „Dort, wie sie sagte, wird die Seele entflammt und befeuert, und in jener Entflammung des Mitleids nimmt sie eine gewisse Gottähnlichkeit an. Das zweite Gericht war wie aus Milch, d. h. wie aus Mandelmilch, und bezeichnete den Schmerz und das Mitleid über die Sünden des Nächsten. Denn Milch bezeichnet ein gewisse Süße des Mitleids ...“[319].

Ähnlich werden die Medikamente in der Apotheke und die Waren des Ladens ausgelegt. Zu diesen Orten kommen nun Menschen, die je nach ihrem Gnadenstand diese seelenheilenden Speisen usw. gleich oder später oder gar nicht bekommen. In diesen einfachen Bildern (die auch bei ihrer Zeitgenossin Mechthild von Ha[c]keborn anklingen[320]) wird also die theologische Lehre

---

[318] Dinzelbacher, Frauenmystik 231–250. – Ders., Agnes Blannbekin: Thiele, Herz, 203–212. – Ders. (Hg.), Leben und Offenbarungen der Wiener Begine Agnes Blannbekin (†1315), i. Dr.
[319] c. 27.
[320] Liber spec. grat. 2, 23; 3, 25.

verdeutlicht, daß die für die ewige Seligkeit notwendigen Tugenden von Christus kommen und den Menschen je nach ihrem eigenen Verhalten zuteil werden. In der zeitgenössischen, besonders der volkssprachlichen Devotionsliteratur finden sich viele ähnliche Allegorien, die nicht auf Visionen zurückgehen, sondern zur Betrachtung und Belehrung erdacht wurden. Sicherlich hat Blannbekin solche Texte gekannt, sei es über die Predigt, sei es aus eigener Lektüre (sie war, ungewöhnlich für eine Frau ihrer Herkunft, lesekundig). Bernhard von Clairvaux hatte ihr ihr Beichtvater vermittelt. Erfahrungen der Vereinigungsmystik sind trotzdem seltener als bei den Zeitgenossinnen der Wienerin. Im Brautgemach zieht der Glaube Christus die Kleider aus, damit die Braut den Bräutigam ohne Schleier sehen kann, in der Umarmung vergißt die Seele ihrer selbst[321]. In der Entraffung dominiert unendliche Süße. „Und so fühlte sie sich Gott in Gott vereint, daß, was immer sie wollte, was immer sie ersehnte, was immer sie zu wissen begehrte, ihr alles gegenwärtig war."[322]

Agnes Blannbekins *Vita et Revelationes* blieb mittelalterlichen Lesern kein ganz unzugängliches Buch, doch lassen sich zur Zeit nur vier oder fünf teilweise gekürzte Handschriften nachweisen. Eine von ihnen war vielleicht eine Übersetzung ins Deutsche. Sie hat jedoch keinen Einfluß auf spätere Autoren gehabt und ist auch gegenwärtig noch so gut wie unbekannt.

In Südfrankreich wurde DOUCELINE VON DIGNE (1214/15–1274, hl.)[323] zu einer vielbewunderten „lebenden Heiligen". Die aus angesehener Kaufmannsfamilie stammende energische junge Frau gründete nach einer Erscheinung und einem Aufenthalt bei italienischen Klarissinnen unter franziskanischem Einfluß (besonders ihres Bruders Hugo) 1240 eine Gemeinschaft von Beginen in Hyère bei Toulon und um 1255 eine weitere in Marseille. Die Schwestern gelobten nur Keuschheit und Gehorsam, nicht aber Armut. Douceline achtete auf strengste Zucht, wobei sie mit Körperstrafen sehr rasch bei der Hand war und auch die ihrer Gemeinschaft übergebenen kleinen Kinder blutig prügelte, wie die Verfasserin ihrer altprovenzalischen Lebensbeschreibung, ihre Mitschwester Philippine, durchaus lobend berichtet, da dies ja der ausschließlichen Konzentration auf den Herrn diente[324] (vgl. Roger[325]). Douceline erlebte ungemein häufig bei den verschiedensten Anlässen Ekstasen, daneben zeigte sie auch die Gaben der Weissagung und der Levitation. Ihre Verzückungen überfielen diese Frau auch gegen ihren Willen, obwohl sie sich die Hände zu zerstechen pflegte, um z. B. bei Predigten nicht entrafft zu

---

[321] c. 70.
[322] c. 179.
[323] La Vie de S. Douceline, ed. R. Gout, Paris 1927. – B. de Gaiffier, Douceline: DS 3, 1672–1674. – R. Manselli, Spirituali e beghini in Provenza, Rom 1959. – C. Carozzi, Une béguine joachimite, Douceline: Cahiers de Fanjeaux 10, 1975, 169–201. – Ders., Douceline et les autres, ebd. 11, 1976, 251–267.
[324] Vida 6, ed. cit. 86 ff.
[325] Vgl. o. S. 174 f.

werden. Die Echtheit dieses Phänomens wurde vielfach auf grausame Weise verifiziert – in diesem Zustand war Douceline nämlich wie so viele andere EkstatikerInnen völlig gefühllos und verblieb regungslos in der eingenommenen Körperhaltung.

> „Als sie König Karl [der Bruder König Ludwigs d. Hl. von Frankreich] das erste Mal verzückt sah, wollte er prüfen, ob es eine echte Verzückung wäre … Er ließ ein Stück Blei schmelzen und es ganz siedend auf ihre nackten Füße gießen. Sie aber spürte nichts … Danach aber, als sie aus dieser heiligen Entraffung zurückkehrte, hatte sie sehr großen Schmerz an den Füßen und solche Beklemmung, daß sie es nicht ertragen konnte.“[326]

Lange Zeit blieb sie unfähig zu gehen. Immer wieder liefen die Leute zusammen, um Douceline in diesem Zustand zu begaffen oder um durch Berührung geheilt zu werden, ein Beispiel für die konkrete soziale Funktion einer Charismatikerin.

Es kam vor, daß auch sie das Geschehen ihrer Visionen durch ihren Körper ausdrückte. Es muß eine eindrucksvolle Szene gewesen sein, wie Douceline, in Ekstase vom Neuen Jerusalem singend, das Dormitorium durcheilte, von Wand zu Wand, hin und zurück, hin und zurück, und die Schwestern ihr nach, in Prozessionsordnung und mit brennenden Kerzen[327]. Ein besonderer Auslöser für tagelange Entraffungen war der Eurcharistieempfang, der als Liebesvereinigung mit Gott geschildert wird: einmal fühlt sich die Begine in das Tabernakel entrafft und in großer Süße „in Herzliebe mit der heiligen Hostie vereint“ („unida e ajostada per coral amor amb aquella sancta hostia“[328]), wobei sie gleichzeitig mit dem Schmerzensmann spricht (der ihr mit dem aus der Kunst bekannten typischen Gestus, nämlich vor der Brust gekreuzten Armen, erscheint). Aber auch eine Portion Kalbfleisch führt die Selige in eine viele Stunden dauernde Ekstase vermittels der Erinnerung an das alttestamentliche Opfertier und weiter an das österliche Opfer Christi[329]. Man sieht daran, wie sehr im Mittelalter die Objekte der Welt als in die Überwelt weisende Zeichen wahrgenommen zu werden vermochten, wie es schließlich seit den Kirchenvätern unablässig gepredigt wurde[330]. In ihren Entraffungen schaute Douceline Visionen besonders des leidenden Christus und Marias; ihr Mitleiden war so intensiv, daß man ihre Schreie weit in der Umgebung hörte[331]. Ihre glühende Verehrung galt dem stigmatisierten Franziskus; oft wurde sie bei der Lektüre seines Lebens verzückt[332]; anscheinend war es die Tradition der Franziskaner-Spiritualen joachimitischer Prägung, die auch sie internalisiert hatte.

---

[326] Vida 9, ebd. 115.
[327] Ebd. 144 ff.
[328] Vida 10, ebd. 163.
[329] Vida 9, ebd. 139.
[330] Vgl. o. S. 65, 80 f.
[331] Ebd. 135 f.
[332] Ebd. 132.

Interessant ist die Nachricht über eine namentlich nicht bekannte Cha-rismatikerin aus Carcassonne[333], die eine Zeitgenossin Doucelines gewesen sein dürfte – man könnte direkt meinen, es handle sich über einen von ihrer Vita unabhängigen Bericht über sie, doch scheint die Heilige nie in Car-cassonne gewesen zu sein. Das Mädchen, von dem ein Dominikaner berich-tet, war schon mit acht Jahren drei Tage und vier Nächte lang entrafft gewe-sen; danach immer wieder. In dieser Verfassung „tritt der Heilige Geist in ihren Leib ein, der durch sie wie durch ein Musikinstrument das Volk be-lehrt, ohne daß sie die Augen öffnet, sondern nur durch Bewegungen von Mund und Händen". Lange Zeit spricht sie so, namentlich von der Leidens-geschichte des Herrn. Dabei setzt hier schon die Tradition des geheimen Leidens ein: sie zeigt etwa genau, wie Jesus geohrfeigt wurde oder wie die Dornen mit Stangen auf sein Haupt gepreßt wurden. Doch lehrt sie auch über die Bedeutung der Taufe, bei der der Teufel aus dem Kind vertrieben wird, etc. Im Wachbewußtsein kann sich das Mädchen dagegen an nichts mehr erinnern. Ihre Heiligkeit ist so groß, daß ihr Waschwasser die Kranken heilt und die Leute zu ihr beichten kommen! Auch die Echtheit ihrer Ekstasen prüfte man erfolgreich mit kochendem Blei, das man ihr auf die Füße und die Schultern goß. – Wie viele ähnliche Fälle mag es gegeben haben, von denen sich keine Spur erhalten hat?

Zisterzienserinnen

Unter den weiblichen Zweigen der regulären Orden scheinen die Zister-zienserinnen den Beginen am nächsten zu stehen; sie wurden sogar gelegent-lich von den Zeitgenossen als „beginae" angesprochen. Auch sie hatten eine Kernlandschaft in den Gebieten des heutigen Belgiens, wo in der zweiten Hälfte des dreizehnten Jahrhunderts ca. 2500 Zisterzienserinnen existiert haben sollen[334]. Der Übergang von der Lebensweise als Begine zu der als Zisterziensernonne war dort durchaus nichts Ungewöhnliches, wie z. B. die Biographien Beatrijs' von Nazareth, Idas von Nivelles, Idas von Leeuwen, Mechthilds von Magdeburg u. a. zeigen. Lebensformen und Herkommen der Zisterzienserinnen entsprachen freilich weit mehr denen der Benediktine-rinnen als denen der Beginen, da sie in strenger Klausur wohnten und in der Regel nur begüterte Frauen aufgenommen wurden. Die Formen ihrer Mystik waren dennoch denen der Beginen durchaus ähnlich, wofür ein Grund in den Werken Bernhards von Clairvaux und Wilhelms von St. Thierry als gemein-same Basis liegen dürfte, ein anderer und wesentlicherer in den erwähnten biographischen Umständen.

---

[333] F. Roth, Aus einer HS der Schriften der hl. Elisabeth: Neues Archiv der Gesellschaft für ältere deutsche Geschichtskunde 36, 1911, 219–225.
[334] Mens, armen 227 (geschätzt).

Die Blüte der Frauenmystik scheint bei den Zisterzienserinnen im dreizehnten Jahrhundert zu liegen, so wie die der Männermystik ein Jahrhundert
früher; spätere Mitglieder dieses Ordens figurieren kaum mehr in der Geschichte der mittelalterlichen Mystik. Es ist noch die Frage, wie die möglichen Wechselbeziehungen zum *gleichzeitigen* Ordensschrifttum der theoretischen Mystik aussahen, das viel weniger untersucht ist als das des zwölften
Jahrhunderts. Inwieweit wurde etwa ein Gerhard von Lüttich[335], wahrscheinlich Angehöriger des Zisterzienserordens, von den Schwestern rezipiert?
Schrieb er doch in der Mitte des dreizehnten Jahrhunderts Traktate über die
Vorbereitung auf den Eintritt des Seelenbräutigams ins Herz, die Motive, aus
denen heraus Gott brennend zu lieben sei, die letzten Worte des Herrn,
bezogen auf Askese und Mönchsleben u. v. a. Oder wie steht es mit dem
Einfluß des *Libellus de contemplatione* Hildebrands (spätes 13. Jh.), der
bernhardische Aufstiegslehre mit scholastischer Terminologie verbindet?[336]

Zisterziensische Passionsmystik zeigt sich exemplarisch in der Frömmigkeit
der LU(I)TGARD VON TONGEREN (VON AYWIÈRES, 1182–1246, hl.)[337]. Sie bietet ein Beispiel für eine abrupte religiöse Konversion, denn das Mädchen
wollte durchaus weltlich leben und reich heiraten. Als sie einmal mit einem
jungen Mann in vertrauter Unterhaltung zusammensaß, erschien ihr jedoch
plötzlich der Schmerzensmann und befahl ihr, auf seine Seitenwunde wei-
send: „Hier, betrachte sofort, was du lieben sollst!"[338] Diese radikale „Umorientierung" war der Beginn eines neuen Buß- und Gnadenlebens, das Lutgard ins Kloster führte, in dem ihr der „Blutbräutigam" noch öfters erscheinen sollte. Die Ordensfrau zeigt sich dabei besonders von der entstehenden
Blut- und Herz-Jesu-Devotion fasziniert: Der Erlöser wohnt in ihrem Herzen, sie trinkt aus der Wunde seines Herzens, so daß „der Speichel ihres
Mundes danach süßer als jede Honigsüße schmeckte"[339] – ein Erlebnis (keine Metapher!), das nicht wenigen anderen Mystikerinnen des dreizehnten
und des vierzehnten Jahrhunderts zuteil wurde[340]. „Immer wenn sie, in den
Geist entrafft, der Passion des Herrn eingedenk war, hatte sie den Eindruck,
sie sei am ganzen Körper rot, von Blut übergossen."[341] Christus erscheint ihr
auch als Lamm und küßt sie auf den Mund[342]. Lutgard erlebte zwar zahlreiche weitere Trancen, Auditionen und Erscheinungen von Heiligen und anderen Toten, aber keine Visionen. An ihr zeigt sich, wie später etwa auch an

---

[335] J. Lanczkowski, P. Dinzelbacher, Gerhard von Lüttich: Wörterbuch 186.

[336] G. Oury, Hildebrand: DS 7, 504 f.

[337] Thomas v. Cantimpré, Vita, ed. G. Hendrix, Primitive Versions of Thomas of Cantimpré's
Vita Lutgardis: Cîteaux 29, 1978, 153–206. – G. v. Brockhusen, Lu(i)tgard von Tongeren:
Wörterbuch 334. – Dinzelbacher, Frauenmystik 136–187.

[338] Vita 1, 1, 2, ed. cit. 162.

[339] Vita 1, 1, 13, ebd. 164.

[340] Zahlreiche Beispiele bei Dinzelbacher, Frauenmystik 143 ff.

[341] Vita 2, 2, 23, ed. cit. 169.

[342] Vita 1, 2, 19.

Abb. 15 Diese Erscheinung Christi, der auf seine Wunde weist, könnte geradezu eine Illustration zu Lutgards Bekehrungserlebnis sein, doch ist die dargestellte Unbekannte als Begine oder Nonne gekleidet; es könnte sich auch etwa um Christine oder Margarete Ebner oder Adelheid Langmann handeln.

Albrecht Dürer, Zeichnung, 1492/94, Louvre, Paris.

Gertrud von Oosten[343], daß ein von mystischen Begabungen geprägtes Leben auch ohne besondere Bildung oder intellektuelle Interessen möglich war; die Heilige hat nichts geschrieben, ja nicht einmal die französische Sprache erlernt, die die Muttersprache aller ihrer Mitschwestern im Kloster Aywières war. Ähnlich hat neben anderen z. B. auch Alix (Aleydis, Adelheid) von Scharbeke († 1249/50, hl.)[344], seit ihrem siebenten Jahr Zisterzienserin (doch, als Lepröse und dadurch erblindet, vom Konvent getrennt), Schauungen des blutenden Gekreuzigten, wobei sie sich auch einer intensiven Eucharistiedevotion hingibt. Wiewohl sie in ihrer Krankheit bald in der Hölle, bald im Fegefeuer zu sein glaubt, „lag sie dennoch fast immer in der Umarmung Jesu"[345].

Wie Lutgard Brabanterin und Zisterzienserin, aber Intellektuelle, war BEATRIJS (BEATRIX) VON NAZARETH (VON TIENEN) (1200–1268, sel.)[346], die oft mit Hadewijch verglichen wird. Wir wissen allerdings viel mehr von ihr, denn ihre umfängliche, von einem Zisterziensermönch geschriebene Vita fußt auf ihren autobiographischen Aufzeichnungen. Nach dem Tod der Mutter kam Beatrijs siebenjährig zu Beginen, mit fünfzehn ist sie Novizin in einer Zisterzienserinnenabtei. Wo ihr die Arbeit als Schreiberin und die Liturgie Zeit lassen, konzentriert sie sich ganz auf asketische Praktiken: neben der weithin üblichen Selbstgeißelung, dem Bußgürtel, Steinlager usw. pflegt sie unbeschadet ihrer Krankheiten auch besonders spitze Eibenblätter im Schoß zu tragen, sich durch Stacheln des Schlafes zu berauben etc[347]. Um dem verspotteten Christus nachzufolgen und da sie sich der zahlreichen Begnadungen unwürdig erachtete, will sie sich sogar wahnsinnig stellen[348].

Viele der typischen Erlebnisse mystischer Frömmigkeit hat Beatrijs mit ihren Zeitgenossinnen geteilt: Tröstungen durch die Eucharistie, Selbsterkenntnis, Gewißheit der Auserwählung und Erlösung, Jubilus, Liebeswunde und -vereinigung, aber auch teuflische Anfechtungen und lange Stunden der Enttäuschung und Leere, die sie mit einer Höllenfahrt nach den Paradiesesstunden vergleicht[349]. Ihren ersten „raptus", eine ekstatische Vision der Dreifaltigkeit, der Himmelschöre, Engel und Heiligen, hat die Sechzehnjährige bei der Meditation während des Chorgebets. Zahlreiche weitere Entraffungen folgen, auch zusammen mit der Unio mystica. Sie sieht z. B. die ganze Welt unter sich,

---

[343] Vgl. u. S. 355.

[344] G. Venuta, Aleide: BS 1, 756 f.

[345] AS Iun. 2, 1717, 481 E.

[346] H. Vekeman, Beatrijs van Nazareth. Die Mystik einer Zisterzienserin: Frauenmystik 78–98. – J. van Mierlo, Béatrice: DS 1, s. v. – F. Willaert, Beatrijs: Wörterbuch 47 f. – Axters, Geschiedenis I, 223–238.

[347] Vita Beatricis 1, 5, 30, hg. v. L. Reypens, Antwerpen 1964 (id., mit Übersetzung von R. De Ganck: Cistercian Fathers Series 50, Kalamazoo 1991).

[348] Vita 3, 6, 208 ff.

[349] Ebd. 2, 13, 144.

„der Essenz der höchsten Gottheit in der Liebesumarmung untrennbar anhaftend. In dieser Vereinigung, in der sie schon ein Geist mit Gott geworden war, erkannte sie, daß sie zu jener Reinheit, Freiheit und Helle gekommen war, in der sie von Anfang an geschaffen ward, der allerhöchsten Gottheit verbunden und ganz himmlisch geworden ...“[350] „Der Herr drückte das Herz seiner Auserwählten an sein Herz und sog ihren Geist ganz in sich auf.“[351]

Beim Empfang der Hostie scheint ihr, daß alles Blut aus Christi Wunden in ihre Seele einströmt[352]. Wiewohl ihre Visionen wenig bildhaft geschildert werden, meditiert Beatrijs gern allegorische Vorstellungen: In ihrem Herzen sind fünf Spiegel: Gott als Richter, die Gebrochenheit der Erde, die Nächstenliebe, der Gekreuzigte und Tod und Endgericht. Ihr Herz ist wie ein Kloster: Vernunft, Vorsehung und Liebe nehmen die monastischen Hauptfunktionen wahr, Demut und Gehorsam halten Wache.[353]

Von der volkssprachlichen literarischen Tätigkeit der Beatrijs ist freilich nur der Prosatext *Van Seuen Manieren van Heileger Minnen* (Über sieben Weisen heiliger Minne)[354] erhalten, den sie als Priorin verfaßt hat. Er schildert den Aufstieg der Seele in notwendigen Schritten vom Bemühen um Reinheit und Erkenntnis zur selbstlosen, unbemessenen Liebe.

„Und dann fühlt sie, daß alle ihre Sinne in der Minne geheiligt sind und daß ihr Wille Liebe geworden ist und daß sie so tief versunken und verschlungen in den Abgrund der Minne ist, selbst ganz zu Minne geworden.“[355]

Dabei gelingt Beatrijs die so seltene Überwindung des Do-ut-des-Charakters der Religion: Die Seele dient dem Herrn „allene mit minnen, sonder enich waeromme ende sonder eneghen loen von gratien oft van glorien“[356] (allein mit Liebe, ohne jedes Warum und ohne jeden Lohn von Gnaden [im Erdenleben] oder Verklärung [im Jenseits]). Die Unmöglichkeit absoluten Liebens ist ihr allerdings wie die Qual der Hölle. Aber Gott erlöst die Seele, sie selber wird Liebe, verwundet von Liebesraserei (orewoet). In der sechsten Stufe ist die Seele dann in Ruhe, wie eine Mutter, die das Haus bestellt, unabhängig, kühn. Verlangen nach der Verklärung des Jenseits, dies ist die siebte und letzte Stufe der Minne.

Manche Passagen bei Beatrijs zeigen gut, wie verbreitet gewisse Konzepte der Mystik waren, die sich an der Grenze zu dem befanden, was die Amtskirche als orthodox und was sie als häretisch beurteilte. Auf der sechsten Stufe der Minne gelangt der „heilige Geist“ („mens sancta“) zu solcher Geistesfreiheit („libertas spiritus“),

---

[350] Ebd. 3, 11, 236 f., ed. cit. 152, gekürzt.
[351] Ebd. 3, 2, 193, ed. cit. 126.
[352] Ebd. 3, 12, 238.
[353] Ebd. 2, 6, 105 ff.; 2, 7, 111 ff.
[354] Ed. L. Reypens, J. van Mierlo, Leuven 1926. – Ed. H. Vekeman, J. Tersteeg, Zutphen 1971.
[355] Manieren, ed. Reypens, Mierlo 14 f.
[356] Manieren, ed. Reypens, Mierlo 7.

Abb. 16 Der „Blutbräutigam" auf einem Andachtsbild, zu seinen Füßen Bernhard von Clairvaux und eine Zisterziensernonne. Die Faszination mit dem kostbaren Blut - im Original hellrot
leuchtend - ist hier so drastisch verbildlicht, wie es Lutgard, Beatrijs, Angela und viele andere
Mystikerinnen erfahren haben.

Kolorierte Federzeichnung, 1. H. 14. Jh., Schnütgen Museum, Köln.

„daß er keinen Menschen scheut, keinen Dämon, sogar keines Engels oder Gottes Gericht in seinem gesamten Tun und Denken fürchtet, da ja die All-Herrscherin selbst, die göttliche Liebe, diese Furcht vertrieb, und er[357] bei jedem Werk die Freiheit des Gewissens unbeweglich und fest in ihrer Kraft bewahrte."[358]

So die mittellatenische Version; im Original: „Dan maectse minne so coene ende so vri, datsi en ontsiet noch menschen noch viant, noch ingel noch heilegen, noch Gade selve in al haren doene ofte latene, in werkene ofte in rastene."[359] Diese Zeilen könnten genausogut in jedem Bekenntnis eines Angehörigen der Sekte vom freien Geist stehen. Der Unterschied liegt nicht in der Lehre, er liegt in den Konsequenzen, die für die Lebensführung gezogen wurden. Beatrijs blieb Nonne im Kloster und erfüllte die Normen ihrer Gesellschaft; andere distanzierten sich aufgrund derselben Überzeugungen von der katholischen Kirche und überschritten diese Normen.

Das Kloster Helfta bei Eisleben, das, ohne direkt dem Zisterzienserorden zuzugehören, seine Statuten befolgte, war Heimat gleichzeitig der vormaligen Begine Mechthild aus Magdeburg wie der schon seit früher Kindheit dort lebenden Gertrud der Großen und Mechthilds von Ha[c]keborn, die zweifellos aufeinander einwirkten. Kleriker und Laien pilgerten um Rat und Gebetshilfe dorthin. Es mag in Helfta noch weitere mystisch begabte Nonnen gegeben haben[360], ähnlich wie in den Dominikanerinnenklöstern[361]. Dominikanischer Einfluß war durch die Beichtväter gegeben, benediktinischer durch die eigene Tradition, franziskanischer durch Lektüre oder Predigt[362]. Die in diesem Konvent innerhalb eines kurzen Zeitraumes verfaßten drei Offenbarungsbücher haben gewisse gemeinsame Charakteristika (vgl. Engeltal[363]): Jede der Autorinnen gestaltet ihr Werk über lange Strecken als Dialog der Seele mit Gott; die verwendeten (geschauten) Metaphern gleichen einander (z. B. die inneren Sinne); Brautmystik steht im Mittelpunkt ...

GERTRUD VON HELFTA, gen. die Grosse (1256–1301/02, hl.)[364], wurde mit fünf Jahren wohl als Oblatin dem Kloster übergeben, wo sie, begabt und lernbegierig, wie sie war, eine hervorragende Bildung zunächst in den Artes li-

---

[357] Der Geist; oder: sie (die Liebe).
[358] Vita 3, 14, 258, ed. cit. 172 f.
[359] Manieren, ed. cit. 26 f.
[360] Vgl. Gertrud, Legatus 1, 3.
[361] Vgl. u. S. 315 ff.
[362] Vgl. Legatus 1, 7.
[363] Vgl. u. S. 316, Anm. 270.
[364] Ed.: SC 127, 139, 143, 255, 331. – F. Vernet, Gertrude: DThC 6, 1332–1338. – P. Doyère, Gertrude: DS 6, 331–339. – K. Grubmüller, Gertrud: VL 3, 7–10. – Petroff, Visionary Literature 209 ff. – J. Lanczkowski, Gertrud d. Gr., Mystik des Gehorsams: Frauenbewegung 153–165. – Bynum, Jesus 170–208. – L. Shank, The God of My Life. St. Gertrude, A Monastic Woman: Nichols, Shank, Peace Weavers 239–273. – J. Flores Arcas, Santa Gertudis y el fenómeno místico: Mujeres del absoluto (Studia silensia 12), Silos 1986, 87–102. – Dinzelbacher, Visionsliteratur 164–169.

berales und dann auch in der Theologie erwarb. Eine Krise, die sich mit einer Christuserscheinung in mystische Begabung löste, erlebte Gertrud im Winter 1280/81. Seit damals berichtete sie ihre Visionen, Erscheinungen, Auditionen und Meditationen anderen Schwestern, die sie aufzeichneten, bzw. schrieb sie selbst nieder. Von ihrem Hauptwerk, der Offenbarungsschrift *Legatus divinae pietatis* (Gesandter der göttlichen Liebe), ist nur Buch II (von fünf Büchern) eigenhändig (1289), die anderen entstanden teilweise nach ihrem Diktat. Selbstverfaßt sind desgleichen die *Exercitia spiritualia,* ein Erbauungsbuch des Aufstiegs zu Gott. Anderes, wie Dichtungen über die Passion und die Vorbereitung auf den Tod, ist verloren. Gertruds Stil ist bild- und nuancenreich, von rhetorisch gebändigter Emotionalität. Vielfältig und plastisch sind ihre Allegorien: Der hl. Benedikt erblüht als tugendtragender Rosenbaum[365], aus Christi Herz erwächst ein ihn mit der Seele verbindender Gürtel, die Seele eines Sünders erscheint als häßliche Kröte usw. Was immer sie schaut, es wird wie bei vielen ihrer Zeitgenossinnen (Mechthild von Magdeburg, Mechthild von Ha[c]keborn, Agnes Blannbekin u. a.) sogleich einer Allegorese unterzogen.

Gertruds Erfahrungen sind von intensiv brautmystischem Charakter und handeln vorzugsweise „von der Lieblichkeit der Einwohnung Gottes"[366]; wie eine Königin mit ihrem König schwelgt sie mit Christus in Liebkosungen, sie sitzt auf seinem Schoß[367]. Ihr Bräutigam ist zugleich „glühendster Liebhaber" und „liebenswürdigster Bruder"[368]. Die durchgehende Schilderung Christi als König hat kaum mehr Bedrohliches, vergleicht man mit der älteren Visionsliteratur[369]. Passionsmystische Szenen kommen vor[370], treten aber ganz deutlich zurück, wie Christi Erdenleben überhaupt – dies gerade in jenen Jahren, da die *Meditationes Vitae Christi* geschrieben werden oder die *Pagina meditationum*[371]. Von ungeduldigem Charakter, häufig erkrankt, zieht sich Gertrud bisweilen so weit von den Menschen in ihr Frömmigkeitsleben zurück, daß sie sagen kann: „Mich ekelt vor aller Kreatur, allein das Beisammensein mit Dir, das Gespräch mit Dir möchte ich genießen (frui). Daher sage ich aller Kreatur Lebewohl und wende mich einzig Dir zu ..."[372]. Sie thematisiert nicht selten ihre Todessehnsucht[373] – häufigstes Motiv der *Exercitia*[374]. Wunderbarer als jedes Wunder erscheint es ihr, daß sie nach der Unio mystica noch „als Mensch unter Menschen" leben kann[375]. Aber auch für

---

[365] Leg. 4, 11.
[366] Überschrift zu Leg. 2, 3, SC 139, 234.
[367] Leg. 4, 13–17.
[368] Leg. 3, 65, SC 143, 266; vgl. 3, 22 f.
[369] Dinzelbacher, Vision 146 ff. Anders Bynum, Jesus 189 f.
[370] Leg. 4, 15; 21.
[371] Vgl. o. S. 182 ff. und u. S. 260 f.
[372] Leg. 3, 47, 1, SC 143, 212.
[373] Leg. 1, 10; 3, 56.
[374] Shank 265.
[375] Leg. 2, 23.

ihren himmlischen Geliebten ist die Vereinigung mit ihr so „überaus ersehnenswert", daß er ausschließlich dafür alle Leiden seines Erdenlebens gern auf sich genommen hätte[376]! Die Erlösung des ganzen Menschengeschlechts ist Gott in der Optik Gertruds nicht wichtiger als die Unio mit ihr – eine Verschiebung des „Cur Deus homo" ins Einzelpersönliche, theologisch eine Ungeheuerlichkeit, die wohl deutlicher als vieles andere zeigt, was an Individualismus in der Mystik seit dem Hochmittelalter denkmöglich geworden war. Neben solchen Abkapselungen des Ichs mit seinem Gott steht aber als soziales Element Gertruds Gebetsleistung für Verstorbene und Lebende, sogar – im Mittelalter fast exzeptionell[377] – für Tiere[378], ferner ihr Wirken durch religiöse Belehrung in Schrift (charakteristischerweise an erster Stelle genannt) und Wort[379] – Gertrud verkündet vor allem die Liebe Christi. Sie ist, besonders für ihre Gemeinschaft, Mediatrix zu Gott[380], ähnlich wie Elisabeth von Schönau und so viele andere CharismatikerInnen.

Die zur Unio mystica strebende Christusminne und Herz-Jesu-Verehrung, Marien- und Heiligendevotion, der Gehorsam, auch die Armen Seelen sind wichtige Motive ihres spirituellen Lebens. Christus erzählt der Seherin jeweils, wie viele von ihnen er jeweils aus dem Fegefeuer entläßt[381]. Vieles ist bildhaft, vieles bildlos, vieles auch Wortoffenbarung, Gleichnis, Exempel. Vision und Erscheinung sind oft ununterscheidbar. Kunstwerke dienen der Meditation; ein Kruzifixus spricht mit der Nonne[382]. Zentrale Stelle nimmt, Zeichen benediktinischer Tradition, die Liturgie ein: Buch III und IV des *Legatus* sind geradezu ein Spiegel des Kirchenjahres, wo die jeweils gefeierten Heiligen erscheinen, irdischer und himmlischer Gottesdienst ineinanderfließen[383]. Innerhalb der Liturgie am bedeutendsten ist die Eucharistie, während derer Gertrud die Höhepunkte ihres irdischen Daseins erlebt. Sie erfährt zu Weihnachten die Vereinigung mit dem kindlichen Christus: ein kleines, zartes Kind wird ihr einen Augenblick lang gezeigt, sie nimmt es in ihr Herz auf und fühlt ihre Seele „mit ihm in dieselbe Farbe[384] verwandelt" ...

> „Sie spürte, wie ihr Innerstes den Geliebten eingelassen hatte und ihn umschloß, und freute sich, daß die gnadenhafte Anwesenheit der Zärtlichkeit des Bräutigams ihr herrlichst gewährt wurde ... Oh wahre Kraft der unüberwindlichen Rechten des Höchsten, daß ein Gefäß aus Lehm ... der Eingießung so kostbarer Flüssigkeit genügte!"[385]

---

[376] Leg. 5 Append., SC 331, 304. Vgl. u. S. 330.
[377] Vgl. o. S. 166.
[378] Leg. 1, 8.
[379] Leg. 1, 11.
[380] Vgl. Bynum, Jesus 196 ff.
[381] Leg. 5 pass. Vgl. Bauer, Armen-Seelen.
[382] Leg. 3, 31; 41 f.; 64.
[383] Vgl. Flores Arcas 94.
[384] „in eundem colorem"; freier: Licht, Art.
[385] Leg. 2, 6, SC 139, 258, vgl. 2, 16; 4, 3.

– die auch bei Mechthild von Magdeburg so gern gebrauchte Metapher des Fließens. Aus Gottes Herzen kommt ein goldener [Braut-]Gürtel, der sie

> „mit unauflösbarem Liebesband an den Herrn fesselte … Da war zu sehen, wie der Herr aus seinen einzelnen Gliedern etwas wie goldene Haken hervorkommen ließ und die selige Seele in sich umschloß … wie einen Edelstein, in Gold gefaßt."[386]

Typisch ist bei solchen Szenen, daß Gertrud dabei passiv bleibt, daß etwas mit ihr geschieht. Eindringlich schildert sie die Einheit von leiblichem und seelischem Erleben in der Unio:

> „Ich spürte, wie aus deinen göttlichen Augen durch meine Augen ein unschätzbar süßes Licht eintrat, das, all mein Inneres durchdringend, eine über die Maßen wunderbare Kraft in allen meinen Gliedern zu wirken schien, zuerst geradezu alles Mark aus meinen Knochen zog, dann auch die Knochen zusammen mit dem Fleisch so sehr auflöste, daß meine ganze Stofflichkeit als nichts anderes mehr zu fühlen war, denn jener göttliche Glanz, der, mehr als gesagt werden kann, auf wohltuende Weise in sich selbst spielend meiner Seele unschätzbare Heiterkeit und Freude erwies."

Der „überaus süße Kuß" und „die so feste Umarmung in meiner Seele durch und durch" werden ihr je und je zuteil[387], so wie sie es erbittet. „Süße" ist geradezu das Leitphänomen ihres mystischen Lebens, geschmeckte Süße, synonym mit der Liebeseinung: „dulcem unionem et unientem dulcedinem."[388] Die Lieblingsallegorie zisterziensischer Autoren erscheint so im Erleben realisiert.

Solche mystischen Gnaden, solche Vertraulichkeit mit dem Herrn scheinen für Gertrud geradezu automatisch verfügbar zu sein: so oft sie den 103. Psalm beginnt, empfängt sie eine besondere Gnade[389]; was sie auch erbitten will, gelobt ihr ihr Bräutigam, es wird ihr gegeben[390]. Darauf beruht eine hochgemute Selbsteinschätzung eigener Begnadung: Was immer sie irgend jemandem in Gottes Namen verspricht, „das werde ich", sagt Christus, „völlig gewiß erfüllen"[391]. Wer immer ihre Worte hört, kann nicht zugrunde gehen, sondern gelangt „ohne jeden Irrtum sicher" zu Gott, wie ihr Christus „bei meiner Gottheit" zuschwört[392]! Nach ihren Offenbarungen ist Gertruds Stellung priesterähnlich: Wen sie für schuldlos befindet, der ist auch bei Gott schuldlos, und wen sie für schuldig erkennt, der ist es auch bei Gott, denn dieser spricht durch ihren Mund[393]. Sogar an Mariens Stelle, bekleidet mit

---

[386] Leg. 5, 27, 2 SC 331, 212.
[387] Leg. 2, 21, 3f., SC 139, 324 ff., übersetzt von Dinzelbacher, Visionsliteratur 167 ff.
[388] Leg. 2, 2, SC 139, 234.
[389] Leg. 2, 4, 3.
[390] Leg. 4, 35, 3.
[391] Leg. 1, 14, 3 f., SC 139, 198.
[392] Leg. 4, 14, 1, SC 255, 154.
[393] Leg. 4, 32, 1.

ihren Verdiensten, tritt sie im Himmel vor Gott, und alle Engel und Heiligen suchen, ihr ihre Ehrerbietung zu erweisen[394].

Wichtig ist für Gertrud die Devotion dem Herzen Jesu gegenüber. Schon im Prolog des *Legatus* verspricht der Herr allen Abschreibern bzw. Abschreiberinnen, er werde ihnen „von der Süße meines göttlichen Herzens soviele Liebespfeile abschießen, daß sie in ihrer Seele die schönsten Freuden göttlicher Süße erregen werden."[395] Das göttliche Herz affiziert das menschliche: Durch eine goldene Röhre, gedeutet als (guter) Eigenwille, fließen ihr die Geschenke der Güte des Herzens Jesu ein[396]. Dieses Bild kehrt mehrmals wieder[397], wie auch bei Mechthild von Ha[c]keborn, vielleicht ein Reflex der Kommunionpraxis, denn die Nonnen saugten den Meßwein durch eine Fistula, ein Metallröhrchen[398]. Die Visionärin tritt auch in das als Haus gestaltete Herz Jesu ein[399]. Das Herz ist ein See, Strom, Ozean, Kelch, eine Höhle, ein Nest, man trinkt es und ertrinkt in ihm[400]. Flammen schlagen aus ihm hervor wie aus einem Ofen[401]. Gertrud selbst spürt, daß „die anbetungswürdigen Stigmata deiner allerheiligsten Wunden" mehr oder minder konkret („quasi corporalibus locis") in ihr Herz „eingegraben wurden"[402]. Sie erbittet die Herzensdurchbohrung und erlebt sie (wie im sechzehnten Jahrhundert Teresa von Avila):

> „Es schien mir, als dringe aus der rechten Seite, also aus der Seitenwunde, des auf ein Blatt gemalten Kruzifixus etwas wie ein Sonnenstrahl hervor, zugespitzt wie ein Pfeil. Wunderbarerweise[403] dehnte er sich aus, zog sich zusammen und dehnte sich wieder aus ... Und siehe, plötzlich warst Du da, und du stachst eine Wunde in mein Herz ..."[404]

Der ganze fünfte Tag der siebentägigen *Exerzitien* soll dazu dienen, die Liebe zum göttlichen Herzen in der Seele zu beleben.

Gertrud verfügte über eine gute Beherrschung der Latinität ihrer Zeit (wenn sie dem virtuos-emphatischen Ausdruck auch bisweilen die Klarheit opfert); die Anrufungen, Lobpreisungen, Danksagungen erinnern oft an Augustinus, dessen *Confessiones* sie kannte[405], wie auch Werke anderer Kirchenväter. Bernhard ist ihr vor allem in seinen *Hohelied*-Predigten[406] präsent. Ihre

---

[394] Leg. 4, 48, 20. Vgl. auch 4, 7.
[395] Leg. Prol. 2, SC 139, 110.
[396] Leg. 3, 26, 2; 30, 1.
[397] Leg. 3, 67; 74; 4, 51, 59; Liber spec. grat. 7, 13.
[398] Vgl. A. Reinle, Die Ausstattung deutscher Kirchen im Mittelalter, Darmstadt 1988, 75.
[399] Leg. 4, 58.
[400] Bynum, Jesus 191.
[401] Leg. 5, 27.
[402] Leg. 2, 4, 3, SC 139, 244.
[403] „per ostentum"; oder: demonstrativer Weise.
[404] Leg. 2, 5, 2, SC 139, 248 ff.
[405] SC 331, 333.
[406] SC 331, 334 f.

Abb. 17 Das Herz Jesu mit der blutenden Lanzenwunde, gekrönt mit dem Kruzifixus, erscheint einer in Meditation versunkenen Heiligen. Die Darstellung (fälschlich auf die hl. Erentrud bezogen) gibt präzise die Situation wieder, in der sich Gertrud und Mechthild von Helfta so oft befanden.

Holzschnitt aus *Die Heiligen aus der Sipp-, Mag- und Schwägerschaft des Kaisers Maximilian I.*, Nürnberg 1517.

Rezeption im Mittelalter blieb gering; eine (recht freie[407]) deutsche Übersetzung des frühen fünfzehnten Jahrhunderts, gedruckt 1505, machte große Teile des *Boten* weiteren Kreisen zugänglich[408], aber erst in der Neuzeit scheint sie stärker gewirkt zu haben, namentlich in den romanischen Ländern, von denen Spanien und Frankreich den *Legatus* besonders eifrig rezipierten.

Seit etwa 1291 dürfte sich Gertrud auch an der Aufzeichnung des Buches der besonderen Gnade, *Liber specialis gratiae,* der Offenbarungen ihrer Mitschwester und älteren Freundin MECHTHILD VON HA[C]KEBORN (1241–1298/99, hl.)[409] beteiligt haben. Das Werk wurde zunächst ohne Mechthilds Wissen niedergeschrieben, doch später von ihr autorisiert[410]; das letzte Buch enthält Offenbarungen Gertruds. Möglich wäre wegen der stilistischen Homogenität auch eine Redaktion sowohl des *Gesandten* als auch des *Buches* durch eine uns unbekannte Helftaer Mitschwester. Mechthild, ebenfalls als Kind, nämlich mit sieben Jahren, ins Kloster gekommen, hatte ihre Begnadungen so lange geheimgehalten, bis sie sich in ihrem fünfzigsten Jahr „wie eine Trunkene nicht mehr zurückhalten konnte, jene innere Gnade vor allen, die zu ihr kamen, sogar vor Fremden, hervorzusprudeln (effunderat)"[411]. Da der Zulauf von Begeisterten und Neugierigen nach Helfta zu groß wurde, wurde ihr dies jedoch untersagt[412]. Trotzdem diente Mechthild wie Elisabeth von Schönau und viele andere ihren Mitmenschen sozusagen als Auskunftei über das Schicksal der Verstorbenen, wozu sie ihre Äbtissin wenigstens einmal gegen ihren Willen kraft des gelobten Gehorsams verpflichtete[413]. Die Schwestern versammelten sich um sie, wie um einen Prediger, um das Wort Gottes zu hören[414].

Mechthilds Schauungen ähneln denen Gertruds in hohem Maß, sowohl inhaltlich – Brautmystik, Liturgie, Eucharistie, Sorge für die Armen Seelen und Herz-Jesu-Verehrung stehen auch für sie im Vordergrund – als auch formal. Vielleicht ist ihr Gott noch etwas zärtlicher[415], vielleicht der Aspekt der Erlösung betonter[416]. Die gegenseitige Beeinflussung der beiden Charismatikerinnen – wobei Mechthild Priorität zukommen wird – und diesel-

---

[407] So wie auch die heute vorliegenden deutschen Übersetzungen.

[408] O. Wieland (Hg.), Gertrud von Helfta, ein botte der götlichen miltekeit, Ottobeuren 1973.

[409] Revelationes Gertrudianae ac Mechtildianae II, edd. Solesmenses monachi, Paris 1877. – R. Bromberg, ed., Het boek der bijzondere genade van Mechtild van Hackeborn, Zwolle o. J. [1965]. – M. Schmidt, Mechthild v. Hackeborn: VL 6, 251–260. – Dies., Mechthilde: DS 10, 1978, 873–877. – J. Lanczkowsi, Mechthild von Hackeborn: Wörterbuch 348. – Haas, Mittelalter 373 ff. – Richstätter, Herz-Jesu 82–94. – Bynum, Jesus 209–227.

[410] Lib. 2, 42 f.

[411] Lib. 2, 26, ed. Bromberg 398.

[412] Lib. 5, 18.

[413] Lib. 5, 15.

[414] Lib. 5, 30.

[415] Bynum, Jesus 216.

[416] Haas, Mittelalter 383 ff.

be Verfasserschaft der beiden Revelationsbücher führten aber jedenfalls zu zahlreichen fast austauschbaren Seiten; schon in 1, 1 liest man das bekannte Bild vom thronenden Christus, von dessen Herzen eine goldene Röhre ausgeht ...[417] Auch Mechthild wiegt das Christkind[418], sitzt auf dem Schoß des Herrn[419], fühlt sich von den Pulsschlägen des allerheiligsten Herzens erquickt, die sie medizinisch-exakt beschreibt[420], auch sie wird von einem vom Kreuz ausgehenden Geschoß verwundet[421]. Ihr Herz verschmilzt mit dem göttlichen[422], das – ihr Lieblingsbild – ein Haus ist, in dem sich Mechthild zusammen mit Gott zu Bett legt[423] – was sie durchaus *konkret* erlebt. Reich sind die visionären Allegorien: Auf einem siebenstufigen Berg werden die Laster in sieben Tugendbrunnen abgewaschen[424], die Schilde Christi und Mariens sind kleeblattförmig, um die Trinität zu verbildlichen[425], ihr Herz erscheint als Weingarten, in dessen Mitte ein Brunnen mit dem Herzblut Christi steht[426], so wie auch dessen Herz ein Garten ist, den die Seherin gemeinsam mit dem Herrn bewässert[427]. Aber das Herz Jesu ist auch eine mit den Aromata der Tugend gewürzte Seelenspeise[428], eine Lampe, in dem Mechthilds Herz als Fisch umherschwimmt[429], eine Apotheke[430], eine Küche[431] usw. Das ganze Buch Mechthilds entströmt dem göttlichen Herzen und strömt in dieses zurück[432]. Die Herz-Jesu-Verehrung hat in solchen Schilderungen ihren ersten Höhepunkt vor der endgültigen Begründung dieser Devotion im Barock durch die französische Visionärin Maria Alacoque, zumal Mechthild Danksagungen und Gebete an das Herz Jesu aufgetragen werden[433]. Dieses erscheint damit wie eine Hypostase der zweiten göttlichen Person.

Personifikationen treten analog dazu des öfteren auf[434] (wie bei ihrer älteren Namensschwester). Die Sucht, jede Schauung unbedingt symbolisch auszulegen, führt zu wenig geistreichen Deutungen. Als Mechthild eine Taube in ihrem Nest sieht, fragt sie, was denn ihr eigenes Ei sei, über dem sie in der Meditation sitze. „Ovum", antwortet Gott: O ist die Höhe meiner Gott-

---

[417] Vgl. Lib. 1, 13, 31; 2, 18; 4, 1.
[418] Lib. 1, 12.
[419] Lib. 5, 22.
[420] Vgl. P. Boeynaems, Mechtild v. Hackeborn's waarneming van de 3e en 4e hartton: Scientiarum Historia 6, 1964, 25–29; vgl. Leg. 4, 4.
[421] Lib. 2, 25.
[422] Lib. 1, 19; 2, 3.
[423] Lib. 2, 27.
[424] Lib. 1, 13.
[425] Lib. 1, 19.
[426] Lib. 1, 22.
[427] Lib. 2, 2.
[428] Lib. 1, 14.
[429] Lib. 2, 21.
[430] Lib. 3, 25.
[431] Lib. 2, 23.
[432] Lib. 2, 43.
[433] Lib. 1, 18; 3, 8, 17.
[434] Lib. 1, 20, 23, 36; 2, 21; 3, 22; 4, 19 usw.

heit, „vum" die Tiefe deines Nichts![435] Sie vereinigen sich tröstlicherweise. Das im Spätmittelalter so häufige genaue Zählen und Abwägen von Gebeten findet sich auch bei ihr: So opfert sie zusammen mit dem Konvent genau 5460 Vaterunser zu Ehren der Wunden des Erlösers[436]. Es ist dies die Multiplikation der Zahl der Wunden (5) mit den heiligen bzw. magischen Zahlen 7, 12 und 13.

Auch Mechthild zeigt sich als hochgemute Auserwählte, wenn von ihren Gliedern ein Glanz ausgeht, der sie ihres Gnadenstandes versichert[437], oder wenn sie mit Gottes goldenem Herzen im Himmelspalast umhergeht[438]. Sie hat mystische Vereinigungen als „summa experientia"[439], höchste Erfahrung, erlebt. Gott selber definiert die Unio: „mit meiner ganzen Gottheit ergieße ich mich so in einen und gehe ich über in ihn, daß ich ganz in allen seinen Gliedern erscheine, wohin auch immer er sich wende."[440] Nachdem sie aus der Herzwunde Becher aller Süße und Süßigkeit getrunken, kann sie nur mehr stammeln: „Amor, amor, amor"[441]. Trotzdem ist Mechthild aber sonst eher furchtsamer als Gertrud (so sieht sie sich vor Gottes Gericht verklagt[442]), wiewohl der Herr ihr, wie sie an ihrem Ende erfährt, alle Fähigkeit zur Sünde genommen hat[443]. Auch sind die Züge des Mit-Leidens und des stellvertretenden Leidens für die Verbrechen anderer präsenter: so streute sie zur Buße und gewiß auch in Erinnerung an die Passion Scherben in ihr Bett und wälzte sich in ihnen, „bis ihr ganzer Leib vor Blut triefte, so daß sie vor Schmerz weder sitzen noch liegen konnte"[444]. Während Gertrud auch in Zeiten ohne mystische Gnaden ganz selbstsicher blieb, empfand die von ihrer Krankheit ans Bett gefesselte Mechthild die Stunden geistlicher „Trockenheit" bitter. Sie starb verwirrt[445].

Mechthild war zwar ebenfalls gebildet, doch eher von schlichterer Art als Gertrud. Immerhin kannte sie Viktoriner- und Kirchenväterschriften[446]. Ihr Werk fand Leser bei den Gottesfreunden, war Seuse und Tauler bekannt und wurde in deutscher Übersetzung bereits 1503 gedruckt. Noch im Mittelalter übertrug man es ins Niederländische, Englische und Schwedische. Vor allem waren gekürzte Fassungen im Umlauf, von denen sich viele auf die Herz-Jesu-Texte konzentrieren; Petrus Canisius ist mit einem solchen Florilegium in Händen gestorben[447].

---

[435] Lib. 3, 42.
[436] Lib. 4, 56.
[437] Lib. 2, 14.
[438] Lib 1, 1.
[439] Lib. 3, 29.
[440] Lib. 2, 36, Revelationes 185.
[441] Lib. 2, 16, Revelationes 150.
[442] Lib. 1, 18.
[443] Lib. 6, 2.
[444] Lib. 5, 29 f., ed. Bromberg 194.
[445] Lib. 5, 7.
[446] Schmidt: VL 254.
[447] Richstätter, Herz-Jesu 84.

Wesentlich stärker als die Helftaerinnen ist LUKARDIS VON OBERWEIMAR (um 1262–1309, sel.)[448], seit ihrem zwölften Jahr Zisterzienserin, von Passionsmystik geprägt. „Ich will, daß du mit mir leidest!", sagt ihr der Schmerzensmann[449]. Nicht nur, daß sie ohnehin an langer Krankheit litt – besonders an Kontraktionen –, kasteite sie sich auch speziell mit kreuzförmigem Liegen und Stehen, mit ununterbrochenem Stehen oder Laufen auf einem Bein, wobei sie sich heftig gegen die Wände warf. Christus erscheint ihr als Kind und vor allem als Gemarterter, spricht auch unsichtbar mit ihr, Maria ernährt sie mit ihrer Milch (wie man es vom hl. Bernhard erzählte[450]), sie wird ohne Priester kommuniziert, schaut Gott in ihrem Inneren, ist erfüllt von himmlischer Süße, fällt oft in Ekstase. Höhepunkt ihrer Christusnachfolge war die Stigmatisation, der sie allerdings selbst nachhalf: Einmal schaute sie den Herrn, von Hieben zerschlagen und blutüberströmt. Halbtot bricht Lukardis zusammen. Trotzdem versucht sie, den Gekreuzigten zu stützen, da „spürte sie im Augenblick, wie der schärfste Wundschmerz in ihr war, innen sowohl an den Händen wie in den Füßen und in der Brust …" Da die Wunden jedoch noch nicht nach außen sichtbar waren, pflegte sie „mit ihrem Finger in den Händen an der Stelle der Stigmen geradezu zu bohren"[451]. Die Identifikation mit dem Kreuz und dem Gekreuzigten wird also vermittels Mimesis und Selbstverwundung erzwungen, so stark ist die Sucht nach Leid als Lebensideal. Anderen PassionsmystikerInnen hat eine ähnlich konkrete Christusnachfolge das Leben gekostet. Und die mystische Schwangerschaft in der Imitatio Mariae, wie sie auch Lukardis erlebte, hat andere auf den Scheiterhaufen gebracht[452]. Bei Lukardis wird sie dagegen als Zeichen ihrer Gotterwähltheit beschrieben: als sie zu Weihnachten intensiv die Geburt Christi meditierte,

> „da spürte sie nicht, sondern sah, wie ihr Bauch nach und nach wie bei einer schwangeren Frau anschwoll und (dann) sehr abnahm. Und bald sah sie einen kleinen Knaben …, spürte aber sein Gewicht weder auf sich noch auf ihrer Dekke …"[453].

Aus Lukardis' Lebensbeschreibung erhellt auch die Bedeutung von Kunstwerken für die Erlebnismystik: nicht nur hat sie aus dem Besitz der hl. Elisabeth von Thüringen eine Mariendarstellung in ihrer Zelle, die auf ihr Gebet Antwort gibt, sondern auch der Kruzifixus löst seine Hand vom Kreuz und umarmt sie[454]. Ausgeprägt ist ebenfalls der Verkehr mit den Seelen Ab

---

[448] Vita, [ed. J. de Backer]: Analecta Bollandiana 18, 1899, 305–367. – P. Dinzelbacher, Lukardis: VL 5, 1045 f. – Ders., Visionsliteratur 182–185. – Kleinberg, Prophets 99–121.
[449] Vita 315.
[450] Dinzelbacher, Frauenmystik 165 ff.
[451] Ders., Visionsliteratur 185.
[452] Vgl. Ders., Gottesgeburt.
[453] Vita 334.
[454] Vita 336 f.

geschiedener; eine bestimmte pflegt sie immer zum Trost zu besuchen, wenn sie sich traurig fühlt[455]. In Lukardis' Vita sind noch zahlreiche Visionen aufgezeichnet, die von Mitschwestern über sie geschaut wurden, ein Zeichen dafür, wie leicht sich eine bestimmte religiöse Erregung verbreiten konnte.

Den Helftaerinnen in manchem ähnlich ist auch eine bisher fast unbekannt gebliebene Prämonstratenser-Mystikerin namens CHRISTINA, gen. VON RETTERS (1269–1292, sel.), die in Stift Hane in der Pfalz lebte[456]. Ähnlich in der Art etlicher ihrer Gesichte, in der intensiven Liebesbeziehung zum Heiland, unähnlich in ihrer maßlosen Askese, die zu ihrem frühen Tod führte (in Helfta legte man auf die Züchtigung des Körpers weniger Gewicht als in den meisten anderen „mystischen" Klöstern[457]). Christina hat auch selbst ein Offenbarungsbuch diktiert, das jedoch verloren ist; ihre Vita aus der Feder offenbar des Beichtvaters liegt nur in deutscher Übersetzung vor. Mit sechs Jahren von der Familie dem Kloster übergeben, soll sie besonders das Christkind, wie es mit den anderen Kindern spielte, betrachet haben. Dieses erscheint ihr dann auch im Kirchenchor im Sonnenlicht (eines Glasfensters?). Als es wieder verschwindet, gibt sie sich „inneglichem Schreien mit großem Jammer und Verlangen ‚nach dem aller suberlichsten kyntgyn Jesus'" hin[458]. Es folgen Christkinderscheinungen in der Kirche, das Kind in der Krippe, von Rosen umgeben, Symbol der von ihr gesprochenen Pater Noster usw. Christina reagiert mit „lieblichem Schreien" [Weinen][459]. Da sie, versunken in die Betrachtung eines Kruzifixus, die gemeinsamen Gebetszeiten vernachlässigt, wird sie von der Meisterin heftig gezüchtigt – ein Hinweis am Rande, wie zu mystischer Versenkung neigende Religiosen eo ipso in Spannung mit der Klostergemeinschaft kommen konnten. Christina bekommt ja von Gott ausdrücklich die Anweisung, in ihrer Kammer allein, hinter verschlossener Türe, zu beten[460], und vermeint in der Entraffung, außer Gott und ihr gäbe es keine anderen Wesen mehr im Himmel und auf Erden[461]. In der Pubertät beginnen die „bösen Träume, böse Wollust und Begehren"[462]. Die Selige antwortet nicht nur mit der allgemein üblichen Selbstgeißelung; wegen der

„großen inneren Begehrlichkeit, um die bösen Geister und ihre fleischliche Anfechtung zu überwinden, nahm sie ein brennendes Holz und stieß es so glühend

---

[455] Vita 354.
[456] F. Mittermaier (Hg.), Lebensbeschreibung der sel. Christina, gen. v. Retters: Archiv f. Mittelrheinische Kirchengeschichte 17, 1965, 209–252 [I]; 18, 1966, 203–238 [II]. – K. Köster, Leben und Gesichte der Christina von Retters: ebd. 8, 1956, 241–269. – K. Köster, Christina v. Hane: VL 1, 1225–1228.
[457] Vgl. u. S. 315 ff.
[458] I, 228.
[459] I, 231.
[460] I, 236.
[461] II, 227.
[462] I, 234.

in ihren Leib, so daß das materielle Feuer das Feuer ihre Begehrlichkeit mit großen Schmerzen auslöschte."

Trotz dieser Verbrennung ihres Geschlechts wurde sie weiter von sexuellen
„Wollüsten" geplagt. Deshalb füllte sie ihre Vagina mit Kalk und Essig, so
daß sie acht schmerzenreiche Tage ohne natürliche Ausscheidung blieb, dann
folgte drei Tage lang Blut. Aber nicht einmal dies half. Erst eine Wiederholung mit Kalk und Harn brachte sie an den Rand des Todes und in tiefe
Depression[463]. Endlich erscheint ihr der Schmerzensmann mit den fünf span-
nenweit aufgerissenen Wunden: „Sind sie nicht weit genug, daß du deinen
Kummer in mir verbirgst?"[464] Christina fällt in Katalepsie und fühlt sich seitdem von erotischen Phantasien verschont. Nur wenn man solche unsere
Peinlichkeitsschwelle berührenden Angaben nicht aus der Darstellung aus-
klammert, wie es in der modernen Hagiographie Usus ist, kann man den
Lebenszusammenhang verstehen, in dem mittelalterliche Erlebnis-, besonders Passionsmystik oft steht – man denke auch an Seuse[465]. Christina hat
noch viele Kasteiungsmethoden durchprobiert, etwa Sitzen im Schnee, Liegen auf Nesseln, Zerbeißen der Zunge, Hunger bis zur Ohnmacht, mit einem
Wort „Dar zo, was dem lybe wee dede, dar an vbet sie sich stetlichyn."[466] Wie
bei manchen anderen MystikerInnen erhält sie dann den Befehl zum Ab-
bruch (vgl. Wilbirg von St. Florian, Seuse): Ein Altarbild der von ihr besonders intensiv verehrten Mutter Gottes ohrfeigt sie und heißt sie, sich mit den
üblichen Kasteiungen zu begnügen[467].

Doch werden Christina in bis zu sechs Wochen dauernden Ekstasen[468] auch
die reichsten Gnaden zuteil: Ihre Begehrlichkeit nach Gott (die Vita verwendet dasselbe Wort wie oben!) wird in der Unio gestillt:

„da ließ sich der Himmelskönig herab in ihre Seele, da ward sie mit göttlicher
Wollust [detto] begossen. Da umfing sie der Herr mit seinen göttlichen Armen,
ihre Seele, und gebot ihr auch, ihn mit ihren leiblichen Armen so zu umfangen,
und er drückt sie an sein Herz."[469]

Bei der Kommunion darauf „zerfloß sie von solcher Wollust wie ein Honig-
seim"[470]. Der Herr ist in ihr „in meinem wollüstigen Reich"[471], verschmilzt
mit ihr in „heimlicher überwollüstiger Liebe"[472]. Die Gotteseinung („gebruch-
chyn"[473], vgl. Hadewijch und Mechthild von Magdeburg) geht auch so vor

---

[463] I, 235.
[464] I, 236.
[465] Vgl. u. S. 296 ff.
[466] I, 236.
[467] I, 246.
[468] I, 244.
[469] I, 242, gekürzt.
[470] Ebd.
[471] II, 209.
[472] II, 216.
[473] II, 204 u. ö.

sich, daß sie das Lamm in lieblicher Umhalsung umfängt: „erfreue dich, du hast in dir den himmlischen Heiland deiner Seele."[474] So beschreibt sie ihn:

> „Seine Augen brannten in seinem Haupt wie eine Fackel. Eine Rose wuchs aus seinem Herzen, ging auf und verbreitete ihre Blätter so weit und reich, daß sein ganzer Leib mit der Rose überzogen war wie mit einem Kleid. Das bezeichnet, daß die getreue Liebe aus dem göttlichen Herzen über alle Liebe der Engel und Menschen gewachsen war ..."[475].

Er kommuniziert sie auch „mit seiner eigenen Hand in ihren Mund und in ihre Seele"[476]. Die dauernden Passionsmeditation führt zu Süßigkeitsempfindungen, Blutungen („Minnetropfen")[477] aus Mund, Augen und Nase, die Betrachtung führt zur Vision: „yn der betrachtonge wart sie aber entzucket, das sie yn dem geist wart sehyn alle die pynen vnsers heren vnd alle die stede, da er die martel leyt"[478], also eine Schauung der Passionsstationen im Heiligen Land, wie wir sie seit Elisabeth von Schönau kennen[479]. Oft betritt die Prämonstratenserin den himmlischen Palast. Das Herz Jesu erscheint ihr, größer als alle Welt. Es klappt sich auf und zu, wunderbares Licht fällt auf die Visionärin, und eine Stimme erklärt „... ich bin deine Übersüßigkeit"[480] (eine für die deutsche Mystik typische Wortbildung). Ekstase und körperliche Hitze folgen, später auch die Levitation. An Helfta erinnern symbolische Schauungen, etwa eines Tugendbaumes[481] (ähnlich auch Hadewijch in der ersten Vision), Herzensschau, Television. Wie die Helftaerinnen, aber später vor allem die Dominikanerinnen[482], betet Christina auch immer wieder eine genau bezifferte Anzahl Armer Seelen aus den Peinen (einmal sogar der Hölle[483]) frei.

In Ekstase singt die Nonne in einer Art dichterischen Glossolalie Hymnen, an die sie sich jedoch, ins Tagesbewußtsein zurückgekehrt, nicht erinnert. Zum Beispiel:

> „Gegrußet sys tu, dornen crone, gebenediet sy die persone.
> Dem du zostachyn haist daz konynckliches heubet,
> Du dorne crone, durch Cristis gebeytde gyffe myr daz ryche vnd daz keyßertum."[484]

Es ist das innere Reich der Mystik, das eschatologische Himmelreich, das hier in einem an die Dornenkrone gerichteten Gebet angesprochen wird. Nicht

---

[474] I, 251.
[475] II, 204, gekürzt. Vgl. o. S. 224 die Benedikts-Vision Gertruds.
[476] II, 221.
[477] I, 240.
[478] I, 241.
[479] Vgl. o. S. 151 f.
[480] I, 242 f., gekürzt.
[481] I, 243.
[482] Vgl. u. S. 315 ff.
[483] Vielleicht eher ein Versehen (des Schreibers?) als ein Glaubensirrtum: II, 234.
[484] I, 245.

nur die Wunden-Andacht, sondern auch die zu den Arma Christi war zu Christinas Zeit bereits voll ausgebildet.

Gegen Ende stellt die Vita der Nonne vor allem zahlreiche ermüdend ähnliche Auditionen belehrenden und sie selbst verherrlichenden Charakters zusammen. „Du bist mir die Allerliebste, und meine lieblichste Wohnung …"[485]. „Du erkennst mich vollkommen …"[486] (vgl. Hadewijch[487]). Die Hauptaussage ist: „Got ist yn dyner selen vnd dyne sele ist yn gode."[488] Manchmal blitzt es auf, daß Christina eine Zeitgenossin nicht nur Mechthilds von Magdeburg, sondern auch Eckharts ist: Einerseits die typische Fließ-Metapher: „der soißer lyebden ynfloiße, die dyne sele durchfloißn hait … Vnd die kraifft dyner leybden flußet wiedervmb yn mych." Andererseits: „Du salt got duch got laißen, das ist myn hogester wille …"[489] Ihre Seele wird „göttlich Gott mit Gott"[490]. Aber auch die Denkart der Freien Geister, zu der die Wesensmystik leicht tendiert, scheint anzuklingen: „Da deuchte ihre Seele, daß sie so tief in die Gewalt und Weisheit und Güte Gottes gesenkt wäre, daß sie völlig nach ihrem Willen tun und lassen könne, ‚als sie got yn gode were'."[491]

Es muß noch viele andere Frauen gegeben haben, von deren charismatischem Leben wir wenig oder nichts wissen. Erst vor kurzem wurde die Vita einer Magdeburger Rekluse zugänglich gemacht, ob ihrer Verkrüppelung genannt MARGARETA CONTRACTA (Mitte 13. Jh.)[492]. In diesem Text ist der Anteil der theologischen Erwägungen wesentlich größer als in der übrigen zeitgenössischen Hagiographie; man bleibt im unklaren darüber, inwieweit Reflexionen der Bußschwester berichtet werden oder göttliche Einsprachen oder Lehren des Beichtvaters, eines gebildeten Dominikaners. Viele Lehren sind als Dialog zwischen der Inklusin und dem Herrn gegeben, unklar, ob als solche, d. h. als Auditionen, empfangen oder nur eine Form, eigene Gedanken darzustellen. Gern heißt es unbestimmt, daß Gott in ihrem Herzen sprach[493]. Vorherrschend ist die Betonung von Margaretas Bußgesinnung („Leiden bekümmerten sie nicht, vielmehr bekümmerte es sie, daß kein Leid sie zu sättigen vermochte"[494]); erlebnismystische Elemente, wie eine Erscheinung des Gekreuzigten[495], Süßeempfindungen[496], Einwohnung Gottes[497] blei-

---

[485] II, 213.
[486] II, 221.
[487] Vgl. o. S. 205 f.
[488] II, 207, 218 f.
[489] II, 213; vgl. auch 225. Die Überlieferungslage schließt allerdings nicht aus, daß hier eine spätere Interpolation vorliegt.
[490] II, 226.
[491] II, 227.
[492] Johannes v. Magdeburg, Vita, hg. v. P. G. Schmidt (Studien zur katholischen Bistums- u. Klostergeschichte 36), Leipzig 1992.
[493] Ebd. 93 u. ö.
[494] Ebd. 69.
[495] Ebd. 9.
[496] Ebd. 58.
[497] Ebd. 95, 97.

ben ganz am Rande oder werden sogar abgelehnt[498]. Doch wurde Margareta schon zu Lebzeiten Gegenstand dominikanischer Predigt[499].

Gewiß werden auch manche Frauen als Mystikerinnen genannt, die vielleicht wohl große Asketinnen waren und den einen oder anderen frommen Traum von sich erzählten, ohne daß aber von richtiggehender Mystik gesprochen werden könnte. Dies scheint etwa der Fall zu sein bei oberösterreichischen Einsiedlerin Wilbirg von St. Florian († 1289, sel.), bei der jedes irgendwie außergewöhnliche Ereignis in ihrem Leben von ihrem Hagiographen Einwik († 1313) in Richtung der eben modernen spirituellen Viten stilisiert wird[500]. Bei anderen ist es aufgrund der Quellenlage schwierig, Sicheres auszusagen. Über Jutta von Sangerhausen (1220–1260, sel.)[501] etwa sind wir erst aus Texten des siebzehnten Jahrhunderts informiert; von ihr werden drei oder vier Christuserscheinungen berichtet. Einmal legte sie der Herr zusammen mit seinem Lieblingsjünger an seine Brust, wie der Apostel Thomas darf sie in die Wunden greifen, „und schließlich ihre Lippen an seine Seite drückend, bot er aus ihr Himmelssüße zu saugen"[502]. Bericht von Erlebtem oder Übernahme eines weitverbreiteten Motivs?

Bettelorden

Klarissinnen in Italien

Ganz wesentlich sowohl für die religiöse Frauenbewegung an sich als auch für die mystische Strömung in ihr wurden die Bettelorden. Sie wirkten in den Städten und affiliierten sowohl klausurierte weibliche Zweige (Zweitorden) als auch in der Welt lebende Drittordensschwestern (Tertiarinnen). Dies oft nicht ohne heftigen Widerstand von seiten der Brüder, die sich auf ihrem Weg der Selbstheiligung und Wanderpredigt durch die Cura monialium, die Seelsorge bei den Nonnen, behindert fühlten.

Unter den romanischen Ländern ragt Italien in der Geschichte der Mystik seit dem Spätmittelalter durch eine ungezählte Schar von Charismatikerinnen hervor. Nur einige von ihnen können beispielsweise erwähnt werden. Im Vergleich dazu kennt Frankreich nur wenige ähnliche Frauen, und aus Spanien sind vor dem ausgehenden fünfzehnten Jahrhundert überhaupt keine Mystikerinnen bekannt.

Der zweite Orden der Franziskaner, die Klarissinnen, ist die Gründung einer italienischen Adeligen, der KLARA OFFREDUCCI VON ASSISI (1194–1253,

---

[498] Ebd. 77.
[499] Ebd. 44.
[500] P. Dinzelbacher, Einwik: LexMA 3, 1747.
[501] J. Westphal, Jutta: DS 8, 1648 f.
[502] Scriptores rerum Prussiacarum 2, Leipzig, 1863 (ND Frankfurt 1965), 380.

hl.)[503]. Was haben Klara und ihre jüngere Schwester Katharina nicht alles verlassen, um sich dem Poverello anzuschließen? Ein reiches, sicheres Leben der Annehmlichkeiten im Elternhaus und die Möglichkeit, eine Ehe im Rang ihres vornehmen Standes einzugehen. Was haben sie statt dessen auf sich genommen? Die Trennung und den bis zu einem Tötungsversuch[504] gehenden Haß ihrer Familie, soziale Verachtung und Armut, Buße und Schweigen in lebenslanger, strenger Klausur. Denn sie waren sich sicher: das Himmelreich ist vom Herrn ausschließlich den Armen versprochen und geschenkt … Klara formulierte:

> „Da ist es freilich ein großer und lobenswerter Tauschhandel, das Irdische für das Ewige zu verlassen, Himmlisches anstelle von Irdischem zu erwerben, hundert für eines zu bekommen und das selige Leben ewig zu besitzen.“[505]

Auch das Christentum der MystikerInnen ist über weite Strecken und mit wenigen Ausnahmen eine „do ut des“-Religion.

Klaras Begabung zur Erlebnismystik scheint freilich eher gering gewesen zu sein – oder hat sie darüber geschwiegen wie Elisabeth von Thüringen? Es scheint auch, daß ihr Biograph, Thomas von Celano, absichtlich nur Andeutungen über ihr Gnadenleben machte. In einer Vision wird sie von Franz aus seiner Brust gestillt[506] (in einer der Bernhardinischen Lactatio durch Maria ähnlichen Szene), am Karfreitag wahrt sie tranceartige Stille und Bewegungslosigkeit[507], sie pflegt die Betrachtung der fünf Wunden[508], scheint „ihren Jesus“ („suum Iesum“) immer in Händen zu fühlen[509] u. a. m. In einem Brief an Agnes von Böhmen formuliert Klara schön das, was man das Programm der Erlebnismystik ihrer Zeit nennen könnte:

> „Lege dein Herz in die Form des göttlichen Wesens und verwandle dich ganz durch die Kontemplation in das Abbild der Gottheit selbst, damit Du auch selbst fühlst, was die Gottesfreunde fühlen, wenn sie die verborgene Süße kosten, die Gott selbst von Anbeginn für die vorbehalten hat, die ihn lieben“ („pone cor tuum in figura divinae substantiae et transforma te ipsam totam per contemplationem in imaginem divinitatis ipsius, ut et ipsa sentias quod sentiunt amici gustando absconditam dulcedinem, quam ipse Deus ab initio suis amatoribus reservavit.“)[510]

Der Schwerpunkt der Franziskanerinnen blieb trotz Ausbreitung in andere Länder in Italien[511]. Besonders seitdem die Minderbrüder durch päpstliche

---

[503] I. Omaechevarria (Hg.), Escritos de Santa Clara, Madrid ²1982. – C. Lainati, Die hl. Klara v. Assisi: 800 Jahre Franz von Assisi, 99–121. – G. Barone, Klara: Wörterbuch 312. – P. Dinzelbacher, Movimento religioso femminile e santità mistica nello specchio della „Legenda sanctae Clarae“, i. Dr.
[504] Legenda Clarae 26, Omaechevarria, Escritos 161.
[505] Epistula 1ᵃ, 4, ebd. 378 f.
[506] Proc. can. 3, 29, ebd. 83 f.
[507] Leg. 31.
[508] Leg. 30; Proc. 10, 10.
[509] Leg. 19 f., Omaechevarria, Escritos 153 ff.
[510] Ebd. 390, vgl. Hebr 1, 3; 2Cor 3, 18.
[511] Vgl. Lachance, Journey 60 ff.

Weisung gehalten waren, sich der Frauenseelsorge zu widmen, verstärkte sich der Zustrom zu den Schwestern[512]. Ihre Spiritualität ist nicht nur vom Streben nach Armut gekennzeichnet, sondern auch von den Idealen der Marginalisierung (Ansiedlungen in den Stadtteilen der Armen), einem Leben von Erbetteltem und Erarbeitetem, der Priviliegienlosigkeit, der Demut ... Um die Klöster der Minoriten siedelten sich zahlreiche Frauen an, genannt „pinzochere", „vestite", „mantellate"[513], später Tertiarinnen, die deren Seelsorge höher schätzten, als die des Pfarrklerus. Buße, Armen- und Krankenpflege waren die hauptsächlichen Tätigkeiten dieser Nachfolgerinnen des hl. Franziskus, zu denen auch Verheiratete gehören konnten. Sie lebten zwar nicht weltlich, aber doch in der Welt.

Viele Mystikerinnen haben dem Minoritenorden angehört, sei es als Klarissinnen, sei es als Tertiarinnen, sei es nur unter der geistlichen Betreuung der Franziskaner. Wer würde nicht sogleich an die ungarische Königstochter Elisabeth von Thüringen (1207–1231, hl.) denken, die freilich niemandem erzählte, was sie in ihren Verzückungen erlebte[514]. Die Klarissinnen und die Drittordensschwestern der Minoriten scheinen gerade in Italien mystisch veranlagte Frauen besonders angezogen oder geformt zu haben. Wir können nur einige von ihnen erwähnen. Eine frühe Charismatikerin des Ordens war die Paduanerin Helena Enselmini († 1230 oder 1242, sel.)[515], über die wir jedoch nicht durch zeitgenössische Dokumente informiert sind. Sie war besonders visionär begabt und soll zahlreiche Erscheinungen der Himmlischen gehabt haben, auch symbolischer Gegenstände, vor allem aber detaillierte Jenseitsvisionen[516]. Eine Formulierung in ihrer Vita dürfte den Zusammenhang zwischen Meditation und Vision in für das ganze Spätmittelalter gültiger Weise beleuchten: Die Lesung der Passion

> „bewegte sie durch Mitleid und Liebe so, daß ihre Augen von Tränen überströmten und es ihr schien, sie höre die Leidensgeschichte nicht vorgelesen, sondern sie sei tatsächlich dabei und sähe die Gefangennahme des Herrn, seine Fesselung, Wegführung, Bespuckung, Geißelung, Kreuzigung, Tod, Seitenwunde in der Brust ..."[517]

Wo beginnt das eidetische Sehen, wo die Vision?

Als visionär und prophetisch begabte Zeitgenossin aus dem dritten Orden des hl. Franziskus hat Rosa von Viterbo (ca. 1233–1251, hl.)[518] besondere Verehrung gefunden. Durch Marien- und Christuserscheinung zu frommem

---

[512] Grundmann, Bewegungen 303 ff.
[513] Benvenuti Papi, castro, pass.
[514] Der sogenannte Libellus de dictis quatuor ancillarum s. Elisabeth confectus, ed. A. Huyskens, Kempten 1911, 80 f.
[515] Vita: AS Nov. 2, 1894, 509–517. – G. Barone, Enselmini: Wörterbuch 143.
[516] Mariano da Firenze, Libro delle degnità et excellentie del ordine della seraphica madre delle povere donne S. Chiara da Asis, hg. v. G. Boccali, Firenze 1986, c. 11.
[517] Vita, ed. cit. 514 B.
[518] F. Casolini, Rosa: BS 11, 413–425.

Leben bekehrt, pilgerte sie mit einem Diptychon, dann mit einem Kruzifix in Händen zu den Kirchen der Umgebung. Dabei soll sie richtiggehende Predigten gegen Häretiker, Patariner und Katharer gehalten haben und Bekehrungen bewirkt haben, indem sie sich einem Gottesurteil, dem Feuerordal, unterzog. Auch G[h]erardesca von Pisa (um 1212–1269, sel.)[519], die ihren Gatten zum Eintritt bei den Kamaldulensern bewegte, um selbst als Tertiarin ein frommes (allerdings von manchen Skeptikern angefochtenes) Leben zu führen, scheint mehr visionär als mystisch begabt gewesen zu sein, doch ist ihre Vita nicht vollständig erhalten. Szenen von intensiver Eigenart sind darin überliefert, wie die, wo sie versucht, dem Schmerzensmann den Nagel aus den Füßen zu ziehen, um ihn sich selbst hineinzustechen[520], oder die, wie sie von Christus mit dem Gürtel der Muttergottes verprügelt wird[521] …

Ein Beispiel für eine plötzliche Bekehrung nach einem weltlichen Leben bietet das Schicksal der MARGARETA VON CORTONA (1247–1297, hl.)[522]. Ihr war ein geistliches Leben keineswegs (wie bei so vielen anderen Mystikerinnen) von Jugend auf vorgezeichnet. Ein unglückliches Kind, das viel unter ihrer Stiefmutter zu leiden hatte, wurde die Bauerntochter mit siebzehn Geliebte eines Adeligen, von dem sie ein Kind bekam. Die Ermordung ihres Liebhabers, dessen blutüberströmte Leiche sie fand, war der erste tiefe Schock. Der nächste folgte, als sie ihre Eltern zusammen mit dem unehelichen Kind aus dem Haus warfen. Da nahm sie Christus als „Meister, Vater, Bräutigam, Herrn" an. In einer für Konversionen typischen Wertumkehr verachtete sie nun ihre Schönheit und zerstörte sie (nach dem Vorbild der Wüstenväter) durch Ruß, Fasten und Geißeln – ab jetzt war ihr einziges Bad Tränen. Ebenso entledigte sie sich ihrerseits ihres Kindes, das sich bald, so hieß es, „in äußerster Armut verlassen und ohne mütterliche Hilfe aus Verzweiflung in einem Teich ertränkte"[523]. Letzteres ist Legende, denn dieser Sohn ist später als Minorit bezeugt, aber der sich an Margaretas Verhalten zeigende Kern von Heilsegoismus bei gleichzeitiger Bewertung der Mutterliebe als ein ebenfalls der Askese zu opferndes Gut erweist, daß das Tugendstreben der Mystikerinnen nicht immer nur auf ihre Kosten ging, mögen sie selbst es auch so gesehen haben. Aber hatte nicht schließlich ihr Bräutigam gelehrt – und Margareta berief sich darauf –, daß solches Handeln hundert-

[519] Vita: AS Mai 7, 1688, 164–180. – G. Barone, Gerardesca: Wörterbuch 185 f. – Benvenuti Papi, Castro 336 ff.
[520] Vita, ed. cit. 177 A.
[521] Ebd. 176 C.
[522] G. Barone, Margareta von Cortona: Wörterbuch 339 f. – C. Becker, Marguerite: DS 10, 337 f. – Jörgensen, In excelsis 131–241. – E. Menestò, La mistica di Margherita da Cortona: Temi e problemi 181-206. – A. Blasucci, Margherita da Cortona: BS 8, 759-770. – E. Mirri, La spiritualità di Santa Magherita nella visuale francescana: Annuario dell'Accademia etrusca di Cortona 17, 1979, 375–396. – A. Benvenuti Papi, „Margarita filia Jerusalem". Santa Margherita da Cortona e il superamento mistico della Crociata: F. Cardini (Hg.), Toscana e Terrasanta nel Medioevo, Firenze 1982, 117–137.
[523] Mirri 385.

fältig belohnt werden würde (Mt 19, 29 mit Parallelstellen). Margareta war sich – genauso wie etwa Elisabeth von Thüringen – ganz sicher, damit eine Heilige zu werden (was die päpstliche Kanonisation allerdings erst 1728 bestätigte), der schon ein Thron im Himmel bereitstand, und zwar im Chore der Jungfrauen (!)[524]. Eschatologisch ist so das frühere Leben als Favoritin annulliert und das nach traditioneller christlicher Lehre höchste Gut der Frau, die Virginität, wiederhergestellt – ein Problem, daß auch andere Charismatikerinnen intensiv beschäftigte[525].

Margareta schloß sich 1275 den nach dem Ordensstifter „Poverelle" genannten Franziskaner-Tertiarinnen an und lebte von ihrer Arbeit als Hebamme. 1291 zog sie sich als Klausnerin zurück. Ihre harte Buße, ihr karitatives Wirken und ihre Visionen machten sie bald berühmt; so konnte sie sogar bei der Befriedung Cortonas im Konflikt von Ghibellinen und Guelfen vermitteln. Dieser Pazifizierung nach innen entsprach die Kriegspropaganda nach außen, nämlich ihre Visionen, in denen Christus zum Kreuzzug aufrief[526] – in beidem erweist sich Margareta wesensverwandt der berühmteren Katharina von Siena[527]. Vielleicht hat ihr sogar Dante einen Besuch abgestattet. In Imitatio der Maria Magdalena[528], der Patronin der Dirnen, konzentriert sie sich auf das Kreuz. Täglich meditiert sie die ganze Passion, die sie auch in Ekstase miterlebt und gleichzeitig den Umstehenden schildert. Wunden- und Herz-Jesu-Verehrung verbindet sich damit: „Mein Herr Jesus Christus, wenn ich in deinem Herzen bin, bin ich auch in der Seitenwunde, in allen Nagelmalen, in der Dornenkrone, in der Galle und im Essig …"[529] Gleichzeitig gibt es aber auch von Sehnsucht glühende Liebesgespräche mit Christus. Selbst wenn dieser am Richterstuhl thront, hat er doch nur Worte der Verzeihung für die Menschen[530] – ganz anders, als es die früh- und hochmittelalterlichen Visionäre erfuhren, anders auch als bei Birgitta von Schweden[531]. Zahlreich sind die Visionen und Auditionen Margaretas.

> „In ihren Ekstasen erlebte sie die Passion so tief mit, daß die Umstehenden glaubten, sie stürbe: sie knirschte mit den Zähnen, wand sich wie ein Wurm im Kreise („torquebatur ut vermis et torques"), war dabei aschfahl …"[532]

Sie erfährt die Unio mystica, und wenn sie in die dunkle Zeit der „Trockenheit" zurückfällt, irrt sie umher auf der Suche nach dem göttlichen Geliebten, sucht ihn mit lauter Stimme bei allen Umstehenden, so daß diese vor

---

[524] Mirri 387, 389 f.
[525] Vgl. z. B. u. S. 400.
[526] Benevenuti Papi 133 f.
[527] Vgl. u. 356 ff.
[528] Mirri 388 ff.
[529] Zit. Blasucci 768.
[530] Menestò 198.
[531] Vgl. u. S. 340 ff.
[532] Zit. Schleyer, Stigmatisierten 19.

Mitleid in Tränen ausbrechen[533]. Auch die Devotion zum Namen Jesu und die Eucharistiefrömmigkeit waren ihr besondere Anliegen, wie ihre tägliche Kommunion zeigt.

Cortona, von zeitgenössischen Chronisten als Neues Jerusalem bezeichnet, hatte in ihr eine neue Magdalena, wie sie ihre Vita nennt, die einem neuen Christus (Franziskus) folgte[534]. Ein *Officium Passionis Domini,* eine Kette von Passionsgebeten, soll ihr geistlicher Nachlaß gewesen sein. Ein Mystiker, Ubertino da Casale, wirkte 1308 an der Beglaubigung ihrer Biographie mit.

Oder MARGARITA COLONNA (1255–1280, sel.)[535], eine Angehörige der berühmten römischen Familie, die für die Verbreitung der Kenntnis von ihrem frommen Leben sorgte (einer ihrer Brüder, der Kardinaldiakon Jakob[536], der die Franziskanerspiritualen begünstigte sowie Angela von Foligno, Klara von Montefalco und Margarita von Cortona, war ihr Seelenführer, und ein anderer Bruder, Johannes, Senator Urbis[537], verfaßte selbst ihre Vita – es war immer wünschenswert, Heilige in der Verwandtschaft zu haben). Diese Frau hatte die Mittel, einen Frauenkonvent bei einer Burg ihrer Sippe in Palestrina zu gründen, wo die Schwestern nach franziskanischen Idealen lebten, doch ohne dem Orden rechtlich beizutreten. Wenn ihre Frömmigkeit auch stark marianisch war – in einer Vision schiebt sie sogar das Christkind zur Seite, damit die Mutter mehr Platz im Bett hat[538] –, so sah sie sich doch als Christi „filia carissima immitatrix"[539] (liebste Tochter und Nachahmerin), hatte den Passionsheiland immer vor Augen[540], berichtete auch von der mit Ring vollzogenen Verlobung mit Christus[541]. In der Franziskusnachfolge steht das Küssen der Geschwüre von Leprösen[542]. Zu ihren anscheinend eher seltenen mystischen Erfahrungen zählen neben Visionen der Jubilus[543] und die Stigmatisation: nach einer Vision des Schmerzensmannes und dreitägiger Bewegungslosigkeit brach an ihrer Seite die christomimetische Wunde auf.

Unter den vergleichsweise wenigen Mystikerinnen, die einer Gemeinschaft der Augustiner angehörten, ragt KLARA VON MONTEFALCO (VOM KREUZ, 1268–1308, hl.)[544] heraus; ihre Spiritualität ist freilich franziskanisch. Seit etwa ihrem fünften Jahr lebte sie in der von ihrer Schwester gegründeten Einsiedelei,

---

[533] Mirri 391 f.
[534] Benvenuti Papi 121.
[535] B. Magherita Colonna, Le due vite, hg. v. L. Oliger, Roma 1935. – Barone, Colonna: Wörterbuch 94.
[536] Vgl. LexMA 3, 54 f.
[537] Ebd. 55 f.
[538] Vite 167 f.
[539] Ebd. 151.
[540] Ebd. 155.
[541] Ebd. 134.
[542] Ebd. 141.
[543] Ebd. 171 f. Vgl. P. Dinzelbacher, Jubilus: Wörterbuch 282.
[544] Berengar, Vita, ed. P. Semenza: Analecta Augustiniana 17, 1939/40, 87–102; 169–176; 287–299; 337–349; 393–409; 445–457; 513–517. – G. Barone, Probleme um Clara von Montefalco: Frauenbewegung 215–224. – Dies., Klara von Montefalco: Wörterbuch 312 f.

zu deren Leiterin sie 1291 gewählt wurde. Ihre Fähigkeit, in den Herzen der Menschen zu lesen, brachte sie in Kontakt mit wichtigen Persönlichkeiten ihrer Zeit, wie etwa dem bedeutenden Spiritualen Ubertino da Casale[545]. Tatsächlich versuchten auch Mitglieder der Sekte vom Freien Geist, Klara für sich zu gewinnen, die jedoch mit einer Anzeige bei den kirchlichen Behörden reagierte. Ihre Ekstasen speziell zu den wichtigen Kirchenfesten dauerten bisweilen mehrere Tage und waren so leicht durch jedes fromme Wort zu induzieren, daß ihre Mitschwestern „eifrig vermieden, in ihrer Hörweite irgend etwas von Gott zu sprechen"[546]. In der Ekstase verfällt sie auch in Glossolalie[547]. Klaras visionäre Welt, zeitweilig Grund für ein Überlegenheitsgefühl gegenüber ihrer Umwelt, ist geprägt von franziskanischer Frömmigkeit (diesem Orden gehörten die Beichtväter an), besonders von Passionsverehrung. Dementsprechend erlebt sie das Leiden des Erlösers in ihren Meditationen und Schauungen detailreich mit, „als ob sie am Tag der Kreuzigung selbst am Fuß des Kreuzes des Herrn gestanden hätte"[548]. Doch scheint sich Klara aus Unvermögen wie aus Demut geweigert zu haben, ihre Gesichte ausführlicher zu beschreiben, weswegen ihr Beichtvater ihr Täuschungen zur Last legte, die sie natürlich durch einläßlicheren Bericht zu widerlegen hatte.

Mit Christus besteht eine enge Liebesverbindung: wenn ihr die sakramentale Kommunion (von ihrer Schwester) verboten wurde, kommt er zu ihr und gibt ihr selbst unter Küssen die Hostie[549]; in einer dreiwöchigen Entraffung „schaut sie fast dauernd den Gottessohn in menschlichem Fleisch"[550]; während einer Messe erkennt sie „Gott in sich und sich in Gott wie in einem Spiegel und sah sich mit Gott vereint in unaussprechlicher Vereinigung ... so ruhte sie in Gott, daß sie Ehre oder Schande nicht berührten ..." Doch betonte gerade Klara verständlicherweise, daß sie sich immer noch als Nichts im Gegensatz zu seiner Unermeßlichkeit empfand[551]. Auch der Teufel bemüht sich auf seine Weise um sie; Klara verläßt in der Nacht absichtlich den Schlafraum des Klosters, um im Kreuzgang mit ihm zu kämpfen, wo er nicht vom Gebet der anderen Nonnen an seinen Angriffen gehindert werden kann[552] – eine Revitalisierung des Dämonenkampfes aus der Zeit der Wüstenväter, wie sie sich bei italienischen Mystikerinnen bis in die Frühneuzeit des öfteren findet.

Da Klara wiederholt gesagt hatte, „ich bedarf des äußeren Kreuzes [der Bekreuzigung und des Kruzifixes] nicht, weil ich das Kreuz meines gekreu-

---

[545] Vgl. o. S. 176.
[546] Vita, ed. cit. 173.
[547] Ebd. 171.
[548] Ebd. 100.
[549] Ebd. 97.
[550] Ebd. 291.
[551] Ebd. 345.
[552] Ebd. 337.

Abb. 18 Klara von Montefalco nimmt das Kreuz Christi entgegen. Ein Beispiel für ein Fresko, das auf die Schauungen einer Mystikerin zurückgeht. Die etwa 20 Jahre nach Klaras Tod gemalte Darstellung dürfte ihren Vorstellungen vom Passionsheiland nahekommen.

Wandgemälde, 1333, S.ta Chiara, Montefalco.

zigten Herrn Jesus Christus in mein Herz eingedrückt habe"[553], öffneten die Schwestern nach ihrem Tode ihr Herz und fanden das Gewünschte darin en miniature: Kreuz, Nägel, Dornenkrone, Geißel, Schwamm, Säule usw., alles entsprechend der zeitgenössischen Ikonographie der Arma Christi[554]. Dazu fanden sich in ihrer Gallenblase drei Steine, in denen sogar eine Theologen-kommission das Symbol der Dreifaltigkeit erkannte. Die Ostension dieser Reliquien zog beachtliche Massen von Gläubigen zu Klaras Kloster, obschon es bald Skeptiker gab, die eine Fälschung vermuteten[555]. Während ihres Hei-ligsprechungsprozesses 1329/30 wurden besonders ihre Visionen kritisch untersucht; es kam (deshalb?) zu keiner Kanonisation, erst im siebzehnten Jahrhundert zur Seligsprechung.

Einer ebenfalls vielfach visionär begnadeten Äbtissin ihrer Gemeinschaft, Paula von Spoleto, die sich durch besonders häufige Schauungen der verklär-ten Klara auszeichnete[556], scheint dagegen keine Verehrung zuteilgeworden zu sein. Ansatzweise läßt sich bei den Frauen in der Umgebung Klaras eine Tendenz feststellen, ähnlich wie sie Träume und Visionen zu empfangen, also jener Mechanismus der Imitatio, der bei den Dominikanerinnen in Deutsch-land so deutlich zu erkennen ist[557].

Am bekanntesten unter den franziskanischen Mystikerinnen des dreizehn-ten Jahrhunderts wurde zweifelsohne ANGELA VON FOLIGNO (1248–1309, sel.)[558]. Sie war ebenfalls, wie sie sich selbst sah, eine bekehrte Sünderin. Grund für ihre Umkehr war Höllenfurcht gewesen, Anlaß eine Erscheinung des Ordensgründers, der der siebenunddreißigjährigen Ehefrau und Mutter auch gleich den richtigen Beichtvater nannte, einen ihrer Verwandten, den Minoriten Arnald (Bernardo Arnolti?). Ihm, der eifrig und getreu ihre Offen-barungen, die freilich eingestandenermaßen über sein Begreifen hinausgin-gen, als *Liber vere fidelium* aufzeichnete, verdanken wir die Kenntnis von Angelas Leben und Innenleben[559] (selbstverständlich prüfte er zuerst zusam-men mit anderen Geistlichen, ob es Gott oder der Teufel war, der in Angela

---

[553] Ebd. 397 f.
[554] C. Frugoni, „Domine, in conspectu tuo omne desiderium meum"; visioni e immagini in Chiara da Montefalco: C. Leonardi, E. Menestò (Hgg.), S. Chiara da Montefalco e il suo tempo, Perugia 1984, 155–175, 174 f.
[555] Vita, ed. cit. 450.
[556] Ebd. 455 ff.
[557] Vgl. u. S. 315 ff.
[558] Il libro della B. Angela da Foligno, hg. v. L. Thier, A. Calufetti, Grottaferrata 1985. – Le livre de la bhse. Angèle de Foligno, ed. P. Doncœur, Toulouse 1925. – A. Blasucci, Angela da Foligno: BS 1, 1185–1190. – Ders., S. Francesco visto dalla B. Angela da Foligno: Mis-cellanea francescana 82, 1982, 569–599. – Jörgensen, In excelsis 1–130. – Beyer, Offen-barung 219–245. – U. Köpf, Angela: Wörterbuch 18 f. – Ders., Angela v. Foligno: Frauen-bewegung 225–250. – K. Ruh, Angela v. Foligno: Dt. Vierteljahrsschrift f. Literaturwis-senschaft 61, 1987, 35–49. – Angela da Foligno, terziaria francescana, a cura di E. Menestò, Spoleto 1992. – A. Calufetti, Angela da Foligno mistica dell'„Ognibene", Milano 1992. – Lachance, Journey.
[559] Zur Frage seines Anteils am Liber vgl. bes. Ruh.

wirkte). Arnald hat das Material wohl nach dem Beispiel von Bonaventuras *Itinerarium* in mehrere Schritte des geistlichen Lebens arrangiert, von denen die ersten zwanzig etwa sechs Jahre umfassen[560]. Angela hat offenbar sehr spontan und unsystematisch, wohl wie in Trance, erzählt; oft vermochte sie sich an das unmittelbar vorher Gesagte nicht mehr zu erinnern[561]. Die Unsagbarkeit des von ihr Erlebten läßt sie ihre eigenen Schilderungen ob ihrer Unzulänglichkeit geradezu als Blasphemien bezeichnen[562].

Freilich konnte Angela zunächst nicht ungestört ihrem Frömmigkeitsleben nachgehen, ihre Familie, besonders ihre Mutter „war mir ein großes Hindernis". Alle verschieden jedoch wunschgemäß binnen kurzem: „Ich hatte zu Gott gebetet, daß sie stürben, und empfand große Tröstung über ihren Tod."[563] Viel schmerzhafter blieb es ihr freilich, noch selbst auf Erden zu sein[564]. So erhört, verschenkte sie ihren Besitz und trat 1291 den franziskanischen Tertiarinnen bei, wo sie sich besonders um Kranke kümmerte. Die Neigung zu diesem Orden war kein Zufall, lag Angelas Haus doch in nächster Nähe zur Franziskanerkirche[565]. Ihr Armutsideal entsprach der Strenge der Spiritualen[566]: Armut an äußeren Gütern, an menschlichen Bindungen, an Selbstwert[567]. Angela lehrt im Namen Christi und Mariens, ihm nachzufolgen in Schmerz, Armut und Niedrigkeit. „Sie [Christus und Maria] wollen und wünschen euch als lebende Tote (vivos mortuos) zu sehen, ... so völlig unwandelbar, wie ein Toter, der sich weder von Ehre noch Schande bewegen läßt ..."[568]. Eine Stelle, die nicht nur zeigt, wie nahe Angela dem Ordensgründer[569] und den radikalen Franziskanern stand, sondern auch, wie die christliche Mystik ein Pendant zur Apatheia und zur Ataraxie der antiken Philosophie entwickelte. Franziskus ist Angelas prägende Beziehungsfigur – sie ist seine einzige Tochter („Tu es sola nata de me"[570], sagt er zu ihr)! Der Heilige ist vor jedem anderen das vollkommene Beispiel, „perfectum exemplar"[571]. Wie Franziskus[572] überwindet sie ihren Ekel und trinkt das Waschwasser eines Aussätzigen samt Eiterkrusten, was ihr größte Süße beschert[573]. Wenn sie in Assisi ist, spricht der Heilige täglich zu ihr[574]. Franziskus wird ihr von Christus zum Diener bestimmt, wenn sie krank ist (und das ist sie seit

---

[560] Lachance, Journey 123–240.
[561] Libro, ed. Thier, Calufetti 366.
[562] Ebd. 761.
[563] Ebd. 138.
[564] Ebd. 186.
[565] Calufetti 41.
[566] Vgl. o. S.169 ff.
[567] Ruh 43.
[568] Libro 504.
[569] Vgl. o. S. 162.
[570] Libro 598.
[571] Ebd. 472.
[572] Thomas von Celano, Vita II* S. Francisci 1,5.
[573] Libro 242.
[574] Ebd. 376.

der Zeit in Assisi ständig), wie auch der Sohn Gottes selbst ihr dient[575]. Klara von Assisi taucht in ihrem Werk dagegen nirgends auf.

Angela litt besonders unter (nach ihrer Erklärung von Dämonen herbeigeführten) sexuellen Versuchungen: „mein Geschlecht brennt in solchem Feuer (in locis verecundis est tantus ignis), daß ich gewohnt war, es mit richtigem Feuer zu verbrennen, um das andere auszulöschen"[576]. Dieses Problem haben andere Mystikerinnen ja ähnlich zu lösen versucht (vgl. Christine von Retters, Dorothea von Montau, Francesca von Rom[577]). Aber Angelas Mystik manifestiert sich nicht derartig permanent als erotische Brautmystik wie bei ihren Helftaer Zeitgenossinnen[578]. Gewiß, vor einem Kruzifixus wird sie von solchem Feuer ergriffen, „daß ich alle meine Kleider auszog und mich ihm ganz darbot ... und ich versprach ihm, ewige Keuschheit zu bewahren ... denn ich konnte nicht anders."[579] Angela drückt hier in einer an Deutlichkeit nicht zu überbietenden Szene das aus, was wohl fast alle Mystikerinnen mit Enthaltsamkeit um Christi willen meinten. Von nicht wenigen sind ja auch entsprechende Visionen überliefert[580]. Ihr einziger Liebhaber ist Christus – er verlobt sich ihr mit einem Liebesring[581]. Trotzdem enthält ihr *Lib*er kaum ähnliche Szenen wie etwa das Offenbarungsbuch der Magdeburger Mechthild – die Christusumarmung in Anschauung eines materiellen Kruzifixus ist nur blaß angedeutet[582] –, sondern konzentriert sich auf Compassio und Unio passionalis, Vereinigung im Leid: schon jedes gemalte Bild der Passion läßt Angela in Krankheit fallen. Eindrucksvoll erfahren wird die Compassio in der Szene, als die Tertiarin an einem Karfreitag in Ekstase im Grab mit dem Heiland liegt, der tot und doch nicht tot ist, sondern sie an sich drückt: „Und da war sie in unaussprechlich tiefster Freude"[583]: Das Totenbett als Hochzeitslager. „Du mußt nackt auf den Dornen der Heimsuchung zum Kreuze gehen!" wurde Angela geoffenbart; im Schlaf wie im Wachen erscheint ihr mehrfach der Gekreuzigte[584]. Auch die Passion erlebt sie in jeder Einzelheit („singulariter et singillatim")[585], der Heiland zeigt ihr sogar jedes ihm ausgerissene Bart- und Brauenhaar, zählt jeden Geißelstreich auf[586]. Wie so viele andere Mystikerinnen trinkt sie aus der Seitenwunde Christi sein frisches Blut[587] und sieht andere dasselbe tun – manche werden sogar von Christus

---

[575] Ebd. 598.
[576] Ebd. 342.
[577] Vgl. o. S. 66, Anm. 28.
[578] Vgl. o. S. 223 ff.
[579] Ebd. 136. Der Konnex zeigt, daß es sich eben nicht um eine bloße Nachahmung der Symbolhandlung des Franziskus handelt, vgl. Lachance, Journey 140, 142.
[580] Vgl. z. B. u. S. 351 ff.
[581] Ebd. 188, 726.
[582] Ebd. 276.
[583] Ebd. 296 ff.
[584] Ebd. 138.
[585] Ebd. 140.
[586] Ebd. 140; vgl. 518 ff.
[587] Ebd. 142 ff.

Abb. 19 Diese toskanische Imago pietatis entstand zeitlich und räumlich in der Umgebung Angelas; so etwa dürfte sie den Schmerzensmann im Grab geschaut haben.

Supplicationes variae: Ms. Plut. 25, 3, f. 387 r, 1293/1300, Biblioteca Laurenziana, Florenz.

durch seine Seitenwunde in ihn resorbiert („quosdam vero intus corporaliter absorbebat"). Je blutiger ihr Angesicht, desto gottgefälliger sind sie[588]. Bei der Betrachtung des blutüberströmt vom Kreuze Abgenommenen ist die Charismatikerin gänzlich von Leidenssüßigkeit überwältigt, ja selbst verwundet und gekreuzigt, und damit vergottet („deificata")[589].

Wie für ihre Zeitgenossinnen gehören auch für Angela neben Träumen, Auditionen, Erscheinungen und Visionen Süßigkeitsempfindungen zu den wichtigsten und dauernd wiederholten (vor-)mystischen Begnadungen, die sich im Geschmacks- und Geruchssinn[590] manifestieren. Sie empfindet sie stärker als die Apostel ob des Anblickes des Heilands[591]. Als Wallfahrerin auf dem Weg nach Assisi, wo sie den Ordensvater erbitten will, Christus fühlen zu können, erlebt sie, wie der Heilige Geist in sie einfährt: Enthusiasmus, das Analogon zur dämonischen Besessenheit[592] – Angela hat zuzeiten tatsächlich geklagt, daß der Herr ihre Seele und ihren Körper in die Hände der Teufel gelegt habe[593], und ihre Jünger angefleht, sie mögen Gott bitten, daß die bösen Geister aus ihrer Seele ausfahren[594]. „Du kannst nichts anderes mehr tun, denn ich habe dich gebunden, und ich werde dich nicht verlassen, bis du ein zweites Mal in die Franziskuskirche kommst"[595], so der Geist. Seine Worte sind Liebesworte: „Meine Süße", „süße Braut", „meine Geliebte, liebe mich, weil du von mir sehr geliebt wirst, viel mehr als du mich liebst ... Ich liebe dich mehr als irgendeine andere Frau im Tal von Spoleto ... Ich werde dir geben, was mein Diener Franziskus hatte, und mehr ..." Und Angela, zunächst skeptisch ob der Discretio spirituum und nicht zuletzt im Wissen um ihre Verfehlungen, aber vom Fühlen besiegt: „Und ich spürte die unaussprechliche göttliche Süße."[596] Bald verwandelte sich die dritte Person in die zweite „und erzählte mir die ganze Passion." Angela: „Ich hätte gewollt, nie anzukommen ..."[597] Aber auch diese so überhöhte Pilgerreise kam an ihr Ziel, die Basilika des Poverello. Im Anblick eines Gemäldes, das Franziskus in der Umarmung Jesu darstellt[598], hört sie nochmals Worte immenser Süße – und ist verlassen. Da „begann ich mit lauter Stimme zu kreischen und zu schreien, und kreischte und schrie ohne jede Zurückhaltung ..."[599] Ähnlich verhält Angela sich des öfteren, wenn sie von Gott reden hört, so daß sie als Beses-

---

[588] Ebd. 492.
[589] Ebd. 488 ff.
[590] Ebd. 188.
[591] Ebd. 186 ff.
[592] Vgl. P. Dinzelbacher, Enthusiasmus und Besessenheit: Wörterbuch 143 f.
[593] Ed. cit. 360.
[594] Ebd. 406.
[595] Ebd. 178 ff.
[596] Ebd. 180.
[597] Ebd. 182.
[598] Ob wirklich das heute noch vorhandene „Engelsfenster" gemeint ist, wie allgemein angenommen (z. B. Köpf [1988] 244), scheint mir nicht ganz sicher.
[599] Ed. cit. 184.

sene gilt, was sie zugibt[600] (vgl. Margery Kempe[601]). Später spürt sie Kreuz und
Liebe in ihrer Seele, das Kreuz körperlich, „und indem ich es spürte, verflüssigte sich (liquefiebat) meine Seele in der Liebe Gottes".[602] Die psychosomatische Einheit mystischen Erlebens ist ganz deutlich formuliert: „intus
et extra" geschehen die „Salbungen" und „Tröstungen"[603]. Diese Verinnerlichung des Kreuzes in Leid und Liebe ist zentral für Angelas Mystik, ähnlich der Klaras vom Kreuz[604]. Und ähnlich wie ihre französische Zeitgenossin
Marguerite d'Oingt[605] erblickt Angela das Kreuz als Lager Christi, auf dem
er geboren und gestorben ist[606].

Andere Motive tauchen in ihrem Buch auf: Die Finsternis Gottes als Zeichen seiner Unbegreiflichkeit[607] nach ursprünglich griechischer Tradition[608],
der doppelte Abgrund Gottes und der Selbsterkenntnis[609], das Aufgehen in
Gott („intus in Deum") bzw. der Trinität („eram in medio Trinitatis")[610], die
Umhüllung von der Gottheit[611], die mit Gott schwangere Welt („mundus
praegnans de Deo")[612], die Visio intellectualis[613], der Seelengrund (eine „Kammer" des Inneren) als unerschütterliche Wohnung Gottes[614], das Kreuz als
Bett[615], die Eucharistie als auslösendes Moment ekstatischer Zustände[616], die
Verwandlung („transformatio") in das, was wir lieben[617]. Es scheint eine den
Freien Geistern nahe Form permanenter Unio angedeutet zu sein, denn völlig
sicher „erkenne und habe ich die ganze Wahrheit, die im Himmel und in der
Hölle und in der ganzen Welt und an jedem Ort und in jedem Ding existiert,
und alle Freude, die im Himmel und in jeder Kreatur existiert ..."[618] So liebt
Angela in einem bestimmten Zustand auch nicht nur „Reptilien, Kröten,
Schlangen, sondern sogar Dämonen, und was immer ich geschehen sah, auch
eine Todsünde, mißfiel [mir] nicht"[619]; Gott befindet sich in der Hölle und
im Dämon genauso wie im Himmel und im Engel, in Mord und Ehebruch
ebenso wie in guten Taten[620] – eine schwerlich nicht pantheistisch zu verste-

---

[600] Ebd. 152.
[601] Vgl. u. S. 398 ff.
[602] Ebd. 186.
[603] Ebd. 208.
[604] Vgl. o. S. 242 f.
[605] Vgl. u. S. 260 f.
[606] Ebd. 362.
[607] Ebd. 354 ff., vgl. Lachance, Journey 304 ff.
[608] Vgl. o. S. 69, 71; Lachance, Journey 242–299.
[609] Ed. cit. 754.
[610] Ebd. 372, 378.
[611] Ebd. 374.
[612] Ebd. 262.
[613] Ebd. 150.
[614] Ebd. 388.
[615] Lachance, Journey 339 ff.
[616] Calufetti 101 ff.
[617] Jörgensen, In excelsis 108 f. – Calufetti 71 ff.
[618] Ed. cit. 388.
[619] Ebd. 302.
[620] Ebd. 382.

hende Passage. „Daher freue ich mich, indem ich in dieser Wahrheit bin, nicht weniger an Gott, wenn ich einen Dämon oder einen Ehebruch schaue, als an einem guten Engel oder einem guten Werk ..." Wenn sich die die Gegenwart Gottes erkennende Seele, die „anima intelligens eum praesentem", dadurch illuminiert sieht, kann sie in nichts mehr sündigen![621] Solche Äußerungen reichten bei anderen für den Scheiterhaufen, Angelas Zeitgenossin Marguerite Porete z. B. haben unbedenklichere Formulierungen das Leben gekostet[622]. Freilich biegt Angela (oder Arnald?) nach dieser Aussage sogleich in die Bahnen der Orthodoxie ein, indem sie oder er auf die daraus entstehende Demut und das Schuldbewußtsein wegen früherer Sünden verweist[623]. Aber nicht ohne Grund sagte man zu Angela: „Schwester, kehre zur Heiligen Schrift zurück, denn [was du sagst] sagt uns die Schrift nicht, und wir verstehen dich nicht."[624] Gegen die ähnliche Theorien verbreitende Sekte der Freien Geister – die gerade bei Franziskanern Anhänger fand[625] – wendet sich der *Liber* jedoch mehrmals und mit aller Deutlichkeit[626], und mehrfach beglaubigt der Herr Angelas Offenbarungen auf ihre Bitte hin[627]. Schwer, nicht von einem Konkurrenzverhalten zu sprechen, wenn man dazu die Ermahnung der Visionärin liest: „Hüte dich vor denen, die von ihren Revelationen sprechen, und vor denen, die den Anschein der Heiligkeit haben!"[628] Sie selbst hat sich übrigens in depressiver Stimmung[629] gelegentlich heftig der Hypokrisie beschuldigt[630].

Trotz der genannten bedenklichen Stellen und ungeachtet ihrer Nähe zu den verketzerten Spiritualen, ungeachtet dessen, daß sie sich selbst zeitweise unsicher war, ob ihre Erlebnisse nicht eingebildeter oder dämonischer Natur wären und sie eine Schwindlerin oder Besessene, fand Angelas Lehre große Resonanz schon zu ihren Lebzeiten. Ein Schülerkreis von Franziskanern bildete sich um sie und verehrte sie wie ein Idol[631]. Wie bei Marguerite Porete, nur erfolgreich, sprach sich nämlich eine Theologenkommission von acht Franziskanern unter der Leitung des Kardinals Jakob Colonna – wir kennen ihn bereits als Verfasser der Vita seiner Schwester – für den himmlischen Ursprung ihrer Verkündigungen aus[632]. Auch der genannte Ubertino da Casale war davon überzeugt, daß Gott aus ihrem Munde spräche[633]. Die Tertiarin wurde bald als „Magistra theologorum", Meisterin der Gottes-

---

[621] Ebd.
[622] Vgl. u. S. 268 ff.
[623] Ed. cit. 382.
[624] Ebd. 314.
[625] Blasucci 590 f.
[626] Ed. cit. 422 ff., 458 ff. 476 ff.
[627] Köpf [1988] 236.
[628] Ed. cit. 458, gekürzt.
[629] Ebd. 408.
[630] Ebd. 404 ff.
[631] Ebd. 406.
[632] Ebd. 126 ff.
[633] Vgl. o. S. 176.

gelehrten, bezeichnet – man muß sich den Respekt vergegenwärtigen, wenn man im nicht weniger als die übrigen Jahrhunderte des Mittelalters misogynen vierzehnten Jahrhundert eine ungelehrte Frau so betitelte! Der weite Umkreis der Handschriftenprovenienzen ihres Offenbarungsbuches verdeutlicht, daß es ebenso außerhalb Italiens gelesen wurde; seit 1497 erschienen zahlreiche Druckausgaben auch von Übersetzungen. Angela von Foligno beeindruckte nicht nur katholische Denker wie Franz von Sales, Bossuet, Fénélon und Alfons von Liguori, sondern auch evangelische wie Tersteegen.

Dominikanerinnen in Italien

Noch ehe es einen päpstlich bestätigten Orden seines Namens gab, gründete der hl. Dominikus von Caleruega das Schwesternhaus in Prouille; nach und nach folgten Niederlassungen in ganz Europa, deren Satzungen weitgehend denen der Brüder entsprachen. Anfänglich nahmen sie oft Frauen auf, die vom Katharismus oder anderer sündiger Lebensweise bekehrt worden waren[634]. Besonders zahlreich waren die Dominikanerinnen in der Provinz Teutonia (Deutschland) vertreten, bis Anfang des vierzehnten Jahrhunderts entstanden dort ca. siebzig Frauenklöster, während alle übrigen Provinzen zusammen nur auf etwa neunzig kamen[635]. Neben Chorfrauen gab es auch Konvers- und Ausgangsschwestern; in Italien waren die Drittordensschwestern, Mantellaten genannt, zahlreich. Unter den Schwestern und Büßerinnen vom Orden des hl. Dominikus gab es sehr viele mystische Begabungen, gab es auch – was von keinem anderen Orden berichtet wird – eine ganze Reihe von Klöstern in Deutschland, in denen die Anzahl der Charismatikerinnen erstaunlich groß war[636]. Doch erwähnen wir zunächst einige Dominikanerinnen, die als begnadete Persönlichkeiten außerhalb der Atmosphäre eines dieser „mystischen Klöster" auftraten.

Im nördlichen Westeuropa scheint nur Margarete von Ypres (Ypern, 1216 bis 1237, sel.)[637] bekannt geworden zu sein. Die Bürgerstochter verließ unter dem Einfluß des dominikanischen Predigers Siger von Lille die Welt, um in strenger Askese Bußschwester zu werden. Ihre Christusliebe zeigte sich besonders in ihrer angeblich seit dem fünften Lebensjahr bezeugten Devotion zur Eucharistie und der Selbstgeißelung in Erinnerung an die Wunden Christi und wurde belohnt mit Traumvisionen, Erscheinungen Christi, Mariens und Heiliger. Schon der Gedanke, auch nur kurze Zeit von ihrem Geliebten getrennt zu sein, den sie in der (visionär geschauten) Kapelle ihres Her-

---

[634] Leclercq, monachesimo 75.
[635] Zippel, Mystiker 7.
[636] Vgl. u. S. 315 ff.
[637] G. Meersseman, Les frères Prêcheurs et le mouvement dévot en Flandre: Archivum fratrum praedicatorum 18, 1948, 69–130.

zens empfing[638], ließ sie in Klagen ausbrechen[639]. In Ungarn wird von Helena von Veszprém († 1270, sel.) überliefert, sie habe die Stigmen empfangen und sich durch mystische Beschauungen ausgezeichnet[640].

Viel zahlreicher sind die Charismatikerinnen dieses Ordens in Italien. Tertiarin war auch Ben(e)venuta von Bojanis (von Austria, 1255–1295, sel.)[641], eine in ihrer Umgebung (Friaul) berühmte Visionärin. Nachdem sie ihre Gesundheit durch härteste Askese zerstört hatte, verlor sie für fünf Jahre ihre Bewegungsfähigkeit, bis sie sich vom hl. Dominikus, ihrem großen Ideal, geheilt sah. Was sie in ihren Ekstasen schaute, die sie immer wieder „mit heftigem Sehnen" von den Himmlischen forderte („petivit")[642] oder durch intensives Meditieren provozierte[643], wurde sogleich von ihrem Beichtvater in der Predigt verkündet. Besonders oft berichtete Benevenuta von ihren Begegnungen mit der Gottesmutter und Erscheinungen des Christkindes, jedoch scheinen braut- und passionsmystische Erfahrungen zu fehlen.

Die sel. Vanna (Johanna) von Orvieto (1264–1306)[644] war ein frommes Kind und ist freiwillig eine Bußschwester vom Orden des hl. Dominikus geworden, obschon sie, die kleine Schneiderin, die Gelegenheit zu einer Ehe gehabt hätte. Allerdings hatte sie unmittelbar vor ihrem Anschluß an die Frauenbewegung zwei Vergewaltigungsversuche erlebt, dann erst hatte sie den Eindruck, „man könne nicht sicher bei den Skorpionen in der Welt leben", und sie begann zu überlegen, wie sie sich aus ihr zurückziehen könnte, und wurde Tertiarin[645]. In ihren Meditationen ist sie in völlige körperliche Starre und Unsensibilität versetzt, wobei sie Situationen der Heilsgeschichte mimetisch nachvollzieht: so nimmt sie, je nach dem liturgischen Kalender, etwa die Haltung des hl. Petrus oder die Christi am Kreuz ein[646]. Dabei legte sie die Füße in der Weise der zeitgenössischen Darstellungen (Dreinagelkruzifixe) übereinander. Auch bei Vanna reichte die Nennung des Namens des Heilands, um eine Ekstase auszulösen[647]. Hostienwunder, Levitationen, Wärmephänomene, Erscheinungen, Prophezeiungen wechselten mit Stimmungen, in denen Vanna sich vom Dämon besessen fühlte (wie u. a. Angela von Foligno und, im fünfzehnten Jahrhundert, Eustochio von Padua) – oder gab sie dies nur als besondere Bußübung vor?[648]

---

[638] Ebd. 120.
[639] Ebd. 118.
[640] LThK 5, 1960, 208.
[641] Vita: AS Oct. 13, 1883, 145–185. – G. Barone, Benvenuta: Wörterbuch 52. – P. Dinzelbacher, Ben(e)venuta: LexMA 1, 1913 f.
[642] Zum Beispiel Vita, ed. cit. 166 B, 167, 168 E.
[643] Zum Beispiel ebd. 167.
[644] Ganay, dominicaines 109–120. – A. Silli, Giovanna di Orvieto: BS 6, 556 f.
[645] Leggenda della B. Giovanna (detta Vanna) d'Orvieto, hg. v. L. Fumi, Roma 1879, 7 f.
[646] Ebd. 10 f.
[647] Ebd. 12.
[648] Ebd. 15 f.

Dagegen konnte es sich MARGARETA VON CITTÀ CASTELLO (1287–1320, sel.)[649] nicht aussuchen, wie sie ihr kurzes Leben zu verbringen hatte. Eher zufällig fand sie als Dominikanertertiarin den Weg in die weibliche Armutsbewegung: blind, klein und mißgestaltet kam sie zur Welt, von ihren Eltern verabscheut, die sich ihrer zuerst entledigten, indem sie das unschuldige Kind in eine Zelle neben der Burgkapelle (?) einsperrten, damit diese Schande von keinem Besuch gesehen werden könne. Dort sollte sie Bußleistungen vollbringen, ehe sie noch gesündigt hatte. Später versuchten sie, Margaretas Heilung am Grab des sel. Jakob von Città Castello zu erlangen, als dieser jedoch kein Wunder wirkte, ließen sie das blinde Kind einfach stehen. So blieb der Seligen schlichtweg nichts anderes über, als sich ihr Leben bei mildtätigen Leuten zu erbetteln. Eine Zeitlang wurde sie in ein Kloster aufgenommen, und wiewohl sie alle Kränkungen geduldigst ertrug, wurde sie endlich von den Nonnen doch mit Schimpf und Schande hinausgeworfen, da sie ihnen zu fromm war. Schließlich richtete ihr ein mitleidiger Bürger eine Kammer unter dem Dach seines Hauses ein, wo sie als Dominikanertertiarin den Rest ihrer Tage verbringen durfte[650]. Von Margareta werden die üblichen harten Askeseleistung berichtet, häufige Ekstasen ließen sie über dem Boden schweben. Nach ihrem Tode wurde sie obduziert und ähnlich wie bei Klara vom Kreuz[651] sollen sich religiöse Objekte in ihrem Herzen gefunden haben, nämlich drei Perlen mit Bildchen[652].

Bei den Sackschwestern (Saccate; eine Form der Dominikanertertiarinnen[653]) trat neunjährig die adelige AGNES SEGNI VON MONTEPULCIANO (um 1270–1317, hl.)[654] ein; bereits sechs Jahre später war sie Äbtissin. Raymund von Capua, der Beichtvater Katharinas von Siena und also freilich kein Zeitgenosse, erzählt von ihr, daß sie übernatürlich himmlisches Manna empfing und besonders der Imitatio Mariae lebte. Auch in seinem Bericht wird noch deutlich, daß sie eine starke Persönlichkeit war, mit ausgeprägtem Heilsegoismus: wenn sie eine Mitschwester bei der Betrachtung störte, warf sie sie sofort „laut schreiend" hinaus, da sie sie feindlich an der Vereinigung mit ihrem Gemahl hindere[655]. Diese mystische Union erreichte sie, indem sie in Levitation zum Bild des Gekreuzigten erhoben wurde, „wo sie ihn küßte und

---

[649] N. Del Re, Magherita di Città Castello: BS 8, 756–759. – M.-H. Laurent (Hg.), La plus ancienne legende da la B. Marguerite de Città di Castello: Archivum Fratrum Praedicatorum 10, 1940, 109–131.

[650] Ebd. 120 ff.

[651] Vgl. o. S. 242 ff.

[652] Ganay, domenicaines 142.

[653] Nicht zu verwechseln mit den ebenfalls zu den Bettelorden zählenden karitativen Saccophori (Sackbrüder, nach der Kleidung), die die Augustinerregel befolgten.

[654] Raymund, Vita: AS April 2, 1865, 789 ff. – G. di Agresti, Agnete da Montepulciano: BS 1, 375–381. – G. Barone, Agnes: Wörterbuch 4 f. – K. Greenspan, Matre Donante. The Embrace of Christ as the Virgin's Gift in the Visions of 13th-Century Italian Women: Studia mystica 13, 1990, 26–37.

[655] Raymund, Vita 17, ed. cit. 793 F.

Abb. 20 Die zärtliche Nähe Mariens zu Christus, die in diesem Bild der Kreuzabnahme zum Ausdruck kommt, entspricht dem Empfinden vieler Charismatikerinnen, die sich in Imitatio der Gottesmutter meditativ an ihre Stelle versetzten.

Wandgemälde 1326, S. Francesco, Assisi, Pietro Lorenzetti.

umarmte, wie man sah, auf ihren Geliebten gestützt, so daß man die innerliche Vereinigung mit Christus deutlich an der Umarmung des materiellen Bildes sah"[656]. Nach dem Ende ihrer überaus ersehnten brautmystischen Schauungen brach sie schreiend und heulend zusammen[657]. Nicht nur ihre Verwandten wollten sie als „lebende Heilige" bei sich haben, sondern auch die verschiedenen Ordensgründer sollen sich im Himmel um sie gestritten haben, wie ihr eine Offenbarung kundtat. Von der städtischen Bevölkerung wurde sie als lebende Heilige verehrt.

Auch die Humiliaten haben eine in ihrem Orden sehr verehrte Mystikerin, Aldobrandesca von Siena (1245–1309, sel.)[658], deren eigentliches Frömmigkeitsleben begann, als ihr Gatte verstorben war und sie zum Kruzifix eilte, um Christus zu danken, daß er sie aus der Knechtschaft der Ehe erlöst habe[659]. Von ihr wird z. B. das uns schon von Lutgard bekannte Trinken aus der Seitenwunde Christi[660] berichtet. Doch sehen wir hier von einer Darstellung ab, da von ihr nur eine Vita des sechzehnten Jahrhunderts, wenn auch aufgrund einer älteren Biographie, bekannt ist.

Einsiedlerinnen

Neben dem Beginentum und den Zweit- und Drittorden gab es noch für fromme Frauen, als vielleicht härteste Form der Verweigerung, die Möglichkeit des Einsiedlerlebens. Reklusinnen[661] lebten schon im frühen Mittelalter vereinzelt in der Nachbarschaft von Benediktinerklöstern, am Ende des Hochmittelalters nahm ihre Zahl jedoch deutlich zu, und zwar auch innerhalb der Städte[662]. Diese Form religiösen Lebens wurde von Frauen wesentlich mehr bevorzugt als von Männern[663]. Sie ließen sich nach einem eindrucksvollen Zeremoniell – manchmal wurde die „Missa pro defunctis", die Totenmesse, für sie gelesen![664] – auf Lebzeiten in einer kleinen Zelle meist an einer Kirche einmauern und waren so vielfach auf die Mildtätigkeit ihrer Umgebung angewiesen[665]. Um 1320 gab es in Rom ungefähr bei jeder zweiten Kirche eine solche Inklusin[666]. Ihr Leben darf man sich nicht völlig vereinsamt vorstellen, da sie gern ein Fenster zum Altar durch die Wand brechen lie-

---

[656] Ebd. 10, ed. cit. 792 D.
[657] Ebd. 24, ed. cit. 794 F.
[658] G. Barone, Aldobrandesca: Wörterbuch 10.
[659] Petroff, Consolation 42.
[660] Vgl. Dinzelbacher, Frauenmystik 153 ff.
[661] Wichtigste neuere Arbeit: Benvenuti Papi, castro.
[662] Leclercq, monachesimo 76.
[663] A. Basedow, Die Inclusen in Deutschland vornehmlich in der Gegend des Niederrheins um die Wende des 12. und 13. Jahrhunderts, Heidelberg 1895, 10 f.
[664] Rosof, Anchoresses 56 ff.
[665] Benvenuti Papi, castro 124 f.
[666] Rosof, Anchoresses 24.

ßen, um die Messe mitfeiern zu können. Auch gab es eine solche Verbindung
zur Außenwelt, durch die man die Lebensmittel hineinreichte, Gespräche mit
Ratsuchenden geführt wurden usw. Wiewohl man geneigt wäre anzunehmen,
daß diese Lebensweise besonders die Herausbildung außerordentlicher Phänomene mystischen Charakters begünstigt haben müßte, ist doch die Zahl
der bekannten charismatischen Inklusinnen keineswegs besonders groß; auch
kann diese Lebensform erst die Konsequenz schon früher aufgetretener charismatischer Erfahrungen sein (wie z. B. für Dorothea von Montau[667]).

Erwähnt sei als eine der ältesten Mystikerinnen Ivetta (Juette, Jutta) von
Hoe (Huy) (1158–1228, sel.)[668], eine Frau aus wohlhabenden Verhältnissen,
die, verwitwet, für zehn Jahre im Leprösenspital von Hoe wirkte, um sich als
Bußleistung zu infizieren. Sie reagierte damit in extremer Weise auf ihre frühere Teilhabe an der neuen, städtischen Geldwirtschaft. Vom Abt des Zister-
zienserklosters Orval ließ sie sich dann sechsunddreißig Jahre im Ordens-
gewand als Reklusin einschließen. Ivetta hatte zahlreiche Charismen wie
Erscheinungen, Visionen, Weissagegabe, Liebesvereinigungen mit Christus
und Maria. Sie lebte die Brautmystik in größter Intensität: „Entrafft im Geiste, trinkt und betrinkt sie sich am Sturzbach der Lust ... Bald ruht sie an der
Brust Jesu, bald in den Armen Mariens." Wenn sie aus ihren Entraffungen
zurückkehrt, dann verzerrt sich der vorher steife Körper, sie schreit wie eine
Gebärende, wirft sich seufzend hin und her, „wie eine in der Liebe unbefrie-
digte Frau"[669] ...

Für Umiliana dei Cerchi (1219–1246, sel.)[670] scheint der Tod des Gatten
das einschneidende Erlebnis gewesen zu sein: sie zog sich ungeachtet heftiger Anfeindungen in den Wohnturm des elterlichen Hauses in Florenz zurück, um dort als Reklusin strenger Askese zu leben. Lieber hätte sie freilich
das Martyrium erlitten[671]. Was ihre Kinder betraf, um die sie sich wenig kümmerte, so wünschte sie sich deren Tod, damit sie möglichst jungfräulich aus
dem Leben scheiden sollten[672]. Dafür hatte sie Erscheinungen des Christkindes[673]. Ihre häufigen Ekstasen, die Umiliana besonders beim Fasten bekam, wurden zunächst von ihren Brüdern für Epilepsieanfälle gehalten – sie
versuchten, ihr den geschlossenen Mund mit einem Messer zu öffnen[674]. Besonders oft wurde sie von Dämonenerscheinungen heimgesucht.

---

[667] Vgl. u. S. 349 ff.
[668] I. Cochelin, Sainteté laique. L'exemple de Juette de Huy: Le Moyen Age 95, 1989, 397–
417.
[669] Hugo v. Floreffe, Vita 22 f.: AS Jan. 1, 1643, 876 f.
[670] Vita: AS Mai 4, 1685, 385–418. – G. Barone, Cerchi: Wörterbuch 83. – A. Benvenuti Papi,
Umiliana dei Cerchi: Studi francescani 77, 1980, 87–117. – R. Sciamannini, Cerchi: BS 3,
1132–1134.
[671] Vita, ed. cit. 395.
[672] Ebd. 388.
[673] Ebd. 397.
[674] Ebd. 394.

Benediktinerinnen und Vallombrosanerinnen

Gewiß brachte auch der älteste der mittelalterlichen Nonnenorden, der der Benediktinerinnen, der nichts mit der religiösen Frauenbewegung zu tun hatte, da seine Konvente vor allem als adelige Eigenklöster konzipiert waren, mystische Heilige hervor. Aber die beiden berühmtesten, Hildegard von Bingen und Elisabeth von Schönau, haben keinen Anteil an und kein Interesse für die entstehende Frauenbewegung, wie auch ihre Form der „Mystik" eher der Prophetie und dem Symbolismus zugehört und dem Inhalt nach nur wenige Berührungspunkte mit der späteren Beginen- und Nonnenmystik zeigt, wie wir gesehen haben[675]. Wiewohl sich eine ganze Reihe von Gründen anführen läßt, warum sich die mystische Bewegung gerade im zwölften Jahrhundert entwickelt, wie u. a. die „Entdeckung des Individuums", die Emotionalisierung der persönlichen Beziehungen, die Einführung neuer Meditationsformen etc.[676], so ist doch noch nicht geklärt, warum diese Strömung die Benediktinerinnen im Unterschied zu den neuen Gemeinschaften (abgesehen vom halb zisterziensischen Helfta) so vergleichsweise wenig erfaßte. Wenn wir in jener Zeit schon von einer Mystikerin aus diesem Orden hören, so hat ihr charismatisches Leben bereits früher begonnen. Sperandea von Gubbio (ca. 1216–1276, hl.)[677] predigte in Umbrien und den Marken Buße, um sich dann in eine Höhle bei Cingoli zurückzuziehen. Später wurde sie Nonne, dann Äbtissin im dortigen Benediktinerinnenkonvent. Leider ist der Bericht über ihre Visionen nur verstümmelt erhalten. Sie zeigen auch Sperandea als Vertreterin der Passionsmystik:

> „Wieder erschien ihr der gekreuzigte Herr in ihrer Zelle. Er wies ihr die Wundmale und berührte die eine Hand mit der anderen und sagte zu mir: ‚Sieh hierher – dies empfehle ich dir!' Ebenso wurden ihr vier Spiegel (?) gezeigt; in einem war der Herr an die Geißelsäule gebunden, im anderen hing er am Kreuz. Im dritten war die göttliche Majestät, und der vierte bestand nur aus Glas (?)."[678]

Auch ihre Zeitgenossin Umiltà (Humilitas) von Faenza (1226–1310)[679] lebte eine Zeitlang als Benediktinerin. Rosanese, eine Schönheit, die angeblich sogar Kaiser Friedrich II. zur Frau haben wollte, trat nach ihrer Konversion (sie war verheiratet und Mutter mehrerer Kinder) und nachdem ihr Mann so sehr erkrankt war, daß er zu ihrer Freude keine ehelichen Pflichten mehr von ihr verlangen konnte, vierundzwanzigjährig ins Kloster ein, wobei sie den Namen Humilitas annahm. Da ihr die Nonnen aber nicht asketisch genug waren (Umiltà wollte nur Wasser und Brot zu sich nehmen, als Festtagsspeise bittere Kräuter), ging sie zu den Vallombrosanerinnen über, bei denen sie

---

[675] Vgl. o. S. 144 ff.
[676] Vgl. o. S. 92 ff.
[677] Vita, ed. M. Sarti, De episcopis Eugubinis, Pesaro 1755, civ–cxix. – I. Mannocci, Sperandea: BS 11, 1345 f.
[678] Vita 6, ed. cit. cx.
[679] Petroff, Literature 235 f., 247 ff. – Benvenuti Papi, Castro 351–360.

zehn Jahre als Reklusin blieb, hochverehrt. Viele Bewunderer ließen sich in ihrer Nähe nieder, denen sie Predigten, vielleicht korrekter: erbauliche Vorträge hielt. Bemerkenswert ist auch, daß sie ihre meditativen Ansprachen in einem (allerdings eigenartigen) Latein diktierte. Sie verraten leidenschaftliche Christusminne: Umiltà betete etwa darum, Jesus möge sich ihr ganz geben, ganz in ihre Seele eingehen und alle ihre inneren Organe befruchten und mit seiner Liebe ernähren, um eine fruchtbare Nachkommenschaft zu zeugen[680]. Geistliche Metapher und körperliches Empfindenwollen scheinen hier untrennbar verschmolzen. Umiltà gründet später in Faenza und in Florenz noch neue Gemeinschaften.

Vallombrosaneräbtissin in Malta war MARGARETA VON FAENZA (1230 bis 1320, sel.)[681]; ihre Visionen zeigen beispielhaft, wie verbreitet die Hauptthemen der Erlebnismystik waren und wie vergleichsweise gering die Prägung durch eine spezielle Ordensspiritualität erscheint. Besonders gern meditierte sie das Leben Mariens und die Kindheit Jesu, bis sie Christus kritisiert, sie wolle nur „von meinem Honig zu kosten, und nicht von meiner Galle"[682], d. h. ihr aufträgt, sich der Passionsbetrachtung zu widmen. Zuvor hatte Margareta visionär das Christkind „wie trunken süß an sich gedrückt und schien vor Süßigkeit völlig außer der Welt zu sein". Dabei übte sie eine Art Marienzwang aus, indem sie ihr ihren kleinen Sohn nicht zurückgab, ehe sie der Nonne nicht eine Gnade erwiesen hatte[683]. Bei den nun folgenden Passionsmeditationen zeigt sich deutlich, wie die willkürliche Betrachtung in die unwillkürliche Vision übergehen kann und letztere dann geradezu verfügbar wird: auf das „ruminare" folgt das „corporeis oculis videre" des Heilands mit den Leidenswerkzeugen, wovon sie den Eindruck empfängt, „daß, *wann immer sie wollte,* sie Andacht und Zerknirschung daraus zog und diese Bildoffenbarung, daß sie Gott bei sich am Kreuze hangen sah"[684]. Margareta wird stigmatisiert, empfängt von Christus den Brautring (wobei sie sich beschwert, daß er keinen Edelstein hat), wird in den Himmel und nach Jerusalem entrückt, ihre Seele verflüssigt sich in Liebeslust, Heilige erscheinen ihr, usw. – alles von so vielen der Mystikerinnen erlebte Charismata. An Rupert von Deutz[685] erinnert es (obwohl hier die obligate Allegorese eine andere ist), wenn Christus in einer „visio dulcissima" ihre Zunge im Kuß berührt[686]. Von

---

[680] Petroff, Literature 251. Der Originaltext ist mir nicht zugänglich; seine editio critica soll jedoch in Kürze erscheinen (freundliche Mitteilung von Claudio Leonardi).

[681] Vita: AS Aug. 5, 1867, 845–854. – G. Gordini, Margherita da Faenza: BS 8, 773 f. – G. Barone, Margareta v. Faenza: Wörterbuch 340. – Petroff, Consolation.

[682] Vita, ed. cit. 849 B.

[683] Ebd.

[684] Ebd. C.

[685] Vgl. o. S. 103 f.

[686] Ebd. 852 C.

Margaretas mystischen Erfahrungen sind zwei Berichte aus ihrem Mund erhalten, die sich inhaltlich weitestgehend decken, einer von ihrem Beichtvater und einer von ihrem Neffen. Es sind eben nicht die Hagiographen, die artifiziell mystische Viten aus mystischen Topoi zusammenbrauen, sondern jeweils zeittypische Themen werden von entsprechend veranlagten Persönlichkeiten in ihrem Erleben nachvollzogen, variiert, konfabuliert.

Frankreich

Frankreich scheint im Spätmittelalter nur wenige Charismatikerinnen hervorgebracht zu haben; für den Süden haben wir bereits auf die Begine Douceline hingewiesen[687]. Zu erwähnen ist noch MARGUERITE D'OINGT († 1310, sel.)[688], die einzige namentlich bekannte Kartäusermystikerin aus dem Mittelalter, von der (unter zisterziensischem und franziskanischem Einfluß stehende) Schriften erhalten sind. Daß ihr das klösterliche Leben die ideale Daseinsform gegenüber der Ehe war, entspricht wohl der am meisten verbreiteten Meinung unter jenen Frauen, selten aber hat es eine so unmittelbar mit der tatsächlichen Bedeutung der Ehe als Herrschaftsinstitution begründet:

> „Süßer Herr, wenn du mir keine andere Gnade erwiesen hättest, als die, daß du nicht erlaubt hast, daß ich in der Knechtschaft und Unterwerfung durch einen Mann lebe, so hast du mir schon genug getan."[689]

Marguerites 1286 entstandene *Pagina meditationum* (Meditationsseite), die sich in einigen Motiven an Anselms Meditationen anschließt[690], gibt einen guten Einblick in die alltäglichen Betrachtungsthemen spätmittelalterlicher Religioser. Auch die Art, wie in der Betrachtung direkt zu Jesus gesprochen wird, erhellt daraus:

> „Süßer lieber Herr, Du bist mein Bruder – aber das ist eine sehr große Kühnheit auszusprechen, denn ich bin der allerkleinste Wurm, denn Du bist so groß und so würdig, daß alle Geistlichen, die jemals waren oder in Zukunft sein werden, dies nicht auszusprechen oder zu denken vermöchten. Oh schöner süßer Herr Jesus Christus! Wer gab mir die Kühnheit, etwas so Wunderbares auszusprechen: daß Du, der Du wahrer Gott bist, mein Bruder wärest, wenn nicht die übergroße Liebe, die Du uns gezeigt. Oh schöner süßer Herr, was war dies für eine Liebe!"[691]

---

[687] Vgl. o. S. 215 ff.

[688] Les Œuvres de Marguerite d'Oingt, hg. v. A. Duraffour u. a., Paris 1965. – Dinzelbacher, Frauenmystik 205–230. – P. Nissen, Margarete von Oingt: Wörterbuch 340 f. – R. Maisonneuve, L'experience mystique et visionnaire de Marguerite d'Oingt: Analecta Cartusiana 55, 1981, 81–102.

[689] Ed. cit. 87.

[690] Vgl. o. S. 101 ff.

[691] Pagina 6, übersetzt von Dinzelbacher, Frauenmystik 211.

Großen Raum nimmt die Vergegenwärtigung der Leiden des Heilands ein, wobei – was wir in der späteren visionären Frauenmystik immer wieder betrachten können (Birgitta von Schweden, Margarete Beutler, Maria von Agreda, Anna Katharina Emmerick, Therese Neumann von Konnersreuth …) – apokryphe Einzelheiten und ganze Szenen die knappen Berichte der Evangelien ergänzen müssen, Zeichen unstillbaren Wissensdurstes, was das Erdenleben und -leiden Christi betrifft.

„Oh Du wertvollster und vornehmster Leib, wie fromm ist es, Dich zur Zeit Deiner Passion zu betrachten, als die ungerechten Verräter in Dein schönes Antlitz spuckten, daß Du, der Du über alles schön warst, wie ein Lepröser erschienst. Oh schöner, süßer Herr, welch bitteren Schmerz mußte Deine süße Mutter, die dort war, empfangen, deswegen, weil sie Dich selbst erkannte [gemeint wohl: gebar] und nährte und säugte, als sie Dich einen so schändlichen und ungerechten Tod sterben sah. Und gewiß muß jede Kreatur großen Schmerz ertragen, die dies alles wohl betrachtet und Dich nicht aus ihrem ganzen Herzen zu lieben vermag. Und ich Matte und Armselige, was soll ich tun, die ich immer noch nicht Dich zu lieben vermag … Es gibt nichts auf der ganzen Welt, das ich so sehr ersehnen würde."[692] „… ich habe keinen Vater und keine Mutter außer Dir – und will sie nicht haben. Bist Du nicht meine Mutter und mehr als Mutter? Die Mutter, die mich trug, litt bei meiner Geburt vielleicht einen Tag und eine Nacht. Doch Du, schöner süßer Herr, wurdest meinetwegen nicht nur eine Nacht oder einen Tag gequält, sondern littst mehr als dreißig Jahre … als sich die Zeit näherte, da Du gebären solltest, war der Schmerz so groß, daß Dein heiliger Schweiß wie Blutstropfen war, die über Deinen heiligen Leib bis zur Erde herabrannen. Und nachdem Dich die so bösen Verräter gefangen hatten, gab Dir einer eine so heftige Ohrfeige, daß Dein Antlitz ganz schwarz blieb … Wer sah jemals eine Mutter bei der Geburt so leiden? Aber als die Stunde Deines Gebärens kam, warst Du auf das harte Kreuzesbett gelegt, von dem Du Dich nicht wegbewegen konntest oder Dich umdrehen oder Deine Glieder strecken, so wie ein Mensch, der einen großen Schmerz erleidet, zu tun pflegt, weil sie Dich ausgespannt und so scharf mit Nägeln durchbohrt hatten, daß kein Knochen mehr zur Verrenkung blieb und die Nerven und alle Deine Venen gebrochen waren. Und gewiß war es nicht verwunderlich, wenn Deine Venen gebrochen waren, als Du die ganze Welt zugleich an einem einzigen Tag gebarst."[693]

Marguerite fährt dann mit einer Meditation der Letzten Dinge, Tod, Gericht, Jenseits, fort, wie sie erst im späteren Mittelalter üblich werden sollte, vielleicht ein Spezifikum ihres Ordens. Von ihr ist auch ein frankoprovenzalischer Brieftraktat erhalten, der *Spiegel,* der etwas von Marguerites eigenen Schauungen enthält, z. B. eine Erscheinung Christi, der ihr das symbolische Buch seines Lebens präsentiert, in dem sein reines Leben weiß, seine Martern schwarz, sein Leiden rot und das himmlische Leben in Gold aufgezeichnet sind, oder ihre Selbstschau als von Christus bewässerter Baum.

---

692 Pagina 30, ebd. 213.
693 Pagina 36, ebd. 214.

Auch die Gnadenvita einer anderen gleichzeitigen Kartäusermystikerin namens BEATRIX VON ORNACIEUX verdankt sich Marguerite. Diese Beatrix wird immer wieder von freudebringenden oder erschreckenden Gesichten heimgesucht und zeigt auch die üblichen Phänome der affektiven Christusmystik. Deren psychosomatische Einheit kommt gut in folgender Beschreibung der Brauterfahrung zum Ausdruck:

> „... fast konnte sie die Liebe unseres Herrn nicht ertragen. Gnadenhaft kam er zu ihr *wie eine Person* und umarmte sie heftig und voller Liebe. In dieser Süße, die sie von den sehr süßen Umarmungen ihres wahren Schöpfers spürte, schien es ihr, daß ihr Geist verginge."[694]

Wird die Schau zu intensiv, bittet Beatrix Gott, zu einer einfacheren Vision hinabsteigen zu dürfen. Mag auch manches an Dante erinnern[695], so können Parallelen doch nur zeitbedingt sein, aber nicht auf direkter Beeinflussung beruhen. Um die Passion zu imitieren, deren einläßliche Betrachtung ihr Christus in einer Vision befohlen hatte[696], brachte Beatrix sich die Stigmen selbst mit einem stumpfen Nagel bei[697], was Marguerite als durchaus orthodox beurteilt haben muß. Andere Verehrer der Passion waren dafür hingerichtet worden[698].

Verketzerte Mystikerinnen

Die neue Entwicklung der „religiösen Frauenbewegung" seit dem zwölften Jahrhundert ist zahlreichen zeitgenössischen Beobachtern aufgefallen und von ihnen speziell in Hinblick auf ihre Mystik wohlwollend oder kritisch kommentiert worden. Summa summarum müssen wir den Grad der Anerkennung auch von seiten der kirchlichen Hierarchen als höher einschätzen als den der Ablehnung. Denn einerseits akzeptierten nach einer Phase der Weigerung die Männerorden die weiblichen Zweige (Zisterzienserinnen, Franziskanerinnen, Dominikanerinnen), andererseits konnte sich die problematischste Gruppe dieser Bewegung, die der Beginen, in Form von Gemeinschaften ohne klassische Ordensregel trotz der gegen sie besonders im vierzehnten Jahrhundert erlassenen Verbote und unternommenen Verfolgungen halten, da sie von den Bettelorden und den städtischen Behörden, also rein patriarchalen Organisations- und Herrschaftsformen, unterstützt oder wenigstens geduldet wurden. Dem bereits genannten nachmaligen Bischof von Akkon, Jakob von Vitry, der der Begine und Mystikerin Maria von Oignies

---

[694] Ed. cit. 106.
[695] D. Zorzi, La spiritualità e le visioni di due Certosini Lionesi contemporanee di Dante: Aevum 27, 1953, 510–531.
[696] Ed. cit. 116.
[697] Ebd. 106.
[698] Dinzelbacher, Diesseits.

Abb. 21 Zahlreiche Mystikerinnen berichteten wie Beatrix von Ornacieux, von Christus umarmt worden zu sein. Diese anscheinend singuläre Holzplastik des 14. Jahrhunderts konnte der
Meditation gerade dieser Vorstellung dienen. Die offenen Augen des etwa lebensgroßen Schmerzensmannes zeigen, daß es sich um keine Figur aus einer Kreuzabnahmeszene handelt, sondern wohl um die bildnerische Gestaltung einer solchen Vision.

Holzplastik, 14. Jh., Neustift, Würzburg.

in verehrungsvoller Freundschaft verbunden war, ist es zu danken, daß Papst Honorius III. den frommen Frauen im Bistum Lüttich und in ganz Frankreich und Deutschland erlaubte, in Gemeinschaftshäusern zusammen zu leben und einander Erbauungspredigten zu halten. Aber nicht nur aus den Reihen des Klerus kam Zustimmung und Verehrung; die Frauenbewegung, insofern sie nicht in den weiblichen Zweigen der etablierten Orden mündete, wäre unmöglich gewesen ohne die faktische Unterstützung auch der weltlichen Machthaber. König Ludwig IX. von Frankreich (reg. 1236–1270) z. B. ließ vor 1264 in Paris einen Beginenhof errichten, in dem etwa vierhundert fromme Frauen unterkamen. Er dotierte diese Stiftung nicht nur großzügig, sondern pflegte sogar selbst dort zu predigen[699]. Die (in Einzelfällen bis in die Gegenwart bestehenden) Beginenhöfe stellen konkret vor Augen, daß reine Frauengemeinschaften halb religiösen und halb weltlichen Charakters sehr wohl akzeptiert wurden, wenn sie sich an die obrigkeitlich verlangten Normen hielten.

Die neue Lebensform rief jedoch nicht nur positive Reaktionen in der zeitgenössischen Männerwelt hervor. Es gab ebensoviel Zensur wie Zustimmung. Gerade auch der Glaube vieler Beginen, private Offenbarungen zu empfangen, wurde dabei verspottet: Wenn eine Begine redet, ist es Prophetie, wenn sie schläft, ist sie entrafft, wenn sie träumt, hat sie eine Vision, höhnt der Dichter Rutebeuf († 1280)[700]. Am deutlichsten sind vielleicht die Worte des Franziskaners Lamprecht von Regensburg in seinem Gedicht von der *Tochter Syon* (um 1250). Nach ihm, der selbst übrigens darüber klagt, nicht zu irgendwelchen mystischen Gnaden gelangen zu können, ist die Erhebung des „inneren Sinnes" durch Christus

„bí unsern tagen
in Brábant und in Baierlanden
undern wiben úf gestanden.
herre got, waz kunst ist daz,
daz sich ein alt wip baz [besser]
verstét dan witzige man?"[701].

Charismatische Begnadung, Erlebnismystik, ist aber ein Phänomen, das seit der Wende des hohen zum späten Mittelalter viel intensiver in der Geschichte der weiblichen Religiosität hervortritt als in der der männlichen Spiritualität, der statt dessen die großen Werke der theoretischen Mystik angehören. Unter Tränen den Beichtigern von ihren nächtlichen Gesichten zu berichten und zur Christusvision im „Jubilus" entrafft zu werden, das gehörte zur Charakteristik der spätmittelalterlichen heiligen Nonne genauso wie zu der der guten Begine!

---

[699] McDonnell, Beguines 224 ff.
[700] Ebd. 471 ff.
[701] vs. 2956 f., 2979 ff., 2838 ff., hg. von K. Weinhold, Paderborn 1880.

Wie eng die religiöse Frauenbewegung mit übernatürlicher Begnadung zusammenging, zeigt aber auch die Tatsache, daß Betrügerinnen die Lebensformen und Frömmigkeitspraktiken der Beginen nachahmten, um sich dadurch durchaus irdische Vorteile zu verschaffen. Sie pflegten auch vorzugeben, sie würden himmlischer Offenbarungen teilhaftig. Es finden sich hier einige in der Sachlage fast identische Fälle aus dem dreizehnten bis frühen sechzehnten Jahrhundert, die jedoch der Überlieferung nach keineswegs voneinander abhängen können. Nur ein Beispiel: Da gab es in der Mitte des dreizehnten Jahrhunderts in Lothringen eine Begine namens SIBILLA[702], die weniger durch ihre demonstrative Devotion als vor allem durch ihre Engelserscheinungen und Himmelsvisionen zu Berühmtheit gelangte. Die Himmlischen versorgten sie mit Wohlgerüchen und feinen Schleiern, und zu essen und zu trinken bedurfte sie auch nicht. Bereits predigten die Bettelordensbrüder von ihr und plante der Bischof von Metz, für sie eine eigene Kirche zu errichten (wie es ja auch für einige echte Visionärinnen geschah, z. B. für die sel. Alpais von Cudot, † 1211). Sibilla berichtete aber, wie praktisch ebenfalls alle richtigen Mystikerinnen, auch von teuflischen Anfechtungen, und tatsächlich erschien der Böse des öftern auch anderen Leuten in ihrer Umgebung. Dies ging so lange, bis ein Dominikaner zufällig die angeblich in ihrem Zimmer mit Engeln und Teufeln konversierende Ekstatikerin durch eine Ritze in der Wand beobachten konnte und feststellen mußte, daß sie in Wirklichkeit ihr Bett machte und dabei die Stimmen der Außerirdischen selbst von sich gab. Man erbrach die Tür, zwang sie, ihren Betrug zuzugeben, und es fanden sich auch Nahrungsmittel sowie eine Teufelsmaske, derer sie sich bedient hatte, unter dem Bett. Da man sich nicht einigen konnte, mit welcher der typischen Frauenstrafen: Verbrennen, Ertränken oder lebendig Begraben, man sich für die Schande, einer solchen „muliercula" (Weibsbild) getraut zu haben, rächen sollte, ließ sie der Bischof sinnigerweise („saniore tamen usus consilio") lebendigen Leibes einmauern und langsam verhungern[703] (offensichtlich sollte damit eine „spiegelnde Strafe" verhängt werden). Es ist evident, daß sich solche Frauen nach einem Verhaltensmuster stilisierten, das im Spätmittelalter charakteristisch für jene ihrer Geschlechtsgenossinnen war, die schon zu Lebzeiten als Heilige verehrt wurden und die nach dem Tode auch die Billigung der Amtskirche durch Kanonisationsprozesse fanden – schließlich wurden zwei mystisch begabte Religiose, Franz von Assisi und Elisabeth von Thüringen, im Abstand von nur sieben Jahren heiliggesprochen (1228 bzw. 1235). Zum Typus der spätmittelalterlichen Heiligen, der partiell nach anderen Leitbildern geformt ist als der frühmittelalterliche[704], gehört aber neben dem (bei Betrügerinnen pervertierten) „Wil-

---

[702] Dinzelbacher, Heilige oder Hexen.
[703] Richerus, Gesta Senoniensis Ecclesiae 19, MGh SS 25, 308 ff.
[704] M. Stoeckle, Studien über Ideale in Frauenviten des VII.–X. Jahrhunderts, Diss. München 1957, bes. 104 ff.

len zur Heiligkeit"[705] die Erlebnismystik[706], und zwar besonders bei den weiblichen Laien, zu denen Beginen ja zählten[707].

Wenn nun aber auch Frauen als Häretikerinnen verschrien wurden, die keineswegs schwindelten, sondern, religionsphänomenologisch betrachtet, dieselben außernatürlichen Phänome produzierten wie anerkannte Mystikerinnen, so beruhte dies in der Regel vornehmlich auf Passagen ihrer Offenbarungen oder ihrer Lehre, die von Normen der Amtskirche abwichen. Im konkreten Einzelfall war es jedoch das eher zufällige Zusammenspiel von einzelnen Personen und Interessen, aus dem heraus es letztendlich zur Erhebung auf die Altäre oder zur Hinrichtung einer charismatisch begabten Christin kommen konnte. Beides sind Reaktionen der „Normalen" auf deviantes Verhalten. Während, wie oben gezeigt, z. B. eine Angela von Foligno manche Äußerungen machte, die sie bei Präsenz kritisch eingestellter Theologen vor ein Inquisitionstribunal gebracht hätten, zogen andere Frauen zu ihrem Unglück die Aufmerksamkeit eben solcher Ketzerjäger auf sich.

Hintergrund für eine mögliche negative Interpretation etwa ekstatischer Zustände war die seit Augustinus gültige Dämonenlehre der Catholica: Die gefallenen Engel haben danach nämlich die Macht behalten, Gesichte zu bewirken: man liest bei Thomas von Aquin[708] genauso davon wie im *Hexenhammer*[709]. Außerdem konnte der Böse in Menschen, und vorzugsweise in Frauen, einfahren – das Phänomen der Besessenheit. Beides war nicht nur Meinung der mittelalterlichen Gelehrten, sondern es ist dies in Kontinuität auch die Lehre der offiziellen römisch-katholischen Theologie unseres Jahrhunderts[710].

Es gibt Zeugnisse von einigen Charismatikerinnen, die sich bewußt oder unbewußt weit von den Dogmen des Katholizismus entfernten. Gelegentlich vertraten sie Tendenzen, die in einem Sinn feministisch orientiert waren, der sonst im Mittelalter vor dem fünfzehnten Jahrhundert (Christine de Pizan) nicht zu finden ist. Die radikalste Sekte war wohl die der Guglielmiten[711], deren Gründerin, GUGLIELMA (WILHELMINE) VON BÖHMEN († 1279)[712], sosehr die Unterstützung der mailändischen Zisterzienser genoß, daß sie ihr nicht

---

[705] Pieller, Frauenmystik 49.
[706] Vgl. A. Vauchez, L'ideal de sainteté dans le mouvement féminin franciscain aux XIIIe et XIVe siècles: movimento 315–337, bes. 325 ff. – Dinzelbacher, Nascita.
[707] Vgl. Vauchez, sainteté 435 ff. u. ö.
[708] Summa theologica I, q. 111, a. 3; De malo q. 16, II, zit. Volken, Offenbarungen 144.
[709] Heinrich Institoris, Malleus maleficarum, o. O. 1487 (ND Göppingen 1991; Hildesheim 1992), 1, 7.
[710] Volken, Offenbarungen 140 ff.
[711] F. Vernet, Guillelmites: DThC 6/2, 1982–1988. – Lea, Geschichte 3, 102–115. – Goodich, Vita 203 ff. – St. Wessley, The thirteenth-century Guglielmites. Salvation through women: Studies in Church History, Subsidia 1, 1978, 289–303. – Ders., James of Milan and the Guglielmites: Collectanea Franciscana 54, 1984, 5–20. – P. Costa, Guglielma la Boema. L'„eretica" di Chiaravalle, Milano 1985. – L. Muraro, Vilemína und Mayfreda, Freiburg 1987.
[712] B. Lundt, Eine vergessene Premyslidenprinzessin: Bohemia 31, 1990, 260–269.

nur ein Haus zur Verfügung stellten, sondern sie auch in ihrer Kirche bestatteten, ihr einen Altar errichteten und ihre Tugenden in Predigten verbreiteten, d. h. ihre Verehrung als Heilige propagierten. Erst als ihre „Reliquien" im Jahre 1300 von der Inquisition ausgegraben und dem Scheiterhaufen überantwortet wurden, wurde vielen Mailändern klar, daß sie eine Ketzerin verehrt hatten. Die Lehre der Guglielmiten – es ist ungewiß, inwieweit sie von der „Heiligen" selbst vertreten und inwieweit sie erst von ihren Verehrerinnen und Verehrern ausgebildet wurde –, besagt nichts weniger, als daß Guglielma die Inkarnation des Heiligen Geistes sei und gleichzeitig als Frau christusförmig, „verus deus et verus homo in sexu feminino"[713], da ihr Leben dieselben Stadien wie das des Erlösers aufweise und sie die Stigmen trug (so wurde auch das Leben des Franz von Assisi innerhalb seines Ordens interpretiert[714]). Evident sind also Elemente der Imitatio Christi: Guglielma war stigmatisiert, sei es ekstatisch, sei es durch Selbstverwundung – wie so viele der zeitgenössischen heiligen oder seligen Mystikerinnen (u. a. Elisabeth von Spalbeek, Margareta Colonna, Lutgard von Tongeren, Beatrijs von Nazareth, Benevenuta von Bojanis ...[715]). Das römische Papsttum sollte abgeschafft und statt dessen eine Frauenkirche errichtet werden. Diese neue Geistkirche sollte von einer Päpstin, einer gewissen Schwester Mayfreda, und weiblichen Kardinälen geleitet werden; Mayfreda zelebrierte bereits die Messe am Grab Guglielmas und hielt ihren Nachfolgerinnen Predigten. Mag diese Sekte auch nur etwa eine Generation existiert und über den näheren lokalen Umkreis hinaus keine Anhänger gehabt haben, so wird an ihr doch klar, daß auch und sogar im Mittelalter ein gewisses Potiential für im heutigen Sinn feministische Utopien vorhanden war.

Noch deutlicher tritt die mystische Komponente bei einer anderen als Ketzerin verfolgten Frau hervor, der südfranzösischen „haeresiarcha" (Oberhäretikerin) NA PROUS BONETA (BONNET, † 1328)[716]. Boneta lebte als Begine; schon 1315 war sie von der Inquisition von Montpellier gefangengesetzt worden, kam jedoch wieder frei, um 1325 in Carcassonne endgültig verurteilt zu werden. Tag und Nacht schaut sie Gott im Geiste, sie hat Christuserscheinungen, symbolische Gesichte und Himmelsvisionen, ist eine Vertreterin der Herz-Jesu-Mystik. So zeigt ihr Christus bei ihrer Berufungsvision 1320 sein durchbohrtes Herz, aus dem wie aus einer Laterne Sonnenstrahlen hervorgehen[717]; die Trinität wirft sich ihr in buchstäblichem Sinn an den Hals und erklärt, „ich und du sind eins geworden"; sie hat in der Begine ihre

---

[713] Muraro 234.
[714] Wessley (1984) 18 ff.
[715] Vgl. (überkritisch) Debongnie, Essai.
[716] The Confession of Prous Boneta, heretic and heresiarch, hg. v. W. May: Essays in medieval Life and Thought, hg. v. J. Mundy u. a., New York 1955, 3–30. – Lea, Geschichte 3, 89 f. – R. Manselli, Spirituels et béguins du Midi, Toulouse 1989, 196 ff., 274 ff. u. ö. – D. Müller, Der Prozeß gegen Prous Boneta: N. Höhl (Hg.), Ius et historia (Forschungen zur Kirchenrechtswissenschaft 6), Würzburg 1993, 199–221.
[717] Ed. cit. 7.

Wohnstätte aufgeschlagen, wo sie häufig ein und aus geht[718]. Die Metapher von der geistlichen Schwangerschaft kehrt Boneta um: „der Herr Gott empfing die Naprous im Geiste …, der Herr selbst gebar sie im Geiste"[719]. Auch sie hält sich als Frau für die mariengleiche, jungfräuliche Erlöserin des Menschengeschlechtes, der Gott den Heiligen Geist dazu sende[720]; was sie verkündet, seien die Worte des Geistes, auf die die ganze Welt hören solle. Wer den Weisungen des Petrus Olivi[721] und den ihren folge, werde im Geiste getauft und erlange Sündenvergebung …[722] Dabei spielten auch für Boneta Erwartungen des Joachimitismus eine Rolle, jedoch „feministisch" gewandelt: das Zeitalter des Vaters wird mit Eva in Verbindung gebracht, das des Sohnes mit Maria und das des Geistes mit ihr, Prous Boneta, selbst[723]. Soweit irgend aus ihrem Geständnis zu ersehen, war Prous von der Authentizität ihrer Schauungen und Offenbarungen subjektiv nicht weniger überzeugt als jede orthodoxe und heiliggesprochene Mystikerin. Sie war sich dessen bewußt, wie Christus gekreuzigt zu werden[724]. Freilich spiegelten ihre Revelationen den Geist der Spiritualen, der als häretische erklärten strengen Nachfolger des hl. Franziskus[725]: Papst Johannes XXII. ist Kaiphas, der Christus erneut kreuzigt, da er die armen Beginen und Leprösen verfolgen ließ[726]. Thomas von Aquin, den dieser Papst 1323 heiliggesprochen hatte, ist Kain, der Abel tötete, mit dem Petrus Olivi gemeint ist[727]. Die von der Amtskirche verwalteten Sakramente sind nutzlos, vielmehr geht es um die Verinnerlichung des Glaubens[728]. Die Akten des Prozesses gegen Boneta sind erhalten, weswegen wir von ihren Erfahrungen und Lehren wissen; ähnliche Prozesse gegen Beginen wurden unter Johannes XXII. des öftern geführt. Auch wenn die Protokolle fehlen, ist die Vermutung gestattet, daß es wohl noch andere deviante Mystikerinnen gegeben haben dürfte, deren Leben auf dem Scheiterhaufen endete.

Nicht alle Frauenmystik war eo ipso Erlebnismystik. Wiewohl seltener, so haben Frauen doch auch zum theoretischen Schrifttum beigetragen. Wir haben u. a. bereits die Meditationen Gertruds der Großen erwähnt. Auch MARGUERITE PORETE (um 1255–1310)[729], eine Begine aus dem nordöstlichen

---

[718] Ebd. 10.
[719] Ebd.
[720] Ebd. 20, 24 f.
[721] Vgl. o. S. 175 f.
[722] Ebd. 27.
[723] Müller 216.
[724] Ed. cit. 29.
[725] Vgl. o. S. 169 ff.
[726] Ebd. 12.
[727] Ebd. 24.
[728] Ebd. 29 u. ö., vgl. Müller 211 f.
[729] P. Verdeyen, Le procès d'inquisition contre Marguerite Porete et Guiard de Cressonessart: Revue d'histoire écclesiastique 81, 1986, 48–94. – U. Heid, Studien zu Marguerite Porète und ihrem ‚Miroir des simples âmes': Frauenbewegung 185–214. – F.-J. Schweitzer, Von Marguerite von Porète († 1310) bis Mme. Guyon († 1717): Frauenmystik 256–274. – P.

Frankreich, ist unter dem Eindruck der religiösen Frauenbewegung gestanden. Von ihr stammt ein großer mystagogischer Dialog, der volkssprachliche *Mirouer des simples ames anienties et qui seulement demourent en desir et vouloir d'amour* (Spiegel der einfachen, vernichteten Seelen und jener, die einzig im Sehnen und Verlangen nach Liebe verweilen)[730]. Porete läßt darin Personifikationen Gespräche über den Aufstieg der Seele führen, namentlich die Seele selbst, die Vernunft und die Liebe, womit sie eine Form des allegorischen Lesedramas schafft, wie es wohl auch der *Ordo virtutum* Hildegards von Bingen war. „Einige Kapitel enthalten längere Gedichte, die Marguerite immer dann einsetzt, wenn die argumentativ dialogisierende Form an die Grenzen ihrer Aussagefähigkeit gestoßen ist."[731] Der Aufstieg führt in sieben Etappen vom Tal der Demut über die Ebene der Wahrheit bis auf den Berg der Minne und zur Gotteseinigung hin. Nachdem die Seele erkannt hat, daß sie nichts ist, ist sie auch frei, vom Bräutigam aus der Herrschaft der Vernunft und der Knechtschaft der Tugenden gelöst (einer der Angriffspunkte), ohne Begehren. Folgerichtig kümmert sie sich weder um sich selbst noch um die Nächsten, noch um Gott (detto). Letzterer ist im Sinne der apophatischen Theologie und im Unterschied zur meisten sonstigen Frauenmystik ohnehin unerkennbar[732]. Wenn alles Eigene, speziell der Eigenwille, abgelegt ist, vereinigt sich die Seele im Urgrund der Trinität:

> „Die göttliche Liebe gebiert in der vernichtigten Seele, in der freien Seele, in der erleuchteten Seele ewiges Wesen, empfangendes Genießen, liebevolle Vereinigung … Diese Vereinigung versetzt die Seele in ein Sein ohne Sein, welches das Sein selbst ist."[733]

Dazu bedarf sie, wie alle Mystik, nicht der Vermittlung durch die Priesterschaft der Amtskirche: „Es gibt keinen Vermittler mehr zwischen ihr und der Gottheit, und sie [beide] wünschen auch keinen."[734]

Aufbau und Atmosphäre dieses ungeachtet typisch mystischer Paradoxformeln rational argumentierenden, höfische Metaphern verwendenden Werkes sind sehr verschieden von den emphatischen Meditationen ihrer Namensschwester aus dem Kartäuserorden[735], haben aber gewisse Ähnlichkeiten zu den Werken Hadewijchs und Mechthilds von Magdeburg. Wenn auch Ausdrücke wie „ravie", Entrückung, „faillance d'amour", Liebesekstase oder

---

Mommaers, La transformation d'amour selon Marguerite Porete: OGE 65, 1991, 89–107. – F.-B. Stammkötter, Der Weg ist weit, die Strecke lang! Zum Lehrbuchcharakter des „Spiegels der einfachen Seelen": W. Eckermann, K. Lesch (Hgg.), Dem Evangelium verpflichtet, Kavelaer 1992, 53–65. – K. Ruh, Transzendenzerfahrung im Miroir des simples âmes der Marguerite Porete: W. Haug, D. Mieth (Hgg.), Religiöse Erfahrung, München 1992, 189–203.

[730] CCCM 69.
[731] Stammkötter 57.
[732] Vgl. Ruh 196 f.
[733] Mirouer 115, übersetzt von L. Gnädinger, Zürich 1987, 164 f.
[734] Mirouer 64, ebd. 103.
[735] Vgl. o. S. 260 ff.

„sourhaulcement ravissable", jähe Erhebung, fallen[736], so werden doch keine speziellen Erfahrungen der Autorin beschrieben, sondern verbleibt der Traktat auf der Ebene der Mystologie. Auch Porete schreibt für einen Kreis Eingeweihter, von dem sie möchte, daß sie ebensolche vernichtigte und freie Seelen werden sollen[737] – Theologen und andere Kleriker jedoch können nichts davon verstehen, eben weil sie nur diskursiv logisch vorgehen (mit „engins clers")[738].

Einige dogmatisch bedenkliche Stellen erlangten besondere Aufmerksamkeit von seiten der kirchlichen Hierarchie und dann der Inquisition, und das Buch wurde im Beisein der Autorin verbrannt. 1310 mußte diese selbst den Scheiterhaufen besteigen, da sie nicht bereit war, sich von ihrem Werk zu distanzieren. Ebenso wurde übrigens wenigstens ein Begarde als Häretiker zu lebenslanger Gefangenschaft verurteilt, der sie unterstützte. Dies alles, obschon der *Mirouer* durchaus den Beifall einer Reihe hochrangiger zeitgenössischer Theologen gefunden hatte, darunter Gottfried von Fontaines, der sich u. a. auch mit den Werken Hildegards von Bingen beschäftigte[739]. Der Beginn des Berichts Poretes über die Empfehlung dieser Kommission lautet in an einer an Mechthilds *Buch vom fließenden Licht* erinnernden Formulierung: „Ich, ein Geschöpf, gewirkt vom Schöpfer, durch das der Schöpfer dieses Buch über sich machte... grüße..."[740] Doch setzte sich die Partei derjenigen durch, die das Werk als häretisch befanden, da es sie offenbar an die Lehren der Sekte vom Freien Geist erinnerte[741].

Der *Mirouer* verbreitete sich nichtsdestotrotz anonym über ganz Europa, wie mittelalterliche Übersetzungen ins Lateinische, Italienische und Englische bezeugen. Eckhart, der manche Ähnlichkeit mit Margaretes Gedanken zeigt, dürfte ihn gekannt haben. Ruusbroec beurteilt ihn nuanciert, lobt und verwendet manche seiner Aussagen wie die von der Bloßheit der Seele, verwirft andere wie seine quietistische Tendenz[742]. Richard Methley übersetzte ihn ins Lateinische; er begeisterte Margareta von Navarra. In manchen Handschriften wird der *Spiegel* sogar zusammen mit Werken Ruusbroecs, Hugos von Balma, Julians von Norwich überliefert. Dies ist verständlich, denn er repäsentiert faktisch „eine Spiritualität der Vergottung und der Freiheit, die der orthodoxen mystischen Tradition und den Häretikern gemeinsam war"[743] und die eine Reihe späterer Kopisten und Leser ganz offensichtlich nicht als deviant erkannte – ein weiteres sprechendes Beispiel für die häufige Abhängigkeit der Entscheidung über Menschen und Werke mehr von der jeweili-

---

[736] Ruh 195.
[737] Mirouer 22.
[738] Heid 204 ff.
[739] Verdeyen 87.
[740] Ebd. 86.
[741] Vgl. u. S. 293 f.
[742] P. Verdeyen, Oordeel van Ruusbroec over de rechtgelovigheid van Margaretha Porete: OGE 66, 1992, 88–96.
[743] McLaughlin, Heresy 44.

gen lokalen Situation und den beteiligten Personen als von einer objektiv festzumachenden recht- oder falschgläubigen Lehre. Freilich gibt es auch einige Zeugnisse aus dem vierzehnten und dem fünfzehnten Jahrhundert, nach denen dieses Buch betont orthodoxe Geistliche weiterhin zur Suche nach ihm und zur Vernichtung der erreichbaren Exemplare veranlaßt hat[744].

So sind ganz verschiedene Persönlichkeiten unter den Mystikerinnen der religiösen Frauenbewegung seit dem zwölften Jahrhundert anzutreffen, und wir konnten nur einige wenige ein weniger ausführlicher betrachten. Daß es zwei wesentliche, je und je wiederkehrende Komponenten im erlebnismystischen Leben jener Frauen gegeben hat, wird aber deutlich geworden sein: die Brautmystik, die in der erotisch-spirituellen Verschmelzung mit dem Seelenbräutigam besteht, und die Passionsmystik, die in der Vereinigung mit dem Schmerzensmann durch die Stigmen ihren Höhepunkt findet. Damit ist die Frauenmystik der Zeit keineswegs ausgeschöpft, aber deutlich charakterisiert. Bei einigen Charismatikerinnen könnte man freilich zusätzlich von eucharistischer Mystik sprechen, die im ekstatischen Empfang der wirklichen oder visionär erscheinenden Hostie gipfelt[745]; gelegentlich finden wir uns auch mit einer Form von Wesensmystik konfrontiert.

---

744 Ruh, Eckhart 100.
745 Vgl. Dinzelbacher, Frauenmystik 64 f. u. ö.

Vierzehntes Jahrhundert

Die Mentalität des späten Mittelalters, besonders die des vierzehnten Jahrhunderts, wirkt für uns, die wir in die Geschichte zurückblicken, in mancher Hinsicht als besonders schwierig begreifbar, da sich in ihr sehr unterschiedliche Tendenzen zeigen[1]. Nicht nur, wie selbstverständlich, unterschiedlich von Region zu Region, von Lebensform zu Lebensform, sondern in allgemein prägenden Komponenten.

Es war dies bekanntlich eine Epoche häufiger und heftiger Krisen, in der das Gefühl der Unsicherheit weithin zur Dauererscheinung wurde: Kriege und Erdbeben, Hungersnöte und Teuerungen scheinen verbreiteter als zuvor. Vorbereitet wohl von einer seit Jahrhundertbeginn zu registrierenden Klimaverschlechterung, häufen sich ländlich-landwirtschaftliche Notstände im späten Mittelalter: der Getreideanbau geht zurück, Erlös- und Kostenpreise sind ganz unausgewogen, Höfe und Dörfer werden verlassen, aus gerodetem und besiedeltem Gebiet wird wieder Urwald („Wüstungen"). Vor allem aber dezimiert der Schwarze Tod, die Beulenpest, Europa von 1348 bis 1350 um ein Drittel der Bevölkerung – eine sicherlich zutiefst traumatische Erfahrung für die Überlebenden. Sie suchten in verschiedener Weise nach Erklärungen und reagierten unterschiedlich auf die wiederholten Schocksituationen.

Wesentlich gefördert wurde die Unsicherheit durch vermehrte Kriege, wie den großen zwischen Frankreich und England (1339-1453), in dem Belagerungen und plündernde Söldner mehr Tod und Armut verbreiteten als offene Schlachten. Auch in den anderen Reichen waren Kriege, Fehden und Faustrecht an der Tagesordnung, so etwa die Städtekriege in Deutschland und Italien. Ein Symptom der physischen und psychischen Umwälzungen dürfte auch die ungewöhnliche Häufigkeit und weite Verbreitung sozialer

---

[1] Vgl. z. B.: F. Graus, Pest, Geißler, Judenmorde. Das 14. Jahrhundert als Krisenzeit, Göttingen ²1988. – R. Dieckhoff, antiqui-moderni: A. Legner (Hg.), Die Parler und der schöne Stil 3, Köln 1978, 66–123. – D. Hay, Europe in the Fourteenth and Fifteenth Centuries, London ⁵1973. – G. Duby, Die Grundlegung eines neuen Humanismus, 1280–1440, Genf 1966. – R. Romano, A. Tenenti, Die Grundlegung der modernen Welt, Frankfurt 1967. – Tanz, Werner, Laienmentalitäten 155–169. – Seibt, Konsolidierung 137–155. – J. Heers, Transizione al mondo moderno (1300–1520), Milano 1992.

Die zuletzt wieder von F. Renggli, Selbstzerstörung aus Verlassenheit. Die Pest als Ausbruch einer Massenpsychose im Mittelalter. Zur Geschichte der frühen Mutter-Kind-Beziehung, Hamburg 1992 vertretene Auffassung von der Massenpsychose jenes Zeitalters sollte zu einer seriösen, interdisziplinären Diskussion Anlaß geben.

Revolten in der zweiten Hälfte des vierzehnten Jahrhunderts gewesen sein. Um nur die bekanntesten zu nennen: 1358 erheben sich in Paris die Stände und auf dem Land die Bauern; 1345 und 1378 kommt es zum Aufruhr des Proletariats in Florenz, 1378 revoltieren die Bürger der flandrischen Städte, 1381 bricht der Bauernaufstand in England aus ...

Im geistigen Bereich wirkt die Krise in der übernational normgebenden Instanz, dem Papsttum, ebenso destabilisierend. Die Weltherrschaftsansprüche Bonifatius' VIII. (Bulle *Unam Sanctam* von 1302), die am aktiven Widerstand König Phillips IV. von Frankreich zerbrechen, führen letztlich zur Kirchenspaltung, da die Päpste seit 1309 in der „babylonischen Gefangenschaft" der französischen Könige in Avignon residieren, es aber immer wieder zu römischen Konkurrenzwahlen kommt: 1328, 1378, 1394, 1409, 1410, 1423, 1425, 1439. Zeitweise ist die ganze Christenheit im Bann, da die Gegner einander samt den jeweiligen Anhängern wechselseitig exkommunizieren. Dazu kommt der neuerliche Gegensatz des Papsttums zum Kaisertum, namentlich Johannes XXII. gegen Ludwig den Bayern, dem sich die progressiven Philosophen wie Marsilius von Padua und Occam anschließen, die ein laikale Sicht von Staat und Gesellschaft propagieren. 1338 blocken die deutschen Kurfürsten alle weiteren Aufsichtsansprüche des Heiligen Vaters gegenüber der Königswahl ab. Solche Entwicklungen in der Hierarchie stärken bei vielen Laien Tendenzen, die im religiösen Bereich eine eigenständige Suche nach dem Heil fördern und die in einem Rückzug in weltabgewandte Gemeinschaften und ins Innere der Seele resultieren.

War die hochmittelalterliche Mystik ein primär monastisches Phänomen, so nimmt der Anteil der Laien an ihr im späten Mittelalter zu. Dies entspricht dem generellen Anwachsen der Bedeutung der nicht-kirchlichen Kulturleistungen auf allen Gebieten, man denke nur an das höfische und bürgerliche Mäzenatentum, dem wir von der *Großen Heidelberger Liederhandschrift* bis zu den spätgotischen Rathäusern viel verdanken. Nicht-kirchlich heißt noch nicht profan, denn es handelt sich bei sehr vielen laikalen Kulturschöpfungen immer noch um Manifestationen der Religion, wie etwa die großen vom Bürgertum initiierten Stadtkirchen von der Art des Ulmer Münsters zeigen. Erst der Frühhumanismus mit seinen meist neben dem religiösen Bezugssystem liegenden Idealen führt in eine andere Richtung.

Es ist denkbar, daß die dem Machtgewinn der Laien zugrundeliegende ökonomische Entwicklung – die rapide zunehmende Bedeutung des Geldes, die Einteilung der kostbar werdenden „Zeit des Kaufmanns" vermittels der neuen mechanischen Uhren usw. – auch im religiösen Bereich Konsequenzen hatte. Möglicherweise sind die so kostspieligen Aufwendungen der städtischen Oberschichten für Messen, Kirchenausstattungen, Gedenkfeiern etc. Ausdruck eines Schuldgefühls, das auf der Verletzung traditioneller Normen basierte. Diese verboten ja nicht nur den unter verschiedener Verhüllungen praktizierten Wucher, sondern waren überhaupt der rationalistischen Profitökonomie als raison d'être entgegengesetzt, verkörperten ein anderes Wertsystem, das gemäß der nach wie vor geltenden Ideologie das dominierende hätte sein müssen. Viele religiös bestimmte Individuen reagierten mit Verweigerung der neuen Tendenzen; auch unter den Mystikerinnen des vierzehnten Jahrhunderts finden wir, ähnlich wie am Beginn der religiösen Frauenbewegung[2], zahlreiche aus wohlhabenden städtischen Familien, die sich lieber in ein Bußleben zurückzogen, anstatt ihre Reichtümer zu nutzen. Ein bekanntes Beispiel für dieselbe Haltung beim anderen Geschlecht ist der Kaufmann Rulman Merswin[3]. Speziell in Italien, den Niederlanden und Deutschland ist die Mystik kaum zufällig ein ganz vorwiegend städtisches Phänomen. So gibt es auch in den Werken der rheinischen Mystiker Stellen, die von der Möglichkeit, Gott mit guter (kommerzieller) Arbeit zu verehren, sprechen[4].

Das zunehmende Leistungsideal des beginnenden Kapitalismus findet sein Pendant in der (vordem keineswegs unbekannten, nun aber deutlich gesteigerten) „quantitativen Frömmigkeit" – man muß soundsoviele tausend Paternoster sprechen, soundsoviele tausend Messen für einen Verstorbenen zelebrieren lassen, um soundsoviele tausend Jahre Fegefeuer zu sparen … Ebenso rechnen die Mystikerinnen genau auf, wie viele Seelen ihnen der Herr jedesmal aus dem Purgatorium freigibt[5]. Aber nicht ganz wenige Männer und Frauen scheinen auf diese neue Hektik und Gier auch mit dem Wunsch nach Innerlichkeit, nach „Abgeschiedenheit", nach Flucht vor und Heilung der Welt (vita contemplativa und vita activa) reagiert zu haben. Der immer breiter werdenden Massenfrömmigkeit, wie sie sich u. a. in den zunehmenden Wallfahrten manifestierte, wurde von manchen ein individueller Weg zum Heil entgegengesetzt. Die Suche nach ihm war Voraussetzungen dafür, daß Lebensnormen und Schrifttum der Mystik, der älteren monastischen in Übersetzung und der jüngeren laikalen in der Volkssprache, auch weit über das Mönchtum hinaus Faszination ausübten. Bürgertum und auch Adel sind ja, der Auftrags- und Besitzgeschichte der entsprechenden Handschriften nach zu schließen, ebenso Träger dieser spirituellen Bewegung wie traditionellerweise die Klöster.

Die todbringenden Krankheitswellen der auch nach 1350 immer wieder aufflackernden Pest markieren aber im historischen Rückblick das vierzehnte Jahrhundert sicher am stärksten[6]. Allgemein stieg mit der Angst auch die Aggression; die Suche nach einem Sündenbock für die Heimsuchung fand ihr Ziel in den Judenpogromen, die das Auftreten der Pest fast regelmäßig begleiteten. Möglicherweise ist auch die beginnende Hexenverfolgung in

---

[2] Vgl. o. S. 194 ff.
[3] Vgl. u. S. 332 f.
[4] Peacock, Mystics 53.
[5] Vgl. Bauer, Armen – Seelen.
[6] Die Belege zum Folgenden bei Dinzelbacher, Gottheit. – Ders., Angst und Hoffnung im Mittelalter: Ders. (Hg.), Europäische Mentalitätsgeschichte, Stuttgart 1993.

diesem Zusammenhang zu sehen[7]. Die Epidemien haben des weiteren gewiß den schon im Gang befindliche Prozeß, durch den das Sterben mehr und mehr zu einem zentralen Thema der Reflexion und Meditation wurde, verbreitet und intensiviert. Sowohl die Angst als auch das Schutzbedürfnis der Menschen wuchs, – eine kollektive Reaktion auf eine kollektive Erfahrung. Die Frage nach den Ursachen dieser Katastrophen wurde von der Kirche und den Laien meist mit dem Gericht Gottes ob der Sünden der Menschen beantwortet, wofür mit Selbstbestrafung gebüßt werden sollte. Damit führte diese Angst zu selbstzerstörerischen, gegen das eigene Ich gerichteten Kollektivformen der Buße, namentlich den Geißlerzügen und den Flagellantenbruderschaften, vielleicht auch zu sogenannten „Volkskrankheiten" wie der Tanzwut. In den Prozessionen der Geißler kann man neben dem Versuch, Gottes Rache durch die Selbstzufügung einer vergleichsweise milderen Buße abzuwenden, wohl auch ein unbewußtes Schuldgefühl derer sehen, die nicht von den Krankheits-Pfeilen Gottes oder der Dämonen (beide Vorstellungen existieren nebeneinander) getroffen wurden. Der Aspekt einer weithin zunehmenden Angst manifestierte sich u. a. gerade auch in der wachsenden Bedeutung, die nun dem Thema des fernhin tötenden Gottes und dem der fernhin tötenden Todespersonifikation in der Kunst und Literatur zukam. Das Gottesbild des Alten Testaments, des zürnenden Jahwe, wird wieder virulent, nachdem es in den beiden vorhergehenden Jahrhunderten eher zurückgedrängt worden war. Das allgemeine Schutzbedürfnis fand bildhaften Ausdruck in der Verbreitung des Themas der bewahrenden Mantelschaft Mariens und Sebastians, die die von Gott abgeschossenen Pestpfeile auffangen, ebenso in der Betonung von Interzession und Heilstreppe: die Mutter und der Sohn Gottes bitten für die Menschen um Gnade. Margareta von Savoyen und Dorothea von Montau[8] werden mit diesem drohenden und grausamen Gott visionär konfrontiert, jedoch in für die Mystik typischen, auf ihre eigene Person bezogenen Varianten.

Gleichzeitig wird in Dichtung und Kunst die früher seltene Personifikation des Todes[9] immer häufiger: seit ca. 1200 entstehen die ersten Texte, in denen der Tod als eigene Macht, als handelnde Persönlichkeit gezeichnet ist. Mit Verzögerung tritt diese Gestalt dann auch im Bereich bildkünstlerischen Schaffens auf, deutlich seit etwa 1300, um dann aber in der Spätgotik eine so hervorstechende Rolle einzunehmen, daß man sogar von „der neuen Religion des Todes" gesprochen hat. Neu war für das endende Hochmittelalter die Einführung eines nicht wie Engel oder Teufel der biblischen Glaubenssphäre entstammenden Wesens, das dem Menschen das Leben abbricht.

---

[7]   So C. Ginzburg, The Witches' Sabat. – Popular Culture or Inquisitorial? in: Understanding Popular Culture, hg. v. S. Kaplan, New York 1984, 39–52.

[8]   Vgl. u. S. 349 ff., 410, 412.

[9]   Vgl. P. Dinzelbacher, Sterben und Tod im Mittelalter: Ders. (Hg.), Europäische Mentalitätsgeschichte, Stuttgart 1993.

Dieses ist eine bewußte Gestaltung, die in den Medien der Kunst geschaffen wird, eine Personifikation. Ihre Existenz verdankt sie einer offenbar neu erlebten oder mit neuen Mitteln zu bewältigen versuchten Projektion der Furcht vor der Todesstunde. Denn der historische Zeitpunkt, zu dem in der europäischen Geistesgeschichte der körperhaft gewordene Tod als ein Viertes zu den (auch vordem meditierten) „Letzten Dingen" von Gericht, Himmel und Hölle dazutritt, indem er als redende und handelnde Person einen festen Platz in der Literatur erhält und als verwesende, später nur mehr aus Gerippe bestehende Gestalt in der bildenden Kunst, muß wohl im Zusammenhang mit den Umwälzungen der Mentalitätsgeschichte seit dem hohen Mittelalter gesehen werden.

Vielleicht ist der Konnex folgendermaßen zu fassen: Es kam damals, wie geschildert[10], zu einer intensiveren Wahrnehmung der eigenen Identität, zur „Geburt des Individuums". Gleichzeitig und bestimmt dadurch erfolgte die Ausbildung einer neuen profanen und religiösen Emotionalität (Liebeslyrik, Mystik). Im geistlichen Bereich entwickelten sich neue Kulturformen im Rahmen der scholastischen Theologie sowie der praktischen und theoretischen Mystik, im weltlichen die zunächst primär höfische, dann auch bürgerliche Kultur der Laien. Diese Innovationen erhöhten das Leben der sozialen und intellektuellen Eliten durch größere Vielfalt und Intensität; damit rückte auch das Ende dieses Lebens immer deutlicher in den Bereich der bewußten Reflexion dieser „leisure-classes". Obwohl die Bürger gewiß in der Regel eine ungleich arbeitsamere Existenz führten, mündete die aufgrund des erwirtschafteten Reichtums erhöhte Lebensqualität zusammen mit der Nachahmung der Kultur der Oberschichten im selben Lebensgefühl. Die wachsende Bedeutung des „guten Todes", d. h. einer von Reue erfüllten Sterbestunde, konzentrierte die Entscheidung über Heil oder Unheil im Jenseits in jener kurzen letzten Stunde des irdischen Daseins. So gibt es nun bei Laien verbreitet die Bestrebung, die Kommunion täglich zu empfangen, wie es viele der Mystikerinnen bereits des dreizehnten Jahrhunderts ersehnten, freilich nicht um sich dadurch einen „guten Tod" zu garantieren, sondern um sich mit dem Geliebten in seiner eucharistischen Form zu vereinigen[11]. Vielleicht aber machte die angesprochene Konzentration der Angst in den einen Moment des Endes überhaupt erst eine weitergehende Hingabe an ein profanes Leben möglich. Das bewußte Nachdenken über den Tod, seine forcierte Vergegenwärtigung in der Meditation und die Zunahme einer weltlichen Lebenseinstellung scheinen so direkt zusammenzuhängen; das „memento mori" führte zu einem verstärktem „carpe diem" und bildete damit einen der Faktoren, aus denen das säkularisierte Weltbild dieser unserer Gegenwart erwachsen sollte.

---

[10] Vgl. o. S. 89 ff.
[11] Winter, wie o. S. 197, Anm. 215.

Wenn auch manche Mystiker, wie Seuse oder Dionysius der Kartäuser, sich in ihren theoretischen bzw. pastoralen Werken mit der Meditation des Sterbens beschäftigten, so tritt dieses Motiv in der praktischen Mystik kaum je auf. Zu sehr ist diese ja von der Sehnsucht nach der endgültigen Vereinigung mit Christus im Jenseits geprägt, als daß ein baldiger Tod nicht erwünscht und erbeten worden wäre. Erlebnisse der Gotteseinung scheinen (ganz wie die Ausleibigkeitserfahrungen in nichtmystischen Sterbevisionen[12]) die Konsequenz gehabt zu haben, die alle anderen Menschen so quälende Todesfurcht zu eliminieren. Dafür ist das Todesthema bei den MystikerInnen freilich überpräsent in der Meditation und im Schauen des Sterbens Christi. Sein Tod wird in ihrer Vorstellungswelt hunderte Male nachvollzogen, unterstützt durch entsprechende körperliche Selbstquälereien.

Ein anderes der oben angesprochenen Momente scheint für das zunehmende Gewicht mystischer Frömmigkeit im Spätmittelalter auch bedenkenswert: angesichts der Zersetzung von weltlicher und geistlicher Herrschaft erfolgt ein Rückzug in das „innere Reich"[13]. Dieses ist keineswegs mehr, wie im Zeitalter Bernhards noch weitgehend, Ziel nur des mönchischen Lebens. Eine Bemerkung Taulers, nach der Laien auch in einem aktiven und anstrengenden Berufsleben oft „einfältig ihrem inneren Rufe folgen und hundertmal besser fahren als geistliche Leute"[14], beleuchtet, wie sehr ein zur Mystik tendierendes Frömmigkeitsleben auch diesseits der Welt der Klöster Allgemeingut der Gläubigen geworden war. Das späte Mittelalter entwickelte ja neben der profanen ebenfalls eine sehr bedeutende religiöse Laienkultur (man denke z. B. an die Hausaltäre oder das kleine Andachtsbild oder die Sakralisierung der Landschaft durch Bildstöcke u. ä.), in der „vulgarisierte" Motive der Mystik wichtig wurden[15]. Der Mystik nahestehende Bewegungen wie die „Devotio moderna"[16] berücksichtigen die religiösen Bedürfnisse dieser Menschen. Das Zusammentreffen von Beginenbewegung und Bettelorden im dreizehnten Jahrhundert führte zu einer Institutionalisierung der weiblichen Frömmigkeit in diesen Orden, denen nun fast alle Charismatikerinnen angehören.

Immer häufiger wird im vierzehnten Jahrhundert heftige Kritik an der kirchlichen Hierarchie, selbst bei so orthodoxen Mystikerinnen wie Birgitta von Schweden und Katharina von Siena. Während sie keineswegs das System, nur seine Auswüchse bekämpfen, wird dieses jedoch Zielscheibe radikal am Evangelium messender „vorreformatorischer" Denker wie Occam oder Wycliff. Dies vollzieht sich vor dem Hintergrund einer die Zukunft in besonderem Maße formenden, zunächst intern-philosophischen Entwicklung: Als

---

[12] Dinzelbacher, Schwelle.
[13] Heer (wie u. S. 281, Anm. 32) 9.
[14] Oehl (wie u. S. 311, Anm. 245) xxvi.
[15] Vgl. u. S. 429 ff.
[16] Vgl. u. S. 334 f.

Gegenbewegung zu der seit dem zwölften Jahrhundert deutlichen Tendenz
zur Verinnerlichung („Gott in uns") – oder handelt es sich eher um eigen-
gesetzlich ablaufende Prozesse? – wird in der philosophischen Betrachtung
der irdischen Welt, *wie sie ist,* neue Aufmerksamkeit geschenkt. „The search
of understanding moved from metaphysics to evidence, and speculation from
an independent world of abstractions to concrete meanings in the real
world."[17] Sicher eine Konsequenz der verstärkten Rezeption des Aristoteles,
die einhergeht mit der Aufnahme arabischer und jüdischer Philosophie. Es
vollzieht sich eine Verlagerung des Schwerpunktes von der ungreifbaren
Welt der Ideen Platos zu der der konkreten Einzeldinge des Aristoteles. Der
Franziskaner Wilhelm von Occam[18] (auch er ein Opfer des Schwarzen Todes) als wichtigster Denker der „via moderna", des konsequenten Nominalismus, trennt Glauben und Wissen, Philosophie und Theologie. Letztere ist
ihm – im Gegensatz zu Thomas von Aquin – keine Wissenschaft. Dogmen
wie das des Monotheismus, der Dreifaltigkeit, der Menschwerdung Gottes
oder der Unsterblichkeit der Seele sind nach Occam widervernünftig, sie
können nur geglaubt, nicht aber bewiesen werden. Denn Beweise lassen sich
nur aufgrund direkter, sinnlicher Gegenstandserfassung und -erfahrung führen, nicht von allgemeinen Ideen her; alles was wirklich ist, ist individuell.
Diese Überlegungen sind fundamentale Schritte sowohl im Prozeß der Trennung von Glauben und Wissen, von Heiligem und Profanen, als auch in der
Weiterentwicklung des Individualismus, Schritte, die über die Aufklärung
und den Materialismus bzw. die Romantik schließlich zur gegenwärtigen
Weltsicht führen sollten. Das von diesem Denker zwar nicht erfundene, aber
streng angewandte Prinzip, alle bei der Welterklärung entbehrlichen Hypo-
thesen konsequent wegzuschneiden („Occams Rasiermesser"), sollte letztlich
in der Neuzeit zur Verwerfung der „Erklärungshypothese Gott" und damit
zum Atheismus führen. Natürlich wurde Occam wie Meister Eckhart an der
Kurie der Prozeß gemacht – die beiden müßten einander 1327 in Avignon
getroffen haben; jedenfalls sprach sich der englische Franziskaner später sehr
negativ über die Lehren des deutschen Dominikaners aus.

Zwar besteht hier kein unmittelbarer Konnex zur Mystik. Doch dürfte im
Nominalismus der intellektuelle „Überbau" zu sehen sein, der jener Richtung
der spätmittelalterlichen Frömmigkeit entspricht, die in verstärktem Maß
nach dem Körperlichen, Konkreten, Haptischen zu streben scheint. Gewiß
steht auch eine teilweise verzweifelt wirkende Sucht dahinter, sich des Heils
zu versichern, da die Möglichkeit dazu durch die so sehr bewußt gewordene Allgegenwart des Todes jederzeit genommen werden konnte. Seit dem
Hochmittelalter zeigt sich eine deutliche Schwerpunktverlagerung der Devotion hin zum Visuellen, die hier nur am Beispiel der Entwicklung der Behau-

---

[17] G. Leff, The Dissolution of the Medieval Outlook, New York 1976, 9.
[18] J. Beckmann, Ockham-Bibliographie, Hamburg 1992.

sung der körperlichen Überreste Heiliger, dem Reliquiar, illustriert sei[19]. Die frühmittelalterlichen Reliquiare verbergen ihren Inhalt vollkommen, sei es in Stein versenkt, sei es in einer numinosen, oft von Gold und Edelsteinen strotzenden Umhüllung. Die Form steht in keinem Zusammenhang zum Inhalt. Vereinzelt ab der Karolingerzeit, häufiger seit dem Hochmittelalter, weitest verbreitet im späten Mittelalter sind dagegen jene Reliquienbehälter, die ihren Inhalt durch die Form: Kopf, Hand, Fuß … verraten. Gleichzeitig häuft sich der Usus, das ja an sich geschlossene Reliquiar durch eine Öffnung aufzubrechen, so daß die darinliegenden Gebeine etc. sichtbar wurden. Das konnte durch ein Fenster bewerkstelligt werden, oder durch einen mit einem Kristall, seltener mit Glas verschlossenen Oculus. Sonderbildungen waren Reliquiare, in denen ihr Inhalt gänzlich sichtbar wurde: Kristall- oder Glaszylinder (Ostensorien) oder auch Glasbecher und -ampullen. Die neuen Schaureliquiare müssen als Ausdruck der sich ändernden Mentalität verstanden werden: der Abstand zwischen verehrendem Menschen und Reliquie soll verringert werden; sie soll stets unmittelbar mit dem Blick „berührt" werden können. Im Frühmittelalter war zwischen Mensch und verhülltem Heiltum ein weiter Abstand gewesen – ein Befund, der sich u. a. in der unüberbrückbaren Distanz zwischen Charismatiker, Gott und Heiligen in den Visionsaufzeichnungen jener Epoche bestätigt[20]. Auch aus der Offenbarungsliteratur seit dem zwölften Jahrhundert, aus dem dort beschriebenen Verhältnis von Seher und Personen der anderen Welt, erhellt klar, wie die Sphäre des Numinosen nun menschlichem Maßstab angepaßt wird, indem Jesus und die Heiligen als Geminnte und Freunde bis zur Intimität vertrauten Umgang mit besonders Begnadeten pflegen[21].

Da man im ausgehenden Mittelalter vermittels des Anschauens der heiligen Überreste in ihren Behältnissen bereits Ablässe erwerben konnte, zeigt sich auch hier die heilsame Wirkung der „visuellen Frömmigkeit". Genauso reichte es ja aus, einmal am Tage das Sanctissimum oder das Bild des hl. Christorphorus *gesehen* zu haben, um einem unbußfertigen Tod – die große Furcht des spätmittelalterlichen Menschen – vorzubeugen (das ist der Grund, warum dieser heilige Riese so oft in ganzer Größe auf die Außenwände spätgotischer Kirchen gemalt wurde). Sicher hat die spezielle Situation in der Zeit des Schwarzen Todes diese flüchtigste Form der Devotion gefördert, wenn auch nicht hervorgebracht.

Diese Betonung des Schauens ist also ein wichtiges Charakteristikum der spätmittelalterlichen Frömmigkeit. Man muß die Sichtbarmachung der „Realpräsenz" der Heiligen in den nunmehr durchsichtigen oder „sprechenden" Reliquienbehältern im Zusammenhang mit analogen Phänomenen betrachten, die alle auf die nunmehrige Betonung der visuellen Komponente in den

---

[19] Die Belege zum folgenden bei Dinzelbacher, Realpräsenz.
[20] Dinzelbacher, Vision 146 ff., 237 f.
[21] Ebd. 150 ff., 238 ff.

devotionellen Praktiken verweisen. Die wichtigste vergleichbare Entwicklung zeigt sich in der Eucharistieverehrung: seit dem späten zwölften Jahrhundert wurde der Leib Christi in der Messe der Anschauung der Gläubigen durch die Elevation der Hostie ausgesetzt, seit dem dreizehnten Jahrhundert auch sein Blut durch die Elevation des Kelches. Erst dieser liturgische Gestus ermöglichte die gerade von den Mystikerinnen so oft berichtete Erscheinung des Jesuskindes im eucharistischen Brot[22]. Seit dieser Zeit entwickeln sich auch die Sakramentshäuschen zur Aufbewahrung und Verehrung der geweihten Hostie, die dazu im vierzehnten und im fünfzehnten Jahrhundert auch während und außerhalb der Liturgie zur „heilbringenden Schau" ausgesetzt wurde. Wie die Reliquien war bei den häufiger werdenden Prozessionen auch das Sanctissimum in der Monstranz ausgestellt. Die Reliquienostensorien waren ja die Vorbilder für die erst im vierzehnten Jahrhundert entwickelten Hostienmonstranzen. Zu erwähnen wäre auch der demonstrative Zeigegestus der spätmittelalterlichen Schmerzensmann-Plastiken und -Bilder auf seine Wunden hin, der so genau dem Erleben einer Luitgard von Tongeren u. a. entspricht[23], oder die sogenannten „Röntgenbilder", Gemälde und Skulpturen, die Jesus und Johannes in den schwangeren Leibern ihrer Mütter sichtbar werden lassen. Eben dieses sehen visionär auch manche Mystikerinnen (Hildegard von Bingen[24], Gertrud von Helfta[25], Agnes Blannbekin[26]).

Parallel zu der erwähnten nominalistischen Tendenz in der Philosophie entwickelt sich auch in den profanen volkssprachlichen Literaturen eine (im heutigen Sinn) realistische Strömung, repräsentiert etwa durch Boccaccios *Decamerone,* Chaucers *Canterbury Tales,* gewisse Szenen im Schauspiel, deutlich auch in der aufblühenden Neigung zu satirischen und skeptischen Darstellungen in vielen Textsorten. Dasselbe läßt sich etwa in der Übersetzungsliteratur erkennen: Frühneuhochdeutsche Bearbeitungen lateinischer Texte sind im allgemeinen anschaulicher, objektnäher, genauer als die Vorlagen (z. B. exaktere Zeitangaben). Der Einzug des Realismus in die abendländische Kognition wird genauso deutlich in der bildenden Kunst. Es sei nur darauf hingewiesen, daß das Porträt sich erst in dieser Epoche entwickelt, zuerst am französischen Hof, dann auch im Imperium. Das Ende des vierzehnten Jahrhunderts bringt den Verismus der Charakterköpfe eines Claus Sluter, der nicht mehr weiter entwickelbar ist (Mosesbrunnen in Dijon)[27]. Im Bereich

---

[22] Vgl. Rode, Studien.
[23] Vgl. o. S. 219 f.
[24] Scivias 1, 4.
[25] Leg. div. piet. 4, 3, 3 f.
[26] Vita et Revelationes 54.
[27] Etwas gezwungen könnte man die Kryptoporträts des Spätmittelalters, bei denen der Stifter in Gestalt eines Heiligen dargestellt ist, im Sinne einer der Unio mystica analogen, zeittypischen religiösen Verschmelzungsbereitschaft interpretieren. Zur Sache vgl. F. Polleroß, Die Anfänge des Identifikationsporträts im höfischen und städtischen Bereich: Frühneuzeit-Info 4/1, 1993, 17–36.

des Mystischen manifestiert sich dieser Realismus deutlichst in der Detail-
freudigkeit der Passionsmeditationen und -visionen. Und gibt es eine reali-
stischere Imitatio Christi als den Empfang der Stigmata?

Es fällt jedoch auf, daß – teilweise durch dieselben Autoren, wie eben
genannt – die allegorische Dichtung, sowohl die religiöser als auch die profaner Thematik, einen lange weiterwirkenden Höhepunkt erreicht: nach dem
„Initialwerk" des *Rosenromans* datieren die berühmtesten Beispiele dieses
Genres fast alle aus dem vierzehnten Jahrhundert, beginnend mit der *Divina
Commedia* Dantes, über Mussato und Petrarca in Italien, Guillaume de Di-
gulleville und Philippe de Mézières in Frankreich, zu Langland, Gower,
Chaucer in England. Ob man dies geradezu als dialektische Gegenbewegung
zur Stärkung des Wirklichkeitssinnes in derselben Zeit interpretieren muß
oder ob sich die Schaffung dieser durchaus nicht an konkreter Ausstattung
sparenden imaginierten „Theaterstücke" doch in die realistische Strömung
integriert, kann hier nicht diskutiert werden. Was die mystische Literatur betrifft, so fügt sich der *Spiegel* Poretes[28] in das Genus der allegorischen Dichtung ein; die deutschsprachige Literatur ist auffallenderweise an ihr generell
kaum beteiligt, doch gehört immerhin Merswins *Buch von den neun Felsen*
hierher[29].

Deutschland

Dominikaner

Der betonte Intellektualismus der Dominikanerschule[30] manifestiert sich
besonders eindringlich an einem Denker, dessen Namen oft, vielleicht zu oft,
heute als erster einfällt, wenn es um mittelalterliche Mystik geht[31]. Denn
MEISTER ECKHART[32] (um 1260–1328) ist nicht typisch für das Gesamtpano-
rama der Mystik jener Epoche. Schon daß seine engsten Schüler sich bemüh-

[28] Vgl. o. S. 268 ff.
[29] Vgl. u. S. 332 f.
[30] Vgl. o. S. 190, 192.
[31] Er hat auch seine älteren über Mystik schreibenden Ordensgenossen aus dem Bewußtsein
verdrängt, etwa Heinrich van den Calstre (von Löwen, † 1302/03?), Lektor am Studium
generale in Köln, vgl. P.-G. Gieraths, Henri 31: DS 7, 221 f.
[32] N. Largier, Bibliographie zu Meister Eckhart, Fribourg 1989. – V. Satura, M. Fröschle,
Eckhart: Wörterbuch 124–129. – W. Trusen, Der Prozeß gegen Meister Eckhart, Paderborn
1988. – Davies, God 30–72. – A. Lasson, Meister Eckhart, der Mystiker, Berlin 1868. –
Eggers, Sprachgeschichte 1, 447–483. – F. Heer, Meister Eckhart, Predigten und Schrif-
ten, Frankfurt 1956. – K. Ruh, Meister Eckhart: VL 2, 327–348. – Ders., Eckhart. – Ders.
(Hg.), Mystik. – J. Quint, Meister Eckehart, Deutsche Predigten und Traktate, o. O. 1979.
– F. Vernet, Eckart: DThC 4/2, 2057–2081. – Haas, Gott. – Nigg, Dreigestirn 11–87. –
Langer, Erfahrung. – M. Vannini, Il „fondo dell'anima" in Meister Eckhart: Filosofia e
Teologia 3, 1990, 533–550. – Ders., Meister Eckhart e „il fondo dell'anima", Roma 1991.
– H. Stirnimann, R. Imbach (Hgg.), Eckardus Theutonicus, homo doctus et sanctus, Freiburg
i. Ü. 1992.

ten, seine Lehre nach Kräften zu entschärfen und in die Tradition zurückzu-
holen, zeigt, wie wenig er als *der* mittelalterliche Mystiker par excellence
gesehen werden darf. Inzwischen wird unter den Spezialisten mit guten
Gründen diskutiert, ob Eckhart nicht „aus dem mystischen Strom zu retten"
sei[33], denn der Meister hätte sich vor allem bis ausschließlich als (christlicher)
Philosoph verstanden. Tatsächlich spielen bei ihm die „natürlichen", philosophischen Beweisgründe eine große Rolle[34]. Aber der Eckhart-Deutungen
sind viele[35]. Gleichviel inwieweit er selbst eher Mystagoge oder Philosoph
oder wohl am ehesten beides zugleich sein wollte, jedenfalls wurden seine
Reflexionen schon von seinen ZeitgenossInnen sowie auch von Späteren (Cusanus) vielfach als Wesens- und Einigungsmystik verstanden bis mißverstanden – und wenigstens darum dürfte er in keiner Geschichte der Mystik fehlen. Ob ihm selbst mystisches Erleben bekannt oder fremd war, wissen wir
nicht; es gibt keine Zeugnisse, die ersteres bestätigen würden, und den „niederen" Formen wie dem Jubilus oder der Vision stand er deutlich ablehnend
gegenüber[36], wenngleich er für Augustinus einen ekstatischen Vorgeschmack
der göttlichen Süße zugeben muß[37].

Der Lebensweg Eckharts war nicht der eines Charismatikers, sondern der
eines Universitäts-Gelehrten und Ordens-Funktionärs. Der thüringische
Ritterssohn war jung den Predigerbrüdern beigetreten, studierte in Paris, wo
er wohl noch Albertus Magnus hörte, dann in Köln, wurde 1293 Lektor an
der Sorbonne, später Prior in Erfurt und Vikar von Thüringen. Nach neu-
erlicher Lehrtätigkeit in Paris (1302 Magister [Meister], entsprechend einem
heutigen Universitätsprofessor), unterbrochen von der Leitung der Domini-
kanerprovinz Saxonia 1311–13, finden wir ihn als Prediger in Straßburg und
Köln, wo er die ordensinterne Ausbildung leitet. Es wäre erstaunlich, sollten nicht schon seit längerem viele seiner Lehren Bedenken erregt haben, aber
Eckhart war in seinem Orden sehr geschätzt, und um ein derartig hochran-
giges Mitglied gerade derjenigen Fraternität zu kritisieren, die die päpstliche
Inquisition trug, mußte der Geruch der Häresie wohl schon sehr deutlich
aufgestiegen sein. Aber erst 1326 wurde anläßlich einer Visitation von einem
Mitbruder offiziell die Beschuldigung erhoben[38], der Gelehrte sei „ein hart-
näckiger Häretiker, weil er seine Irrlehren wissentlich verbreite und hartnäk-
kig verteidige"[39]. Daraufhin leitete der Erzbischof von Köln (der sich bereits

---

[33] K. Flasch, Meister Eckhart – Versuch, ihn aus dem mystischen Strom zu retten: Koslowski,
      Gnosis 94–110.
[34] Vgl. Trusen 32 f.
[35] Kritischer Überblick zuletzt von A. Haas, Aktualität und Normativität Meister Eckharts:
      Stirnimann, Imbach 205–268.
[36] Predigt 76. – Die deutschen Werke [DW], hg. v. J. Quint, Stuttgart 1936 ff., 5, 219. – Die
      lateinischen Werke [LW], hg. v. J. Koch u. a., Stuttgart 1936 ff., 2, 617. – Langer, Erfah-
      rung 220 ff.
[37] LW 5, 93 ff.
[38] Trusen 62 ff.
[39] Zit. Trusen 74.

durch die Verfolgung von Beginen, Begarden und „Freien Geistern" hervor-
getan hatte) den Inquisitionsprozeß gegen ihn ein. Der Meister erklärte seine Ankläger buchstäblich zu Schwachsinnigen, Blasphemikern und Ketzern[40]
und bewirkte, daß das Verfahren vor die päpstliche Kurie in Avignon gezogen wurde. Dorthin wanderte er selbst, um sich zu verteidigen. Ehe jedoch
das Urteil gefällt wurde, verstarb er. Papst Johannes XXII. wollte es sich in
der damaligen Situation – im Konflikt mit dem Kaiser – nicht mit den Dominikanern verscherzen. Zwar verwarf er am 27. März 1329 eine Reihe von
Lehrsätzen des „Doktors und Professors der Heiligen Schrift", der „mehr
wissen wollte, als nötig war"[41], betonte aber, daß Eckhart widerrufen hätte.
Bereits zu dessen Lebzeiten hatte er seinen schärfsten Gegner einkerkern
lassen[42]. Nach dem Tode des Philosophen verzichtet Johannes auch noch
darauf, die Bulle außerhalb Kölns zu verbreiten, was ihre Wirksamkeit stark
einschränken mußte.

Eckharts Werk ist zwar weder vollständig überliefert noch überall in seiner Authentizität gesichert, doch sind zahlreiche lateinische und deutsche
Schriften allgemein als ihm gehörig anerkannt. Erstere, im Mittelalter kaum
gelesen, behandeln vorzugsweise fachtheologische Themen, letztere, etwa
hundert Predigten und drei Traktate von wesentlich kühnerer Terminologie,
„mystische". Sie liegen in weit über zweihundert Handschriften vor, eine
freilich nur scheinbar hohe Zahl, da es sich meist um Bruchstücke handelt.
Man bedenke allerdings, wie extrem schwierig vieles – oder eher das meiste
– seiner Ausführungen zu verstehen war (und ist), speziell wenn die Zuhörer keine akademisch-theologische Schulung hinter sich hatten. Gerade dies
war aber bei den meisten von ihnen, an die er sich in der Muttersprache
wandte, der Fall, da Eckhart häufig vor Nonnen sprach und diese seine Predigten nachschrieben. Die teilweise – nach spätmittelalterlichem „Standard"
gemessen – extrem unterschiedlichen Lesarten der einzelnen Handschriften
zeigen, wie sehr seine Reden im Laufe der Überlieferung verstümmelt, erwei-
tert und umgestaltet werden konnten (was Eckhart selbst ausdrücklich be-
klagte[43]), mag er auch ursprünglich an der Redaktion (wie vieler?) seiner
Predigtniederschriften beteiligt gewesen sein. In der uns vorliegenden Form
sind sie jedoch „durchsetzt mit bewußten und unwillkürlichen Entstellungen
und Verderbnissen aller Art, von Auslassungen und Interpolationen, von

---

[40] Zit. Trusen 87 f.
[41] Zit. Quint 449. Vgl. O. Davies, Why were Eckhart's propositions condemned?: New Black-
friars 71, 1990, 433–444. – Stirnimann, Imbach, pass.
[42] Trusen 115, 118.
[43] G. Steer, Zur Authentizität der deutschen Predigten Meister Eckharts: Stirnimann, Imbach
127–168, 131 f.
[44] Quint 20. Die Sicherheit, mit der sowohl die philosophierende als auch die theologisierende
Eckhartforschung auf dieser unsicheren Grundlage ihre Gebäude errichtet, erstaunt immer
wieder. Wenn ich auf diesen wenigen Seiten nur vom heutigen „textus receptus" ausgehen
kann, dürfte dies in einer Einführung verzeihlich sein; der Vorbehalt sei aber bewußtge-
macht.

Mißverständnissen und absichtlichen Änderungen der Formulierung und der Gedanken"[44]. Schließlich ist für Eckhart von Ruh[45] noch ein mittelhochdeutsches Gedicht vindiziert worden, die pseudo-dionysischen Gedanken folgende Sequenz *Granum sinapis* (Senfkorn, nach Mt 13, 31; 17, 19 und Parallelen).

In ihren wiederholten und zentralen Aussagen weist Eckharts Lehre nicht den Weg zur Christusvereinigung in Liebe oder im Leiden, sondern ist, wie man sie genannt hat, Wesens-, Seins-, Wissensmystik. Die Gotteinung erfolgt durch einen existenziellen, kognitiven Akt, nicht kraft der Liebe und Gnade. Es kann allerdings nicht die Aufgabe einer Einführung sein, die – zu einem wirklichen Verständnis dieses Denkers unabdingbaren – Ansichten des Meisters über Sein, Zeit, Schöpfung, Analogie ... darzulegen, sein Konzept vom „Adel" der gottebenbildlichen Seele auszubreiten oder das der Trennung von Gott und Gottheit (als „Gott" wird Gott nur von seiten der Kreaturen bestimmt; seinem eigentlichen Sein nach ist er die „Gottheit" oder der „übergotte Gott"[46]); vielmehr müssen wir uns auf die „mystischen" Kernpunkte beschränken: Welches sind die Voraussetzungen, daß Gott in uns manifest wird, wie geschieht die Gottesgeburt in der Seele, welches sind die Konsequenzen im Leben?

Die Vernunft ist der „Tempel Gottes", in dem er „eigentlich wohnt"[47]. Sie sehnt sich nach Gott (der selbst primär Intellekt, reines Denken und Erkennen ist), aber nicht nach dem „der Kreaturen", dem Bild, das wir uns von ihm machen, sondern nach der verborgenen, der „wesenhaften" Gottheit jenseits von Wort und Bild, also auch jenseits von theologischen oder dogmatischen Benennungen wie besonders Dreifaltigkeit[48]. Schlüsselvoraussetzungen, die Gottheit zu erreichen, sind „Gelassenheit" und „Abgeschiedenheit" (eine Neuprägung Eckharts, des „genialsten Sprachschöpfers des deutschen Mittelalters"[49]). Man hat Abgeschiedenheit mit „ein Bewußtseinszustand jenseits des geschaffenen Ich" umschrieben[50]. Er ist die Frucht völligen Leerwerdens von jedwedem geschöpflichen Sein, denn alles Geschaffene ist eigentlich (verglichen mit der Gottheit) ein reines Nichts[51]. Leerwerden also auch vom Gedenken an Heilige, Maria oder Gott selbst.

„Da die Seele ein Geschöpf ist, so soll sie sich aus ihr selbst werfen und soll aus ihr werfen alle Heilige und unsere Frau"[52]. „So bitten wir Gott, daß

---

[45] Eckhart (1989) 47 ff.
[46] Beth, Frömmigkeit 24.
[47] Quint 197.
[48] DW 1, 42 ff., 2, 31 f.
[49] Eggers, Sprachgeschichte 1, 476.
[50] Davies, God 59.
[51] Zum philosophischen Hintergrund zuletzt B. Mojsisch, Nichts und Negation. Meister Eckhart und Nikoaus von Kues: Historia philosophiae medii aevi. Studien zur Geschichte der Philosophie des Mittelalters, hg. v. B. Mojsisch, O. Pluta, Amsterdam 1991, 675–693.
[52] Deutsche Mystiker des 14. Jahrhunderts, hg. v. F. Pfeiffer, Leipzig 1857, ND Aalen 1962, 2, 241. In DW noch nicht erschienen.

wir Gottes ledig werden"[53]. „Zuallererst ist nötig, selbst ein Nichts zu werden, das aber heißt wiederum, alles hinauswerfen, das dem Nichts angehört und zurückbehalten nur das ‚iht', das von dem großen einen ‚iht', Gott, her in uns ist und durch diese Pflege des ‚iht' Gott zu werden."[54] Dies beinhaltet einen Abschied von der üblichen mittelalterlichen Haltung der Überwelt gegenüber, wie sie im Gebet, im Opfer, in der Verehrung der heiligen Patrone täglich zum Ausdruck kam. Aber Eckharts Forderung geht noch weiter: nicht (nur) materielle Armut ist wesentlich, nicht nur Entblößung von allem Bildhaften, sondern „Lassen" jedes eigenen Willens – auch des Willens, Gottes Willen zu dem eigenen zu machen. Sogar diese Absicht ist, da geschaffen und kreatürlich, ein Hindernis. Erst in einen von allen Dingen, von allem Geschaffenen völlig frei gewordenen Menschen kommt Gott – nein, kommt nicht, sondern ist schon in seiner Essenz in ihm[55]. Die Forderung der Armutsbewegung des zwölften und des dreizehnten Jahrhunderts nach materiellem Verzicht erfährt hier ihre höchste Spiritualisierung in der Forderung nach völliger innerer Armut[56].

Was in sonstiger christlicher Mystik als Union der Seele und Gottes bezeichnet würde, bei Eckhart jedoch sozusagen eine ontologischere Qualität hat, wird vollzogen im unerschaffenen und unerschaffbaren (doch insofern Vermögen der Seele: geschaffenen) „Seelengrund". Er bleibt immer, sogar in der Hölle (!) zum Guten geneigt, Ort der Anwesenheit Gottes in seiner gesamten Göttlichkeit, auch mit dem Sohn ineinsgesetzt[57]. Wie viele Worte versucht der Meister nicht für dieses überkreatürliche Analogon Gottes: Grund, Haupt, Hut, Wirbel, Etwas, Fünklein, Geist, Vernunft, Bürglein, Licht, Feuer, Brand, Kraft, das kleine Ganster, Wesen, oberster Teil, Wipfel, der Mann in der Seele, Hütte, aliquid, essentia animae, abditum mentis, ratio superior, apex mentis, scintilla, synteresis …[58] Wenn die Seele mit dieser Kraft Bilder schaut, auch das Gottes, ist es ihr nur „ein gebreste" (Übel). „Wenn aber alle Bilder von der Seele geschieden werden, sie nur auf das Einig Ein schaut, so findet das bloße Wesen der Seele das bloße, formlose Wesen göttlicher ‚einkeit', das da ist ein überwesendes Wesen" in ihm selbst[59].

Die traditionellen Vorstellungen vom Aufstieg der Seele zur Gottheit und seinem Abstieg in die Seele („Einfluß", vgl. Mechthild von Magdeburg[60]) werden zwar weiterverwendet, aber ihres Prozeßcharakters entkleidet und

---

[53] DW 2, 493.
[54] Beth, Frömmigkeit 20.
[55] DW 1, 165.
[56] Grundmann, Grundlagen 417.
[57] DW 1, 332 f., 162; Eggers, Sprachgeschichte 1, 480.
[58] Heer 27 f. – Haas, Gott 167.
[59] DW 3, 437 f.
[60] Vgl. o. S. 208 ff.

zu völliger Identität radikalisiert: Gott ist der Seele innerlicher als sie sich selbst („intimior animae quam ipsa sibi"[61]). Der Vater gebiert bzw. zeugt („bern")[62] nicht nur den Sohn als die Zweite Person, gebiert oder zeugt nicht nur diesen in die Spitze meines Geistes, das Seelenfünklein, sondern er gebiert oder zeugt auch mich als eingeborenen Sohn. „er gebirt mich sich und sich mich und mich eîn wesen und sîn natûre"[63]. Zeichen dieser wahren Sohnschaft ist die Abwesenheit des Leidens: Die „Gottesgeburt in der Seele", für die biblischer Rückhalt in Gal 4, 19 gesucht wurde, die aber primär eine Schöpfung des Origenes ist[64], bedeutet ja den „Durchbruch" in die vorgeburtliche Seinsweise des Menschen, da dieser noch (sozusagen als platonische Idee) Gott in Gott war. „Eckhart treibt diesen Gedanken bis zum Paradox, daß das menschliche Ich – einbezogen in diese Sohnesgeburt – Ursache seiner selbst und aller Dinge und sein wesentliches Sein oberhalb von ‚Gott' habe."[65] Die innerseelische Gottesgeburt mag zwar gefühlsmäßig wahrgenommen werden, ist jedoch also unsagbar mehr. Doch ist Eckhart die herkömmliche Metaphorik nicht ganz unbekannt: „Wenn der Seele ein Kuß widerfährt von der Gottheit, so steht sie in ganzer Vollkommenheit und Seligkeit; da wird sie umfangen von der Einheit."[66] Generell gilt aber: *„Sein Weg zu Gott führt über das Erkennen, über den Verstand, nicht über das hingebungsvoll liebende Herz des Mystikers."*[67]

Wie in Eckharts, des Predigers, Leben selbst der pastorale Aspekt große Bedeutung hatte, so wertet er auch in seinen Unterweisungen die „vita activa" höher als die „vita contemplativa". Selbst wenn man in einer Verzückung wäre wie der hl. Paulus, sollte man lieber dem bedürftigen Nächsten ein Süpplein kochen[68]. Dazu geht der Meister so weit, die bisher in der Bibelauslegung von Lk 10, 38 ff. übliche allegorische Erklärung des Verhältnisses von Martha und Maria, nach der die kontemplative Maria den besseren Teil erwählt hat, auf den Kopf zu stellen. Für Eckhart steht die geschäftig im Leben wirkende Martha an erster Stelle[69] – eine Kritik an der kontemplativen Frauenmystik? „Doch nicht die Werke an sich erweisen sich bereits als gut – nicht um eine Werkheiligkeit geht es Eckhart also –, sondern nur ihr Verankertsein im Gutsein des Handelnden gibt ihnen wirkliche Gültigkeit."[70]

---

[61] Serm. lat. 452, zit. Vannini (1991) 43.
[62] Vgl. Ruh, Eckhart (1989) 138 f.
[63] DW 1, 109 f.
[64] Vgl. Dinzelbacher, Gottesgeburt
[65] Haas, Gott 166.
[66] Quint 206.
[67] J. Lanczkowski, in: Meister Eckhart. Vom Wunder der Seele, hg. v. F. A. Schmid Noerr, Stuttgart 1990, 14.
[68] DW 5, 221.
[69] DW 3, 472 ff.
[70] Fröschle: Wörterbuch 128.

Es ist bezeichnend für den zum Abstrakten drängenden Intellektuellen, daß er sich nicht nur in die Tradition der Via negationis stellt (der „weiselose Gott", der „Nicht-Gott, Nicht-Geist, die Nicht-Person, das Nicht-Bild"[71]), sondern auch daß er in seinen Werken sehr wenig von Jesus spricht. Und wenn, dann vom Wort oder von der Weisheit, also von Aspekten Christi, die mit keiner Persönlichkeitsvorstellung behaftet sind. Auch in der Sakramentenlehre stellt er die geistige Kommunion im Widerspruch zur herkömmlichen Theologie gleichwertig neben die materielle[72]. Die Erlösung am Kreuz wird von Eckhart gewiß nicht bestritten, spielt aber kaum eine Rolle in seiner Lehre. Genausowenig tut dies die Kirche[73], obgleich sie der Dominikaner, soweit wir wissen, nie kritisiert. Aber was soll die Mauerkirche noch, wenn man Gott ohnehin überall gleichermaßen begegnen kann?[74] „Wer aber got rehte in der wârheit hât, der hât in in allen steten und in der strâze und bî allen liuten als wol als in der kirchen oder in der einoede oder in der zellen …"[75]

Ist diese Wendung nach innen, nicht gegen, aber vorbei an der Heilsverwaltung der Kirche, nicht auch eine Reaktion auf aktuelle Situationen? „Durch den machtpolitischen Kampf kam es immer öfter vor, daß eine Stadt jahre- ja jahrzehntelang von ihrem Bischof oder vom Papst mit dem Interdikt belegt wurde: Kult, Sakramentenspende, also auch Beichte, Buße und Eucharistie waren da dem Klerus untersagt."[76] Daß im Sterbejahr Eckharts Kaiser Ludwig den Papst absetzte und einen Gegenpapst wählen ließ, war nur die Konsequenz bestehender Spannungen. Sie mußten viele wirklich Fromme an der Wirksamkeit priesterlicher Heilsvermittlung zweifeln lassen und führten nicht nur zu einer Abkehr von der Kirche, sondern auch zu Angriffen gegen sie, und auch zu einer „ketzerischen" Mystik[77]. Sie führten aber auch zu der für die Mystik ungeachtet ihrer Betonung der „vita activa" so typische Individualisierung, denn die Einzelseele ist es, die die Gottesbegegnung erfährt. Wir sollen Christus je auf eigene Weise nachfolgen, und zwar darin, wozu jeder von uns am meisten bereit ist[78]. Dies impliziert notwendigerweise eine mindere Wertung der kirchlich organisierten Gemeinde und ihrer gemeinsamen Veranstaltungen.

Eckarts Konzeption ist grundsätzlich die eines Platonikers in der Tradition Plotins, Augustins und des Pseudo-Dionysius, er kannte freilich auch weitgehend die sonstige Universitätsgelehrsamkeit seiner Zeit; besonders sein

---

[71] DW 3, 448.
[72] Langer, Erfahrung 238.
[73] Lasson 320 f.
[74] Vgl. Nigg, Dreigestirn 26.
[75] DW 5, 201.
[76] Heer 9, gekürzt.
[77] Vgl. Heer, Geistesgeschichte 195 ff.
[78] Quint 79.

Mitbruder Dietrich von Freiberg († um 1319)[79] hat ihm viel vermittelt. Doch findet man unerwarteterweise auch Benutzung der monastischen Theologie, wie besonders Bernhards von Clairvaux. Wieweit Eckhart auch von der Frauenmystik seiner Tage inspiriert war, steht noch offen. Einerseits scheint er angeregt von manchem in Hadewijchs Werken[80], ja er scheint sogar Hildegard von Bingen und Mechthild von Magdeburg gekannt und bisweilen auch herangezogen zu haben[81]. Aber auch bei Marguerite Porete erinnert manches an Thesen des Meisters. Da er 1311/12 im Pariser Dominikanerkonvent Hausgenosse von Marguerites Inquisitor war, wird dieser ihn mit der Schrift bekannt gemacht haben[82]. Andererseits entwickelte Eckhart seine extreme Vergeistigung der Mystik sicherlich auch als Gegengewicht zu der „haptischen" Erlebnisfreudigkeit der Frauen, mit deren Seelsorge er sich ex officio zu beschäftigen hatte[83]. Gerade gegen deren – christozentrische – mystische Gotteserfahrung[84] stellt er ja „eine von Spiritualisierung und Ethisierung bestimmte Theologie, die ‚Erfahrung der Nichterfahrung'"[85]. Nicht Flucht vor der Welt draußen predigt er ihnen, sondern vor dem inneren Eigenwillen, nicht Abtötung des Leibes, sondern der Selbstbestimmung, nicht sinnlich-visionäre Gnaden, sondern Hineinbildung des Menschen in Gott, nicht die Erlebniseinheit in der ekstatischen Unio mystica, sondern die Einheit mit Gott im Wirken ...[86] Nicht affektiv, sondern spekulativ! könnte man zusammenfassen. An der anscheinend einzigen Stelle, wo Eckhart explizit von der Nachfolge Christi spricht, heißt es, jener habe „viele Werke getan in der Meinung, daß wir ihm geistig und nicht leiblich nachfolgen sollen"[87].

Diese radikale Spiritualisierung ist vielfach von einer sprachlichen und denkerischen Faszination, von einer intellektuellen Schönheit, der man sich auch heute schwer entziehen kann. Manches strahlt auch tiefen Trost aus. Allerdings herrscht auch oft „beim gewaltigen Thüringer der vernünftelnde Geist nicht ohne nordische Schroffheit und lehrhafte Trockenheit vor"[88]: Es gibt eine Reihe von Selbstaussagen, die erweisen, daß Eckhart sich darüber im klaren war, daß seine Predigten von vielen nicht oder falsch verstanden wurden[89]; schon seine Auslegungen im lateinischen *Opus tripartitum* nennt

[79] B. Mojsisch, Dietrich 24.: LexMA 3, 1033–1036.
[80] Mierlo, ontstaan.
[81] O. Davies, Hildegard of Bingen, Mechthild of Magdeburg and the young Meister Eckhart: Mediaevistik 4, 1991, 37–51.
[82] Ruh, Eckhart (1989) 103 f.
[83] Langer, Erfahrung pass.
[84] Vgl. u. S. 315 ff.
[85] O. Langer, Zur dominikanischen Frauenmystik im spätmittelalterlichen Deutschland: Frauenmystik 341–346, 341, gekürzt.
[86] Langer, Erfahrung 156 ff.
[87] DW 5, 253, übersetzt von Quint 523.
[88] C. Gröber, Der Mystiker Heinrich Seuse, Freiburg 1941, 47.
[89] Trusen 29 ff.

er selbst „auf den ersten Blick monstruös, zweifelhaft oder falsch"[90]. Es wäre nun leicht, viele Seiten mit Stellen aus seinem Werk zu füllen, die geradezu mißverstanden werden mußten, wiewohl sie innerhalb seines Denksystems wohl nur logisch sind, nicht aber bewußt anmaßend. Etwa: „Ich war Ursache meines Selbst und aller Dinge, und hätte ich gewollt, wäre ich nicht, und alle Dinge wären auch nicht, und wäre ich nicht, so wäre auch Gott nicht."[91] „Ich bin eine unbewegliche Ursache, die alle Dinge bewegt"[92] (womit der Mystiker zum Gott des Aristoteles geworden ist, zur selbst unbewegten Bewegungsursache des Alls[93]). „Ich beneide Christus nicht, weil er Gott geworden ist; denn auch ich kann, wenn ich will, nach seinem Vorbild dasselbe werden."[94]

Doch werfen wir nur einen ganz kurzen Blick auf eine seiner berühmtesten Predigten, die über die Armen im Geiste[95]: schon Eckharts erste Wendung an seine ZuhörerInnen bezeugt wahrhaft „hohen Mut", wenn er ihnen sagt: „Ihr könnt mich nicht verstehen, es sei denn, ihr seid dieser Wahrheit gleich, von der wir jetzt sprechen wollen." Dies setzt freilich voraus, daß Eckhart bereits selbst die Wahrheit – wir werden gleich hören, welche – besitzt. Elitär geht es weiter: „Von solcher Wahrheit will ich sprechen, die [ohnehin] nur wenige gute Leute verstehen." Eine Frömmigkeitsform, wie sie täglich von den Kanzeln gepredigt wurde – und die vor allem zahlreiche heilige Mystiker praktizierten und anrieten – wird nun abqualifiziert, nämlich die „auswendigen" Bußübungen. Esel sind die Büßer, die die Unterscheidung göttlicher Wahrheit nicht haben, mögen sie es auch gut meinen, bekräftigt Eckhart zweimal. Aus Barmherzigkeit mag ihnen Gott immerhin das Himmelreich schenken. Wiederum folgt daraus: im Unterschied zu den meisten Gläubigen hat der Meister selbst diese rechte Unterscheidung. Seine Definition von Armut lautet: Nur wer so wenig Willen besitzt, wie vor seiner Erschaffung, ist wahrlich arm. „Da ich in meiner ersten Ursache stand, da hatte ich keinen Gott, und da war ich Ursache meiner selbst." Dies meint etwa: Vor der Schöpfung, als der Seelengrund sich in der Gottheit befand, hatte er, dieses spätere Ich, natürlich keinen Gott neben sich; in diesem Sinne sagt Eckhart, damals habe er keinen Gott gehabt. Gott hat man eben erst, wenn man selbst Kreatur geworden und dadurch aus der Sphäre des göttlichen Seins herausgekommen ist. Und nun bezeichnet Eckhart es als die Aufgabe des religiösen Menschen, sich analog einzustellen, wie er war, ehe er Kreatur ward: sich wieder so ganz in die Gottheit hineinzuversetzen, in den präexistenten Zustand der ‚Gottlosigkeit'. Dadurch wird man aller Welt le-

---

[90] LW 1, 152.
[91] DW 2, 504.
[92] DW 2, 505.
[93] Beth, Frömmigkeit 28.
[94] LW 3, 241, übersetzt bei Heer 31.
[95] DW 2, 486 ff.

dig, und man wird ‚Gottes‘ ledig; denn man ist wieder in der Gottheit[96]. Mit welcher Formulierung verkündet der Meister aber diese ebenso logische wie unerhörte Lehre? „Wan ich sag iu bî der êwigen wârheit…“ (Denn ich sage euch bei der ewigen Wahrheit). Welch ein Anspruch schwingt hier mit: Dies ist ja fast wörtlich eine der Wendungen, derer sich Jesus bediente, wenn er sich an seine Jünger wandte: „Sed ego veritatem dico vobis…“ (Joh 16, 7). Die Parallele zu ziehen mußte sich für die Zuhörer aufdrängen, wie für jeden in der Bibel halbwegs Bewanderten. Wie sich Eckhart generell gern von herkömmlicher Theologie distanziert, indem er über seine Fachkollegen, die „großen Pfaffen“, spottet[97] und betont, selbst Neues und Ungewöhnliches[98] zu bringen, so auch hier, um seine vollkommene Apophase zu profilieren: „Die Meister sprechen, Gott, der sei ein Sein und ein vernünftiges Sein und erkenne alle Dinge. Wir aber sprechen: Gott ist weder Sein noch vernünftig, noch erkennt er dies oder das.“[99] „Darum bitte ich Gott, daß er mich Gottes ledig mache, denn mein wesentliches Wesen ist jenseits Gottes, so wir Gott als Beginn der Kreaturen nehmen.“ Erst ledig Gottes und seiner Kreaturen, ledig seines und meines Willen werde ich über die Engel erhoben, „denn ich empfange in diesem Durchbruch, daß ich und Gott eins sind“ (andere Meister und Mystiker hätten hier am ehesten von der Unio mystica gesprochen. Für Eckhart bedeutet diese jedoch „nicht Vergöttlichung des persönlichen Ichs, sondern seine Substitution mit dem wahren, göttlichen Ich, das sozusagen verborgen im Seelengrund ruht“[100]). Und am Schluß abermals der „Trost“: „Wer diese Rede nicht versteht, der bekümmere sein Herz darob nicht … Denn dies ist eine unbedeckte Wahrheit, die da ohne Vermittlung aus Gottes Herzen gekommen ist.“ Obwohl Eckhart nie von empfangenen Privatoffenbarungen spricht, ja solche sogar ablehnt, macht er es einem schwer, hier nicht daran zu denken. Scheint er doch auch geradezu unter einem Predigtzwang gestanden zu haben: „Wäre hier niemand gewesen, ich hätte meine Predigt vor diesem Opferstock halten müssen.“[101]

Es gehört schon intellektueller Hochmut oder wenigstens ein Verkapselt-sein im eigenen Denk-Kosmos dazu, wenn ein Mitglied des Predigerordens (!) es für richtig hält, solche Inhalte in seinen Sermonen anzubieten und sich dann mit der Beschränktheit der Hörer oder Leser und „emphatischer“ Ausdrucksweise[102] zu verteidigen. Man muß ja an die konkreten Situationen denken, in denen der Meister seine – wie die obigen Zitate belegen: esoterischen – Höhenflüge vorgetragen hat: vornehmlich in den Klöstern vor allem der

---

[96] Vgl. Beth, Frömmigkeit 28; Eggers, Sprachgeschichte 1, 477 ff.
[97] Nigg, Dreigestirn 36.
[98] LW 1, 149.
[99] DW 2, 497.
[100] Vannini (1991) 37.
[101] Frei nach Pfeiffer (wie oben S. 284, Anm. 52) 181.
[102] Trusen 98 f.

Nonnen des Dominikanerordens. Wie wenig Eckharts Lehre bisweilen in solchen Kreisen verstanden wurde, zeigt exemplarisch Elsbeth von Oye[103], zeigen Nonnenverse wie: „Der wise meister Eckhart wil uns von nihte sagen/ Der daz nicht enverstat [nicht versteht] der mac es gote klagen"[104]. Der Orden reagierte dann auch entsprechend auf den „Fall" (im doppelten Sinn) seines prominenten Theologen: 1328 wird vorgeschrieben, daß Volkspredigten keine „Subtilitäten" behandeln dürfen, ein Jahr später, daß Studenten ausschließlich in der Theologie des 1323 kanonisierten Thomas von Aquin zu unterrichten seien[105].

Gegenmeinungen ließ Eckhart nicht zu: „Seht", sagt er einmal am Ende einer Predigt, „so haben wir den Sinn [meiner Behauptung] erhärtet, wie es wahrhaft ist. Und alle, die dem widersprechen, denen ist allzumal widersprochen, und ich beachte sie keinen Deut; denn was ich gesagt habe, das ist wahr, und die Wahrheit sagt es selbst."[106] „Was ich euch gesagt habe, ist wahr, dafür setze ich die Wahrheit [d. h. Gott] als Zeugen und meine Seele als Pfand!"[107] Solche Gewißheit finden wir sonst meist nur bei Mystikern, die sich ausdrücklich auf empfangene Offenbarungen berufen. Daß der Meister dabei subjektiv von seiner Orthodoxie überzeugt war, kann kaum bezweifelt werden: „Irren kann ich nämlich, aber ein Häretiker kann ich nicht sein, denn das erstere gehört zum Intellekt, das zweite zum Willen."[108] Er hat 1327 auch, um einer möglichen Verurteilung als Ketzer zu entgehen, feierlich verkündet, Irriges zu widerrufen, „besonders, weil er höre, daß das, was er gepredigt habe, falsch verstanden worden sei."[109] Trotzdem konnte er späteren Mystikern, speziell Geert Grote und Jan van Leeuwen, als „Antichrist" und „teuflischer Mensch", als Verführer von Hoch und Niedrig[110] erscheinen. Jan erkannte deutlich: der Meister war hochmütig und ungläubig, weil er seine Irrtümer erst an seinem Lebensende einsah, weil er den „einfachen Herzen", dem gläubigen Kirchenvolk, falsche und viel zu hohe Dinge verkündete[111]. Treffend ist wohl diese Zusammenfassung: „Eckhart ist nicht so fraglos rechtgläubig, wie er sich im Verlauf des Prozesses über seine Intention äußert. Eckhart ist auch nicht ganz so häretisch, wie seine siebzehn als häretisch verurteilten Sätze es besagen."[112]

Eckhart hat vor allem im deutschen Sprachraum durch die Verbreitung seiner Predigten nachgewirkt; oft liefen Aussagen von ihm aber anonym um. Er

---

[103] Vgl. u. S. 323 f.
[104] Zit. Ruh, Eckhart (1989) 12.
[105] Trusen 154 f.
[106] Quint 365.
[107] DW 1, 44.
[108] Zit. Trusen 94.
[109] Ebd. 104.
[110] Zit. Ruh, VL 339.
[111] F.-J. Schweitzer, Die ethische Wirkung Meister Eckharts: Ruh, Abendländische Mystik 83.
[112] S. Ueda, Meister Eckharts Predigten: Ruh, Abendländische Mystik 47.

und seine Schüler haben die deutsche Sprache nicht nur um Neuprägungen bereichert (z. B. „învildunge", Einprägung in die Seele, woraus unter Bedeutungswandel unser Einbildung wird), sondern auch alten Worten neue Bedeutungen gegeben, etwa indem Konkreta zu Abstrakta umfunktioniert wurden (z. B. „begrîfen", begreifen). Möglicherweise sind manche Schlüsselbegriffe aus dem niederdeutschen/niederländischen Sprachraum übernommen, den der Meister in seiner Kölner Zeit kennengelernt haben wird[113]. Zu ihrer Zeit mag Eckharts Sprachgewalt so faszinierend wie befremdend gewesen sein[114]. Ob er vermittels seiner Sprache zur „Entzauberung" der mittelalterlichen Welt im Sinne Max Webers beigetragen hat, da er sie gemäß der negativen Theologie als untauglich befinden mußte, Gott zu erfassen (das hieße: quasi magisch zu besitzen), der „nie namen gewan"[115], sei dahingestellt[116].

Ungeachtet der päpstlichen Verurteilung einiger von Eckharts Kernsätzen wurde das Andenken des Meisters von den deutschen Dominikanern gepflegt; der Ordenshistoriograph Johannes Meyer O. P. (1422/23–1485) nennt ihn nicht nur einen „gelehrten", sondern sogar einen „heiligen Mann"[117]. Eine Gruppe von „Eckhartisten" arbeitete anscheinend ungestört an der Vervielfältigung seiner Schriften. Nicht nur hatte sich damit eine gewisse philosophische Nachfolge Eckharts in Köln gefunden (z. B. Heinrich von Köln [von Erfurt, † 1340?][118] oder Berthold von Moosburg, † 1361)[119], nicht nur sind Seuse, Tauler und Cusanus tief von Eckharts Denk- und Formulierungsweise geprägt, nicht nur gibt es Reflexe seiner Spekulationen bei den Gottesfreunden und in der Devotio moderna. Auch sein Gegner Ruusbroec hat von ihm gelernt. Doch genauso stehen verketzerte Kreise, oft mittelbar, in seiner Tradition – wie auch nicht! So Teile der Freien Geister, der Täufer, der frühe Pietismus, der Quietismus, Tersteegen[120] …, von seinen Wirkungen in der Philosophiegeschichte ganz zu schweigen (Hegel)[121]. Bezeichnend für den Eindruck, den er gemacht haben muß, ist schließlich, daß sich um ihn, dessen Leben keine Vita beschrieb, bald ein Kranz von volkssprachlichen Legenden wob[122].

---

[113] Mierlo, ontstaan 36 f.
[114] Vgl. etwa R. Forman, An Eckhart Methodology and a Mystical Vocabulary: Lagorio, Mysticism 78–87.
[115] DW 1, 253.
[116] F. Tobin, Die Entzauberung der Sprache durch die Mystik. Eckhart und Seuse: J. Poag, Th. Fox (Hgg.), Entzauberung der Welt, Tübingen 1989, 147–164.
[117] L. Sturlese, Meister Eckharts Weiterwirken: Stirnimann, Imbach 169–183, 169.
[118] P.-G. Gieraths, Henri 12: DS 7, 185. – Ders., Heinrich v. Erfurt: LThK 5, 1960, 186 f.
[119] Preger, Geschichte 2, 111 ff.
[120] Heer 49 ff. – Ruh: VL 2, 338 ff.
[121] Vgl. etwa G. Hanratty, The Origin and Development of Mystical Atheism: Neue Zs. f. systemat. Theologie u. Religionsphilosophie 30, 1988, 1–17.
[122] K. Ruh, Eckhart-Legenden: VL 2, 350–353.

Von den angesprochenen „häretischen" Mystikern wurde am bekanntesten die „Sekte" der BRÜDER UND SCHWESTERN VOM FREIEN GEIST[123], die die Inquisition im vierzehnten Jahrhundert heftig bekämpfte. Es handelte sich wahrscheinlich um eher voneinander unabhängige lokale Gruppen aus allen Gesellschaftsschichten, deren Anhänger in verschiedene Initiationsgrade eingeteilt waren. Die Überzeugungen der Freien Geister ähnelten in manchem denen der Amalrikaner[124] wie auch einer schwer zu fassenden asketischen und antikirchlichen Sekte, die sich auf einen gewißen Ortlieb von Straßburg (um 1200) berief, der von Innozenz III. verurteilt worden war. Die Ortlieb(ari)er bzw. Ortliebenser[125] lehrten u. a., daß der Mensch sich frei von allen äußeren Dingen halten solle, um dem Geist im eigenen Inneren zu folgen. Daher sollen sie sich Illuminaten genannt haben[126]. Die Sektenmitglieder betrachteten sich als Gottessohn wie Christus, als Vater und Heiliger Geist. Andere ihrer Dogmen erinnern an die Katharer und die Waldenser, doch hielten sie ausgerechnet Benedikt von Nursia, im Gegensatz zu Kirchenvätern wie Augustinus oder Ambrosius, für gerettet, da zu ihrem alleinseligmachenden Glauben bekehrt.

Was die Freien Geister predigten, glich aber auch – und dies ist nachdrücklich festzuhalten – in zentralen Punkten der gleichzeitigen deutschen Mystik, ja war in mancher Hinsicht schlichtweg identisch[127]. Seuse mußte deshalb Eckhart und sich selbst gegen den Vorwurf der Zugehörigkeit zu dieser Sekte verteidigen. Die pantheistische, dem Armutsideal verpflichtete Mystik der Freien Geister geht von einem Aufstieg der Seele bis zur Vergottung durch Liebe aus; wenn sie völlig frei, einfach und rein geworden ist, lebt sie im unschuldigen Zustand des Paradieses und kann, da willensgleich mit dem göttlichen Willen, nicht mehr sündigen. Sie bedarf deshalb auch weder der Tugenden, noch der kirchlichen Gnadenvermittlung und interessiert sich nicht für das Jenseits, da sie bereits absoluten Frieden besitzt (Apathie) und nach dem Tode alle Seelen in Gott zurückkehren. Die Freien Geister können sich daher jede beliebige Handlung ohne moralische Kriterien erlauben, gestützt auf Röm 8, 2, 1Tim 1, 9, Gal 5, 18. Neben dieser individuellen Selbstvergottung als Basis finden sich bei einzelnen Anhängern dieser Lehre in

---

[123] P. Dinzelbacher, Freie Geister: Wörterbuch 179 f. – DS 5, s. v. Frères du libre esprit. – M. Erbstößer, Ketzer im Mittelalter, Leipzig 1984, 168-203. – Cohn, Pursuit 148-186. – F.-J. Schweitzer, Der Freiheitsbegriff der deutschen Mystik [mit Ed. d. „Schwester Katrei"], Frankfurt 1981. – Lea, Geschichte 2, 402 ff. – F. Vernet, Frères du libre esprit: DThC 6/1, 800–809. – McLaughlin, Heresy.
[124] Vgl. o. S. 157 f.
[125] A. Fößel, Die Ortlieber, Hannover 1993.
[126] Lea, Geschichte 2, 405.
[127] Der Großteil der Sekundärliteratur versucht dies zu minimieren, um die Orthodoxie der anerkannten Mystiker zu unterstreichen bzw. um überhaupt an der Abqualifizierung der „Ketzer" festhalten zu können. Immerhin gibt Ruh, Eckhart 194 die „Nähe" des Meisters zu dieser Sekte zu. Umfassender hat McLaughlin, Heresy, die Analogien betont. Die Differenzen scheinen oft weniger in der Lehre zu liegen als in den Handlungskonsequenzen, die aus ihr gezogen wurden.

verschiedenen Variationen chiliastische, antiklerikale, libertinistische etc. Ideen. Die Konzeption des Quietismus, wie sie Johannes XXII. auch Eckhart vorwarf, tritt schon bei ihnen auf, wenn wir Ruusbroec glauben dürfen[128]. Es befindet sich ja die Seele in einem Zustand frei von jeglichem Begehren (auch etwa nach dem Paradies), da Gott ohnehin schon in ihr wirkt.

Aus dem Umkreis des ursprünglich reichen volkssprachlichen Schrifttums der Freien Geister ist das umfangreichste erhaltene Werk der altfranzösische *Spiegel* der Marguerit Porete[129]; in Deutsch der pseudo-eckhartische Traktat *Schwester Katrei* (um 1320). Die Wege zur Vergottung werden hier in Dialogen zwischen Beichtvater und -tochter besprochen, wobei sich schließlich letztere dem Priester überlegen zeigt! Wirkungsvoll sind der Rat des Heiligen Geistes und der der Geistlichen einander gegenübergestellt. Die Tochter, die mit der Autorin (?) zu identifizieren ist, zeigt absolut orthodoxe Züge, die der zeitgenössischen Frömmigkeit allgemein eigen sind, wie ihr Leidverlangen[130], gibt auch eine der bei „Rechtgläubigen" gleicherweise üblichen Beschreibungen mystischer Zustände in Gestalt der Innenschau Gottes in der Seele[131]. Sie formuliert jedoch auch unkluge Äußerungen wie: Gott und Gottheit wären ihr kein Ave Maria wert, wenn er/sie ihr nicht den Sohn gesandt hätte[132] (was im wesentlichen ganz der Christozentrik auch der rechtgläubigen Erlebnismystik entspricht). Auch vom ekstatischen Einzug in das göttliche Licht[133], der Unio („Herre, fröwent üch mitt mir, ich bin gott worden!"[134]), haben höchst orthodoxe Mystiker ähnlich gesprochen (vgl. nur Bernhard von Clairvaux: „deificiari"[135]). Dagegen setzt sich die Tochter vom Pantheismus ab, den sie ihrerseits als ketzerisch verurteilt[136], verwirft auch das so häufig anzutreffende Streben nach Visionen des Christkindes oder des Gekreuzigten und nach der Prophezeiungsgabe vermittels von Gebeten und Kasteiungen[137] – alles konstante Faktoren in der orthodoxen Frauenmystik! Dieses und viele andere Analogien, auch der Zug zum Elitären[138], macht die frühere Zuschreibung des Textes an Eckhart verständlich.

Der Grundsatz der Tochter, man müsse dem göttlichen Geliebten ohne Rücksicht sogar auf eine Vergeltung im Jenseits nachfolgen, „ohne warum" („ob noch helle noch himelrich were, so solt ich doch dem minner nach gan von rechter minne, als er mir vorgegangen het, und solt im folgen uff das aller

---

[128] P. Pourrat, Quiètisme: DThC 13/2, 1549 ff.
[129] Vgl. o. S. 268 ff.
[130] Schweitzer 330.
[131] Ebd. 337.
[132] Ebd. 335.
[133] Ebd. 333.
[134] Ebd. 334.
[135] Vgl. o. S. 113.
[136] Schweitzer 348.
[137] Ebd. 357 ff., 367.
[138] Ebd. 351.

höchste sunder war umbe")[139] mag von vielen Freien Geistern (und anderen „Häretikern") nachgesprochen worden sein, als sie um ihrer Überzeugung willen in den Tod gingen. Er ist freilich ein Grundsatz christlicher Mystik, wie ihn auch die sel. Beatrijs von Nazareth formuliert hat: „sonder enich waeromme ende sonder eneghen loen ..."[140]

Zeitgenössische MystikerInnen sahen verständlicherweise gerade wegen der Nähe ihrer Ansichten zu ihnen die Notwendigkeit, sich von den Brüdern und Schwestern vom Freien Geist zu distanzieren. In Deutschland wandten sich Merswin und der Autor der *Theologia Deutsch,* in den Niederlanden u. a. Ruusbroec[141], in Italien Angela von Foligno und Klara von Montefalco gegen den „spiritus libertatis"[142]. Da die Freien Geister auch oft als Beginen und Begarden bezeichnet wurden, aus denen sie sich teilweise rekrutierten, fielen mehrfach orthodoxe VertreterInnen dieser Gruppen der Verfolgung zum Opfer. Das Nämliche gilt für ihre Schriften; so erwähnt etwa Gerson[143] in diesem Zusammenhang ein „unglaublich subtiles" mystisches Werk einer gewissen Maria von Valenciennes, das wohl dasselbe Schicksal erlitten hat, wie die meisten Kopien des *Miroir* Marguerit Poretes, nämlich die Verbrennung.

Mit Eckhart faßt man gern seine Ordensbrüder Seuse und Tauler zum „mystischen Dreigestirn" des mittelalterlichen Deutschlands zusammen. In der Tat verbinden die Dominikanermystiker scholastische Ausbildung, neuplatonischer Einschlag und volkssprachliche Lehre. Doch sollte man die Eigenständigkeit der beiden jüngeren Mystiker nicht zu sehr unterschätzen. Gewiß waren sie Schüler des Meisters und haben viele seiner Gedanken übernommen, aber sie stehen auch in ganz anderen Traditionen, die ihnen offensichtlich über weite Strecken wesentlich wichtiger waren als eine Wesensmystik philosophischer Couleur. Daß dabei auch ganz lebenspraktische Gründe mitgespielt haben, nämlich verständliche Vorsicht, nicht durch Thesen, die die Hüter des wahren Glaubens provozieren konnten, die Aufmerksamkeit der kirchlichen Oberen auf sich zu ziehen, erhellt aus beider Schriften direkt und indirekt[144].

Vom Leben des HEINRICH SEUSE (SUSO, HEINRICH VON BERG 1293/1303–1366, sel.)[145] sind wir besser unterrichtet als von dem seiner beiden Mit-

---

[139] Ebd. 329; Halbvokale normalisiert.
[140] Seven manieren, hg. v. L. Reypens, J. van Mierlo, Leuven 1926, 7.
[141] Vgl. u. S. 335 ff.
[142] Vgl. o. S. 243, 251.
[143] Œuvres Complètes 3, ed. M. Glorieux, Paris 1963, 51 f.
[144] S. etwa Gieraths, Dominikanermystik.
[145] Heinrich Seuse, Deutsche Schriften, hg. v. K. Bihlmeyer, Stuttgart 1907. – Heinrich Seuses Horologium Sapientiae, ed. P. Künzle, Freiburg i. Ü. 1977. – Heinrich Seuse, der Mystiker vom Bodensee, übers. v. W. Fiscal, Heidenheim 1971. – Davies, God 99–108. – Giovanna della Croce, Il Cristo nella dottrina e nella esperienza religiosa di Enrico Susone: La Scuola Cattolica 95, 1967, 124–145. – Dies., Enrico Susone, Milano 1971. – Heinrich Seuse, Stu-

brüder. Wir besitzen nämlich seine Autobiographie, ein Werk nicht nur von Wichtigkeit für die Geschichte der Mystik, sondern auch für die Kultur- und Literaturgeschichte seiner Zeit. Teilweise ist sie bereits Selbsterlebensbeschreibung im modernen Sinn, primär geht es aber um die exemplarische Illustration eines geistlichen Aufstiegs durch Lebensführung und -geschicke eines Gottesfreundes, woran andere ihr Vorbild für ein begnadetes Dasein nehmen sollen.

Seuse wurde in Konstanz aus ritterlicher Familie geboren; die Frömmigkeit seiner Mutter, deren Namen er ungewöhnlicherweise zu dem seinen machte, sollte für ihn bestimmend werden, ähnlich wie vormals für Augustinus oder Bernhard. Auch sie erschien ihm in Visionen. Dreizehnjährig, damit also zwei Jahre früher als üblich, trat er in das Konstanzer Inselkloster ein, aber ein intensives religiöses Leben begann er erst fünf Jahre später aufgrund eines plötzlichen Bekehrungserlebnisses, des „geswinden ker"[146]. Als er in jener Zeit einmal allein und traurig in der Kirche stand,

> „da war seine Seele verzückt, sei es im Leibe oder außer ihm. Da sah und hörte er, was allen Zungen unaussprechlich ist: es war form- und weiselos und hatte doch aller Formen und Weisen freudenreiche Lust in sich. Sein Wünschen war gestillt, sein Begehren vergangen. Er starrte nur hinein in den glänzenden Widerschein, in dem ihm das Vergessen seiner selbst und aller Dinge zuteil wurde. War es Tag oder Nacht? Er wußte es nicht. Es war die ausströmende Süße des ewigen Lebens, gegenwärtig, stillstehend, ruhig nach seinem Empfinden. Danach sprach er: ‚Wenn das nicht das Himmelreich ist, so weiß ich nicht, was das Himmelreich ist.'"

Nach einer Zeit kommt der Ekstatiker wieder zu sich, schmerzenden Leibes zusammenbrechend. Er ist völlig verwandelt, meint zu schweben, vom Duft Gottes erfüllt ...[147]

Nun beginnt ein intensives visionäres Leben in engem Wechselspiel mit eindrucksvollen Askesepraktiken. Dazu regten den Seligen die Legenden von den Altvätern, den frühchristlichen Wüstenasketen[148] an, ein Buch, das er als Kopfkissen verwendete, und dessen Inhalt er auch in Form von Wandgemälden in seiner Zelle immer um sich hatte[149]. Es enthält, wie er in einer Vision erfährt, den „Kern aller Vollkommenheit" und ist jedem Schulwissen vorzuziehen[150]. Vielleicht gaben ihm auch die 102 Märtyrerdarstellungen, mit de-

---

dien zum 600. Todestag, hg. v. E. Filhaut, Köln 1966. – A. Walz, Suso: BS 12, 81–88. – Haas, Mystik 275–291. – Nigg, Dreigestirn 139–194. – J.-A. Bizet, Henri Suso: DS 7, 234–257. – A. M. Diethelm, Durch sin selbs unerstorben vichlichkeit hin zuo grosser loblichen heilikeit. Körperlichkeit in der Vita Heinrich Seuses, Frankfurt 1988.

[146] Leben, Prol., ed. Bihlmeyer 8.
[147] Leben 2, ebd. 10 f., gekürzt.
[148] Vgl. o. S. 49.
[149] J. Hamburger, The Use of Images in the Pastoral Care of Nuns. The Case of Heinrich Suso and the Dominicans: The Art Bulletin 71, 1989, 20–46, 29 ff.
[150] Horol., ed. Künzle 540 f., 545 ff.

nen um 1300 die Nordwand der Klosterkirche ausgemalt worden war[151], einschlägige Anregungen. Unter ihnen konnte man Sprüche lesen wie etwa:
„Bleiche Farbe und ein verzerrter Leib zieren einen geistlichen Menschen
wohl", oder „Ich habe drei Jahre lang einen Stein in meinem Munde getragen, um schweigen zu lernen", oder „Wirst du krank, dann freue dich, denn
Gott hat an dich gedacht"[152]. Schließlich ist nicht zu vergessen, daß alle Ordensangehörigen sich nicht nur zur Imitatio Christi, sondern ebenfalls zur
Imitatio ihres Ordensstifters angehalten sahen, und in seinem Brevier konnte Seuse ja über den hl. Dominikus nachlesen, wie sich dieser u. a. mit einer
dreiteiligen Eisenkette zu kasteien pflegte[153] (was u. a. auch seine Zeit- und
Ordensgenossin Katharina von Siena so beeindruckte, daß sie dies nachahm-
te). Die Skala der Martern, mit denen der Diener den widerspenstigen Leib
und die lebendige Natur brechen will, reicht von brutal körperlichen bis zu
subtil geistigen[154]. Sie hier zu verschweigen oder mit harmlos-abstrakten
Umschreibungen zu umgehen wäre zum einen ein Akt historischer Unred-
lichkeit und ein Zeichen, den Menschen, von dem wir sprechen, nicht ernst
zu nehmen, indem wir eben das nicht ernst nehmen, was ihm – wie auch so
vielen anderen der christlichen MystikerInnen – nach eigenem Bezeugen
zutiefst wichtig war. Zum anderen beraubte uns eine derartige Verzeichnung,
wie sie in der Sekundärliteratur seit dem neunzehnten Jahrhundert nicht
selten geschieht, der Einsicht in die grundlegenden Zusammenhänge zwischen Erlebnismystik und Askese: Letztere gehört zu den im Christentum
immer wieder nachzuweisenden selbstgeschaffenen Vorbedingungen für
paranormale Phänomene, erfüllt also etwa die Funktion, die der ekstatische
Tanz im Sufismus oder in Mischreligionen, wie z. B. auf Trinidad, hat (dieselbe Funktion erfüllt in vielen Fällen auch eine nicht selbst herbeigeführte
körperliche und/oder seelische Krankheit). Es gibt in der christlichen Mystik
zwar keine Drogeneinnahme, wie z. B. in einigen visionären indianischen
Religionen, aber die Effekte von Fasten, Schlafentzug, Schweigen und Askese
können leicht in dieselbe Richtung gehen[155]. Freilich kennen wir ebenso Beispiele für eine christliche Erlebnismystik, bei der der angesprochene Zusammenhang zumindest nicht nachweisbar ist. Sie dürften allerdings in der Min-
derzahl sein.

Die bei intensiv religiös empfindenden Menschen der Epoche fast allgemein herkömmlichen Askepraktiken, wie Fasten, Kälte, Bußhemd, Eisenkette, hartes Lager, Selbstgeißelung oder Venien (Kniefälle) bedürfen keiner
besondern Erwähnung. Seuse vollzog sie selbstverständlich, überbot sie jedoch bei weitem: Er ließ sich ein möglichst enges, härenes Unterkleid schnei-

[151] A. Walz, Die mittelalterlichen Wandgemälde der ehemaligen Dominikanerkirche in Konstanz, Frankfurt 1989.
[152] Leben 35, ed. Bihlmeyer 105 f.
[153] Horol., ed. Künzle 90 f.
[154] Leben 15, ed. Bihlmeyer 39 ff.
[155] Schjelderup, Askese. – Dinzelbacher, Vorbedingungen. – Ders., Suche.

dern, in das 150 spitze, scharfgefeilte, nach innen gerichtete Messingnägel
eingelassen waren. Darin schlief er sogar. Dazu ließ er sich Handschuhe aus
Leder machen, an denen ebensolche Nägel nach außen befestigt waren. Diese
trug er in der Nacht, damit er sich im Schlaf, oder wenn er sich gegen Un-
geziefer wehren wollte, die Metallstifte in die Brust stieß.

> „So schreckliche Kratzwunden brachte er sich bei, als hätte ihn ein Bär in seinen
> spitzen Klauen gehabt. Das Fleisch an den Armen und in der Herzgegend ent-
> zündete sich und eiterte. Und wenn er nach vielen Wochen genesen war, so mach-
> te er noch strenger weiter und brachte sich neue Wunden bei. Diese Folterübung
> betrieb er etwa 16 Jahre."[156]

In konkret vollzogener Imitatio Christi band er sich acht Jahre lang Tag und
Nacht ein mit dreißig Eisennägeln bespicktes Kreuz, in das er das Christus-
Monogramm eingeschnitzt hatte, auf den Rücken, das ihn bis auf die Knochen verletzte, da er noch mit der Faust darauf schlug. Auch dies im „haptischen" Nachvollzug der Passion des Herrn, da er diese Übung im Rahmen
einer Vorform der Kreuzwegandacht zuerst mit der Betrachtung der Geißelung verband. Man könnte sagen, daß hier der mitfühlende Betrachter, wie
ihn Pseudo-Bonaventura fordert[157], sich in einer Umorientierung der Meditation selbst mit dem gemarterten Heiland identifiziert, um durch das Leiden
zur Vereinigung mit Gott zu kommen. Bei der Betrachtung der Kreuzigung
wiederholte der Diener diese „Disziplin": „Damit nagelte er sich zu ihm
[Christus], um nimmer von ihm zu scheiden."[158] Daß das Nagelkreuz besonders bei seinen Kniefällen qualvoll war[159], ist ohne weiteres nachvollziehbar.
Er vollbringt diese Peinigung aber auch zur Buße, z. B. als er einmal unbe-
dacht die Hände eines Mädchens berührt hatte[160]. Den dominierenden
Aspekt der Verähnlichung mit dem Erlöser durch das Leiden drückt Seuse
selbst aber ganz klar in den Schilderungen seiner Geißelungen aus:

> „Wenn er nun so blutend dastand und sich selbst anschaute, das war der jämmer-
> lichste Anblick, so daß er ihn geradezu dem Aussehen des geliebten Christus ganz
> verglich, als man ihn schrecklich geißelte. Vor Mitleid mit sich selbst weinte er
> recht herzlich …"[161]

– was ihn nicht hinderte, den Schmerz durch in die Wunden geriebenen Essig und Salz zu vergrößern[162]. „Und alsus in diser marterlicher weise vertreib
er sin tag und nahte."[163] Dieser Bezug aller Leiden auf die Passion wird auch
sehr deutlich bei der fürchterlichen Durstaskese, die der Selige pflegte: Er

---

[156] Leben 15, ed. Bihlmeyer 40.
[157] Vgl. o. S. 182 ff.
[158] Leben 16, ebd. 42.
[159] Ebd.
[160] Ebd.
[161] Ebd. 43.
[162] Ebd. 44.
[163] Leben 17, ebd. 45.

Abb. 22 Seuse im Leiden, zwischen seinem Nagelkreuz und Verleumdern, unter angreifenden Dämonen, über symbolischen Tieren, die ihn bedrohen. Rechts oben das noch verschlossene Himmelstor.

Seuse, *Exemplar:* ms. 2929, f. 57 r, um 1370, Bibliothèque nationale, Strasbourg.

rief dabei zu Gott Vater, er möge den abgelehnten Trank als Opfer seines Herzblutes seinem Kind in der Todesstunde darreichen[164]. Einmal hat er eine Audition, in der Christus zu ihm sagt: „Schau nur, wie ich durstig in Todesnot stand, nur mit ein wenig Essig und Galle …“[165] Bald kommt es zu Erscheinungen, deren Inhalt in bloßer Wunscherfüllung besteht: Das Jesuskind bringt ihm ein Krüglein mit frischem Wasser, Maria selbst reicht es dem Diener, der es sich endlich erlauben darf, „mit großer Begierde“ zu trinken[166]. In der nächsten Nacht steigert sich die Begnadung, indem ihm die Mutter Gottes mit ihrer eigenen Milch, „mit dem heilsamen Trank, der von meinem Herzen fließt“, den Durst löscht[167]. Hier mischt sich Legendentradition in Seuses visionäres Erleben: die Lactatio aus der Brust Mariae wurde von manchen Heiligen erzählt, namentlich von Bernhard von Clairvaux, aber auch von Alpais von Cudot und ähnlich von Klara von Assisi, die auf diese Weise von männlichen Heiligen genährt wurden[168].

Der Diener betet zur Ewigen Weisheit, „daz du mir den hord dins lidens genzlich uf schliessest …“[169] Das Verständnis der Passion als Schatz, Hort, ist äußerst charakteristisch für den Dolorismus des katholischen Spätmittelalters und Barocks: Leiden ist ein Schatz, der dem Gläubigen erschlossen werden soll, d. h. geöffnet zur Anteilhabe. So befiehlt denn auch die Ewige Weisheit: „Du mußt den Durchbruch nehmen durch das Leiden meiner Menschheit, willst du wirklich zu meiner bloßen Gottheit gelangen!“[170] Und: „Steh auf und versenke dich in mein Leiden, so überwindest du dein Leiden!“[171] Und: „Niemand kann mir mein Leiden besser vergelten, als wer es nicht nur mit Worten, sondern auch mit Taten verfolgt, wer die Stigmen, das heißt die körperlichen Mühsale, zugleich an seinem Körper trägt.“ Seuse hat nichts anderes getan, als diese Lehre ernst zu nehmen. Wie eine Wäscherin muß man im heißen, unschuldigen Blut Christi seine Makel abwaschen, „sich in dem heilsamen blutigen Bad baden, wie man ein Kindlein in einem warmen Wasserbad badet.“[172] Die Intention, in selbstzugefügtem, und die Interpretation, in auferlegtem Leiden stets den Nachvollzug der Schmerzen des Erlösers zu sehen, ist der Garant für die Sinnhaftwerdung aller irdischen Qual. Nur so lebt man nicht mehr selbst, sondern Christus lebt in einem – das Zitat Gal 2, 20 gehört zu den beliebtesten des Autors[173]. Dies geht bis zu

---

164 Leben 18, ebd. 48.
165 Ebd. 46.
166 Ebd. 49.
167 Ebd. 50.
168 Dinzelbacher, movimento.
169 Büchlein d. Ew. Weish. 2, ed. Bihlmeyer 207.
170 Leben 13, ed. Bihlmeyer 34.
171 Büchlein d. Ew. Weish. 14, ebd. 257.
172 Leben 40, ebd. 134.
173 Giovanna della Croce (1976), 142, Anm. 98.
174 Leben 7, ed. Bihlmeyer 24 f.
175 Leben 40, ebd. 134.

einer Durchformung aller alltäglichen Tätigkeiten mit Passionsmeditationen: Wenn Suso trank, dann in fünf Schlucken in Erinnerung an die fünf Wunden des Herren und auf zwei Weisen, da Wasser und Blut aus seiner Seitenwunde geflossen waren. Wenn er aß, dann den ersten und letzten Bissen in Erinnerung an das Herz Jesu; schmeckte es ihm nicht, dann „tunkte" er die Speise in Christi „minnewundes Herz"[174] usw. „daz edelst und daz best liden, daz ist ein cristfoermig liden"[175], denn die Nachahmung von Christi Leiden ist das „Tor"[176], die Initiationsleistung, die vor der Seligkeit erbracht werden muß. Wie so viele MystikerInnen erfährt auch Seuse schon in diesem Leben übernatürliche Belohnungen und „lichtreiche" Tröstungen in der Form von Visionen, Offenbarungen, Ekstasen ...: „himmlische Lust, mit der Gott insgeheim seine leidenden Freunde oft aufrecht hält. Diese Menschen sind sozusagen richtig wie im Himmelreich", gewinnen hier Friede und Freude in allen Dingen und nach dem Tode das ewige Leben[177].

Aber diese Martern – und ihre Aufzeichnung – haben auch eine über die Selbstheiligung hinausgehende Funktion: der gequälte Körper wird für die, die ihn sehen oder von ihm lesen oder hören, zum Zeichen des göttlichen Willens, des göttlichen Wohlgefallens. Der leidende Leib ist sozusagen mit einer religiösen Botschaft beschrieben – er ist ein Kommunikationsmittel – wie bei den Stigmatisierten. Seuse versteht dies ganz wörtlich: er beschreibt seine Brust mit dem Namen Jesu – auch dies eine Form der Identifikation, doch auch „ein blutig ernster Verschreibungsakt"[178], gleichsam die heilige Version des mit Blut besiegelten Teufelspaktes: Mit einem Schreibgriffel stach er sich oberhalb seines Herzens ins Fleisch „und stach also hin und her und auf und ab, bis er den Namen IHS deutlich auf sein Herz gezeichnet". Mit diesem in den Grund seines Herzens „eingeschmolzenen" Minnezeichen fällt er blutüberströmt vor dem Kruzifixus auf die Knie: „Herr, mehr kann und vermag ich dich nicht an mich zu drücken, zeichne deinen heiligen Namen so in mich ein, daß du nie mehr aus meinem Herzen scheidest!"[179] Der Kult jenes Zeichens IHS (Iesus hominum salvator, Jesus Heiland Seligmacher) war zu seiner Zeit (also vor Bernhardin von Siena) bereits verbreitet, die Anrufung half besonders gegen die Dämonen, wie die zeitgleichen Visionen des Ritters Georg von Ungarn ausführlich beschreiben[180]. Aber Mystiker wie Seuse, Christine Ebner, Veronika Giuliani[181], auch Tersteegen, machten einen anderen Gebrauch davon als die nicht charismatisch Begabten: Sie schrieben den Namen ihres himmlischen Bräutigams schmerzhaft in ihre Körper ein, um mit ihm zu verschmelzen – also eine nichtekstatische Analogie zur Unio mystica. Seuse empfiehlt, den „zarten Namen" Jesu so oft aus-

---

[176] Büchl. d. Ew. Weish. 2.
[177] Leben 32, ed. Bihlmeyer 95.
[178] Nigg, Dreigestirn 152.
[179] Leben 4, ed. Bihlmeyer 16, gekürzt.
[180] L. L. Hammerich, ed., Visiones Georgii, København 1930.
[181] Bihlmeyer 76*, Anm. 1.

zusprechen, daß man des Nachts davon träumt[182]; er selbst bewirkt „in der hohen Kraft des minneglichen Namens Jesu" das Wunder der Weinvermehrung[183].

Den Sinn dieser Devotion erschließt dann eine Marienerscheinung: Die Jungfrau erscheint dem Diener mit einer brennenden Kerze in der Hand, auf der der Name Jesu um und um geschrieben steht. Genauso sei er auserwählt, diesen Namen in den Herzen vieler zu entzünden. Seuse soll die beschriebene Kerze sein. Und er vollzieht diesen himmlischen Auftrag: einerseits durch die Predigt, andererseits indem er der Dominikanernonne Elsbeth Stagel Tücher mit dem in Rot aufgenähten Heiligen Namen schickt, die er zuvor auf seine bloße Brust gelegt hatte, was eine göttliche Offenbarung an sie ausdrücklich billigt[184]. Dies aber ist genau der Vorgang, wie man durch Kontakt Berührungsreliquien aus Stoff („brandea") von den Gebeinen der Heiligen herstellte: Schon zu Lebzeiten also gilt Seuse den Schwestern im Kloster Töß als Heiliger, dessen Heiltum sie bei sich tragen wollten, wie es im ganzen Mittelalter und danach z. B. mit Knochensplittern oder Gewandresten der Verehrten Brauch war (mit ausdrücklicher Billigung des hl. Thomas von Aquin)[185]. Ein anderes, umittelbareres Körperverständnis des Mittelalters wird hier greifbar, dem wir besonders auch eben in der Askese der Mystiker und Mystikerinnen immer wieder begegnen (und in Einzelfällen noch im zwanzigsten Jahrhundert, pflegte doch der betont katholische spanische Diktator Franco eine mumifizierte Hand der hl. Teresa von Avila mit sich zu führen).

Das Ende der sechzehnjährigen Phase der „christförmigen" Selbstpeinigung Seuses kommt (wie etwa auch bei Wilbirg von St. Florian) durch eine Erscheinung, die ihm verkündet, Gott wolle dies nicht länger[186]. Der Diener wirft seine Marterinstrumente in den Rhein. Seine künftigen Prüfungen sollte, wie ihn ein Vorzeichen belehrt, nicht er sich selbst auferlegen, sondern seine Umwelt, besonders seine Mitbrüder[187]. Anderen hat er übrigens von ähnlichen Askesepraktiken abgeraten[188].

Im Verlauf seiner theologischen Ausbildung im Orden hörte Seuse in Köln, vielleicht zusammen mit Tauler, etwa zwei Jahre lang bei Meister Eckhart, dem „heiligen meister Egghart"[189], wie er ihn nennt. Dessen Rat erlöste den skrupulösen Mönch „aus der Hölle" seiner Zweifel, ob er nicht verdammt sei, da er nur aufgrund eines bedeutenden Geschenks seiner Eltern (also Simonie) vorzeitig in den Orden aufgenommen worden war[190]. Eckhart er-

---

[182] Brief 26.
[183] Leben 41, ed. Bihlmeyer 140 f.
[184] Leben 45.
[185] Summa Theol. 2, 2, q.96, a.4, 3.
[186] Leben 15.
[187] Leben 20.
[188] Leben 35, Brief 21.
[189] Ed. Bihlmeyer 22, 62 f., 99.
[190] Leben 21.

scheint seinem Schüler auch (so wie zahlreiche andere Seelen Abgeschiedener) und rät ihm als beste Frömmigkeitsübung seiner selbst mit tiefer Gelassenheit zu entsinken[191].

Danach kehrte Seuse als Lesemeister in sein Heimatkloster zurück. Hier schrieb er in Reaktion auf die Angriffe gegen seinen Lehrer[192] sein erstes Werk, das *Büchlein der Wahrheit,* nach Denifle und Bihlmeyer[193] die dunkelste Schrift der deutschen Mystik. Ihr lehrhaft-abstrakter Ton verrät „den noch im Schulgetriebe stehenden Anfänger"[194]. In der in Antike und Mittelalter für didaktische Werke so beliebten Gesprächsform erfährt der Jünger, was rechte innere Gelassenheit ist. Seuse unternimmt hier einerseits eine Versöhnung der Eckhartschen Gedanken mit der Theologie der Kirche, andererseits eine Distanzierung gegen die Brüder und Schwestern vom Freien Geist[195]. Einer ihrer Vertreter, „das namenlose Wilde", beruft sich nämlich in der Diskussion auf einen „hohen Meister", offensichtlich Eckhart. Dieser widerlegt ihn, indem er ein „richtiges", entschärftes, d. h. mit den Dogmen verträgliches Bild aus unproblematischen Lehrsätzen des Thüringers zusammenstellt. Aber auch diese Schrift wurde der Häresie verdächtigt, doch konnte sich Seuse anscheinend erfolgreich auf einer Ordensversammlung verteidigen.

Wenige Jahre später, zwischen 1327 und 1334 entsteht sein zweites großes Werk in einer deutschen und einer wesentlich umfangreicheren und veränderten lateinischen Version: das *Büchlein der Ewigen Weisheit* und das *Horologium Sapientiae.* Vor einem Grundstock von hundert Betrachtungen, die, wie ihm unter dem Kruzifix eingegeben wurde[196], zugleich mit dem Vollzug von hundert Fußfällen zu meditieren waren, gruppieren sich weitere Betrachtungen und Erleuchtungen. Seuse schrieb sie, wie er sagt, in einem Zug Tag und Nacht nieder[197] – ein Beispiel des inspirierten, quasi automatischen Diktierens oder Schreibens, wie es uns ja gerade auch von seiner jüngeren Ordensschwester Katharina von Siena, aber auch zahlreichen anderen Charismatikern eindrucksvoll bezeugt ist[198]. Wie ebenso zahlreiche andere MystikerInnen wollte Seuse diese Offenbarungen zunächst geheimhalten, wurde aber durch eine Marienerscheinung zur Verbreitung aufgefordert; die Schrift sollte zu einem der im späten Mittelalter am meisten gelesenen deutschen Andachtsbücher werden[199]. Sein Autor entfernt sich hier ganz von Eckharts Spekulationen. Dafür treten andere Elemente, wie die der höfischen

---

[191] Leben 6.
[192] Vgl. o. S. 282 f., 291.
[193] Bihlmeyer 91*.
[194] Ebd. 91*.
[195] Trusen (wie o. S. 281, Anm. 32) 134–163.
[196] Büchl. d. Ew. Weish., Prol.
[197] Horol., ed. Künzle 369.
[198] Vgl. u. S. 359; K. Oesterreich, Einführung in die Religionspsychologie, Berlin 1917, 79 ff.
[199] Bihlmeyer 104* f. Vgl. jetzt die von Giovanna della Croce kommentierte Übersetzung: Enrico Susone, Libretto dell'Eterna Sapienza, Milano 1992.

Sprache und Bilder der Unio, in den Vordergrund, vor allem aber die Versenkung in die Passion Christi. Geradezu modern ist die Strukturierung des *Horlogium* in die vierundzwanzig Stunden (= Kapitel) des Tages. Die Zeit der Andacht wird so der Rationalisierung der kaufmännischen Welt unterworfen, dem Bedürfnis nach der exakten Zeit der Wirtschaftswelt, das der Grund für die Verbreitung der mechanischen Uhren im vierzehnten Jahrhundert war[200]. Erst in diesem Jahrhundert erscheinen Meditationstraktate mit dem Titel „Uhr"[201]. Ob auch das kurze *Minnebüchlein* Seuse zum Verfasser hat, ist nicht ganz gesichert[202].

Aus der Meditation und Buße in der Klosterzelle führte Seuse die Seelsorge hinaus in die Katechese: er wirkte wie Eckhart vor allem in den Frauenkonventen seines Ordens in der Umgebung von Konstanz, besonders in Töß, kommt aber den Rhein entlang auch bis in die Niederlande. Was ihm dabei auf seinen zahlreichen Reisen an Abenteuerlichem passierte, gibt eine Vorstellung von der oben angesprochenen täglichen Unsicherheit spätmittelalterlichen Lebens: zweimal ertrinkt er fast, beinahe wird er von einem Räuber ermordet, entgeht knapp der Festnahme und Verurteilung als Betrüger, wird des Diebstahls verdächtigt. Besonders prekär wird seine Situation, als man ihn in einem Marktflecken verdächtigt, im Auftrag der Juden die Brunnen zu vergiften – eine der häufigsten Vermutungen, mit denen sich die Bevölkerung das Ausbrechen der Schwarzen Pest erklärte (1349 verbrannten die Konstanzer deswegen 350 Juden[203]). Wie sehr der „Diener" auch diese Mißgeschicke als Gelegenheit zur Askese betrachtet, zeigt sich daran, daß er einen Geleitbrief ablehnt. Auch teilweise schwere Erkrankungen verschonen ihn nicht. Zu den seelischen Qualen gehört die Verachtung, der er anheimfällt, als seine Schwester ihr Klostergelübde bricht. „Sobald ihn ein Leiden verließ, war da rasch ein anderes bereit. Damit spielte Gott ohne Unterlaß mit ihm …"[204]

An unmittelbaren Zeugnissen seiner pastoralen Tätigkeit sind freilich nur zwei Predigten und 27 Briefe erhalten. Eine für beide Seiten besonders wichtige geistliche Freundschaft entwickelte sich im Laufe seiner „cura monialium": die Verbindung mit Elsbeth Stagel in Töß, die ihn bat, ihr Eckharts so „süße" wie dunkle Lehre zu erklären, und deren Seelenführer er wurde. Die Sammlung seiner Briefe geht auf diese Nonne zurück, der auch die Aufzeichnungen über das mystische Leben in ihrem Kloster zu verdanken sein dürften[205]. Ebenso hatte sie an der Autobiographie des Dominikaners bedeu-

[200] J. Le Goff, Pour un autre Moyen Age, Paris 1970, 46–65; anders G. Dohrn-van Rossum, Die Geschichte der Stunde. Uhren und moderne Zeitordnung, München 1992, 210 ff.
[201] Horol., ed. Künzle 65 f.
[202] Vgl. P. Meister, Suso's (?) Minnebüchlein: MQ 15, 1989, 125–132.
[203] Bihlmeyer 75, Anm. 6.
[204] Leben 28, ed. Bihlmeyer 82.
[205] K. Grubmüller, Die Viten der Schwestern von Töss und Elsbeth Stagel: Zeitschrift f. deutsches Altertum 80, 1964, 171–204. – J. Ancelet-Hustache, Élisabeth Stagel: DS 4, 588 f.

tenden Anteil, indem sie heimlich aufschrieb, was er ihr aus seinem Leben erzählte, und wohl auch, was sie sonst über ihn hörte. Einen Teil dieser Notizen verbrannte Seuse aus Bescheidenheit und Demut, den Rest bewahrte er nach dem Geheiß einer „himmlischen Botschaft" auf, um ihn gegen Ende seines Lebens zu überarbeiten und dann der Öffentlichkeit zu übergeben[206]. Die Authentizität dieser Schrift wird heute nicht mehr bestritten: „Seuses Leben, wie er es vorstellt, ist mithin stilisiert, aber nicht unwahr!"[207]

Als Papst Johannes XXII. die Stadt Konstanz in den Kirchenbann legte, da sie zum Kaiser hielt, verließen sie die meisten Ordensangehörigen. Die Dominikaner zogen nach Diessenhofen bei Stein am Rhein, wo Seuse 1343/44 als Prior fungierte. Er war also auch fähig, für die Gemeinschaft zu wirken, wiewohl er sonst so zurückgezogen wie nur möglich in seiner Zelle hauste. Zwar kehrte auch er 1346 nach Konstanz zurück, wurde aber etwa ein Jahr später nach Ulm versetzt. Der Anlaß war die Beschuldigung seiner Magd und Beichttochter, ihr uneheliches Kind stamme von ihm – ein Skandal inner- und außerhalb des Ordens. Doch trifft die Verleumder „ungewöhnliche Rache und auch der Tod"[208], sie sterben offenbar an der Pest. Eine Untersuchung der Ordensleitung bestätigte Seuses Unschuld, doch kränkte ihn die Abwendung mancher Freunde, unter ihnen Heinrich von Nördlingen.

Den Rest seines Lebens scheint der Dominikaner in Frieden in Ulm verbracht zu haben, u. a. mit der Durchsicht seiner deutschen Werke befaßt. Bei ihrer Überlieferung sind wir deswegen, verglichen mit der seiner Mitbrüder, in einer günstigeren Lage, da die Tradition auf das von ihm 1362/63 selbst für die Vervielfältigung redigierte *Exemplar* zurückgeht. Es enthält die genannte *Vita,* die gegen Ende den Charakter einer mystagogischen Schrift annimmt, die beiden *Büchlein,* elf Briefe. Da dieses Manuskript mit Zeichnungen illustriert war, die von ihm selbst stammten bzw. unter seiner Aufsicht entstanden[209], haben wir nicht nur seine Wortkatechese, sondern wenigstens teilweise auch seine Bildkatechese. Es ist dies in der Literatur der Mystik ein besonderer Glücksfall, vergleichbar mit dem *Scivias* Hildegards.

„Der liebenswerteste der deutschen und vielleicht aller Mystiker", schreibt ein Konfrater des Seligen, „will mit dem Herzen verstanden werden."[210] Vor Eckhart und Tauler zeichnet er sich durch eine Betonung des emotionellen Bereichs, ein Interesse für die „Psychologie der Mystik" und eine poetische Sensibilität aus. Seine Empfindsamkeit geht bisweilen fast in Sentimentalität über. Seuse ist Erlebnismystiker, der dieses Erleben in der Lehre weitergeben will und auch die schriftstellerischen Fähigkeiten besaß, dies in faszinierender Weise zu tun. Darauf weist die weite Verbreitung seiner Werke hin.

---

[206] Bihlmeyer 126*.
[207] Haas, Mystik 287.
[208] Leben 38, ed. Bihlmeyer 128.
[209] E. Colledge, J. Marler, „Mystical" Pictures in the Suso „Exemplar": Archivum Fratrum Praedicatorum 54, 1984, 293–354.
[210] Walz 84, vgl. Bihlmeyer 141*, 147*.

Die für die christliche Mystik charakteristische Polarität und Verschmelzung von Lieben und Leiden bestimmte seine charismatische Frömmigkeit. Eckhartsche Elemente, Begriffe wie Gelassenheit etc. treten ergänzend hinzu, konzentriert freilich nur im *Büchlein der Wahrheit*. Deutlich sind die Formulierungen der negativen Theologie: Gott ist ein „Nichtwesen", „ein Nichts", was immer man über ihn sagen kann, ist falsch und das Gegenteil wahr[211]. Doch es finden sich manche für die rheinische Mystik klassische Prägungen auch in der *Vita*, z. B.: „Ein gelassener Mensch muß entbildet werden von der Kreatur, gebildet werden mit Christus und überbildet in der Gottheit."[212] „Und in der finsteren Weiselosigkeit vergeht jede Vielfalt, und der Geist verliert seine Identität. Und das ist das höchste Ziel ..."[213]

Seuse kennt aber auch eine Sakramentenmystik. Die Ewige Weisheit sagt ihm über den Empfang der Eucharistie:

> „Mit glühendstem Verlangen, in der Fülle des Herzens, innerlich trinkend empfange den so herrlichen Bräutigam und freue dich an seiner süßesten Gegenwart!"[214]
> „Wenn du seine Anwesenheit spürst, laß ihn in den Armen des Herzens ruhen ... Glücklich, wer dies mit seinem inneren Kosten empfangen durfte, wer dies mehr durch wahres Erleben als durch Worte oder Schriften erkannte. In dieser seligen Vereinigung liegt ekstatische Kontemplation und außerordentliches Genießen der Anwesenheit jenes höchsten und wahren Gutes, das die Seele hinanzieht und ein Zeitlang zur reinen Betrachtung des Geliebten hinübergehen läßt."[215]

Nach der Unio kommen freilich die weiten Strecken der Sehnsucht. Denn das ist „der Minne Spiel": „So lange Liebe bei Liebe ist, so lange weiß Liebe nicht, wie lieb Liebe ist; wenn aber Lieb von Liebe scheidet, dann erst empfindet Liebe, wie lieb Liebe war."[216]

Die Ewige Weisheit zeigt sich dem Mystiker bald als schöne Jungfrau, bald als edler Jüngling, dann als weise Meisterin, als stattliche Geliebte, als Verlobte. Dieses Verhältnis der Gottesverlobung charakterisiert für ihn auch die Existenz früherer Heiliger, besonders die des Paulus, Dominikus und Franziskus[217]. Der Dialog mit der Weisheit ist nicht nur Belehrung, er ist zugleich „kosen", „minnekosen"[218] (wie umgekehrt die Betrachtung der Wunden Christi nicht nur gefühlhaftes Erwecken von Mitleid ist, sondern auch Lesen in einem „lebenden Buch, worin man alle Dinge findet"[219]). Wer ist die Ewige Weisheit? Im alttestamentlichen Buch *Weisheit Salomonis* heißt sie Wiederschein des ewigen Lichtes und Bild seiner Vollkommenheit (7, 26).

---

[211] Büchl. d. Wahrh. 1, ed. Bihlmeyer 329.
[212] Leben 49, ed. Bihlmeyer 168.
[213] Leben 52, ebd. 184 f., gekürzt.
[214] Horol., ed. Künzle 557.
[215] Horol., ebd. 557 f., gekürzt.
[216] Büchl. d. Ew. Weish. 9, ed. Bihlmeyer 234.
[217] Horol., ed. Künzle 592.
[218] Bihlmeyer 113, 197, 548; 12, 16, 230.
[219] Büchl. d. Ew. Weish. 3; 14, ebd. 209; 256.

Schon hier erscheint sie personifiziert als Braut (8, 9). In der Neuzeit wird sie besonders in der protestantischen Mystik wieder auftauchen, bei Böhme, Gichtel, Arnold und im neunzehnten Jahrhundert bei Solovjev. Für Seuse ist sie eine Gestalt Jesu, gleichsam ein zwischen Männlich und Weiblich oszillierender Jesus, den oder die er bald als „suezer, minneklicher herre" oder „domine" und „gelieben Bräutigam" anredet, von der er bald als „sie" spricht[220]. Er selbst betont diese Ambivalenz: „Kaum meinte er, nun eine schöne Jungfrau vor sich zu haben, da fand er sogleich einen schönen jungen Mann."[221] Damit ergänzt er gleichsam die sonst in der Brautmystik üblichen Rollen: neben der weiblichen Seele und dem männlichen Gottessohn treffen bei ihm der männliche Diener und die weibliche Weisheit aufeinander. Umgekehrt nennt er sich selbst sowohl den Diener als auch die Frau und Gemahlin („gemahel", „wip") Gottes[222], vergleicht sich auch mit einem Säugling an der Brust der Mutter (d. h. nach dem Zusammenhang: der Ewigen Weisheit)[223].

In den Offenbarungen Seuses wird das „bernhardische" Liebesverhältnis von Gott und Geschöpf deutlich: Der Herr vergilt das seinetwegen auf sich genommene Leiden: „Ich will diese Menschen so inniglich durchküssen und minniglich umarmen, daß ich sie bin und sie ich sind und wir beide immer und ewiglich ein einiges Ein bleiben werden."[224] Einmal zeigt ihm ein Engel das Innere seines eigenen Herzens: „Schau, wie der minnegliche Gott mit deiner minnenden Seele sein Minnespiel treibt!" Da wird sein Leib durchsichtig wie Kristall, und mitten in seinem Herzen sieht er die Ewige Weisheit mit seiner Seele beisammensitzen. „Sie neigte sich ihm in Liebe zu, von seinen Armen umfangen und an sein göttliches Herz gedrückt. Und so verzückt und ‚ertränkt' lag sie unter den Armen des geliebten Gottes."[225] Mit einem neuen, mystischen Namen („novo et mystico nomine") nennt ihn die Ewige Weisheit „Bruder Amandus"[226]: der, den man lieben muß.

Seuses Schauungen sind so bildhaft wie nur je die der Frauenmystik: Himmlische Jünglinge ziehen ihn in einem jubilierenden Tanz hinein „in den wilden Abgrund der göttlichen Verborgenheit"[227]. Wie Franziskus[228] erscheint ihm „in einem geistlichen Gesicht ein Gleichnis des gekreuzigten Christus im Bilde eines Seraphs", dessen Flügel mit Aufforderungen zum Leiden beschrieben sind[229]. Allerdings ist sich der Theologe in ihm dessen vollkommen bewußt, das man das Bild- und Weiselose nicht in Bilder fas-

[220] Zum Beispiel Bihlmeyer 250, Horol., ed. cit. 527, 422 bzw. Leben 3, ed. Bihlmeyer 14.
[221] Leben 3, ed. Bihlmeyer 14, Horol., ed. Künzle 379 f.
[222] Büchlein d. Ew. Weish. 5, ed. Bihlmeyer 212.
[223] Leben 3, ebd. 15.
[224] Leben 32, ebd. 93.
[225] Leben 5, ebd. 20.
[226] Horol., ed. Künzle 591.
[227] Leben 5, ed. Bihlmeyer 21.
[228] Vgl. o. S. 164 f.
[229] Leben 43, ebd. 144 f.

Abb. 23 „Der diener der ewigen wisheit" - „Er hat mich vnd ich in minneklichen vmbuangen, dez stan ich aller creaturen ledig vnd bin mit in vnbehangen": das Minnespiel der Ewigen Weisheit mit Seuses Seele im seinem Inneren.

Seuse, *Exemplar:* ms. 2929, f. 8 v, um 1370, Bibliothèque nationale, Strasbourg.

sen dürfe, er läßt sie aber nicht nur aus didaktischen Gründen zu[230], sondern ganz offenbar, weil sie seinem eigenem Erleben entsprechen. Manche seiner Schauungen sind ihm weder in einer Ekstase noch im Schlaf eingegeben worden, sondern „plakative" Verbildlichungen abstrakter Konzepte, geistliche Allegorien, aber wohl nicht systematisch „am Schreibtisch" ausgedacht, sondern in schöpferischer Inspiration gestaltet. Er sagt selbst von seinen Visionen, sie seien nicht alle wörtlich zu verstehen, sondern es handle sich um figürliche Ausdrucksweise, z. B.: „Da sah er zwischen Himmel und Erde ein Gleichnis schweben ..."[231]. Viele andere, bekräftigt er dagegen, geschahen genau so, wie er sie schildert[232].

Deutlich sind die Elemente der höfischen Kultur im Werk des Mystikers, auch hierin Dichterinnen wie Hadewijch und Mechthild von Magdeburg vergleichbar. Einerseits spielt die Metapher vom geistlichen Ritter[233] eine große Rolle in seinem Werk: er sieht sich als Kämpfer im Lehensdienst der Himmlischen Weisheit, empfängt in Ekstase ritterliche Kleidung, nennt sich des zarten Herrn „geistlichen Ritter"[234] usw. Die wenigstens seit der Benediktusregel so verbreitete Deutung des Mönchslebens als „militia Christi", als Kampf für den Herrn und gegen die Dämonen und Laster, bot die theologische Rechtfertigung für dieses Bild, zumal sie besonders zum Selbstverständnis des Predigerordens gehörte[235]. Andererseits zeigt sich der Charismatiker von der höfischen Liebeslyrik inspiriert, ja zitiert sogar einmal weltlichen Minnebrauch als sein Vorbild[236]. Auch verehrt er Maria wie ein Minnesänger die „hohe Frau".

Die große Bedeutung, die Passionsfrömmigkeit in Seuses Werk hat, desgleichen die Devotion zum Namen und Herzen Jesu, zur Eucharistie, ebenso die Marienverehrung führen weg von Eckhart und zeigen klar, daß dessen Spekulationen nur eine Komponente neben anderen in der Lehre dieses schwäbischen Mystikers waren. Seuse ist wesentlich traditioneller, gefühlsbetonter, konkreter und „körperlicher". Letzteres manifestiert sich auch in der Wichtigkeit, die das Medium Bild für sein Andachtsleben besitzt. Eine Miniatur der Ewigen Weisheit z. B. trägt er lange mit sich umher[237]. Seine Spiritualität[238] steht der der gleichzeitigen Frauenmystik näher als der der anderen Vertreter der rheinischen Mystik. Schließlich waren Frauen auch seine wesentlichen Gesprächspartner, von seiner Mutter angefangen über

---

[230] Leben 53, ebd. 191 ff.
[231] Büchl. d. Wahrh. 5, ed. Bihlmeyer 338.
[232] Horol., ed. Künzle 366.
[233] Vgl. P. Dinzelbacher, Miles Symbolicus. Mittelalterliche Beispiele geharnischter Personifikationen: G. Blaschitz u. a. (Hgg.), Symbole des Alltags, Alltag der Symbole. Festschrift H. Kühnel, Graz 1992, 49–85.
[234] Bihlmeyer 151, 205.
[235] Horol., ed. Künzle 95 f.
[236] Horol., ed. Künzle 596.
[237] Leben 35, ed. Bihlmeyer 103.
[238] Bynum, feast 102 ff.

Elsbeth Stagel bis zu den zahlreichen Nonnen in den von ihm betreuten Klöstern. Abgesehen von den Werken des im Orden ja seit 1286 und dann noch unausweichlicher nach seiner Heiligsprechung 1323 obligatorischen Thomas von Aquin sowie Meister Eckharts finden sich besonders Spuren der Lektüre Cassians, des Pseudo-Dionysius, Bernhards, Bonaventuras.

Im Anschluß an die Beschreibung einer seiner Christuserscheinungen formuliert Seuse ein Grundproblem jedes Sprechens über Mystik und formuliert es so anschaulich, daß es hier zur Gänze stehen soll:

> „Ein ding sol man wússen: als unglich ist, der ein suezes seitenspil selber horti suezklich erklingen gegen dem, daz man da von allein hoert sprechen, als ungelich sint dú wort, dú in der lutren gnade werdent enpfangen und usser einem lebenden herzen dur einen lebenden munt us fliezent gegen den selben worten, so sú an daz tôt bermint koment, und sunderliche in tútscher zungen; wan so erkaltent sú neiswe und verblichent als die abgebrochnen rôsen, wan dú lustlich wise, dú ob allen dingen menschlich herz rueret, dú erloeschet denne, und in der túrri der túrren herzen werdent sú denn enphangen."[239]

> Eines soll man wissen: so wie es eines ist, ein liebliches Saitenspiel selbst lieblich erklingen zu hören, und ein anderes, davon bloß sprechen zu hören, so sind auch dieselben Worte, wenn sie in lauterer Gnade empfangen werden und aus einem lebenden Herzen durch einen lebenden Mund strömen, eines, und sind etwas anderes, wenn sie auf das tote Pergament kommen, und besonders im Deutschen. Denn dann erkalten sie irgendwie und verblassen wie die abgebrochenen Rosen, denn die holde Weise, die über alle Dinge ein Menschenherz rührt, die erlischt dann, und in der Dürre dürrer Herzen werden sie dann empfangen.

Diese Worte bleiben wohl für die Kommunikation jeder mystischen Erfahrung gültig. Seuse, der wie nicht viele andere Charismatiker darum betete, andere Menschen möchten im Erdenleben ebenso die geistliche Vermählung mit dem Herrn erleben dürfen[240], scheint auch diese Unvermittelbarkeit besonders berührt zu haben. Das Ziel seiner Mystagogie war es ja, „den Initiand zu eigenen Erfahrungen anzuleiten, ihm behilflich zu sein, seine Erfahrungen zu ordnen und richtig auszulegen"[241]. Vielleicht hat er deshalb so vieles aus der Intimität seines inneren Lebens preisgegeben, und wahrscheinlich berührt gerade das auch noch den heutigen Leser seiner Werke am stärksten.

Sicher hat Seuse in Predigten und Lehrdialogen manche ZuhörerInnen unmittelbar begeistert; „Hilfe, ich schwimme in der Gottheit wie ein Adler in der Luft!"[242], soll eine begeisterte geistliche Tochter einmal ob seiner subtilen Ausführungen ausgerufen haben. Jedenfalls war seinen Schriften wesentlich weitere Verbreitung bestimmt als den Eckhartschen oder Taulerschen; vielleicht war nur Thomas von Kempen mit der *Imitatio Christi* im Spätmit-

---

[239] Büchl. d. Ew. Weish., Prol., ed. Bihlmeyer 199.
[240] Horol., ed. Künzle 593.
[241] H. Stirniman, Mystik und Metaphorik. Zu Seuses Dialog: Freiburger Zs. f. Philosophie und Theologie 25, 1978, 233–303, 258.
[242] Leben 51, ed. cit. 180.

telalter beliebter als er. Vom *Horologium* (das, da zunächst anonym tradiert, auch fälschlich anderen Verfassern zugeschrieben wurde) entstanden viele volkssprachliche Übersetzungen: in Mittelfranzösisch, Mittelniederländisch, Italienisch, Mittelenglisch, Alttschechisch, Dänisch, Schwedisch, Ungarisch. Manche Manuskripte sind mit exzellenten Miniaturen ausgestattet[243]. Surius übertrug 1555 die deutschen Seuse-Texte ins Lateinische, womit ihnen eine internationale Rezeption gesichert war. Von den mystisch Ergriffenen haben ihn im Mittelalter besonders Ursula Haider und Geert Grote geschätzt, dann auch Bernhardin von Laredo, Alphons Maria von Liguori, Scaramelli u. a. Für die Romantiker wie Herder, Görres und Brentano scheint er ein Inbegriff des katholischen Mittelalters gewesen zu sein.

Daß Seuse eine so bedeutende Stellung in der mittelalterlichen Mystik innehat, geht primär darauf zurück, daß seine Schriften erhalten sind. Leider wissen wir von anderen Charismatikern oft gerade nur den Namen und das eine oder andere unzuverlässig überlieferte Detail. Gänzlich unbekannt geblieben ist etwa ein Pfarrer von Nesselwang, Johannes von Kempten (ca. 1280–1350)[244], der mehrmals des Tages verzückt gewesen sein soll und mit den Armen Seelen verkehrte. Er sei nur als Beispiel für all die praktischen Mystiker erwähnt, deren Geschicke wir nicht mehr verfolgen können, und als Erinnerung daran, daß die besprochenen Phänomene verbreiteter waren, als es heute den Anschein hat.

Bei JOHANNES TAULER (ca. 1300–1361)[245] tritt dagegen sowohl das spekulative als auch das experimentielle mystische Element zurück. Seine deutschen Predigten – anderes haben wir nicht von ihm – sind auf die Praxis des religiösen Lebens ausgerichtet, sind moralisch bis mystagogisch. Gewiß, er besaß ein Exemplar der Offenbarungen Mechthilds von Ha[c]keborn[246] und verbreitete Seuses *Horologium*[247].

Auch der Straßburger Tauler wurde jung, mit fünfzehn, Dominikanermönch, durchlief aber nicht die höchsten Grade der Ausbildung, sondern begnügte sich mit dem Amt eines Stadtpredigers und Lektors im Hausstudium. Über sein Leben gibt es fast nur legendäre Nachrichten, nicht einmal, ob er seine Ordensbrüder Eckhart und Seuse persönlich kannte, wissen wir sicher, wenn wir es auch als wahrscheinlich bezeichnen dürfen. Jedenfalls hatte er mit den Gottesfreunden[248] Kontakt, mit Heinrich von Nördlingen

---

[243] Vgl. z. B. P. R. Monks, The Brussels Horloge de Sapience, Leiden 1990.

[244] Lama, Aufbau 123.

[245] Predigten, ed. F. Vetter, Berlin 1910 (ND Dublin 1968). – B. Fraling, Tauler: Wörterbuch 478–480. – Davies, God 73–98. – W. Oehl, Deutsche Mystiker IV: Tauler, Kempten o. J. [1919]. – Haas, Mystik 268–275. – Nigg, Dreigestirn 91–138. – L. Gnädinger, Tauler: DS 15, 57–79. – G. Wrede, Unio Mystica. Probleme der Erfahrung bei Johannes Tauler, Uppsala 1974.

[246] Lanczkowski, Erhebe 25.

[247] Horol., ed. Künzle 20.

[248] Vgl. u. S. 331 ff.

Abb. 24 Seuse zu Füßen der Ewigen Weisheit, die eine Uhr reguliert, welche mit einer Glok-ke (ganz oben) verbunden ist, Symbol der Überzeitlichkeit Christi. Beispiel einer Luxus-Hand-schrift eines Mystikertextes, hier einer mittelfranzösischen Übersetzung des *Horologium Sapien-tiae*.

Seuse, *Orologe de Sapience,* Prol.: MS. IV 111, f. 13 v, M. 15. Jh., Bibliothèque Royale, Brüssel.

und Merswin, dessen Seelenführer er wurde. Die Kehr nach innen hält er für eine späte Entwicklung im Menschenleben, zwischen dem vierzigsten und fünfzigsten Jahr anzusetzen. Er wird also fälschlich verallgemeinernd „in seinen Ansprachen nachgezeichnet haben, was er selbst durchlebt hatte"[249]; fälschlich, denn dieser Ansatz widerspricht dem Bild, das man aus den Viten der katholischen MystikerInnen und Heiligen sonst gewinnen kann, die in den allermeisten Fällen schon in der Jugend ihre Gnadenerfahrungen hatten bzw. ihre Konversion erlebten.

Seine Lehre, die wir nur aus (von ihm möglicherweise autorisierten) Predigtnachschriften seiner Hörerinnen kennen, setzt sich, abgesehen vom ordensspezifischen Thomismus, aus Elementen der weitverbreiteten zeittypischen Frömmigkeit und Eckhartschem Gedankengut zusammen. Ersterer gehört die Passionsmeditation an, die Verwendung von Bildern, die Betonung der Erkenntnis der eigenen Nichtigkeit als Anfang, das Konzept von Stufen der Reinigung bzw. Erleuchtung, das Verständnis des angenommenen Leidens als Vorbereitung auf die Gottesbegegnung. Den Aufstieg beschreibt Tauler von der bildhaften Betrachtung (meditatio), entsprechend der sinnlichen Minne, über die bildlose Betrachtung (contemplatio – weise Minne) hin zur Einung (unio – starke Minne)[250]. Gott zieht sich freilich bisweilen absichtlich von uns zurück, um uns durch diese schmerzliche Entbehrung weiter zu reinigen[251] – ein Hauptthema Hadewijchs wie der frühneuzeitlichen Karmelitermystik.

„Eckhart ist für Tauler der Übermittler der Gedankengänge von Augustin – Thomas und Proklos – Pseudo-Dionysios."[252]. Von Eckhart kommt das Konzept des Lassens der geschöpflichen Welt, der geistlichen Armut, die Abgeschiedenheit, der Seelengrund als Ort der Gegenwart Gottes, die Vorstellung der Gottesgeburt, aber ohne die kühnen Verabsolutierungen des Thüringers und unter Betonung des ethischen Aspekts. Die „Unio mystica ist eine Seins-Erfahrung, die die Zusammengehörigkeit mit dem Sein alles Seienden in sich schließt."[253] Sie bedeutet auch ein Gefühlserlebnis, speziell das der Süße, und kann deshalb „genossen" werden. „Hier zeigt sich die ontologische und intellektuelle Auffassung als zugleich psychologisch und emotionell."[254] Sie gründet, dogmatisch unproblematisch, in größtmöglicher Angleichung des menschlichen an den göttlichen Willen. Freilich wirkt die Betonung völliger Zurückhaltung nach außen im Ungemach nahezu quietistisch. Orthodox ist auch die Unterstreichung, daß die Seele nur durch Gnade zu dem wird, was Gott seiner Natur nach ist: „gottfarben, göttlich,

---

[249] Fraling 479.
[250] Zingel, Passion 63 f.
[251] Davies, God 88.
[252] Wrede 276.
[253] Ebd. 279.
[254] Ebd. 280.

gottig"[255]. Wie Eckhart der historischen Geburt des Heilands in die Erden-
welt die Geburt des Wortes in die Einzelseele gegenübergestellt hatte, entkleidet Tauler das Pfingstereignis seiner geschichtlichen Einmaligkeit, wenn
er sagt: „Dieser minnigliche heilige Geist wird einem jeglichen Menschen so
oft und so viele Male zuteil, als er sich mit aller Kraft von allen Kreaturen
abkehrt und zu Gott kehrt."[256] Die Unio im „gemuet" schildert er schön als
Gnadengabe des Geistes, den manche mit den Sinnen empfangen, manche
edler mit der Vernunft und andere in ihrem Verborgensten, wenn Verstand
und Weisheit den Menschen

> „in den göttlichen Abgrund [führen], wo Gott sich selbst erkennt und sich selbst
> versteht und seine eigene Weisheit und Wesenheit schmeckt. In diesem Abgrunde
> verliert sich der Geist so tief und in so grundloser Weise, daß er von sich selbst
> nichts weiß. Er kennt da weder Wort noch Weise, weder Schmecken noch Füh-
> len, weder Erkennen noch Minnen ..."[257]

In Anspielung auf Psalm 41, 8 formuliert der Prediger: „und werden die zwei
abgründe ein einig ein"[258].

Der Erlebnismystik der Frauen stand Tauler trotz gelegentlicher Skepsis[259]
nicht prinzipiell feindlich gegenüber wie Eckhart; er zitierte Beispiele[260] und
stand mit Christine Ebner in Briefkontakt. Einmal fordert er sogar eine Nonne auf, den Chorgesang zu unterbrechen, um in den Seelen-Grund einzudrin-
gen[261]. Wäre dieser Rat an die falsche Stelle gelangt, oder auch seine laxe
Ansicht über die Notwendigkeit der Ohrenbeichte[262], oder vor allem die über
die Kompetenzlosigkeit des Papstes gegenüber den vom Geiste Getriebe-
nen[263], so würde die katholische Kirchengeschichtsschreibung Tauler höchstwahrscheinlich unter den Ketzern zu behandeln haben[264].

Taulers Predigten waren in ihrer Innigkeit, Abgeklärtheit und Bildhaftig-
keit weiteren Kreisen zugänglich als Eckharts Werke. Sie waren deshalb
außerordentlich verbreitet und wurden seit 1498 oft gedruckt und vielfach
übersetzt, die lateinische Fassung von 1548 sogar einmal im protestantischen
und einmal im katholischen Sinn zurück ins Deutsche[265]. Luther und manche seiner Anhänger lasen sie mit Zustimmung, weswegen sie Petrus Canisius
mit einer Verteidigung von Taulers Katholizität herausgab[266] und sie die
päpstliche Zensur auf den Index setzen ließ. Trotzdem wäre die Liste auch

---

[255] Haas, Mystik 272.
[256] Oehl 47.
[257] Oehl 55.
[258] Vetter 176.
[259] Kunze, Studien 66 f.
[260] Oehl xxvi.
[261] Vetter 342.
[262] Ebd. 165.
[263] Ebd. 258.
[264] Vgl. McLaughlin, Heresy 45 ff.
[265] Oehl xxvii.
[266] Davies, God 76.

katholischer Mystiker, die sich in der Neuzeit vom „Tauler" faszinieren lie-ßen, lang: Blosius, Angelus Silesius, Paul vom Kreuz, aber auch Arndt und Tersteegen. Freilich war durchaus nicht alles, was vor der Editio critica von 1910 unter seinem Namen umlief, tatsächlich aus seiner Feder geflossen.

Abhängig besonders von den mystischen und theologischen Schriften der Dominikaner zeigt sich ein gegen Ende des vierzehnten Jahrhunderts in Sach-senhausen (Frankfurt) wirkender Deutschherr, der sogenannte FRANCKFOR-TER[267]. Zentrales Thema seines *Theologia deutsch* genannten Traktates ist ihm „die Lehre von der möglichen Vergottung des Menschen im Lichte der ver-mittelnden Vorbildlichkeit Christi, des ,Christuslebens'"[268], weswegen völ-lige Aufgabe des Eigenwillens und Gehorsam betont werden. Nur so kann der sündige Mensch zu dem in seiner Seele stets schon verborgenen Gott zurückkehren. Daher erscheinen die äußeren Gnadenmittel irrelevant gegen-über der Verinnerlichung der Frömmigkeit. Schon die Nachfolge Christi entspricht der mystischen „via illuminationis". Besonders interessiert den Franckforter die Unterscheidung der Geister, speziell in Absetzung der „wahren" (d. h. kirchentreuen) Gottesfreunde gegenüber der Sekte vom Freien Geist[269]. Der Autor fußt weitgehend auf der thomistischen Theologie, aber auch auf Pseudo-Dionysius und Tauler; die Darstellung ist eklektisch und kompilierend. Die *Theologia deutsch* hat vor allem dadurch Bekanntheit erlangt, daß Luther sie in seiner vorreformatorischen Zeit zweimal ediert hat; sie hat aber in der frühen Neuzeit auch viele andere mystisch interessierte Leser gefunden, wie etwa Sebastian Franck und Valentin Weigel. Im Katho-lizismus wurde sie dagegen ungeachtet ihres orthodoxen Inhalts wegen ih-res Ersteditors abgelehnt.

Es gehört zu den Hauptthesen gegenwärtiger germanistischer Mystikfor-schung, daß das dominikanische „Dreigestirn" seine Lehren sowohl aufgrund von Anregungen als auch noch weit mehr als korrigierende Reaktion auf die Erlebnismystik der Frauen hin entwickelte, denen sich diese Dominikaner in ihrer Funktion als Prediger, Seelenführer und Beichtiger in den Nonnen-klöstern des Ordens gegenübersahen. Erstaunlich ist dabei freilich, wie ver-gleichsweise wenig die erhaltenen autobiographischen und biographischen Texte aus diesem Bereich an intellektualistischer Wesensmystik enthalten. Sie kreisen vielmehr um Gotteserlebnisse, die die Strömung der Brautmystik beginisch-zisterziensischer Prägung fortsetzen, wie sie auch in Helfta gelebt wurde. Dazu kommt eine ganz intensive Entwicklung der Passionsmedita-tion, die immer wieder in erlebte Szenen des Leides umschlägt. Tatsächlich

---

[267] U. Mennecke-Haustein, Theologia deutsch: DS 15, 459–463. – J. Weismayer, Theologia deutsch: Wörterbuch 484 f.
[268] Haas, Mystik 304.
[269] Vgl. o. S. 293 ff.

gibt es in der Mystik der südwestdeutschen DOMINIKANERINNEN[270] vom dreizehnten bis zum fünfzehnten Jahrhundert so viele stets wiederkehrende Züge, daß man, wenn überhaupt, dann hier von einer spezifischen Ordensspiritualität sprechen könnte – freilich einer dem weiblichen Zweig spezifischen, denn wenigstens Eckhart wollte weder die Asketepraktiken der Schwestern noch ihre Visionsmystik, und abgesehen von Seuse kennen wir keine zeitgenössischen deutschen Dominikaner, deren eigene religiöse Erfahrungen hier vergleichbar wären. Andere Orden, namentlich die Franziskanerinnen, bei denen man Ähnliches von der vom Ordensstifter und Pseudo-Bonaventura herkommenden Passions-Tradition eher erwartet hätte, brachten nur wenige Einzelpersonen von ähnlicher Religiosität hervor.

Diese Konvente gehören alle dem südwestdeutschen Raum an: Unterlinden, Adelhausen, Ötenbach, Katharinental, Engeltal, Kirchberg, Töß, Schönensteinbach, Weiler. Die übersinnlichen Erlebnisse ihrer Bewohnerinnen ähneln einander zu einem großen Teil. Die Gründe dafür sind noch nicht wirklich untersucht: die analoge Form der literarischen Aufzeichnung über diese Gnadengaben, die „Schwesternbücher", berechtigt wohl, gemeinsame Vorlagen wie die Werke des Ordenschronisten Gerhard von Fracheto und des Ordenshagiographen Dietrich von Apolda anzunehmen und die Möglichkeit eines Austausches der Nonnenviten von Konvent zu Konvent zu erwägen, jedoch verkennt der Versuch, das Problem auf die rein literarische Ebene zu verlagern, vollkommen die hinter diesen Texten stehende und durch andere Quellen bestätigte Lebenswirklichkeit mystischer Erfahrung religiös begnadeter Frauen in jener Epoche. Vielmehr ist zu fragen, inwieweit gemeinsame Meditationstechniken, spezielle Formen der Askese und Ernährung, besonders aber gegenseitige psychodynamische Beeinflussung zu ähnlichen Phänomenen führen konnten. Auch scheint ein bestimmter emotioneller, wenn auch einförmiger Wortschatz (Verkleinerungsformen, emphatische Ausdrücke, drängende Wiederholungen, Synonyme und Steigerungen) unter den Nonnen üblich gewesen zu sein[271]. Daß Eckhart und Tauler in einigen dieser Konvente gepredigt haben, ist jedenfalls nicht der Grund für diese Form der Frauenmystik, denn ihre Predigten sprechen gerade nicht von dem, was den Hauptinhalt der Erfahrungen dieser Dominikanerinnen ausmacht: die Begegnung mit dem Herrn als Kind, als Mann, als Leidendem.

Bei den Angehörigen des Zweiten Ordens der Prediger darf von Erlebnismystik fast als Massenphänomen gesprochen werden. Einerseits gab es Szenen, wo sämtliche Schwestern bei der Liturgie verzückt wurden und der ganze

---

[270] P. Dinzelbacher, Deutsche Dominikanerinnen: Wörterbuch 105 f. – Tanz, Werner, Laienmentalitäten 35–127. – Kunze, Studien. – Blank, Nonnenviten. Vgl. als Einzelanalysen etwa M. Grabmann, Deutsche Mystik im Kloster Engelthal: Sammelblatt des historischen Vereins Eichstätt 25/26, 1912, 8–43; E. Krebs, Die Mystik in Adelhausen: Festgabe, enthaltend vornehmlich vorreformationsgeschichtliche Forschungen, H. Finke zum 7. August 1904 gewidmet, Münster 1904, 43–105, mit Parallelen aus anderen Klöstern.

[271] Blank, Nonnenviten 135 ff.

Konvent wie tot oder in Wein- und Lachkrämpfen im Chor lag (so mehrfach überliefert aus Engeltal[272]). Andererseits berichten die lokalen Klosterchroniken und Sammelviten einander ganz ähnliche Auditionen, Erscheinungen, Visionen, Verzückungen, Tränengabe, Unionserlebnisse und andere Charismen von so zahlreichen Nonnen, daß es geradezu als außerordentlich hervorgehoben wird, wenn eine von ihnen nicht mystisch begabt war[273]. Zweifellos spielt hier ein Imitations- und Konkurrenzverhalten eine Rolle – ähnlich gab es ja in der Neuzeit auch Klöster und Haushalte, wo eine Frau nach der anderen Besessenheitsphänomene zeigte, bis die ganze Gemeinschaft exorziert werden mußte[274] –, genauso wie ein literarischer Faktor, nämlich das Zirkulieren solcher Sammelviten von Kloster zu Kloster und damit die Übertragung von Vorbildern. Von Vorbildern nicht so sehr für die Verfasserinnen, sondern für die Phantasiewelten der Mystikerinnen. Die Hauptthemen dieser (meist zur Erbauung späterer Nonnengenerationen aufgezeichneten) Texte sind die Askeseleistungen und das innere Leben der Schwestern, wobei vielleicht weniger der Einigungs- als der Passionsmystik besonderes Gewicht zukommt. „lident, lident vnd senket úwer liden in die wunden unsers herren!"[275], dieser Ausspruch der Adelheid Pfefferhartin aus Katharinental könnte als Motto über dem religiösen Leben dieser Klöster stehen. Nicht umsonst gehörten die Väterleben[276] zur Lieblingslektüre dieses Ordens. Bei manch einer Nonne wurde die Passionsmeditation so intensiv, daß sie an ihrem Körper die Stigmen ausbildete[277]. Doch sind auch viele Begegnungen mit dem Himmelsbräutigam aufgezeichnet, was die täglich gebetete Liturgie, die Stellen aus dem *Hohenlied* enthielt, befördert haben muß[278].

Geben wir ein Beispiel für die Atmosphäre in vielen dieser Dominikanerinnenklöster: Katharina von Gebersweiler († 1330/45?)[279], wahrscheinlich die gebildetste der Verfasserinnen eines Nonnenbuches, die einzige, die in durchaus qualitätvollem Latein schrieb, schildert die Dominikanerinnen des Colmarer Konvents Unterlinden als leuchtende Vorbilder ob ihrer Liebe zueinander, ihrer Strenge bei der Bestrafung von Fehlern, ihrer feurigen Andachtsübungen:

---

[272] Zoepf (wie u. S. 324, Anm. 331) 22.

[273] Christine Ebner, Buchlein von der genaden uberlast 8. Vgl. P. Dinzelbacher, Engelt(h)al: LexMA 3, s. v.

[274] R. Mandrou, Magistrats et sorcièrs en France au XVIIe siècle, Paris 1980, 198 ff.

[275] A. Birlinger, Leben hl. alemannischer Frauen des Mittelalters V: Alemannia 15, 1887, 150–184, 153.

[276] Vgl. H. Erharter, Vitae patrum: LThK 10, 821.

[277] Krebs 88. – Kunze, Studien 170 ff.

[278] Krebs, 55 Anm. 5.

[279] Les „Vitae Sororum" d'Unterlinden, ed. J. Ancelet-Hustache: Archives d'histoire doctrinale et littéraire du moyen-âge 5, 1930, 317–509. – P. Dinzelbacher, Katharina v. Geberweiler: VL 4, 1073–1075. – L. Pfleger, Die Mystik in Unterlinden: Colmarer Jahrbuch 3, 1937, 35–45.

„Einige mühten sich mit häufigen Kniebeugen und schlugen sich selber unter der
Anbetung der Majestät des Herrn; andere, verflüssigt im Feuer göttlicher Liebe,
vermochten sich der Tränen nicht zu enthalten. Die andächtige Stimme der Weinenden ließ sich deutlicher vernehmen, und sie ließen hiervon nicht ab, bis sie
für eine neue Gnade erwärmt waren und denjenigen fanden, ‚den ihre Seele liebt'.
Andere geißelten und zerrissen sich jeden Tag aufs heftigste das Fleisch durch
Rutenstreiche, andere mit knotenreichen Riemen, welche zwei oder drei Ausläu-
fer hatten, andere mit Eisenketten; noch andere aber mit Dornengeißeln. In der
Advents- und der ganzen Fastenzeit kamen alle Schwestern nach der Frühmette
im Kapitelsaal oder anderswo zusammen und zerfleischten ihren Leib, bis das Blut
floß, und peitschten denselben aufs grausamste feindselig, so daß der Schall der
Schläge das ganze Kloster durchdrang und süßer als jede andere Melodie zu den
Ohren des Herrn Sabaoth emporstieg, welchem solche Werke der Demut und
Andacht sehr gefallen ... Ihr Verlangen hat sie auch nicht getäuscht, denn reichlich ergoß sich von oben über sie die Flut der Gnaden. Auf diese und viele andere Weisen näherten sie sich dem Herrn."[280]

Ausdrücklich werden diese und weitere Martern – so hart, daß „die heiligen
Schwestern" in bluttriefender Kleidung einhergehen – als Nachfolge von
Christi Leiden bezeichnet[281]. Sogar die Selbstverwundung, hier nicht mit dem
Namen Jesu, sondern mit dem in die Brust eingeschnittenen Kreuz, fehlt
nicht[282]. Auch aus anderen Klöstern wird ein solches Askeseverhalten als all-
täglich geschildert: die Schwestern schlugen sich mit Eisenketten, Geißeln
usw., „daß es ein Graus war"[283], erzählt die Nonne Elsbeth Stagel aus Töß.
Das allgemeine Weinen und Schreien konnte in die Verzückung übergehen[284].

   Dann beschreibt Katharina noch zweiundvierzig Nonnen im einzelnen, die
sich durch besondere Askese und besondere Begnadungen auszeichneten.
Nicht sehr zahlreich sind die eigentlichen Visionen: mehrfach wird der Himmel geschaut, wo Christus die Messe zelebriert oder der für die Seherin bestimmte Thron steht und der Heilige Geist sie einen neuen Hymnus lehrt[285];
einmal auch das Fegefeuer[286]. Sehr häufig sind die Erscheinungen, vor allem
die Christi, sei es am Altar, während der Passion, an der Geißelsäule, als Kind,
Jüngling, Lepröser ...[287] Auch Maria kommt des öfteren[288], desgleichen die
Heiligen[289]. Bedeutenden Raum nimmt das Auftauchen der Toten ein, meist
im Fegefeuer büßende Mitschwestern, die Gebetshilfe erhoffen[290]. Mystische

---

280 c. 4, ed. cit. 340 f., Übersetzung orientiert an L. Clarus, Lebensbeschreibungen der ersten
     Schwestern des Klosters der Dominikanerinnen zu Unterlinden, Regensburg 1863.
281 c. 5, ed. cit. 342.
282 c. 35.
283 Ed. cit. (u. S. 320, Anm. 299) 14.
284 Krebs 98.
285 Vitae sororum c. 11; 36; 42.
286 c. 23.
287 c. 15; 44; 23; 24; 27.
288 Zum Beispiel c. 23, 25, 33.
289 Zum Beispiel c. 13, 20, 25, 36.
290 c. 12, 23, 28, 45, 49, 52.

Kernerlebnisse scheinen seltener: Agnes von Ochsenstein erfährt die in feierlich rechtlicher Form vollzogene Vermählung mit dem Erlöser[291], Gertrud von Bruck erlebt die Passion, worauf sie ohnmächtig zusammenbricht[292]. Es wiederholen sich jedoch auch die Themen Jubilus, Visio intellectualis, Entrückungen ins Heilige Land, zu Paradies und Himmel …

Trotzdem ist es bei Katharina nicht so, daß diese Berichte von religiösen Erfahrungen durchgehend austauschbar wären, sondern es lassen sich ohne weiteres einzelne Persönlichkeiten unterscheiden. Das Denken Gertruds von Herkenheim etwa kreist um Jesus, den sie in einem kleinen Knäblein an der Klosterpforte sieht oder in einem Leprösen, von dessen Trinkwasser sie auch den anderen Schwestern zu deren großer Erbauung reicht[293]. Oder Hedwig von Lofenberg, die von verschiedenen Heiligen und den Vorfahren Christi im Freudentanz umringt wird und die Seelen der Seligen und die Engel schaut[294]. Die bedeutendste mystische Begabung unter den Colmarer Dominikanerinnen war aber sicher Adelheid von Rheinfelden[295], die neben Christus- und Marienerscheinungen auch vom Totenheer und von Jenseitsvisionen berichtete, doch ebenso von ekstatischen Erleuchtungen und der „dulcissima unio". Die Gottesmutter ist (wie in den zisterziensischen Exempelsammlungen) in den monastischen Alltag hineingenommen: sie sitzt im Arbeitshaus, feierlich geschmückt (was die Nonnen nicht durften), und kümmert sich „mit gütiger Sorge" um die Probleme der einzelnen, berät und hilft bei der Arbeit. Adelheid erscheint auch der blutende Passionsheiland und verwandelt ihren Kummer in Süße. Ihre Kontemplation war so intensiv, daß sie, daraus zurückkehrend, vermeinte, die natürliche Umwelt sei jedesmal neu geschaffen worden, und ihre Begnadung auch beim Spinnen so tief, „daß die Überfülle dieser göttlichen Süßigkeit und Gnade aus dem Inneren ihrer Seele in sichtbarer Weise aus den Nägeln ihrer Finger herausströmte"[296]. Es darf an dieser Stelle nochmals darauf hingewiesen werden, daß „Süße" in der Erlebnismystik nicht metaphorisch zu verstehen ist, sondern körperlich, speziell gustativ. Andere Nonnen empfinden in ihrem Gnadenleben ausdrücklich den Geschmack einer Honigwabe im Munde[297]. Der Adelheid Geishörnlin in Adelhausen wurde „die übermäßige Süßigkeit so groß, daß sie auffuhr, um den Altar ‚zwirbelte' und das Blut ihr zu Mund und Nase herausschoß."[298]

Unterlinden kann als exemplarisch auch für die Mentalität der anderen genannten Dominkanerinnenkonvente stehen, die wir hier nicht im einzelnen analysieren können. Das soll zwar nicht heißen, daß nicht auch in den

---

[291] c. 11.
[292] c. 27.
[293] c. 24.
[294] c. 36.
[295] c. 23.
[296] Ed. cit. 398.
[297] Krebs 74, Anm. 1.
[298] Ebd. 83.

anderen Klöstern trotz der Häufigkeit des genannten charismatischen Typus
die eine oder andere Frau doch als eigenständige Persönlichkeit faßbar würde, doch eher selten. Die allesamt in der Muttersprache aufgezeichneten
Charismen wurden nämlich oft nur in Form eines Registers von Askeseleistungen und Begnadungen überliefert, so daß die so apostrophierten
Schwestern kaum als individuelle Mystikerinnen erscheinen. Wenn von einer Schwester in Töß berichtet wird, die täglich tausend Ave Maria sprach[299],
fühlt man sich an asiatische Meditationstechniken erinnert, bei denen das
Wiederholen bestimmter Worte als Vorbereitung für Trancezustände fun-
giert. Exemplarisch für die Verschmelzung von Christkind- und Leidensmystik sind die Sehnsüchte der Adelheit von Frauenberg:

> „Sie begehrte, daß ihr die Haut abgezogen würde als Windel für unsern Herrn,
> ihre Adern als Fädlein für einen Rock für ihn, daß ihr Mark zu einem Mus für ihn
> zerstampft werde, daß ihr Blut für ein Bad für ihn vergossen werde, ihr Gebein
> verbrannt als ein Feuer für ihn …“[300]

Träume und Erscheinungen dominieren. Gelegentlich erfährt man auch von
unblutigen und unekstatischen Erscheinungen, so wenn Ita von Hollowe in
Katharinental mit dem „Jesuli“ mit den eigentlich für das Refektorium bestimmten Krautportionen Ball spielt[301] oder Elsbeth Heinburgin das Buch
aufschlägt, um darin „das kündli ‚vnsern herren‘“ in Windeln vorzufinden[302],
oder die genannte Adelheit in Töß an der Brust Mariens Milch saugen darf[303].
Bescheidene Gnaden vielleicht, aber wer mag entscheiden, wie sie von den
Schwestern empfunden wurden? Adelheit wird vom Schmerzensmann mit
seinen blutenden Wunden umarmt, aber als sie ihre freudige Bereitschaft zu
leiden kundtut, ist sein Leib auf einmal geheilt – das meint: auch der schwache Mensch hat dem großen Gott etwas zu geben. Den Aufzeichnerinnen
dieser Texte waren solche Erlebnisse jedenfalls echte mystische Wunder und
Zeichen persönlicher Heiligkeit.

Wiewohl wir keine vergleichbaren Quellen aus den Frauenklöstern anderer
Orden erhalten haben[304], gibt es gelegentliche Hinweise darauf, daß eine
ähnliche Spiritualität in manchen von ihnen nicht unbekannt war. So heißt
es von den Franziskanerinnen von Wittichen im Schwarzwald, bei ihnen
wären enthusiastische Zustände kollektiv aufgetreten:

---

[299] Elsbet Stagel, Das Leben der Schwestern zu Töß, hg. v. F. Vetter, Berlin 1906, c. 18, vgl.
105.
[300] Ebd. c. 22, ed. cit. 52.
[301] Ebd. 160.
[302] Ebd. 173.
[303] c. 22, ebd. 54.
[304] Leider ist das Nonnenbuch der Benediktinerinnen von Oostbroek bei Utrecht bis auf ein
Bruchstück verloren, s. H. Lindeman, Fragment eener onuitgegeven kloosterkroniek uit de
XIIe eeuw: OGE 1, 1927, 180–191.

„Wenn sie beisammen waren und von Gott redeten, wurden sie der Gnade so voll, daß sie lachten und fröhlich wurden von göttlicher Minne, daß sie recht taten, als ob sie ihren Sinn verloren hätten und sprangen und sangen; die eine lachte, die andere weinte, die dritte schrie mit lauter Stimme, etliche schwiegen. Wer sie gesehen hätte, hätte gemeint, sie seien betrunken."[305]

Auffallend ist auch die Zahl visionärer Phänomene, die in der Lebensbeschreibung der Klara von Montefalco von manchen ihrer Mitschwestern berichtet wird[306]. Und auch in den Mirakelsammlungen der Männerklöster tauchen gelegentlich echte und legendäre Erlebnisberichte mystischer Natur auf. Aus der Zisterze Waldsassen z. B. erzählt der seit 1313 amtierende Abt Johannes von Ellenbogen, wie Mönche sich in der Vision in aller Süße am nackten Jesusknaben ganz satt küssen[307].

Das Dominikanerinnenkloster Engeltal beherbergte im frühen vierzehnten Jahrhundert auch einen Mystiker, der im Gegensatz zu den dort lebenden bekannten Charismatikerinnen Christine Ebnerin und Adelheid Langmann bis vor kurzem ganz unbekannt geblieben ist, den Kaplan FRIEDRICH SUNDER (1254–1328)[308]. Er verfaßte eine deutsche Autobiographie (erhalten in der Form eines „Gnaden-Lebens"), die den liebenden Verkehr seiner Seele mit Gott, die Gespräche und Freuden des Priesters im Zusammensein mit Christus und Maria, seine Ehrungen im Himmel usw. beschreibt. Im Erleben des in die Gottheit „Gezogenwerdens" erfährt er die Unio mystica mit Freuden- und Süßigkeitsempfindungen. Mit der Muttergottes „kost" er[309], ebenso mit ihrem Kind. Daß brautmystisches Empfinden auch im Erleben keineswegs nur Frauensache war, zeigt etwa folgende Stelle: Das Jesulein sagt zu Maria: „Liebes Mütterlein, mache mir und meiner viellieben Gemahlin [Sunders Seele] ein vielwonnigliches Bettlein, worin ich und meine vielliebe Gemahlin miteinander unsere Kurzweil haben wollen ...„ Dahinein legt sich das Jesulein, „und Maria, seine heilige Mutter, die vereint die seelige Seele mit dem Jesulein ... mit minneglicher Freude und Kurzweil von Halsen und Küssen und Lachen ..." „Als das Jesulein seine Kurzweil mit der Seele vollbracht, wie er wollte", da läßt es die anwesenden Engel und Heiligen mit Geigen, Rotten und Harfen die Hochzeitsmusik aufspielen[310]. Die Anwesenheit der Brautmutter und der Zeugen entspricht altdeutschem Rechtsbrauch bei einer Eheschließung, die juristisch gültig sein sollte[311]. Das Connubium spirituale im Brautbett des *Hohenliedes* erweist sich so als visionäre Umsetzung seit Bernhards traditioneller Unionsmetaphorik. Immer wieder wird bei Sunder

---

[305] Berthold v. Bombach, ed. wie u. S. 330, Anm. 375, 453 f.
[306] Vgl. o. S. 245.
[307] c. 6; 10, Clarus (wie Anm. 280) 469 f.; 481 f.
[308] Ringler, Viten- u. Offenbarungsliteratur pass. – P. Dinzelbacher, Rezension: Zs. f. dt. Altertum 111/Anzeiger 93, 1982, 63–71.
[309] Ringler, Viten- u. Offenbarungsliteratur 433, 439.
[310] Ebd. 415 f.
[311] Ebd. 261.

ein ungewöhnliches Bewußtsein von Auserwählung deutlich, das so weit führt, daß er sich als Papst, König und Bischof versteht, der die vornehmsten Heiligen übertrifft[312]. Das Jesukind kommt zu seiner Seele „vnd vergottet die mit jm selb vnd veraint sich mit ir“[313]; Gott bekleidet seine Seele mit seiner Gottheit, „vnd macht ain gotten vß ir“; sie ist ihm insofern lieber als Maria, als er sie erlöst hat[314]. Sunders Seele ist Jesu „geistliche Mutter“, an deren Brüsten das Jesukind saugt zum Zeichen, „daß wir einander liebhaben sollen“[315]. Sunders Versuch, das Geschehen im nachhinein zu allegorisieren, bleibt schwach und unklar gegenüber der plastischen Schilderung. Schließlich hatte er selbst um _leibliche_ Gesichte und Auditionen gebeten[316]. Eigenartig ist, daß der Priester aber solche visionären Szenen nicht in Ekstase sieht, sondern ihm nachträglich durch Auditionen geoffenbart wird, was seine Seele im Traum schaute. Zweifelsohne war sein Wirken wie auch sein Werk anregend für die Engeltaler Nonnenmystikerinnen, wie auch seine Aufzeichnungen unter dem Einfluß Christine Ebnerins gestanden haben können. Vieles in seiner Erlebniswelt und in seinem sprachlichen Ausdruck kann als Symptom einer gewissen „Feminisierung“ der hoch- und spätmittelalterlichen Spiritualität[317] angesehen werden.

In ebendiesem Kloster Engeltal lebte seit ihrem zwölften Jahr CHRISTINE EBNER(IN) (1277–1356, sel.)[318]. Schon der Zwanzigjährigen sendet der „hohe König“ Christus im Traum einen Verlobungsbrief mit Ring und Krone. Auch sie bereitet ihre mystischen Erlebnisse mit ausgesuchter Kasteiung vor: „Sie schläft auf Nesseln oder im Winter auf bloßer Erde, preßt sich eine Igelhaut auf die Brüste, schneidet sich auf die Stelle des Herzens ein Kreuz ins Fleisch und reißt die Haut in Fetzen ab, daß das Blut fließt.“[319] Mystische Phänomene, besonders Visionen, setzen in ihrem vierzehnten Jahr ein. So erscheint ihr Christus einmal als Dominikaner, der für sie die Hostie unter seiner Zunge bereithält[320]. Sie fühlt sich vom Heiligen Geist schwanger, träumt, Jesus zu

---

[312] Ebd. 351.
[313] Ebd. 412.
[314] Ebd. 423.
[315] Ebd. 415.
[316] Ebd. 408.
[317] Vgl. Bynum, Jesus 272 s. v. feminization.
[318] Textedition fehlt! – P. Ochsenbein, Ebner: Wörterbuch 123. – U. Peters, Frauenmystik im 14. Jahrhundert: Weiblichkeit oder Feminismus, hg. v. Cl. Opitz, Weingarten 1984, 213–228. – Dies., Das „Leben“ der Christine Ebner: Ruh, Abendländische Mystik 402–422, 472 f. – Dies., Erfahrung 155 ff. – S. Ringler, Die Rezeption mittelalterlicher Frauenmystik dargestellt am Werk der Christine Ebner: Frauenmystik 178–200. – Oehl, Mystikerbriefe 344 ff. – D. Kramer, „Arise and Give the Convent Bread“. Christine Ebner, the Convent Chronicle of Engelthal, and the Call to Ministry among Fourteenth Century Religious Women: A. Classen (Hg.), Women as Protagonists and Poets in the German Middle Ages, Göppingen 1991, 187–207.
[319] Escherich, Visionenwesen 158.
[320] Peters: Ruh, Abendländische Mystik 408.

gebären und zu säugen. Dem Schmerzensmann saugt sie das Blut aus der Seitenwunde, wie so viele andere Mystikerinnen[321]. Jesus, Maria, die Heiligen tanzen vor ihr im Himmel. Während ihre eigenen Offenbarungen von ihr und einem Vertrauten aufgezeichnet werden, schreibt sie selber die früherer Mitschwestern auf und liest die der Mechthild von Magdeburg. Christine Ebners *Büchlein von der genaden uberlast* zeigt, in welchem spirituellen Klima diese Dominikanerinnen lebten: von den fünfzig von ihr erwähnten Nonnen in Engeltal ist nur eine ohne ekstatische Begabung![322] Ihr Ruf dringt in ihrem Alter weit über das Kloster hinaus, dem sie seit 1345 als Priorin vorsteht; Geißlerzüge besuchen sie, und sie spricht vor ihnen, selbst Kaiser Karl IV. kommt 1350 zu ihr; sie berät auch den Burggrafen von Nürnberg. Mit Tauler wechselt sie Briefe und empfängt Offenbarungen über seinen Gnadenstand. Der Gottesfreund Heinrich von Nördlingen OP, ein Sammler und Anreger von mystischen Aufzeichnungen, besucht sie in ihren letzten Lebenstagen. Ebner hat diesen Männern auch Botschaften mitzugeben, die nichts Mirakulöses an sich hatten: „Die Wissenschaft hat kurze Zeit, aber die Frucht der Minne bleibt ewiglich ... wir haben nichts Eigenes als die Zeit. Wenn wir die nicht wohl anlegen, so werden wir dort arm, wo unser Freudenhort sein sollte ...", belehrt sie Tauler[323]. Erlebnismystik und christliche Stoa schlossen einander gerade im vierzehnten Jahrhundert nicht aus.

Ihren Gipfel erfährt die leidfixierte Mystik der Dominikanerinnen bei ELSBETH VON OYE (um 1290 bis um 1340, sel.)[324]. Sie war schon mit sechs Jahren in das Züricher Dominikanerinnenkloster Oetenbach gekommen. Über ihr religiöses Leben hat sie tagebuchartig Aufzeichnungen geführt, die – ein seltener Fall – teilweise im Autograph erhalten sind. An dieser Handschrift sieht man die Zensur, die in jedem Kloster über die literarischen Erzeugnisse der Konventualen wachte: manches wurde in ihr ausradiert, aber von Elsbeth dann wiederum zurückverbessert. Der Text kreist, völlig introvertiert[325], „um ein einziges Thema: Elsbeth erstrebt und begehrt die möglichst vollkommene Compassio mit dem leidenden Heiland. Dieses Mitleiden, das zur ,glichsten glicheit' hinführen soll, schafft die Voraussetzung für eine ausschließlich im Leiden erfahrbare mystische Einung mit Gott."[326]

Neben der Geißel bedient sie sich dazu (wie Seuse) besonders eines Nagelkreuzes, ohne deshalb andere Methoden, wie Selbstfesselung oder Ungezie-

---

[321] Dinzelbacher, Frauenmystik 153 ff.

[322] Wie o. S. 317, Anm. 273.

[323] Oehl, Mystikerbriefe 347.

[324] Edition fehlt! – A. Walz, Elisabetta da Eiken: BS 4, 1094. – P. Ochsenbein, Elsbeth von Oye: Wörterbuch 136. – Ders., Leidensmystik in dominikanischen Frauenklöstern des 14. Jahrhunderts am Beispiel der Elsbeth von Oye: Frauenbewegung 352–372. – Ders., Die Offenbarungen Elsbeths von Oye als Dokument leidensfixierter Mystik: Ruh, Abendländische Mystik 423–442.

[325] Ochsenbein: Frauenbewegung 356, 360.

[326] Ebd. 360.

fer, zu vernachlässigen. Immer wieder möchte sie diese unerträglichen Martern abbrechen, aber jedesmal fordern sie Gottvater, Christus, der Heilige Geist, Maria, Johannes zum Ausharren auf. Denn auch der Vater empfand ob der blutenden Wunde des Sohnes unendliche „Herzenslust"; deshalb soll auch der Mensch in „allerblutigster Gleichheit" (Imitatio) bei dem Sohn an seinem Kreuz hangen, um dem Herrn zu gefallen: „Mit der blutigen Wunde von deinem Kreuz will ich die dürstende Herzenslust kühlen, die ich ewiglich nach der Minne deines Herzens gehabt", sagt Gott[327]. Wie ein Kind bei der Mutter, so findet der Schöpfer Ruhe und Zuflucht bei den Schmerzen der Mystikerin. Wie ein Kind saugt er aus der Ader ihres Kreuzes ihr Blut und Mark. Er wird durch ihr Blut „so sehr gesättigt, daß er sein göttliches Wesen und seine Natur ... in ihren innersten Seelengrund eingießt." Der *gedankliche* Mediationskomplex Blut und Kreuz ist konkret verbunden mit dem *physischen* Marterinstrument des Nagelkreuzes. Es sind keine Metaphern, sondern es handelt sich um das richtige, warme Blut der Mystikerin, das sie durch die von ihr selbst vermittels ihres Folterinstrumentes zugefügten Wunden Gott aufopfert. Dafür wird ihr wiederum die Feistheit des göttlichen Markes eingegossen. Gleichzeitig ist die „gekreuzigte Minnerin" Gottes Braut, in deren Seelengrund der Herr geboren wird[328].

Bei Elsbeth lassen sich also deutlich Einflüsse der Lehren Eckharts feststellen, der in seiner Straßburger Zeit auch in Oetenbach predigte[329]. Elsbeth verwendet und deformiert die Konzeption vom Seelengrund und vom Fließen, um ganz gegen den Sinn des Meisters ihre Blut- und Wundenmystik theologisch zu rechtfertigen. Dazu verbindet sie den emphatischen Dolorismus der vollzogenen Leidensnachfolge mit der spekulativen Abstraktsprache der philosophischen Mystik. Wie sehr gerade Elsbeths Religiosität die fromme Frauenwelt des Spätmittelalters faszinierte, zeigt sich daran, daß ihre Aufzeichnungen (ohne Namensnennung) im vierzehnten und im fünfzehnten Jahrhundert in mehr Handschriften bzw. Fragmenten – die fast alle aus Frauenklöstern stammen – verbreitet waren als die jeder anderen deutschen Mystikerin[330].

Wie ihre Namensschwester, mit der sie nicht verwandt war, stammte auch MARGARETA EBNER(IN) (um 1291–1351, sel.)[331] aus einem Patriziergeschlecht

---

[327] Ochsenbein: Ruh, Abendländische Mystik 440.
[328] Ochsenbein: Frauenbewegung 362 ff.
[329] Kunze, Studien 134 f., 140.
[330] Ochsenbein: Frauenbewegung 359.
[331] Ph. Strauch (Hg.), Margareta Ebner und Heinrich von Nördlingen, Freiburg 1882 (ND Amsterdam 1966). – P. Ochsenbein, Ebner: Wörterbuch 123 f. – R. Schneider, Die sel. Margareta Ebner, St. Ottilien 1985. – M. Weitlauff, „dein got redender munt machet mich redenlosz..." Margareta Ebner und Heinrich von Nördlingen: Frauenbewegung 303–352. – O. Pfister, Religiosität und Hysterie, Leipzig 1928, 23–61. – S. Ringler, Marguerite Ebner: DS 10, 338–340. – Oehl, Mystikerbriefe 267–343, 778–790. – L. Zoepf, Die Mystikerin Margaretha Ebner, Leipzig 1914.

Abb. 25 Kreuzesnachfolge konkret: Die als vornehme Dame gekleidete Seele (Minne) hat ungeachtet der Einflüsterungen des Teufels ihr Kreuz auf sich genommen und läßt sich von Christus an seinem Hüftstrick (der Minne Band) nachziehen (vgl. *Hoheslied* 1, 3).

Sammelhandschrift: ms. 710, f. 1 r, 4. V. 15. Jh., Stiftsbibliothek, Einsiedeln (Schweiz).

und trat als Mädchen, etwa fünfzehnjährig, dem Konvent des Zweiten Dominikanerordens in Medingen (Bistum Augsburg) bei. 1312 erkrankte sie dau-
erhaft, neben Herz-, Kopf- und Lungenschmerzen klagte sie über Bewe-
gungsstörungen, Lähmungen und manisch-depressive Zustände. Nur deshalb
mußte sie auf die üblichen Selbstpeinigungen verzichten[332], abgesehen davon,
daß sie dreißig Jahre lang weder Wein noch Fleisch und Fisch zu sich nimmt
und in dieser Zeit „weder Wasser noch Seife je an meinen Körper noch an
mein Gesicht gekommen sind"[333]. Das mag ihren eigenen Hang zur Einzel-
gängerei[334] auch von seiten der Umwelt befördert haben. Wenn sie die Gnade aber am „allerkräftigsten" überfällt, sperrt sie sich ein, so daß die Mitschwestern das Türschloß aufsprengen müssen[335]. Wochenlang kann sie nicht
sprechen, muß dann wiederum stundenlang schreien, besonders den Namen
Jesu[336]. Margareta Ebner vergleicht ihre Empfindung bei diesem – wie sie
selbst feststellt: zwanghaftem – „aus dem Herzen durch den Mund Brechen"
der Rufe mit gärendem Most im Faß, dem der Spund geöffnet wird[337]. Diese
Phänomene sind oft verbunden mit mystischen Ekstasen und intensiven
Süßigkeitsempfindungen, „mit ainem so gar süezzen lust in dem süezzen
namen Jhesus Christus"[338]. Diese Lust ist ausdrücklich sowohl körperlich als
auch seelisch: wenn „ich mich auf die Stelle lege oder sie mit der Hand be-
rühre [wo sich der süße Namen Jesu eingedrückt hat], so empfinde ich eine
gar so süße Gnade, die mir in alle meine Glieder geht…"[339] Ihre Begierde,
„daß mir Gott einen Minnegriff (minnengrif) in das Herz täte", wird durch
Eindrücken des Namens Jesu erfüllt[340] – man erinnert sich an Klara vom
Kreuz[341]. In ihren Verzückungen stöhnt und schreit sie, daß man es bis in den
Kreuzgang hört. Wie Christine fühlt sie sich schwanger[342]. Diese Vereinigung
von „allersüßester Lust und den größten Schmerzen"[343] ist charakteristisch
für die gesamte Passionsmystik. Sie verdichtet sich in Konformität zu den
liturgischen Heilszeiten besonders im Advent und zu Ostern.

Typisch für die Mystik ihrer Zeit ist auch Ebners Verwendung von Kunstwerken zur Einstimmung in Meditation und Verzückung. Ähnliches läßt sich
gerade aus den dominikanischen Sammelviten zahlreich nachweisen[344]. Die
Schwester schläft auf einer Miniatur der Kreuzigung[345], die sie sonst auf dem

---

[332] Strauch 5.
[333] Ebd. 79.
[334] Ebd. 4, 15 f., 44.
[335] Ebd. 71.
[336] Ebd. 94, 109, 119 ff.
[337] Ebd. 122.
[338] Ebd. 120.
[339] Ebd. 128.
[340] Ebd. 129 f.
[341] Vgl. o. S. 242 ff.
[342] Ebd. 120.
[343] Ebd. 126.
[344] Vavra, Bildmotiv.
[345] Strauch 20 f.

Busen trägt. Sie hat ein (erhaltenes) Jesulein, eine lebensgroße Holzplastik des Christkindes, das man aus der Krippe nehmen konnte, das

> „leg' ich an mein bloßes Herz mit großer Lust und Süße und empfinde also die allerkräftigste Gnade der Gottesgegenwart ... Meine Begierde und Lust liegt in dem Säugen, daß ich damit in das Genießens seines göttlichen Wesens gezogen werde"[346].

Diese Handlung ist nicht symbolisch, sondern das Säugen des wirklichen Christkindes – es führt unmittelbar zur Vereinigung („niezzen", entsprechend dem lateinischen „frui" bzw. dem niederländisch/niederdeutschen „gebruken"). Heimlich nimmt sie eine große Plastik des Gekreuzigten zum Schlafen mit ins Bett – das Chorkreuz, das sie lieber gehabt hätte, ist ihr allerdings zu schwer[347].

> „Ich habe einen großen Kruzifixus, da werde ich von großer Liebe und der Gegenwart Gottes gezwungen, dieses Kreuz zu nehmen und an mein bloßes Herz zu drücken und zu zwingen, so sehr ich es mit meinen Kräften nur vermag. Und vor der Lust und süßen Gnade, die ich dabei habe, kann ich es nicht mehr spüren, obwohl ich so fest drücke, daß an meinem Herzen und auf meinem Körper Totenmale [blaue Flecken] entstehen."

Lust und Begierde sind so groß, daß sie den Kruzifixus nicht mehr von ihrem Leib wegbewegen kann, „so lange mir die Gegenwart Gottes mit so intensiver Süße und Gnade anliegt"[348]. Ob sie damit dem Befehl „Nimm dein Kreuz auf dich!" konkret nachkommen wollte? Jedenfalls ist auch dies eine Form der erotischen Unio mystica, des „minneglichen Werkes" und „süßen Spieles"[349], bei der das Übergewicht auf der somatischen Komponente liegt. „Gelüstet dich nach mir, so gelüstet mich nach dir!" hört sie einmal unter der Messe[350]. Margareta Ebner pflegte jedes Kreuz abzuküssen, dessen sie habhaft werden konnte. Aber Christus erschien ihr auch als Mann, nackt, „da empfing ich die allergrößte Gnade und Süße von diesem Leib". Er soll geteilt und gegessen werden: „der zarte fronlichnam unsers herren"[351].

Die Identifikation mit dem Schmerzensmann[352] läßt sie in der Karwoche das Haupt nicht senken, weil er es erst bei seinem Tode tun konnte (Joh 19, 30), sie wird heiser, weil es im messianisch gedeuteten Psalm 69, 4 so steht, sie erlebt die Qualen der Passion. In einer Traumvision läßt sie der Heiland „in sein offenes Herz küssen und tränkte mich mit seinem Blut daraus"[353]. Auch sie ist sich der Auserwählung bewußt: „Wer dir lieb ist, den habe auch

---

[346] Ebd. 87.
[347] Ebd. 21.
[348] Ebd. 88 f.
[349] Ebd. 69 f.
[350] Ebd. 41, vgl. 149 f.
[351] Ebd. 50.
[352] Pfister 45 ff.
[353] Strauch 21.

ich lieb, und was du meinst, meine ich auch"[354], versichert ihr Jesus in Umkehrung der sonst vom Menschen geforderten Willensangleichung. Im Schlaf wird ihr eine Urkunde mit vier Goldsiegeln überreicht, die sie bevollmächtigt, zu geben, wem sie wollte, auf Erden und im Fegefeuer[355]. Ihre zunehmende Hochschätzung außerhalb des Klosters wird sie in diesem Bewußtsein bestärkt haben. Bereits ihre Grabplatte nennt die Ebnerin „beata"[356] (die päpstliche Bestätigung erfolgte erst 1979). Nur die von ihr nach dem Beispiel des hl. Franziskus so ersehnte Stigmatisation bleibt ihr versagt[357].

Sonst sind die Parallelen mit den anderen deutschen Mystikerinnen der Zeit groß, etwa in der Beschäftigung mit den Armen Seelen[358], Visionen, Einsprachen, Erleuchtungen usw. Wie ihre Namensschwester Karl IV. unterstützt, so sie dessen Gegenkönig Ludwig den Bayern. Gott offenbart ihr auch, daß die Juden am Schwarzen Tod schuld sind[359]; eine der eher seltenen Auslassungen in den Schriften der visionären MystikerInnen zu dieser Gruppe.

Aus ihrem Briefwechsel mit dem jüngeren Priester Heinrich von Nördlingen[360] sind von letzterem 56 Schreiben erhalten, ein schönes Beispiel einer Seelenfreundschaft unter Gottesfreunden. Ihm scheint sich die Nonne schließlich geöffnet zu haben, als ihr eine vertraute Schwester weggestorben war. Aus diesen Briefen wird (ähnlich wie etwa bei Jakob von Vitry, Petrus von Dacien, Raymund von Capua) deutlich, wie sehr auch Angehörige des sich so oft als frauenfeindlich erweisenden Klerus von einer Frau, besonders wenn sie Charismatikerin und jungfräulich war, sich bezaubern lassen konnten: Heinrich apostrophiert Margareta schwärmerisch u. a. als das „geheiligte Gotteskind in Jesu Christ", „meiner Seele heiliger Trost und all meines Lebens sichere Zuflucht", „mein keusches Lieb", „die im lieblichen Blut ihres Gemahls wohl Geläuterte", „hochgeborene Tochter des Himmelskönigs"[361] und sich selbst als „armen Küchenjungen", „verworfenes Würmchen", „sündigen Auswurf aller Geschöpfe"[362] ... Der Priester erbittet sich ihren Schlafrock als Reliquie, um „durch die Berührung Deines keuschen, heiligen Rokkes" gereinigt zu werden[363].

Als ein Beispiel der Poetik, durch die sich die Kommunikation der Gottesfreunde auszeichnen konnte, sei nur ein Briefanfang zitiert:

[354] Ebd. 103.
[355] Schneider 55.
[356] Weitlauff 327, Anm. 109.
[357] Weitlauff 340 f.
[358] Schneider 34 ff.
[359] Ebd. 158.
[360] Vgl. D. Stoudt, The Vernacular Letters of Heinrich von Nördlingen: MQ 12, 1986, 19–25.
[361] Strauch 173, 213, 226, 215.
[362] Ebd. 226, 185, 256.
[363] Ebd. 225 f., 228, vgl. 260.

„Der in der den minnenden, blühenden, triefenden Wunden ihres Liebs Jesu wohl nistenden Turteltaube, worin sie mit Seufzern singt, daß es so hoch erklingt, in dem getreuen Herzen Jesu Christi…, der entbietet ihr armer, unwürdiger Freund eine lauter werdende Lobesstimme in der höchsten Höhe Deines Geistes, die vom Geist Gottes geformt und getrieben wird durch den Geist Deines Liebs Jesu, mit dem und aus dem sie kühn in seinem minneblickenden Antlitz zu sprechen wagt …"[364]

Diese Sprache wird in mystischen Kreisen bis in den Barock (besonders eindrucksvoll von dem Lutheraner Nikolaus von Zinzendorff), ja bis ins neunzehnte Jahrhundert hinein gepflegt werden. Wären uns ähnliche Korrespondenzen ausführlicher bekannt, würde uns die Gleichheit im Erleben und in der Sprache so vieler MystikerInnen besser verständlich; es gab nicht nur einen mündlichen und schriftlichen Austausch der neuesten mystischen Erlebnisse, sondern auch die älteren Schriften zirkulierten in diesen Kreisen – Heinrich hat seine Freundin mit den Offenbarungen Mechthilds von Magdeburg bekannt gemacht, aus denen er auch selbst bisweilen (ohne Kennzeichnung) in seinen Briefen zitiert[365]. Ohne Heinrichs Drängen hätte Ebner ihre Revelationen nicht niedergeschrieben, „Aufzeichnungen einer schlichten, von lauterer Frömmigkeit und dem ganzen Ernst der Kreuzesnachfolge durchdrungenen Persönlichkeit"[366] – auch Tauler interessierte sich dafür. Sie sind Beispiel für eine von der Seherin (wenn auch nicht ohne Unterstützung einer Mitschwester) selbst verfaßte[367], von keinem „amanuensis" für sie formulierte mystische Autobiographie und in dieser Hinsicht paradigmatisch.

Dasselbe gilt auch für die Offenbarungen der ADELHEID LANGMANN (1306–1375)[368]. Aus ratsfähigem Nürnberger Geschlecht, trat auch sie etwa fünfzehnjährig in das Dominikanerinnenkloster Engeltal ein, wo sie ein von Krankheiten, Askese und mystischen Erlebnissen geprägtes Dasein führte. Ihre (schon zuvor beginnenden) und wohl durch das Beispiel Christine Ebnerins mitangeregten charismatischen Erfahrungen bilden die Grundlage eines aus Selbstaufzeichnungen bzw. Diktaten mit anderem Material über sie zu einem mittelhochdeutschen „Gnaden-Leben" zusammengestellten Textes. Er entstand auf Weisung eines „Lesemeisters" des Ordens und verzeichnet, dem Kirchenjahr folgend, die an Langmann gerichteten Tröstungen und oft allegorischen Belehrungen Christi, der sie im Minnedialog als Kind, Schwester, Braut anspricht; Höhepunkt ist die wiederholte Unio mystica. In einer Traumvision drückt sie der Herr an sein Herz, „daß sie wie Siegelwachs an ihm klebte".

---

[364] Ebd. 223.
[365] Angeführt bei M. Schmidt, Das Ries als eines der Mystik-Zentren im Mittelalter: Rieser Kulturtage 6/1, München 1987, 473–493, 492, A. 7.
[366] Weitlauff 347.
[367] Strauch 83 f.
[368] Die Offenbarungen der Adelheid Langmann, hg. v. Ph. Strauch, Straßburg 1878. – S. Ringler, Langmann: VL 5, 600–603. – G.-Th. Bedouelle, Langmann: DS 9, 221–223. – Wilms, Tugendstreben 181–193. – Ringler, Viten- u. Offenbarungsliteratur 65–82, 193, 372–374.

Und mehr als vier Wochen war er in ihrem Herzen gegenwärtig."[369] Sie erlebt geradezu romantisch anmutende Liebesszenen mit tiefen Blicken und Liebesgeflüster: mit dem Wort „mein geminte" zieht der Bräutigam ihre arme, sündige Seele in seine Gottheit[370]. Daneben berichtet Adelheid Langmann besonders von Christkind-, Marien- und Heiligenerscheinungen. Sie säugt das Kindlein mit unbeschreiblicher Freude[371]. Sehr oft beschäftigt sie sich mit dem Fegefeuer und den Armen Seelen darin, von denen kraft ihrer Gottesliebe immer wieder viele (genau angegebene) Tausende freikommen. Und nicht anders als Gertrud die Große[372] wird auch ihr geoffenbart, daß es dem Heiland genügt hätte, sie allein von allen Menschen erlöst zu haben[373].

Dagegen sind Angehörige des anderen großen Bettelordens, der Franziskanerinnen, vor dem fünfzehnten Jahrhundert in Deutschland kaum durch mystische Charismen bekannt geworden; es könnte sein, daß hier auch die oft schwierige kirchenpolitsche Lage der in verschiedene, einander befehdende Richtungen gespaltenen Nachfolger und Nachfolgerinnen des hl. Franziskus und der hl. Klara insofern eine Rolle spielt, als möglicherweise angreifbare Offenbarungsberichte vielleicht zurückgehalten wurden – man erinnert sich an die eingehende theologische Prüfung, die das Werk Angelas von Foligno erfuhr[374]. Zu nennen wäre immerhin LUITGARD VON WITTICHEN (1291–1348/49, sel.)[375], von der ihr Biograph, der sie persönlich kannte, schreibt, was immer sie auch äußerlich tat, innerlich blieb sie stets in der Betrachtung Gottes[376]. Eine ihrer Schauungen[377] gemahnt an das in Helfta beliebte Bild der Röhren als Verbindung mit Christus[378]; auch konnte sie (wohl aufgrund von Visionen) „vom unbekannten Leiden Christi besser reden, als alle Geistlichen"[379]. Eine besondere Bedeutung gibt Luitgard der Zahl 34 als der Zahl der Lebensjahre Christi (einschließlich des ersten im Leib seiner Mutter). Doch hat sie sich vor allem, ungeachtet ihrer niederen Herkunft, ihrer Armut und körperlichen Behinderung, aktiv um die Gründung eines Drittordensklosters in der Einsamkeit des Schwarzwaldes bemüht und dies schließlich 1323 auch erreicht. Eine mysteriöse, sich auf Lutgard berufende Gebetsvorschrift, der marienfromme *Himmlische Hof,* scheint bis ins neunzehnte Jahrhundert beliebt gewesen zu sein.

---

[369] Strauch 67.
[370] Ebd. 65 f.
[371] Ebd. 67.
[372] Vgl. o. S. 225.
[373] Strauch 27.
[374] Vgl. o. S. 245, 251.
[375] Berthold v. Bombach, Leben: F. J. Mone (Hg.), Quellensammlung der badischen Landesgeschichte 3, Karlsruhe 1863, 438–468. – K. Ruh, Berthold v. Bombach: VL 1, 803–805. – J. Poulenc, Lutgarde de Wittichen: DS 9, 1204 f.
[376] Berthold v. Bombach, Leben c. 60.
[377] Ebd. c. 79.
[378] Vgl. o. S. 227, 230.
[379] Berthold v. Bombach, Leben c. 57.

Gottesfreunde

Es wird im späten dreizehnten und im vierzehnten Jahrhundert noch ähnliche Gestalten gegeben haben, von denen sich keine Aufzeichnungen erhalten haben. Gruppen zu mystischer Frömmigkeit geneigter Laien und Kleriker, nach Joh. 25, 14 Gottesfreunde[380] genannt, standen besonders in Südwestdeutschland in regem Gedankenaustausch; Seuse, Tauler und Heinrich von Nördlingen gehörten zu ihnen. Sie flohen die Welt, waren aber nicht besonders organisiert, auch nicht in ihren Anschauungen sektiererisch, obgleich die Bezeichnung „amici Dei" auch von Waldensern und Begarden[381] gebraucht wurde – wie auch von anerkannten Heiligen![382] Man kann den Gottesfreunden vielleicht einen gewissen Zug zum Esoterischen nachsagen, der sich mit Hoffnungen auf eine allgemeine Reform der zerrissenen Kirche verband[383]. Mystische Schriften, wie die Offenbarungen Mechthilds von Magdeburg und Margareta Ebnerins, aber auch Texte Eckharts und seiner Schüler, zirkulierten bei ihnen. Neben Briefen, Büchern und Gebeten tauschten sie auch Reliquien untereinander aus[384].

Wie ein Sendbrief aus diesem Milieu mit deutlich aus der rheinischen Mystik genommenen Begriffen „erbaute", soll das Beispiel eines Schreibens andeuten, das der sonst anscheinend unbekannte Einsiedler Gerhard von Rapperswil an die genannte Luitgard von Wittichen[385] richtete:

> „... lere dich selben dannen tuon in aller besitzungen aller eigenschaft in allem guote uf ertriche umbe die minne dines herren ... In sinen willen loz dich und alle ding ... erhap din inner gemuete und aller diner selen krefte über dich selber und über allez, daz zitlich ist, und über alle creaturen zuo dem einvaltigen eine und umbe vah [umfange] in mit der innren minne dire selen und laz dich von ime umbevangen werden ... Min frünt, erstirp, erstirp ein lützel zites an dem krütze mit dinem gote ..." usf.[386]

Äußere Armut und innere Gelassenheit, Angleichung an den Willen Gottes, Aufgang der Seele durch Liebe, Annahme von Leid – Themen, die ursprünglich exklusiv der monastischen Spiritualität angehörten, dann mystisch überhöht wurden und nun in eher anspruchsloser Form verbreitet werden[387].

---

[380] R. Mohr, Gottesfreunde: Wörterbuch 197 f. – A. G. Seesholtz, Friends of God. Practical Mystics of the 14th Century, New York 1934.

[381] Oehl, Mystikerbriefe 398.

[382] Seesholtz 32 f.

[383] So E. Benz, Esoterisches Christentum: Zeitschrift f. Religions- und Geistesgeschichte 19, 1967, 193 ff., 199 ff.

[384] Seesholtz 112 ff.

[385] Vgl. o. S. 330.

[386] M. Barth, Die sel. Luitgard von Wittichen (1292–1349) und der Einsiedler von Rappoltsweiler: Archiv f. elsäßische Kirchengeschichte 16, 1943, 45–54; Graphie vereinfacht bzw. normalisiert.

[387] Vgl. u. S. 418 ff.

Am bekanntesten wurde unter den Gottesfreunden RULMAN MERSWIN (1307–1382)[388], ein Kaufmann und Wechsler, der sich mit vierzig Jahren von seiner Frau und seinen Geschäften trennte und, von Heinrich von Nördlingen für die Gottesfreunde gewonnen, Tauler als seinen Seelenführer wählte. Schon zehn Wochen nach der Bekehrung soll Merswin eine Ekstase erlebt haben. Er pachtete 1367 das verfallene Kloster Grünenwörth in Straßburg, wo er seinen Lebensabend in Andacht und Buße verbrachte. Merswin schrieb zweiundzwanzig erbaulich-kompilatorische deutsche Traktate, u. a. das autobiographische *Buch von den vier Jahren des anfangenden Lebens,* ferner ein *Briefbuch, Zwei-Mannen-Buch, Fünf-Mannen-Buch, Neun-Felsen-Buch, Meisterbuch,* etc. Von diesen Werken verbreitete sich besonders das letztgenannte, dessen Bekehrungsgeschichte in der späteren Tradition unhistorischerweise auf Tauler bezogen wurde. In einer Reihe seiner Werke führt Merswin (oder sein Schüler Nikolaus von Löwen, 1339–1402?) als vorgeblichen Verfasser die Figur des „großen Gottesfreundes vom Oberland" ein, die Mystifikation des paradigmatischen Lehrers aus dem Laienstand.

„Ein ungelehrter Laie, aber mit himmlischer Erleuchtung ausgestattet, aus seiner Einsiedelei Boten und Briefe bis nach Ungarn, Italien und Frankreich sendend, von Christen, Juden und Heiden hochverehrt, den berühmten Prediger Tauler von pharisäischer Scheinfrömmigkeit zur wahren Heiligkeit führend, dem Papste 1377 in Rom den Tod als göttliches Strafgericht verkündend"[389], so erscheint der Gottesfreund als eine Idealfigur, die die Sehnsüchte vieler ehrlicher Christen auf sich vereinigte. Mit Merswins Tod riß aber jeder Kontakt zu dem Mystagogen ab, und mehrere Suchexpeditionen nach seiner Klause in der Schweiz (dem „Oberland", von Straßburg aus gesehen) blieben erfolglos.

In einigen der Werke Merswins, die besonders gern das Thema der religiösen Bekehrung biographisch veranschaulichen, werden auch andere fromme Männer und Frauen seiner Gegenwart erwähnt, die mystische Erlebnisse gehabt haben sollen. Einer davon, der in seinem Umkreis lebte, war ein so gut wie unbekannt gebliebener praktischer Mystiker namens HEINRICH (ZUM GRÜNENWÖRTH, † 1396, sel.)[390]. Von ihm erfahren wir durch den Augustinereremiten Hans von Rynstett: „er were lange zit in der welte gelüsten gestande und hette sich darinne geuebt uff daz wyldeste ...", um sich schließlich doch zu bekehren und Buße zu tun. Mehrfach verzückt, hatte er Himmelsvisionen und erfuhr den Jubilus so intensiv, daß er sich „ungeheuer großen Schreiens" nicht erwehren konnte, weswegen man ihn für besessen hielt und exorzierte. Eine oft und oft von den Mystikerinnen berichtete Erschei-

---

[388] Oehl, Mystikerbriefe 397–424, 798–801 – A. Chiquot: DS 1, 489–492. – F. Rapp, Merswin: DS 10, 1056–1056. – J. Lanczkowski, Merswin: Wörterbuch 353 f. – G. Steer, Merswin: VL 6, 420–442.

[389] Oehl, Mystikerbriefe 401.

[390] K. Bihlmeyer, Der sel. Bruder Heinrich († 1396), ein unbekannter Straßburger Gottesfreund: Festschrift f. S. Merkle, Düsseldorf 1922, 38–58.

nung wird auch ihm zuteil, das Spielen mit dem kleinen Jesusknaben, „und hat grosze froeude mit yme, daz er wunder mit yme treib es zuo dentzeln, zerten und zuo kússen", so sehr, daß die Gottesmutter ihm ihren Sohn mit Gewalt wegnehmen muß. Auch die später bei Lidwina von Schiedam[391] und Nikolaus von Flüe so bewunderte Gabe jahrelanger Nahrungslosigkeit scheint ihm schon ansatzweise zuteil geworden zu sein.

Der Norden

Eine Reihe von Autoren aus jener Zeit, selbst wohl ohne mystische Erfahrungen, hat zur Verbreitung dieser Frömmigkeitshaltung beigetragen. So z. B. der Augustinereremit Jordan von Sachsen (von Quedlinburg, ca. 1300 bis 1380)[392], der nicht nur besonders die Mystik Augustins, Pseudo-Dionysius', Bernhards und der Viktoriner in seinem Werk verbreitete, sondern auch die Eckharts. Neben seiner Betrachtung des Leidenswegs Christi beschäftigen sich auch seine Predigten mit mystischen Themen, wie den Liebe verströmenden Wunden des Herrn und dem Herzen Jesu[393].

Ein unter anderem auch in Straßburg wirkender Theologe aus dem Kartäuserorden, der die spätmittelalterliche und barocke Christusdevotion tiefer prägen sollte, war LUDOLF VON SACHSEN (um 1300–1378)[394]. Seine Bearbeitung des Erdenlebens des Heilands, *Vita Christi,* fußt auf zahlreichen Quellen, vor allem auf dem wenig verbreiteten Christusleben des Michael von Massa († 1337) und einem anonymen, auch von Jordan von Quedlinburg ähnlich verarbeiteten Text. Das Werk Ludolfs ist weniger emotionell als Pseudo-Bonaventura, mehr auf die Vorbildrolle des Erlösers für die Gläubigen konzentriert. Es bringt dem Leser die einzelnen Abschnitte des Lebens des Herrn in jeweils drei Schritten nahe: Die „lectio" erzählt nach der Bibel, den Apokryphen und den Kirchenvätern die Lebensgeschichte, in der „meditatio" vergegenwärtigt sich der Leser das Beschriebene, in der „conformatio" (Gleichgestaltung) verschmilzt er auf affektive Weise seine Existenz mit der des Erlösers. Das Ideal der Angleichung dominiert die Passionsszenen; hier soll sich der Betrachter z. B. selbst ohrfeigen, um die Verspottung Jesu nachzuahmen, sich selbst körperlich oder wenigstens in der Phantasie peitschen, um die Geißelung nachzuvollziehen, seine Arme in Kreuzform ausstrecken, um die Kreuzigung zu imitieren, usw.[395] Die ganze Reihe der Gesten, die wir seit dem dreizehnten Jahrhundert bis in die Gegenwart vie-

---

[391] Vgl. u. S. 390, 392.
[392] A. Zumkeller, Jourdain: DS 8, 1423–1430.
[393] Lama, Aufbau 106 f.
[394] P. Nissen, Ludolf von Sachsen: Wörterbuch 331 f. – Baier, Untersuchungen. – Ders., Ludolphe de Saxe: DS 9, 1130–1138. – Hundersmarck, Preaching (wie o. S. 182, Anm. 128).
[395] Baier, Untersuchungen 3, 492 f.; Hundersmarck 157.

le Mystikerinnen in *Ekstase* nachahmen sehen[396], wird hier *bewußt* nachge-
spielt, wie es auch der Schauspieler im religiösen Theater des Spätmittelalters
tat. Die Meditationen gehen dann über in die Zwiesprache mit Jesus im Gebet
(womit jedes Kapitel endet) und in die „contemplatio", eine nichtekstatische,
ruhige Beschauung. Die *Vita Christi* wurde in zahlreichen Handschriften und
Drucken (bis 1870 etwa sechzig) sowie volkssprachlichen Bearbeitungen
verbreitet und wirkte noch auf die spanische und italienische Mystik der
Renaissance und den deutschen Barock.

Auch eine den Gottesfreunden nicht ganz unähnliche, jedoch stärker institu-
tionalisierte Bewegung in Flandern und den Niederlanden, die sich weit verbreiten sollte, rezipierte Ludolf von Sachsen. Es war die Devotio Moderna,
die „neue Frömmigkeit". Ein wohlhabender und gelehrter Magister, GER-
HARD GRO[O]TE (1340–1384)[397], bekehrte sich nach sehr freizügigen Jahren
um 1373 aufgrund einer Krankheit und wahrscheinlich unter den Ermahnun-
gen seines Freundes Heinrich Eger von Kalkar (1328–1408), eines der Pas-
sions- und Rosenkranzandacht zugetanen Kartäusers[398], zu einem intensiven
Frömmigkeitsleben und ließ seine Zauberbücher öffentlich verbrennen. Er
gründete zusammen mit dem ebenso universitär gebildeten FLORENS RADE-
WIJNS (1350–1400)[399] in Deventer das Haus der Fraterherren oder Brüder vom
gemeinsamen Leben, dem bald eines für Schwestern folgte, sowie auch die
Klerikerkongregation der Augustiner-Chorherren von Windesheim bei Zwolle. Diese Gemeinschaften verstanden sich als Abbilder der urkirchlichen
Apostelgemeinde. Grote wirkte damit im Sinne der Refombestrebungen, die
in einer Zeit der Kirchenspaltung und der Polarisierung zwischen Papsttum
und Konzilien vielen wirklich religiösen Menschen ein brennendes Anliegen
waren – man denke nur an Birgitta von Schweden und Katharina von Siena.
Vor allem der „Bruch zwischen theologischer Gelehrsamkeit und gelebter
Frömmigkeit"[400] irritierte viele Gläubige. Grote schrieb daher in seinen von
Augustinus und Bernhard wie auch der sonstigen Zisterzienser- und Kartäusermystik, aber auch von Seuse beeinflußten Werken und Predigten nicht nur
über Medi(t)ation und Christusnachfolge, sondern entwickelte auch eine
heftige Kritik sowohl an Ketzern als auch an unsittlichen Geistlichen, weswegen er die Predigterlaubnis verlor. Er starb an der Pest, ehe es zu einem
entscheidenden Zusammenstoß mit der Amtskirche kam.

Seine mit Sinn für das Praktikable propagierten Ideale waren freiwillige
Armut und eine „vita ambidextera", ein Sowohl-als-Auch: Gott schauen und

---

[396] Vgl. o. S. 192 ff.
[397] R. van Dijk, Devotio moderna; Grote: Wörterbuch 109–111; 207 f. – J. Tiecke, Gérard
Groote: DS 6, 265–274. – Oehl, Mystikerbriefe 454–484. – A. G. Weiler, Geert Grote und
seine Stiftungen (nachbarn 30), Bonn 1984.
[398] H. Rüthing, Henri Egher de Kalkar: DS 7, 188–191.
[399] R. van Dijk, Radewijns: Wörterbuch 433 f. – M. van Woerkum, Florent Radewijns: DS 5,
427–434.
[400] R. van Dijk: Wörterbuch 111.

dem Nächsten helfen. Vorbild ist Christi Erdenleben. Innerlichkeit, Gelassenheit, frohe und demütige Arbeit sollten das Leben der Devoten bestimmen. Diese konnten eine nicht nach Spektakulärem suchende Mystik weit im Volk verbreiten, da sie, ohne an Gefühlswärme zu verlieren, weder die ekstatische Gottesvereinigung noch die philosophische Vergottung betonten, sondern das Gewicht auf die individuelle Meditation legten. Sie leiteten dazu an, Gott in der eigenen Seele zu finden, wozu der „Königsweg" die Betrachtung des Lebens Jesu war. Dies schloß aktive, karitative und seelsorgerische Tätigkeit, Zuspruch und Vorbildfunktion keineswegs aus. Freilich führten Gewissenserforschung, Sündenzerknirschung und Selbstkontrolle auch zu Skrupulosität, Angst, Todes- und Teufelsfurcht sowie zu einer verstärkten Kritik an denjenigen Christen, die den Idealen der Devoten nicht entsprachen[401].

Die Herstellung und Verbreitung religiösen Schrifttums spielte bei den Devoten eine wesentliche Rolle, sowohl die Vervielfältigung und Übersetzung älterer Texte als auch die Abfassung neuer, teilweise methodisch angelegter Erbauungsbücher (gern in Dialogform). Dazu zählten Raparien (Sammlungen erbaulicher Zitate), Traktate, Briefe, Lieder in Sequenzen- und Hymnenform u. v. a., namentlich aber Viten Jesu und Betrachtungen darüber. Am berühmtesten wurde die *Imitatio Christi* des Thomas von Kempen[402], die vielleicht auf einem gleichnamigen Werk Grotes beruht. Die Wirkungen der Lebensweise und des Schrifttums der Devotio moderna reichten bis Württemberg, Frankreich, Spanien und Böhmen und erfaßten Laien genauso wie Priester und Ordensleute.

Grote hatte das Hauptwerk eines anderen Schriftstellers aus dem Flämischen ins Latein übersetzt, die *Geistliche Hochzeit* des JAN VAN RUUSBROEC (1293 bis 1381, sel.)[403]. Dieser aus Brüssel stammende Priester ist unbestreitbar der berühmteste (und am besten erforschte) der flämischen Mystiker – genannt „der Wunderbare", schon zu seiner Zeit hochverehrt. 1343 hatte er sich mit zwei Freunden in die Einsamkeit nach Groenendaal (nahe bei Brüssel) zurückgezogen; vielleicht müde von seinen Aufgaben als Seelsorger, vielleicht auch gezwungen durch die Reaktionen auf seine Polemik gegen eine beim Adel sehr angesehene Mystikerin namens Heylwighe Blo(e)mardinne (um 1260–1335)[404], die Ruusbroec für eine Ketzerin hielt. Wir wissen von ihr fast nichts, außer daß sie über den Geist der Freiheit und die seraphische Liebe

---

[401] L. Breure, Doodsbeleving en levenshouding. Een historisch-psychologisch studie betreffende de Moderne Devotie in het IJsselgebied in de 14e en 15e eeuw, Hilversum 1987.

[402] Vgl. u. S. 385.

[403] Jan van Ruusbroec, Opera omnia, ed. G. de Baere, Tielt 1981 ff. – Die Zierde der geistlichen Hochzeit, übersetzt von M. Schaad-Visser, Einsiedeln 1987. – Jan van Ruysbroeck, Das Reich der Geliebten, übersetzt von W. Verkade, Mainz 1924. – Cognet, Introduzione 235–282. – G. de Baere, Ruusbroec: Wörterbuch 447 f. – A. M. Haas, Nachwort: Zierde 167–195. – A. Ampe, Jean Ruusbroec: DS 8, 659–697. – L. Moereels, Giovanni di Ruysbroeck: BS 6, 880–895. – Jan van Ruusbroec 1293–1381 [Katalog], Brussel 1981. – Oehl, Mystikerbriefe 425–453.

[404] P. Dinzelbacher, Blo(e)mardinne: LexMA 2, 282.

predigte und ihre Lehren von einer joachimitisch-pantheistischen Sekte des frühen fünfzehnten Jahrhunderts, den Homines intelligentiae, übernommen wurden. Jedenfalls hatte die Gründung Ruusbroecs Bestand, und nach sieben Jahren nahm die kleine Gemeinschaft die Augustinerchorherrnregel an.

Wiewohl Ruusbroecs Schriften durchgehend zur spekulativen Mystagogie und Mystologie gehören, soll in seinen späten Jahren sein Leben einen ekstatisch-jubilierenden Zug gehabt haben; dazu pflegte er sich in die Waldeinsamkeit zurückzuziehen. Bei der Eucharistiefeier hörte er Christus den alten Liebesvers zu sich sagen: „Ich bin dein, und du bist mein."[405] Elf nicht immer leicht lesbare Traktate mit bisweilen geheimnisvoll wirkenden Titeln wie *Vom blinkenden Stein, Von den sieben Einschließungen* oder *Das Reich der Geliebten* sowie sieben seiner Briefe sind erhalten; *Die chierheit der geesteliker brulocht* (die Schönheit der geistlichen Hochzeit) darf als das Meisterwerk bezeichnet werden. Es beschreibt u. a. die drei Phasen des mystischen Lebens, die aktive, innerliche und „überwesentliche" (transzendente), und kennzeichnet die „wahre" gegenüber „falscher" Mystik. Noch zu Lebzeiten Ruusbroecs wurde das Werk ins Oberdeutsche übersetzt.

Ruusbroec entwickelt eine Phänomenologie und Morallehre (heute würden wir sagen: eine Psychologie) des mystischen Lebens, wobei er auf die Unterscheidungen verschiedener Weisen (etwa des Kommens des Bräutigams in die Seele u. v. m.) großen Wert legt, auf die Diskrepanz zwischen mystischer Erfahrung während des Erdendaseins und der eschatologischen Gottesschau, auf die Bibel als Maßstab der mystischen Erfahrung, auf ihren christologischen Grund. Im Seelenfunken und in der „obersten Vernunft" wurzelt eine natürliche Neigung des Menschen zu Gott; wenn er nur dessen Ehre sucht, dann kann in seinem Inneren das göttliche Wort gesprochen werden. „Die Erleuchtung geschieht in drei Dimensionen: 1. als plötzliches inneres Berührtwerden, das sehend macht, 2. als Sammlung aller inneren und äußeren Kräfte und 3. als bildlose Freiheit."[406] Tätiges, gottbegehrendes und schauendes Leben bilden eine Einheit. Dabei steht dem Mystologen immer eine Ausgewogenheit zwischen Ruhe und Wirken, von Ein- und Auskehr als Ideal vor Augen. „Modell" ist hierfür das Wirken der Personen der Dreifaltigkeit: „Der Mensch wird unaufhörlich von Gott eingesogen und wiederum ausgesendet, indem er aber gleichzeitig mit dem Geiste Gottes geeinigt bleibt. Er ist hierin nur Abbild des in der Trinität waltenden Lebens."[407] Das „gemein[sam]e Leben", solidarisch mit Gott und dem Nächsten, ist die stärkste Chiffre des Autors für Vollkommenheit. „Es ist ein Leben aus Gott in der realisierten Gemeinschaft mit den Menschen."[408] So war das Leben Christi:

---

[405] Moereels 886.
[406] Haas 179.
[407] Haas 191, gekürzt.
[408] Fraling: Wörterbuch 379.

„Christus war und ist seiner geschaffenen Seele nach der erhabenste Beschauer, Geliebte und Genießende, der jemals war, und nach seiner göttlichen Natur war er der Gleiche, den man genießt."[409] Die von wenigen erreichte Gipfelerfahrung umschreibt Ruusbroec in faszinierender Apophasie: In liebender Umarmung

> „vollzieht sich ein genießendes Übersteigen und ein fließendes Eintauchen in die wesentliche Nacktheit, da alle göttlichen Namen, alle Weisen und alle lebendigen Ideen, die im Spiegel der göttlichen Wahrheit abgebildet sind, in einer einfältigen Namenslosigkeit und Unweise außerhalb jeder verstandesmäßigen Erkenntnis zusmamenfallen. Denn in diesem bodenlosen Wirbel der Einfalt werden alle Dinge in die genießende Seligkeit hineingezogen, der Grund und Boden selbst aber bleibt unverstanden, außer durch die wesentliche Einheit selbst. Hiervor müssen die Personen zurückweichen und ebenso alles, was in Gott lebt, denn hier gibt es nichts anderes als ein ewiges Ruhen in einer genießenden Umarmung minniglicher Entsunkenheit ... Dies ist die dunkle Stille, worin alle Liebenden verloren sind."[410]

Sie ist gnadenhaft,

> „denn wo Menschenweise entbricht und nicht mehr höher kann, da beginnt Gottesweise. Da kommt der Geist als ein gewaltiges Feuer, das alles verbrennt und alles verzehrt und in sich verschlingt, so daß der Mensch seiner selbst vergißt und sich nicht anders fühlt, als ob er ein Geist und eine Liebe mit Gott wäre."
> „Und der Genuß (gebruken) ist wild und wüst wie ein sich Verirren. Denn es gibt da weder Weise noch Weg, noch Pfad, noch Satzung, noch Maß, noch Ende noch Anfang ... Und dies ist unser aller einfältige Seligkeit, das göttliche Wesen und unser Überwesen, überhalb und außerhalb der Vernunft. Sollen wir dies empfinden, so müssen wir aus dem Geist kommen, in dasselbe [Wesen] außer unserer Geschöpflichkeit, in den ewigen Punkt, wo alle unsere Linien beginnen und enden. Und in dem Punkt verlieren sie ihren Namen und jeden Unterschied und sind eins mit dem Punkt, und zwar dieselbe Einheit, die der Punkt selbst ist."[411]

In einer solchen sichtbar glühenden Entraffung sollen seine Gefährten den Seligen einmal im Wald gefunden haben[412].

Obwohl Ruusbroec nur dann schrieb, wenn er sich der Ausgewogenheit seiner Gedanken sicher war, ist seine Sprache oft weitschweifig und versetzt mit verwirrenden symbolischen Bezügen, u. a. aus dem astrologischen Bereich (was ihm Grote vorwarf, der wegen seiner Übersetzungstätigkeit Schwierigkeiten bekam[413]), seine Darstellung aber stark systematisierend. Der uns heute vorliegende Text ist zudem wohl in Groenendael bearbeitet worden[414]. Immerhin waren einige Kartäuser über Ruusbroecs Terminologie so beun-

---

[409] Reich 35, übersetzt von Verkade 112.
[410] Zierde 3, 4, übers. Schaad-Visser 162.
[411] Sloten 19, Opera 2, 1981, 185, 189, gekürzt.
[412] Pomerius, Vita 15, zit. Moereels 885.
[413] Cognet, Introduzione 284.
[414] Cognet, Introduzione 250 f.

ruhigt, daß er einen eigenen Traktat zur Erklärung schreiben mußte, *Dat boecksen der verclaringhe*. Die einzige Autorität, die Ruusbroec namentlich zitiert, ist auffallenderweise Hadewijch[415] (bzw. Pseudo-Had(e)wijch[416]), aber hinter seiner Seelenlehre stehen wohl vor allem Augustinus und Bernhard, hinter seiner Gotteslehre Pseudo-Dionysius. Meister Eckhart, aus dessen Philosophie er allerdings, wie es scheint, stillschweigend und entschärft manche Elemente übernahm, verurteilt Ruusbroec als Ketzer: unter der Rubrik „falsche Propheten" zitiert er mehrmals die Armutspredigt des Meisters[417]. Die Tradition hat beide ironischerweise wieder versöhnt: bereits ein unmittelbarer Schüler des Weisen von Groenendael, Godfried van Wevel (Godeverd van Wefele), setzte sein *Buch von den zwölf Tugenden* aus Ruusbroec- und Eckhartpassagen zusammen[418], und es gibt Manuskripte, die beider Werke vereinen[419].

Die Wirkung Ruusbroecs auf die spätere Mystik war ungeachtet Gersons Verdikt[420] bedeutend, Jordaens und Herp bemühten sich um seine Verbreitung, Surius schuf eine lateinische Übersetzung, die den Autor auch außerhalb seines Sprachbereichs bekannt machte, Benedikt von Canfield brachte seine Lehre den Kapuzinern nahe, Johannes von Saint-Samson den Karmeliten.

Zwei Mitbrüder Ruusbroecs seien erwähnt, Johannes von Leeuwen (um 1314–1378)[421] und Wilhelm Jordaens von Heersele (von Afflighem, ca. 1321 bis 1372)[422]. Ersterer, der „gute Koch" (das war sein Beruf als Laienbruder in Groenendael) stand ganz unter dem Einfluß seines Beichtvaters Ruusbroec. Dementsprechend spiegelt seine Lehre – er hinterließ wenigstens dreiundzwanzig Werke – auch ganz die des verehrten Vorbilds wider, auch in seiner Ablehnung Eckharts[423]. Ungeachtet der Wirrheit vieler seiner Texte wurde Johannes von Leeuwen vor allem von den modernen Devoten gern gelesen, da sie mit einer gewissen Verve mehr affektiv als spekulativ vom Streben der Seele nach Gott erzählen.

Jordaens übersetzte vier von Ruusbroecs Traktaten wie auch Seuse zugeschriebene Betrachtungen ins Lateinische. Sein eigenes Hauptwerk in Form eines Selbstgespräches und Dialogs *De oris osculo* (Über den Mundkuß) behandelt den Aufstieg der Seele zur liebenden Vereinung mit Gott, basierend vor allem auf Paulus, Augustinus und Pseudo-Dionysius. Auch er –

---

415 Ampe 693.
416 Vgl. o. S. 207 f.
417 Ruh, Eckhart 164.
418 Cognet, Introduzione 250, vgl. Ruusbroec [Katalog] 232 ff.
419 Ruusbroec [Katalog] 42.
420 Vgl. u. S. 381 f.
421 R. van Dijk, Johannes von Leeuwen: Wörterbuch 278 f. – B. Spaapen, Jean de Leeuwen: DS 8, 602–607.
422 P. Dinzelbacher, Jordaens: Wörterbuch 280. – Jan van Ruusbroec (Katalog), Brüssel 1981, 277 ff.
423 Vgl. o. S. 291.

Universitätstheologe, der er war -, nahm dabei Abstand von nicht orthodo-xen Formen der Mystik, namentlich auch von quietistischen.

Zweifellos gab es bereits im vierzehnten und im fünfzehnten Jahrhundert mystische Strömungen, die dem Quietismus[424] zuzurechnen sind, doch kön-nen sie kaum mit bestimmten Namen in Verbindung gebracht werden. Pas-sive Hingabe, inneres Gebet, Gelassenheit gelten hier als alleinige Mittel, die Vereinigung mit Gott zu erreichen. Nach Ruusbroec ist diese genußreiche Ruhe sündig, wenn sie nicht mit Gottesbegierde und Tugendwerken verbun-den wird[425]. Er spielt hier auf heterodoxe Beginen und Begarden an, die u. a. auf dem Konzil von Vienne 1311/12 verurteilt worden waren, weil sie mein-ten, daß Fasten, Geißelung, Wachen usw. die Vollkommenheit eher verzögern würden und Tugendwerke dem Vollendeten unnötig seien[426].

In der Sekte vom freien Geist[427] existierten solche Vorstellungen; „sie ha-ben sich mit der blinden, dunklen Ledigkeit ihres eigenen Wesens vereinigt und meinen, sie seien eins mit Gott", schimpft Ruusbroec[428] auf sie, und: diese Teufelsboten stellen sich außerhalb der Gebote Gottes und der heiligen Kir-che. Es ist jedoch evident, daß solche Konzeptionen nur Spielarten der Ideale vom „Lassen", „Freiwerden", auch der „Geistbesessenheit" usw. sind, die die Toleranzgrenze der kirchlichen Hierarchie überschritten, sicher oftmals nicht ohne Verschulden der Sektierer, insofern sie teilweise ihre Religiosität mit einer dezidiert antiklerikalen Haltung verbanden.

Gerade mystisch interessierte Theologen von streng kirchlicher Gesinnung empfanden daher die Notwendigkeit, das biblische Motiv der „Discretio spirituum", der „Unterscheidung der Geister", in für die Praxis gedachten Traktaten zu behandeln, speziell als die Kirchenspaltung Propheten und Pro-phetinnen als Parteigänger der römischen bzw. avignesischen Päpste auf den Plan rief[429]. Immer öfter werden Themen dieser Art nicht nur innerhalb grö-ßerer Summen untersucht, wie im dreizehnten Jahrhundert von Thomas von Aquin und David von Augsburg, sondern in Form eigener Abhandlungen. Als Beispiel sei der gelehrte Augustinermönch HEINRICH VON FRIEMAR D. Ä. (um 1245–1340)[430] genannt, einer der Teilnehmer an dem für die Beginen-bewegung so katastrophalen Konzil von Vienne. Er stellte u. a. aus Cassians Werken eine *De perfectione spirituali interioris hominis* (Über die geistliche Vervollkommnung des inneren Menschen) betitelte Kompilation mit dem

---

[424] Vgl. P. Pourrat, Quiétisme: DThC 13/2, 1537–1581, 1547 ff.

[425] Zierde 2, 4, übersetzt von Schaad-Visser 138 f.

[426] Pourrat 1548 f.

[427] Vgl. o. S. 293.

[428] Verclaringhe, Opera 1, 1981, 119.

[429] Vgl. zusammenfassend A. Vauchez, Les théologiens face aux prophéties à l'époque des papes d'Avignon et du Grand Schisme: Mélanges de l'école française de Rome, Moyen Age 102, 1990, 577–588,

[430] A. Zumkeller, Henri de Friemar: DS 7, 191–197. – M. Schrama, Heinrich v. Friemar: Wör-terbuch 222 f.

Ziel zusammen, das Übernatürliche besser zu erkennen und zu Ekstase, Betrachtung und Vorgeschmack der göttlichen Süße zu führen. Ein anderes Werk behandelt die Metapher der geistlichen Schwangerschaft. Sogar in eine sonst amystische Textsorte, seinen Dekalogtraktat, fanden Erwägungen zur mystischen Theologie Eingang[431]. Weiteste Verbreitung fand jedoch sein *Tractatus de quattuor instinctibus,* in dem er zeigt, welche Regungen der Seele göttlich, welche teuflisch, welche von Engeln und welche rein menschlich seien. Allerdings ist die Einung mit Gott keine „secundum identitatem realis existentiae" (nach der Identität wirklicher Existenz), wie manche Begarden, Freie Geister (und auch Eckhart) annahmen.

Das Problem sollte ein stetiger Punkt jeder katholischen Theologia mystica bleiben, wie im vierzehnten Jahrhundert noch besonders Heinrichs von Langenstein *De discretione spirituum* (1383) zeigt. Dieser Verfasser u. a. eines mystagogischen Traktats *(Speculum animae)* feierte zwar Hildegard von Bingen als „Theotonicorum sibilla"[432], beklagt aber, daß sich zu seiner Zeit – also der des Großen Schismas – die falschen Propheten auf Betreiben des Teufels geradezu vervielfältigt hätten. Dazu rechnet er freilich auch den wesentlich älteren, von ihm aber um 1300 datierten Abt Joachim von Fiore[433]. Daß sich auch Ruusbroec, die *Wolke des Nichtwissens,* Hilton, aber auch Katharina von Siena wie viele andere MystikerInnen damit auseinandersetzten, wird aus den Quellen immer wieder deutlich. Die praktischen Konsequenzen einer solchen Untersuchung konnten über das Leben eines Charismatikers entscheiden, d. h. ihn auf den Scheiterhaufen bringen oder ihm die Verehrung als Heiliger in Aussicht stellen. Auch die praktischen Mystikerinnen der zweiten Hälfte des vierzehnten Jahrhunderts, denen wir uns nun zuwenden, haben dies teilweise recht konkret erfahren.

BIRGITTA BIRGERSDOTTER VON SCHWEDEN (1302/3–1373, hl.)[434] ist die einzige Mystikerin, die wir aus dem mittelalterlichen Skandinavien kennen. Sie führte zunächst ungeachtet der früh einsetzenden visionären Begabung ein ihrer hochadeligen Herkunft entsprechendes Leben, wurde mit etwa drei-

---

[431] U. Störmer, Mystik, wo sie niemand erwartet. Beobachtungen am Dekalogtraktat Heinrichs von Friemar und seiner deutschen Übersetzung: Jahrbuch der Oswald von Wolkenstein Gesellschaft 6, 1990, 163–172.

[432] G. Sommerfeld, Die Prophetien der Hl. Hildegard von Bingen in einem Schreiben des Meisters Heinrich von Langenstein: Historisches Jahrbuch 30, 1909, 43–61, 297–307.

[433] Vauchez 580 ff.

[434] Eine kritische Gesamtausgabe von Birgittas Revelationes ist seit 1956 in der Reihe: Samlingar utgivna av Svenska Fornskriftsällskapet Ser. 2, Uppsala im Erscheinen, doch liegt sie noch unvollständig vor. So sind die alten Ausgaben, die jedoch einen verhältnismäßig guten Text bieten, heranzuziehen: Revelationes, Lübeck 1492. – Rom 1628 (hier verwendet). – München 1680.
B. Klockars, S. Birgitta and Mysticism: C.-M. Edsman (Hg.), Mysticism, Stockholm 1970, 106–114. – T. Nyberg, Birgitta von Schweden – Die aktive Gottesschau: Frauenmystik 275–289. – Ders., Birgitta/Birgittenorden: TRE 6, 1980, s. v. – Ders., Birgitta von Schweden: Thiele, Herz 225–236. – U. Montag u. a., Birgitta v. Schweden: LexMa 2, 215–218. – P. Dinzelbacher, Die hl. Birgitta und die Mystik ihrer Zeit, i. Dr. – Ders., Frauenmystik 251–284.

zehn Jahren verheiratet und schenkte ihrem Gatten Ulf Gudmarsson von Närke acht Kinder. 1335 bis 1340 war sie Hofmeisterin des Königs Magnus II. von Schweden; nach Ulfs Tod 1344 widmete sie sich ganz ihrem Frömmigkeitsleben, namentlich ihren Offenbarungen und der darin befohlenen Stiftung eines neuen Ordens, des Ordo Sanctissimi Salvatoris, der Birgittiner, der ein Doppelorden mit Frauen und Männern sein sollte. 1349 zog sie nach Italien und verbrachte den Rest ihres Lebens vor allem in der Hauptstadt der Christenheit. Nachdem Birgitta 1372 ins Heilige Land gepilgert war, verstarb sie ein halbes Jahr nach der Rückkehr, weithin verehrt, in Rom. Ihre *Revelationes* wurden von ihren Beichtvätern gesammelt, ins Lateinische übersetzt und später mindestens stilistisch überarbeitet. Im altschwedischen Original blieben nur Bruchstücke (wahrscheinlich von ihrer eigenen Hand) erhalten. Daneben wurden von Birgitta auch liturgische Texte wie Gebete verfaßt.

Neben drei umfangreicheren stehen ca. sechshundert kürzere Offenbarungstexte verschiedenster Thematik, unter denen allerdings die Häufigkeit eschatologischer Gerichtsszenen auffällt. Die Spannweite reicht von den in der Erlebnismystik jener Zeit „üblichen" Passionsvisionen bis zu Prophezeiungen, mit denen sie Adelsaufstände in ihrer Heimat unterstützen wollte. Birgittas Revelationen sind darin typisch für eine Tendenz des späten Mittelalters, insofern sie zum allergrößten Teil Wortoffenbarungen darstellen. Nur ganz knapp (oder gar nicht) wird eingangs die visionäre Szene geschildert, dann kommt sogleich der Monolog Christi oder Mariens oder ein Dialog zwischen ihnen bzw. anderen Gestalten. Viele der Szenen enden mit einem Schlußwort, das eine allgemeine Mahnung Gottes oder der Gottesmutter an die Seherin beinhaltet, das aber gleicherweise für jede gläubige Seele gilt. Dadurch sind diese Offenbarungen nicht nur als an Birgitta persönlich gerichtete Gnadenerweise zu verstehen, sondern hatten durchaus auch – oder sogar vorwiegend – pastorale bzw. kirchenpolitische Funktion.

Damit errang die Seherin, die selbst ja nur dem Laienstand zugehörte, eine Position in der Mitte zwischen der Amtskirche und dem Kirchenvolk. Einerseits vertrat sie die Interessen des Papsttums, um dessen Rückkehr aus Avignon nach Rom sie sich unablässig mit Gebet und Bußwerk bemühte, und das so weit, daß sie von den Römern fast ermordet worden wäre. Andererseits setzte sie sich aber auch für die Bedürfnisse des Kirchenvolks ein, indem sie Kritik an schlechten Priestern und an Übelständen auch in der höchsten kirchlichen Hierarchie verbreitete. Birgittas Kontakt mit den Verstorbenen und die von ihr gewirkten Wunder befriedigten religiöse Bedürfnisse ihrer Zeit. Den Orthodoxen weissagte sie den Untergang, falls sie sich nicht „mit wahrer Demut und Liebe der römischen Kirche und dem römischen Glauben fromm unterwerfen werden, indem sie sich den heiligen Vorschriften und Riten ebendieser Kirche vollkommen anpassen."[435] Auffallend vie-

---

[435] Rev. 7, 19, übersetzt von Dinzelbacher, Visionsliteratur 194 f.

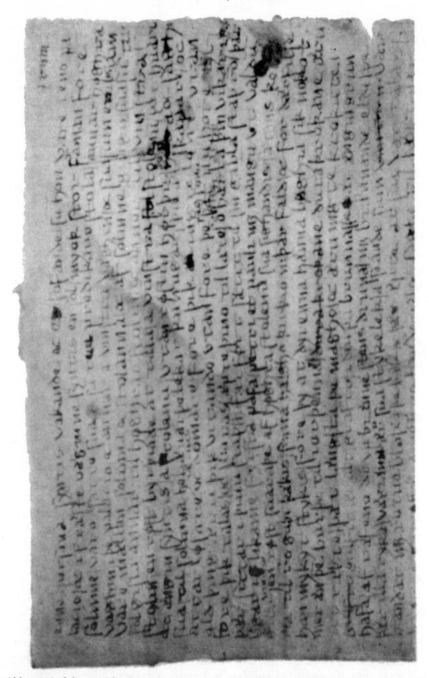

Abb. 26 Auf diesem Blatt hat Birgitta von Schweden eine ihrer Offenbarungen höchstwahrscheinlich eigenhändig in ihrer Muttersprache aufgezeichnet, sie beginnt: „enne persona syntis vakande oc eg sofande ..." (einer Person erschien im Wachen, nicht im Schlafe ...).

Birgitta, *Revelationes caelestes* 4, 49: Cod. A 65, Kungl. Biblioteket, Stockholm.

les in Birgittas Werk ist Drohung in alttestamentlichem Stil mit Elementen der zeitgenössischen Rechts- und Urkundensprache mit ihren Strafformeln. So trägt sie – ein typisches Beispiel – in Famagusta selbst das Urteil vor, das ihr Christus über dieses Reich verkündet hat – wohl eine Reaktion auf die schlechten Erfahrungen der Charismatikerin mit diesem Volk bei der Reise nach Jerusalem, da ihre Bußpredigt mit Hohn und Gelächter empfangen wurde.

> „Aber weil du [Volk von Zypern] jetzt deinen eigenen Willen tust und all jenes, was dein Herz erfreut, ohne mich zu fürchten, der ich dein Richter bin, und mich nicht liebst, der ich dein Schöpfer bin, der ich auch dich durch meinen bittersten Tod erkaufte, und du mich aus deinem Munde wie etwas Stinkendes und Geschmackloses ausspieest, und weil du sogar den Teufel zugleich mit deiner Seele in die Kammer deines Herzens einschlossest und mich von dort wie einen Dieb und Räuber ausstießest und auch nicht mehr errötetest, vor meinem Angesicht zu sündigen, als die unvernünftigen Tiere bei ihrer Paarung, daher ist es wahre Gerechtigkeit und gerechtes Urteil, daß du im Himmel von allen meinen Freunden ausgestossen und in die ewige Hölle mitten unter meine Feinde gesetzt werdest … Daher, Volk von Zypern, kündige ich dir an, daß, wenn du dich nicht bessern und läutern willst, ich dann dein Geschlecht und deine Nachkommenschaft im Königreich Zypern so vernichten werde, daß ich weder eine arme noch eine reiche Person schonen werde …"[436]

Wenn solche Botschaften für die Heilige auch im Vordergrund standen, so gibt es trotzdem in ihrem Riesenwerk Elemente, die zeigen, daß Birgitta, obschon primär Prophetin, durchaus auch an den zeittypischen Strömungen der Mystik Anteil hatte. Kein Leser ihrer Offenbarungen kann von den erschütternden Bildern der Qual unbeeindruckt bleiben, die sich wiederholt vor ihm entrollen. Birgitta ist zweifellos eine Hauptzeugin des Dolorismus, der Faszination mit körperlichem oder in körperlichen Bildern geschildertem Leiden, die eine hervorragende Komponente der religiösen Spiritualität des Spätmittelalters bildete. Er manifestierte sich in extremen Asketepraktiken genauso wie in den Passions- und Marterdarstellungen der bildenden Kunst oder eben den Meditations- und Visionstexten[437]. Dieser Dolorismus tritt bei Birgitta nicht nur in den Szenen entgegen, die den Leidensweg Christi beschreiben, sondern auch in den so zahlreichen und eingehenden Schilderungen der Folterungen und Verstümmelungen, denen die sündigen Seelen im Fegefeuer und in der Hölle unterworfen sind. Während letztere mit Mystik nichts zu tun haben, ist die Konzentration auf die körperlichen und seelischen Leiden des Erlösers eine, wenn nicht die dominierende Komponente der Erlebnismystik des vierzehnten Jahrhunderts. Leidensmeditation und Mitleiden bedeutet Annäherung an den Heiland und zielt auf die Vereinigung mit ihm im Nachvollzug des Kreuzwegs.

---

[436] Ebd.
[437] P. Dinzelbacher, Suche.

Bei Birgitta erfolgt die Konfrontation mit der Passion jedoch nicht in einer gnadenhaft geschenkten Gleichförmigkeit mit dem Gekreuzigten wie bei den Stigmatisierten, auch nicht durch das Eingehen in die Seitenwunde des Schmerzensmannes[438], und nur ausnahmsweise in einer intentionell herbeigeführten körperlichen Compassio vermittels entsprechender Askeseübungen, wenn sie eine bittere Wurzel kaut oder sich heißes Wachs auf die Arme tropft, „damit ihr Leib nicht ohne Passionswunde sei"[439]. Die Begegnung mit dem Leiden Christi erfolgt vielmehr primär als Bericht, den Maria Birgitta mitteilt[440], also in einer quasi objektiven, narrativen Form, die die Charismatikerin nicht unmittelbar in das Geschehnis einbezieht (wie z. B. Margery Kempe). Maria berichtet etwa, wie sie beim Anblick der Glieder ihres Kindes schon die künftigen Nägelmale sieht und darob in tiefe Trauer fällt oder wie sie beim ersten Geißelschlag besinnungslos zu Boden stürzt[441]. Maria ist es, die Birgitta zahllose in den Evangelien nicht verbürgte Einzelheiten aus dem Leidensweg des Herrn mitteilt: daß er sich seine Kleider selbst auszog[442], daß bei der Geißelung sein Fleisch bis auf die Rippen weggerissen wurde[443], daß die Peiniger seine Linke mit einem Stick auszerrten[444], daß der linke Fuß über dem rechten gekreuzigt wurde[445], usf. Keine Bewegung der Agonie des am Marterholz Sterbenden bleibt ausgespart:

> „Als aber der Tod nahte und vor unerträglichem Schmerz das Herz brach, da erbebten sogleich alle seine Glieder, und sein Haupt, welches nach dem Rücken zu geneigt war, hob sich ein wenig. Die halbgeschlossenen Augen taten sich bis fast zur Mitte auf. In ähnlicher Weise öffnete sich sein Mund, und die blutige Zunge kam zum Vorschein ..."[446]

Dabei erfährt Birgitta die Mutter Gottes als die große Leidende, die gleichsam nach einer *lex talionis* auf das, was ihrem Sohne angetan wird, reagiert: wenn seine Wangen blutig rot geschlagen sind, erbleichen die ihren; wenn er Galle und Essig zu trinken bekommt, dörren ihr Zunge und Gaumen aus usw.[447] Nach dem *Englischen Sermo*[448] hat Maria sich sogar andauernd der detaillierten Passionsmeditation befleißigt – darin Vorbild für Birgitta und alle Hörer oder Leser ihres Werkes.

---

[438] Beispiele bei Richstätter, Herz-Jesu-Verehrung 399 s. v. Eingehen.
[439] Acta et processus canonizacionis beate Birgitte, hg. v. J. Collijn, Uppsala 1924–1931, 99; 481.
[440] Rev. 1, 10; 1, 27; 2, 21; 4, 70.
[441] Rev. 1, 10; 4, 70.
[442] Rev. 1, 10; 4, 70.
[443] Rev. 1, 10.
[444] Rev. 1, 10; 4, 70.
[445] Rev. 1, 10.
[446] Rev. 1, 27; vgl. 4, 70.
[447] Sermo ang. 18.
[448] Ebd. 17.

In der gleichen narrativen Weise nennt Christus selbst seine Peine, die ihm einst die Juden angetan und die ihm jetzt die Sünder noch vermehren[449]. Dabei fügt er dem evangelischen Bericht nicht nur weitere Einzelheiten hinzu, etwa daß sein Zahnfleisch durch die Schläge anschwoll[450], sondern potenziert die Erschütterung, indem er dramatische Vergleiche verwendet. So vergleicht er sich einem hungrigen Tier, das in einen Speer hineinrennt,

> „und je mehr der Mann den Speer in des Tieres Eingeweide hineintreibt, desto mehr treibt sich das Tier selber aus Begierde nach dem Manne auf den Speer hinauf, bis seine Eingeweide und der ganze Körper durchbohrt sind. Also habe ich mit so großer Liebe gebrannt nach der Seele …"[451]

Jedoch finden wir in den Offenbarungen, anders als bei den sonstigen Mystikerinnen, üblicherweise nichts von Birgittas gefühlsmäßigen Reaktionen gesagt. Eine Ausnahme bildet die berühmte Vision in der Grabeskirche zu Jerusalem, wo Birgitta, bitterlich weinend, nicht nur die Kreuzigung am aufgerichteten Kreuzesbaum selbst kraft „mystischer Autopsie"[452] in jeder Einzelheit miterlebt, sondern auch von Christus direkt angesprochen wird. Hier erwähnt die Seherin ihr eigenes Empfinden: sie ist über die dem Erlöser angetanen Grausamkeiten „von Schmerz erfüllt" – doch viel intensiver scheint der „neuerliche Schmerz", den ihr die Compassio mit Maria verursacht: wie wenn ihr Herz „ein scharfes Schwert von unerträglicher Bitterkeit durchdränge"[453]. Die detaillierte Passions*meditation* wird Birgitta und anderen freilich ausdrücklich empfohlen[454]; unterlassenes Mitleid „mit den Schmerzen und Wunden des Leidens Christi" ist ein so schweres Vergehen, daß „wenn alle Sterne und Planeten sich in Zungen verwandelten, wenn alle Heiligen mich bäten", Christus einem solchen Menschen doch nicht vergäbe[455]. Als Birgitta noch in Ulvåsa lebte, wurde sie selbst „von einer Hand mit solchem Nachdruck an den Kopf geschlagen, daß sie sich kaum vor Schmerz zu bewegen vermochte", weil sie sich ein bequemes Bett zimmern ließ, anstatt der Leiden Christi zu gedenken[456]. Für die Wandmalerei der Kirchen des neuen Ordens schreibt der Herr selbst als einziges christologisches Thema seine Passion vor[457].

Dagegen ist die Brautmystik bei Birgitta fast abwesend. Wenn ich recht sehe, ist es ein einziger Text, der das Unionserlebnis anspricht, und zwar mit dem verbreiteten Bild des Siegelns (es kommt z. B. auch bei Christine Ebner und Adelheid Langmann vor).

---

[449] Rev. 1, 30; 1, 39.
[450] Extrav. 51.
[451] Rev. 2, 15.
[452] K. Krogh-Tonning, Die heilige Birgitta von Schweden, Kempten 1907, 115.
[453] Rev. 7, 15.
[454] Rev. 6, 20.
[455] Rev. 6, 28; vgl. 6, 52; 7, 27.
[456] Extrav. 53.
[457] Extrav. 30.

„Die selige Birgitta redete mit der Gottheit und sprach: O du, mein süßester Gott!
Wenn du mich würdigst, mein Herz zu besuchen, so können sich meine Arme
nicht enthalten, meine Brust vor der vergöttlichenden Liebessüße (deifica cha-
ritatis praedulcedine) zu umfassen, die ich alsdann in meinem Herzen empfinde.
Es kommt mir vor, du werdest in meine Seele also eingedrückt, daß du wahrhaft
ihr Herz und ihr Mark und ihr ganzes Inneres wärest ... Gott antwortete: Meine
Tochter! Wie Wachs in ein Siegel eingedrückt wird, so wird deine Seele eingedrückt werden in den heiligen Geist ...“[458]

Nur recht gelegentlich gibt es sonst Formulierungen, die aus dem Bereich
der *Hohelied*-Allegorese und Minnemystik kommen[459]. Birgittas Gottesbild
ist vielmehr in einer Weise geprägt vom Timor Domini, wie er den übrigen
zeitgenössischen Mystikerinnen weitgehend fremd ist. Die Heilige (welche
selbst zum Zorn neigte[460]) vermittelt nicht nur immer wieder Drohbotschaf-
ten des zürnenden Herrn, sondern ist selber von Furcht ergriffen: „Zürne
nicht, wenn ich zu dir rede ...“, fleht sie wiederholt[461], „gleichsam die gering-
ste Mücke in deiner Gewalt“[462] ... Zeichen sowohl der guten Ehefrau als auch
der gehorsamen Seele ist es, dem Gatten bzw. Gott alle Ehre zu erweisen,
„damit er nicht zürne“[463]. Es ist gut, sich zu fürchten[464]. Wenn vom Gespräch
zwischen Braut und Bräutigam die Rede ist, dann ist dies nicht der süße
Minnedialog, wie ihn die Helftaerinnen oder die deutschen Dominikanerinnen so intim geführt haben, sondern „Buße und Reue“[465]. Sogar seine
Liebe zur Seherin begründet der Herr kühl und rational: „weil es die Gerechtigkeit also erfordert.“[466] – letzteres ein Gedanke, der dem Wesen der Brautmystik ganz fremd ist. Erinnern wir uns an die Worte Bernhards: „Wer liebt,
der liebt, und sonst weiß er von überhaupt nichts. Welche andere notwendige Beziehung suchst du zwischen Braut und Bräutigam außer der: geliebt
zu werden und zu lieben?“[467]

Dagegen erhellt die außerordentliche Stellung, die Maria im Gefühlsleben
Birgittas innehat, auch aus einer Passage, in der sie von ihr genau in der
brautmystischen Terminologie spricht, in der es die anderen Mystikerinnen
von Jesus im Zusammenhang mit der Unio tun. Birgitta meditiert die Menschwerdung in der Jungfrau, ihr Herz wird von Liebe zu ihr entzündet, „und
sie blieb so berauscht von der Süßigkeit der Liebe und von Sinnen außer sich,
in einer Ekstase geistiger Beschauung verzückt.“[468] Dieser gefühlsmäßigen

---

[458] Extrav. 116.
[459] Z. B. Rev. 1, 1.
[460] Rev. 6, 6.
[461] Rev. 4, 37; 4, 60; 4, 77; Extrav. 25.
[462] Rev. 4, 77.
[463] Rev. 6, 13.
[464] Rev. 4, 81.
[465] Rev. 4, 75.
[466] Rev. 1, 34.
[467] Cant. 83, 3 (ed. wie S. 106, Anm. 62, 2, 299 f.), gekürzt.
[468] Rev. 7, 1.

Abb. 27 Birgitta in Witwentracht mit ihrem Offenbarungsbuch; eine Skulptur, die als porträt-
ähnlich gilt.

Holzplastik, um 1392, Klosterkirche, Vadstena.

Beziehung entspricht es, daß die Coredemptrix[469] Maria ihrer Verehrerin offenbart, „daß, wer Gott sieht, mich sieht, und wer mich sieht, die Gottheit und Menschheit in mir, wie in einem Spiegel, und mich in Gott…"[470] Birgitta ihrerseits zöge es ausdrücklich vor, in der Hölle zu sein, als daß Maria nicht Gottesmutter im Himmel wäre[471]. Man hat in diesem Konnex des öfteren von einer Identifikationshaltung gesprochen: „Birgitta erlebt sich selbst als Maria, die ihre ständige Gesprächspartnerin bleibt."[472]

Mystisches Erleben, bei dem das Jesuskind im Mittelpunkt steht, spielt in den *Revelationes* keine Rolle. Allerdings tritt eine mystische Vereinigung mit dem Kind bei Birgitta in der Form der geistlichen Schwangerschaft auf, wie ähnlich bei Margareta Ebner, Christina Ebner, Gertrud von Oosten, Dorothea von Montau (diese in ausdrücklicher Imitatio Birgittas)[473]. In einer Weihnachtsnacht

> „wandelte die Braut Christi ein großer Jubel des Herzens an, daß sie sich vor Freude kaum zu halten vermochte, und im nämlichen Augenblick fühlte sie im Herzen eine empfindliche und wunderbare Regung, als wenn ein lebendiges Kind im Herzen wäre, das sich hin und her wälzte."

Ihr Beichtvater und ihre Freunde überzeugten sich „durch Sehen und Fühlen" von der Faktizität dieses körperlichen Vorganges[474]. Maria erscheint Birgitta, um ihr zu versichern, daß es sich um keine Täuschung handle, sondern um eine Gnadengabe, „das Zeichen der Ankunft meines Sohnes in deinem Herzen", weswegen sie sie Schwiegertochter nennt[475].

Birgitta, die zu den „kanonischen" Mystikerinnen zählt, ist in Wirklichkeit zuvörderst Prophetin, wogegen den Elementen der Vereinigungsmystik nach den Quellen nur periphere Bedeutung zukommt. Man vergegenwärtige sich einmal das quantitative Verhältnis der wenigen einschlägigen Stellen zu dem voluminösen Ensemble des Offenbarungswerks der Heiligen. Ihre Begabung und Berufung lag eindeutig auf dem, was ihr der hl. Ambrosius als ihre raison d'être vorstellte: „geistlich zu sehen, zu hören und zu erkennen zu dem Ende, daß du das, was du im Geiste gehört hast, anderen nach Gottes Willen offenbaren mögest."[476] Dies kann als klassische Definition von Prophetismus gelten. Hat nicht schon ein Theologe, der Birgitta persönlich sehr gut kannte, Bischof Alphons Pecha, sie „apostola et prophetissa Dei"[477]

---

[469] Rev. 1, 35.
[470] Rev. 1, 42.
[471] Extrav. 63.
[472] Nyberg: Thiele, Herz 234.
[473] Dinzelbacher, Gottesgeburt.
[474] Alphons v. Jaén, Ep. 4, 14 ff., ed. A. Jönsson, Alfonso of Jaén. His Life and Works with Critical Editions of the Epistola Solitarii, the Informaciones and the Epistola Serui Christi, Lund 1989, 137.
[475] Rev. 6, 88; vgl. 2, 18.
[476] Rev. 3, 5.
[477] Acta (wie S. 344, Anm. 439) 372.

genannt? Demgemäß sind die *Revelationes* zwar paränetisch, nicht aber mystagogisch (mit Ausnahme vielleicht des 5. Buches[478]), quasi ein riesiger
„Bild"-Katechismus mit Hunderten von Exempeln, primär nicht introvertiert
mystisch, sondern extrovertiert zeitkritisch.

Birgitta galt daher dem Mittelalter – nach den Worten Christi, die er einer anderen Charismatikerin in ihrer Ekstase geoffenbart hatte, nämlich
Dorothea von Montau – als die Heilige, der Gott die Weissagung künftiger
Ereignisse mit aller Sicherheit entschleiert hat[479]. Nach Birgittas Tod war ihr
visionäres Werk noch mehrfach heftig umstritten, fand aber schließlich aufgrund ihrer Kanonisation 1391 und den nachfolgenden Bestätigungen in der
katholischen Kirche Anerkennung und weite Verbreitung. Auch hier kam es
wieder zu zahlreichen Florilegien und Bearbeitungen, bisweilen auch Übersetzungen. Um die Drucklegung des „puech genannt sand Brigitten hym-
lischen offenbarungen" in Latein und Deutsch bemühte sich sogar Kaiser
Maximilian I. höchstpersönlich, der, um seiner Untertanen

> „selen seligkeit ze fuerdern sorgveltig unn begirlich genaigt ist / und dann soelch
> himlisch offenbarung allen stenden der welt unn allen cristglaubigen menschen /
> die sy lesen / oder lesen oder predigen hoern on zweivel zu guter ermanung und
> pesserung ires lebens und starcker hilff der selen seligkeit fuerdern werden"[480].

Eng an Birgitta wollte sich eine andere Frau anschließen, deren Leben freilich gemäß ihrer bäuerlichen Herkunft völlig unterschiedlich verlief, DORO-
THEA VON MONTAU (1347–1394, hl.)[481]. Zwar hätte auch sie eine religiöse
Existenz einer Verehelichung vorgezogen (sie will schon als Kind von Gott
verwundet worden sein[482]), sah sich aber mit siebzehn Jahren an den Danziger
Schwertfeger Adalbert verheiratet. Obwohl sie alles tat, um sich die Freude
an den ehelichen Umarmungen zu zerstören[483], empfing sie neun Kinder von
ihm. Vielleicht auch unter dem Eindruck von deren Tod (nur eine Tochter
überlebte sie) nahm Dorotheas Sehnsucht nach einem familienfreien Frömmigkeitsleben stets zu, was zu nicht ganz unverständlichen Zerwürfnissen mit
ihrem Gatten führte. Abgesehen von ihrem Usus, ihre von der Selbstgeißelung (die damals auch für wirklich fromme Laien selbstverständlich war)
herrührenden Wunden mit Besenreisig oder Nußschalen offenzuhalten oder
sie mit Salzlake zu verschärfen, pflegte sie sich auch die Füße mit Nadeln zu

---

[478] So H. Koch, Gud og menneske hos Birgitta: Dansk Teologisk Tidskrift 50, 1987, 161–183.
Vgl. aber auch Rev. 2, 22.
[479] Vita Dorotheae Montoviensis Mag. J. Marienwerder, edd. H. Westpfahl, A. Triller, Köln
1964, 300.
[480] U. Montag, Das Werk der hl. Birgitta von Schweden in oberdeutscher Überlieferung, München 1968, 103 ff., Orthographie vereinfacht bzw. normalisiert.
[481] R. Stachnik, A. Triller, Dorothea von Montau, Münster 1976. – E. Schraut, Dorothea v.
Montau: Frauenbewegung 373–394.
[482] J. Marienwerder, Leben 1, 17.
[483] Vgl. Franziska, u. S. 403 f.

zerstechen, um so der gesellschaftlichen Verpflichtung zu entgehen, die sie als Gattin eines angesehenen Handwerkers gehabt hätte, nämlich der Teilnahme an Zunftfeiern, -tänzen etc. Doch auch wenn sie selbst ein wenig von der permanenten Askese ausruhen wollte, empfand sie, wie der „Herr sie mit Stößen zu Mühe, Kasteiung und Wachen antrieb"[484]. Ihre dauernden Verzükkungszustände waren der Haushaltsführung nicht zuträglich; Adalbert reagierte auf Verfehlungen in der in patriarchalen Gesellschaften üblichen Weise, er schlug sie blutig. Das gehörte noch zu den absolut alltäglichen Szenen einer mittelalterlichen Ehe. Nach einigen gemeinsamen, abenteuerlichen Wallfahrten nehmen die Spannungen jedoch immer mehr zu, so daß sogar die Beichtväter der Familie Dorothea vor den Mißhandlungen ihres Mannes schützen müssen. Als dieser daraufhin schwer erkrankt, kann sie sich endlich voll ihrer devoten und mystischen Raison d'être ergeben. Während sie im Herbst 1389 nach Rom pilgert, stirbt Adalbert; auch sie liegt etwa zwei Monate krank darnieder, befindet sich dabei aber dauernd im Zustand der Betrachtung oder Verzückung.

Zurückgekehrt, erwartet sie Bedrohlicheres als die Reaktion ihres Mannes auf ihre Lebensform: einigen Mitgliedern der kirchlichen Hierarchie fällt die nunmehr muntlose[485] Frau gerade wegen eben desjenigen Verhaltens übel auf, das schon wenige Jahre später als Beweis ihrer Frömmigkeit in den Heiligsprechungsakten notiert werden sollte: sie kann sich vor der Fülle der Empfindungen bei der Elevation des Sanctissimum nicht immer erheben[486], fällt des öfteren für eine Stunde oder länger in Ekstase, aus der sie freudestrahlend und lachend oder von Weinkrämpfen geschüttelt erwacht, ja sie singt sogar allein in der Kirche[487]. Zuweilen ist sie so voll der göttlichen Süßigkeit, daß sie sich gebärdet, als ob sie trunken sei, von solchen „wollusten des geistis" überwältigt, daß sie ohnmächtig oder schlafend scheint[488]. Schließlich „erzählte Dorothea in der Beichte von Dingen, die Menschen ganz unbekannt sind"[489] – d. h. von den visionären Schauungen, die ihr je und je zuteil werden. Sie wird deswegen von Geistlichen nicht nur beschimpft, sondern sie wollen sie als Ketzerin oder Hexe verbrennen lassen, wobei vor allem die Zustimmung des bischöflichen Justiziars gefährlich war[490]. Diese Verbrennung allerdings fand nicht statt, offenbar weil andere Geistliche, besonders Dorotheas Beichtvater, der Theologe Johannes Marienwerder[491], der nach

---

[484] J. Marienwerder, Deutsches Leben 1, 25, ed. wie u. Anm. 493, 223.

[485] Jede Frau stand im Mittelalter normalerweise unter der Munt eines Mannes, hier des Gatten. Munt bedeutet sowohl Herrschaftsrecht als auch Schutzpflicht, vgl. Sachwörterbuch 564, 742.

[486] Die Akten des Kanonisationsprozesses Dorotheas v. Montau, hg. v. R. Stachnik, A. Triller, Köln 1978, 275 f.

[487] Ebd.

[488] J. Marienwerder, Leben 1, 27, ed. cit. 225.

[489] Kanonisationsprozeß 108 f.

[490] Ebd. 84, 473.

[491] P. Dinzelbacher, Marienwerder: LexMA 6, 291.

ihrem Tode die Heiligsprechung betrieb, die Witwe schützen konnten. Doch zeigt dieser Fall deutlichst die Ambivalenz, mit der außernormale Phänomene als Zeichen von Heiligkeit oder von Hexerei beurteilt werden konnten (auch gegenüber Birgitta waren ähnliche Stimmen laut geworden, doch war sie schon durch ihren Adelsrang geschützt)[492]. Im Sommer 1393 läßt Dorothea sich für das letzte Jahr ihres Lebens in Marienwerder an der Kirche einmauern.

Dorotheas Leben und ihre Visionen wurden von Marienwerder unter häufigen wörtlichen Zitaten in lateinischen und deutschen Werken begeistert und detailreich gefeiert[493]; er sieht sie vom sündigen zum begnadeten Menschen aufsteigen, sie wird „capax dei" und „homo novus". Was er von ihren Revelationen berichtet (und was in der Diözese auch von der Kanzel gepredigt wurde), konzentriert sich freilich ganz auf ihre letzten Lebensjahre. Dorotheas Terminologie scheint am ehesten von Tauler geprägt zu sein[494]; Marienwerder steuerte scholastisch-systematische Gliederungen der Gnadenerfahrungen bei.

Das charismatische Erleben der preußischen Mystikerin ist außerordentlich intensiv: Visionen, Auditionen, ekstatisches Gebet, „überfließende, brennende, vollkommene Liebe", Herzenstausch („Wy ir hertze wart uzgeruckt und eyn andirs dovor ingestossen")[495], geistliche Trunkenheit, Mitleiden der Passion, Schlaf- und Nahrungslosigkeit ... Dorothea ist wesentlich stärker eidetisch veranlagt als Birgitta:

> „So viele wunderschöne Bilder erschienen ihr allenthalben, kleine, große und mittelgroße, so daß sie, wiewohl sie mitten unter ihnen saß und sie mit unermeßlicher Freude und innerlichem Vergnügen mit ihrem inneren Auge, nicht dem äußeren, betrachtete, doch ihre Menge keineswegs zählen konnte."

Thema dieser Bilder ist hier Jesus, wie er nach und nach vom kleinen Kind zum Mann heranwächst[496].

Auch Unionserlebnisse erzählte sie Marienwerder:

> „Dann wurde die Braut von ihrem Bräutigam, dem Herrn Jesus Christus, so geistlich begabt, gottförmig (,deiformis') gemacht, in ihn verwandelt, daß sie ein Geist mit ihm ward, so von Gott und seinem Guten erfüllt ..."[497]
> „Sie fühlte die süßen Küsse des Herrn, die lieben Umarmungen und das süße Liebesgeflüster. Ihre Seele verflüssigte sich vor Freuden und floß vor Genüssen

---

[492] Dinzelbacher, Heilige oder Hexe.
[493] Deutsches Leben: Scriptores rerum Prussiacarum, ed. Th. Hirsch u. a., Leipzig 1863, 2, 179–350. – Vita latina, ed. H. Westpfahl, Köln 1964. – Septililium, ed. F. Hipler, Bruxelles 1885. – Liber de festis, ed. A. Triller, Köln 1992.
[494] H. Westpfahl, Die Geistesbildung der sel. Dorothea von Montau: Zs. f. Geschichte u. Altertumskunde Ermlands 87, 1957, 172–197, 179 ff.
[495] Leben 2, 1, ed. cit. 231.
[496] Liber 29, ed. cit. 55.
[497] Ebd.

über … Auch ihr Uterus wurde von göttlicher Süße erfüllt, und durch das Wirken des Herren vergrößert, schwoll er so, als ob die Geburt nahe sei …"

Aber wiewohl sie dem Herrn so innig vereint („intime unita") ist, spürt sie zugleich die Versuchungen des bösen Geistes[498].

Gewiß sind Berichte über freudeschenkende Gesichte u. ä. häufig. Aber die Leid- und Strafkomponente scheint noch häufiger zu sein. Oft und oft berichtet Marienwerder, „Wy Dorothea gestrofft wart von Maria und irem kinde …"[499]. Nicht selten ist es der Herr selbst, der ganz unmittelbar sein Geschöpf quält. Dorothea kann nicht einmal mehr unterscheiden, ob es der Tod oder Gott ist, der sie überfällt. Der himmlische Bräutigam verletzt Dorothea „bald mit Liebesdornen, bald mit Pfeilen, bald mit Lanzen und Speeren, die er in ihr Herz abschoß". In ihrem letzten Lebensjahr zerreißt ihr Christus das Herz so, daß sie meint, sterben zu müssen. In einer Vision schaut sie,

> „wie zwei neue und schöne Lanzen in ihr Herz gestochen waren, … deren Schäfte sehr lang waren und von ihrem Herzen aufsteigend bis zum wunderbar geschmückten Himmelsthron reichten, wo der Herr und seine geliebteste Mutter saßen … Und als sie sahen, daß ihre Seele sie deutlich sah und erkannte, daß es ihr Werk war, da begannen sie, die Lanzen vermittels der Schäfte etwas tiefer in das Herz der Braut hineinzustoßen, kräftiger hineinzudrücken und so tief hineinzustecken, als ob sie ihr Herz durch den Rücken hinausstoßen wollten. Sie spürte die sehr heftigen Schmerzen, deren Intensität sie überhaupt nicht ausdrücken konnte, lebhaft sowohl im Herzen als auch in dem dem Herzen gegenüberliegenden Teil des Rückens … Nachdem sich die Schmerzen sosehr gesteigert hatten, wie sie sie überhaupt nur ertragen konnte, zogen sowohl der Herr als auch seine Mutter beide die bewußten Lanzen nach und nach vermittels der Schäfte zurück, so wie sie sie allmählich hineingebohrt hatten. Und so linderten sie ihr die Schärfe des Schmerzes allmählich. Bei diesem Herausziehen der Lanzen verspürte sie einen sehr quälenden Schmerz im Herzen und an den Rippen …"

Ein anderes Mal spricht der Herr zu ihr:

> „Oft geschieht es, daß ein fleischlicher Gemahl sich so seiner Braut zeigt, daß sie darüber ihren Freunden genug zu berichten hat. Auch ich will dir jetzt Gewalt antun (‚violenciam inferre'), daß du deinen liebsten Freunden genug zu erzählen hast … Ich habe jetzt in dein Herz harte, finstere und riesige Lanzen gesteckt, damit du und deine Freunde wirklich wissen und offen zugeben können, daß du einen ungeheuer potenten (‚magnipotentem') und ernst zu nehmenden Bräutigam hast."

Danach werden die Lanzen herausgezogen, „und ihr Uterus, der während dieser Durchbohrungen sehr groß zu sein schien, wie bei einer Frau vor der Geburt, schwoll wieder ab …" Und so geht es weiter, unablässig durchbohrt der göttliche Geliebte seine Auserwählte mit seiner Waffe, bis sie nicht ein-

---

[498] Ebd. 88, ed. cit. 149.
[499] Leben 3, 9, ed. cit. 292.

Abb. 28 Dorothea von Montau hält auf dieser ihrer ältesten Darstellung ein Beutelbuch und einen Rosenkranz in Händen; von oben treffen sie die in ihren Visionen mehrfach beschriebenen Pfeile bzw. Lanzen Gottes.

Holzschnitt aus Johannes Marienwerder, *Des Leben der zeligen frawen Dorothee ...*, Marienborck 1492.

mal mehr beten kann, sondern nur mehr schreien und weinen[500]. Man wird
diese Schilderung heute wohl als somatische Leiden (Rippenfellentzündung?
Lungeninfarkt? Herzinfarkt?) deuten, wobei sowohl die volkstümliche Vorstellung vom Krankheitsprojektil als auch hier in Erleben umgesetzte Metaphorik – das Bild vom Liebespfeil – sich vermengen[501]. So hatte z. B. schon
Rupert von Deutz geschrieben, die Liebe Mariens und des Bräutigams sei ein
gegenseitiges Verwunden mit allersüßesten Durchbohrungen gewesen: „vul-
nerabamus et vulnerabamur percussionibus suavissimis, vulneribus dulcis-
simis"[502]. Was freilich bei diesem Autor des zwölften Jahrhunderts noch in
übertragenem Sinn gemeint war, setzt nun die Mystikerin des vierzehnten
Jahrhunderts in konkretes Erleben um. Daß ein erotischer Unterton mit-
schwingt (Brautverhältnis, Phallussymbol, Vergewaltigung, der aufschwel-
lende Uterus!), erscheint unüberhörbar.

Ein gutes Beispiel für die (sonst im Mittelalter selten zu belegende) Eta-
blierung einer „Frauentradition" bietet Dorothea durch ihre ausdrückliche
Referenz auf Birgitta. 1374 wurde die Leiche der Prophetin feierlich nach
Schweden überführt und eine Zeitlang in Danzig aufgebahrt. Offenbar wurde
Dorothea auch mit den *Revelationes caelestes* bekannt und begann, Birgitta
als die für sie exemplarische Autorität zu empfinden. Dies zeigt sich bei ihren Visionen, die ihre mystischen Schwangerschaftssymptome begleiten.
Dorothea fühlte sich von Gott schwerer und schmerzhafter schwanger als je
bei einer der ihr ja wohlbekannten natürlichen Graviditäten[503]. Dazu erhielt
sie folgende Offenbarung:

> „Du sollst noch nichts von den zahlreichen [Begnadungen] preisgeben, die nicht
> in ähnlicher Weise von meinen Heiligen gewirkt worden sind, und keine neue [Art
> der] Heiligkeit verkünden, die die Heilige Schrift nicht ausdrücklich enthält. Und
> wenn die heilige Birgitta nicht gesagt hätte, daß in ihrem Herzen und Bauch
> (,uterus') die lebendige Leibesfrucht erschienen sei und sich hin und her bewegt
> habe[504], hättest du von dir nichts Ähnliches berichten dürfen! Du aber hast schon
> mehr darüber berichtet als sie, habe ich ja auch dein Herz und deinen Bauch mehr
> als ihren anschwellen lassen und dich mehr als sie gedrückt und stärker geschwän-
> gert (,amplius gravavi')."[505]

Dorothea sieht sich also ausdrücklich und im konkreten Detail auf das Heilig-
keitsmodell Birgittas verpflichtet! Sie ahmt ihre Empfindungen nach, und ein
Abweichen von diesem Modell wird ihr ausdrücklich verboten. Als einmal
eine ihrer Visionen über das Herz Jesu von dem Birgitta diesbezüglich Ge-
offenbarten differiert, fällt dies ihrem Beichtvater auf, weswegen er sie auffordert, den Herrn um Erklärung zu bitten. Dieser kann sich allerdings nur

[500] Vita lat. 6, 24 f., ed. cit. 323 ff.
[501] Dinzelbacher, Gottheit.
[502] ##. PL 168, 918 D.
[503] Marienwerder, Septililium 1, 25.
[504] Vgl. o. S. 348.,
[505] Septililium 1, 17 (Leben, ed. cit. 365).

dadurch aus der Affäre ziehen, daß er solche Fragen als „überflüssig" ab-blockt[506].

Dorothea scheint trotz der Bemühungen Marienwerders und ungeachtet eines Frühdrucks ihrer Vita nur wenig bekannt geworden zu sein; auch die Heiligsprechung ließ bis 1976 auf sich warten. Doch zeigt Margery Kempe gewisse Kenntnisse von dieser preußischen Mystikerin.

Andere mit Offenbarungen begabte Frauen des vierzehnten Jahrhunderts haben freilich noch wesentlich geringere Aufmerksamkeit erfahren. Erwähnt sei nur GERTRUD (GERTRUIDA) VAN OOSTEN (ca. 1300–1358, sel.?)[507]. Sie wand-te sich dem himmlischen Bräutigam erst ernsthaft zu, nachdem sie ihr irdi-scher sitzengelassen hatte. Eine einfache Magd, wurde sie Begine in Delft und widmete sich vor allem der Betrachtung der Kindheit und Passion des Er-lösers. Sie empfing 1340 die zu den sieben kanonischen Horen blutenden Stigmen und die Gabe der Weissagung. Zu Weihnachten füllten sich ihre Brüste mit Milch (Imitatio Mariae). Fünfundvierzig Meditationen (*Asceses*) und geistliche Lieder soll sie verfaßt haben, die jedoch nicht erhalten sind. Diese, Kontrafakturen profaner Gesänge, gab sie öffentlich auf den Delfter Brücken zum besten; an bekanntesten wurde *Het daghet in den oosten,* da-her ihr Beiname.

Italien

Unglaublich reich an Mystikerinnen ist im späten Mittelalter und in der Re-naissance weiterhin Oberitalien. Wiederum können wir nur einige dieser Frauen vorstellen. Genannt sei etwa Klara Agolanti von Rimini (1280–1326, sel.)[508]. Nachdem sie das Leben ausgiebig genossen hatte, erlebte sie eine Konversion, infolge derer sie sich zu strenger Buße für ihre Vergangenheit entschloß; eine Gemeinschaft ähnlich gesonnener Frauen bildete sich, die die Regel der hl. Klara von Assisi annahm. Agolanti entwickelte sich zu einer so intensiven Ekstatikerin, daß ausschließlich die Gegenwart der geweihten Hostie sie aus ihren Entraffungen zurückrufen konnte. Ihre Imitatio Christi hieß sie u. a., sich an eine Säule binden und geißeln zu lassen[509], wie später Helena von Udine[510].

---

[506] Liber 54.
[507] P. Dinzelbacher, Gertrud van Oosten: Wörterbuch 188 f. – A. Bredero, De Delftse begijn Gertrui van Oosten (ca. 1320–1358) en haar niet-erkende heiligheid: D. de Boer, J. Marsilije (Hgg.), De Nederlanden in de late middeleeuwen, Utrecht 1987, 83–97. – M. Goossens, Enige Bemerkingen betreffende Geertruid Van Ooosten: Studia Catholica 29, 1957, 207–216.
[508] G. Proja, Agolanti: BS 1, 422 f.
[509] Vauchez, sainteté 321.
[510] Vgl. u. S. 406 f.

Sibyllina Biscossi von Pavia (1287–1367, sel.)[511] erblindete mit zwölf Jahren und wurde, als sie ihre Eltern verlor, Bußschwester bei den dominikanischen Mantellaten, die ihr eine tiefe Passionsverehrung einprägten. Besonders die Szene, wo dem Gequälten die schon vom verkrusteten Blut in den Wunden klebenden Kleider grausam herabgerissen werden, „ließen ihre Seele in unvergleichlichem Mitleiden und süßester Devotion vergehen"[512] (wieder die für den spätmittelalterlichen Dolorismus so typische Kombination von Schmerz und Süße). Mit fünfzehn ließ das Mädchen sich für den Rest des Lebens als Inklusin einschließen. Nach siebenjährigen Bußübungen, bei denen sie sich erbarmungslos geißelte und im Winter von der so entstehenden Blutlache am Boden festfrieren ließ[513], begannen die mystischen Tröstungen, und sie mäßigte ihre Härte gegen sich selbst. Sie berichtete von Christkindserscheinungen, Süßeempfindungen bei der Elevation des Sanctissimum, Weissagungen etc.

Diese Frauen haben keine Schriften hinterlassen und nur beschränkt lokale Verehrung erfahren. Ganz anders ihre Zeitgenossin KATHARINA VON SIENA (1347–1380, hl.)[514]. Es war die dreiundzwanzigste Tochter eines Färbers namens Benincasa, die die größte mystische Heilige Italiens werden sollte: Mit sieben Jahren hatte sie mitten auf der Straße ihre erste Christuserscheinung, der im Lauf ihres Lebens unzählige weitere folgen sollten, sowie viele andere Begnadungen: Ekstasen, Visionen und Prophezeiungen, die Vermählung mit dem Seelenbräutigam vermittels eines nur ihr sichtbaren Ringes (1367), der Austausch ihres Herzens mit dem Christi (1370), endlich die (schmerzhafte, doch unsichtbare) Stigmatisation (1375). Alle die so oft in den Mystikerinnenviten wiederkehrenden Wunder mit Hostien, Kranken, Dämonen usw. werden auch von ihr berichtet[515]. In einer frühen Phase ihres Gnadenlebens hatte sich Katharina aus der Welt zurückgezogen, um sich ganz der blutigen Buße mit der Eisenkette (dreimal täglich eineinhalb Stunden Selbstgeißelung[516]) hingeben und auf ihre Schauungen konzentrieren zu kön-

---

[511] Thomas de Boz[z]olasto, Vita: AS März 3, 1865, 67–71. – Benvenuti Papi, Castro 396 ff. – Ganay, dominicaines 177–191.
[512] Ed. cit. 68 F.
[513] Ebd. 69 AB.
[514] Il libro, ed. U. Meattini, Milano ⁴1975. – Le lettere, ed. U. Meattini, Milano ⁴1987. – Raymund v. Capua, Legenda maior, AS Apr. 3, 1866, 862 ff. – Thomas Antonii de Senis „Caffarini", Libellus de supplemento, edd. I. Cavallini, I. Foralosso, Roma 1974. – Dinzelbacher, Frauenmystik 251–284. – Ders., Visionsliteratur 196–203. – A. Oddasso, Caterna Benincasa: BS 3, 996–1044. – Petrocchi, Storia 67–73. – Bell, Anorexia 22–53. – A. Blasucci, in: Grossi, Storia 4, 408–419. – R. Schneider, Katharina v. Siena als Mystikerin: Frauenmystik 290–313. – E. Dupré-Theseider, Caterina da Siena: Dizionario biografico degli Italiani 22, 1979, 361–378. – J. Jungmayr, Caterina v. Siena: Schmidt, Bauer, Höhe 163–215. – N. G. van Doornik, Katharina von Siena, Freiburg 1980. – A. Levasti, Katharina von Siena, Regensburg 1952. – G. Barone, Katharina: Wörterbuch 303–305. – R. Thorel, S. Caterina da Siena tra paranormale e soprannaturale: Nuovi Studi Cateriniani 3, 1988, 114–125.
[515] Caffarini pass.
[516] Raymund, Leg. 63, ed. cit. 877 F.

Abb. 29 Diese Statue Katharinas von Siena wird Andrea Vanni (1332-1414) zugeschrieben, einem Mitglied der „famiglia", der die Mystikerin auch in der Dominikanerkirche zu Siena gemalt hat. Die Darstellung ist daher als Porträt Katharinas anzusprechen.

Holzplastik, Casa della Santa, Siena.

nen; Christus machte sie auf sein Gebot der Nächstenliebe aufmerksam und hieß sie, in der Welt zu wirken. Katharina beugte sich mit den tiefen Worten: „Nicht mein Wille geschehe, Herr, sondern in allem deiner, denn ich bin die Finsternis und du das Licht, ich bin nicht, aber du bist der, der du bist …"[517]. Dieser unermeßliche Abstand zwischen Schöpfer und Geschöpf – wie oft sollte er für sie aufgehoben werden in der Unio mystica. Es genügte, daß sie das Vaterunser laut betete, um in Ekstase zu fallen.

Mit etwa siebzehn Jahren hatte sich Katharina den Mantellaten angeschlossen, dem Dritten Orden der Dominikaner, um sich auf immer der Vita contemplativa ihrer Offenbarungen und der Vita activa der Nächstenliebe zu weihen. Damit hatte sie erreicht, was ihre Verwandten, namentlich ihre Mutter, so lange zu verhindern versucht hatten, bis das Mädchen durch eine Pockenerkrankung entstellt und damit als „Heiratsgut" wenig attraktiv geworden war. Wie sehr ihre liebevolle, charmante, intelligente, aber auch willensstarke Persönlichkeit geschätzt wurde, zeigt sich daran, daß sie sogar von den älteren Mitgliedern ihrer „famiglia", des sich um sie bildenden Kreises von Devoten, „Mamma" genannt wurde. Ihre Gabe, Menschen wirklich trösten zu können, machte (und macht) sie ungemein sympathisch (wie auch ihre Fähigkeit, anders als Birgitta und so viele sonstige MystikerInnen, auch einmal lächeln zu können). Ihr Charisma wurde jedoch vielleicht in jenen Augenblicken am deutlichsten, wo sie verweltlichte und arrogante Theologen, die der ungebildeten Handwerkerstochter gegenüber ganz die Vertreter einer gelehrten Männerkirche herauskehrten, nicht nur zu einem Wandel bekehrte, der den von ihnen gepredigten Idealen entsprach, sondern auch dazu, sie mehr oder minder als lebende Heilige anzuerkennen[518].

Im Bewußtsein ihrer Sendung entwickelte Katharina eine erstaunliche Aktivität – am liebsten hätte sie sich verkleidet, um als Dominikanerbruder predigen zu dürfen[519]. Nicht nur, daß sie Verurteilte bis zu ihrem blutigen Ende auf der Richtstätte tröstend begleitete, sie bemühte sich ab etwa 1370 auch oft, in den inneren und äußeren Auseinandersetzungen der norditalienischen Kommunen zu vermitteln. Sie versuchte sogar, den gefürchtetsten der Condottieri ihrer Zeit, John Hawkwood alias Giovanni Aguto, im Namen des gekreuzigten Jesus Christus dazu zu bewegen, nicht die umliegenden Kommunen zu bedrängen, sondern als Sühne für seine Untaten ins Heilige Land zu fahren und es für die Christenheit zurückzugewinnen. Hawkwood versprach es ihr mit Brief und Siegel und fuhr ungerührt fort, Italien zu verwüsten[520]. Ihr weitester Weg führte sie 1376 als Gesandte von Florenz nach Avignon, wobei sie Papst Gregor XI. zur Rückkehr nach Italien zu

---

[517] Ebd. 121, ed. cit. 892 DE. Vgl. Ep. 102. Ein Reflex thomistischer Unterscheidung von Sein an sich und kontingentem Sein? (so D'Urso, wie u. Anm. 544, 122).

[518] Dinzelbacher, Frauenmystik 262 ff.

[519] Raymund, Leg. 121.

[520] van Doornik, Katharina 84 ff.

bewegen suchte (nachdem sie zunächst eine genaue theologische Prüfung über sich hatte ergehen lassen, die sie wie alle ähnlichen Situationen glänzend bestand). Bei Siena gründete sie das Kloster Sta. Maria degli Angeli, zog schließlich mit ihren Getreuen (keineswegs nur Frauen, sondern auch Gelehrte, Politiker und Künstler) in das unruhige Rom, um für Urban VI. ein „consilium", einen geistlich-mystischen Rat, zu bilden (der nicht zustande kam). Auf diesen Reisen strömten Tausende zu ihr, um ihr Wort zu hören und bei den sie begleitenden Priestern zu beichten. Die Reform der Kirche war Katharina ein brennendes Anliegen. Immer wieder versuchte sie persönlich und mit leidenschaftlichen Briefen, die Menschen aufzufordern, „virile", männlich als „Ritter Christi", zu streiten. Wie gern hätte sie mit ihrer „famiglia" auch einen Kreuzzug ins Heilige Land unternommen, „il santo e dolce passaggio"[521] (wie sie ihn dem König von Frankreich empfiehlt).

Nur dreiunddreißigjährig starb Katharina aufgrund körperlicher und seelischer Überanstrengung in Rom, oder genauer: opferte sie sich bewußt, indem sie keine Nahrung und kein Wasser mehr zu sich nahm. Schon 1372 hatte sie fünfundfünfzig Tage völlig gefastet, und bis zu ihrem Lebensende kasteite sie sich, indem sie sich täglich heftig erbrach, wenn sie etwas gegessen hatte. Um dies regelmäßig tun zu können, „steckte sie sich unter großen Schmerzen die Stengel von Fenchel und anderen Pflanzen bis zum Magen" in den Schlund. Diesen Bußakt nannte sie „Gerechtigkeit" und pflegte ihn mit den Worten: „Nun wollen wir dieser erbärmlichsten Sünderin Gerechtigkeit widerfahren lassen!" einzuleiten[522]. 1380 schrieb sie, sich schon als Tote fühlend, in ihrem letzten Brief an Raymund: „Dieser Leib existiert ohne jede Nahrung, sogar ohne einen Tropfen Wassers, mit so vielen süßen körperlichen Qualen, wie ich sie zu keiner Zeit je getragen. Mein Leben hängt an einem Haar …" Sie erlebt „ein neues Martyrium in der Süße meiner Seele, also: in der heiligen Kirche. Vielleicht läßt er mich dann mit sich auferstehen … Ich wünsche, meine Schuldigkeit getan zu haben."[523] Damit hatte sie endlich erfüllt, was aus der Spannung entstanden war, die Gottes Forderung dem endlichen Geschöpf auferlegt: „Denn Gott, der unendlich ist, will unendliche Liebe und unendliches Leid." „Perché Dio, che è infinito, infinito amore e infinito dolore vuole."[524]

Von Katharina sind fast vierhundert Briefe erhalten, deren Adressaten von Päpsten und Königen bis zu öffentlich bekannten Sündern reichen, einige Gebete sowie ihr Buch, *Il Libro,* genannt auch *Il Dialogo,* das Zwiegespräch Gottes mit der Seele (1377/78). Diese Schriften hat sie ganz oder mindestens zum Teil in der Ekstase diktiert, wobei ihr manchmal mehrere Schreiber gleichzeitig kaum zu folgen vermochten. Durch ihre Werke sowie durch

---

[521] Ep. 235, ed. cit. 268.
[522] Raymund, Leg. 176 f., ed. cit. 906 EF.
[523] Ep. 373, ed. cit. 1193.
[524] Libro 3, ed. cit. 28.

biographische Aufzeichnungen aus dem Umkreis ihrer Bewunderer, namentlich die umfangreiche Vita ihres Beichtvaters, des zukünftigen Dominikanergenerals Raymund von Capua (1330–1399, sel.), sind wir über das Leben und die Spiritualität der Visionärin besser unterrichtet, als es bei vielen andern Mystikerinnen der Zeit der Fall ist.

Katharinas Dialog mit dem Herrn „ist wie ein Wettstreit zwischen der kalten und logischen Rede Gottes und dem liebenden Ungestüm der Seele"[525], und intensive Leidenschaftlichkeit und Spannung prägen ihn, so wie ihre Mystik und ihr Leben. Feuer, Blut, unbedingter Gehorsam auf der einen Seite, rationales, scholastisches Gliedern, „misura" (in den asketischen Vorschriften, wenn auch nicht in der eigenen Praxis), Heiterkeit und Liebe auf der anderen, beides gespeist aus der unmittelbaren Gottesbegegnung. Diese, wie bei Seuse[526] ein Spiel der Nähe und Ferne („giuoco d'amore"[527]), wird aber weniger in konkreten Erscheinungen und Visionen geschildert – wiewohl es solche durchaus gibt – als in eingegossenen Lehrreden und Gebeten. Vor allem aus ersteren besteht das Buch, das sich trotz seiner ekstatischen Genese als klar aufgebaute Lehrschrift erweist, Theologie vor allem, doch auch Mystagogie. Hauptthemen sind die Liebe, die Tugenden, die Sünden, die Buße und die Sittenkritik. Der *Libro* enthält viele allegorische Bilder, darunter das berühmte, aus der älteren Visionsliteratur stammende von der Seelenbrücke, hier aber nicht als Probeinstrument verstanden, sondern christologisch gedeutet: Da der Weg zum Himmel durch den Abgrund der Erbsünde unterbrochen wurde, muß die Seele über die Brücke gehen, die der Mensch gewordene Gott ist. Gemauert ist sie aus Steinen (die Tugenden Christi), ein Laden (die hl. Kirche) steht darauf, wo die Reisenden Speise erhalten (die Sakramente). Die Gläubigen können ohne knechtische Furcht vor dem Gericht Gottes, die ohnehin nicht zum Erwerb der Seligkeit ausreicht, auf der Brücke zum Himmel gehen, denn sie ist mit Erbarmen überdacht ...[528] Die Trinität ist Abgrund, Meer, Spiegel, Feuer ...

> „Du bist unersättlich, denn, indem Dich die Seele in Deinem Abgrund sättigt, sättigt sie sich nicht, denn immer verbleibt sie im Durst nach Dir, ewige Dreifaltigkeit, in der Sehnsucht, Dich mit Licht in Deinem Lichte zu schauen ... Oh ewige Dreifaltigkeit, Feuer und Abgrund der Liebe, löse endlich die Wolke meines Leibes ..."[529]

Freilich ist der *Dialogo* nicht ohne Bezug auch zu mystischen Themen, z. B. zur Unterscheidung der Geister, zur Tränengabe, auch zur ekstatischen Unio und zur Levitation: Wenn die Seelen nach der Brücke zum Himmelstor kommen,

---

[525] Levasti 287.
[526] Vgl. o. S. 269.
[527] Libro 78, ed. cit. 215.
[528] c. 27.
[529] c. 167, ed. cit. 519.

„erheben sie ihren Geist zu mir, gebadet, trunken vom Blute [Christi], brennend im Liebesfeuer; sie kosten in mir die ewige Gottheit, die für sie ein Meer des Friedens ist, wo die Seele so sehr vereinigt ist, daß es für den Geist keine andere Bewegung gibt als die in mir. Und wiewohl sterblich, kostet sie das Gut der Unsterblichen, und wiewohl vom Leib beschwert, empfängt sie die Leichtigkeit des Geistes. Daher erhebt sich der Leib oftmals von der Erde ... Wisse, daß es ein größeres Wunder zu sehen ist, daß die Seele sich in dieser Vereinigung nicht vom Leib löst, als viele Leichen wiederbelebt zu schauen."[530]

Ein besonders emotionsgeladenes Bildsymbol eucharistisch-mystischer Vereinigung ist das kostbare Blut Christi[531], in dessen Namen Katharina viele ihrer Briefe schreibt.

„Ich sehne mich danach, Euch im trunken machenden, kräftigenden, erhitzenden, die Seele mit Wahrheit erleuchtenden Blute des gekreuzigten Christus gebadet zu sehen! Das Blut des unbefleckten Lämmchens läßt uns erkennen, daß alles, was Gott uns zuteilt, Glück und Unglück, uns alles mit dem Feuer der Liebe zugeteilt wird ... Meine vom Blute Christi trunkene Seele verliert das Bewußtsein ihrer selbst ... So möchte ich es, liebster Vater: daß wir uns süß am Blute des gekreuzigten Christus betrinken und uns darin baden (‚che dolcemente ci inebriamo e bagniamo nel sangue di Cristo crocifisso'), so daß uns das Bittere süß erscheint ..."[532]

Mit solchen Worten wendet Katharina sich an einen verwandten Priester, ähnlich an eine Nonne: Das Blut ist duftende Salbe und Finsternis vertreibendes Licht, in dem man sich ertränken soll („annegare")[533]. „Trunkenheit" ist ein alter Terminus technicus der Mystik, seit Origenes und Augustinus im Westen verbreitet, wie wir ihn auch von Bernhard von Clairvaux kennen[534]. Christi Blut kleidet als Hochzeitskleid die Nacktheit dessen, der sich mit der Wahrheit vermählt – Anspielung an die Unio mystica –, Blut und Feuer sind wie in einem Teig eingerührt und eingeknetet[535], die Kirche ist ein mit Blut bewässerter Garten, der Papst wird „Kellermeister" genannt, der die Schlüssel des Blutes innehat[536] usw. „Sangue e fuoco, inestimabile amore!"[537] Doch erreicht Katharinas Blutmystik selten die Konkretheit der einer Elsbeth von Oye; am bekanntesten in jener Verzückung, in der sie einen eben Geköpften in Christi Seitenwunde eingehen sieht, wobei sie den Kopf in ihren Händen hält und sich weigert, das auf sie fließende Blut abzuwaschen[538]. Wie bei anderen Mystikerinnen (Lutgard von Tongeren ...) vor und nach ihr geht die-

---

[530] c. 79, ed. cit. 215 ff.
[531] V. Noe', La Redenzione nel sangue negli scritti di S. Caterina: Nuovi Studi Cateriniani 1, 1984, 21–33.
[532] Ep. 25, ed. cit. 826 f., gekürzt.
[533] Ep. 73, ed. cit. 1036.
[534] Vgl. u. Register s. v.
[535] Ep. 102, ed. cit. 1118.
[536] Oddasso 1024 f.
[537] Ep. 273, ed. cit. 1148.
[538] Ep. 273, ed. cit. 1150.

se intime Beziehung zum Blut Christi keineswegs nur auf die Eucharistie zurück, sondern auf visionäres Erleben. Nachdem sie eines Tages (wohl in der Nachfolge des hl. Franziskus) den Eiter einer Kranken getrunken hatte, erschien ihr der Schmerzensmann, und sie „saugte lange Zeit so begierig wie reichlich den unaussprechlichen und unerklärbaren Trank", das Blut aus seiner Seitenwunde[539]. Hatte sie nicht daraus auch von Maria selbst ein mit Gold und Edelsteinen geziertes Kleid angezogen bekommen?[540] Ein anderes Mal „fühlte sie sich ganz von Christi Blut gewaschen", worauf sie in einer Vision in die Seitenwunde eintrat[541].

Was Katharinas Lehre betrifft, so kommt sie, wie die Bernhards, vornehmlich von Paulus. Aber sie steht durchaus auch in der intellektualistischen Ordenstradition thomistischer Theologie; bei dem Aquinaten und den anderen Lehrern und Heiligen hat Gott das „Auge des Verstandes" gnadenhaft mit Licht erfüllt, um die Schrift erkennen zu können. „Mit diesem Licht liebe mich! Denn die Liebe folgt dem Verstehen, und je mehr es erkennt, desto mehr liebt es, und je mehr es liebt, desto mehr erkennt es."[542] Die Gottesliebe ist aber undenkbar ohne Liebe zum Nächsten und zur Kirche[543]; letztere spielt in Katharinas Denken eine größere Rolle als für die meisten ihrer mystisch begabten oder interessierten ZeitgenossInnen. Für ihre Meditationen waren besonders die Schriften des Ordensbruders Domenico Cavalca († 1342) wichtig; für ihre Kirchenpolitik kommen auch augustinische Einflüsse in Frage[544].

In der Frauenmystik der Romania hat Katharina viele Nachfolgerinnen gefunden, denen ihr Leben Vorbild wurde: Colomba von Rieti, Osanna von Mantua, Lucia von Narni, Caterina dei Ricci, Rosa von Lima … Ihr Kult wurde freilich nur nach und nach sanktioniert; in Frankreich hatte sich vor allem Gerson gegen ihre Offenbarungen gestellt[545], ihre Stigmatisation wurde den Franziskanern ein Stein des Anstoßes. Nach mehreren Anläufen sprach sie erst der aus Siena stammende Papst Pius II. heilig. Offizielle päpstliche Anerkennung fand Katharina verstärkt in unserem Jahrhundert: 1939 durch die Erhebung zur Patronin Italiens und 1970 durch die Proklamation zur Kirchenlehrerin. Während die ausführliche Vita ihres Beichtvaters und Freundes Raymund von Capua aufgrund der großen Länge nur wenig verbreitet wurde, zirkulierten bald Kurzfassungen; das Buch und die Briefe fanden in lateinischen und anderen Übersetzungen viele Leser.

Katharinas Charismatikertum war freilich keineswegs allein in ihrer Umwelt, hat auch ihr Ruhm den ihrer Zeitgenossinnen derart überstrahlt, daß sie kaum

---

[539] Raymund, Leg. 163, ed. cit. 903 B.
[540] Caffarini 13 f.
[541] Caffarini 35 f.
[542] Ep. 85, ed. cit. 227 ff.
[543] Vgl. z. B. Libro 7; 88 etc.
[544] Vgl. G. D'Urso, I maestri di S. Caterina: Nuovi Studi Cateriniani 1, 1984, 110–123.
[545] Vgl. u. S. 384.

auf lokaler Ebene bekannt geblieben sind. Unter ihrem direkten Einfluß stand etwa die Pisanerin Maria Mancini (1352–1431, sel.)[546], die, nachdem sie zweimal Witwe geworden war und auch alle ihre Kinder hatte sterben sehen, auf den Rat Katharinas 1375 in Fossa-Banda Dominikaner-Tertiarin wurde. Sie wirkte im Sinne der Rückkehr zu Regeltreue im Kloster, war aber auch visionär begabt. Es scheinen allerdings eher Schauungen des Jenseits und symbolischer Formen wie des schwierigen Wegs zum Heil und des Flusses des Todes gewesen zu sein, die Mancini empfing; auch fühlte sie besonders die Klänge der Engelschöre, so daß sie jede irdische Musik als Kakophonie empfand[547]. In Fossa-Banda lebte auch eine andere mystisch begabte Frau, Klara Gambacorta (1362–1420, sel.)[548], die ähnliche Schwierigkeiten erlebt hatte, wie Klara von Assisi und ihre Schwester Katharina/Agnes; nur war sie von ihren Verwandten faktisch mit Gewalt aus dem Franziskanerinnenkonvent geholt worden. Beide Frauen bemühten sich besonders um die Klosterreform; Klara nach dem Vorbild Katharinas auch vermittels einer ausführlichen Korrespondenz.

Von den mystischen Erlebnissen Katharina Colombinis († 1387, sel.)[549], die ebenfalls in Siena wohnte und als Gründerin der Povere Gesuate della Visitazione della Madonna bekannt wurde, scheint keine sichere Nachricht überkommen. Ihr bekannterer Cousin, GIOVANNI COLOMBINI (1305–1367, sel.)[550], ein reicher Tuchhändler, bekehrte sich mit einundfünfzig Jahren und ließ sich gefesselt unter Schlägen und Beschimpfungen durch die Straßen treiben, in denen er früher sein Geld gemacht hatte. Er gründete einen Orden, die karitativen Jesuaten, so genannt nach ihren litaneiartigen Jesus-Rufen, mit denen sie die Orte durchzogen. Auch Giovanni Colombini scheint mystische Neigungen gehabt zu haben, wie sich u. a. an der einzigen ihm zuzuschreibenden Lauda zeigt:

> „Il tengo dentro al core contemplando
> e vadomene sempre inebriando,
> poi sono inebriato, vo danzando,
> cantare e giubilar vo' per suo amore.
> Danzando il cor mi sento venir meno,
> quando di Jesù Cristo son ben pieno,
> non posso ritener l'anima a freno:
> cantare e giubilar vo' per suo amore."[551]

---

[546] G. v. Brockhusen, Mancini: Wörterbuch 338 f. – L. Redigonda, Mancini: BS 8, 626 f. – Ganay, dominicaines 239–250.

[547] Ganay, dominicaines 249.

[548] Ebd. 193–237.

[549] S. Mottironi, Colombini: BS 4, 121.

[550] P. Misciatelli, Mistici senesi, Siena ⁷1914, 95–131. – G. Proja, Colombini: BS 4, 122 f. – G. Barone, Colombini: LexMA 3, 50. – G. Dufner, Geschichte der Jesuaten, Roma 1975.

[551] Ebd. 16. Im Refrain steht bald „vo", bald „vo'", das ich als Form für die erste Pers. Sing. Präs. Indik. von „volere" verstehe (auch von „andare" wäre möglich).

Ihn [Jesus] halte ich innen im Herzen, betrachtend,
gehe dahin, mich immer berauschend;
bin ich berauscht, dann tanze ich,
singen und jubeln will ich aus Liebe zu ihm.
Tanzt das Herz, spüre ich, wie wie ich ohnmächtig werde;
wenn ich von Jesus Christus ganz erfüllt bin,
kann ich die Seele nicht zügeln:
singen und jubeln will ich aus Liebe zu ihm.

An Katharina von Siena erinnern Briefformeln wie

„Lieben wir diesen süßen Christus so sehr, daß unsere Seelen Tag und Nacht nichts
rufen außer: gekreuzigter Christus. Wir wollen aus Liebe zu ihm für Irre und Blöde
(pazzi e stolti) gehalten werden, so wie er es für uns gehalten wurde."[552]

Colombini und seine Anhänger bildeten so ein Beispiel für die „Narren um
Christi willen".

Wenig scheint von der Spiritualität der Michelina Metelli-Malatesta von
Pesaro (de' Pardi, † 1356, sel.)[553] bekannt zu sein. Auch sie bekehrte sich von
einem Leben in Reichtum und wurde unter dem Einfluß einer sonst unbekannten syrischen Mystikerin, Soriana, die bei ihr lebte, Franziskanertertiarin.
Ihre Passionsmeditationen veranlaßten sie zu einer Pilgerfahrt nach Palästina. Das Leben der wohlhabenden Florentinerin Villana (de') Botti (1332–
1360, sel.)[554] oszillierte zwischen einer Phase der Frömmigkeit und einer
solchen weltlichen Wohllebens, bis sie eine monströse Erscheinung ihrer
zukünftigen Gestalt in den Höllenflammen zur Rückkehr zu den ursprünglichen Idealen zwang; Botti wurde Dominikanertertiarin. Sie sagte von sich,
daß die Absorbierung durch die Passionsmeditation jede Askeseleistung
höchst süß erscheinen ließ. Ihr Verhalten (das Ausrufen von Prophezeiungen auf der Straße) zielte anscheinend darauf ab, als Närrin für Christus verachtet zu werden.

Alle diese Frauen lebten in der nördlichen Hälfte Italiens, wo es die franziskanische Bewegung gewesen war, die am meisten für die Verbreitung der
Ideale eines devoten, meditativen und karitativen Lebens getan hatte. Es fällt
auf, daß viele Religiöse sich aber dem anderen großen Bettelorden anschlossen. Der Süden bleibt signifikanterweise bis ins fünfzehnte Jahrhundert,
konkret bis Eustochio von Messina, ohne bekannte mystische Gestalten, was
vermutlich u. a. mit der geringeren Präsenz der Mendikanten zusammenhän-
gen dürfte. Doch zeigen andererseits auch Regionen, die von ihren Predigern
vielfach durchzogen wurden, wie Frankreich, nur wenige charismatische
Persönlichkeiten.

---

[552] Ebd. 49.
[553] R. Lioi, Michelina: BS 9, 466–471.
[554] Ganay, dominicaines 153–175. – G. Di Agresti, Botti: BS 3, 369 f.

Frankreich

Flora von Beaulieu († 1347, hl.)[555], die mit vierzehn Jahren Malteserin wurde, ist uns nur durch eine volkssprachliche Vita bekannt; neben zahlreichen Jenseitsvisionen berichtete sie von Erscheinungen des Schmerzensmannes: sie empfindet den Gekreuzigten und sein Kreuz ganz in ihrem Inneren ausgespannt und kennt nichts als den Gekreuzigten. „Ihre Andacht lag in der Passion Jesu Christi, und dies war der Hauptgrund all ihres Eifers und ihrer Gottesliebe."[556] Jede Erwähnung seines Leidensweges, jeder Blick auf die Arma Christi führte zur Ekstase. Floras Schauungen und Prophezeiungen folgen gern den liturgischen Terminen des Kirchenjahrs und sind oft Frucht intensiver Meditation über die entsprechenden Heilsthemen.

Das Engagement der hochadeligen JOHANNA MARIA VON MAILLÉ (1331–1414, sel.)[557] lag dagegen zunächst deutlich auf dem karitativen Gebiet; nach dem Tod ihres Gatten 1362 führt sie ein Leben strenger Armut. Mehrmals versuchte sie auch (mit welchem Erfolg?), am Hof König Karls VI. Einfluß zu gewinnen, um dort die Frömmigkeit zu heben. Häufig sind ihr Einsprachen, Erscheinungen und Visionen zuteil geworden, besonders Christus und Maria trösten sie des öftern. Unter anderem wird der am Kreuze Angenagelte einmal aus einem Heilig-Grab-Bau in einer Kirche vor sie hingetragen[558]; oder sie sieht in der Hostie das stigmatisierte Christkind, dessen Blut sie in ihrem Munde fühlt und das vor ihr herabfließt[559] – es war eine Vision Mariens gewesen, die ihr Weihrauch brachte, hergestellt aus Christi Blut, mit der Johannas Frömmigkeitsleben und Passionsverehrung im Kindesalter begonnen hatte[560]. Zur Meditation dienten Johanna Miniaturen des Gekreuzigten und der Arma Christi[561]; zur Erinnerung an die Dornenkrönung trieb sie sich einen Dorn zwischen Stirnhaut und Schädelknochen[562]. Wie viele Passionsmystikerinnen das Leiden Christi, so erlebte sie die Steinigung des Protomärtyrers Stephanus am eigenen Leibe mit[563]. Besondere Berühmtheit erlangte Johanna jedoch durch die richtige Weissagung der Wahl eines franziskanischen Papstes (Alexander V.).

Unter den wenig zahlreichen Männern, die in Frankreich in jener Epoche ein mystisches Leben führten, ist der provenzalische Graf ELZEAR (ELEAZER, AUZIAS) VON SABRAN (1286–1323, hl.)[564] zu nennen. Wiewohl er die übliche

---

[555] C. Brunel, ed., Vida e miracles de S. Flor: Analecta Bollandiana 64, 1946, 5–49.
[556] Ebd. 22.
[557] Martinus, Vita: AS Martii 3, 1865, 733–744. – G. v. Brockhusen, Johanna Maria von Maillé: Wörterbuch 268. – Vauchez, laiques 225–238. – Tanz, Werner, Laienmentalitäten 211–221.
[558] Proc. Canon., AS Martii 3, 1865, 744 ff., 754 EF.
[559] Ebd. 755 A.
[560] Ebd. 755 C.
[561] Vita 34, ebd. 741 B.
[562] Ebd. 741 BC.
[563] Ebd. 743 E.
[564] Vita: AS Sept. 7, 1867, 539–555. – P. Dinzelbacher, Eleazar: LexMA 3, 1789. – Vauchez, laics 82 ff.; 211 ff.

Existenz eines Adeligen führte, sei es als Prinzenerzieher am Hofe von Neapel, sei es als Feldherr, fühlte er sich, auch unter dem Einfluß seiner älteren Gattin Delphina, zu einem kontemplativen Rückzug aus der Welt motiviert; wahrscheinlich war er Franziskanertertiar. Seine Hofhaltung glich mehr klösterlichem Leben; auch vollzog Elzear die Ehe nicht. Er liebte vielmehr die Kasteiung mit Eisenketten, Meditationen und theologische Diskussionen. Nach seiner freilich späten Vita (um 1375) wurde er in einem Entraffungserlebnis so von Gottesliebe ergriffen, „daß sie seine ganze Seele verflüssigte und gänzlich in Gott verwandelte (transformabat).“[565] Auditive und visionäre Revelationen, auch über die innertrinitarische Zeugung des Sohnes durch den Vater[566], die zur Heilsgeschichte führte, erfüllten ihn in stundenlangen Verzückungen. Auf einen Brief seiner Gattin antwortete er mit Worten, die seine intensive Passionsverehrung ganz klar werden lassen:

> „Leiblich bin ich gesund und wohlauf, und wenn Du mich sehen möchtest, suche mich in der Wunde der rechten Seite Jesu Christi. Denn dort wohne ich, dort kannst Du mich finden, aber anderswo suche mich nicht!“[567]

Doch nicht nur Liebes- und Leidensmystik prägten seine Spiritualität; er erlebte auch den richtenden Herrn, der ihn ob seiner Teilnahme an einem Feldzug die Disziplin verabreichte, d. h. regelrecht auspeitschte[568].

Aus der Umgebung Elzears und Delphinas ist ein weiterer provenzalischer Adeliger zu erwähnen, der Franziskaner Philipp von Aix-en-Provence († 1369, sel.), der die Schmerzen Christi in den eigenen Leib übertragen empfand und zu den Stigmatisierten gezählt wird[569]. Ein zweifelsohne sehr frommer und asketischer junger Mann war auch Peter von Luxemburg (1369–1387, sel.)[570], der ob seines Adels mit fünfzehn Jahren zum Bischof und Kardinal erhoben worden war. Seine übermäßigen Kasteiungen einzuschränken war er nur bereit, als ihn der Papst selbst deswegen mit der Exkommunikation bedrohte. Peter soll Passionsvisionen gehabt haben; was seine spirituellen Schriften betrifft, so scheinen sie jedoch nicht authentisch zu sein[571].

Sonst hören wir wenig von Erlebnismystik aus dem spätmittelalterlichen Frankreich. Das Papstschisma bewegte gegen Ende des vierzehnten Jahrhunderts zwar einige Charismatikerinnen, doch zeigen ihre Offenbarungen höchstens schwache Reflexe mystischer Themen, vielmehr handelt es sich in der Regel um visionäre oder auditive Prophezeiungen über die Geschicke der Kirche. Das ist der Fall bei einer Bäuerin aus einem Pyrenäendorf, Marie

---

[565] Vita 9, ed. cit. 540 F.
[566] Ebd. 17.
[567] Ebd. 62, ed. cit. 553 C.
[568] Ebd. 67, ed. cit. 554 B.
[569] A. Blasucci, Filippo di Aix-en-Provence: BS 5, 724 f.
[570] Kieckhefer, Souls 33–44.
[571] G. Hasenohr, Pierre de Luxembourg: DS 12, 1612–1614.

Robine von Avignon († 1399)[572], die als Einsiedlerin auf einem Friedhof lebte und die französischen Päpste mit ihren Offenbarungen unterstützte. Dafür erhielt sie von Benedikt XIII. eine ansehnliche Rente, obschon sich Maries Visionen auch gegen sündhafte Kleriker wandten. Ihr Gott ist der alttestamentarische Gott der Rache, der Dreiviertel der Menschheit zur Hölle verurteilt. Die Reformvorschläge, die sie machte, blieben ohne Konsequenzen, wie es ihr auch nicht gelang, den König von Frankreich zu beeindrucken. Typische Szenen der Christusmystik, wie die Schau seiner Passion oder der blutströmenden Seitenwunde, bleiben Ausnahmen. Ähnlich apokalyptisch gestaltet sind die Gesichte der wohl etwas älteren Constance von Rabastens[573], die dagegen den römischen Papst unterstützte und natürlich im Gefängnis der Inquisition landete (1385). Sie schien ein wenig zu mystischen Empfindungen zu neigen, so spürte sie die Schmerzen Christi am eigenen Leibe. Freilich ist Constance oft unsicher, ob Gott oder ein Dämon Urheber ihrer Revelationen ist, wiewohl er sich selbst als den Heiligen Geist bezeichnet. Kirchenkritik war gewiß ein fester Bestandteil im Denken vieler der berühmtesten Mystikerinnen wie etwa Hildegard, Birgitta, Katharina; doch nur ein Bestandteil. Bei diesen beiden aus einfachen Verhältnissen stammenden Frauen scheint sie dagegen zum dominierenden Erlebnisbereich geworden zu sein. Man denkt schon an Jeanne d'Arc, bei der freilich mystische Erscheinungen völlig fehlen.

England

Der Anteil Englands an der spätmittelalterlichen Mystik liegt mehr im Bereich der Mystagogie als in dem der praktischen Mystik. Freilich scheint die Optik der Forschung die Bedeutung der mittelenglischen Mystik etwas zu vergrößern, denn dem angelsächsischen Sprachbereich gehören aufgrund der Bevölkerungs- und Universitätszahlen die meisten Mediävisten an. Daher haben neben den theoretischen und praktischen Mystikern des vierzehnten Jahrhunderts auch die beiden einzigen Mystikerinnen dieser Sprachlandschaft fast unverhältnismäßig viel Aufmerksamkeit erhalten; anders stünde es um ihre Bekanntheit, hätten sie etwa in Italien mit seinen unzähligen Charismatikerinnen gelebt. Aber immerhin gilt Julian als die erste Autorin, die einen englischen Text verfaßte, und Kempe als die erste Schöpferin einer Autobiographie in dieser Sprache[574].

---

[572] M. Tobin, Le „livre des révélations" de Marie Robin: Mélanges de l'École française de Rome, Moyen Age 98, 1986, 229–264. – Tanz, Werner 192–210.

[573] R. Cabié, Une mystique? Réflexions sur Constance de Rabastens: Cahiers de Fanjeaux 23, 1988, 37–54. – Tanz, Werner, Laienmentalitäten 179–191.

[574] Beliebt ist der Vergleich dieser beiden Frauen, s. z. B. S. Dickman, Julian of Norwich and Margery Kempe. Two Images of 14th-century Spirituality: Analecta Cartusiana 106/1, 1983, 178–194. – L. Johnson, The Trope of the Scribe and the Question of Literary Authority in the Works of Julian of Norwich and Margery Kempe: Speculum 66, 1991, 820–838.

368 Vierzehntes Jahrhundert

Der produktivste und zu seiner Zeit bekannteste der englischen Mystiker des Mittelalters war RICHARD ROLLE (um 1300–1349, sel.)[575]. Etwa neunzehnjährig brach er sein Studium in Oxford ab, um Eremit zu werden. Über sein äußeres Leben ist wenig bekannt, jedenfalls war er Seelenführer von Reklusinnen in Hampole und heftiger Kritiker kirchlicher Mißstände, besonders eines lauen Mönchtums. Seine Vita mystica beginnt sich nach und nach zu entwickeln, wobei sich auch seine anfängliche Härte und Egozentrik wandeln. Nach einer geschlechtlichen Krise, die ihn wenigstens zeitweise zum Misogynen machte, und nach einer Phase religiöser Unsicherheit erlebte Rolle eine Reifung, die er als Frucht seiner Devotion zum Namen Jesu sowie seines Einsiedlerlebens sah. Zunächst spürte er eine immer heftiger werdende Glut besonders im Herzen, ganz reale Glut, „wie wenn dein Finger ins Feuer gesteckt wird"[576], dann himmlische, geisterfüllte Klänge. „mens in mellifluum melos immoratur"[577], der Geist verweilt in honigsüßem Lied, wie er allitterierend sagt und singt. Es war

„ein Zusammenfließen der Melodien und eine überaus wonnevolle Harmonie, die dauernd in meinem Geiste weiterschwang. Denn mein Denken verwandelte sich fortwährend in Lieder, mein Meditieren war wie ein Gesang, und so sang ich, was ich früher gesprochen hatte."[578]

Dazu trat die intensive Empfindung von Süße. Rolle ist sicher einer der musikalisch sensibelsten Mystiker[579]: bei Hunderten von ihnen lesen wir, daß Gott honigsüß ins Herz kommt, aber Rolle fügt hinzu: „und mit einem Freudengesang"[580], und der Kontemplative „wird umgeformt in die Ähnlichkeit zu Ihm, in dem alles Melodie und Gesang ist…"[581] Am nächsten vergleichbar scheint hier noch Seuse mit seinen musikalischen Auditionen zu sein[582].

Nachdem der Einsiedler anfangs (wie Eckhart) lateinisch geschrieben hatte, wandte er sich mehr und mehr der Volkssprache zu. Sein Werk reicht vom Bibelkommentar und Traktat über Briefe bis zur Lyrik (die bisweilen verblüffend an Hadewijch erinnert); manches scheint in automatischem Schreiben entstanden zu sein[583]. Rolle wirkte mit seinen Brieftraktaten als Seelenführer für Nonnen in Yorkshire[584]; dabei bietet er sich – in der Spra-

[575] Rolle, The Fire of Love, tr. C. Wolters, Harmondsworth 1972. – F. M. M. Comper, The Life of Richard Rolle, ND New York 1969. – F. Wöhrer, Rolle: Wörterbuch 439 f. – L. Boyle, Rolle: BS 11, 307 f. – Knowles, Mystik 55–72. – M. Sargent: Richard Rolle: DS 13, 572–590.
[576] Incend., Prol., zit. Comper 103.
[577] Incend. 14, zit. Sargent 583.
[578] Incend. 15, übersetzt von Knowles, Mystik 64, gekürzt.
[579] Vgl. W. F. Pollard, The ‚Tone of Heaven': Tennessee Studies in Literature 28, 1985, 252–276.
[580] Incend. 27, Rolle 128.
[581] Incend. 11, Rolle 77.
[582] Vgl. Benz, Vision 431 ff.
[583] Comper 304 f.
[584] Beer, Experience 109–129.

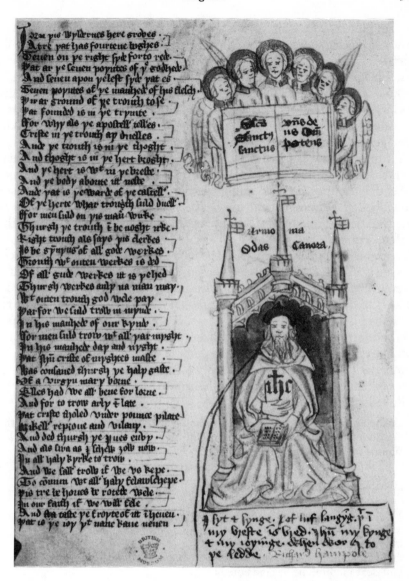

Abb. 30 Richard Rolle als Eremit, auf der Brust das IHS,
über ihm das „Sanctus" psalmodierende Engel.

Kartäusische Misellaneen-Handschrift aus Yorkshire: MS. Add. 37049, f. 52 v, 15. Jh.,
British Library, London.

che des *Hohenliedes* – als Vermittler zwischen Bräutigam und Braut an, die er nur zu eigenständigem mystischem Erleben führen möchte, ohne ihr Vorschriften machen zu wollen; eine für einen Geistlichen seiner Zeit eher seltene Einstellung. Namentlich bekannt ist nur die Zisterzienserin Margaret Kirkby, der er u. a. das Streben nach der Schau der Schönheit des Bräutigams ans Herz legt[585]. Man erinnert sich an ähnliche Verhältnisse wie das zwischen Christina von Markyate und Roger von St Alban's im zwölften Jahrhundert, oder, zeitgleich, an Heinrich von Nördlingen und Margareta Ebner[586].

Die mystischen Hauptschriften sind das *Melos Contemplativum* (Lied der Betrachtung) und das *Incendium Amoris* (Liebesfeuer). Rolle bedient sich dabei der traditionellen Terminologie der Kirchenväter, meint aber seine individuellen thermischen und musikalischen Erlebnisse. Das *Incendium* gibt eine praktische Anleitung zur Kontemplation und eine Beschreibung ihrer Stufen, wobei Rolle sich selbst, auch hierin Seuse ähnlich[587], als autobiographisches Exempel nimmt; das *Melos* zeigt, wie sich Gebet in himmlischen Gesang wandelt. Den Gipfel der Kontemplation umschreibt der Eremit mit „Vergiftung", „Zerschmelzen", „Auflösung", „unendliche Süße" ...[588] Liebe zu Christus, dem der Seele „angetrauten König"[589], ist ein zentrales Thema seiner Lehre; im nicht all zu langen *Incendium* spricht Rolle mehr als achthundertmal davon[590]. Verständlicherweise wertet er daher die Vita contemplativa höher als die Vita activa, denn in ersterer erfreut man sich „fast immer der Umarmung des Geliebten"[591]. Am Handeln läßt sich Gottesliebe nicht erkennen, nur die einzig Gott bekannte Motivation dazu zählt[592].

Rolle ist auch Lyriker:

„Es heißt, daß die Nachtigall die ganze Nacht mit Singen und Jubilieren verbringt, um dem zu gefallen, dem sie gehört. Um wieviel mehr müßte ich mit höchster Wonne meinem Jesus singen, welcher der Bräutigam meiner Seele ist ... vergehen vor Sehnsucht müßte ich und vor Liebe sterben."[593]

„Of Ihesu most list I speak,
that all my bale may bete:
Methink my heart may all to-break
when I think on that sweet:
In love laced he has my thougth
that I shall never forget;
Full dear methink he has me bought
with bloody hands and feet."[594]

---

[585] Ebd. 125.
[586] Vgl. o. S. 328.
[587] Vgl. o. S. 296.
[588] Rolle 23.
[589] Comper 267.
[590] Rolle 22.
[591] Incend. 21, Rolle 110.
[592] Beer, Experience 128.
[593] Incend. 42, übersetzt von Knowles, Mystik 71, gekürzt.
[594] Comper 258.

Von Jesus vor allem will ich sprechen, der all mein Weh zu lösen vermag: Mir scheint, mein Herz bricht ganz, wenn ich an jene Süße denke: In Liebe hat er mein Denken gebunden, was ich nie vergessen werde; mir scheint, auf das teuerste hat er mich erkauft mit blutigen Händen und Füßen.

Da Rolle schon zu Lebzeiten hoch verehrt wurde und seine Werke ohne Esoterik waren, wurde er in England breit rezipiert, sogar bei den verketzerten Lollarden. Wie Bernhard von Clairvaux wurden ihm zahlreiche fremde Werke unterschoben. Einige Handschriften gelangten u. a. durch Kartäuser und Birgittiner auch auf den Kontinent.

Kritisch standen Rolles Überzeugung von seiner Begnadung allerdings die beiden wichtigsten anderen Autoren gegenüber, die sich im vierzehnten Jahrhundert in England einläßlicher über Mystik ausließen: der Verfasser der *Cloud* und Walter Hilton – beide reine Mystagogen, die von eigenen Erlebnissen nichts berichten, und beide streng orthodox. Um die Jahrhundertmitte verfaßte ein unbekannter Priester, vielleicht ein Kartäuser, neben Übersetzungen älterer Mystologen wie Pseudo-Dionysius und Richard von St. Viktor u. a. zwei bedeutende Lehr-Werke, *The Cloud of Unknowing,* die Wolke des Nichtwissens, und *The Book of Privy Counselling,* das Buch über die innere Führung. Unter dem Titel *Deonise Hid Diuinite* paraphrasierte er des Areopagiten Gotteslehre[595]. Es handelt sich bei dem einflußreichen *Cloud* um einen praktischen, mit persönlichem Engagement geschriebenen und auf individuelle Bedürfnisse eingehenden Traktat für Menschen auf der Suche nach Betrachtung, assoziativ Reflexionen aneinanderreihend, aufbauend besonders auf Augustinus, Richard, Pseudo-Dionysius, Guigo II., Thomas von Aquin. Der Schwierigkeit, Unsagbares in Sprache auszudrücken, ist sich der Autor als Vertreter der negativen Theologie voll bewußt.

Die Kontemplation muß so durchgeführt werden, daß zunächst die traditionellen Themen vorgenommen werden; wer nicht zu Anfang u. a. die eigene Schlechtigkeit oder die Passion betrachten wollte, würde irren[596]. Danach aber wird die Erinnerung an alle Kreaturen, ja alle Werke Gottes unter die Wolke des Unwissens hinabgedrückt und „der scharfe Pfeil der sehnenden Liebe"[597] in sie hineingebohrt. Der Adept verharrt in völliger Leere und absichtsloser Erwartung. Je dichter die Wolke des Vergessens wird, desto eher wirkt Gott in seiner Gnade – die Gnadentheologie ist ein Lieblingsthema des Autors – die Regung der Liebe und schenkt die Einigung.

„In der höchsten Spitze deines Geistes fühlst du ihn: nackt, wie er in sich ist, doch blind, wie es hienieden nur gelingt, gänzlich deiner entledigt und nackt in sich

---

[595] The Cloud of Unknowing, tr. C. Wolters, Harmondsworth 1961. – J. Walsh, Nuage de l'inconnaissance: DS 11, 497–508. – Knowles, Mystik 73–103. – F. Wöhrer, Cloud: Wörterbuch 92 f. – W. Riehle, Die Wolke des Nichtwissens: Ruhbach, Sudbrack, Mystiker 171–184. – Graef, Bogen 383–395. – Tugwell, Ways 170–186.
[596] c. 7.
[597] c. 6, Cloud 60.

selbst gekleidet, wie er ist, nicht gekleidet und umhüllt von einem dieser spürbaren Gefühle"[598],

so beschreibt der Anonymus in seinem *Book* die Gipfelerfahrung. Wie schon das „Lassen" der Kreatur an Eckhart erinnert (wenn auch durchaus nicht in dessen Radikalität), so auch die Seelenspitze oder das „Nichts" als Ort Gottes. Uneckhartisch sind dagegen solche Gedanken wie der, daß diese Gelassenheit sogar für die Armen Seelen im Fegefeuer Nutzen bringt[599] oder daß Fühlen mehr ist als Wissen[600]. Überspitzt, aber nicht irreführend, formuliert Graef[601]: „Eckhart ist Metaphysiker, der Autor der ‚Wolke' ist Psychologe." In dieser Schrift werden, anscheinend zum erstenmal[602], wie dann ausführlich in der spanischen Karmelitermystologie, ekstatische Verzückung und reine Kontemplation bei Erhalt des Wachbewußtseins unterschieden[603]. Geradezu verzweifelt bemüht sich der Autor immer wieder, Konkretes und Geistiges, Haptisches und Metaphorisches zu unterscheiden – ein mentalitätsgeschichtlich hochinteressantes Zeugnis für die Entwicklung der Abstraktionsfähigkeit. Er selbst scheint damit Schwierigkeiten zu haben, worauf etwa die Passage über den Teufel hindeutet, durch dessen einziges Nasenloch (der Mensch dagegen besitzt zwei als Zeichen seiner Unterscheidungsfähigkeit) man in sein Gehirn sieht, nämlich ins Höllenfeuer[604]. Gemäß dieser Tendenz wendet sich die Abhandlung aber auch heftig gegen die häufigsten sinnlichen Formen der Mystik, gegen akustische und thermische Empfindungen und namentlich gegen Visionen[605]. Ebenso verpönt der Autor alle äußeren Auffälligkeiten: Trance, Weinen, Lachen, die ihm als Selbstbetrug an der Grenze zur Häresie gelten[606]. Die *Wolke* hatte eine gewisse Zirkulation in England, der Kartäuserprior Richard Methley übersetzte sie am Ende des fünfzehnten Jahrhunderts ins Lateinische. 1629 verfaßte der in Frankreich wirkende Mystograph Augustin Baker einen Kommentar, wodurch sie auch kontinentalen Kreisen zugänglich wurde.

WALTER HILTON († 1395/96)[607] hatte bereits ein Studium der Theologie oder des Rechts und priesterliche Tätigkeit hinter sich, als er sich zu einem Leben als Einsiedler entschloß. Um 1384 wurde er Augustinerchorherr in Thurgarton (Nottinghamshire). Er soll hier nicht zuletzt als Beispiel für diejenige,

---

[598] c. 12, übers. Knowles, Mystik 96.
[599] Cloud c. 3.
[600] c. 34.
[601] Bogen 384.
[602] Vgl. Knowles, Mystik 89 f.
[603] Cloud c. 71.
[604] c. 55.
[605] c. 57 ff.
[606] c. 53.
[607] The Scale of Perfection, ed. E. Underhill, London ²1948. – Walter Hilton's Latin Writings, ed. J. P. H. Clark, Ch. Taylor, Salzburg 1987. – F. Wöhrer, Hilton: Wörterbuch 232 f. – Knowles, Mystik 104–121. – G. Cleve, Mystic Themes in Walter Hilton's Scale of Perfection Book I, Salzburg 1989. – D. Knowles, J. Russell-Smith, Hilton: DS 7, 525–530.

in der weiteren Geschichte der Mystik so gewöhnliche Richtung von Mystagogie stehen, die lebendige Glaubenserfahrung ausschließlich in der Kanali-
sierung durch das kirchliche Lehramt zuläßt.

Sein bedeutendstes Werk ist *The Scale of Perfection* (Leiter zur Vollkommenheit, ein seit Johannes Klimakos und der *Benediktusregel* beliebtes Bild
für den Aufstieg der Seele). Dieses für eine Eremitin geschriebene praxisnahe
Lehrbuch führt über die zwei Stufen Kontemplation und Weltabkehr zur
eingegossenen Gnadenerfahrung, die in der Unio kulminiert. Auf der ersten
Stufe geht es um die Weisen, von Gott zu erfahren, auf der zweiten um die,
ihn zu fühlen. Die dritte Stufe „besteht im wesentlichen in der gegenseitigen
Koexistenz des Menschen in Gott und Gottes im Menschen"[608]. Dieser Aufstieg bleibt nicht ohne Zeiten der schmerzlichen, aber fruchtbaren „Nacht"[609].
In Glauben und Fühlen muß die Seele nach und nach in ihren ursprünglichen Zustand der Gottebenbildlichkeit zurückverwandelt werden (vgl. Bernhard von Clairvaux[610]). Wesentlich ist dabei das Gebet, das im Liebesfeuer
zum Vergessen des Irdischen, des Selbst, führt. Hilton spricht vom stillen
Herzensgebet als Ziel nach 1Cor 14, 14 f. Alle nicht rein transzendenten
Phänomene, also Visionen, Auditionen, Körperempfindungen, Geschmack,
Geruch usw. stuft er, wie auch die gesamte theoretische Mystik nach ihm, als
„einfach und zweitrangig" ein, „keine richtige Kontemplation"[611]. Trotzdem
wird die eigentliche Meditation als von Gott geschenktes „Öffnen des geistigen Auges auf Christi Menschennatur hin", als quasi tranceartiges Sehen
etwa der Passion geschildert. Es ist begleitet von solchem Mitleid, „daß du
klagst und weinst und schreist mit der ganzen Kraft deines Körpers und
deiner Seele"[612]. Wiewohl Hilton mit seiner Schrift ja für seine Adressatin den
Weg zur Mystik öffnen will, verbietet er ihr ausdrücklich, einen Geistlichen
etwa belehren zu wollen; vielmehr hat sie ihm demütig zuzuhören[613]. Von
Charismatikerinnen wie Julian von Norwich oder Margery Kempe wollte er
offensichtlich nichts wissen.

Daneben verfaßte Hilton eine Reihe apologetischer, theologischer bzw.
seelsorgerlicher Schriften, von der die *Epistola de Leccione, Intencione, Ora-
tione, Meditatione et Aliis* (Brief über Lesung, Streben, Gebet, Meditation
und anderes), eine pointiert kirchentreue Gebetsanweisung, implizit Rolle
und explizit die Brüder und Schwestern vom freien Geist angreift. Auch sein
Traktat über den *Gesang der Engel* wendet sich indirekt gegen Rolle. Hilton
ist nämlich ein dezidiert kirchlich gesonnener Mystagoge, der fordert, jede
persönliche Erfahrung – „was immer ich fühle, was immer ich denke, was
immer ich sage" – dem Glauben der Kirche zu unterwerfen, um Häresien,

---

[608] Cleve 103.
[609] Scale 2, 26 ff.
[610] Vgl. o. S. 114.
[611] Scale 1, 10; 2, 29.
[612] Scale 1, 35, ed. cit. 80.
[613] Scale 1, 83.

die er bereits in einem „durch Bild und Einbildung entflammten Gefühl" wittert, zu unterbinden[614]. Für sich selbst sagt er: „In erster Linie genügt es mir, in der Wahrheit zu leben, und nicht im Fühlen."[615] Man muß geradezu von einer Unterwerfung des Geistes – hier des Empfindens als Kern mystischer Erfahrung – unter den Buchstaben sprechen, wenn Hilton fordert:

> „Und wenn du etwas fühlst, was von der Kirche noch nicht ausdrücklich bekräftigt wird und von den alten Vätern nicht erhellt, mußt du hier sogar dir selbst untreu werden und sowohl dich wie jenes dem Kirchenglauben anheimstellen"[616].

Nicht Selbstverwirklichung, sondern Selbstkontrolle, Internalisierung der Dogmatik, ist sein Anliegen. Ausdrücklich qualifiziert er die individuelle Meditation gegenüber dem „von der Kirche bestimmten Gebet" ab[617]. Selbstverständlich gibt er auch Regeln zur Unterscheidung der Geister. Hier manifestiert sich bei einem Mystagogen jene Einstellung, die im ausgehenden Mittelalter immer wieder zur Prüfung der Erlebnismystiker durch die geistlichen Autoritäten geführt hat und gegebenenfalls zu ihrer Hinrichtung[618]. Die Linie: die Ideologie (mittelalterlich: die Lehre) hat über die persönlichsten Empfindungen zu dominieren, ließe sich über zahlreiche Inquisitionsprozesse weiter bis zu totalitären Systemen der Neuzeit ziehen, die dieselben Ansprüche in säkularisierter Form erheben.

Innerhalb des gesteckten Rahmens entwickelt Hilton allerdings bisweilen einige Sensibilität und ansprechende (wenn auch traditionell biblisch-augustinische) Bildlichkeit:

> „Ich weiß nämlich, daß Christus durch den Glauben in unseren Herzen wohnt. Wenn er also ein wenig eingeschlafen ist, wecke ihn auf! ... Oder, damit ich es richtiger sage, wenn du vielleicht vor ihm schläfst, erwecke ihn[619], bete vor ihm. Du hast Christus durch den Glauben empfangen, und vielleicht ist er nur noch nicht belebt in dir ..."[620]

Seine Lehre wehrt alle Exzesse ab und konzipiert ein organisches Höherschreiten, wenn auch mehr die Rede von den Schwierigkeiten auf diesem Weg ist als von seinem beglückenden Ende.

Die Grundlagen der Werke des Augustinerpaters sind ähnliche wie die des *Cloud*-Autors, den er gelesen hatte; besonders Bernhard empfiehlt er nachdrücklich[621]. In seiner Heimat wurde Hiltons Hauptwerk bis ins siebzehnte Jahrhundert geradezu als Handbuch geistlichen Lebens abgeschrieben, gedruckt und gelesen. Als *Scala perfectionis* latinisiert, fand es weitere Verbreitung auch außerhalb Englands.

---

[614] Ep. de Leccione, ed. cit. 228.
[615] Song of Angels, zit. Underhill xxiii.
[616] Ep. de Leccione, ed. cit. 229.
[617] Ebd. 237.
[618] Vgl. o. S. 262 ff.
[619] „excita illum"; man erwartet: „excita te".
[620] Ebd. 241 f.
[621] Ebd. 227.

Über die Biographie der JULIAN(A) VON NORWICH (um 1342 bis nach 1416, sel.?)[622] wissen wir fast nichts, nicht einmal, ob sie schon vor ihrem Erlebnis des Offenbarungsempfanges als Einsiedlerin lebte oder erst dadurch veranlaßt. Gegen ihr Lebensende hatte sie jedenfalls ein gewisses Renommee als „mulier sancta" erlangt. Typisch für die Frömmigkeit ihrer Zeit sind die geistlichen Wünsche, die sie äußerte, namentlich der nach einer „visio corporalis": eine Passionsvision, schwere Krankheit, die Wunden des Sündenschmerzes, des Leidens mit Christus und der Sehnsucht nach Gott. Jedenfalls erlebte sie im Mai 1373 in lebensgefährlicher Krankheit sechzehn „shewings", Offenbarungen, die sie als Visionen, Auditionen, Eingebungen beschreibt. Ein Gleichnis wird ihr einmal „in körperlichem Anblick" und ein zweitesmal ohne diesen gezeigt[623].

Nachdem die Eremitin (vergleichbar Hildegard von Bingen[624]) etwa zwanzig Jahre über ihre Schauungen meditiert und weitere innere Unterweisung empfangen hatte, stellte sie eine zweite, längere Version davon her, quasi eine Selbst-Exegese ihrer Gesichte. Diese ist vorsichtiger formuliert und nimmt mehr Bedacht auf die potentiellen Leser[625], eher ein theologisches Werk. Julian selbst betrachtete sich zwar (zumindest beim Empfang ihres Charismas) als ungebildet (Bescheidenheitstopos?), manche ihrer Äußerungen scheinen aber nur mit einer guten Bibelkenntnis erklärbar, und auch die zeitgenössischen englischen Mystagogen (Rolle, Hilton, den *Cloude*-Autor) dürfte sie gelesen haben, vielleicht sogar Briefe Katharinas von Siena[626].

Die ergreifende Begegnung mit dem Schmerzensmann, die im Zentrum der *Shewings* Julians steht, entwickelt sich aus der Betrachtung des vor ihrem Lager hängenden Kruzifixes[627]. Dabei entspricht auch der visionär geschaute Erlöser genau einem „crucifixus dolorosus", wie er in der Kunst des vierzehnten Jahrhunderts so häufig dargestellt wurde. Wenn man von einer solchen Plastik gesagt hat: „Der Künstler konzentriert die emotionale Spannung, den Schmerz – maximal gesteigert – im Antlitz des Gekreuzigten ... Die grundierten, Arme und Beine umwickelnden Schnüre imitieren heraustretende

---

[622] Julian of Norwich's Revelations of Divine Love, ed. F. Beer, Heidelberg 1978. – Juliana von Norwich, Eine Offenbarung göttlicher Liebe, übersetzt von E. Sommer – v. Seckendorff, Freiburg 1960. – Tugwell, Ways 187–207. – F. Wöhrer, Julian: Wörterbuch 285–288. – Ders., Aspekte. – J. Stéphan, Giuliana di Norwich: BS 6, 1177–1181. – E. Colledge, J. Walsh, Julienne de Norwich: DS 8, 1605–1611. – Knowles, Mystik 122–138. – P. Molinari, Julian of Norwich, London 1958. – M. Collier-Bendelow, Gott ist unsere Mutter. Die Offenbarungen der Juliana von Norwich, Freiburg 1989. – J. Clark, Die Vorstellung der Mutterschaft Gottes im Trinitätsglauben der Juliane von Norwich: Schmidt, Bauer, Höhe 217–243. – B. Lorenzo, The Mystical Experience of Julian of Norwich: M. Glasscoe (Hg.), The Medieval Mystical Tradition in England, Exeter 1982, 161–181. – Beer, Experience 130–157.
[623] Collier-Bendelow 55 ff.
[624] Vgl. o. S. 149.
[625] Hirsh, Kempe 68 f.
[626] Stéphan 1180.
[627] Kurzfassung c. 8.

Adern ... Das Körperkolorit ist in weiß-grauer Tönung mit grünlichen Schattierungen erhalten ..."[628], dann entspricht der Gemarterte, den die Mystikerin ekstatisch gesehen hat, präzise einem solchen Kunstwerk.

> „Ich sah Sein holdes Antlitz wie ausgetrocknet und blutleer in der Blässe des Todes; dann wurde es noch fahler, es verfiel, und die Farbe wurde bläulicher, gleich der eines Toten, und, als auch das Fleisch abstarb, zusehends dunkler ... Sein heiligstes Fleisch wie auch die Knochen waren völlig entleert von Blut und Flüssigkeit. Lange, lange Zeit blutete Sein heiligster Leib aus, infolge der Zerreißung der Nagelwunden, welche die Schwere des Hauptes und das Gewicht des Körpers verursachten ..."[629]

Neben solchen ganz konkreten Bildern erfährt Julian in ihrer Trance auch ungegenständliche Offenbarungen über den verklärten Erlöser, Gottes Existenz in allen Dingen, seine erlösende Liebe, die drei Himmel der Trinität, die zu ihrem Erstaunen alle der Menschennatur Christi angehören ... Diese Offenbarungen entwickeln sich teilweise aus der „konkreten" Vision: die Seherin *versteht* unmittelbar, daß wir mit dem Herrn am Kreuz leiden und sterben und mit ihm verklärt werden. Wahrscheinlich geht ihre Unterscheidung von körperlichen, eingegossenen und geistlichen Gesichten auf das Schema Augustins zurück[630]. Die folgenden teuflischen Anfechtungen weichen schließlich dem Bewußtsein der Geborgenheit in der Dreifaltigkeit, wie ihr auch das Bild des Gekreuzigten Quelle der Stärke wurde. Julian erwachte geheilt und zeichnete später ihre Schauungen auf.

Wiewohl dieses Erlebnis zunächst ganz individualistisch wirkt, richten sich die Offenbarungen aber ausdrücklich auch an alle Mit-Christen. Julian betont dabei, daß die Visionen sie nicht gut machen, dies tut nur die Liebe zu Gott[631]. Sie betont weiter, sich kein Lehramt anzumaßen, obwohl sie nicht verschweigen kann, was ihr geoffenbart wurde, und in allen Dingen zu glauben, was die heilige Kirche lehrt[632] – eine sehr notwendige Versicherung im Zeitalter der lollardischen Ketzerei (der Nachfolger Wyclifs), wenn auch nicht immer eingelöst. Denn die so tröstlichen Worte, mit denen Christus auf ihre Frage nach der Verdammung der Sünder antwortet, stehen völlig im Gegensatz zur Lehrverkündigung der katholischen Kirche ihrer Zeit, nach der die überwiegende Mehrzahl der Menschen zur Hölle verurteilt war. Julian aber offenbart der Herr: „Was dir unmöglich ist, ist mir nicht unmöglich: Ich werde in allem mein Wort bewahren, und ich werde alles gut machen."[633] Die ganz Menschheit findet wie die Seherin selbst in der Wunde des Herrn Platz und Rettung[634]. Und wiewohl sie nach einer Vision der Unterwelt verlangt –

---

[628] A. Pankiewicz, in: A. Legner (Hg.), Die Parler und der schöne Stil 2, Köln 1978, 496 f.
[629] Kurzfassung c. 10, Juliana 90 f., verglichen mit ed. cit. 53 ff.
[630] Molinari 60 ff., vgl. o. S. 55.
[631] Kurzfassung c. 6, ed. cit. 47.
[632] Ebd., ed. cit. 48.
[633] Langversion c. 32, zit. Knowles, Mystik 134.
[634] Ebd. 2.

wie sie so viele Mystikerinnen (Christina Mirabilis, Hildegard, Elisabeth von Schönau, Mechthild von Magdeburg, Birgitta, Franziska, Coletta usf.) ge-schaut hatten –, werden ihr diese Orte nicht gezeigt[635]. Mit diesem Verspre-chen endgültiger Versöhnung im Jenseits steht die Einsiedlerin Origenes nahe, der eben wegen dieser Lehre der Apokatastasis ton panton von der katholischen Kirche verschiedene Male als Häretiker verurteilt worden war[636]. Ganz anders als ihre ältere Zeitgenossin Birgitta droht Julian nicht mit dem „zweiten Tod", steht für sie vielmehr die Liebe im Vordergrund. „Love was his meaning" ist der berühmte Schluß der langen Version ihrer *Shewings*. Auch gehört Julian zu den wenigen Mystikerinnen, die dem Menschen er-lauben, seine Freude über die Überwindung des Feindes durch Lachen zu zeigen – ganz gegen die monastische Tradition, die dies immer wieder ver-worfen hat mit dem Argument, Christus habe nie gelacht (was auch tatsäch-lich nirgends in der Schrift steht)[637]. Julian bekräftigt dies zwar, aber: „Trotz-dem gefällt es Ihm, wenn *wir* lachen, zu unserem Trost und voll Freude in Gott, daß der Feind überwunden ist."[638]

Nur die längere Version enthält allerdings in den Kapiteln 58 bis 61 die heute in einschlägigen Publikationen unablässig zitierten Stellen über Gott als unsere Mutter[639], Passagen, die ungeachtet ihrer Feier als feministische Formulierungen par excellence auf einer langen Tradition männlicher Au-toren fußen, welche von den Kirchenvätern über Anselm von Canterbury[640] bis zu den zeitgenössischen englischen Mystikern wie Hilton[641] und dem Mönch von Farne[642] reicht. Julian schreibt: „Der eine Gott ist Vater und Mutter und Herr."[643] Die (mehr theologische als mystische) Metapher der Mutterschaft bezieht sich dabei auf Jesus, der aber gleichzeitig auch als „un-ser Bruder" angesprochen wird. Dabei ist für die richtige Einschätzung der Stelle zu unterstreichen, daß Julian, auch wenn sie von Gott als Mutter spricht, immer das maskuline Personalpronomen „er" verwendet, wodurch klar wird, daß es sich wirklich bloß um eine Metapher handelt, und nicht um eine präfeministische Uminterpretierung des Geschlechtes Gottes, die im Mittelalter schwerlich möglich gewesen wäre. So wie eine Mutter zu folgsa-men Kindern liebevoll und barmherzig ist, so auch er. „Die Mutter kann ihr Kind sanft an die Brust legen; unsere holde Mutter, Jesus, aber kann uns trau-

---

[635] Langversion c. 33, zit. Knowles, Mystik 134.

[636] L. Kretzenbacher, Versöhnung im Jenseits, München 1972, 22 f.

[637] G. Schmitz, ... quod rident homines, plorandum est. Der „Unwert" des Lachens in mona-stisch geprägten Vorstellungen der Spätantike und des frühen Mittelalters: F. Quarthal, W. Setzler (Hgg.), Stadtverfassung, Verfassungsstaat, Pressepolitik, Sigmaringen 1980, 3–15.

[638] Kurzfassung c. 8, Juliana 86.

[639] Literatur: Dinzelbacher, Frauenmystik 67 f., dazu M. A. Palliser, Christ, Our Mother of Mercy, Berlin 1992.

[640] Collier-Bendelow 81 ff.

[641] Ebd. 84 ff.

[642] Ebd. 87 ff.

[643] Langversion c. 58, übersetzt von Collier-Bendelow 66.

lich in seinem heiligen Herzen eine Heimstatt bereiten durch seine geöffnete Seite"[644]. Julian gebraucht überhaupt gern Tropen, die ein Umhüllen ausdrücken, etwa: „So wie der Leib in Kleider gehüllt ist, und das Fleisch in Haut, und die Knochen in Fleisch, so sind wir, Leib und Seele, in die Güte Gottes eingehüllt"[645]. Die Passion ist da als Geburt des Menschen zur Seligkeit gedeutet (vgl. Marguerite d'Oingt[646]); Blut und Wasser aus seiner Seite sind „die Gnadenflut"[647], mit der besprengt wir gereinigt werden. Es besteht eine innere Vereinigung zwischen Christus und allen beseelten Geschöpfen, das „Wesen" der erlösten Seelen ist mit der heiligen Seele Christi besonders verbunden[648], was fast an Eckharts Seelenfünklein erinnert. Die Unio mystica kommt im kontemplativen Gebet, in der absichtslosen, liebenden Hingabe an Gott. Elemente der Braut- oder genauer Ehemystik kommen vor, ohne aber zu dominieren.

Julian ist ein gutes Beispiel dafür, daß auch Frauenmystik durchaus theoretische, reflektierende Mystik sein kann, wenn hier auch basierend auf Erleben. Denn die erweiterte Version ist eher eine bisweilen sublime theologische Abhandlung als ein Seelenbericht. Das Interesse des Mittelalters an ihr war freilich recht gering (sechs erhaltene Handschriften), das intensive (feministisch bestimmte) der Gegenwart hat dagegen bis zur Gründung eines Juliana-Ordens in den USA geführt.

Wenn sich auch gewisse regionaltypische Züge in der englischen Frömmigkeit und Mystik des vierzehnten Jahrhunderts zeigen, so wirkt sie in der Zusammenschau mit der gleichzeitigen kontinentalen doch keineswegs als Sonderentwicklung; wir konnten mehrfach auf Parallelen verweisen. Gewiß war speziell die Diözese York damals ein eigenständiger Brennpunkt für die Verbreitung zeitgemäßer geistlicher Ideale (etwa das der _vita mixta,_ d. h. einer ausgewogenen Mischung zwischen Kontemplation und Aktivität), ein Brennpunkt auch der Einsiedlerbewegung[649], die prägender als Analogien auf dem Kontinent wirkt. Doch beruht die Zeichnung als fast hermetisch abgeschlossenes, nationales Phänomen, mit der die englische Mystik des vierzehnten Jahrhunderts in der anglosächsischen Sekundärliteratur gern vorgestellt wird, u. E. vornehmlich auf einer Idiosynkrasie der Forschung vor Vergleichen mit der kontinentalen Situation.

---

[644] c. 60, ebd. 70.
[645] Langversion cc. 6, 41 ff., vgl. Lorenzo 164.
[646] Vgl. o. S. 260 f.
[647] Collier-Bendelow 73.
[648] Ebd. 107.
[649] J. Hughes, Pastors and Visionaries. Religion and Secular Life in Late Medieval Yorkshire, Woodbridge 1988.

Abb. 31 Christus am Ölberg, eine oberrheinisch Nonnenarbeit, zeigt die Seele gebadet im Blutschweiß des Gottessohnes, fast eine Verbildlichung von Julians „Gnadenflut". Damit ist innige Verbundenheit visualisiert, aber auch Imitatio Christi (spiegelnde Gebetshaltung).

Andachtsbuch: ms germ. oct. 53, f. 2 v, M. 15. Jh., Staatsbibliothek, Berlin.

Fünfzehntes Jahrhundert

Das fünfzehnte Jahrhundert[1] – aber vergessen wir nie, daß diese mechanische Einteilung der Geschichte nur ein mnemotechnisches Hilfsmittel ist – führt die oben auf Seite 272 ff. genannten Tendenzen im Prinzip eher weiter, als grundsätzlich Neues zu entwickeln. Trotz vieler Epidemien und Kriege kommt es doch zu einer allgemeinen Stabilisierung, wie das Aufblühen der Städte und die großen Bauwellen der Spätgotik in ganz Europa zeigen. Allerdings wird, von Italien ausgehend, jene komplexe Idealisierung der vorchristlichen Antike zu einer Geisteshaltung, die mehr und mehr Intellektuelle prägt. Humanismus und Renaissance sollten auch zu einer neuen platonisierenden Richtung der spekulativen Mystik führen, wogegen die bekannten Elemente der Erlebnismystik im wesentlichen keine Veränderungen erfuhren.

In der Geschichte der Frömmigkeit scheint es so, als ob die litteraten Homines spirituales vor allem damit zu tun gehabt hätten, die Explosion des Schrifttums namentlich der theoretischen Mystik seit etwa 1300 zu bewältigen: nicht nur durch das Abschreiben und Verbreiten der entsprechenden Texte, sondern auch durch Nachfolge und Umformung, namentlich in theologischer (scholastischer) bzw. didaktischer (pastoraler) Aufbereitung. „Das 15. Jahrhundert ist eine deutliche Illustration der später oft beklagten Trennung zwischen Spiritualität/Mystik und Theologie."[2] Lebensführung und Erfahrungen der praktischen MystikerInnen dagegen gleichen weitgehend denen ihrer VorgängerInnen seit dem frühen dreizehnten Jahrhundert; wohl treten manche eindrucksvolle, aber kaum mehr originelle Gestalten auf (doch auch hier müssen wir uns dessen erinnern, daß das Kriterium der Originalität, speziell im religiösen Bereich, ein größtenteils nachmittelalterliches ist). Daß es in jener Zeit einen Verfall der monastischen Kultur gab, ist bekannt genug und läßt sich allein an den zurückgehenden Zahlen der KlosterbewohnerInnen aufzeigen. Dagegen versuchte manche Reformbewegung, den Idealen des Mönchtums wieder Gehör zu verschaffen. Doch gibt es hierbei eine Linie, etwa innerhalb der Devotio moderna oder der deutschen Dominikaner[3], die Erlebnismystik skeptisch betrachtet und eine geregelte Frömmig-

---

[1] E. Meuthen, Das 15. Jahrhundert, München ²1984 – Für die Mentalitätsgeschichte grundlegend noch immer J. Huizinga, Herbst des Mittelalters, Stuttgart 1987. Vgl. die Literaturhinweise o. S. 272.

[2] A. Haas, Schools of Late Medieval Mysticism: Raitt, Spirituality 140–175, 169.

[3] Vgl. u. S. 383 f., 390. – W. Williams-Krapp, „Dise ding sint dennoch nit war zeichen der

keit innerhalb der Gemeinschaft vorzieht. Dies mag den rein numerischen Rückgang von neuen mystischen Biographien und Autobiographien im fünfzehnten Jahrhundert erklären. Das Interesse an bereits anerkannten mystischen Texten der vorhergehenden Jahrhunderte nahm deshalb freilich nicht ab, wie die Handschriftenproduktion erweist, die etwa im Bereich der rheinischen Mystik sogar deutlich umfangreicher wird.

Der Anteil der Männer an der Erlebnismystik scheint weiter zurückzugehen; aus der ersten Hälfte des Jahrhunderts ist offenbar kein Charismatiker so bekannt geworden, daß sich entsprechende Quellen erhalten hätten, obwohl es durchaus viele ausgesprochen fromme Persönlichkeiten gab[4]. Erst nach der Jahrhundertmitte treten wieder gut dokumentierte praktische Mystiker wie Nikolaus von Flüe, Alanus de Rupe oder auch Gerolamo Savonarola auf.

Die theoretische Mystik fand überragende Behandlung durch einen aus Flandern stammenden Theologen, der seit 1395 Kanzler der Universität Paris war, womit seinen Ansichten größtes Gewicht zukam. In dieser Eigenschaft nahm JOHANNES CHARLIER DE GERSON (1363–1429)[5] als Gesandter des Königs am Konzil von Konstanz teil. Gemäß der „himmlischen Hierarchie" des Pseudo-Dionysius sah er sich selbst dazu berufen, die niederen Ränge des Klerus zu reinigen, zu erleuchten und zu vervollkommnen, worum er sich in einem reichen theologischen Œuvre sowie durch Predigttätigkeit in Latein und Französisch auch bemühte. Vielleicht hat Gerson im Alter von zweiundsechzig Jahren selbst eine mystische Erfahrung erlebt, die ihn die bislang skeptisch betrachtete Möglichkeit der Gotteinung schon in diesem Leben als real beurteilen ließ, doch ist die Evidenz dafür nicht deutlich. Jedenfalls verfaßte er in seinem letzten Jahr (wie Thomas von Aquin) noch eine Abhandlung zum *Hohenlied,* die er drei Tage vor seinem Tode beendete. Schon in den Jahren davor scheint er sich manchen Konzeptionen der rheinischen Mystik (wie der Gottesgeburt in der Seele) angenähert zu haben, die er früher mit Ablehnung betrachtet hatte.

Gerson baut eine der wichtigsten systematischen Abhandlungen des Mittelalters, die *Mystica Theologia speculative conscripta* (1402/03), ergänzt durch *Theologia mystica practica* (1407)[6]. Grundlage sind die Autoritäten der

---

heiligkeit". Zur Bewertung mystischer Erfahrung im 15. Jahrhundert: Zs. f. Literaturwissenschaft und Linguistik 20/80, 1990, 61–71.

[4] Vgl. R. Kieckhefer, Holiness and Cultural Devotion. Remarks on Some late Medieval Male Saints: R. Blumenfeld-Kosinski, T. Szell (Hgg.), Images of Sainthood in Medieval Europe, Ithaca 1991, 288–305.

[5] C. Burger, Gerson: Wörterbuch 186 f. – Ders., Aedificatio, Fructus, Utilitas. Johannes Gerson als Professor der Theologie und Kanzler der Universität Paris, Tübingen 1986. – P. Glorieux, Gerson: DS 6, 314–331. – G. Peyronnet, Gerson, Charles VII et Jeanne d'Arc: Revue d'histoire ecclesiastique 84, 1989, 334–370.

[6] Jean Gerson, Teologia mistica (Classici del pensiero cristiano 8), ed. M. Vannini, Cinisello Balsamo 1992.

theoretischen Mystik seit Augustinus und Dionysius. In der *Theologia mystica* findet sich die klassische, an Thomas und Bonaventura orientierte[7] Definition christlicher Mystik: „cognitio experimentalis habita de Deo per amoris unitivi complexum"[8]: erlebte Gotteserfahrung, die in der Berührung vereinigender Liebe gemacht wurde. Gerson bietet jedoch an derselben Stelle noch einige andere Umschreibungen an: Ausstrecken des Geistes zu Gott aus Liebessehnen, anagogische Bewegung, die aus glühender und reiner Liebe zu Gott führt, erlebte, geschmeckte Gotteskenntnis („sapida notitia habita de Deo"), wenn sich ihm die oberste Spitze des affektiven und rationalen Vermögens aus Liebe verbindet und vereint.

Diese „rapit, unit, satisfacit"[9], entrafft, vereint, erfüllt in der Ekstase. Nur wer ein solches Gnadenerlebnis erfahren hat, vermag „mystica theologia" selbst zu vermitteln; die „doctrina de mystica theologia" kann jedoch auch der darin unerfahrene Gottesgelehrte behandeln – und nichts anderes taten und tuen die Verfasser der mystologischen Literatur vor und nach Gerson bis heute. Der Kanzler wirbt durchaus dafür, neben den intellektuellen die affektiven Seelenkräfte wirken zu lassen, doch hält er die richtiggehende Gottesschau schon im Leben für unmöglich. Gott wird zwar nur in Dunkelheit wahrgenommen, doch geschieht dies nicht ohne hellste Einstrahlung und redendes Schweigen[10]; eine radikale apophatische Theologie ist damit trotz aller Verehrung für Pseudo-Dionysius abgelehnt. Wiewohl Gerson selbst von der ekstatischen Union spricht, wendet er sich trotzdem gegen prominente Mystiker, die ihm hier zu weit zu gehen scheinen: Bernhard – in Wirklichkeit Wilhelm von St. Thierry – die Amalrikaner und vor allem Ruusbroec. Dessen Lehre über das gottschauende Leben kritisiert der Kanzler eindringlich: Daß die Seele in der Unio in das Sein Gottes transformiert werde, widerspräche der einhelligen Lehre der Heiligen Kirche. Freilich mäßigte er seine Verurteilung, nachdem Jan van Schoonhoven eine Verteidigungsschrift publiziert hatte[11]. Doch kommt Gerson in verschiedenen Werken immer wieder auf Haltungen zurück, die er verurteilt, sei es mystischer Quietismus, Sentimentalität, Spekulationssucht ...

Anleitung zur Praxis bieten Prosaschriften wie *La montagne de contemplation* oder *De meditatione* u. v. a.; in Gedichtform schildert er etwa, wie das Jesuskind in der Seele empfangen wird. Gebet und Willensangleichung sind wichtige Schritte. Gerson stellt generell die Liebe oder das vollkommene, wortlose Gebet beim mystischen Aufstieg über die Erkenntnis oder die Betrachtung, die höchste intellektuelle Tätigkeit der Seele. Freilich schließen diese Elemente einander keineswegs aus. Immer wieder betont werden Buße

---

7   Vgl. oben S. 9.
8   Theol. myst., Tract. 1, 6, 28, ed. cit. 150.
9   Ebd., 1, 7, 35, ed. cit. 176.
10 S. DS 3, 912.
11 Oehl, Mystikerbriefe 450 ff.

und Reform als Voraussetzungen der Gotteserfahrung; dies gilt sehr wohl auch für die Theologen, die ihre Wissenschaft als zum Selbstzweck verkommene Pseudowissenschaftlichkeit betreiben[12].

Das mystische Erleben ist selbst dem Ungebildeten möglich; nicht aber das Urteil darüber. Gersons Traktate *De distinctione verarum visionum a falsis* (1401) und *De probatione spirituum,* 1415 in Konstanz den Konzilsteilnehmern vorgetragen, sollten Standardwerke werden, wenn es künftig darum ging, Charismatiker durch die Amtskirche zu beurteilen. Sicher fand Gerson hier Anregung in den entsprechenden Schriften seines Amtsvorgängers Peter von Ailly (1350–1420), etwa *De falsis prophetis,* über die falschen Propheten (Peter beschäftigte sich übrigens auch mit der Theorie der Meditation). Die aktuelle kirchenpolitische Lage – Papstschisma und Konziliarismus – bildete die Veranlassung von Gersons Schrift. Sie unterscheidet verschiedene Herkunftsmöglichkeiten von Visionen: auch natürliche aufgrund einer Kopfkrankheit; viele der Beschauung lebende Menschen seien davon depressiv oder geisteskrank geworden[13]. Es gibt mehrere Kriterien, die anzuwenden sind: die „guten Früchte", die Persönlichkeit und ihr Lebenswandel, ihre Erfahrenheit (junge Charismatiker sind zu gierig und daher verdächtig). Frauen sind besonders skeptisch zu betrachten – hier meint Gerson augenscheinlich die bereits kanonisierte Birgitta von Schweden, deren Revelationen auf dem Konzil diskutiert wurden, und die noch nicht offiziell zur Heiligen erklärte Katharina von Siena. Dagegen stand er Johanna von Orléans[14] und, wenigstens zeitweise, einer kaum bekannten Charismatikerin namens Herminia von Reims († 1396, hl.)[15] positiv gegenüber (die Abhandlung *De quadam puella* über Johanna wird Gerson zwar nicht mehr zugeschrieben, doch *De mirabili victoria*[16]). Offenbarungen, deren Inhalt ohnehin schon in der Heiligen Schrift steht, seien bedenklich, denn Gott spricht nur einmal (Hiob 33, 14). Entscheidend ist natürlich, ob ein Charismatiker bereit ist, sich in Demut unterzuordnen, womit einmal mehr die Dominanz des Amtes über das Wirken des Geistes festgeschrieben wird. Nur der geschulte Fachtheologe hat über die Grenzerfahrungen zu urteilen, auch wenn er solche selbst nicht kennt.

Gerson führte vor allem Traditionslinien weiter, die von Dionysius über Hugo von Balma und Thomas Gallus ins Spätmittelalter weitergegeben wurden, sowie die franziskanische Bonaventuras. Er selbst hat seine Quellen zusammengestellt in einem *Verzeichnis der Gelehrten, die über die Kontemplation gehandelt haben,* das mit dem „großen Dionysius, belehrt von Paulus" beginnt, u. a. die Viktoriner, Bernhard und Bonaventura nennt und mit Ruus-

---

12 Burger, Aedificatio 125.
13 So schreibt er auch in De monte cont. 3, 562, zit. Karrer, Textgeschichte 2, 368.
14 Vgl. S. Tanz, Jeanne d'Arc, Weimar 1991, 148 ff.
15 De exam. doct. 2, 6; vgl. G. Bataille, Erminia: BS 5, 59 f.
16 Peyronnet 338.

broecs *Zierde* endet, „deren dritter Teil häresieverdächtig ist"[17]. Gersons
Schriften wurden weithin rezipiert und gegen Ende des Jahrhunderts durch
Autoren wie Dionysius den Kartäuser, Johannes Mombaer oder Nikolaus
Kempf verbreitet; nicht umsonst wurde dem Kanzler, genannt „Doctor chri-
stianissimus", sogar die *Imitatio Christi* zugeschrieben. In der katholischen
Theorie feste Verankerung (speziell vermittels der spanischen Karmelitermystik des sechzehnten Jahrhunderts) fand seine Unterscheidung zwischen
praktischer und theoretischer Mystik. Doch sollte auch sein Werk nicht un-
angegriffen bleiben: so besonders von Vinzenz von Aggsbach[18].

Seine Skepsis gegenüber Charismatikerinnen teilte Gerson übrigens mit
nicht wenigen anderen Theologen – es sei nur auf die verschiedenen Gutach-
ten und Stimmen zu Johanna von Orléans verwiesen. Hatte nicht auch Papst
Gregor XI. auf dem Sterbebett voller Reue gesagt, er habe zu viel auf Visionäre gehört, womit er Birgitta, Katharina und den Prinzen Peter von Aragon
(† 1381), einen apokalyptischen Seher, der Franziskaner geworden war, meinte[19]. Während manche Männer der Kirche wie Raymund von Capua oder
Johannes Marienwerder sich der göttlichen Offenbarung auch in Frauen
beugten und sie verteidigten, beharrten andere wie etwa der Dominikaner-
Professor Johannes Nider († 1438)[20] darauf, daß „das weibliche Geschlecht
so leicht und oft irrt, wenn sie nicht ein kluger Mann regiert". Man solle
Frauen bloß nicht leicht glauben, wenn sie Visionen gehabt zu haben beanspruchen, „mulierculis in suis assertis visionibus aurem credulam non cito
prebere", sonst könne man sich leicht lächerlich machen[21]. Als warnendes
Beispiel dient ihm Magdalena Beutlerin, über die gleich mehr zu sagen sein
wird. Was die Be- und Verurteilung von Frauen mit rollenabweichendem
Verhalten betraf, so sollte Nider nicht zufällig ein Lieblingsautor des Verfassers des *Hexenhammers* werden.

Der Norden

Auch während des fünfzehnten Jahrhunderts treten im Bereich der Devotio
moderna und Groenendaels weniger erlebnismystisch begabte Charismatiker
auf als Systematiker und Pädagogen einer mystischen Theologie. Einflußreicher, da schriftstellerisch tätiger Exponent der Devotio moderna war der
Ruusbroecschüler Gerlach Peters (1378–1411)[22], Kanoniker in Windesheim,

---

[17] Ed. cit. 303–307.
[18] Vgl. u. S. 393.
[19] Gerson, De exam. doct. 2, 3. – Peyronnet 337 f. – J. M. Pou y Martí, Visionarios, beguinos
      y fraticelos catalanes, Vich 1930, 308–397.
[20] E. Hillenbrand, Nider: VL 5, 971–977.
[21] Formicarius 3, 8, ND der Inkunable Graz 1971.
[22] G. de Baere, Peters: Wörterbuch 399 f. – Ders., Peters: DS 12, 1192–1195. – Moderne de-
      votie 185–189.

dessen brennendes Selbstgespräch mit Gott *(Soliloquium ignitum cum Deo)*
mit dem Ideal der Freiheit des Geistes durch Beschauung der göttlichen
Wahrheit im Pietismus beliebt werden sollte. Auch der Unterscheidung der
Geister widmete er besondere Aufmerksamkeit.

Zu Recht oder Unrecht bis in die Gegenwart am berühmtesten ist freilich
THOMAS HEMERKEN VON KEMPEN (Malleolus, um 1380–1471)[23]. Sein Name
ist unlösbar mit dem abgesehen von der Bibel am öftesten gedruckten christlichen Text verbunden, der *Imitatio Christi*. Nach wie vor offen ist freilich
die bereits seit dem Ausgang des fünfzehnten Jahrunderts heiß diskutierte
Frage nach seinem Anteil an diesem Hauptwerk katholischer Frömmigkeits-
lehre. Verfaßte er es allein? Bearbeitete er einen vorliegenden Text? Wurde
dieser ihm nur irrtümlich zugeschrieben? Ein Manuskript der *Imitatio Christi*
ist sogar als Autograph aus Thomas' Hand erhalten; wenigstens die Funktion eines Endredakteurs wird ihm heute allgemein zugesprochen.

Etwa zwanzigjährig war Thomas Augustinerchorherr geworden und leb-
te in der Gemeinschaft des Florens Radewijns[24], dann in St. Agnes bei Zwolle.
Ein reiches Werk ist seiner Feder zu verdanken, Viten der wichtigsten mo-
dernen Devoten, Meditationen, Gebete, Predigten, Lieder, Briefe ... Die
Schrift *De elevatione mentis* handelt von der mystischen Vereinigung mit
Gott, dem ewigen Licht.

Was nun die *Imitatio* betrifft, ist sie überhaupt ein mystagogisches Buch?
Sie behandelt zwar klassische Etappen des Aufstiegs, Zerknirschung, Umkehr, Läuterung und Vereinigung, spricht zwar vom Hören der Stimme Got-
tes im Inneren, vom vollständigen Lassen und der geistlichen Freiheit – aber
das Ziel ist nicht die Unio mystica, es ist die sakramentale Vereinigung mit
Christus in der Eucharistie! So wendet sich das Werk letztlich auch an jeden
Christen, da es hier nicht nur wenige Auserwählte gibt. Es predigt mit zahlreichen Bibelzitaten die Vorbereitung auf eine zwar affektive und intensive
Gottesbegegnung, aber nicht auf das Erlebnis einer Verschmelzung oder
Schau im Sinne der Mystik. Vielmehr sind klassische Elemente der Mystik
in den allgemein erreichbaren sakramentalen Kontext umfunktioniert: „Du
in mir und ich in Dir – so laß uns beide vereint bleiben immerdar!" – aber
„durch die heilige Kommunion und die häufige Feier der heiligen Messe"[25].
Den Frommen der *Imitatio* zeichnet „ein nüchtern berechnender, hausbak-
kener, wir können sagen, bürgerlicher Sinn aus"[26], der die äußere Welt ablehnt, auch die der Frömmigkeitsübungen (Wallfahrten, Reliquienverehrung), um vermittels ethischen Wohlverhaltens und Abgeschiedenheit ins

---

[23] Thomas von Kempen, Nachfolge Christi, übersetzt von H. Endrös, Frankfurt 1957. – J.
    Lanczkowski, Thomas von Kempen: Wörterbuch 495 f. – A. Ampe, B. Spaapen, Imitatio
    Christi: DS 7, 2338–2368. – R. van Dijk, Thomas Hemerken: DS 15, 817–826. – E. Iserloh,
    Thomas von Kempen und die Devotio Moderna (nachbarn 21), Bonn 1976.
[24] Vgl. o. S. 334.
[25] 4, 13, 1, übersetzt von Endrös 220.
[26] Iserloh 23.

innere Reich zu gelangen. Was anders ist all die zeitliche Welt als eine einzige Irrung?[27]

Aufgrund ihres eher schlichten Charakters, Anleitung auch für Ungelehrte bietend, wurde die *Imitatio* das christliche Volksbuch par excellence, übersetzt in fast alle Sprachen und angeblich nach der Bibel das am weitesten verbreitete Werk des Christentums.

Ein Bruder vom Gemeinsamen Leben, HEINRICH HERP (HARPIUS, HENRICUS DE ERP, ca. 1400–1477)[28], der 1450 Franziskaner-Observant wurde und es bis zum Leiter der Provinz Köln brachte, erlangte ebenso eine gewisse Berühmtheit. Herp soll ekstatisch begabt gewesen sein; seine Schriften sind besonders stark von Ruusbroec abhängig, weswegen er als dessen „Herold" bekannt wurde. Doch rezipierte und amalgamierte er faktisch wie so viele andere mystagogische Autoren auch mehrere Traditionsströme: den der pseudo-dionysischen, der zisterziensischen, der franziskanischen, der rheinischen Mystik[29]. Auch die Propagierung des aspirativen Sehnsuchtsgebets war ihm ein Anliegen. Neben dem niederländischen *Spieghel der volcomenheit* seien die Selbstgespräche über das *Hohelied (Soliloquia super cantica)* und einundzwanzig unter dem Titel *Vom Fortschritt menschlicher Vollkommenheit* zusammengefaßte lateinische Sermones über verschiedene Themen des kontemplativen Lebens erwähnt, ein Bruchteil seines viel reicheren Predigtwerkes. Er ist, wiewohl nur ein „verarmter Ruusbroec"[30], vor allem wegen seiner ziemlich weiten Verbreitung im sechzehnten und im siebzehnten Jahrhundert wichtig geworden, ungeachtet dessen, daß seine unter dem Titel *Theologia mystica* herausgegebenen Werke in Italien und Spanien der kirchlichen Zensur unterlagen. Das hinderte weder den Druck dieses lateinischen Textes, auch in Bearbeitungen und Teilausgaben, noch die Übersetzungen namentlich des *Spieghel* in die Volkssprachen. Herps Œuvre ist ein prominentes Beispiel für die seit dem sechzehnten Jahrhundert Europa überschwemmende Literatur von gedruckten systematisierenden Analysen und Direktiven des mystischen Lebens; besonders fruchtbar wurde es in Spanien.

Wesentlich umfassender war das Œuvre des Kartäusers DIONYSIUS VON RIJKEL (1402/03–1471)[31], der Cusanus auf seiner Reise durch die Niederlande und die Rheingegend begleitete, sonst aber in Roermond lebte. Dionysius war zwar ein bekannter Enzyklopädiker und Vielschreiber, fast könnte man sa-

---

[27] 3, 1, 2.
[28] Henri Herp, De processu humani profectus, hg. v. G. Epiney-Burgard, Wiesbaden 1982. – L. Mees u. a., Herp: DS 7, 346–351. – R. van Dijk, Herp: Wörterbuch 224. – Cognet, introduzione 286–313.
[29] Mees 351 f.
[30] Cognet, introduzione 313.
[31] K. Emery, Introduction: CCCM 121, 1991. – A. Stoelen, Denys: DS 3, 430–449. – P. Nissen, Dionysius von Rijkel: Wörterbuch 116–118. – S. Autore, Denys: DThC 4/1, 436–448. – K. Emery, Denys of Ryckel and Traditions of Meditation: Analecta Cartusiana 35/3, 1982, 69–89.

gen ein theologischer „Sachbuchautor" – seine ca. zweihundert Werke umfassen im Druck vierundvierzig monumentale Bände –, aber auf dem Gebiet
der Mystik kannte er das, worüber er schrieb, sehr wohl aus persönlicher
Erfahrung. Schon als Kind zum kontemplativen Leben und speziell zu den
Kartäusern hingezogen, erfuhr Dionysius manche religiöse Krise, ehe er sich
mit einundzwanzig endlich hinter Klostermauern der Meditation widmen
konnte. Häufig fiel er in mehrstündige Ekstasen, berichtete von Visionen und
Erscheinungen (besonders Verstorbener), weswegen er von vielen Ratsuchenden um Hilfe gebeten wurde. Die Nachwelt hat ihm den Titel „Doctor
ecstaticus" verliehen. Aufgrund seiner eigenen Erfahrungen sprach Dionysius
im Unterschied zu vielen anderen Theoretikern der Mystik den Charismatikern durchaus das Recht zu, ihre wenn auch letztlich unsagbaren Erfahrungen doch in Worte zu fassen[32]. Daher verteidigte er auch Ruusbroec, den er
als zweiten Dionysius Areopagita bezeichnet, vor Gersons Kritik. Andererseits wandte er sich auch ausdrücklich gegen eine anti-intellektualistische
Mystik reiner Gefühlsseligkeit. Sein Ruf war so groß, daß man sein Urteil
über andere Charismatiker erbat, was ihn zu einem Traktat über die Unterscheidung der Geister veranlaßte. Wiewohl der Kartäuser so zurückgezogen
wie möglich bleiben wollte, versuchte er doch aufgrund einer Offenbarung,
auch in die Weltgeschichte einzugreifen, indem er einen Brief an alle Fürsten
der Christenheit schrieb, der sie zum Kreuzzug aufrief – einer der zahllosen
spätmittelalterlichen Versuche, diese Bewegung zu reaktivieren, vergeblich
wie alle anderen.

Einige Titel seiner einschlägigen Produktion, zu der er eine umfangreich
Bibliothek älterer mystischer Werke exzerpiert haben muß, seien genannt:
*De triplici via, De contemplatione, De discretione et examinatione spirituum,
De meditatione*. Sicherlich hat er Abschreiben und Kompilieren als Art der
Meditation empfunden. Hauptbestreben seines mystischen Œuvres ist ein
Ausgleich zwischen der apophatischen Theologie nach Pseudo-Dionysius
und der affirmativ vorgehenden Scholastik nach Thomas. Liebe und Wissen
wirken bei der höchsten Betrachtung zusammen.

Da seine Werke schon im sechzehnten Jahrhundert gedruckt wurden,
stand ihrer Verbreitung nichts im Wege; besonders im Jesuitenorden und
später im Neuthomismus beschäftigte man sich viel mit ihnen.

Doch finden sich auch im Rahmen der Devotio moderna einige visionär be-
gabte Personen. Hendrik Mande († 1431)[33] war durch Grote für die neue
Frömmigkeit gewonnen worden. Er exzerpierte und verbreitete nicht nur
Ruusbroec und verfaßte nicht nur leicht verständliche, systematisch-mystago-

---

[32] Stoelen 447.
[33] Hendrik Mande, Alle Werken, hg. v. Th. Mertens, Nijmegen ²1978. – R. van Dijk, Mande:
Wörterbuch 339. – Th. F. C. Mertens, Hendrik Mande (?–1431). Texthistorische en lite-
rairhistorische studies, Diss. Nijmegen 1986. – Moderne devotie 189–196. – B. Spaapen,
Henri Mande: DS 7, 222–225.

Abb. 32 Dieses Bild eines Kartäusers in seiner Zelle beim Abschreiben, das zwei Jahre nach dem Tod des Dionysius von Rijkel entstand, gibt eine Vorstellung von der täglichen Beschäftigung dieses mystischen Autors.

Jean Miélot, *Le miroir de l'âme:* Ms. franç. 1001, f. 2 r, 1473, Bibliothèque Nationale, Paris.

gische Schriften in der Volkssprache, sondern integrierte in sie auch seine eigenen Schauungen als Exempla. Sie haben meist keinen mystischen Charakter, sondern sind Jenseitsvisionen, oft mit pro-domo-Charakter, die dann paränetisch gedeutet werden. Doch sieht Mande auch die Geburt, Beschneidung und Kreuzigung Christi. Lidwy von Schiedam kritisierte seine schnelle Bereitschaft, diese Gesichte zu verbreiten. Mande hat wohl durch seine teilweise von Hugo von Balma übernommene Unterweisung im aspirativen Gebet, das vereinigende Kraft hat, mehr als durch seine Visionsberichte gewirkt, auch durch seine Weitergabe und Bearbeitung von aus Jan von Leeuwen, Hadewijch, Ruusbroec u. a. geschöpftem Traditionsgut.

Im seit 1438 zu Windesheim gehörigen Kloster Galilea zu Gent lebte etwa gleichzeitig ALIJT BAKE (1415–1455)[34], die einzige bekanntere Frau unter den Devoten. Ihre für die Mitschwestern verfaßten Schriften konzentrieren sich auf die Passion und auf Selbsterlebtes. Sie ist – frauentypisch? – Erlebnis- und Leidensmystikerin: die Geheimnisse Gottes sind ihr dank des Heiligen Geistes „innerlich so klar wie äußerlich ihr Spinnrocken", wie sie von sich sagt; trotz der Begnadung mit Visionen, Erscheinungen, Auditionen geht sie aus Demut nur gebückt[35]. Wie so viele Mystikerinnen hatte sie zunächst sehr unter der Skepsis ihrer Umgebung zu leiden: „Denn alle Kreaturen sind gegen mich und widersprechen mir"[36]. Wie Julian von Norwich bittet Bake um schwere Krankheit[37]; sie vollzieht bewußt alle körperlichen Haltungen nach, zu denen der Herr während der Passion gezwungen worden war:

> „ich pflegte mich bisweilen so auszustrecken, als ob ich gekreuzigt gewesen wäre, und dann fiel ich bisweilen so flach auf die Erde oder den Bretterboden nieder als Gleichnis, daß Christus mit seinem Kreuz auf die Erde niederfiel, daß sein gebenedeites Antlitz in die Erde eingedrückt war, wie ich hatte predigen hören" usw.[38]

Jesus erklärt ihr sein Leben und Leiden genau;

> „so hörte sie die göttlichen Ansprachen und sie wandelte mit Jesus im Gespräch, plaudernd wie zwei Verliebte, fragend und antwortend und lehrend und weisend … Oh, da lehrte Er sie spekulieren, kontemplieren, jubilieren …"[39]

Bake bemühte sich auch, als Priorin ihre „Kinder" mit sich auf den mystischen Weg zu nehmen, und schrieb dazu das *Boexken vander passien ons heren* (Büchlein von der Passion unseres Herren), Klosterunterweisungen

---

[34] B. Spaapen, Middeleeuwse Passiemystiek: Ons geestelijk erf 40–43, 1966–1969. – F. Willaert, Bake: Wörterbuch 43 f. – R. Lievens, Alijt Bake van Utrecht: Nederlands archief voor kerkgeschiedenis 42, 1957, 127–151. – R. van Dijk, De mystieke weg van Alijt Bake (1415–1455): OGE 66, 1992, 115–133.
[35] Lievens 128.
[36] Spaapen 1967, 224, vgl. 228 f.
[37] Spaapen 1967, 263.
[38] Spaapen 1967, 258, gekürzt.
[39] Spaapen 1967, 280 f.

(Kloosteronderrichtingen), die auf einer Offenbarung beruhenden vier Wege der Passion *(De vier wegen der passien)* und ihre Autobiographie. Letztere folgt ihren regelmäßigen Tagebuchnotizen. Ungeachtet ihrer Charismen betont Bake, daß das wirkende Leben heiliger ist als das nur schauende[40]. Die regulierte Kanonikerin kannte die erlebnismystische und mystagogische Literatur ihrer VorgängerInnen gut, Augustinus, Bernhard, Katharina von Siena, Mechthild, Merswin . . .[41], aber auch Ruusbroec, Jan von Leeuven, Tauler. Dem Beispiel Colettas von Corbie[42] glaubt sie unmittelbar als Reformatorin ihrer Gemeinschaft nachfolgen zu müssen[43]. Unverdientermaßen ist Bake bald nach ihrem Tode in eine Vergessenheit gefallen, die mehr oder minder bis zur Gegenwart andauert.

Daß aus dieser Bewegung weiter keine Mystikerinnen bekannt wurden, mag darin begründet liegen, daß sich der Klerus so weit von der Erlebniswelt dieser Frauen distanzierte, daß er verbot, ihnen von Christus als Bräutigam überhaupt nur zu sprechen[44]! Die Priorin von Diepenveen, Salome Sticken (erste Hälfte des 15. Jh.), sah mehrfach Erscheinungen des Schmerzensmannes, hatte Ekstasen und Unionserlebnisse, aber ihr Beichtvater befahl ihr, sie zu unterbinden, anstatt daß er sie eingehend aufgezeichnet hätte, wie es so viele andere vor ihm getan hatten. Eine ekstatische Herz-Jesu-Verehrerin, von der wir auch nicht viel mehr wissen, war Stickens Freundin Elsebe Hasenbroecks[45].

Erwähnt sei hier noch die Holländerin Lidwina (Liedewij, Lydewy) Peterdochter von Schiedam (1380–1433, hl.)[46], von der zahlreiche Visionen und Erscheinungen, desgleichen Hostienwunder und übernatürliche Schwangerschaftssymptome berichtet werden. Inwiefern sie wirklich mystisch begabt war, ist aufgrund der Quellen schwer zu sagen; desgleichen ob sie die Stigmen trug. Lidwina war nach einer Verletzung mit fünfzehn Jahren für den qualvollen Rest ihres Lebens bettlägerig; seit ihrem vierunddreißigsten Jahr konnte sie nichts mehr zu sich nehmen und blieb schlaflos. Wie hätte sie nicht in dauernder Passionsmeditation Trost suchen sollen?

---

[40] Lievens 135.
[41] Ebd. 141.
[42] Vgl. o. S. 413, 415.
[43] Spaapen 1967, 245; van Dijk 128.
[44] F. Koorn, Hollandse nuchterheit? De houding van de Moderne Devoten tegenover vrouwenmystiek en -ascese: OGE 66, 1992, 97–114, 101.
[45] Ebd. 102 f.
[46] Vita prior: AS Apr. 2, 1675, 267–368. – Het leven van Liedewij, ed. L. Jongen, C. Schotel, 1989. – F. Baumann, Liduina: BS 8, 45 f. – B. Groenendaal, Lydwine: DS 9, 1269 f. – H. van Oerle, Tleven van Liedwy: OGE 54, 1980, 241–266. – Ders., Eenre maget genoemt Lydewy Peterdochter: ebd. 58, 1984, 322–350. – Ders., Liedwy von Schiedam. Mystica oder Hysterica?: Frauenbewegung 395–404. – L. Jongen, C. Schotel, Niet alleen de lasten, ook de lusten. Liedewijs lijdensweg: Literatuur. Tweemaandelijks tijdschrift over Nederlandse letterkunde 7, 1990, 203–211. – P. Dinzelbacher, Mirakel oder Mirabilien?

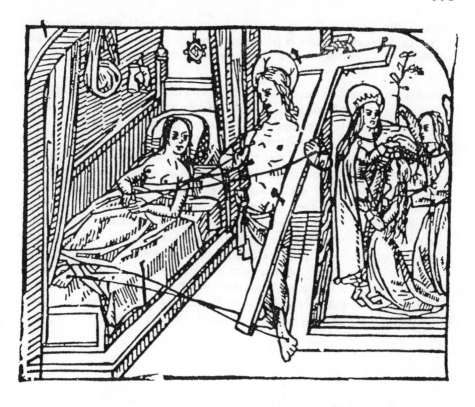

Abb. 33 Lidwina auf ihrem Krankenlager schaut Christus und empfängt die Stigmen; dahinter kniet sie vor Maria, die sie mit einem Kranz bekrönt, hinter ihr ihr Engel.

Holzschnitt aus *Hier beghint dat leuen ende hystorie der saligher maghet liedwy ...*, Schiedam 1505.

„Sie paßte sich an die Übung (‚exercitia') der Passion des Herrn an und empfahl
ihre Leiden seiner Passion; er führte sie in geistiger Ekstase so sehr vom Körperlichen weg, daß sie weder von sich noch etwas anderem mehr wußte, wie man sagte
…"[47]

Lidwina gibt ihren Leiden, die sie noch mit einem Bußgürtel verstärkt, Sinn,
indem sie es für die Armen Seelen im Fegefeuer auf sich nimmt[48], wie so viele andere Fromme in jener Zeit auch. Über das Schicksal dieser Toten weint
sie blutige Tränen[49]. Wie hätten sie nicht auch Träume von einer besseren
Welt träumen sollen? Doch erst relativ spät kamen Gesichte der Jenseitsreiche und des Heiligen Landes dazu, deren Süße sie ihre Krankheiten ertragen läßt[50] und die sie als körperliche Entrückungen empfindet[51]. Nach
Jerusalem versetzt, soll auch sie den Gekreuzigten umarmt und seine Wunden geküßt haben[52]. Lidwina wurde als lebende Heilige bekannt, deren geistlicher Rat und Prophetengabe geschätzt waren, besucht u. a. von Gräfin
Margareta von Holland und Herzog Johann von Bayern. 1425 mißhandelte
sie dagegen die Soldateska des burgundischen Herzogs Philipp des Guten,
die in ihr nur einen Fall von Hypokrisie oder ein natürliches Mirabile sah;
ein Beispiel für jene Ambivalenz, die die Reaktionen der „Normalen" gegenüber allen außergewöhnlichen Schicksalen so oft aufweisen.

Deutschland

Im deutschsprachigen Bereich gab es während des ausgehenden Mittelalters
eine große Zahl von Gelehrten, die sich mit Mystik theologisch und dogmatisch auseinandersetzten, aber kaum größere Bekanntheit erreichten. Eine
heftige, mehrjährige literarische Fehde, nicht frei von kirchenpolitischen
Gegensätzen, entspann sich zwischen dem Heidelberger Theologieprofessor
Johannes Wenck († 1460), einem Pseudo-Dionysius-Spezialisten und Eck-
hart-Kritiker, dem Kartäuser Vinzenz von Aggsbach (um 1389–1464), der
die in seinem Orden bevorzugte antiintellektualistische Richtung vertrat, und
dem Tegernseer Benediktiner Bernhard von Waging (1400–1472)[53], der die
Funktion des Intellekts gewahrt wissen wollte: eine Gelehrtendiskussion über
das Wesen der Mystik. Die Thematik wird dementsprechend in scholasti-
schem Abwägen der Argumente und durch Zitate der Autoritäten wie Pseudo-Dionysius, Bernhard, Bonaventura, Thomas Gallus von Vercelli behan-

---

[47] Vita prior, ed. cit. 274 F; 280 AB.
[48] Ebd. 277 D.
[49] Ebd. 294 E.
[50] Leven, ed. cit. 40 ff.
[51] Ebd. 42.
[52] Vita, ed. cit. 281 E.
[53] M. Grabmann, Bayerische Benediktinermystik am Ausgang des Mittelalters: Benediktinische
     Monatsschrift 2, 1920, 196–202.

delt. Ihre Zentralfrage war die nach Priorität oder Posteriorität der Erkenntnis gegenüber dem Gefühl im mystischen Akt[54]. Ein Weltgeistlicher hatte sie ausgelöst:

NIKOLAUS KREBS (CHRYPFFS) VON KUES (CUSANUS, 1401–1464)[55] war, darin an Bernhard von Clairvaux erinnernd, der Kirchenpolitik genauso zugetan wie der Philosophie, freilich in ersterer deutlich weniger erfolgreich. Der wahrscheinlich bei den Brüdern vom gemeinsamen Leben in Deventer Erzogene, 1448 zum Kardinal und 1450 zum Fürsterzbischof von Brixen Erhobene kam fast dem Renaissance-Ideal des Uomo universale, des in allen Sparten Gelehrten, nahe. Dies kann hier nicht ausgeführt werden; jedenfalls fand er neben seiner aufreibenden, oft enttäuschenden, ja sogar gefährlichen Tätigkeit (Gefangennahme durch den Erzherzog von Tirol) Zeit zur wissenschaftlich-theologischen Forschung. Da ihn die scholastischen Schulen nicht befriedigten, versuchte er einen Neubeginn (einen haarsträubenden, wie Vinzenz von Aggsbach schrieb[56]): Er ging von Pseudo-Dionysius aus, dessen Original ihm anscheinend so vertraut war, daß er behaupten konnte: „Im Griechischen ist der Text des Dionysius von solcher Beschaffenheit, daß er keine Erklärungen braucht."[57] Dann entdeckte er Ramon Llull und Meister Eckhart für sich; dazu Eriugena und Gerson. In der „belehrten Unwissenheit" *(De docta ignorantia)* und anderen Abhandlungen entwarf Cusanus ein kühnes System der Hermeneutik: In geometrischen Vergleichen wird die Unmöglichkeit der Erkenntnis des absolut Größten – Gottes – umschrieben, in dem alle Gegensätze zusammenfallen („conincidentia oppositorum"). Nur wenn die verstandesmäßigen Fähigkeiten oder besser Unfähigkeiten überschritten werden, wenn das Erkennen zum Lieben wird, dann ist ein Eintreten in jene Dunkelheit möglich, die den richtigen Weg anzeigt ins Erkenntnisdunkel der Koinzität[58]. Doch ist das Kriterium der Widerspruchsfreiheit nicht die ultima Ratio, lassen sich Intellekt und Affekt nicht gegeneinander ausspielen:

„Denn jeder Liebende, der ohne Wissen zur Vereinigung mit dem Geliebten strebt, muß notwendigerweise eine irgendwie geartete Erkenntnis wenigstens voraufgehen lassen, weil etwas gänzlich Unbekanntes weder geliebt noch gefunden werden kann..."[59]

---

[54] G. Senger, Mystik als Theorie bei Nikolaus von Kues: Koslowski, Gnosis 111–134, 112. – M. Grabmann, Die Erklärung des Bernhard von Waging OSB zum Schlußkapitel von Bonaventuras Itinerarium mentis in Deum: Franziskanische Studien 8, 1921, 125–135.
[55] Nikolaus von Kues, Vom Sehen Gottes, übersetzt von D. u. W. Dupré, Zürich 1987. – V. Zühlsdorff, Nikolaus von Kues: Wörterbuch 381–383. – Oehl, Mystikerbriefe 531–569. – Flasch, Denken 540–545. – Senger (wie vorhergehende Anm.). – K.-H. Kandler, Theologia mystica – theologia facilis – theologia sermocinalis bei Nikolaus von Kues: Historia philosophiae medii aevi. Studien zur Geschichte der Philosophie des Mittelalters, hg. v. B. Mojsisch, O. Pluta, Amsterdam 1991, 467–476.
[56] Senger 112.
[57] Oehl, Mystikerbriefe 555.
[58] Ebd. 552.
[59] Ebd. 553.

„Es scheint mir, daß diese ganze mystische Theologie der Eintritt in die absolute
Unendlichkeit ist. ‚Unendlichkeit' besagt nämlich das Zusammenfallen der Gegensätze, also ein Ende ohne Ende. Niemand kann Gott mystisch schauen, als nur
in der Dunkelheit des Zusammenfallens, das ist in der Unendlichkeit."[60]

Ein Zug zur Mystik jenseits der Logik also, der im Alterswerk des Philosophen an Gewicht gewinnt, obwohl ihm selbst dieser Weg verschlossen
blieb[61]. Die Sehnsucht danach spricht er freilich in bisweilen an Augustins
Confessiones gemahnenden Worten aus, so in *De Visione Dei,* von der Gottesschau. Sie bleibt freilich im Leben unbegreiflich: „Der Betrachter weiß
allein, daß er weiß, daß er nicht weiß, was er sieht, und daß er es nie wissen
kann."[62] Die übliche Skepsis des Theologen gegen alles Bildhafte im religiösen Erleben[63] ist ihm natürlich genauso eigen wie den Scholastikern einschließlich Eckhart.

Wenn allerdings Wenck gegen Cusanus den Vorwurf erhob, daß er dem
Pantheismus des Dominikaner-Meisters verfallen sei, so bestritt der Kardinal
dies verständlicherweise heftig in seiner *Apologie der belehrten Unwissenheit*
(1449). Dies zu Recht, denn Jesus Christus als die Koinzidenz zwischen dem
Endlichen und dem Unendlichen hat einen zentralen Platz in seiner mystischen Theologie[64]. Diese seine „secretissima theologia" (allergeheimnisvollste
Theologie) ist sicher der Höhepunkt der spekulativen Mystik des fünfzehnten Jahrhunderts, wenn man die Komplexität der Reflexion zum Maßstab
nimmt und wenn man, was Cusanus darunter versteht, noch als Mystik gelten läßt. Denn er handelt von einer „theologia facilis", einer (zumindest der
Intention nach) leichtverständlichen Theologie, die auf das Göttliche nur
verweist, ohne es vermitteln zu können. Dies läge über menschlicher Fähigkeit[65].

Aber generell geht es den Theoretikern der Mystik im ausgehenden Mittelalter eher um Neuordnung, Durchdringung und Verbreitung des nunmehr
umfangreichen Erbes. Ein Beispiel dafür sind die Schriften des Kartäusers
Nikolaus Kempf (um 1414–1497)[66], der hinsichtlich des Tegernseer Streites
eine vermittelnden Rolle einnimmt. Wiewohl Autor zahlreicher Schriften, u.
a. einer an Gregor und Bernhard orientierten *Hohelied*-Erklärung, wurde
doch seine *Mystica Theologia* am meisten gelesen. Sie überliefert das bekannte
Drei-Stufen-Schema des Aufstiegs, diskutiert die Psychologie der Seele und
der Liebe, die vollkommene Vereinigung, das Wissen der Heiligen, die
Früchte der Unio und endet wieder bei der *Canticum*-Erklärung.

---

[60] Ebd. 554.
[61] Ebd. 551.
[62] A. Haas, in: Vom Sehen Gottes (wie o. Anm. 55) 159.
[63] Oehl, Mystikerbriefe 551.
[64] De visione Dei 19–25.
[65] Kandler 472.
[66] S. Autore, Kempf: DThC 8/2, 2337–2339. – H. Rüthing, Kempf: DS 8, 1699–1703. – P.
Nissen, Kempf: Wörterbuch 309 f. – Lama, Aufbau 151 ff.

Wesentlich weniger mystische Begabungen als im vorhergehenden Jahrhundert sind nun im deutschen Sprachraum unter den religiös engagierten Frauen bekannt. Gewiß gibt es noch manche Schwestern in den genannten Dominikanerinnenklöstern[67], die die visionär-ekstatischen Traditionen weiterführen, doch kaum mehr herausragende Einzelpersönlichkeiten.

ELISABETH ACHLER VON REUTE (1386–1420, sel.)[68], ein Mädchen einfacher Herkunft, stand deutlich unter dem Einfluß ihres Beichtvaters Konrad Kügelin, der die Vierzehnjährige Franziskanertertiarin werden ließ. Seine Lebensbeschreibung formuliert exemplarisch, wie mystische Phänomene als Folge von entsprechender Erziehung zur dauernden Meditation entstehen: Achler muß ihm als Sünde beichten, in ihrer Kindheit noch nicht das Leiden des Herrn betrachtet zu haben; Küglin ermahnt sie und ihre Mitschwestern dauernd dazu, dies zu tun. So macht das junge Mädchen seinen ganzen Tagesablauf christförmig:

> „Wenn sie spann, so betrachtete sie, wie ihr liebster Gemahl Jesus Christus von den bösen Juden frevelhaft an den Locken und dem Haar seines heiligen Hauptes gerissen wurde. Wenn sie Holz in die Küche trug, so betrachtete sie, wie Jesus Christus das Kreuzesholz zum Kalvarienberg trug, verlassen von all seinen Freunden. Und alle ihre Tätigkeiten ‚kerte sú in daz liden Cristi‘.“[69]

In der Folge tun sich stark blutende Wunden an ihrem linken und rechten (!) Oberkörper auf, dann in Händen und Füßen und am Kopf. „Dann war ihr ganzer Leib von dem Scheitel bis an die Fersen voll von Schweiß und Blut, als ob sie wie Christus mit Ruten geschlagen worden wäre.“ Diese „minnezeichen Cristi“ bluten besonders an den Freitagen und in der Fastenzeit[70]. Kehrt Achler aus ihren Ekstasen, in denen sie vor den „Spiegel der Gottheit“ geführt wird, zurück, beginnt sie sofort mit neuen Passionsmeditationen, um nach wenigen Tagen wieder verzückt zu werden[71]. Sie wurde als „gute Beth“ zu einer lokal verehrten Volksheiligen, die eine gewisse Nachfolge als Mystikerin in Ursula Haider(in) (1413–1498, sel.)[72] finden sollte, die sie als Kind erzogen hatte. Haider wurde Oberin der Franziskanerinnen in Villingen; ihre u. a. von Seuse beeinflußten Offenbarungen bedürfen jedoch noch der kritischen Untersuchung.

Es ist interessanterweise nur selten zu verzeichnen, daß sich mystische Begabungen in einer Familie vererben; dies war der Fall bei Mutter Margareta

---

[67] Vgl. o. S. 315 ff.
[68] K. Bihlmeyer, Die schwäbische Mystikerin Elisabeth Achler von Reute: Festschrift Ph. Strauch, Stuttgart 1932, 96–109. – P. Dinzelbacher, Elisabeth Achler: LexMa 3, 1842. – P. Ochsenbein, Achler: Wörterbuch 2. – S. Ringler, Küglin: VL 5, 426–429.
[69] Bihlmeyer 102.
[70] Ebd. 102 f.
[71] Ebd. 104 f.
[72] Oehl, Mystikerbriefe 650–656. – P. Ochsenbein, Haider: Wörterbuch 217 f. – C. Schmitt, Haider: DS 7, 28 f.

und Tochter Magdalena Beutler[73]. Erstere hatte eine Offenbarung empfangen, nach der sie mit Edelsteinen einen Turm erbaute, der die Erde mit dem Himmel verband – Symbol ihrer Tochter[74]. Margareta Beutlerin von Kenzingen († 1428), die noch Rulman Merswin gekannt haben soll, widmete sich nach dem Tod ihres Gatten 1407 ganz ihrem Frömmigkeitsleben. Dem evangelischen Armutsideal folgend, begann sie eine fünfjährige, abenteuerliche Bettelfahrt, nach der sie in den Dominikanerinnenkonvent Unterlinden zu Colmar eintrat. Dort gab sie sich nicht nur einem ekstatischen Gnadenleben hin, sondern bemühte sich auch um die praktische Verwirklichung der Ordensreform. Um ihre Verzückungen ungestört ausleben zu können („von yr ingezogenhait wegen"), wurde ihr im Kirchenchor ein eigener, verschlossener Betstuhl aufgestellt[75].

Ihre bereits früh visionär veranlagte Tochter MAGDALENA BEUTLERIN (1407/12–1458) gebar Margareta, ohne etwas davon wahrzunehmen, da sie gerade entrückt war[76]; doch hatte sie bereits die Beseelung des Fötus in ihrem Leib so erfahren, als ob sie drei Hostien zu sich genommen hätte – Symbol der Dreieinigkeit, die in dem Kind wohnen sollte[77]. Trotzdem pflegte sie es, um ungestört zu bleiben, allein einzusperren (was zu frühkindlichen Trostvisionen und fast zum Tode führte[78]); bereits als Fünfjährige wurde Magdalena den Klarissinnen in Freiburg verlobt. Das von der Mutter gänzlich vernachlässigte Kind dürfte seine Anlage zur Devotion freilich auch vom Vater mitbekommen haben, der in den Ratsversammlungen lieber die Passion meditierte als mitzudiskutieren[79]. Im Kloster führte Magdalena ein strenger Askese hingegebenes Gnadenleben mit Offenbarungen und Stigmatisation; sobald ihr etwas anderes in den Sinn kam als Gott, griff sie zur Geißel[80], sprach sie ein unnützes Wort, folgten tausend „sanctus"[81]. Doch (wie z. B. bei Wilbirg von St. Florian oder Seuse) empfing auch sie eine himmlische Erleuchtung, die ihr die Weiterführung der ärgsten Praktiken untersagte – Christus erschien ihr und überreichte einen diesbezüglichen Brief einer Klausnerin[82]. Um ihre Mitschwestern zu völliger Armut zu bewegen, fingierte sie auch körperliche Entrückungen und warf einen mit ihrem Blut geschrie-

---

[73] Das Leben der Margaretha von Kentzingen, hg. v. H. Denifle: Zeitschrift f. deutsches Altertum 19, 1876, 478–491. – K. Greenspan (Hg.), Erklaerung des Vaterunsers. A Critical Edition of a Fifteenth-Century Mystical Treatise by Magdalena Beutler of Freiburg, Diss. Univ. of Massachusetts, Amherst 1984. – W. Schleussner, Magdalena v. Kenzingen: Der Katholik 87, 1907, 15–32, 109–127, 199–216. – Oehl, Mystikerbriefe 519–530, 813–815. – P. Dinzelbacher, K. Ruh, Magdalena: VL 5, 1117–1121.
[74] Greenspan 34.
[75] Denifle 485.
[76] Schleußner 24.
[77] Greenspan 34.
[78] Schleußner 26.
[79] Denifle 482.
[80] Schleußner 27.
[81] Greenspan 63.
[82] Ebd. 28; 38 f.

benen Brief in den Chor der Klosterkirche. Zu ihrem von ihr selbst für Epi-
phanie 1431 prophezeiten Tod versammelten sich zahlreiche Gläubige, auch
die weltliche und geistliche Obrigkeit, da den Anwesenden Rettung vor der
Hölle versprochen war, doch geschah nichts[83]. Seitdem verblaßte ihr Ruf in
der Welt. Magdalena hat anscheinend selbst Aufzeichnungen über ihre Erfahrungen gemacht[84]; ihr wenig originelles Paternoster-Gebetbuch enthält
505 antiphonähnliche, nicht spezifisch mystische Meditationen. Weitere
Verbreitung fanden ihr zugeschriebene Gebete und Andachten, besonders
die *Goldene Litanei*.

Hier ein autobiographisches Gedicht der Mystikerin, das aber in der vorliegenden Fassung in einer Handschrift des achtzehnten Jahrhunderts zumindest sprachlich deutlich überarbeitet (modernisiert) erscheint:

> „Mancher sagt, ich si voellig wahnsinning,
> Mancher sagt, mine seele si rein,
> do verbrenn ich mit feuer ganz innig:
> Ich verdiene den heiligenschein.
> Min dasein ist 'n einziges wunder,
> Gekroenet vom tot soll es sein,
> Werd ich heiliggesproch ohne schunder,
> Rihten mir einen festtag sie ein."[85]

Ehe solche Selbstaussagen als anmaßend oder heuchlerisch beurteilt werden,
sei nur darauf hingewiesen, daß eine ähnliche Gewißheit des eigenen Heils
und der eigenen Heiligkeit auch bei kirchlich kanonisierten Gläubigen zu
verzeichnen ist. So befal etwa Elisabeth von Thüringen, deren Heiligkeit im
katholisch-dogmatischen Sinn unanfechtbar ist, da durch Unfehlbarkeit be-
anspruchende päpstliche Kanonisierung garantiert, ihren Zofen, gut auf ihre
Kleidung aufzupassen, damit es nicht mehr nötig sein würde, nach diesen
Reliquien zu suchen, „wenn ich eine Heilige sein werde und der Herr durch
mich Wunder wirken wird" („quando sancta ero et Dominus per me mira-
cula facturus est"[86]).

Beutlerins Briefe und Visionen bzw. Traumvisionen sind in mehreren
Handschriften überliefert, doch unediert. Sie schaut „in dem ynnern slaffe"[87]
u. a. die Jenseitsreiche, Christus in der Kelter, erlebt die Passion so intensiv
mit, daß ihr Blut aus Augen und Nägeln tropft, wird auch „gezeichnet" an
Händen und Füssen[88] (Stigmata) u. ä. Wie Angela von Foligno und Margery
Kempe erfährt sie vom Herrn, daß er sie ganz besonders liebe; seit Hunderten

---

[83] Die Interpretation Greenspans 76 ff., hier sei eine „mors mystica" inszeniert worden, scheint
mir wenig gesichert.
[84] Schleußner 111.
[85] Greenspan 327.
[86] Caesarius v. Heisterbach, Sermo de transl. 2, ed. A. Huyskens: Publikationen der Gesellschaft für rheinische Geschichtskunde 43, 1937, 383.
[87] Schleußner 203.
[88] Ebd. 117 f., 123.

von Jahren habe er keinen Menschen mehr gesehen, der ihm so teuer gewesen sei[89]. Lehrhaftes wird als Audition vermittelt. Der bekannte Theologe und Hexenseher Johannes Nider hat sich sehr kritisch über Magdalena und ihre Mutter ausgesprochen, die er selbst kannte: „Wie die Mutter hatte sie eine Einbildungskraft, die sich sehr leicht vom Realen löste" („imaginationem abstractissimam faciliter a corporalibus"); erstere „litt unter häufigen Phantastereien" („phantasiam ... patiebatur creberrime"[90]). Dieses negative Urteil hat sich bis heute gehalten; mit welchem Recht, steht namentlich angesichts der fehlenden Edition ihrer mystischen Texte dahin.

England

In England ist die Blüte der schöpferischen Mystik mit dem vierzehnten Jahrhundert mehr oder minder erloschen. Nur eine, allerdings hochinteressante Gestalt darf nicht übergangen werden: Fast als Gegenbild zum Leben der Julian von Norwich[91] erscheint der Lebenslauf der anderen mittelalterlichen Mystikerin Englands MARGERY KEMPE (ca. 1373–1439)[92], die übrigens einmal auch die Inklusin von Norwich besuchte. Ruhelose Pilgerfahrten, Aktivität bis in die visionäre Schau hinein, Konfrontationen mit ihrer Umwelt zeichnen diese schon ihrer Zeit auffällige Frau aus. Die Tochter eines Bürgermeisters wurde etwa zwanzigjährig mit einem Handelskaufmann verheiratet. Während der nächsten zwanzig Jahre versuchte sie ohne Erfolg, eine Brauerei und eine Mühle zu leiten, und gebar vierzehn Kinder (die mit nur einer Ausnahme jung starben), bis ihr Gatte ihrem Drängen nach einem keuschen Leben nachgab mit den vielsagenden Worten: „Dein Körper stehe nun Gott so frei, wie er es für mich gewesen ist"[93]. Sogleich begab sich Margery auf eine Wallfahrt ins Heilige Land und nach Rom; später besuchte sie auch Santiago

---

[89]   Greenspan 30.

[90]   Formicarius 3, 8, ed. cit. (wie o. S. 384, Anm. 21).

[91]   S. o. 375 ff. Zum Vergleich der beiden Persönlichkeiten s. o. S. 367, Anm. 574.

[92]   The Book of Margery Kempe, ed. S. Meech, H. A. Allen, London 1940. – F. Wöhrer, Kempe: Wörterbuch 307–309. – Ders., Aspekte. – Knowles, Mystik 139–150. – Hirsh, Revelations. – Dinzelbacher, Visionsliteratur 204–210. – M. Knowles, Kempe: DS 8, 1696–1698. – K. Lochrie, The Book of Margery Kempe. The marginal woman's quest for literary authority: Journal of Medieval and Renaissance Studies 16, 1986, 33–55. – D. Einersen, Margery Kempe. Ølkone og mystiker: B. P. McGuire (Hg.), Mennesker i Danmarks og Europas Middelalder, København 1986, 171–194. – D. Despres, Franciscan Spirituality. Margery Kempe and Visual Meditation: Mystics Quarterly 11, 1985, 12–18. – Dies., Sights 57–86. – Thurston, Mystics 27–37. – H. Ph. Weissman, Margery Kempe in Jerusalem. Hysterica Compassio in the Late Middle Ages: M. Carruthers, E. Kirk (Hgg.), Acts of Interpretation, Norman OKL 1982, 201–217. – V. Lagorio, Defensorium Contra Oblectratores. A „Discerning" Assessment of Margery Kempe: Dies., Mysticism 29–48. – J. Mueller, Autobiography of a New „Creature": M. B. Rose (Hg.), Women in the Middle Ages and the Renaissance, Syracuse 1986, 155–171.

[93]   Book, ed. cit. 25.

de Compostela, Danzig, Norwegen, Aachen. Zum Zeichen, daß sie nunmehr Braut Gottes war, kleidete sich Kempe in Weiß[94] – in einer Gesellschaft, die noch sehr auf solche Symbolik achtete, ein kühner und dementsprechend kritisierter Schritt für eine verheiratete Frau. Als ihr Mann erkrankte, widmete sie sich treu seiner Pflege (wie Dorothea von Montau). Für Askese oder Armut zeigte sie geradezu atypisch kein übertriebenes Interesse.

Das Eingreifen der Überwelt manifestierte sich in Margery Kempes Existenz nach der Geburt des ersten Kindes andauernd: damals hatte sie wegen der Härte ihres Beichtvaters und aus Furcht vor der Hölle „den Verstand verloren und wurde ein halbes Jahr, acht Wochen und ein paar Tage erstaunlich von Geistern gepeinigt und gequält"[95]. So von flammenspeienden Teufeln umgeben, verleugnete sie ihren Glauben, aber der Herr rettete sie, indem er sich zu ihr aufs Bett setzte und sie tröstete. „Nenne mich nur kühn Jesus, deinen Geliebten", befiehlt er ihr später[96]. Seit damals folgte eine Vision der anderen, dazu häufig belehrende Einsprachen, Prophezeiungen, Zungenreden, und ganz besonders auffällig für ihre Umwelt: „a well of terys"[97], die (von ihr erbetene) Gabe der Tränen. Diese manifestierte sich in Weinkrämpfen und Schreien bei allen möglichen Gelegenheiten und brachte Kempe öfters in peinliche bis bedrohliche Schwierigkeiten mit ihrer Umgebung. Sie sah darin allerdings eine Form der Imitatio Mariae und der Imitatio Mariae Magdalenae, einen Ausdruck des Mitleids mit den Schmerzen des Erlösers, ebenso ein Mittel, um Seelen zu retten. Auch Julian versicherte ihr, daß dies ein Zeichen der Einwohnung des Heiligen Geistes sei[98]. Wenn Kempe kommunizierte – und das pflegte sie jeden Sonntag zu tun –, erregte sie sich so sehr, daß zwei Männer sie halten mußten, weswegen ihr das Sakrament nur in einer Nebenkapelle gespendet werden konnte[99].

Da sich diese Frau auch bei der Kritik an schlechten Klerikern kein Blatt vor den Mund nahm, entkam sie nur knapp dem Scheiterhaufen. Sie hatte sich ihre Anerkennung als Charismatikerin hart erkämpfen müssen. Dabei ist ihre Argumentation interessant, mit der sie Versuchen begegnet, sie mit dem einschlägigen Pauluszitat zum Schweigen zu bringen. Kempe beruft sich auf Lukas 11, 27 f. (wo eine Frau aus dem Volk Maria preist) und darauf, daß sie ohnehin keine Kanzel betrete, also nicht predige[100]. In einer Erscheinung kommt außerdem Paulus zu ihr, um sie von seinem Gebot des Schweigens für Frauen in der Gemeinde auszunehmen. Vielmehr soll sie kühn im Namen Christi sprechen[101].

---

[94] G. Cleve, Semantic Dimensions in Margery Kempe's ‚Whyght Clothys': MQ 12, 1986, 162–170. – Mueller 160 ff.

[95] Book, ed. cit. 7.

[96] Ebd. 17.

[97] Ebd. 81, 141.

[98] Ebd. 42 f.

[99] Ebd. 138.

[100] Ebd. 126.

[101] Ebd. 160.

„Gott ist in dir, und du bist in ihm …"[102] „Gott ist in deiner Seele, und viele
Engel sind über deiner Seele, sie Tag und Nacht zu behüten", offenbarte ihr
Christus[103]. Unzählige süße Liebesgespräche führt sie mit ihm. 1414 erlebt
sie in Rom die mystische Vermählung – ungewöhnlicherweise mit Gott dem
Vater. Dementsprechend schreckt sie zunächst davor zurück, denn sie ist
ganz auf die Zweite Person fixiert. Und das in einem Ausmaß, daß sie kleine
Kinder abzuküssen pflegte, wobei sie sich vorstellte, es wäre das Jesuskind;
daß sie zu weinen begann, wenn sie auf der Straße einen schönen Mann sah,
denn er erinnerte sie an den erwachsenen Gottessohn; daß sie in jedem ge-
schlagenen Pferd auf der Straße einen Verweis auf die Passion erkannte[104].
Christus entschuldigt Kempe vor seinem Vater, und dann kann die Hochzeit in aller Form von dem himmlischen Hof stattfinden[105]. Ihre Brautmystik
ist nicht weniger konkret als etwa die einer Hadewijch oder Mechthild von
Magdeburg. Der Herr spricht:

> „Ich muß unbedingt mit dir intim (homly) sein und mit dir in deinem Bett liegen.
> Du kannst mich, wenn du in deinem Bett bist, kühn als deinen rechtmäßigen
> Gatten zu dir nehmen, als deinen Allerliebsten, als deinen süßen Sohn. Denn ich
> möchte geliebt werden, wie ein Sohn von der Mutter geliebt werden sollte, und
> will, daß du mich liebst, Tochter, wie eine gute Frau ihren Gatten lieben soll. Nimm
> mich also kühn in die Arme deiner Seele und küsse meinen Mund, mein Haupt
> und meine Füße, so süß wie du willst!"[106]

Sie ist für Gott eine „einzigartige Geliebte (synguler lover)", seine „gesegnete
Gattin"[107], als die sie sich einen Ehering mit der Inschrift „Ihesus et amor
meus" machen lassen muß[108], und wegen der verlorenen Jungfrauenschaft
braucht sie sich auch keine Sorgen zu machen, da der Herr auch Ehefrauen
liebt[109].

Kempes Visionen, von denen sie auch als „medytacyon" oder „contem-
placyon" spricht, kreisen zu einem großen Teil um die Passion, wobei sie aber
nicht nur Betrachterin bleibt, sondern ungewöhnlicherweise aktiv eingreift
und damit den Evangelienbericht ändert. So hatten es die *Meditationes* Pseudo-Bonaventuras gelehrt[110], aber kaum eine andere Mystikerin integrierte sich
so intensiv in das Heilsgeschehen wie Kempe (vgl. jedoch bereits Odilia von
Lüttich[111]). Als Dienstmagd Mariens erbettelt sie Herberge und Nahrung für
die Heilige Familie, sie wird von den Aposteln getadelt, weil sie so laut weint,
sie kocht der Mutter Gottes nach der Kreuzigung zur Stärkung eine Suppe

---

[102] Ebd. 88.
[103] Ebd. 31.
[104] Ebd. 69.
[105] Ebd. 86 f.
[106] Ebd. 90, gekürzt.
[107] Ebd. 52 f.; die Glosse versteht den Ausdruck aktiv: „singularis Cristi amatrix".
[108] Ebd. 78.
[109] Ebd. 48 f.
[110] Vgl. o. 182 ff.
[111] Vgl. o. S. 199.

Abb. 34 Das Verhältnis zu Maria war bei den meisten Mystikerinnen ein besonders inniges: entweder, wie bei Kempe, in der Form, daß sie der Mutter Gottes aus Mitleid helfen wollten, oder indem sie sich meditativ und visionär an ihre Stelle im Passionsgeschehen versetzten. Die Betonung des Leides in der zeitgenössischen Kunst, namentlich den Vesperbildern, bot entsprechende visuelle Anregungen.

Holzplastik, A. 15. Jh., Klosterkirche, Marienstadt.

... (wenn Maria heimkehrt, hatte Pseudo-Bonaventura empfohlen, „sollte man sie trösten und stärken und dafür sorgen, daß sie ein wenig ißt ...“[112]). Die Schauungen erscheinen „szenisch-dramatisch strukturiert und sind in ihrer Darstellung mit Szenen aus Mysterienspielen vergleichbar“[113]. Neben der Wirkung der vor allem von Pseudo-Bonaventura beschriebenen Meditationstechnik ist auch damit zu rechnen, daß sich die Visionärin von dem gerade in England so reichen religiösen Schauspiel beeindrucken ließ, und sicher haben sich ihr ebenso die detaillierten Passions-Darstellungen der bildenden Kunst eingeprägt. Ein oftmals abgebildeter Moment der Kreuzigung wird so von ihr geschaut:

> „Und danach wieder sah sie, wie die grausamen Juden seinen kostbaren Leib auf das Kreuz legten und dann einen langen, groben und rauhen Nagel nahmen und auf seine eine Hand setzten, und mit großer Wucht und Grausamkeit trieben sie ihn durch seine Hand. Als seine gesegnete Mutter und diese Kreatur [Kempes übliche Selbstbezeichnung] sahen, wie sein kostbarer Leib sich bog und zusammenzog mit allen Sehnen und Venen, da trauerten sie und grämten sie sich und seufzten voll Schmerz. Dann sah sie mit ihrem geistigen Auge, wie die Juden Seile an der anderen Hand festmachten, denn die Sehnen und Venen waren vor Schmerz so geschrumpft, daß sie nicht zu dem Loch kommen konnten, das sie dazu angezeichnet hatten; und sie zogen daran, um sie an das Loch anzupassen.“[114]

Den Heiligen Geist, der in ihrem Offenbarungsbuch öfter figuriert als in den Werken der meisten sonstigen Mystikerinnen der Zeit[115], wurde Kempe als das Dröhnen eines Blasebalges gewahr, und als Vogelgezwitschere. Dazu erklärte ihr Jesus:

> „Durch diese Zeichen kannst du wohl wissen, daß ich dich liebe, denn du bist zu mir und zu aller Welt wie eine richtige Mutter, wegen der großen Liebe, die in dir ist“[116].

Obschon Kempe nicht lesen konnte, kannte sie nicht nur die Offenbarungen Birgittas, sondern u. a. auch die Vita Marias von Oignies, Werke Bonaventuras, Rolles und Hiltons, deren Schriften sie sich von ihren geistlichen Beratern vortragen ließ – ein warnendes Beispiel, mangelnde Lesefähigkeit und Ungebildetheit in eins zu setzen. Birgitta von Schweden verehrte sie[117], fühlte sich aber durch ihre Visionen vor ihr privilegiert. Von Dorothea von Montau muß sie in Danzig gehört haben; wie weit sie von ihr faktisch inspiriert wurde[118], bleibt dahingestellt. Ihre eigenen Erlebnisse wurden (nach einem

---

[112] Meditaciones de Passione Christi, hg. v. M. J. Stallings, Washington 1965, 116.
[113] Wöhrer, Aspekte 334.
[114] Book, ed. cit. 192.
[115] Vgl. die Stellen bei Hirsh, Revelations 42 f.
[116] Book, ed. cit. 91.
[117] U. Stargardt, The Influence of Dorothea von Montau on the Mysticism of Margery Kempe, Diss. Univ. of Tennesse, Knoxville 1981, 122 ff.
[118] Ebd. 143 ff.

ersten mißglückten Versuch) in den dreißiger Jahren von einem Priester nach
ihrem Diktat aufgezeichnet; dabei mögen einschlägige hagiographische Werke vorbildlich gewesen sein[119]. Aus diesem *Book* läßt sich Kempes spirituelles
Itinerarium zwischen Buße und Unio weitgehend rekonstruieren[120].

Margery Kempe hat jedoch trotz eines frühen Teildrucks ihrer Autobiographie[121] keinen Einfluß auf die weitere Geschichte der Mystik ausgeübt;
erst in unserem Jahrhundert wurde das einzige Manuskript ihres *Book* entdeckt. Währdend man sie in der früheren Forschung regelmäßig als Hysterica und Schwätzerin abqualifizierte[122] – ihre Visionen „hinterlassen etwa den
gleichen Eindruck wie eine Reihe banaler Konversationen in einem sonst gut
geschriebenen Roman", meinte Knowles[123] –, ist nun öfters eine Tendenz zu
behutsamerer Einschätzung zu vermerken.

Italien

In Italien lebten auch im ganzen fünfzehnten Jahrhundert zahlreiche, vielfach nur lokal bekannte Mystikerinnen. Allein die Schwierigkeit, in die oft
nur in barocken Drucken vorliegenden und außerhalb Italiens nicht vorhan-
denen Quellen Einsicht zu nehmen, zwingt dazu, nur einige dieser Frauen
exemplarisch vorzustellen. Wie sehr sich auch viele Grunderfahrungen gleichen, so ist man doch immer wieder mit einem jeweils persönlichen, leidvollen
und beglückenden Erleben von Religion konfrontiert.

Vielleicht am meisten Verehrung hat in ihrer Heimatstadt eine adelige
Dame erfahren, FRANZISKA VON ROM (FRANCESCA ROMANA, 1384–1440, hl.)[124].
Die Tochter aus der mächtigen Familie Bussa wurde mit etwa zwölf Jahren
gegen ihren Willen mit dem wohlhabenden Lorenzo de' Ponziani verheiratet, worauf sie mit einer einjährigen Krankheit reagierte. Trotz aller Askese,
die der Beichtvater zu mildern suchte, hat sie vier Kinder zur Welt gebracht.
Unter anderem bemühte sie sich mittels Fasten, Schlafentzug, Bußgürtel,
Selbstverwundung mit Eisenkette und Feuer „bis die Knochen zu sehen waren"[125] – besonders an der Scham, um beim Geschlechtsakt keine Lust zu

---

[119] J. Erskine, Margery Kempe and Her Models: MQ 15, 1989, 75–85.
[120] Lagorio 46 f.
[121] S. Holbrook, Margery Kempe and Wynkyn de Worde: M. Glasscoe (Hg.), The Medieval
Mystical Tradition in England. Exeter Symposium IV, Cambridge 1987, 27–46.
[122] Vgl. Wöhrer, Aspekte 326 f.
[123] Mystik 144, vgl. 148.
[124] Vita, ed. M. Armellini, Roma 1882. – I processi inediti per Francesca Bussa, ed. P. Lugano,
Vatikan 1945. – E. Vaccaro, Francesca: BS 5, 1011–1021. – Dizionario degli Istituti di
Perfezione 4, 169 ff. – A. Donatelli, St.a Francesca Romana, Siena 1981. – Una santa tutta
romana, ed. G. Picasso, Siena 1984. – Bell, Anorexia 133–140. – Dinzelbacher, Visionsliteratur 210–223.
[125] Vita 2 a, Una santa … 129.

empfinden[126] (ähnlich wie Christine von Retters oder Dorothea von Montau[127]) –, ihren Körper zu zerstören, um sich für „seine" Sünden zu rächen („in corpus suum ultrix extitit severissima"[128]). Ihre intensive Unterstützung der Kranken und Armen in der von Kämpfen zerrissenen Stadt führte zu Auseinandersetzungen mit der Familie des Gatten, die sie demütig ertrug. 1425 gründete Franziska die Oblatinnen (etwa: Tertiarinnen) der Olivetaner, einer Benediktinerkongregation; 1433 errichtete sie für diese das Kloster Tor de' Specchi, in das sie als Witwe 1436 selbst eintrat und wo sie als Oberin verstarb. Franziskas Leben ist ein markantes Beispiel für die Möglichkeit einer sowohl mystisch-kontemplativen als auch karitativ-aktiven Existenz.

Von ihren zahlreichen ekstatischen Visionen, die einer eingehenden Untersuchung hinsichtlich der in ihnen figurierenden, teilweise unkonventionellen Bildwelt bedürften, sind wenigstens 108 kürzere aus den Jahren 1430/39 und zwei längere in der Aufzeichnung ihres Beichtvaters Giovanni Mattiotti erhalten. Erstere berichten von ihren mystischen Christusbegegnungen, Heiligenerscheinungen, Paradiesesschauungen u. ä., letztere sind ausgedehnte Gesichte des Fegefeuers und der Hölle, in ihren Motiven nicht ohne Einwirkungen Dantes und Bernhardins von Siena, Beispiele einer harten Kritik an den Lastern der verschiedenen Berufsstände. Heftige Anfechtungen von u. a. in Tiergestalt erscheinenden Dämonen quälten Franziska viele Jahre, so daß Mattiotti einen eigenen Traktat darüber schreiben konnte, doch fand sie Hilfe bei ihrem Schutzengel. Seit 1430 werden ihre Schauungen primär christologisch, beziehen sich aber auch auf politische Zeitereignisse. Mattiotti versuchte vergeblich, damit Einfluß bei Papst Eugen IV. zu gewinnen[129].

Franziskas visionäre Mystik enthält alle Elemente der zeitgenössischen Spiritualität: Brautmystik, Passionsmystik, Schau der Heilsgeschichte und Eschatologie, Marienverehrung ...; auch symbolische Figuren fehlen nicht, wie etwa die an Renaissance-Embleme erinnernde Säule des heiligen Gehorsams, verbunden mit vier Inschriften tragenden Rädern[130], etc. In ihrer teilweise systematischen Art und der Bedeutung der auditiven Komponente könnten die Gesichte der Römerin vielleicht am ehesten denen der Agnes Blannbekin verglichen werden[131], jedoch ist Franziska musikalisch sensibler: oft hört sie im Himmel „Gesänge der seligen Geister mit unerdenklicher Melodie voller Freude"[132]. In ihren Entraffungen, in die sie namentlich beim Kommunionempfang fast regelmäßig fällt, bricht sie auch häufig in Gebete aus oder beginnt, im süßesten Jubel unbekannte Lieder zu singen[133]. Farben

---

[126] Processi 12 ff., 39 f., 243.
[127] Vgl. o. S. 233 f., 349 f.
[128] Vita 2 a, Una santa ... 129.
[129] Armellini 86.
[130] Ebd. 241.
[131] Vgl. o. S. 213 f.
[132] Ed. cit. 48.
[133] Z. B. ebd. 50.

Abb. 35 Das von Franziska in Rom gestiftete Kloster wurde 1468 mit Fresken ausgestattet, die ihr Leben und ihre Visionen zum Thema haben. Hier kniet die Mystikerin vor Maria, die ihr ihr Kind überlassen hat - eine der häufigsten Formen der Christusbegegnung -, dahinter Heilige.

Antoniazzo da Romano (Schule), Wandgemälde, Tor de' Specchi, Rom.

und Licht spielen in den oft sehr detailreichen Gesichten eine große Rolle. Während sie am Beginn ihrer Ekstase unbeweglich blieb, vollzog sie dann körperlich ihre Handlungen im Jenseits mit; so macht sie etwa dem Jesuskind das Bett mit Tüchern[134], usw. Man kann sich der Eindrucks nicht erwehren, daß hier ein sensibler, trotz der vielen Kankheiten kräftiger und sinnlicher Mensch den wesentlichen Teil seiner Existenz schon zu Lebzeiten quasi ins Jenseits verlegt hat, um den Normen der Religion zu gehorchen und ihre Versprechungen vorwegzunehmen. Was Franziska dem Körper durch ausgesuchte Martern verbot, mochte ihr die faszinierend lebendige Welt ersetzt haben, die sie in ihren Ekstasen betrat. Hierin dürfte sie paradigmatisch für auf Askese beruhende Mystik überhaupt sein.

Berühmt wurde ebenfalls schon zu Lebzeiten Rita von Cascia († 1447, hl.)[135], zunächst, weil sie in extremem Maß Opfer eines brutalen Gatten war, dann, bei den Augustinerinnen eingetreten, wegen der Stigmatisation durch einen Dorn der Leidenskrone Christi, der ihr eine derartig widerliche Stirnwunde verursachte, daß sie von ihren Mitschwestern getrennt leben mußte. Doch scheint die Überlieferung über ihr Leben erst nachmittelalterlich zu sein.

Demselben Orden gehörte als Tertiarin auch CHRISTINE VON SPOLETO († 1458, sel.)[136] an, von der einige wenige zeitgenössische Briefe berichten. Ihre Konversion erfolgte, nachdem ihr Mann von einem in sie verliebten Soldaten umgebracht worden war: sie verzichtete auf ihre Reichtümer und begann ein strenges Bußleben. „Es schien ihr, daß sie andauernd eine Stimme hörte, die sagte: Buße, Buße, Buße."[137] Den Konvent in Verona mußte sie verlassen, da sie ihren Mitschwestern zu extrem war; fortan führte sie ein unruhiges Leben an verschiedenen Orten. Ihre Kasteiungen entsprechen ganz dem von anderen Mystikerinnen Bekannten; u. a. schlug sie sich mit Hundeketten blau, verzehrte einen Monat lang nur Blätter von Bäumen, trank an Freitagen in Erinnerung an die Passion Essig (der ihr süß schien), stellte sich irrsinnig, trieb sich einen Nagel durch den Fuß u. v. m. „In Ekstase schaute sie die Mysterien der Passion des Herrn Jesus Christus, die sie andauernd meditierte"[138].

An den zeitgenössischen Berichten über HELENA VON UDINE (um 1395– 1458, sel.)[139] läßt sich gut studieren, wie eine Imitatio Christi funktioniert, die in ihrem Einbezug des ganzen Körpers und der ganzen Seele verständlicher-

---

[134] Ebd. 50.
[135] N. Del Re, Rita: BS 11, 212–218.
[136] N. Del Re, Cristina da Spoleto: BS 4, 341. – E. Motta, La b. Cristina da Spoleto era del Lago di Lugano: Bolletino storico della Svizzera italiana 15, 1893, 84–93. Die Vita (AS Feb. 2, 1658, 799–802) gilt als wenig zuverlässig.
[137] Motta 92.
[138] Ebd.
[139] A. Tilatti (Hg.), Simone da Roma, Libro over legenda della b. Helena da Udine, Tavagnacco 1988.

weise zu Visionen führt. Helena war ein Mädchen aus der adeligen Oberschicht, mit fünfzehn verheiratet, in siebenundzwanzigjähriger Ehe Mutter
vieler Söhne und Töchter. Wie Birgitta und im Gegensatz etwa zu Angela
oder Dorothea muß Helena ihren Mann geliebt haben, denn sie litt an seinem Tod so sehr, daß sie wie wahnsinnig schien und ihm fast nachgefolgt
wäre[140]. Über dem Sarg schnitt sie sich ihr Haar ab und warf es mit allem
Schmuck hinein. Der himmlische Gemahl wird ihr künftig den irdischen
ersetzen, wie sie es selbst formuliert: „Du bist tot, verläßt mich – ich versa-
ge mich dir als Gatten und erwähle mir dafür als meinen Mann und Gemahl
meinen Herrn Jesus Christus …"[141] Oder wie es einer ihrer Hagiographen
formulierte: sie nahm sich nun einen Bräutigam, der niemals stirbt[142]. Deutlicher ist es kaum auszudrücken, daß die überirdische Liebe das funktionale
Äquivalent, der Ersatz für eine zwischenmenschliche Beziehung sein kann,
mag es eine geglückte sein, wie hier, oder eine mißglückte, wie bei so vielen
unglücklich verheirateten Mystikerinnen. Helena lebt diese radikale Umorientierung ihrer emotionellen Kräfte mit allen Konsequenzen der spätmittelalterlichen Christusdevotion, die ihre neue Raison d'être wird. Sie tritt den
Augustinertertiarinnen bei. Ihre Güter verkauft sie und beschenkt die Armen.
Am Hals mit einem Strick gefesselt (wie Christus auf zeitgenössischen Kreuz-
wegbildern), läßt sie sich zu ihrer Schwester führen, in deren Haus sie als
Rekluse lebt[143]; in der täglich besuchten Kirche läßt sie sich einen Holzver-
schlag bauen[144], so daß sie auch im Gotteshaus allein bleibt. Freilich hört man
ihr Klagen und Schreien bei der täglichen Beichte bis auf die Straße[145].

Alles dient der nie erlöschenden Präsenz der Passion: Auf dem Kopf trägt
Helena eine Krone aus spitzen Eisenhaken; freitags muß sie eine Dienerin mit
hinter dem Rücken gebundenen Händen durchs Haus schleifen. Auch läßt
sie sich nackt an eine Säule binden[146]. Das Gehen machen Steinchen in den
Schuhen zur Qual, dreiunddreißig in Erinnerung an die dreiunddreißig Jahre, die Christus die Wege der Welt durchwanderte. Getrunken wird Essig
mit Galle[147]. Die Brust zerschlägt sie sich beim Sakramentenempfang oder
der Kreuzesmeditation mit einem Stein, bis sie blutüberströmt ist[148]. Bußkleid,
Eisenringe, tagelanges Fasten, Selbstgeißelung[149] gehören ohnehin zu den
üblichen Praktiken aller Frommen der Zeit. Das Bild des Gekreuzigten pflegt
sie zu umarmen, die Wunden mit Küssen auszulecken („osculis lambebat

---

[140] Ebd. 29, 127; 35.
[141] Ebd. 32, 128.
[142] Ebd. 34.
[143] Ebd. 48 f.
[144] Ebd. 54.
[145] Ebd. 145.
[146] Ebd. 57.
[147] Ebd. 139.
[148] Ebd. 145.
[149] Ebd. 51 f.

vulnera") und unablässig zu fixieren. „Und so kreuzigte sie sich selbst mit Christus."[150]

Helena singt die zeitgenössischen Laude vom Typ:

„Veni, Jesù, e non tardare
l'anima mia a visitare,
perché quanto più starò,
io tanto pezo haverò."[151]

Komme, Jesus, und zögere nicht, meine Seele zu besuchen, denn je länger ich [hier auf Erden] weile, desto schlimmer geht es mir.

Ihr ganzes Verhalten zeigt den Einfluß des damals hochentwickelten religiösen Schauspiels, der Sacre Rappresentazioni, die auch alle Passionsszenen genau wiedergaben. Die geschilderte Form der „Militia Christi", die entsprechende Lektüre wie die Traktate Panzieras und Cavalcas nähren, führt zu entsprechenden Erlebnissen: einerseits Angriffe des bösen Feindes, der sie körperlich anfällt, andererseits himmlische Tröstungen durch Erscheinungen eines sehr verbreiteten Typs: der Herr kommt vom Altar zu ihr und tritt durch ihren Mund in ihren Leib ein[152], ein quasi-eucharistisches Unionserlebnis; desgleichen erscheint er ihr bei der Elevation als Gekreuzigter[153] usf.

Eine vielseitig begabte und künstlerisch veranlagte Frau war KATHARINA VIGRI VON BOLOGNA (1413–1463, hl.)[154]; sie malte, schrieb und musizierte, womit sie sich dem Ideal der Renaissance, dem Uomo universale, doch schon näherte, wenngleich ihre Bilder noch eindeutig spätgotischen Charakter zeigen. Nachdem die kleine Patriziertochter vier Jahre das Hofleben in Ferrara kennengelernt hatte, zog sie sich in eine fromme Frauengemeinschaft zurück, um 1431 den Klarissinnen beizutreten; 1456 wurde sie Äbtissin der Franziskanerinnen in Bologna, wo ihr mumifizierter Leichnam eindrucksvoll zur Schau gestellt ist. Von mehreren Werken in Italienisch und Latein sind *Le sette armi spirituali*[155], die sieben Waffen im geistlichen Kampf, als Autograph erhalten und am berühmtesten geworden. Dies ist eigentlich ein Traktat für ihre Novizinnen, der ihnen Tugenden wie Gottvertrauen, Passions- und Todesmeditation, Bibelgläubigkeit ans Herz legen soll; aber im letzten Teil berichtet Katharina in der dritten Person auch ausführlicher von eigenem Erleben. Doch ihre Jenseitsvisionen und sonstigen Charismen (z. B. Christkinderscheinung[156], Erleuchtung[157]) sind viel kürzer als etwa die Franziskas;

---

[150] Ebd. 56 f.
[151] Ebd. 162.
[152] Ebd. 165.
[153] Ebd. 167.
[154] F. Van Ortroy (Hg.), Une vie italienne [de Illuminata Bembo] de S. Catherine de Bologne: Analecta Bollandiana 41, 1923, 386–416. – G. Barone, Katharina v. Bologna: Wörterbuch 300 f. – G. Gordini, Caterina da Bologna: BS 3, 980–982.
[155] Ed. C. Foletti, Padova 1985.
[156] Ebd. 145.
[157] Ebd. 148.

Abb. 36 Diese Muttergottes mit Kind wird im von Katharina Vigri gegründeten Bologneser Klarissinnenkloster als Reliquie aufbewahrt, sie soll von der Heiligen selbst gemalt worden sein. Jedenfalls illustriert sie die Vorstellung, die die Mystikerinnen des Quattrocento mit dem „bambino Gesù" verbunden haben.

Tafelmalerei, 15. Jh., Monastero Corpus Domini, Bologna.

stark betont aber auch sie musikalische Elemente in ihren Visionen[158]: der
Gesang der Engel läßt sie in die Ekstase fallen[159], in der sie die einende Liebe Gottes spürt[160]. Auffallend ist (wie bei sehr vielen italienischen Mystikerinnen der Renaissance) die große Präsenz des Teufels, der ihr Kloster mit
schauderbarem Geheule umschleicht[161]; besonders erschüttert hat Katharina, daß er ihr auch als Gekreuzigter erscheinen konnte[162] – das Problem der
Discretio spirituum in praxi! Daher auch ihre Betonung der Militia Christi
im Frömmigkeitsleben. Katharina zeigt deutliche Zeichen von Depression
(„amaritudine"); ihr sehnlichster Wunsch ist,

> „daß die göttliche Majestät in ihrer strengsten Gerechtigkeit im Grunde des Höl-
> lenschlundes, wenn man sagen kann, daß er einen Grund besitzt, eine weitere,
> noch schrecklichere und unausdenklichere Tiefe schüfe",

wo sie für alle Sünder der Vergangenheit, Gegenwart und Zukunft büssen
könne[163]. Während die *sette armi* schon bald nach Katharinas Tod gedruckt
und bis in die Gegenwart nachgedruckt wurden, haben ihre Meditationen
über den Rosenkranz, *Rosarium metricum* (alle Verse schließen mit -is), keine Verbreitung gefunden.

In den damals italienischen Bereich gehörte auch die Markgrafschaft Savoyen. Die Gräfin MARGARETE VON SAVOYEN (1382–1464, sel.)[164] zog sich
nach dem Tode des Gatten in eine ihrer Burgen zurück, die sie mehr oder
minder zu einem Dominikanertertiarinnenkloster umformte. Auch sie war
vom Beispiel der Heiligen aus Siena fasziniert und folgte ihr in ihrem karitativen Engagement sowie, besonders in ihrem letzten Lebensjahrzehnt, in
ihrem mystischen Leben: interessant ist namentlich eine Vision, in der ihr
Christus mit drei Pfeilen erscheint, einem in jener Epoche der Pest sehr häufigen Motiv[165]. Es handelt sich hier offenbar um das Nacherleben einer Szene aus der Legende des Ordensvaters Dominikus, der, als er 1215 in Rom
weilte, in einer Schauung den Herrn Jesus Christus in der Luft schweben und
drei Lanzen gegen die Welt richten sah. Die Madonna interzediert, indem
sie ihrem Sohn zwei ihrer Getreuen vorstellt, die durch ihre Predigt die Menschen wieder zum Herrn bekehren würden: die beiden Gründer der Bettelorden[166]. Diese Geschichte fand weiteste Verbreitung dadurch, daß sie Jakob
von Varazze in seine *Legenda Aurea* (1263/88) aufnahm, die zur beliebtesten
Sammlung von Heiligenleben des Mittelalters wurde. Man verkündete sie

---

[158] Z. B. Vita 11, ed. cit. 401.
[159] armi, ed. cit. 144.
[160] Ebd. 130.
[161] Ebd. 128.
[162] Ebd. 125.
[163] Ebd. 154 f.
[164] A. Ferrua, Margherita di Savoia: BS 8, 793–796. – Ganay, dominicaines 251–277.
[165] Dazu ausführlich Dinzelbacher, Gottheit.
[166] Vitae Fratrum O. P. 1, 4 (geschrieben 1260/63): Monumenta Ordinis Fratrum Praedicatorum historica 1, Roma 1897, 10 f.

Abb. 37 Wenn diese Initialminiatur des meditativen Gebets vor dem Gekreuzigten tatsächlich von Katharina Vigri stammt, dann dürfte hiermit ein Selbstbildnis vorliegen.

Miniatur: Ms. 15. Jh., Monastero Corpus Domini, Bologna.

natürlich auch am Festtag des Heiligen von der Kanzel. Der hl. Vinzenz
Ferrer etwa, den Margareta als junge Frau hatte predigen hören, verleben-
digte die Geschichte, indem er Maria vorwurfsvoll fragen läßt, wie ihr Sohn,
der doch in seinen Händen die Nägel zur Rettung der Welt erduldet habe,
nun mit Speeren werfen könne! Ferrer deutet diese Geschosse dann in seiner gewohnten Weise eschatologisch: die die Welt durcheilende Verfolgung
des Antichrist, die Vernichtung der Erde im Feuer, das Gericht des Men-
schensohnes. Maria habe nur einen Aufschub erwirkt ...[167] Die Markgräfin
Margarete wandelt das Motiv nun in eigenständiger und für die Erlebnismystik durchaus charakteristischer Weise ab: Christus erscheint ihr zwar wie
gewöhnlich mit drei Wurfgeschossen, die so furchterregend anzuschauen
sind, daß auch die tapferste Seele davor zurückschrecken muß, läßt aber nun
die Selige eines davon für sich wählen: Krankheit, Verleumdung oder Verfolgung. Ohne zu zögern, ergreift Margarete alle drei auf einmal und drückt
sie sich zusammen in ihr Herz[168]. Was nach den älteren Texten eine über die
ganze Welt verhängte Strafe war, ist hier zu den Prüfungen einer einzigen
Mystikerin geworden, die damit ihr Ideal verwirklicht, als Bußschwester für
andere zu leiden. Man könnte von einer für das Spätmittelalter und die Erlebnismystik nicht untypischen Privatisierung des Motives sprechen.

Doch ist, wie schon angedeutet, die spirituelle „Landschaft" Italiens noch
viel reicher an mystisch begabten Frauen, an oft kaum bekannten aufwüh-
lenden Schicksalen[169]. Ursula Venerii von Parma (1375–1408/10, sel.) etwa
gehört zu jenen aktiven Charismatikerinnen, die (hier erfolglos) versuchen,
auf die päpstliche Politik einzuwirken. Eustochio von Padua (1444–1469,
sel.)[170] entging nur knapp der Verbrennung als Hexe, da sie die auch bei so
vielen berühmteren Frauen zu konstatierenden teuflischen Anfechtungen in
exorbitantem Maß zeigte; andererseits berichtete sie wieder die gewohnten
mystischen Phänomene.

In der zweiten Hälfte des fünfzehnten und im sechzehnten Jahrhundert
wird der Strom der ekstatischen Mystikerinnen trotz der durch den „Fall"
Savonarola und dann das Tridentinum zunehmenden Skepsis der kirchlichen
Oberen fast ungebrochen weitergehen: Eustochio Calafato von Messina, Ka-
tharina von Genua, Veronika Negroni von Binasco, Osanna Andreasi von
Mantua, Camila Battista von Varano, Stefana Quinziani, Lucia von Narni,
Colomba von Rieti, Chiara Bugni, Angela Merici, Christina von L'Aquila,
Katharina von Racconigi, Domenica da Paradiso, Katherina Vannini, Maria
Magdalena de' Pazzi ..., um nur die bekannteren zu nennen.

---

[167] J. M. de Garanta, V. Forcada, Biografía y escritos de San Vicente Ferrer, Madrid 1956, 690 f.
[168] Ganay, dominicaines 266.
[169] Liste bei Bell, Anorexia 222 ff.
[170] Dinzelbacher, Frauenmystik 286 ff.

Frankreich

Frankreich kennt dagegen in jener Epoche anscheinend nur zwei bedeuten-de mystische Begabungen, Johanna Maria von Maille[171] und Coletta. COLETTA BOILLET (BOYLET) VON CORBIE (1381–1447, hl.)[172] war zwar schon als Kind mit langen Ekstasen und anderen Charismata begabt, doch sollte ihre Be-rühmtheit vor allem aus ihrem intensiven Engagement für die Reform der Franziskaner erwachsen. Nacheinander hatte sie die Lebensformen der Be-ginen, Benediktinerinnen, Klarissinnen und Franziskanertertiarinnen er-probt, um sich schließlich als Rekluse zurückzuziehen. Hier erlebte Coletta eine Berufungsvision: die Schau der „status", der Gnadenzustände einzelner Glieder der Kirche, ein in der spätmittelalterlichen Visionsliteratur nicht seltenes Motiv (vgl. etwa Agnes Blannbekin). Sie erschütterte die Mystikerin zutiefst. Sie selbst sollte das Heilmittel gegen die Verfehlungen der Sünder sein, wogegen sie sich zunächst in Demut wehrte, bis sie schließlich nicht anders konnte als nachzugeben. Da sie von Franziskus und Christus visionär den Auftrag erhielt, den zweiten Orden der Minoriten zu reformieren, ließ sie sich 1406 von ihrem Gelübde entbinden und konnte in der Folge trotz mancher Widerstände wenigstens siebzehn Frauenklöster (vor allem in Frankreich) reformieren. Ihnen, den „Colettinnen", schloßen sich auch meh-rere Männerklöster an; in manchen ihrer Konvente durfte die Mystikerin sogar vor den Mönchen im Kapitelsaal predigen[173]. Der Mut, mit dem diese Frau ihrem Werk in dem vom Krieg erschütterten Frankreich nachging – ihre Lebensbeschreibungen geben davon viele Beispiele –, war gewiß nicht ge-ringer als der einer Hildegard oder Katharina. Coletta gehört damit zu den Charismatikerinnen, die am aktivsten und folgenreichsten in die Kirchenpo-litik ihrer Zeit eingegriffen haben, im Gehorsam gegenüber den ihr zuteil gewordenen göttlichen Offenbarungen, und ohne ihre strenge Armut und Askese zu vernachlässigen. Ihr Einfluß auf viele zeitgenössische Hierarchen, darunter Papst Benedikt XIII., und auf Adelige, die ihre Reformbestrebungen unterstützten, ist verblüffend, bedenkt man ihre sozial niedrige Herkunft, hierin an Johanna von Orléans erinnend. Sogar der fanatische Dominikaner Vinzenz Ferrer begegnete der um vierunddreißig Jahre jüngeren Seherin mit Ehrerbietung[174]. Vita contemplativa und Vita activa bestanden bei ihr neben-einander, wie es dem Ideal der Theoretiker der Mystik entspricht.

Colettas charismatisches Leben ist durchaus typisch für die praktischen Mystikerinnen des fünfzehnten Jahrhunderts; es reichte von zahllosen klei-

---

[171] Vgl. o. S. 365.
[172] Pierre de Reims; Perrine, Vies, hg. v. U. d'Alençon: Archives Franciscaines 4, 1911, pass. – Vita S. Colettae, hg. v. Ch. van Corstanje u. a., Tielt 1982. – P. Dinzelbacher, Colet(t)a v. Corbie: LexMA 3, 30. – G. v. Brockhusen, Coletta: Wörterbuch 93 f. – M. da Alatri, Coletta: BS 4, 76–81.
[173] Perrine, ed. cit. 236 f.
[174] Pierre, ed. cit. 75 f.; Perrine, ed. cit. 228.

Abb. 38 Zwei Erscheinungen Colettas von Corbie: Links Engel mit den Leidenswerkzeugen, rechts der Schmerzensmann mit dem typischen Zeigegestus seiner Handwunden.

Pierre de Vaux, *Vie de Sainte Colette* 11: Hs. 8, f. 68r, 1468/77, Arme Klaren, Monasterium Betlehem, Gent.

nen und großen Anfeindungen des Teufels bis zu Erscheinungen, Visionen, mystischem Kommunionempfang, Herzensschau, Weissagungen und auch tagelangen Ekstasen; zu diesen „vertikalen" Gnaden kamen auch zahlreiche „horizontale" Wunder wie etwa Totenerweckungen oder Exorzismen. Wenn sie nicht gerade Verhandlungen zu führen oder einen Konvent zu visitieren hatte, befand sie sich ununterbrochen im Gebet, auch während ihrer vielen Reisen. Ihre Meditationen, die beim Passionsthema so intensiv waren, daß ihr Antlitz wie mit Stöcken geschlagen erschien[175], ließen sie in die übliche Katalepsie fallen, aus der sie auch durch Bisse ihre Mitschwestern nicht zurückgebracht werden konnte[176]. Die Betrachtungen, zu denen sie anscheinend ein Elfenbeindiptychon mit Passionsdarstellungen verwendete[177] (wie sie zahlreich aus dem französischen und dem englischen Bereich erhalten sind[178]), gingen, auch dies typisch, unmittelbar in die Entraffung über[179]. Zwar hat Coletta ihre Offenbarungen ausführlich erzählt[180], doch hat sie niemand schriftlich niedergelegt. Wie es scheint, hat sie auch die Stigmen unsichtbar, aber schmerzhaft empfangen[181]; die Zunahme ihrer starken Schmerzen an Festtagen[182] muß ebenso wenigstens teilweise auf die Passion bezogen werden. Manchmal fühle sie sich gekreuzigt, dann wieder enthäutet, dann verbrannt oder gekocht, was Sinn durch die Deutung auf die entsprechenden Martyrien der Heiligen erhält[183]. Von ihren ganz zeittypischen Askeseleistungen sei nur der eiserne Bußgürtel erwähnt, der sich in ihr Fleisch einwuchs, bis ihn der Beichtvater mit einem Kloben sprengte, wobei natürlich auch ganze Fleischteile mitgingen[184].

So steht das fünfzehnte Jahrhundert ganz in der Kontinuität, die seit dem endenden Hochmittelalter im Bereich der Erlebnismystik zu beobachten ist. Diese wird sich auch mit eher unwesentlichen Änderungen in die Neuzeit fortsetzen, wobei den romanischen, das heißt großteils katholisch gebliebenen Ländern führende Rolle zukommt. Das im zwölften Jahrhundert entwickelte Grundreservoir an mystischen Verhaltens- und Erlebensweisen wird aber durch die jeweils aktuellen Bedingungen modifiziert: so reicht etwa das Problem der Kirchenreform in die Schauungen der Seherinnen des späten Mittelalters hinein oder die Konzeption der absoluten Monarchie in die der Mystikerinnen des Barock, so färben analog die aktuellen Entwicklungen auf dem Gebiet der Theologie und Philosophie die Schriften der spekulativen

---

[175] Pierre, ed. cit. 91, 232.
[176] Perrine, ebd. 235.
[177] Ebd. 249 f.
[178] Vgl. z. B. J. Natanson, Gothic Ivories of the 13th and 14th Centuries, London 1951.
[179] Pierre, ebd. 88 f.
[180] Perrine, ebd. 235.
[181] Ebd. 89 f.
[182] Ebd. 110.
[183] Ebd. 113, 151.
[184] Perrine, ed. cit. 243.

Abb. 39 Vier Angriffe der Teufel auf Coletta: links vorne ein körperlicher Überfall, dahinter die Nonne in ein Fenster eingeklemmt; rechts vorne erscheinen die Dämonen als Füchse, dahinter Teufel und Kröten, die Coletta beim Gebet stören.

Pierre de Vaux, *Vie de Sainte Colette* 16: Hs. 8, f. 103 v, 1468/77, Arme Klaren, Monasterium Betlehem, Gent.

Mystik und der Mystagogie, obwohl sie methodisch durchgehend der Scholastik verpflichtet bleiben. In der Frühneuzeit rezipiert ja auch die philosophische Mystik teilweise den nunmehr auf den Originaltext zurückgehenden Platonismus sowie die Kabbala. Doch bildet, aus der Perspektive der Mystikgeschichte betrachtet, die Zeit vom Hochmittelalter bis zur Gegenwart ein Kontinuum. Deutlichst verändert hat sich freilich die Einstellung der Umwelt besonders seit der Aufklärung zu solchen Phänomenen; was vordem in eine religiöse Kategorie fiel, die der Heiligkeit oder Besessenheit, figuriert nunmehr primär unter einer naturwissenschaftlichen, der der Psychopathologie.

Da mystisches Erleben unbezweifelbar den Kern der Persönlichkeit betrifft, hat dieses Ergebnis hohen Aussagewert für die Mentalitätsgeschichte. Es ist hier von einer „longue durée" auszugehen, die auch sonst aus vielen Faktoren der alteuropäischen Ära erhellt. Das hohe Mittelalter bildet eine Achsenzeit, an die sich eine in vielem bis ins achtzehnte Jahrhundert in Grundempfindungen eher gleichbleibende Mentalität anschließt, die in Relikten durchaus noch in der Gegenwart existiert (die 1962 verstorbene Therese Neumann von Konnersreuth hätte seit dem dreizehnten Jahrhundert jederzeit im Katholizismus auftreten können). Daß Mystik in der Neuzeit in den reformierten Regionen nur unterdrückt oder in Sekten gelebt werden konnte, zeigt, wie auch die Theologiegeschichte selbst, daß die mentalitätsgeschichtlich progressiven Tendenzen aus dieser Richtung kamen. Sie sollten freilich ihrerseits überholt werden, sobald agnostisches bzw. atheistisches Denken nicht mehr verfolgt wurde. Damit wurde, was eventuell noch an „Mystik" möglich war, als bloß innerseelisches – also nicht mehr als metaphysisches – Phänomen erfaßt. Doch diese Entwicklung zu beschreiben, bedarf es eines eigenen Buches.

Die Diffusion der Mystik
in der allgemeinen Frömmigkeit

Wenn es auch nur wenige Menschen blieben, die mystische Phänomene selbst erlebten – aber von wie vielen mag es kein Zeugnis mehr geben? –, so sollten Konzeptionen, Einstellungen, Bilder ... sowohl aus der praktischen als auch aus der theoretischen Mystik doch in weitem Maß zu Elementen der allgemeinen Frömmigkeit des späten Mittelalters werden. Diese Entwicklung, die Diffusion ursprünglich elitärer Erscheinungen, setzt bereits im dreizehnten Jahrhundert ein, besonders gefördert durch das Wirken der Franziskaner, dann auch, speziell in Deutschland, durch das der Dominikaner. Später kam das Interesse von anderen Reformbewegungen wie der Devotio Moderna hinzu. Eingebettet ist die Divulgarisierung auch der Mystik in die das ganze Spätmittelalter prägende Verbreitung ursprünglich monastischer Konzepte in der Laienwelt, die mit dem kartäusischen Motto „de cella in seculum", aus der Mönchszelle in die Laienwelt, gut charakterisiert werden kann[1].

Im spätmittelalterlichen Mönchtum selbst muß sogar mit einer gewissen Institutionalisierung wenigstens mystischer Meditation gerechnet werden. So lasen z. B. die Schwestern einer Anachoretinnengemeinschaft im *Ancrene Riwle*, einer in verschiedenen Bearbeitungen verbreiteten mittelenglischen Regel aus dem frühen dreizehnten Jahrhundert[2], folgende Anweisung:

> „Wenn beim Gottesdienst der Priester nach dem Friedenskuß kommuniziert, vergeßt die Welt, verlaßt ganz den Leib und umarmt mit brennender Liebe euren Geliebten, der vom Himmel in die Wohnstätte eures Herzens kam! Haltet ihn fest, bis er euch alles gewährt hat, was ihr erbittet!"[3]

Brautmystisches Erleben wird hier den beginenähnlich lebenden Frauen geradezu vorgeschrieben; geknüpft an das passende liturgische Moment soll es einen regelmäßig wiederkehrenden Bestandteil des normalen Frömmigkeitslebens bilden. Ein anderes Beispiel: Den Erfurter Alexianern – obschon mehr ein karitativer Orden – war es im fünfzehnten Jahrhundert vorgeschrieben, nach dem Morgengebet zu Mitternacht (sic!) etwa zwei Stunden kniend

---

[1]   Die meisten Aufsätze des Sammelbandes: De cella in seculum. Religious and Secular Life and Devotion in Late Medieval England, ed. M. G. Sargent, Cambridge 1989 bieten Beispiele für diesen Vorgang.
[2]   P. Moylan, Ancrene Riwle: LexMA 1, 581 f.
[3]   The Ancrene Riwle 1, übersetzt von M. B. Salu, London 1955, 14.

oder stehend die Leiden Jesu zu betrachten und dies nach der Matutin fortzusetzen[4].

Wir sehen von der kaum mehr zu rekonstruierenden Vermittlung durch einfaches Weiter- und Nacherzählen (orale Tradition) ab, ohne dies in einer noch weitgehend analphabetischen Gesellschaft zu unterschätzen – Herzog Karl von der Bretagne († 1364) und Birgitta von Schweden konnten sowohl die *Legenda aurea* als auch die *Vitae patrum* auswendig, nur weil sie ihnen vorgelesen wurden[5]. Als hauptsächliches Medium der Diffusion diente erstens das besprochene Schrifttum der MystikerInnen selbst, ihre Erlebnisberichte und mystagogischen Abhandlungen. Dazu trat zweitens eine Fülle von letztlich darauf aufbauenden Traktaten und Gedichten. Wichtig war drittens die Predigt, in der einerseits Offenbarungen zeitgenössischer Charismatiker und die Reflexionen spekulativer Mystiker verbreitet wurden und für die andererseits auch die Schemata der Theoretiker als Aufbau dienen konnten. Schließlich bildet sich viertens besonders seit dem vierzehnten Jahrhundert eine Reihe von ikonographischen Neuerungen in der figuralen Kunst aus, denen ebenfalls Vorstellungen aus dem Bereich der Mystik zugrunde liegen, womit sie auch dem leseunkundigen „Volk" zugänglich wurden.

Prosa und Lyrik

Wie wir gesehen haben, erfuhren manche Werke der Mystik, z. B. die Bernhards von Clairvaux, weite handschriftliche Verbreitung. Aber oft wurde ein Text nicht vollständig abgeschrieben, sondern nur Teile daraus (Florilegien); oft genug wurden auch einzelne Passagen oder Kernsätze aus den Schriften verschiedener AutorInnen „mosaikartig" zu neuen Texten kombiniert, den sogenannten Mosaiktraktaten. Um weitere Kreise zu erreichen, hat man, wie schon des öfteren angemerkt, viele dieser Texte in die Volkssprachen übertragen. Eine andere Form der Bearbeitung war die Prosaauflösung lyrischer Texte oder umgekehrt die Versfassung prosaischer Vorlagen. Da solche Fragen bereits bei der Diskussion der Werke der einzelnen MystikerInnen bzw. der über sie verbreiteten Schriften angeschnitten wurden, muß dieser Punkt nicht mehr exemplifiziert werden[6].

Zahlreiche allgemeine, also nicht spezifisch mystagogische Hand- und Lehrbücher des christlichen Lebens, die sich oft sowohl an Geistliche wie an Laien wandten, rezipierten Elemente mystischer Lehre und integrierten sie in das von ihnen gezeichnete Ideal praktischer Frömmigkeit, ohne daß sich die Quellen im einzelnen immer genau bestimmen ließen. Zahlreich sind weiters

---

[4] W. Schmitz, Das betrachtende Gebet im Mittelalter: Theologisch-praktische Quartalschrift 56, 1903, 511–523, 513 f.
[5] Vauchez, sainteté 621.
[6] Vgl. Dinzelbacher, Revelationes 38 ff.

anonyme Texte, oft auch in Gedichtform. Es dürften diese beiden Wege gewesen sein, die am meisten zur Divulgarisation ursprünglich elitärer Frömmigkeitskonzeptionen beigetragen haben, zumal diese Schriften auch bei der Kanzelrede Verwendung finden konnten.

Solche Texte mit mystagogischem Einschlag existierten in Latein und in wohl allen Volkssprachen, doch sind sie von den einzelnen Nationalphilologien unterschiedlich gut erforscht und fehlt ein komparatistischer Überblick[7]. Erwähnen wir einige zufällig herausgegriffene Beispiele für diese Prosawerke: In Deutschland schrieb der Franziskaner Rudolf von Biberach Ende des dreizehnten Jahrhunderts einen rein kompilatorischen Prosatraktat unter dem Titel *De septem itineribus aeternitatis*[8] (übersetzt als *Die siben strassen zu got*); im fünfzehnten Jahrhundert der Chorherr und Klosterreformer Johannes Rothuet von Indersdorf (1382–1470) den Moraltraktat *Von dreierlei Wesen der Menschen,* der, dem bekannten Dreistufenschema folgend, mit dem Abschnitt endet: „in dem contemplieren dez leydens Christi wirt ein mensch lieblich veraynigt mit Christo"[9]. In der Allegorie von der Seelenburg, *Le Chastel Perilleux,* verwendet der Verfasser Robert von Bourgfontaine († 1387) u. a. die Meditationslehren Bernhards (und ihm fälschlich zugeschriebener Werke) sowie die Guigos II., um zu gefühlsintensiven Betrachtungen des Lebens Jesu anzuregen[10]. Als ein Handbuch des frommen Lebens und eine Zusammenfassung der Glaubenswahrheiten sei etwa der Traktat *Il Soccorso de' poveri* (Hilfe für die Armen) des Augustinereremiten Hieronymus von Siena († 1420)[11] genannt. Neben den lehrhaften Passagen gibt es hier deutlich von mystischem Affekt geprägte, die alte Topoi wie den der geistlichen Trunkenheit mit der jüngerern Faszination mit dem kostbaren Blute à la Katharina vereinen:

> „Oh ihr Seelen, trinkt von und betrinkt euch mit diesem Wein [dem Blut Christi]! Werdet wahnsinnig (impazzate) von dieser Liebe, schlaft ein in der Trunkenheit von diesem Wein! Und kostet von diesem Schlaf, verliebt euch in Gott! Oh ihr lieben Seelen in Gott, trinkt, trinkt, trinkt und trinkt so viel, daß ihr trunken und wahnsinnig werdet! Oh ihr Seelen, dies ist der süße und tiefe Schlaf der heiligen Leid/enschafts/losigkeit (impassibilità). Suche nur Gott, umarme nur das Kreuz und, mit seinem Blute geschmückt, schmücke dein Antlitz."[12]

Ästhetisch ansprechender ist meist die mystische Lyrik. Auch hier nur einige Beispiele aus der Fülle: Im vierzehnten Jahrhundert (erste Hälfte? um 1370?) verfaßte der Priester KONRAD in Wien das *Büchlein von der geistlichen Gemahelschaft* vielleicht für eine Beginensamung; im fünfzehnten Jahr-

---

[7]   Vgl. ansatzweise K. Ruh, Geistliche Prosa: Neues Handbuch der Literaturwissenschaft 8, Wiesbaden 1978, 565–605.

[8]   Ed. A. Peltier, ND Stuttgart 1985.

[9]   Ed. B. Haage, Diss. Heidelberg 1968, 451.

[10]   A. Devaux, Robert: DS 13, 702–704.

[11]   P. Brocardo, Jérôme de Sienna: DS 8, 939–942.

[12]   Cecchi, Storia 2, 672, gekürzt; ich lese „tua (statt: sua) faccia".

hundert enstanden danach mehrere Prosafassungen. In dieser Paarreimdich-
tung spielt die Gnadenhochzeit eine wichtige Rolle: die Tugenden kommen
als gottgesandte Jungfrauen, um die Seelenbraut zu ihrem Gemahl zu holen.
Die Schilderung der Begegnung ist durchaus affektiv:

„Si jach: ‚Herr, dein geist ist süzz,	sprach
daz süzz mir in fliezzen müzz,	
dein geschmah ein tugentwaz,	Duft
dez mach mich ein wirdig vaz.'...	Behälter
Sein gmähel er zü sich fie,	
dy ein liebestral durch gie;	Liebespfeil
die Jesus Christus zü sich vecht,	
wenn er sich zu der sel necht …“	

Da gibt es ein Küssen und Umarmen, mehrfach an Mechthild von Magdeburg
erinnernd, ein Fließen und Neigen, das sich endlich im Bild des (von der
Amtskirche stets verteufelten) Tanzes („tretent“) auflöst:

„In der gnadenhöchzeit dew prawt	
wart fralachent jubellaut,	frohlachend
wart liebchosent und singent,	
wart jubeltretent und springent.	
Ir maid sungen, sprungen mit ir.	
In den lieben frewden schir	
senftichleich dy fraw geswaig,	
in süzzer unmacht hin saig	neigte sie sich
und phlag der geistleichen rüb	Ruhe
in se[n]ftichait an trüb.“[13]	Betrübnis

Zwar ist auch hier die Vereinigung nur kurz, ein „Kosten“, doch tröstet das
Versprechen auf die Hochzeit in der Ewigkeit nach dem Tode:

> „Du hast wanung mir geben in dir,
> ich gib auch wanung dier in mir.“[14]

Aus den englischen Beispielen derartigen Schrifttums sei das *Speculum Vitae*
des Kanonikers WILLIAM VON NASSINGTON († 1359)[15] herausgegriffen. Es
handelt sich um ein in eher einfacher Sprache verfaßtes Handbuch zur Vervollkommnung des religiösen Lebens, das anhand einer Auslegung des Vaterunsers die wichtigsten Kenntnisse vermitteln will, speziell die der Tugenden
und Laster, um den Weg zum Himmel zu finden. Dabei beschreibt William
auch die drei klassischen Stufen des Aufstiegs nach der theoretischen Mystik:
Reinigung, Erleuchtung und Gotteseinung. Der Kanon mystographischer
Themen wie Selbsterkenntnis, Aufgabe des Eigenwillens, Wiederherstellung

---

[13] vs. 4974 ff., gekürzt, 5022 ff., ed. U. Schülke, Konrads Büchlein von der geistlichen Gemahelschaft, München 1970.
[14] vs. 5442 f.
[15] I. J. Peterson, William of Nassington, New York 1986.

der Gottesebenbildlichkeit der Seele, Gaben des Heiligen Geistes, Süße des Herrn usw. wird durchlaufen, aber auch die geistliche Trockenheit fehlt nicht. Dazu kommt die Aufforderung zur bildhaften Passionsmeditation. Natürlich findet auch das Bild von der Leiter, deren einzelne Stufen allegorische Bedeutung haben, Anwendung. Das alles wird unbeschadet der eingestreuten Gebete in eher trockenen und wenig originellen Reimen dargelegt. Die – unbeschreibbare – Unio mystica im Gebet ist das Ziel der geistlichen Reise. Der Diskurs der Vernunft weicht der Betrachtung Gottes, Vielfalt der Einheit, Verlangen der Ruhe und Erfüllung. Doch folgt auch bei William der genießenden Vita contemplativa die Vita activa der Nächstenliebe, dem „lyf contemplatyfe" die „werkys of actif lyfe"[16].

Besonders die Passionsmystik wurde durch zahllose Werke in Prosa und Vers Allgemeingut auch frommer Laien. Dabei konnte ein Meditationstraktat auch formal als Vision gegeben werden, wie es sehr wahrscheinlich der Fall ist bei dem anonymen, ursprünglich allemannischen Text des vierzehnten Jahrhunderts, der unter dem Namen *Christi Leiden in einer Vision geschaut*[17] bekannt ist. In einem Vorspann (in den in späteren Handschriften u. a. Passagen aus Seuses Autobiographie eingeschoben wurden) heißt es, daß einer ungenannten Nonne auf ihr Verlangen hin die Passion gezeigt wurde. Da der für die Meditation nach den kanonischen Horen gegliederte Text weiter nicht mehr auf die Seherin Bezug nimmt, sondern rein deskriptiv verfährt, dürfte es sich um eine literarische Einkleidung eines Traktats handeln, während echte Visionsberichte meist emotionelle Reaktionen der Seher beinhalten[18]. Doch eben durch diese Einleitung lädt der Text den Leser oder Hörer zum visuellen Mitvollzug der äußerst plastisch geschilderten Szenen ein. Sie betreffen auch das „geheime Leiden" des Erlösers, möglichst erschütternde Ergänzungen zum knappen Bericht der Evangelien, die typisch für die Faszination mit Leid sind, für den Dolorismus der Epoche vom Spätmittelalter bis zum Barock. So wird Christus etwa niedergetreten,

> „und ehe er ganz nach vorn fiel, rissen ihn andere an den Haaren, daß er nach hinten stolperte. Und ehe er ganz nach hinten fiel, da rissen ihn die anderen wieder seitwärts, der eine an den Haaren, der andere am Bart. So schleiften sie ihn den Berg hinauf: der eine zog ihn an den Haaren, der andere an den Kleidern, die anderen an den Stricken. Sie warfen ihn heftig vor sich hin und sprangen auf ihn mit wilden, rasenden Gebärden, mit ungestümem Treiben, und riefen und tobten, als ob sie einen Wolf unter ihren Händen gehabt hätten ..."[19]

Sadomasochistische Detailfreude triumphiert: Die Kriegsknechte foltern Jesus u. a. mit glühend gemachten Eierschalen, so daß sich große Blasen auf

---

[16]   vs. 15039 f., ebd. 142.
[17]   Ed. F. Pickering, Manchester 1952. – Ders., Christi Leiden in einer Vision geschaut: VL 1, 1218–1221.
[18]   Dinzelbacher, Vision 65 ff.
[19]   Ed. cit. 66.

seiner Haut bilden[20]; sie verwenden genau beschriebene Geißeln mit Bleiku-
geln, die das Fleisch bis auf die Knochen wegfetzen[21]. Die Dornenkrone wird
mit Handschuhen geflochten und mit Stangen auf sein Haupt gepreßt, so daß
die Dornen durch die verletzte, verschwollene Haut stoßen, die Knochen
durchbohren und ins Hirn eindringen, auch Augenlider und Ohren zerstechen[22] ... Im Originalton der niederdeutschen Überlieferung heißt es weiter:

> „Vnd braichen eme synen mont uff und samenden alle den unflait, den sy van
> monde ader van nasen haven mochten, und spuwen eme in synen mont so vaste
> und so vil, dat he mochte er erstricket ader erdruncken sin van dem spien ..."[23]

Zahllose spätmittelalterliche Passionsaltäre geben diese Martern Christi aufgrund solcher Texte auch im Bild grauenerregend wieder. In zahllosen Passionsspielen wurden entsprechende Szenen augenfällig auf die Bühne gebracht. Für unseren Zusammenhang ist es wesentlich zu sehen, daß solche
Schilderungen über Pseudo-Bonaventura und verwandte Texte auf die monastische Leidensmeditationen und -visionen der Mystiker und Mystikerinnen
seit dem Hochmittelalter zurückgehen, daß sie, angereichert um die jeweils
konkret von seiten der Justiz praktizierten Foltermethoden, in einer bis in den
Barock breiten Tradition stehen, die erst durch die Aufklärung obsolet werden sollte. Obsolet freilich nur für die große Menge der Gläubigen, denn die
Passionsschauungen noch zahlreicher späterer Charismatikerinnen wie Anna
Katharina Emmerich und Therese Neumann von Konnersreuth zeigen dieselbe Intensität der Detailschilderungen. Sie wirken heute freilich wie Relikte
in der Umgebung einer weitgehend zum Abstrakten hin gewandelten religiösen Mentalität.

Besonders die Wirkung von Texten, die nicht nur deskriptiv vorgehen, sondern – wie das zeitgenössische Andachtsbild[24] – unmittelbar an den Leser
appellieren, muß auch in ihrer Wirkung für die praktischen Mystiker und
Mystikerinnen bedacht werden. Ein Beispiel ist der *Fasciculus mirre,* ein
kurzer Meditationstext des vierzehnten Jahrhunderts, in dem Bernhard die
minnende Seele anspricht:

> „... hab uff dini ougen und luog, wie Jhesus Christus, din geminter [dein Gelieb-
> ter], durch dinen willen [deinetwegen] wolt erhoeht werden an dem galgen dez
> crueczes, daz er dich erhöhti in der ewikait. Luog, wie er sin minnekliches houpt
> haut genaigt, dir ze gend [geben] den kus dez frides [Friedenskuß]. Lueg, wie er
> sin arm von ain ander haut zertrennet[25] [ausbreitete], daz er dich minneklich
> umbfahe, und wie er sin hercz liess uff tuon mit aim sper ... Sich, wie im sin hailges

---

[20] Ebd. 67.
[21] Ebd. 71.
[22] Ebd. 71 f.
[23] Ebd. 72, Semivokale normalisiert.
[24] Vgl. u. S. 436.
[25] Ed.: zerrennet.

houpt ist durchstochen von den dornen und verwunt mit tusent wunden. Luog an sin minneklichen hand und an siniu fuess und sich, wie die durchgraben sind mit den nageln. Ker in hin, ker in her, wend in von ainer siten uff die andren, so enmaht du nit von der schaitel sins houptes bis an sin versenn enkain stat vinden, si sig [so kannst du keine Stelle finden …, die nicht …] verwunt und versert unt berunnen mit sinem rainen bluot …"[26]

Der Betrachter wird nicht nur zum Schauen aufgefordert – die Meditation als Vorbereitung zur Vision haben wir so oft kennengelernt[27] –, er wird geradezu körperlich einbezogen: er soll den verwundeten Leib hin und her wenden, wie es wohl (die Assoziation dürfte unausbleiblich gewesen sein) die Mutter Gottes nach der Abnahme vom Kreuz machte. Die Szenen der Passion meinen unmittelbar den Betrachtenden: wenn der Sterbende sein Haupt zur Seite fallen läßt, so will er damit ihm den Kuß anbieten usw. Das Geschehen „in jener Zeit" ist unmittelbar aktualisiert und vom Narrativen ins Emphatische übergeführt.

Für die lyrische Behandlung desselben Themas hier ein Beispiel des späten vierzehnten Jahrhunderts aus England, *Crist makith to man a fair present*. „In enger Verknüpfung mit meditativen Passagen, die das gesamte Gedicht durchziehen, durchschreitet der Dichter einen Weg, der ihn von der Betrachtung des Körpers und der Gliedmaßen des geschundenen Christus (Str. I–IV) über die Schau seines offenen Herzens (Str. V–VII) und die Erkenntnis der Liebe (Str. VIII–IX) bis zur ekstatischen Vereinigung mit Christus führt (Str. XII)":[28]

(IV) „Thi mysle boones love hath to-drawe,
the naylis thi feet han al to-gnawe;
the lord of love love hath now slawe –
whane love is strong it hath no lawe.

(VI) For thee that herte is leyd to wedde;
swych was the love that herte us kedde,
that herte barst, that herte bledde –
that herte blood oure soulis fedde.

(XII) Love makith, Crist, thin herte myn,
so makith love myn herte thin;
thanne schulde myn be trewe al tym,
and love in love schal make it fyn."[29]

Deine lieben Gebeine hat Liebe zerrissen,
die Nägel haben deine Füße ganz zerbissen;
den Herrn der Liebe hat Liebe nun erschlagen –
wenn Liebe stark ist, hat sie kein Gesetz.

---

[26] Ed. G. Eis, Altgermanistische Beiträge zur geistlichen Gebrauchsliteratur, Bern 1974, 136 f. Halbvokale normalisiert.

[27] Vgl. z. B. o. S. 259.

[28] H. Bergner (Hg.), Lyrik des Mittelalters 2, Stuttgart 1983, 299.

[29] Ebd. 290 ff., gekürzt, Orthographie vereinfacht.

An dich ist dies Herz versprochen;
so war die Liebe, die dies Herz uns zeigte,
dies Herz barst, dies Herz blutete –
dies Herzblut speiste unsere Seelen.

Liebe macht, Christ, dein Herz mein,
so macht Liebe mein Herz dein;
dann soll meines treu sein alle Zeit,
und Liebe in Liebe wird es rein machen.

Hier brachte ein meditierender Verehrer des Herzen Jesu seine Gefühle zum
Ausdruck, gewiß um damit andere Gläubige zu erbauen. Noch eindrucks-
voller und intensiver wird die Inanspruchnahme des Lesers oder Hörers freilich, wenn er von Christus direkt angesprochen wird. Dies ist der Fall z. B.
bei der gesungenen Passions- und Brautmeditation *Eya ore, ma duce amie,*
die als Liebeslied des Erlösers an die Seele bezeichnet werden kann:[30]

„Eya ore, ma duce amie,
Ke je ai plus cher ke ma vie,
Kar por tei mener a port
Beü le beivre entuché de mort.

Si poez trover nul amant
Ke por vus face autretant,
Lessez moy e amez lui,
En joy vivez ambedui."

Höre mich nun, meine süße Freundin, die ich lieber habe als mein Leben, denn
um dich zu erretten, habe ich den vom Tod vergifteten Trank getrunken.
Wenn ihr einen Liebhaber findet, der für euch dasselbe tut, verlaßt mich und liebt
ihn, und lebt beide in Freude!

Im steten Wechsel zwischen detaillierter Ausmalung seiner körperlichen und
seelischen Schmerzen während der Passion und der nach jeder Strophe da-
zwischengeschobenen Aufforderung: „Si poez ..." kommt Christus zu seinem
qualvollen Sterben, um dann in brautmystischer Terminologie fortzufahren:

„Fiz sui au Roi de Maiesté,
Si demand ta amisté,
E a espose te voil aver:
Ne me devez pas refuser.
Si poez ..."

Sohn bin ich der königlichen Majestät, begehre deine Liebe und will dich zur
Braut haben: du darfst mich nicht zurückweisen. Wenn ihr ...

Lyrik wie die eben zitierte anglonormannische des dreizehnten oder vierzehnten Jahrhunderts, die man auch in den anderen Volkssprachen findet, war
Gebrauchsliteratur insofern, als sie konkret bei der Meditation dienen und

---

[30] D. Jeffrey, B. Levy (Hgg.), The Anglo-Norman Lyric, Toronto 1990, 72 ff.

somit im Leben des Lesers oder Hörers etwas bewirken sollte. Wie sollte ein frommer Rezipient dann nicht nach der Verwirklichung der Begegnung mit demjenigen streben, der hier beschrieben ist, wie sollte er, so charismatisch begabt, ihn dann nicht eben so schauen, wie der Text ihn gelehrt hatte, daß er aussehen würde?

Ein gutes Beispiel für das Eindringen von aus der Mystik stammenden Vorstellungen in die spätmittelalterliche Frömmigkeitsliteratur ist auch die Uminterpretierung in der Hagiographie. Heilige, die nach den zeitgenössischen Quellen keineswegs MystikerInnen waren, werden nun zu solchen gemacht. So schreibt z. B. das *Deutsche Passional,* eine Legendensammlung des ausgehenden dreizehnten Jahrhunderts, dem hl. Dominikus eine ekstatische Passionsvision zu, die ihn „mit so hoher suzekeit" erfüllt habe, daß er sich nicht mehr zu fassen wußte[31]. Das Verhalten bzw. Erleben, das man von CharismatikerInnen kannte, wird hier einfach auf einen nicht mystisch begabten Heiligen übertragen.

Oder: In einem Legendar, das im ersten Viertel des vierzehnten Jahrhunderts in einem der an Mystikerinnen reichen Dominikanerinnenklöster Ötenbach oder Töß[32] entstand, interpretiert der Prolog durch die Applikation des *Hohenliedes* die Heiligenleben als Wege mystischer Erhebung gemäß der bekannten Aufstiegsstufen. Die einzelnen Thaumaturgen werden dann als MystikerInnen geschildert, und das, obwohl in den zugrundeliegenden lateinischen Viten gar nichts diesbezügliches steht. Von Brigida von Kilare (†ca. 525), die nach frühmittelalterlichen Quellen[33] vor allem ob der Wunder für ihre Umgebung verehrt wurde (und weil sie der wohl einzige weibliche Bischof der Kirchengeschichte gewesen sein soll), heißt es in dem angezogenen Legendar z. B., sie habe bereits als Kind die Via unitiva betreten, Gemüt und Herz mit der ewigen Weisheit vereint. Von der hl. Genovefa (†ca. 500?)[34], die bewaffnete Truppen zur Verteidigung von Paris gegen die Franken geführt haben soll, liest man nun, daß Gott in ihr als seiner Gemahlin wohnte usf.[35] Es erfolgt also ein Verschiebung in dem Sinn, daß bei der Schilderung der heiligen Personen ihre standestypischen Charakteristika, die den frühmittelalterlichen Hagiographen wesentlich waren (Mönch, Äbtissin, Märtyrer), zurücktreten und statt dessen ihr unmittelbarer, mystoider Verkehr mit Gott in den Vordergrund tritt.

Es wäre freilich erstaunlich, wenn Elemente der zeitgenössischen Mystik nicht auch in die großen Werke der Dichtung eingegangen wären, insofern sie

---

[31]   Zit. Ohly, Nägel 109.
[32]   Vgl. o. S. 313 ff.
[33]   R. Sharpe, Vitae S. Brigitae: Peritia 1, 1982, 81–106. – K. McCone, Brigid in the 7th Century: ebd. 107–145.
[34]   M. Celletti, Genovefa: BS 6, 157–164.
[35]   M. Wallach-Faller, Ein mittelhochdeutsches Dominikanerinnen-Legendar des 14. Jahrhunderts als mystagogischer Text? : Ruh, Mystik 388–401.

religiös orientiert waren[36]. Wir können diesen Abschnitt über die schriftli-
che Rezeption der Mystik wohl kaum besser beschließen als mit einem Hinweis – mehr kann es nicht sein – auf das mystische Element in der *Divina
Commedia*. Die ungeheuere Gelehrsamkeit des DANTE ALIGHIERI (1265–
1321) machte natürlich auch vor den Standard-Autoren der intellektuellen
Mystik wie Pseudo-Dionysius, Bernhard, den Viktorinern, Thomas, Bonaventura ... nicht halt. Vielleicht hat er sogar die esoterische Symbolik einge-
bracht, die im Kreis der „fedeli d'amore", einer Gruppe höfischer Ghibelli-
nen-Dichter seiner Zeit, gebraucht wurde[37]. Es ist leicht einsichtig, daß der
Durchgang des Dichters durch die drei Jenseitsreiche als Weg der Initiation
oder des mystischen Aufstiegs nach dem klassischen Schema von Reinigung
und Erleuchtung gelesen werden kann, und gewiß *kann* man seine „Himmelfahrt"[38] als faktisches Erleben verstehen, wenngleich das, was wir sonst über
ihn wissen, eine wörtliche Interpretation nicht eben nahelegt. Doch die *Commedia* bleibt ein vieldeutbarer Text, mag nun der diesbezügliche Brief Dantes
an Cangrande echt sein, oder ein Falsifikat.

Es ist die Tradition der Licht- und Schaumystik, die das Mittelalter über
den Neoplatonismus, Augustinus, Gregor ... mit der Philosophie und Mystik
der Antike verbindet, die hier ihre für das Abendland bedeutendste dichterische Fassung erfährt. Auf das Gebet des hl. Bernhard hin darf Dante seinen Blick in das absolute Licht richten, „che da sè è vera", das ontologisch
wahr ist[39]:

> „Da quinci innanzi il mio veder fu maggio
> che 'l parlar nostro, ch'a tal vista cede,
> e cede la memoria a tanto oltraggio."

Von da an ward mein Schauen größer als unser Sprechen, das vor solchem Gesicht weicht, wie auch die Erinnerung vor solchem Überschwange weicht.

In diesem Licht sind alle Substanzen und Akzidenzien, die sich sonst im
Universum entfalten, zusammengeschmolzen; „legato con amore in un volu-
me", durch Liebe in ein Volumen (Buch) zusammengebunden.

Der Seher selbst wandelt sich im Schauen, stetig nimmt seine Sehkraft zu,
er nähert sich Gott und nähert sich damit ihm an. „Die Göttliche Komödie
ist die Veranschaulichung des sublimsten Erkenntnisprozesses, der dem
Menschen beschieden sein kann. Es ist eine Erkenntnis, die über den Bereich
der sinnlichen Wahrnehmung hinausführt, den Menschen vielmehr zu meta-

---

[36] Dabei wird freilich auch nicht selten ein m. E. gezwungener Konnex hergestellt; so etwa
bei dem Versuch, den Pearl-Dichter und Langland in die Tradition franziskanischer Mystik
zu stellen (Despres, Sights 89 ff.).
[37] A. Monaco, Dante: Wörterbuch 99–102.
[38] III, 1, 4 ff.
[39] Alle folgenden Zitate aus III, 33 nach dem Testo critico della Società Dantesca Italiana,
Milano 1965 u. ö.

physischen Erfahrungen befähigt, ihm schließlich den Weg zur höchsten Wahrheit bahnt."[40]

> „O luce etterna che sola in te sidi,
> sola t'intendi, e da te intelletta
> e intendente te ami e arridi!"

> Oh ewiges Licht, das du in dir nur ruhst, allein dich begreifst und nur von dir begriffen wirst, und dich begreifend dich liebst und lächelst.

Doch kann der Mensch nur einen Augenblick das göttliche Licht ertragen; er stürzt, vom Blitz getroffen, zurück – wir erinnern uns an Gregor I.[41] –, doch bleibt ihm, seinem Sehnen und Wollen, der „motus", die die Welt erhaltende und bewegende Liebe:

> „ma già volgeva il mio disio e 'l velle,
> si come rota ch'igualmente è mossa,
> l'amor che move il sole e l'altre stelle."

> Doch schon trieb mein Sehnen und Wollen, so wie ein Rad, das sich im Gleichklang dreht, die Liebe, die die Sonne und die anderen Gestirne bewegt.

Die Gleichheit des in der Schau erleuchteten menschlichen Willens mit dem göttlichen, Ziel so vieler Mystiker, wird damit als das endgültige Paradies verstanden. Makrokosmos und Mikrokosmos, All und Mensch, sind in Harmonie, getrieben vom selben Beweger ...

Predigt

Die Bettelorden brachten generell eine Zunahme der Predigttätigkeit (die Kanzel wird zur festen Einrichtung in den Kirchen). Predigten mit mystischem Gedankengut[42] scheinen jedoch weniger häufig gehalten worden zu sein als etwa moralisierende Sermones, die von der üblichen bibelexegetischen Methode ausgehen, oder die im Spätmittelalter so beliebten Predigten, die von der Interpretation kleiner Geschichten, den Exempla (Predigtmärlein), leben. Abzusehen ist hier natürlich von den bereits geschilderten Ansprachen der großen Mystiker selbst wie Bernhard, Bonaventura, Eckhart, Tauler, Seuse, Rolle, Grote, Herp – auch Hildegard – und denjenigen Predigten der jeweiligen Beichtväter, die unmittelbar die Offenbarungen von ihnen vertrauten Mystikerinnen zur Vorlage hatten, wie dies bereits bei Benevenuta, Birgitta u. a. erwähnt wurde.

Aber es gab auch immer wieder Kanzelredner, die mystische Themen aufgriffen, ohne selbst als Mystiker gelten zu können. Ein deutscher Prediger

---

[40] W. Hirdt, Wie Dante das Jenseits erfährt, Bonn 1989, 88.
[41] Vgl. o. S. 81 f.
[42] Vgl. B. Haage, Predigt: Wörterbuch 417 f.

des dreizehnten Jahrhunderts beschreibt etwa, wie die Seele, vom Heiligen Geist vor Gott getragen (!), mit ihm ruht; Christus legt die Seele an die Brust seiner Menschheit oder an die seiner „süßen Gottheit", wovon sie trunken wird[43].

Auch der Dominikaner Heinrich Kalteisen (um 1390–1465)[44], der freilich als Inquisitor, Judenverfolger und Kreuzzugsprediger bekannter ist denn als Seelenführer, verwendet die Terminologie der zeitgenössischen Mystik. Ein Mystiker, der von ihm als Ketzer verurteilte Begarde Henne Becker, der als erleuchteter Ekstatiker ausschließlich seinem „Geist der Wahrheit" folgen wollte, wurde nach Kalteisens Verhör in Mainz 1458 zusammen mit seinen Büchern den Flammen übergeben. Doch hielt derselbe Theologe 1434 Dominikanerinnen in Basel Predigten *Von der minnenden Seele,* die auf dem *Canticum* basieren und durchaus bernhardische Formeln verwenden: „wenn also er sin wonung in ir hat, also sol auch ir leben sin in im. Also er lebt in ir und sy in im ..." Die Seelenbraut erfährt Christi

> „aller begirlichsten und süssesten umbfengen und sin honigsüsseste bywonung, sin aller innerlichest, haimlichest und fruntlichest liebkosen, das er also innerlich tugentlich hat mit siner gesponsz, der minnenden sel", etc.[45]

Das ganze brautmystische Syndrom von Liebe, Innigkeit, Gemahlschaft, Gleichheit der Willen etc. wird Seite um Seite entrollt.

Emphatischere Gemüter riefen zur unmittelbaren Schau der Passion mit dem Auge des Geistes auf, zu Tränen und Prostrationen, die mit der Herzenserhebung einhergehen sollten[46].

Bildende Kunst

Im Spätmittelalter kommt es, zweifellos nicht ohne den Hintergrund der christozentrischen Mystik, zu einem Funktionsgewinn der bildenden Kunst. Sie wird Hilfsmittel bei der Meditation, und das auch in den Klöstern, durchaus auch in denjenigen der Reformorden, die ursprünglich die Kunst als Hindernis bei der Konzentration auf Gott abgelehnt hatten. Sogar die bilderlose Schlichtheit der Manuskripte, Glasfenster, Kirchenausstattung auch der Zisterzienser der ersten Hälfte des zwölften Jahrhunderts macht Platz für Darstellungen, die Christus meditativ zu vergegenwärtigen helfen sollen. Später hat man selbst die Handschriften der Werke Bernhards mit Miniaturen geschmückt[47].

---

43 Ohly, Nägel 69.
44 B. Haage, Kalteisen: Wörterbuch 295.
45 Ed. B. Haage, Göppingen 1983, 19, 21.
46 G. R. Owst, Preaching in medieval England, ND New York 1965, 120 f.; 333 f.
47 Vgl. z. B. A. Pfaffrath, Bernhard von Clairvaux. Die Darstellung des Heiligen in der bildenden Kunst, Bergisch-Gladbach 1990.

Die Beziehungen zwischen mystischem Erleben und religiöser Kunst können hier nur angedeutet werden, sie verdienen eine eigene Monographie[48]. Die Entwicklung geht in beide Richtungen: einerseits lassen sich immer wieder ErlebnismystikerInnen von Kunstwerken anregen (z. B. Flora von Beaulieu), andererseits lassen sie selbst aufgrund ihrer Schauungen religiöse Darstellungen malen oder skulptieren (z. B. Seuse). Schließlich werden von ihnen geschaute Offenbarungen Thema der Ikonographie (z. B. Weihnachts- und Passionsschilderungen Birgittas von Schweden). Nur ein Exempel soll den oft sehr engen Zusammenhang zwischen diesen Sphären andeuten: Als Aldobrandesca von Siena[49] vor einem Kruzifixus die Passion meditiert, ergreift sie das Verlangen, das Blut Christi zu kosten, das sie da gemalt aus seiner Seite rinnen sieht. Tatsächlich beginnt der Gekreuzigte körperlich zu bluten, sie kostet und empfindet unsagbare Süße. Zur Erinnerung an diese Gnadenerfahrung läßt sie eine Pietà malen, die Maria dabei zeigt, wie sie die Seitenwunde ihres Sohnes küßt[50]. Dieses Bild dient ihr offenbar wiederum zur Meditation ...

In nächster Nähe zum Text steht die Buchmalerei. Sie übersetzt als Meditations- und Memorierungshilfe das Wort ins Bild, kommentiert und ergänzt es auch. Manche Bildzyklen entstanden unter der Aufsicht des Charismatikers selbst, so die Illustrationen zu den Visionen Hildegards oder zum *Leben* Seuses. Letzterer praktizierte die Verwendung von Kunstwerken bei seinen Meditationen und förderte sie bei den Schwestern in seiner geistlichen Obhut[51]. Auch die Wandmalerei der Gotik und der Renaissance kannte in hagiographischem Zusammenhang Gestaltungen mystischer Themen; es kam sogar zum Entstehen ganzer Zyklen aufgrund von Revelationen bestimmter Mystikerinnen, so der Klaras von Montefalco, Elisabeths von Spaalbek und Francescas von Rom[52]. Damit war auch eine nichtverbale Vermittlung mystischer Erfahrung an die Mitglieder eines Konvents und an dessen Besucher gegeben.

Doch gab es auch direkt mystagogische Zyklen: *La Sainte Abbaye*[53] z. B., eine wohl aus Metz stammende Sammlung erbaulicher Texte aus der Zeit nach 1300, enthält eine Anleitung für Dominikanerinnen, um in die „drei Zustände guter Seelen" zu kommen. Die Abbildung dazu visualisiert in aller Deutlichkeit, was das religiöse Leben so vieler spätmittelalterlicher Mysti-

---

[48] Auf diesen ganzen Komplex der Formung der Offenbarungsbilder durch die bildende Kunst einerseits und auf ihr Einwirken auf die ikonographischen Formulierungen andererseits beabsichtige ich ausführlich an anderer Stelle einzugehen. Vgl. z. B. C. Frugoni, Le mistiche, le visioni e l'iconografia, rapporti ed influssi: Temi 137–179.

[49] Vgl. o. S. 256.

[50] AS April 3, 1675, 470.

[51] Hamburger (wie o. S. 296, Anm. 149).

[52] Vgl. die entsprechenden Lemmata in der BS (mit Abb.).

[53] H. Belting, Bild und Kult, München 1990, 460 ff. – J. Hamburger, The Rothschild Canticles, New Haven 1990, 6.

Abb. 40 Abbildungen in Sammlungen von Devotionstexten wollten die Betrachter auf mystische Erlebnisse einstimmen: Reinigung, Gebet, Christuserscheinung und Gottesschau. Dieses Beispiel soll darauf aufmerksam machen, daß Mystik nicht nur durch Texte vermittelt wurde, sondern gerade im späten Mittelalter auch durch das Bild.

La Sainte Abbaye: MS Add. 39843, f. 29r, A. 14. Jh., British Library, London.

kerinnen im wesentlichen ausmachte: die Reinigung erfolgt in der Beichte („Furcht"); der Aufstieg zu Gott beginnt mit dem Gebet vor der Darstellung der Krönung Mariae, die als Krönung der Braut durch den Bräutigam interpretiert wurde („Hoffnung"); das Gnadenerlebnis wird durch die Vision des blutenden Christus und seines Kreuzes erreicht und durch die Schau der Dreifaltigkeit in Form des Gnadenstuhls („Liebe"). Die überhöhte architektonische Umrahmung korrespondiert mit der Höhe dieses „Gipfelerlebnisses". Der Text dazu beschreibt den Kommunionempfang der Nonne in brautmystischer Terminologie: die Seele „schaut ihn von Angesicht zu Angesicht, küßt ihn von Mund zu Mund, umarmt ihn von Herz zu Herz so fest, daß sie ganz in ihn eingeht und von Liebe zu Liebe verwandelt wird ...''[54]

Als sich seit dem späten vierzehnten Jahrhundert die neue Technik des Holzschnittes, dann die des Kupferstiches rasch verbreitete[55], wurden bei den losen Einblattdrucken gerade auch Andachtsbilder eines der beliebtesten Sujets. Sie basieren oft auf der Passionsmystik: namentlich Darstellungen der Wunden Christi, des leidenden Herzens, der durchstochenen Hände und Füße u. ä. trugen meist zuerst in der Zisterziensermystik des zwölften Jahrhunderts formulierte Devotionen in weiteste Kreise. Seit der zweiten Hälfte des fünfzehnten Jahrhunderts werden druckgraphische Folgen produziert, „die Christus und die Seele, diese auch als Nonne, zeigen: in einem von wechselnder Handlung begleiteten Zwiegespräch, dessen End- und Höhepunkt die Vermählung und Krönung der ‚minnenden Seele' darstellt, oder als eine Parabel von der vor Liebe kranken Seele (Hoheslied 2, 5; 5, 8), die schließlich durch ihre Dienerinnen, die Tugenden, mit Christus vermählt wird"[56]. Die Allegorie soll im Inneren des Betrachters in brautmystische Devotion umgesetzt werden. Es wird also im Bild gestaltet, was etwa Mechthild von Magdeburg erfahren und besungen hatte[57]. Doch nunmehr war die Verbreitung solcher Vorstellungen nicht an die Kunst des Lesens oder die Abhängigkeit von einem Vorleser gebunden; einmal erklärt, konnte auch der dieser Fähigkeit Unkundige mit solchen Bilderbogen, „magischen Hilfen zur heilbringenden Schau"[58], meditieren. Und sie konnten billig erstanden werden, klein wie sie waren (der Bilderbogen von der Minnenden Seele mißt mit seinen zwanzig Szenen 35,6×26,5 cm[59]), so daß die ursprünglich elitäre Mystik nun auch die Frömmigkeit des „einfachen Mannes" wenigstens in ihrer auf Liebe und Passion gerichteten Thematik formte.

---

[54] Zit. Hamburger, Visual 174 f., A. 60, gekürzt.
[55] Zuletzt E. Vavra, Neue Medien – neue Inhalte. Zur Entwicklung der Druckgraphik im 15. Jahrhundert: Sitzungsberichte der österr. Akademie der Wiss., phil.-hist. Kl. 596, 1992, 339–378.
[56] D. v. Burgsdorff: LcI 2, 310 f. Vgl. auch J. Leclercq, Spiritualité abstraite et dévotion populaire à la fin du Moyen Age: La Vie Spirituelle 64, 1984, 649–659.
[57] Vgl. o. S. 208 ff.
[58] H. Rosenfeld, Der mittelalterliche Bilderbogen: Zeitschrift f. deutsches Altertum 85, 1954, 66–75, 74.
[59] Ebd. 71.

Abb. 41 Christus und die Seele umarmen sich eng aneinandergeschmiegt, ein Bild aus dem Zyklus *Christus und die minnende Seele*, beruhend auf dem seit Bernhard von Clairvaux so beliebten Thema der geistlichen Brautschaft. Das aus einem Nonnenkloster stammende Manuskript muß für die Meditation hergestellt worden sein, wobei sich die Betrachterin in die Gestalt der „anima" versetzten konnte. Ihr Gesicht liegt unmittelbar an der Seitenwunde, was auf das so oft zu findende Thema des Eingehens zu Christi Herzen verweist.

Gebetbuch, Hs. 437, f. 148r, 2. H. 15. Jh., Hofbibliothek, Donaueschingen.

Es kam dieses Medium jedoch auch in den nunmehr gedruckten Büchern ergänzend und interpretierend zum Wort hinzu. Die Holzschnitte unterstützten die Visualisierung des Textes und erweiterten den Gebrauch von Büchern auch auf Illitterate. So wurden etwa die Inkunabeln der Werke Seuses oder Birgittas von Schweden in dieser Weise gestaltet.

Auch in der bildenden Kunst erfolgte eine ähnliche Uminterpretierung mancher Heiliger, wie sie oben in der Hagiographie gezeigt wurde[60]. Brautmystisch gedeutet wurde die Beziehung zwischen Christus und einzelnen, meist weiblichen Heiligen: vor allem Johannes Evangelista, dann die frühchristlichen Märtyrerinnen Agnes, Dorothea, Katharina. Sie erscheinen seit dem ausgehenden dreizehnten Jahrhundert in Verlobungsszenen mit Christus. Am verbreitetsten dürfte der Sposalizio der hl. Katharina von Alexandrien sein, die bildkünstlerische Thematisierung ihrer Vermählung mit dem Christkind durch Anstecken des Brautringes[61]. Ihre Namensschwester aus Siena hatte dies am eigenen Leib erfahren[62].

Es gibt im Spätmittelalter ikonographische Neuerungen in den figurativen Medien, die man nicht ohne die Texte der gleichzeitigen Frauenmystik verstehen kann. Ein Beispiel ist das Schwangerschaftsmotiv, die sogenannten „Röntgenbilder" im Zusammenhang der Heimsuchung und in Form des Andachtsbilds der „Maria gravida"[63]. Bei letzterem handelt es sich um Plastiken der Madonna, bei denen sich der Leib der Gottesmutter öffnet, um in ihm das noch ungeborene Jesulein sichtbar werden zu lassen, bzw. um Gemälde mit dem in ihrem Bauch sichtbaren Kind. Bei Statuen deckte man die in den Körper eingeschnittene Öffnung für den Fötus auch mit einem Glas ab; bisweilen war er herausnehmbar. Die Begegnung von Maria und Elisabeth, der Mutter Johannes des Täufers, nach Lk 1, 39–56 ist ein traditionelles, wenigstens seit dem sechsten Jahrhundert bekanntes Bildmotiv[64]. Im vierzehnten und im fünfzehnten Jahrhundert entsteht jedoch eine Reihe von Darstellungen, die als Innovationen das kleine Jesuskind und den kleinen Johannes innerhalb ihrer Mütter zeigen. Dazu gibt es nun eine Reihe von Visionen in den Offenbarungsbüchern der Mystikerinnen, denen genau entsprechend die Schau durch den Körper der schwangeren Jungfrau zuteil wird. Agnes Blannbekin etwa erzählte ihrem Beichtvater, wie ihr die dreizehnjährige Maria erschien:

> „Und sie sah, daß sich in ihrer Gebärmutter (in utero) aus dem um das Herz befindlichen Blut plötzlich fast in einem Augenblick ein männliches Kind bildete, sofort in seinen Gliedern ganz vollkommen."[65]

---

[60] Vgl. o. S. 426.
[61] O. Gillen, Brautmystik: LcI 1, 324–326. – P. Assion, Katharina: ebd. 7, 289–297.
[62] Vgl. Raymund, Vita 115 ff.
[63] G. M. Lechner, Maria Gravida, München 1981 (298 Beispiele).
[64] M. Lechner, Heimsuchung Mariens: LcI 2, 229–235.
[65] Vita et Rev. 54, ed. u. übersetzt von Dinzelbacher, Visionsliteratur 174 f.

Abb. 42 Agnes war eine der heiligen Märtyrerinnen, die im Spätmittelalter am liebsten als Mystikerinnen stilisiert wurden, so auch in dieser Illumination aus dem Zisterzienserinnenkoster Wonnental. Das liebevolle Verhältnis von Seele und Gott ist sprechend im Blickwechsel ausgedrückt; die Handbewegung verweist darauf, daß Jesus Agnes - hier Prototyp jeder minnenden Seele - in den „Weinkeller" des *Hohenliedes* einführen wird.

Wonnentaler Antiphonar: Hs. St. Georgen 5, f. 17v, um 1300, Landesbibliothek, Karlsruhe.

Analoge Visionen kennen wir etwa schon von Alpais von Cudot († 1211)[66], dann von Mechthild von Magdeburg[67] oder Gertrud von Helfta[68]; vergleichbar erscheint auch die Darstellung von Maria im Wochenbett. Auf die Zusammenhänge mit paraliturgischen Praktiken wie das Wiegen und Baden des Christkindes oder das Einrichten eines geistlichen Hauses oder Mariae Kindbett, speziell in dominikanischen Frauenklöstern zur Weihnachtszeit, können wir hier nur verweisen[69].

Das Entstehen des Andachtsbildes[70], der Imago pietatis, kann kaum von der Verbreitung mystischer Ideen getrennt gesehen werden[71]. Es handelt sich um Formulierungen der spätmittelalterlichen Ikonographie, die ihrer Funktion nach als Meditationshilfen bei der Konzentration auf den Seelenbräutigam und Schmerzensmann dienen sollten. Die statischen (nicht narrativen) Darstellungen, meist Isolierungen einzelner Figuren bzw. Gruppen aus den szenischen Darstellungen der Heilsgeschichte, appellieren an das Gefühl, wollen Liebe und Mitleid erregen: Der Schmerzensmann, mit seinem zerschlagenen Fleisch und den aufgerissenen Wunden, Rute und Geißel in Händen, die Muttergottes mit dem toten Sohn auf dem Schoß, Braut und Bräutigam … Sie dürften sich zunächst in der Malerei entfaltet haben, teilweise unter Umdeutung byzantinischer Vorlagen, erreichten aber einen höheren Realitätscharakter in der dreidimensionalen Plastik. Besonders eine anscheinend einmalige Holzskulptur des blutigen Erlösers, der mit seinen nägeldurchbohrten Händen den Betrachter zu umarmen scheint, wirkt stark auf dessen Emotionen. Es handelt sich dabei, wie die halboffenen Augen zeigen, um den lebenden Seelenbräutigam, nicht um den toten der Kreuzabnahme. Die Szene, in die sich der Betrachter als Gegenüber dieser Figur hineinversetzt fühlt, entspricht der so vieler Christusumarmungen im erlebnismystischen Schrifttum[72].

Am bekanntesten sind wohl die Christus-Johannes-Gruppen[73]. Die beiden neutestamentlichen Johannes erfuhren generell besondere Verehrung gerade in spätmittelalterlichen Nonnenklöstern, was sich mit dem jüngfräulichen Stand dieser beiden Heiligen erklären lassen dürfte; auch soll der Evangelist nach der Legende so wie Maria körperlich in den Himmel aufgefahren sein[74]. Aus der Abendmahlsszene wurde die Figur Christi mit dem an seiner Seite ruhenden Lieblingsjünger herausgenommen, in der Buchmalerei schon im

---

[66] Vita, Appendix 1.
[67] Fließendes Licht 5, 23.
[68] Legatus 4, 3, 3.
[69] Vavra, Bildmotiv. – Lechner (wie o. Anm. 63) 57. – Rode, Studien 87 ff.
[70] Literatur: Sachwörterbuch 36.
[71] Vgl. z. B. W. Blank, Dominikanische Frauenmystik und die Entstehung des Andachtsbilds um 1300: Alemannisches Jahrbuch 64, 1965, 57–86.
[72] Vgl. o. S. 263.
[73] E. Vetter, Das Christus-Johannes-Bild der Mystik: Hofstätter, Mystik 37–50, 38 f.
[74] BS 6, 787.

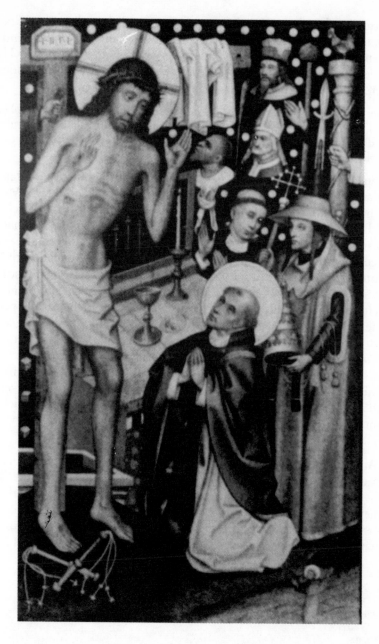

Abb. 43 Die Gregorsmesse gehört zu den Bildsujets, die offensichtlich über ihre legendäre Herkunft hinaus durch Traditionen mystischen Erlebens beeinflußt wurden: der Zeigegestus des Schmerzensmannes entspricht den Schauungen so vieler Mystikerinnen seit Lutgart von Tongeren. Hier sind im Hintergrund die Leidenswerkzeuge integriert.

Meister des Schöppinger Altars, Gregorsmesse, Tafelgemälde, M. 15. Jh., Sammlung Kisters, Kreuzlingen (Schweiz).

zwölften Jahrhundert. Die seit etwa 1300 namentlich in deutschen Frauenkonventen anzutreffenden plastischen Christus-Johannes-Gruppen sind von
Texten her zu verstehen, die das Ruhen des Apostels an der Brust des Herrn
als eine Kommunikation durch dessen vorweggenommene Seitenwunde verstehen. So heißt es etwa in einem mittellateinischen Hymnus,

> „Sei gegrüßt, Brust [des Herrn], süße Ruhestätte, an die der erwählte Johannes
> sich beim Mahl lehnte und süß im Empfang des Gnadenschlafes in dir ruhte ...
> In dir, süße Brust, ist verborgen und steht gnadenhaft offen der süßliche Liebes-
> quell."[75]

Johannes wurde auch als Typus der jungfräulichen Braut Christi verstanden,
was das nichtbiblische Umarmungsmotiv begründet. Mechthild von Magdeburg ist „entschlafen" in herzlicher Liebe auf der Brust Christi, Mechthild
von Ha[c]keborn schildert, wie sie selbst die Stelle des Jüngers einnahm[76],
Margareta Ebner möchte gemeinsam mit dem Lieblingsjünger „uf dem ge-
minten herczen Jhesu Cristi" ruhen[77]. Dieses enge, vorbildliche Verhältnis
brachten die Bildhauer durch körperliche Nähe haptisch zum Ausdruck:
nicht nur ist der Kopf des Schlafenden tief auf die Brust des ihn umarmen-
den Heilands gesunken, auch die Hände der beiden sind ineinander gefügt.
Solche Darstellungen hatten appellative Funktion: der Mensch sollte sich so
an den Herrn anschmiegen, so auf dessen Stimme hören, wie der Evangelist.
„darvumbe ist ovch daz gemelze [Bild] gemachit, daz der mensche sin herce
vinde"[78], wie der Schwarzwälder Prediger sagt. Ludolf von Sachsen fordert
ausdrücklich dazu auf, an der Brust Jesu zu saugen, wie Johannes in seinem
Schlaf[79]. Und hatte dies nicht Lutgard von Tongern so gesehen, nämlich daß
Johannes in Gestalt eines Adlers an Christi Brust sog?[80]

Wir können hier allerdings nicht weiter die Wechselbezüge zwischen Mystik
und Andachtsbild entfalten; sie sind auch beim Vesperbild, der Pietà, zu finden[81], die als Darstellung der liebenden Seele in der Kontemplation des Bräutigams gedeutet werden kann[82], beim Kruzifixus[83], Christus als Kind, dem
Schmerzensmann, den Gestaltungen der Passion[84], der Kreuzabnahme, den
Waffen und Wunden Christi, dem Herzen Jesu, Andachtsbildern aus dem
Marienleben usf. Oftmals lassen sich Gläubige im Spätmittelalter als Medi-

---

[75] Zit. Ohly, Nägel 25.
[76] Zit. Vetter 44 ohne Stellenangabe.
[77] Ed. cit. (o. S. 324, Anm. 331) 33.
[78] Zit. Vetter 43.
[79] Ebd. 48.
[80] Thomas v. Cantimpré, Vita [IIa] 1, 2, 15.
[81] Vgl. o. S. 173.
[82] So E. Benz, Christliche Mystik und christliche Kunst. Zur theologischen Interpretation
      mittelalterlicher Kunst: Deutsche Vierteljahrsschrift für Literaturwissenschaft und Gei-
      stesgeschichte 12, 1934, 22–48, 40.
[83] Vgl. o. S. 375 ff.
[84] Zingel, Passion 109 ff.

Abb. 44 Die vor allem im vierzehnten Jahrhundert im deutschen Südwesten verbreiteten Christus-Johannes-Gruppen drücken die innige Verbundenheit des Lieblingsjüngers mit dem Herrn aus. Der Evangelist konnte in der Meditation als Identifikationsfigur fungieren.

Holzplastik, um 1330, Ehem. Klosterkirche, Heiligenkreuztal (Baden-Württemberg).

tierende abbilden, wobei das Thema ihrer Betrachtungen den zentralen Teil der Komposition bildet[85]. Bisweilen spielen auch andere Devotionskomplexe herein, so die Reliquienverehrung, wenn Darstellungen des durchbohrten Herzens Jesu (wie es u. a. die Bonaventura zugeschriebene *Vitis mystica* vor Augen stellt) tatsächlich mit der in Nürnberg aufbewahrten Heiligen Lanze durchstochen wurden[86]. Wenn auch die einzelnen Regionen bestimmte Motive bevorzugten (so z. B. das Antlitz Christi und das Herz Jesu der oberdeutsche Bereich[87]), sind doch die Übereinstimmungen in der ganzen lateinischen Christenheit deutlich häufiger als Sonderentwicklungen.

Jedenfalls in der Gestaltung der christologischen Szenen sind auch im religiösen Theater Reflexe der Visionen der Mystikerinnen zu finden. So sind sowohl die Geburts- als auch die Kreuzigungsabschnitte z. B. in den Spielen von York nach den Offenbarungen Birgittas von Schweden gestaltet, wobei es jedoch möglich ist, daß die Vermittlung indirekt über Kunstwerke geschah[88]. Das Auszerren von Christi Armen etwa, das die Soldaten mittels Stricken besorgen, findet sich in den *Revelationes* 7, 15, etc. Die *Meditationes* Pseudo-Bonaventuras und ähnliche Werke haben auch für die Textbücher des religiösen Schauspiels in Italien, der Laude und Sacre Rappresentazioni, Vorlagencharakter gehabt[89].

An diesen leicht zu vervielfältigenden Beispielen zeigt sich die Bedeutung der Frömmigkeitshaltung Mystik weit über den Bereich elitärer Reflexion und individuellen Erlebens einzelner hinaus. Gerade da die Konzepte der mittelalterlichen Mystik, intellektuelle wie emotionelle, nicht auf abgesonderte CharismatikerInnen oder esoterische Zirkel beschränkt blieben, sollten sie als Komponenten der europäischen Mentalitätsgeschichte in das historische Gesamtbild des Mittelalters einbezogen werden. Es dürfte kaum übertrieben sein, wenn man die Linie mancher Entwicklung der Neuzeit, speziell die der typisch europäischen Emotionalität – auch in ihren späteren, säkularisierten Formen – von Tendenzen ableitet, die sich zuerst, wenn auch nicht exklusiv, in den Erlebnissen und Lehren mittelalterlicher Mystiker und Mystikerinnen zeigten.

---

[85]   G. Harbison, Visions and meditations in early Flemish painting: Simiolus 15, 1985, 87–118.
[86]   Vavra 375.
[87]   Vavra 369 ff.
[88]   Cl. Davidson, Northern Spirituality and the Late Medieval Drama of York: Elder, Spirituality 125–151, 205–208.
[89]   G. Pochat, Theater und bildende Kunst im Mittelalter und in der Renaissance in Italien, Graz 1990, 53 ff.

Abb. 45 Häufig lassen sich im späten Mittelalter Gläubige so abbilden, daß sie als Visionäre erscheinen, was ohne die Vorbildwirkung der erlebten mystischen Visionen kaum denkbar wäre. Auf diesem flämischen Beispiel blickt der Beter auf die durch die runde Umrahmung deutlich aus seiner irdischen Welt herausgehobene Ölbergszene „in illo tempore" und „in illo loco" – wie so viele der Mystikerinnen.

Speculum humanae salvationis: ms. fr. 6275, f. 45 r, 2. H. 15. Jh., Bibliothéque Nationale, Paris.

Bibliographie

Abkürzungen

AASS	Acta Sanctorum, Antwerpen bzw. Paris (Erscheinungsort und Auflage je nach Erscheinungsdatum)
AB	Analecta Bollandiana, Bruxelles
BS	Bibliotheca Sanctorum, hg. v. Istituto Giovanni XXIII, Roma
CC	Corpus Christanorum, Turnhout
CCCM	Corpus Christanorum, Continuatio Mediaevalis, Turnhout
CSEL	Corpus Scriptorum Ecclesiasticorum Latinorum, Wien
DS	Dictionnaire de spiritualité ascétique et mystique, Paris
DThC	Dictionnaire de théologie catholique, Paris
Frauenbewegung	Dinzelbacher, P., Bauer, D. (Hgg.), Religiöse Frauenbewegung und mystische Frömmigkeit im Mittelalter, Köln 1988
Frauenmystik	Dinzelbacher, P., Bauer, D. (Hgg.), Frauenmystik im Mittelalter, Ostfildern ²1990
Geschichte des Christentums	Die Geschichte des Christentums. Religion, Politik, Kultur, Freiburg
KLL	Kindler Literatur Lexikon, Zürich
LcI	Lexikon der christlichen Ikonographie, Freiburg
LexMA	Lexikon des Mittelalters, München
LThK	Lexikon für Theologie und Kirche, Freiburg (Auflage je nach Erscheinungsdatum)
MGh	Monumenta Germaniae historica, Hannover etc.
MQ	Mystics Quarterly, Iowa City
ND	Neudruck
OGE	Ons geestelijk erf, Antwerpen
PL	Patrologiae cursus completus, series latina, ed. J.-P. Migne, Paris
RDK	Reallexikon zur deutschen Kunstgeschichte, Berlin
Sachwörterbuch	Dinzelbacher, P. (Hg.), Sachwörterbuch der Mediävistik, Stuttgart 1992
SC	Sources chrétiennes, Paris
TRE	Theologische Realenzyklopädie, Berlin
VL	Die deutsche Literatur des Mittelalters, Verfasserlexikon, Berlin, 2. Aufl.
Wörterbuch	Dinzelbacher, P. (Hg.), Wörterbuch der Mystik, Stuttgart 1989
Zs.	Zeitschrift

Für eine nähere Beschäftigung sei auf eine *allgemeine Bibliographie* verwiesen:

Bowman, M. A., Western Mysticism, Chicago 1978.

Es gibt Spezialbibliographien zu einzelnen wichtigen Persönlichkeiten; für Teilgebiete s.

Lewis, G. J., Bibliographie zur deutschen Frauenmystik des Mittelalters, Berlin 1989
Sawyer, M. E., A Bibliographical Index of Five English Mystics, Pittsburgh 1978
R. Bradley, V. Lagorio, The 14th-Century English Mystics, New York 1981.

Um die jeweils neuesten Forschungen kennenzulernen, ist die Durchsicht folgender Zeitschriften hilfreich:

Geist und Leben (Zeitschrift für Aszese und Mystik)
La vida sobrenatural
La vie spirituelle
Mystics Quarterly
Ons geestelijk erf
Rassegna di ascetica e mistica
Revista Espiritualidad
Revue d'ascétique et mystique
Revue d'histoire ecclésiastique
Rivista di ascetica e mistica
Studia mystica
Studies in Spirituality

Da viele MystikerInnen auch oder sogar primär von den Literaturwissenschaften behandelt werden, ist die Konsultierung der jeweils entsprechenden germanistischen, anglistischen, romanistischen usw. Fachzeitschriften neben der der theologischen unerläßlich.

Von den *speziellen Nachschlagwerken* ist grundlegend:

Dictionnaire de Spiritualité ascétique et mystique, hg. v. M. Viller, Paris (1932) 1937
    ff. (1993 beim Buchstaben V angelangt).

Auf rezenterem Forschungstand befindet sich meist:

Wörterbuch der Mystik, hg. v. P. Dinzelbacher, Stuttgart 1989.

Weniger vollständig sind:

Davy, M.-M. (Hg.), Encyclopédie des mystiques, Paris 1972
Ferguson, J., An Illustrated Encyclopaedia of Mysticism, London 1976

Hilfreich sind auch *allgemeine Nachschlagewerke,* namentlich:

Dictionnaire d'histoire et de géographie ecclésiastique, Paris 1912 ff.
Dictionnaire de Theologie Catholique, hg. v. A. Vacant u. a., Paris (1903) 1923 ff.
Die Religion in Geschichte und Gegenwart, Tübingen 1956 ff.
Lexikon für Theologie und Kirche, hg. v. J. Höfer, K. Rahner, Freiburg 1957 ff.;
    Neuausgabe i. Dr.
Theologische Realenzyklopädie, hg. v. G. Krause, G. Müller, Berlin 1974 ff.

Dazu kommen die *bio-bibliographischen Nachschlagewerke,* sowohl kirchliche, wie epochenspezifische und nationale:

Bibliotheca Sanctorum I–XIII, Roma 1961 ff.
Biographisch-bibliographisches Kirchenlexikon, hg. v. F. Bautz, Hamm 1970 ff.
Dictionary of Christian Biography, hg. v. W. Smith, H. Wace, London 1877 ff.
Dizionario degli Istituti di Perfezione, Milano 1962 ff.
Lexikon des Mittelalters, Zürich 1977 ff.
Dictionary of the Middle Ages, hg. v. J. Strayer, New York 1982 ff.
Reallexikon für Antike und Christentum, Stuttgart 1950 ff.
Allgemeine Deutsche Biographie, Leipzig 1875 ff.
Dizionario biografico degli Italiani, Roma 1960 ff.
Dictionary of national biography, London 1885 ff.
Neue Deutsche Biographie, Berlin 1953 ff.
etc.

Mehrfach zitierte und weiterführende Literatur

800 Jahre Franz von Assisi (Katalog des niederösterr. Landesmuseums NF 122), Wien
    1982
Alphandéry, P., De quelque faites de prophétisme: Revue de l'histoire des religions
    52, 1903, 177–218
Alphandéry, P., Prophètes et ministère prophétique dans le moyen-âge latin: Revue
    d'Histoire et de Philosophie religieuses 12, 1932, 334–359
Amat, J., Songes et visions. L'au-delà dans la littérature latine tardive, Paris 1985
Ancilli, E., Paparozzi, M. (Hgg.), La mistica, Roma 1984
Armstrong, A. H., Gottesschau (Visio beatifica): Reallexikon f. Antike u. Christentum
    12, 1983, 2–20
Ascoli, E. d', La vita spirituale anteriore a San Francesco di Assisi: Collectanea franciscana 2, 1932, 5–34, 153–178
Astell, A. W., The Song of Songs in the Middle Ages, Ithaca 1990
Axters, St., De „Unio Mystica" voor de Brabants-Rijnlandse Mystiek van de dertiende
    en de veertiende eeuw: Mededelingen van de koninklijke Vlaamse Academie voor
    wetenschappen, Kl. der letteren 11/6, Brussel 1949, 5–27
Axters, St., Geschiedenis van de vroomheid in de Nederlanden, Antwerpen 1950 ff.

Baier, W., Untersuchungen zu den Passionsbetrachtungen in der Vita Christi des Ludolf von Sachsen, Salzburg 1977

Bauer, E., Die Armen Seelen- und Fegefeuervorstellungen der altdeutschen Mystik, Diss. Würzburg 1960

Beer, F., Women and Mystical Experience in the Middle Ages, Woodbridge 1992

Behn, I., Spanische Mystik, Düsseldorf 1957

Bell, R. M., Holy Anorexia, Chicago 1986

Benvenuti Papi, A., „In castro poenitentiae". Santità e società femminile nell'Italia medievale (Italia sacra 45), Roma 1990

Benz, E., Die Vision. Erfahrungsformen und Bilderwelt, Stuttgart 1969

Bernhart, J., Die philosophische Mystik des Mittelalters von ihren antiken Ursprüngen bis zur Renaissance, München 1922

Bertau, K., Deutsche Literatur im europäischen Mittelalter, München 1972

Besse, D., Les Mystiques Bénédictins des origines au XIIIe siècle, Paris 1922

Bestul, Th., Devotional Writing in England Between Anselm and Richard Rolle: Lagorio, Mysticm, 12–28

Beth, K., Frömmigkeit der Mystik und des Glaubens, Leipzig 1927

Beyer, R., Die andere Offenbarung. Mystikerinnen des Mittelalters, Bergisch Gladbach 1989

Blank, W., Die Nonnenviten des 14. Jahrhunderts, Diss. Freiburg 1962

Boglioni, P., I carismi nella vita della Chiesa Medievale: Sacra Doctrina 15, 1970, 383–430

Böhme, W. (Hg.), Zu Dir hin, Frankfurt 1987

Bommersheim, P., Urgrund. Beiträge zur transzendentalen Synthetik religiöser Typen, München 1983

Bonner, G., The spirituality of St Augustine and its influence on Western mysticism: Sobornost 4, 1982, 143–162

Borchert, B., Mystiek, Haarlem 1989

Bouyer, L. u. a., A History of Christian Spirituality, London 1968

Brixner, W., Die Mystiker, Augsburg 1987

Buber, M. (Hg.), Ekstatische Konfessionen, Heidelberg [5]1984

Buonaiuti, E., Il Misticismo medievale, Pinerolo 1928

Butler, C., Western Mysticism, New York [2]1927

Bynum, C. W., Fragmentation and Redemption. Essays on Gender and the Human Body in Medieval Religion, New York 1991

Bynum, C. W., Holy Feast and Holy Fast. The Religious Significance of Food to Medieval Women, Berkeley 1987

Bynum, C. W., Jesus as Mother. Studies in the Spirituality of the High Middle Ages, Berkeley 1982

Bynum, C. W., Women mystics and eucharistic devotion in the thirteenth century: Women's Studies 11, 1984, 179–214

Cancik, H. (Hg.), Rausch – Ekstase – Mystik, Düsseldorf 1978

Cancik, H., Grundzüge franziskanischer Leidensmystik: Cancik, Rausch 95–119

Cecchi, E., Sapegno, N. (Hgg.), Storia della letteratura italiana, Milano 1965 ff.

Certeau, M. de, Histoire et Mystique: Revue d'Histoire de la Spiritualité 48, 1972, 69–82

Chuzeville, J., Les mystiques italiens, Paris 1942

Clasen, S., Das Heiligkeitsideal im Wandel der Zeiten: Wissenschaft und Weisheit 33, 1970, 46–64, 132–164

Clément, O., Sources. Les mystiques chrétiens des origines, Paris 1982

Cognet, L., Introduzione ai mistici renano-fiamminghi, Cinisello Balsamo 1991

Cohn, N., The Pursuit of the Millennium, London [3]1970

Cousins, E. H., Francis of Assisi. Christian Mysticism at the Crossroads: Katz, Mysticism and Religious Traditions, 163–190

Davies, O., God Within. The Mystical Tradition of Northern Europe, London 1988

Debongnie, P., Essai critique sur l'Histoire des Stigmatisations au Moyen Age: Etudes Carmelitaines 20/2, 1936, 22–59

Despres, D., Ghostly Sights. Visual Meditation in Late-Medieval Literature, Norman 1989

Dinzelbacher, P. (Hg.), Europäische Mentalitätsgeschichte, Stuttgart 1993

Dinzelbacher, P. (Hg.), Wörterbuch der Mystik, Stuttgart 1989

Dinzelbacher, P., Auf der Suche nach dem Leid. Der Dolorismus des Spätmittelalters, i. Dr.

Dinzelbacher, P., Bauer, D. (Hgg.), Frauenmystik im Mittelalter, Ostfildern [2]1990

Dinzelbacher, P., Bauer, D. (Hgg.), Religiöse Frauenbewegung und mystische Frömmigkeit im Mittelalter, Köln 1988

Dinzelbacher, P., Die „Realpräsenz" der Heiligen in ihren Reliquiaren und Gräbern nach mittelalterlichen Quellen: Dinzelbacher, P., Bauer, D. (Hg.), Heiligenverehrung in Geschichte und Gegenwart, Ostfildern 1990, 115–174

Dinzelbacher, P., Die Gottesgeburt in der Seele und im Körper. Von der somatischen Konsequenz einer theologischen Metapher, i. Dr.

Dinzelbacher, P., Die Jenseitsbrücke im Mittelalter, Diss. Wien 1973

Dinzelbacher, P., Die tötende Gottheit. Pestbild und Todesikonographie als Ausdruck der Mentalität des späten Mittelalters und der Renaissance: Analecta Cartusiana 117/2, 1986, 5–138.

Dinzelbacher, P., Diesseits der Metapher. Selbstkreuzigung und -stigmatisation, i. Dr.

Dinzelbacher, P., Heilige oder Hexen?: Simon, D. (Hg.), Religiöse Devianz, Frankfurt 1990, 41–60

Dinzelbacher, P., Körperliche und seelische Vorbedingungen religiöser Träume und Visionen: Gregory, T. (Hg.), I sogni nel medioevo, Roma 1985, 57–86

Dinzelbacher, P., Mirakel oder Mirabilien? i. Dr.

Dinzelbacher, P., Mittelalterliche Frauenmystik, Paderborn 1993

Dinzelbacher, P., Mittelalterliche Visionsliteratur, Darmstadt 1989

Dinzelbacher, P., Movimento religioso femminile e santità mistica nello specchio della „Legenda Sanctae Clarae", i. Dr.

Dinzelbacher, P., Nascita e funzione della santità mistica alla fine del medioevo centrale: Collection de l'école française de Rome 149, 1991, 489–506

Dinzelbacher, P., Revelationes (Typologie de sources du Moyen Age occidental 57), Turnhout 1991

Dinzelbacher, P., The Beginnings of Mysticism Experienced in Twelfth-Century England: Glasscoe, M. (Hg.), The Medieval Mystical Tradition in England. Exeter Symposium IV, Cambridge 1987, 111–131

Dinzelbacher, P., Vision und Visionsliteratur im Mittelalter, Stuttgart 1981

Eggers, H., „Ich lobe die Abgeschiedenheit". Über deutsche Mystik im Mittelalter: Böhme, W. (Hg.), Mystische Erfahrung (Herrenalber Texte 15), 1979, 40–53

Eggers, H., Deutsche Sprachgeschichte, Reinbek 1986

Elder, E. R. (Hg.), The Spirituality of Western Christendom, Kalamazoo 1976

Ellis, R., A Literary Approach to the Middle English Mystics: Glasscoe, M. (Hg.), The Medieval Mystical Tradition in England, Exeter 1980, 99–119

Escherich, M., Das Visionenwesen in den mittelalterlichen Frauenklöstern: Deutsche Psychologie 1, 1916, 153–166

Flasch, K., Das philosophische Denken im Mittelalter, Stuttgart 1986

Fleming, J. V., An Introduction to the Franciscan Literature of the Middle Ages, Chicago 1977

Fowden, G., The Pagan Holy Man in Late Antique Society: Journal of Hellenic Studies 102, 1982, 33–59

Fuchs, G. (Hg.), Die dunkle Nacht der Sinne. Leiderfahrung und christliche Mystik, Düsseldorf 1989

Ganay, M.-C. de, Les bienheureuses Dominicaines (1190–1577), Paris ³1924

Geyer, C. F., Die Gnostiker der Spätantike: Koslowski, Gnosis 41–59

Gieraths, P.-G., Die deutsche Dominikanermystik des Mittelalters: Aus Kirche und Reich ... Festschrift F. Kempf, Sigmaringen 1983, 431–445

Gonnet, G., La donna presso i movimenti pauperistico-evangelici: Movimento 101–129

Goodich, M., Vita perfecta: The Ideal of Sainthood in the Thirteenth Century, Stuttgart 1982

Görres, J. v., Die christliche Mystik, Regensburg ²1879

Grabmann, M., Wesen und Grundlagen der katholischen Mystik, München ²1923

Graef, H., Der siebenfarbige Bogen. Auf den Spuren der großen Mystiker, Frankfurt 1959

Grant, P., Literature of Mysticism in Western Tradition, London 1983

Grossi, V. u. a. (Hgg.), Storia della spiritualità, Roma 1983 ff.

Grundmann, H., Die geschichtlichen Grundlagen der Deutschen Mystik: Deutsche Vierteljahrsschrift f. Literaturwissenschaft u. Geistesgeschichte 12, 1934, 400–429

Grundmann, H., Religiöse Bewegungen im Mittelalter, Darmstadt ⁴1977

Haas, A., Deutsche Mystik: Glier, I. (Hg.), Die deutsche Literatur im späten Mittelalter 2, München 1987, 234–305

Haas, A., Geistliches Mittelalter, Freiburg i. Ü, 1984

Haas, A., Gott leiden, Gott lieben, Frankfurt 1989

Hamburger, J., The Visual and the Visionary. The Image in Late Medieval Monastic Devotions: Viator 20, 1989, 162–182

Heer, F., Europäische Geistesgeschichte, Stuttgart ²1957

Hirsh, J. C., The Revelations of Margery Kempe. Paramystical Practices in Late Medieval England, Leiden 1989

Historia de la Spiritualidad I–IV, Barcelona 1964

Hofstätter, H. H. (Hg.), Mystik am Oberrhein und in benachbarten Gebieten, Freiburg 1978

Houle, J. W., The Mystical Journey and the Garden Achetype in the Confessions of St. Augustine: Studies in Formative Spirituality 9, 1988, 63–77

Inge, W. R., Christian Mysticism, London [4]1918

Jones, R. M., Studies in Mystical Religion, London 1923

Jörgensen, J., In excelsis, Kempten [2]1922

Karrer, O., Textgeschichte der Mystik I–III, München 1926

Katz, St. T., The ‚Conservative‘ Character of Mystical Experience: Ders. (Hg.), Mysticism and Religious Traditions, New York 1983, 3–60

Kieckhefer, R., Unquiet Souls. Fourteenth-Century Saints and Their Religious Milieu, Chicago 1984

Kleinberg, A. M., Prophets in their own Country. Living Saints and the Making of Sainthood in the Later Middle Ages, Chicago 1992

Knowles, D., Englische Mystik, Düsseldorf 1967

Knox, R. A., Enthusiasm, Oxford 1950

Köpf, U., Hoheliedauslegung als Quelle einer Theologie der Mystik: Schmidt, Bauer, Grundfragen 50–72

Koslowski, P. (Hg.), Gnosis und Mystik in der Geschichte der Philosophie, Zürich 1988

Kunze, G., Studien zu den Nonnenviten des deutschen Mittelalters, Diss. Hamburg 1952

Küsters, U., Der verschlossen Garten. Volkssprachliche Hohelied-Auslegung und monastische Lebensform im 12. Jahrhundert, Düsseldorf 1985

Labriolle, P. de, La polémique antimontaniste contre la prophétie extatique: Revue d'Histoire et de Littérature religieuse 11, 1906, 97–145

Lachance, P., The Spiritual Journey of the Bl. Angela of Foligno according to the Memorial of Frater A., Roma 1984

Lagorio, V. (Hg.), Mysticism Medieval and Modern, Salzburg 1986

Lama, S. R. v., Der Aufbau des christlichen Österreich, Wien 1963

Lamparelli, C., Tecniche della meditazione cristiana, Milano 1987

Lanczkowski, J., Erhebe dich, meine Seele. Mystische Texte des Mittelalters, Stuttgart 1988

Langer, O., Mystische Erfahrung und spirituelle Theologie. Zu Meister Eckharts Auseinandersetzung mit der Frauenfrömmigkeit seiner Zeit, München 1987

Lea, H. Ch., Geschichte der Inquisition im Mittelalter, ND Nördlingen 1987

Leclercq, J., Il monachesimo femminile nei secoli XII e XIII: Movimento 61–99

Leisegang, H., Die Gnosis, Stuttgart [5]1985

Lieb, M., The Visionary Mode. Biblical Prophecy, Hermeneutics, and Cultural Change, Ithaca 1991

Louth, A., The Origins of the Christian Mystical Tradition. From Plato to Denys, Oxford 1981

Lorenz, E., Der nahe Gott im Wort der spanischen Mystik, Freiburg 1985

Lüers, G., Die Sprache der deutschen Mystik des Mittelalters im Werke der Mechthild von Magdeburg, München 1926

Matter, E. A., The Voice of My Beloved. The Song of Songs in Wester Medieval Christianity, Philadelphia 1990

McDonnell, E. W., The Beguines and Beghards in Medieval Culture, New Brunswick 1954

McGiffert, A., Mysticism in the Early Church: American Journal of Theology 11, 1907, 407–427

McGinn, B., The Foundations of Mysticism. Origins to the Fifth Century, London 1992

McGinn, B. u. a. (Hgg.), Christian Spirituality 1. Origins to the Twelfth Century, New York 1989

McLaughlin, E., The Heresy of the Free Spirit and Late Medieval Mysticism: Mediaevalia et Humanistica NS 4, 1973, 37–54

Mens, A., De „kleine armen van Christus" in de Brabants-Luikse gewesten: OGE 36, 1962, 172–177

Mens, A., L'Ombrie italienne et l'Ombrie brabançonne: Etudes franciscaines NS 17, 1967, Supplement

Michael, E., Geschichte des deutschen Volkes seit dem 13. Jahrhundert bis zum Ausgang des Mittelalters, Freiburg ³1897 ff.

Mierlo, J. van, Over het ontstaan der Germaansche mystiek: Ons geestelijk erf 1, 1927, 11–37

Moderne Devotie. Figuren en facetten [Katalog], Nijmegen 1984

More, P. E., Christian Mysticism, London 1932

Movimento religioso femminile e Francescanesimo nel secolo XIII (Società internazionale di studi francescani: convegni 7), Assisi 1980 [recte: 1981]

Nichols, J. A., Shank, L. Th. (Hgg.), Peace Weavers. Medieval Religious Women 2 (Cistercian Studies Series 72), Kalamazoo 1987

Nicolosi, S., Medioevo francescano, Roma ²1984

Nigg, W., Das mystische Dreigestirn, Zürich 1988

Nigg, W., Heimliche Weisheit. Mystiker des 16.–19. Jahrhunderts, Olten ²1975

Nolthenius, H., Duecento. Hohes Mittelalter in Italien, Würzburg 1957

Oehl, W., Deutsche Mystikerbriefe des Mittelalters, ND Darmstadt 1972

Ohly, F., Süße Nägel der Passion. Ein Beitrag zur theologischen Semantik, Baden-Baden 1989

Peacock, J., Mystics and Merchants in fourteenth Century German: Journal for the Scientific Study of Religion 8, 1969, 47–59

Peters, U., Religiöse Erfahrung als literarisches Faktum. Zur Vorgeschichte und Genese frauenmystischer Texte des 13. und 14. Jahrhunderts, Tübingen 1988

Petit, F., La spiritualité des prémontrés aux XIIe et XIIIe siècles, Paris 1947

Petrocchi, M., Storia della spiritualità italiana 1, Roma 1978

Petroff, E. (Hg.), Medieval Women's Visionary Literature, New York 1986

Petroff, E., Consolation of the Blessed, New York 1979

Pieller, M. P., Deutsche Frauenmystik im XIII. Jahrhundert, Diss. Wien 1928

Pourrat, P., La Spiritualité Chrétienne I–IV, Paris ²1951

Preger, J. W., Geschichte der deutschen Mystik im Mittelalter, Leipzig 1874/93; ND Aalen 1963

Raby, F. J. E., A History of Christian-Latin Poetry, Oxford ²1953

Radding, Ch. M., A World Made by Men. Cognition and Society, 400–1200, Chapel Hill 1985

Raitt, J. (Hg.), Christian Spirituality 2. High Middle Ages and Reformation, New York 1988

Ravier, A. (Hg.), La mystique et les mystiques, Paris 1965

Resch, A. (Hg.), Mystik, Innsbruck 1975

Richstätter, K., Die Herz-Jesu-Verehrung des deutschen Mittelalters, Regensburg ²1924

Ringler, S., Viten- u. Offenbarungsliteratur in Frauenklöstern des Mittelalters, München 1980

Rode, R., Studien zu den mittelalterlichen Kind-Jesu-Visionen, Diss. Frankfurt 1957

Rosof, P. J. F., Anchoresses in twelfth and thirteenth century society, Diss. New York 1978

Ruh, K. (Hg.), Abendländische Mystik im Mittelalter, Stuttgart 1986

Ruh, K., Beginenmystik: Ders., Kleine Schriften 2, Berlin 1984, 237 ff.

Ruh, K., Bonaventura deutsch, Bern 1956

Ruh, K., Geistliche Liebeslehren des XII. Jahrhunderts: Beiträge zur Geschichte der deutschen Sprache und Literatur 111, 1989, 157–177

Ruh, K., Geschichte der abendländischen Mystik 1. Die Grundlegung durch die Kirchenväter und die Mönchstheologie des 12. Jahrhunderts, München 1990

Ruh, K., Meister Eckhart, München ²1989

Ruhbach, J., Sudbrack, G. (Hgg.), Große Mystiker, München 1984

Schjelderup, K., Die Askese, Berlin 1928

Schleyer, F. L., Die Stigmatisierten mit den Blutmalen, Hannover 1948

Schmidt, M., Bauer, D. (Hgg.), „Eine Höhe über die nichts geht", Stuttgart 1986

Schmidt, M., Bauer, D. (Hgg.), Grundfragen christlicher Mystik, Stuttgart 1987

Schmidtke, D. (Hg.), „Minnichlichiu gotes erkennusse", Stuttgart 1990

Schneemelcher, W. (Hg.), Neutestamentliche Apokryphen, Tübingen ⁵1987/89

Schneider, C., Geistesgeschichte der christlichen Antike, München 1979

Schnürer, G., Kirche und Kultur im Mittelalter I–III, Paderborn ³1936

Schreiber, G., Mittelalterliche Passionsmystik und Frömmigkeit: Theologische Quartalschrift 122, 1944, 32–44, 107–123

Schweitzer, F.-J., Der Freiheitsbegriff der deutschen Mystik. Seine Beziehung zur Ketzerei der „Brüder und Schwestern vom Freien Geist", mit besonderer Rücksicht auf den pseudoeckhartischen Traktat „Schwester Kathrei" (Edition), Frankfurt 1981

Seibt, F., Von der Konsolidierung unserer Kultur zur Entfaltung Europas: Handbuch der europäischen Geschichte 2, Stuttgart 1987, 6–174

Shahar, S., Die Frau im Mittelalter, Frankfurt 1983

Smith, M., An Introduction to the History of Mysticism, London 1930

Sudbrack, J., Komm in den Garten meiner Seele, Gütersloh 1979

Sudbrack, J., Tendenzen in der Erforschung der Mystik: Geist und Leben 59, 1986, 65–76

Szarmach, P. E. (Hg.), An Introduction to the Medieval Mystics of Europe, Albany 1984

Tanz, S., Werner, E., Spätmittelalterliche Laienmentalitäten im Spiegel von Visionen, Offenbarungen und Prophezeiungen, Frankfurt 1993

Temi e problemi nella mistica femminile trecentesca (Convegni del Centro di studi sulla spiritualità medievale 20), Todi 1983

Thiele, J. (Hg.), Mein Herz schmilzt wie Eis am Feuer. Die religiöse Frauenbewegung des Mittelalters in Porträts, Stuttgart 1988

Thurston, H., Die körperlichen Begleiterscheinungen der Mystik, Luzern 1956

Thurston, H., Surprising Mystics, London 1955

Tipka, E., Subjekt und Text. Nonnenviten und Offenbarungsliteratur in Frauen-klöstern des 14. Jahrhunderts: Mediaevistik 2, 1989, 225–253

Tugwell, S., Ways of Imperfection. An Exploration of Christian Spirituality, London 1984

Tuma, G. W., The fourteenth century English Mystics, Salzburg 1977

Valerio, A., Cristianesimo al femminile, Napoli 1990

Vauchez, A., La sainteté en Occident aux derniers siècles du Moyen Age d'après les procès de canonisation et les documents hagiographiques, Roma 1981

Vauchez, A., Les laïcs au Moyen Age, Paris 1987

Vavra, E., Bildmotiv und Frauenmystik – Funktion und Rezeption: Frauenmystik 201–230

Viller, M., Rahner, K., Aszese und Mystik in der Väterzeit, Freiburg 1939

Vinck, J. de, Revelations of Women Mystics from the Middle Ages to Modern Times, New York 1985

Volken, L., Die Offenbarungen in der Kirche, Innsbruck 1965

Weeks, A., German Mysticism from Hildegard of Bingen to Ludwig Wittgenstein, Albany 1993

Wentzlaff-Eggebert, F. W., Deutsche Mystik zwischen Mittelalter und Neuzeit, Berlin ³1969

Wilms, H., Das Tugendstreben der Mystikerinnen, Vechta 1927

Wöhrer, F., Aspekte der englischen Frauenmystik im späten 14. und beginnenden 15. Jahrhundert: Frauenmystik 314–340

Zahn, J., Einführung in die christliche Mystik, Paderborn ²1918

Zarri, G., Le sante vive. Profezie di corte e devozione femminile tra '400 e '500, Torino 1990

Zingel, M., Die Passion Christi in der Mystik des deutschen Mittelalters, Diss. Berlin 1956

Zippel, W., Die Mystiker und die deutsche Gesellschaft des 13. und 14. Jahrhunderts, Düren 1935

Register

N. b.: Sehr häufig vorkommende Namen und Begriffe (Jesus, Gott, Gnade, Passion …) sind nicht aufgenommen.